KB197459

주폴리스
동물 권리를 위한
정치 이론

『주폴리스』로 들어가기 전에

“『주폴리스』의 출간은 동물 권리를 위한 대화에 적절한 언어와 개념틀을 찾는 나와 같은 이들에게 무척 반가운 소식이다. 『주폴리스』는 독자들이 동물 권리 문제에 대해 느끼는 거리감을 충분히 헤아리면서도 동의하지 않을 수 있지만 일단 얘기를 들어보라고 끈질기고 차분하게 말을 걸어온다. 동물 복지론부터 생태주의, 인간과 동물의 분리를 지향하는 동물 권리론까지 지금까지 제시되어온 동물 권리에 관한 도덕적 논거를 차분히 되짚어 보고 그것들이 가진 한계를 포착하며 도덕적으로나 정치적으로나 더욱 설득력 있고 힘 있는 대안을 제시하기 위해 노력한다. 많은 사람은 동물보다 인간에게 더 많은 애착을 느낄 수 있다. 그러나 누군가를 더 소중하게 여긴다는 것이 덜 소중한 누군가를 착취하고 학살해도 된다는 뜻은 아니다. 이러한 불가침의 관점에서 현재 인간과 동물이 맺고 있는 관계를 바라보면 수많은 다음 질문이 떠오른다. 동물 권리라는 미지의 도덕적 세계를 조심스레 탐험해 나갈 많은 사람에게 『주폴리스』는 사려 깊고 든든한 길잡이가 될 것이다.”

장혜영 21대 국회의원

“동물을 우리 사회의 도덕적, 정치적, 법적 공동체의 일원으로 만들어가기 위한 논의가 활발한 시점에 『주폴리스』는 새로운 상상과 실천의 공간들을 열어 줄 수 있을 것이다.”

최명애 연세대 문화인류학 교수

“동물권 논의에서 주목할 만한 이정표이다. 존 롤스의 『정의론』에 대해 로버트 노직이 말한 것처럼, 앞으로 동물 권리론자들은 주폴리스가 제시한 이론 안에서 작업하거나, 작업하지 않는다면 이유를 설명해야 할 것으로 보인다.”

트리스탄 로저스Tristan Rogers, 가치 탐구 저널Journal of Value Inquiry

“매우 진지하고 훌륭하게 쓰였다. (…) 『주폴리스』는 진실로 용기 있는 책이자 지적인 성취다. 피터 싱어의 『동물 해방』이후 인간과 동물의 관계에 관한 가장 중요한 철학적 저작이다. (…) 인간이 동물을 대하는 방식을 바꾸고자 하는 이들에게 영감을 준다.”

리처드 케센Richard Keshen, 캐나다 문학 리뷰Literary Review of Canada

“매혹적이고 선구적이다. (…) 칭찬할 점이 많은 풍부하고 참신한 이론이다. 주폴리스는 동물 윤리와 정치 철학 모두에 중요한 기여를 하고 있으며, 많은 흥미로운 논쟁을 불러일으킬 것이다.”

앨러스데어 코크런Alasdair Cochrane, 철학자 매거진The Philosopher's Magazine

“기존 동물 권리론에 대한 비판과 정치 이론의 개요를 설득력 있게 제시한다. (…) 동물권에 대한 논의에 중요하고 독창적인 공헌을 했다.”

에바 메이저Eva Meijer, 현대 철학 저널Journal for Contemporary Philosophy

일러두기

- 본문의 [ ]는 이해를 돕기 위해 옮긴이가 덧댄 말이다. 단, 인용구 안의 [ ]는 모두 지은이의 것이다.
- 미주는 지은이 주고, 각주는 옮긴이 주다.
- 원서의 제목 표기가 아닌 이탤릭체 표시는 강조체로 옮겼다.
- 본문에서 언급한 문헌 중 국역본이 있는 경우 각주와 참고문헌에 최대한 그 서지사항을 달아주었다.
- 외국 인명과 지명은 국립국어원 외래어 표기법을 원칙으로 하되, 국내에서 널리 사용되는 표기는 관행에 따랐다.
- 단행본, 정기간행물은 『 』로, 보고서, 드라마, 웹페이지 등은 「 」로 표기했다.
- 3인칭 대명사는 성별 구분 없이 모두 '그'로 표기했다.
- 'pet'은 '애완동물', 'companion animal'은 '반려동물'로 옮겼다.

차례

추천의 글

가장 급진적 시민

홍은전
인권·동물권 기록 활동가, 『나는 동물』 작가

동물에게 시민권을 주자니. 너무 이상적이거나 인간 중심적일 거야. 동물을 위한 정치철학이라니. 딱딱하고 어렵고 지루하겠지. 심호흡을 하고 서문을 열었다. 그리고 순식간에 사랑에 빠지고 말았다. 나 자신도 미처 몰랐던, 하지만 내가 절실히 필요로 하던 어떤 것이 거기에 있었다. 한 챕터도 빠짐없이 모조리 씹어 먹어버리고 싶을 만큼 좋았다. 밀도가 높아서 버거울 때도 있었지만 문득문득 이런 글을 읽고 있다는 게 짜릿해서 춤이라도 추고 싶었다. 동물권 운동을 만난 후 내 안에 웅성거리던 모호하고 어지럽던 마음을 설명해줄 언어를 선물 받은 기분이다. 그것도 매우 섬세하고 사려 깊고 다정한 언어를.

동물권 운동의 주변엔 절박한 마음에 뭐라도 하고 싶어 안달 난 사람들이 참 많다. 하지만 나를 포함해 우리는 무엇을 어떻게 해야 하는지 잘 모른다. 동물권 단체들은 주로 폭력을 규탄하는 데 집중하면서 대중들에게 윤리적인 소비자가 되길 제안한다. 개인적, 윤리적 실천 전략은 넘쳐나는데 집단적, 정치적 전망은 잘 보이지 않는다. 그 아득한 공백이 자주 답답했다. 저자는 동물 권리론이 대중의 공감을 얻지 못한 이유로 보편적, 소극적 권리에만 집중하고 관계적, 적극적 의무를 언급하지 않았다는 점을 들었다.

저자가 고문, 감금, 학대, 살해되지 않을 권리 같은 압도적이고 중대한 권리를 '소극적' 권리라고 표현한 것에 나는 조금 충격을 받았다. 그리고 내 안에 꽉 막혀있던 무언가가 내려가는 느낌이 들었다. 인권운동의 경험을 떠올려보면 이내 이해가 되었다. 장애인을 수용시설에 감금해선 안 된다는 선언은 그 자체로 힘을 발휘하지 못한다. 장애인권운동 대부분은 장애인들이 지역사회에서 살아갈 권리가 있음을 주장하며 정부가 이들의 주거, 소득, 활동지원서비스 등의 권리를 보장하는 법과 제도, 예산을 만들고 확장하도록 요구하는 내용으로 채워진다. 착취를 끝내기 위해 우리는 먼저 평등한 관계가 어떤 모습인지 알아야 한다.

『주폴리스』는 보편적, 소극적 권리와 관계적, 적극적 권리를 결합하고 이를 정치적 틀 안에 자리 잡게 하는 새로운 동물 권리론을 제안한다. 동물을 우리 정치공동체의 구성원으로 받아들이고, 인간과 맺는 관계에 따라 사육 동물에게는 시민권을, 야생 동물에겐 주권을, 경계 동물에게는 주민권을 주는 것이다. 그가 발명한 새로운 틀은 인간이 차별받는 존재들의 권리를 보장하기 위해 발전시켜온 자유민주주의적 정의와 인권의 근본 원칙에 동물을 직접 연결한 것이다. 사육 동물은 해방하고 야생 동물은 내버려두어야 한다는 단조롭고 단절적인 이론이 아니라, 어떻게 하면 우리가 비착취적 관계를 맺으며 함께 살아갈 수 있는지 복잡하게 연결된 공존의 그림을 그린다. 어렵지만 매력적이다. 분명 처음 접한 생경한 그림인데, 계속 따라가다 보면 그것이 마치 내 안 깊숙이 처음부터 있었던 것을 끄집어낸 것처럼 황홀하다. 생각해보면 반려동물을 가족구성원으로 받아들인 수많은 이들이 이미 작게 실현한 세계다.

개 시민, 소 시민, 노예상태에서 도망친 닭, 서식지를 잃고 난민이 된 여우의 후손. 조지 오웰의 소설 『동물농장』에 나올 법한 표현들이지만 이들 중 누구도 인간의 비유가 아니며 인간의 비하도 아니다. 이 사회가 주변부의 인간들을 차별하기 위해 개, 돼지, 닭에 비유하며 불법화하고 추방하고 격리해온 역사를 저자는 거꾸로 밟아간다. 비정상, 이등 시민, 불법 인간, 위험한 존재들로 낙인찍힌 이들을 공동체의 구성원으로 받아들이고 공존을 위한 지침을 개발해온 저항의 역사를 동물에게 확장하는 것이다.

동물 역시 자신이 태어난 땅에서 살아갈 권리가 있고 그 땅에서 일어나는 중요한 변화에 그들 자신의 이익이 고려될 권리가 있다. 그들 역시 정치적 주체이다. 배제되고 격리되어온 이들은 존재를 드러내는 행위 자체만으로도 변화를 이끌어내며, 도축장과 동물원에서 필사적으로 탈출하는 동물들의 행위는 가장 강력한 정치 행위, 바로 저항이다. 신뢰할 수 있는 인간 협력자를 통해 정치적 의사결정에도 참여할 수 있을 것이다. 이는 이성과 언어의 특권화에 저항해온 장애인권운동이 이 세계에 준 선물에 영감 받은 것이다. 나는 이런 연결이 좋다. 그것은 몇몇 동물에게 뛰어난 이성과 언어능력이 있으므로 그들을 윤리적으로 대우해야 한다는 주장보다 훨씬 근사하다. 이 연결은 노한 신상을 불러일으킨다. 불가침의 기본권이 인간에게만 주어진다는 뿌리 깊은 생각에 저항하기 때문이다. 동물 시민은 그저 N번째 시민이 아니라 시민의 정의를 '탁' 뒤집는 가장 급진적 시민이다.

한국판 서문

『주폴리스』를 번역하고 서문 집필을 요청해 준 프레스 탁!에 감사드린다. 우리가 이 책을 쓴 배경에는 몇 가지 동기가 있다. 첫 번째 목표는 인간과 동물 관계의 긍정적 미래상을 제시하는 것이다. 그동안 대부분의 동물 옹호 운동과 동물 권리론은 인간이 동물에게 가하는 심각한 위해와 폭력에 초점을 맞춰왔다. 그 이유는 이해하지만, 인간과 동물이 긍정적 관계를 맺는다면 어떤 형태가 될지 구상하는 것도 중요하다고 생각한다. 두 번째 목표는 긍정적인 인간–동물 관계 모델이 한 가지만은 아니라는 점을 보여주는 것이다. 가축화된 동물, 도시에 사는 야생 동물과 야생에 사는 야생 동물은 인간과의 관계에서 저마다 다른 필요와 바람을 갖는 경향이 있다. 그래서 우리는 세 범주에 따른 다양한 경향과 각 범주 안에 존재하는 차이를 헤아려, 인간–동물 관계를 '집단별group-differentiated'로 설명하고자 했다. 세 번째 목표는 집단별 관계를 이해하는 데 정치 이론이 도움 된다는 점을 밝히는 것이다. 정치 이론은 시민, 주민, 주권자 간의 구분, 중첩되는 다양한 사회집단과 이들의 상호 작용 등 오랫동안 여러 인간 집단별로 차별적인 정치적 권리에 관해 체계적 이론을 세운 역사가 있다.

이 주제를 탐구한 저자는 우리만이 아니다. 이제는 동물 윤리학에서 "정치로의 전회political turn"로 분류되곤 하는 저자군이 제법 크게 형성되었다. 이들은 동물과의 긍정적이고, 집단 차별적 정치적 관계 이론을 정교하게 발전시키고 있다. 우리는 점차 커지는 저자 공동체의 일원이 되어 우리의 생각이 많은 독자에게 공감을 얻는 것을 보게 되어 기쁘다. 사실 이 책을 쓸 때 한 가지 동기가 더 있었는데, 이 부분에 대한 저항이 심했다. 우리는 동물 스스로 이 새로운 관계를 정의하는 데 적극적인 역할을 하는 것도 매우 중요하다고 보았다. 우리가 제안하는 모델에는 동물 스스로 해방을 위해 적극적으로 참여해야 하며, 동물도 앞으로 인간과의 관계를 만들어 갈 "공동 저자**co-authors**"가 될 수 있고 그래야 한다는 기본 조건이 있다. 동물이 스스로 인간과의 관계를 공동 저술할 수 있는 행위자성**agency**을 갖추었는지를 두고 많은 비평가가 문제 삼아왔다. 솔직히 우리가 『주폴리스』에서 동물이 어떻게 공동 저자가 될 수 있는지 제시한 사례는 아직 연구가 미진한 상태다.

『주폴리스』를 펴낸 후 우리가 한 많은 연구가 이 간극을 메우기 위한 것이었다. 한 예로, 우리는 구조된 농장 동물을 위한 생추어리**sanctuary**가 어떻게 인간과 동물이 정치적 의사소통, 협상, 행위 주도, 협력, 저항 등 다양한 형태로 서로에게 관여하는 진정한 종 간 정치의 장이 될 수 있을지 탐구했다. 우리는 다음 책에서 왜 공동 저술이 필요한지, 이떤 조건에서 공동 저술이 가능한지 등 공동 저술을 좀 더 체계적으로 변호할 것이다.[1] 물론, 이것은 매우 복잡하고 도전적인 과제이며, 토론하고 배워야 할 것이 여전히 너무나 많다. 앞으로도 한국의 독자는 물론 전 세계 독자와 대화를 이어 나갈 수 있기를 기대한다

수 도널드슨과 윌 킴리카

2024년, 캐나다에서

---

1 Sue Donaldson and Will Kymlicka, "Farmed animal sanctuaries: The heart of the movement." Politics and Animals 1, no. 1 (2015):50-74; Charlotte Blattner, Sue Donaldson, and Ryan Wilcox. "Animal agency in community." Politics and Animals 6, no. 1 (2020):1-22.

감사의 글

이 책을 쓰는 동안 많은 격려와 도움을 주신 분들께 진심으로 감사드립니다. 연구를 보조해 준 크리스 로우리와 마이크 코츠시스, 제니 센데에게 감사의 말을 전합니다. 이 프로젝트를 맡도록 격려하고 영감과 조언을 준 파올라 카발리에리와 프랑코 살랑카에게도 큰 빚을 지고 있습니다. 그리고 서면으로 유익한 논평을 해준 앨러스데어 코크런, 스티브 쿡, 크리트신 오버롤, 박병섭에게도 감사드립니다. 우리는 옥스퍼드 대학 출판부의 심사 위원들에게서 두 차례에 걸쳐 시의적절하고 유익한 조언을 받을 수 있어 행운이었습니다. 클레어 팔머와 밥 구딘은 이 책의 제안서를 검토해 주었고 프랭크 러벳과 조나단 쿠옹은 최종본 직전의 원고에 논평해 주었습니다.

이 책에 등장한 여러 주장은 옥스퍼드 대학교의 우에히로 실천윤리센터, 로마에 있는 루이스 대학의 정치이론과정, 피츠버그 대학의 인문학센터에서 다양한 형태로 소개되었습니다. 도전적인 질문을 해 준 청중들에게 감사드리며, 우리를 초청해 준 로저 크리스프, 세바스티노 메파톤, 조나단 아락, 그리고 피츠버그 대담에서 논평해 준 마이클 굿하트에게 감사의 마음을 전합니다.

2010년 가을 학기에 '동물권과 시민권의 최전선'을 주제로 열린 윌의 세미나에 참여한 학생들에게도 특별한 감사를 표합니다. 이 세미나에서 우리는 책 원고의 첫 번째 초안을 두고 토론을 벌였습니다. 학생들의 건설적 비판 덕분에 우리는 많은 부분을 개선할 수 있었습니다.

가장 도움이 된 발상과 독서 권유는 친구와 가족, 그리고 동료와의 사적인 대화에서 나왔습니다. 모든 사람이 인간과 동물의 상호 작용에 관해 여러 흥미로운 이야깃거리가 있는 듯했고, 이 이야기들은 우리에게 익숙한 사고 방식이 틀렸음을 입증하고 동물권의 이론화에 새로운 방식을 요구했습니다. 부끄럽지만 우리는 이러한 이야기들을 우리의 연구를 위한 소재로 빌려 썼고, 일부는 이 책에 언급하였습니다. 여기에 우리가 나눈 수많은 대화를 모두 언급할 수는 없지만 우리의 부모님과 우리의 친구 조이스 데이비드슨, 콜린 맥클리오드, 존 밀러, 크리스틴 오버롤, 믹 스미스, 크리스틴 스트뢰흘과 나눈 광범위하고 생생한 논의에 특히 감사의 말을 전합니다. 수의 어머니 앤 도널드슨은 우리가 이 프로젝트를 완성하기 전에 돌아가셨습니다. 책이 출판된 것을 보았다면 정말 좋아하셨을 겁니다. 앤의 동물에 대한 깊은 애정과 존중을 이 책이 담아냈기를 바랍니다.

우리는 반려견 코디(와 코디의 절친 티카, 아니, 그레타, 줄리어스, 롤리, 왓슨)에게도 새로운 차원의 영감과 통찰을 준 것에 깊은 감사를 표합니다. 코디는 2005년에 세상을 떠났지만, 그의 영혼은 책을 쓰는 동안 우리를 이끌어 주었습니다. 비록 책이 코디의 관심사는 아니었겠지만, 우리가 맺은 결실을 코디가 좋아해 주길 바랍니다.

제니퍼 월치는 인간과 동물이 통합된 공동체를 포용하는 도시 환경 윤리를 설명하기 위해 '동물도시**Zoopolis**'(1998)라는 새로운 단어를 만들었습니다. 우리는 월치의 프로젝트에서 영감을 받았고 감사하게도 이 단어를 빌려와 사용하고 있습니다. 하지만 이 책은 '도시**polis**'를 정치 공동체로서 좀 더 폭넓게 이해하고 동물이 정치 공동체와 관계 맺는 더 광범위한 방식에 초점을 맞추었습니다.

마지막으로 이 프로젝트에 변함없는 열정을 보여준 옥스퍼드 대학 출판부의 편집자 도미닉 바이어트와 출판 과정에서 도움을 준 칼라 호지에게 감사의 마음을 전합니다.

수 도널드슨과 윌 킴리카

2011년 2월, 킹스턴에서

주폴리스

동물 권리를 위한 정치 이론

1 서론

Introduction

동물 옹호 운동은 막다른 골목에 몰렸다. 지난 180년간 동물 복지를 둘러싼 문제를 분명히 밝히고 여론을 조성하고자 개발한 익숙한 여러 전략과 주장은 몇몇 문제에서 어느 정도 성공을 거두었다. 하지만 전략의 태생적 한계는 점차 분명해졌다. 이 전략은 우리가 동물과 맺는 관계에서 발생하는 가장 심각한 윤리 문제를 다루지 않거나, 심지어 발견할 수조차 없게 만들었다. 이 책의 목적은 정치 공동체의 본질과 시민권, 정의, 인권 개념을 이론화하는 작업에서 '동물 문제'를 가장 중심에 두는 새로운 틀을 제시하는 것이다. 이 새로운 틀은 진보적 변화를 막는 현재의 걸림돌을 극복하도록 새로운 개념적, 정치적 가능성을 열어줄 것이다.

동물 옹호 운동은 뛰어난 성과를 거둔 오랜 역사가 있다. 근대 영국에서 1824년 최초의 동물학대방지협회Society for the Prevention of Cruelty to Animals가 만들어졌는데, 주 목적은 마차용 말의 학대를 막기 위해서였다.[1] 이렇게 소박하게 시작한 운동은 활발한 사회 세력으로 성장했다. 전 세계에 수많은 동물 옹호 단체가 생겨났으며,

윤리적 동물 대우에 관한 풍부한 공적 논의와 학문적 이론 작업의 전통이 형성되었다. 유혈 스포츠 금지부터 동물 실험, 농업, 사냥, 동물원, 서커스 분야의 동물 학대 방지법에 이르기까지 여러 정치적 승리를 거두기도 했다. 2008년 캘리포니아 법안 제2호 주민 투표에서 투표자의 63%가 임신한 돼지용 감금 틀, 송아지 사육 틀, 배터리 케이지* 사용 금지를 지지했다. 이는 동물 복지 문제에 대중의 이목을 집중시키고, 극도로 잔인한 학대 행위를 제한해야 한다는 광범위한 정치적 합의를 이끈 수많은 최근 사례 중 하나다. 실제로 미국 전역에서 지난 20년 동안 동물 복지 개선에 관한 법률안 41개 중 28개가 통과되었다. 1940년에서 1990년 사이 비슷한 발의안들이 거의 전부 실패한 것에 비하면 매우 극적인 발전이다.[2] 이는 동물 옹호 운동을 향한 관심이 대중 의식에 점점 뿌리내리고 있음을 시사하며, 미국뿐만 아니라 동물복지법이 더욱 발전한 유럽에서도 마찬가지다(Singer 2003; Garner 1998).[3]

이런 관점에서 보면 동물 옹호 운동은 성공한 것으로 보일 수 있다. 이 운동은 그동안 쌓아온 승리를 바탕으로 더 높은 목표를 향해 나아가고 있다. 그러나 이 이야기에는 또 다른 어두운 면이 있다. 전 세계적으로 볼 때 우리는 동물 옹호 운동이 대체로 실패했다고 주장할 것이다. 이유는 숫자가 말해준다. 끊임없는 인구 증가와 개발은 야생 동물의 서식지를 계속 빼앗는다. 인구는 1960년대 이후 2배로 늘었지만, 야생 동물 수는 3분의 1로 줄었다.[4] 또한 공장식 축산은 고기의 수요를 맞추고자 (그리고 더욱 부추기고자) 계속 확대되

* 조밀한 공장식 닭장.

고 있다. 세계 육류 생산은 1980년 이후 3배나 증가했는데, 오늘날 인간이 식량으로 해마다 560억 마리의 동물을 죽이는 수준이다(어류 등 민물 및 해양 동물은 포함하지 않은 수치다). 2006년 유엔 보고서 「축산업의 긴 그림자Livestock's Long Shadow」는 육류 생산이 2050년까지 또다시 2배 증가할 것으로 예상했다. 그리고 기업들은 언제나 비용 절감과 신제품 개발에 매달리며 제조업과 농업, 연구와 오락 분야에서 동물을 더욱 효율적으로 착취할 새로운 방법을 끊임없이 찾는다.

이러한 세계적인 추세는 동물 복지 개혁으로 이룬 작은 성취가 무색할 만큼 재앙적이지만, 이 추세가 변할 조짐은 보이지 않는다. 당분간은 해마다 더 많은 동물이 인간의 욕구를 충족시키기 위해 사육, 감금, 고문, 착취 그리고 도살당할 것이다. 찰스 패터슨Charles Patterson의 도발적 표현처럼, 인간-동물 관계의 일반적 상태는 '영원한 트레블링카Eternal Treblinka'*라는 묘사가 가장 잘 어울리며,[5] 이 기본 관계가 변할 징후도 전혀 보이지 않는다. 사실상 우리가 먹고 입는 방식, 오락과 여가 형태, 산업 생산과 과학 연구 구조를 동물 착취로 받치고 있는 것이 현실이다. 동물 옹호 운동은 이러한 동물 착취 체제에 사소한 변화를 일으키긴 했으나, 체제 자체는 유지되고 있고 실제로는 항상 확장되고 심화되고 있으며 놀랍게도 이에 대한 공적 논의는 거의 없다. 일부 비평가는 캘리포니아 법안 제2호

* 나치 독일이 2차 세계대전 중 폴란드의 점령지에 유대인 학살과 강제 노동을 목적으로 건설한 수용소 이름. 저자들은 인간과 동물의 관계를 나치와 유대인의 관계에 빗대어, 동물이 홀로코스트에 버금가는 잔혹한 상황에 영구적으로 처해 있음을 강조한다.

처럼 소위 동물 옹호 운동의 승리라고 불리는 것들이 사실은 전략적 실패라고 주장한다. 기껏해야 동물 착취라는 근본 체제에 대한 주의를 흩트렸고, 최악은 정작 상황이 나빠지는데도 나아져 간다는 거짓된 위안을 제공하여 도덕적 근심을 달래줄 뿐이라는 것이다. 게리 프란시온Gary Francione은 이러한 개량주의적 개혁이 동물을 노예화하는 체제에 이의를 제기하기보다 정당화에 도움을 주고, 실질적 개혁을 향한 급진적 운동이 될 수도 있던 것을 막았다고 주장한다(Francione 2000, 208).

개량주의적 개혁이 역효과를 낳는다는 프란시온의 주장은 동물 옹호 운동 분야에서 논란의 여지가 많다. 심지어 모든 동물 착취의 궁극적 폐지라는 목표를 공유하는 동물 옹호 운동가들 사이에도 점진적 변화를 둘러싼 전략 문제에 의견 차이가 있고, 동물을 위한 교육 개혁, 직접행동, 평화주의, 투쟁적 시위의 상대적 장점에 관해서도 의견이 분분하다.[6] 분명한 것은 180년이 넘도록 이어져 온 조직적 동물 옹호 운동에도 불구하고 우리는 동물 착취 체제의 해체에 어떤 괄목할 만한 진전도 이루지 못했다는 점이다. 19세기 최초의 동물 학대 금지법에서 2008년 캘리포니아 법안 제2호에 이르기까지 동물 옹호 캠페인은 동물 학대 체제의 해체에 약간 도움을 주거나 체제의 추가 확대를 조금은 막았을 수 있지만, 영원한 트레블링카의 사회적, 법적, 정치적 기반에 도전하지도 않았고 심지어 이를 논의하지도 않는다.

우리가 볼 때 이 실패는 예상할 수 있는 결과다. 동물 문제를 공적으로 논의할 때 사용하는 관점에 결함이 있기 때문이다. 간략히 말하면, 많은 논의가 '동물 복지론', '생태주의' '기본 권리론'이라는 세 가지 기본 도덕 틀 안에서 벌어진다. 현재 이 중 어느 것도 동물 착취 체제에 근본적 변화를 일으킬 만하다고 입증된 것이 없다. 우리는 그 변화가 새로운 도덕 틀, 즉 동물에 대한 대우를 자유민주주의적 정의와 인권의 근본 원칙에 더욱 직접적으로 연결하는 틀을 개발할 때만 가능하다고 믿는다. 이것이 바로 이 책의 목적이다.

우리는 이 책에서 기존의 동물 복지론, 생태주의, 권리론 접근법의 한계를 살펴보려 한다. 그 전에 우리가 이 분야를 어떻게 이해하는지 간단히 설명하면 도움이 될 것이다. 우리가 말하는 '동물 복지론'은 동물 복지의 도덕적 중요성을 인정하지만, 동물 복지를 인간의 이익에 종속된 것으로 보는 시각이다. 이 관점에서는 명확한 도덕적 위계질서가 있고, 그 질서에서 인간은 동물 위에 있다. 동물은 기계가 아니라 고통을 느끼는 살아 있는 존재고, 그래서 동물의 고통은 도덕적으로 중요하다. 실제로 2003년 갤럽 여론 조사에서, 미국인 96%가 동물 착취를 어느 정도 제한하는 것에 찬성했다.[7] 하지만 동물 복지에 대한 이러한 관심은 인간의 이익에 따라 제한 범위 내 동물 이용을 대체로 아무 의심 없이 당연하게 여기는 틀을 벗어나지 않는다. 이런 점에서 동물 복지론은 인간에 의한 동물의 '인도적 이용'이라는 원칙으로 설명될 수도 있다.[8]

'생태주의'는 동물을 생태계의 주요 구성 요소 중 하나로 보고 개별 동물의 운명보다 생태계의 건강에 초점을 맞춘 접근법을 말한다. 전체론적 생태주의는 서식지 파괴부터 공장식 축산으로 인한 오염과 탄소 과잉 배출에 이르기까지 동물에게 엄청난 피해를 주는 인간의 수많은 관행을 비판한다. 하지만 동물을 죽이는 것이 생태계에 중립적이라거나 실제로는 긍정적 영향을 준다고 주장한다면(예, 지속 가능한 사냥이나 축산업, 침입종이나 과잉 번식 종 살처분 등), 생태주의 관점은 결국 멸종 위기종이 아니라면 개별 동물의 생명을 살리는 것보다 생태계 보호, 보존 또는 복원을 우선하게 된다.[9]

동물 복지론과 생태주의 접근법의 한계는 동물권 문헌에서 광범위하게 논의되었고, 우리가 덧붙일 것은 거의 없다. 동물 복지론은 무분별한 폭력이나 학대처럼 정말로 불필요한 잔혹 행위를 예방할지 모르지만, 인간이 어느 정도 이익을 얻는 동물 착취에는 그다지 쓸모가 없다. 그 이익이 아무리 (화장품 실험처럼) 사소하든 (몇 푼 아끼려는 공장식 축산처럼) 비열하든 마찬가지다. 도덕적 위계질서라는 기본 전제가 도전받지 않는 한, 합리적인 사람들은 동물 착취의 '허용 가능한 수준'에 이견을 보일 것이고, '불필요한' 동물 학대를 제한하려는 움직임은 널리 퍼져있지만 모호해서, 정반대 방향으로 나아가는 이기적인 소비지상주의 흐름에 계속 압도될 것이다. 생태주의 접근도 동물의 이익보다 인간의 이익이 먼저라는 기본 문제를 안고 있다. 생태주의에서 우선하는 인간의 이익은 동물 복지론보다 조금 덜 사소하거나, 덜 비열하거나, 덜 이기적일 수 있다. 그렇지만 생태주의자들은 건강한, 자연스러운, 진정한, 혹은 지속 가능한 생태계 구성에 관한 특정 견해를 중시하며, 이러한 전체론적 전망을 달성하기 위해 개별 동물의 생명을 희생시킬 의향이 있다.

동물 복지론과 생태주의 접근법의 한계에 대응해 많은 동물 옹호자와 활동가는 '동물 권리'라는 틀을 채택한다. 이 관점의 강력한 버전은 동물도 인간과 마찬가지로 특정한 **불가침 권리**를 지녔다고 주장한다. 즉, 인간의 이익이나 생태계의 활력을 추구하더라도 동물에게 해서는 안 되는 일이 있다는 것이다. 이 견해에 따르면 동물은 인간의 목적을 위해 존재하는 것이 아니다. 동물은 인간의 하인이나 노예가 아니라 그 자체로 도덕적 중요성과 주체적 존재성이 있으며, 이는 반드시 존중받아야 한다. 인간과 마찬가지로 동물도 고문당하지 않을 권리, 감금되지 않을 권리, 의료 실험 대상이 되지 않을 권리, 강제로 가족에게서 분리되지 않을 권리 또는 희귀 식물을 너무 많이 먹거나 서식 환경을 변화시킨다는 이유로 죽임당하지 않을 권리를 지닌 개별 존재다. 이러한 생명과 자유의 도덕적 기본권에 있어서 인간과 동물은 동등하다. 인간과 동물은 주인과 노예, 관리자와 자원, 보호자와 피보호자, 창조자와 공예품이 아니다.

우리는 동물 권리 접근법이 갖는 이 핵심 전제를 전적으로 받아들이고, 2장에서 이를 옹호할 것이다. 동물 착취를 효과적으로 막을 유일한 방법은, 동물 복지론과 전체론적 생태주의에서 벗어나 동물을 특정한 불가침 권리의 보유자로 인정하는 도덕 틀로 넘어가는 것이다. 동물 권리론의 많은 옹호자가 주장하듯, 우리가 앞으로 논의할 권리 기반 접근법은 인권 원칙을 지탱하는 도덕적 평등 개념이 자연스럽게 확장된 것이다.

그러나 적어도 현재까지 동물 권리 접근법이 정치적으로 소외되었다는 사실을 인정해야 한다. 동물 권리론Animal Rights Theory, ART은 학계에서 40년 동안 정교하게 발전했다. 동물 권리론 개념은 비건 아웃리치Vegan Outreach*와 동물을 위한 직접행동에 참여하는 소규모 활동가 집단에서 공유되었다. 하지만 동물 권리론 개념은 사실 대중에게 거의 공감을 얻지 못했다. 동물 권리론을 지지하는 사람들조차 대중에게 동물 옹호 운동을 벌일 때면 기존 여론과는 거리가 먼 동물 권리론의 중요성을 대수롭지 않게 넘겼다(Garner 2005a:41).[10] 페타, 즉 동물의 윤리적 대우를 주장하는 사람들People for the Ethical Treatment of Animals과 같은 단체들은 장기적으로는 동물 착취 체제의 해체가 목표지만, 종종 육류, 달걀, 낙농산업에서 동물의 고통 완화나 애완동물 산업의 비윤리적 관행 제한 등 동물 복지론의 목표를 옹호하는 캠페인을 펼치곤 한다. 다시 말해, 이들은 흔히 동물이 인간의 이익에 따라 사육, 감금, 도살 또는 소유될 수 있다는 가정에는 이의를 제기하지 않고 '불필요한 고통' 감소를 목표로 활동한다. 페타는 더 급진적 메시지(예, '육식은 살해 행위다')를 주장할 수도 있지만, 강력한 동물 권리 관점에 동의하지 않는 많은 지지자가 떠날 걱정에 선택적으로 메시지를 전달한다. 동물 권리라는 틀은 사실상 정치적으로 시작조차 할 수 없는 상태로 남아있다. 그 결과 동물 옹호 운동은 체계적 동물 착취에 대항해 대체로 패했다.

동물 옹호 운동의 주요 과제는 동물 권리론이 왜 아직도 정치적으로 그토록 소외되었는지 밝히는 것이다. 왜 일반 대중은 캘리포니아 법안 제2호나 멸종 위기종 보호법과 같은 동물 복지론과 생태주의의 개혁은 조금씩 받아들이면서 동물 권리에는 완강히 저항

* 1993년 설립된 비영리단체로 전 세계에서 동물 학대를 막고 비건을 장려하는 여러 활동을 하고 있다.

하는가? 동물이 살아있는 존재이고 이들의 고통이 도덕적으로 중요하다는 점을 인정했다면, 어째서 한 걸음 더 나아가 동물이 인간의 목적을 위한 수단으로 이용되지 않을 도덕적 권리가 있다고 인정하기가 그토록 어려울까?

이러한 저항에는 여러 이유가 있겠지만 특히 우리에게 뿌리 깊게 내린 문화유산을 생각해 볼 수 있다. 서양(과 대부분의 비서양) 문화는 수 세기 동안 우주의 도덕적 위계 질서에서 동물이 인간보다 낮은 위치에 있으며, 인간이 동물을 자기 목적을 달성하기 위해 이용할 권리가 있다는 생각에 따라 움직여 왔다. 이런 생각은 전 세계 대부분의 종교에서 발견되며, 우리 일상 속 의례와 관행에도 자리 잡고 있다.[11] 이러한 문화유산의 무게를 극복하는 것은 힘겨운 싸움이다.

동물 권리를 반대하는 데에는 수많은 이기적 이유가 있다. 시민은 '인도적' 음식이나 제품에 몇 푼 더 치를 의향은 있을지라도, 동물을 이용한 음식과 의류, 의약품을 완전히 포기할 의지는 아직 없다. 게다가 동물 착취 체제에서 이익을 보는 강력한 기득권 세력들이 있다. 동물 옹호 운동이 그들의 경제적 이익을 위협할 때면, 그들은 동물권 옹호 운동가를 급진주의자, 극단주의자, 심지어 테러리스트로 몰아세운다.[12]

동물 권리에 대한 이러한 문화적, 경제적 걸림돌을 감안하면, 동물 착취 폐지 운동이 정치적 효과가 없던 것이 놀랍지 않다. 하지만 동물권 운동 자체의 표현 방식도 일부분 책임이 있다고 본다. 단순히 말하자면, 지금까지 동물 권리론은 전형적으로 여러 **소극적negative** 권리의 목록, 특히 소유되지 않을 권리, 죽임당하지 않을 권리, 감금되지 않을 권리, 고문당하지 않을 권리, 가족에게서 분리되지 않을 권리를 구체화하는 형태로 매우 편협하게 만들어졌다. 그리고 이러한 소극적 권리들은 주체적으로 존재하는 동물, 즉 일정 수준의 의식이나 '쾌고감수능력sentience'*이 있는 모든 동물에게 **보편적으로** 적용된다고 여겨진다.

반면, 동물 권리론은 동물의 서식지를 존중할 의무, 건물과 도로, 마을을 설계할 때 동물의 필요를 고려할 의무, 인간 활동으로 의도치 않게 피해를 본 동물을 구조할 의무, 인간에게 의존하게 된 동물을 돌볼 의무 등 우리가 동물에게 지녀야 할 **적극적**positive 의무는 거의 언급하지 않는다.[13] 게다가 **관계적**relational 의무에 관해서도 거의 이야기하지 않는다. 관계적 의무란 의식과 같이 동물이 본래 가진 특성뿐만 아니라 지리적, 역사적으로 특정 인간 집단과 특정 동물 집단이 맺어온 독특한 관계에서 나오는 의무를 말한다. 예를 들어, 인간은 사육 동물을 의도적으로 인간에게 의존하도록 길렀기 때문에, 소나 개에게는 인간 정착지를 따라 옮겨 다니는 오리나 다람쥐와는 다른 도덕적 의무를 갖는다. 그리고 이 두 경우는 고립된 야생지에 살면서 인간과 접촉이 거의 또는 전혀 없는 야생 동물에게 갖는 의무와는 다르다. 이러한 역사적, 지리적 사실은 도덕적으로 중요해 보이지만, 고전 동물 권리론은 알아차리지 못했다.

정리하자면, 동물 권리론은 동물의 보편적인 소극적 권리에 집중하고, 관계적인 적극적 의무는 거의 언급하지 않는다. 이 점에서 우리가 인간의 권리와 의무를 생각하는 방식과 무엇이 다른지 주목

* 쾌락과 고통을 느낄 수 있는 능력.

할 가치가 있다. 분명히 모든 인간은 불가침의 기본적인 소극적 권리(예, 고문받지 않을 권리, 살해되지 않을 권리, 적절한 절차 없이 감금되지 않을 권리)를 갖는다. 하지만 도덕적 추론과 이론화에서 상당히 많은 부분이 이러한 보편적인 소극적 권리가 아니라 우리가 다른 인간 집단에 대해 갖는 적극적이고 관계적인 의무를 다룬다. 우리는 이웃과 가족에게 어떤 의무가 있는가? 동료 시민co-citizen에게는 어떤 의무가 있는가? 국내외 역사적 부정의를 바로잡기 위해 우리는 어떤 의무를 져야 하는가? 다양한 관계는 돌봄, 환대, 조정, 호혜 또는 치유적 정의의 의무 등 다양한 의무를 낳는다. 그리고 우리는 도덕적 삶의 대부분을 이 복잡한 도덕적 지형을 분류해서 어떤 의무가 어떤 사회, 정치, 역사 관계에서 비롯되는지 결정하려고 애쓰며 보낸다. 동물과 우리의 관계는 여러 유형의 동물과 역사적으로 맺어온 관계의 엄청난 다양성을 고려할 때 이와 유사한 도덕적 복잡성이 있을 가능성이 높다.

대조적으로, 기존의 동물 권리론은 특별한 관계나 의무가 빠진 놀랍도록 단조로운 도덕적 지형을 보인다. 한편 동물 권리론이 간섭 받지 않을 소극적 권리에만 집중하는 것은 이해할 만하다. 기본권의 불가침성은 동물 착취라는 일상적 (그리고 계속 늘어나는) 폭력을 규탄하는 데 필요한 매우 중요한 전제다. 노예가 되지 않을, 해부당하지 않을, 또는 산 채로 가죽이 벗겨지지 않을 소극적 권리를 확보하는 시급한 문제와 비교할 때 건물과 도로를 동물에 맞추어 재설계하거나 반려동물을 위한 효과적인 보호자 모델을 개발하는 일은 나중으로 미뤄도 되는 문제로 보일 수 있다.[14] 그리고 동물 권리론자가 일반 대중에게 동물의 소극적 권리를 이해시키는 데 어려움을 겪는다면, 동물의 적극적 권리를 주장할 때에는 한층 더 어려울 것이다(Dunayer 2004:119).

하지만 동물 권리론이 보편적인 소극적 권리에만 집중하는 경향은 단순히 시급한 문제를 해결하기 위한 우선순위나 대중의 동의를 얻기 위한 전략의 문제만은 아니다. 오히려 돌봄, 조정 혹은 호혜라는 관계적 의무가 발생하는 동물과의 관계에 참여해야 하는가 하는 뿌리 깊은 회의가 있다. 많은 동물 권리론자에게 인간이 동물과 관계를 맺게 된 역사적 과정은 본질적으로 착취를 위한 것이었다. 동물 가축화 과정은 인간의 목적을 달성하기 위해 동물을 포획, 노예화, 사육하는 과정이었다. 가축화domestication라는 개념 자체가 본질적으로 동물의 소극적 권리를 침해한다. 그렇기에 많은 동물 권리론자는 사육 동물domesticated animal에게 특별한 의무를 갖는다는 결론보다 사육 동물을 더 이상 존재하지 않게 해야 한다는 결론에 이르게 된다. 프란시온은 다음과 같이 말한다.

> 이제 더는 가축화된 비인간nonhuman이 존재하게 해서는 안 된다. 이는 우리가 음식, 실험, 의복 등에 이용하는 동물뿐만 아니라 비인간 반려동물도 해당한다. (…) 우리는 이미 존재하게 한 비인간을 분명히 보살펴야 하지만, 더는 생기지 않도록 해야 한다. (…) 우리가 비인간 동물을 가축화하는 부도덕한 행동을 했다고 하면서도, 이제는 가축화된 비인간 동물이 계속 번식하도록 노력하겠다는 것은 말이 되지 않는다(Francione 2007).

이 입장을 종합하면, 역사적으로 인간이 동물과 맺은 관계는 착취 관계이고 이것은 없어져야 하며, 인간과 그 어떤 경제적, 사회적, 정치적 관련도 없는 야생 동물만 남겨야 한다(아니면 적어도 적극적 의무를 발생시키는 관계는 모두 남겨둬서는 안 된다).[15] 요컨대, 이들의 목표는 관계적인 적극적 의무라는 개념 자체가 불가능하도록 동물을 인간 사회에서 독립시키는 것이다. 한 예로, 조앤 두나이어Joan Dunayer의 주장에서 이것을 볼 수 있다.

> 동물권 옹호자들은 인간이 비인간을 착취하거나 해치는 것을 금지하는 법을 원한다. 이들의 목적은 비인간을 인간 사회 안에서 보호하는 것이 아니다. 비인간을 인간 사회**로부터** 보호하는 것이다. 이들의 목표는 인간 사회에서 비인간의 '가축화' 그리고 강요된 '참여'를 끝내는 것이다. 비인간은 자연에서 자기만의 사회를 구성하며 자유롭게 살도록 허락되어야 한다. (…) 우리는 비인간이 인간으로부터 자유로워지고 독립하길 바란다. 어떤 점에서는 이것이 새로운 인간 집단에 권리를 줘서 이들과 경제적, 사회적, 정치적 권력을 공유하는 것보다 덜 위협적이다. 비인간은 권력을 공유하지 않을 것이다. 이들은 **인간**의 권력으로부터 보호될 것이다(Dunayer 2004:117, 119).

두나이어의 주장을 다시 말하면, 인간-동물 관계에서 적극적 권리 이론은 발전시킬 필요가 없다는 것이다. 일단 동물 착취가 사라지면 사육 동물은 없어질 것이고, 야생 동물은 그들만의 독립적인 삶을 살도록 내버려두어질 것이기 때문이다.

우리의 목표는 이러한 그림에 도전하고 인간-동물 관계에서 얽히고설킨 경험적, 도덕적 복잡성에 좀 더 민감한 새로운 틀을 제공하는 것이다. 우리는 동물 권리론을 보편적인 소극적 권리와 동일시하고 관계적인 적극적 의무를 제쳐두는 것은 지적으로나 정치적으로나 실수라고 생각한다. 먼저, 고전 동물 권리론은 인간과 동물을 필연적으로 연결하는 긴밀한 상호 작용 패턴을 무시한다. 이런 시각은 인간은 (부당하게 가축화되거나 포획된 동물 외에는) 동물이 거의 없는 도시나 인위적으로 만든 환경에 살고, 동물은 야생에서, 인간이 비워두거나 내버려둔 공간에서 사는 그림을 바탕으로 한다. 이런 그림은 인간과 동물이 공존하는 현실을 무시한다. 사실 야생동물은 우리 집과 도시, 항공로, 강 유역 등 우리 주변의 모든 곳에 산다. 인간이 사는 도시에는 비사육 동물 즉, 버려진 애완동물, 탈출한 외래종, 인간의 개발로 서식지를 빼앗긴 야생 동물, 철새 등으로 넘친다. 그뿐 아니라 수십억 마리의 기회성 동물opportunistic animal, 예를 들어 찌르레기, 여우, 코요테, 참새, 청둥오리, 다람쥐, 너구리, 오소리, 스컹크, 그라운드호그*, 사슴, 토끼, 박쥐, 쥐, 생쥐, 그 외 셀 수 없이 많은 동물이 인간의 개발지로 이끌려 들어와 번성하고, 공생한다. 이들은 인간이 나무를 베고, 수로를 변경하고, 도로나 집, 높은 건물을 지을 때마다 영향을 받는다.

우리는 수없이 많은 동물과 함께 사는 공유 사회shared society**

* 설치류의 일종.

** 인간과 동물이 상호 작용하며 공존하는 사회를 의미한다. 이는 단순히 함께 존재한다는 의미를 넘어, 인간과 동물 모두가 사회의 구성원으로서 고유한 권리와 책임을 가지며, 서로의 이익과 필요를 고려하는 공동체를 뜻한다.

의 일부이고, 이 공유 사회는 동물을 '강제 참여'시키지 않더라도 계속 존재할 것이다. 인간과 비인간이 각자 분리된 영역에서 거주하면 동물과 인간의 상호 작용 및 그에 따른 잠재적 갈등은 대부분 해결될 수 있다는 동물 권리론의 가정은 동의하기 어렵다. 동물과 인간의 지속적인 상호 작용은 불가피하며, 이러한 현실은 동물 권리론의 중심에 있어야지 가장자리로 밀려나서는 안 된다.

일단 인간과 동물의 상호 작용이 피할 수 없는 생태적 사실임을 알게 되면, 이 관계의 성격과 그 속에서 생기는 적극적 의무에 관한 여러 어려운 규범이 생긴다. 인간 사회는 관계에서 발생하는 의무들을 생각하기 위한 범주가 잘 나뉘어져 있다. 예를 들어, 어떤 사회적 관계(부모-자식, 교사-학생, 고용주-직원)는 의존성과 권력 불균형 때문에 돌봄 의무가 더 강해진다. 자치 공동체와 구성원 같은 정치적 관계에서도 공동체와 영토 통치에 참여하는 시민은 특정 권리와 책임을 갖기 때문에 적극적 의무를 진다. 어떤 동물 권리론이든 중심 과제는 동물을 위해서도 비슷한 범주를 마련해 다양한 인간-동물 관계 패턴과 이에 관련된 적극적 의무를 정리하는 것이다.

고전 동물 권리론에서 동물을 윤리적으로 대우한다고 할 때 유일하게 허용되는 관계는 동물의 생명과 자유에 대한 소극적 권리에 개입하지 않고 내버려두는 것을 의미한다. 우리가 볼 때, 특히 인간 서식지와 활동에서 멀리 떨어져 사는 특정 야생 동물은 실제로 개입하지 않는 것이 맞다. 하지만 동물과 인간은 서식지를 공유하는 상호 의존 관계로 깊게 연결되어 있어서, 안타깝게도 다른 많은 경우에는 맞지 않다. 인간에게 의존하도록 수천 년 동안 길들인 반려동물과 농장에서 사육되는 가축의 경우 상호 의존 관계가 분명히 드러난다. 이러한 개입 과정에서 우리는 그들에게 적극적 의무를 지게 되었다. (그러면서 이러한 동물들을 멸종시켜야 한다고 주장하는 것은, 우리가 지게 된 적극적 의무를 다하기에는 이상한 방식이다!) 좀 더 복잡하긴 하지만, 이 점은 초대받지 않은 채 인간 거주지로 몰려드는 많은 동물에 대해서도 마찬가지다. 우리는 도시와 마을을 찾는 거위와 그라운드호그가 반갑지 않을 수 있다. 하지만 시간이 흐르면 그들은 우리와 공간을 공유하는 공동 거주자가 되고, 우리는 그들의 이익에 맞도록 공간을 설계해야 하는 적극적 의무를 갖게 될 수 있다. 우리는 이 책 전체에서 동물 윤리 개념이 적극적 의무와 소극적 의무를 모두 포함하고, 상호 작용과 상호 의존, 정의로운 공존을 위한 열망의 역사를 고려해 조정된 사례를 많이 논의할 것이다.

동물 권리론을 일련의 소극적 권리로만 제한하는 것은 지적으로 지속하기 어려울 뿐만 아니라, 정치적으로도 해롭다. 동물 권리론에서 인간과 동물의 상호 작용이라는 적극적 개념을 없애기 때문이다. 관계에 따라 달라지는 적극적 의무를 인정하는 것은 동물 권리론을 더욱 부담스럽게 할 수 있지만,[16] 다른 의미로 동물 권리론을 훨씬 더 매력적인 접근법으로 만들 수도 있다. 결국 인간은 동물 세계와 접촉이 차단된 채 자연 밖에서 존재할 수 없다. 반대로 모든 문화에서 착취의 역사와는 달리 인간이 동물과의 관계와 유대를 발전시키려는 경향 혹은 필요가 분명히 있었다. (그리고 반대의 경우도 마찬가지다.) 한 예로, 인간에게는 항상 반려동물이 있었다.[17] 쇼베와 라스코 동굴에 최초의 벽화가 그려진 때부터, 동물은 예술가,

과학자, 신화 창조자의 마음을 사로잡아 왔다. 폴 셰퍼드Paul Shepard의 표현을 빌리면, 동물은 '우리를 인간으로 만들었다'(Shepard 1997).

분명히 말해, 동물 세계와 연결되려는 인간의 욕구, 즉 반려, 우상, 신화로서 동물과 우리가 맺는 '특별한 관계'는 주로 동물이 인간의 조건에 따라 인간의 이익을 위해 인간 사회에 참여하도록 강요당하는 파괴적 관계였다. 하지만 연결의 욕구가 많은 동물 옹호 운동의 동기가 된 것 또한 사실이다. 동물 애호가들은 이 운동의 중요한 동맹이고, 대부분 인간과 동물의 관계를 단절시키기보다(단절이 가능하기나 하다면 말이다) 서로 존중하고 공감하며 비착취적인 방식으로 관계를 재건하기를 원한다. 만약 동물 권리론이 모든 인간-동물 관계가 중단되어야 한다고 주장한다면, 동물 정의 운동에서 잠재적인 많은 동맹을 잃게 될 것이다. 또한 동물 권리론 반대 단체에 탄약도 제공하게 될 것이다. 동물 권리론 반대 단체는 동물권 옹호 운동가의 '애완동물 반대' 발언을 기쁘게 인용하며, 동물권 운동의 진정한 논의 주제는 모든 인간과 동물의 관계를 끊는 것이라고 주장할 것이다.[18] 이러한 비판은 한결같이 왜곡되어 있지만, 동물 권리론이 어떻게 스스로 인간-동물 관계를 본질적으로 의심하도록 몰았는지에 관해 약간의 진실을 담고 있다.

이렇게 동물 권리론은 이론적으로 타당하지도, 매력적이지도 않은 방식으로 우리의 다양한 도덕적 고려사항을 지나치게 단순화한다. 그리고 지금도 진행 중이고, 도덕적으로 중요한 인간-동물 관계의 필연성과 이 관계를 맺으려는 욕구를 무시한다. 동물 권리론이 정치적 힘을 얻으려면, 동물을 착취하는 관계를 금지하는 것이 인간과 동물의 의미 있는 상호 작용을 단절하는 뜻이 아니라는 점을 보여줄 필요가 있다. 오히려 동물 권리론이 적극적 의무와 소극적 의무를 모두 포함할 때, 어떻게 인간-동물 상호 작용이 서로 존중하고 더욱 풍요로우며 비착취적인 조건을 설정하는지 보여주는 것이 과제다.

좁은 의미의 동물 권리론은 정치적으로도 지속하기 어렵다. 이것은 동물권 운동가와 생태주의자의 차이를 과장해서 잠재적 동맹을 적으로 만든다. 동물 권리론과 생태주의 관점 사이의 갈등은 일부 근본적인 도덕관의 차이를 보여준다. 예를 들어, 생태계의 건강과 개별 동물의 생명 중 선택해야 할 때, 생태주의자는 대부분 동물이 생태계 관리를 위해 인간에게 죽임당하지 않을 권리가 있다는 점을 부인할 것이다. 반면 동물권 옹호자는 생태계 회복을 위한 동물 살처분을 인간의 경우와 마찬가지로 명백한 기본권 침해로 본다. 이 점이 바로 우리가 동물에게 갖는 도덕적 의무에서 실질적이고 근본적으로 어긋나는 부분이다. 이 점은 2장에서 다시 논의할 것이다.

하지만 동물 권리론자와 생태주의자 사이에 존재하는 여러 갈등 중에는 적극적이고 관계적인 권리를 포함하는 '확장된 동물 권리론'으로 해결할 수 있는 것들이 있다. 생태주의자들은 개별 동물의 기본권에만 국한된 동물 권리론이 환경 파괴 문제에 무관심하거나 혹은 환경에 지나치게 개입할 것을 우려한다. 한편으로는 개별 동물의 권리에만 초점을 맞춘다면, 우리는 광범위한 서식지와 생태계 파괴를 비판할 수 없을지도 모른다. 인간에 의한 생태계 오염은 종의 생존 능력을 약화시킬 수 있지만, 개별 동물을 직접 죽이거나 포획하지는 않는다. 동물 권리론 옹호자들은 개별 동물의 '생명권'이 안전하고 건강한 환경을 비롯한 수단을 확보할 권리를 포함한다고 주장할 수 있다. 하지만 생명권을 이렇게 확장해 해석한다면 동물을 포식자, 식량 부족, 자연재해에서 보호하려고 인간이 야생에 대규모로 개입하는 것을 허락하는 것처럼 보인다. 개별 동물의 생명권을 옹호한다면, 모든 개별 동물이 안전하고 안정적인 식량 자원과 거주지를 갖도록 인간이 자연을 관리해야 할 수도 있다. 요약하자면 동물 권리론이 개별 동물의 권리라는 개념을 좁게 해석한다면, 이는 환경 파괴로부터 어떤 보호도 제공하지 않는다. 하지만 개별 동물의 기본권을 넓게 해석한다면, 자연에 인간의 대규모 개입을 허가하는 것처럼 보인다.

6장에서 살펴보겠지만, 동물 권리론자는 이러한 '지나치게 좁은-지나치게 넓은' 딜레마에 여러 방식으로 대응했다. 하지만 우리는 이 딜레마가 좁은 범위의 개별 동물의 보편적 권리에만 초점을 맞춘 이론으로는 해결될 수 없다고 생각한다. 야생 동물과 이들의 서식지에 대한 우리의 의무를 결정하기 위해서는 보다 풍부하고 관계 중심적인 도덕 개념이 필요하다. 우리는 개별 동물에게 어떤 의무를 갖는지 묻는 것에 더해, 인간과 야생 동물 공동체 사이의 적절한 관계에 대해 질문할 필요가 있다. 이들 공동체는 각각 자율성과 영토를 가질 정당한 권리가 있다고 이해된다. 두 공동체 간 상호 작용의 공정한 조건은 서식지 보호냐 개입이냐의 문제에서 생태학 정보를 바탕으로 지침을 제공할 것이고, 이는 '지나치게 좁은-지나치게 넓은' 딜레마를 피하도록 할 것이다.

좀 더 일반적으로 말하자면, 생태주의자는 동물 권리론이 인간-동물 상호 작용과 상호 의존의 복잡성을 지나치게 순진하게 생각한다고 걱정한다. 이것은 인간-동물 상호 작용이 널리 퍼져 있고 필연적이라는 점 그리고 단순해서 매력적인 '방관자' 접근법으로는 인간-동물 상호 작용의 복잡성을 쉽게 피할 수 없다는 점을 인정하는 확장된 동물 권리론으로 해결할 수 있다. 이 모든 방면에서 좀 더 관계적인 동물 권리론은 생태주의적 사고와 거리를 좁힐 것이다.

요약하면, 모든 동물에게 주어진 보편적인 소극적 권리와 인간-동물 관계의 성격에 따라 차별적인 적극적 권리를 통합하고 확장한 동물 권리론이 이 분야가 발전할 수 있는 가장 가능성 있는 방법을 제공할 것이다. 그리고 확장된 동물 권리론이 기존 동물 복지론, 생태주의 또는 인간-동물 정의에 대한 고전 동물 권리론보다 더 지적으로 신빙성이 있으며, 대중의 지지를 더 많이 얻을 자원을 제공하여 정치적으로 더욱 성공 가능성이 있다고 본다.

동물권에 좀 더 차별적이고 관계적인 접근법이 필요하다는 생각은 새로운 것이 아니다. 많은 비평가는 동물 권리론이 유독 보편적인 소극적 권리에만 초점 맞추는 것이 문제라고 했다. 한 예로, 키스 버지스-잭슨Keith Burgess-Jackson은 동물이 '미분화未分化된* 덩어리'가 아니며, **어떤** 동물에게 누군가 갖는 책임이 무엇이든 그 책임이 **모든** 동물에게 다 맞지는 않는다고 말했다(Burgess-Jackson 1998:159). 비슷하게, 클레어 팔머Clare Palmer는 '우리가 동물과 맺는 다양한 관계에서, 동물에 대한 우리의 도덕적 의무에 관해 "모두에

* 어떤 대상이 세분화되지 않고 하나의 집단으로 유지되는 상태.

게 적용되는" 규칙을 만드는 것이 타당한지' 물었다(Palmer 1995:7). 팔머는 맥락과 관계에 초점을 둔 상황적 동물 윤리situated animal ethics를 주장했다. 페미니즘과 환경 윤리의 전통 안에서 활동하는 다양한 저자들 사이에서도 비슷한 생각을 찾을 수 있다.[19]

하지만 우리 관점에서 볼 때 기존의 관계적 설명은 몇 가지 결함이 있다. 첫 번째로, 몇몇 저자가 더욱 관계적인 동물 권리론을 **촉구**하기는 했지만 실제로 그러한 이론을 발전시키려고 시도한 사람은 거의 없었다. 한 예로, 버지스-잭슨은 반려동물에 대한 특별한 의무에 초점을 맞추었는데, 이처럼 대부분의 저자는 다양한 관계 유형이나 동물권 관련 맥락을 체계적으로 설명하는 대신 특정 관계 유형에 초점을 두었다. 그 결과, 기존 논의는 때로는 단편적으로 보이거나, 의무의 바탕이 되는 좀 더 일반적 원칙과 분리된 특수한 요청처럼 보였다.

두 번째로, 이러한 저자의 다수가 마치 보편적인 수동적 권리와 관계적인 적극적 권리 **중**에서 선택해야 하는 것처럼 관계적 접근법이 동물 권리론의 **대안**이라고 주장한다.[20] 예를 들어, 팔머는 자기의 관계적 접근은 '공리주의나 동물 권리론과 다르다. 이 접근법들은 도시, 시골, 바다, 야생 환경에 동일한 윤리적 처방을 내리는 경향이 있다'라고 말한다(Palmer 2003a:64). 하지만 우리 관점에서 관계적 접근은 보완적 접근으로 봐야지 경쟁적 접근으로 볼 필요도 정당성도 없다. 어떤 '불변의' 윤리적 처방, 즉 주체적으로 세계를 경험하는 모든 존재에게 주어지는 보편적인 소극적 권리가 있고, 관계의 성격에 따라 바뀌는 윤리적 처방도 있다.[21]

세 번째로, 이러한 대안적 설명은 인간-동물 관계를 분류할 때 부정확하거나 지나치게 편협한 근거를 대는 경향이 있다. 이들은 일반적으로 정서적 애착이라는 주관적 감정(예, 1992년 캘리콧이 개발한 생물사회학 이론), 생태적 상호 의존이라는 자연적 현실(Palmer 2010), 또는 피해나 의존을 유발하는 인과 관계(Palmer 2010)를 바탕으로 동물을 여러 범주로 분류한다. 우리가 보기에 인간-동물 관계는 좀 더 명확히 **정치적인** 관점으로 이해할 필요가 있다. 이것이 우리가 하려는 일의 핵심이다. 동물은 국가 주권, 영토, 식민화, 이주, 성원권과 관련된 정치 제도 및 관행과 다양한 관계를 맺고 있으며, 동물에 대한 우리의 적극적이고 관계적인 의무를 결정하기 위해서는 이러한 관계의 성격을 이해하는 것이 중요하다. 우리는 이렇게 동물 논의가 응용 윤리 문제에서 정치 이론 문제로 전환되길 바란다.[22]

우리는 보편적인 소극적 권리와 관계적인 적극적 권리를 결합하고, 동물을 좀 더 확실하게 정치적 틀 안에 자리 잡게 하는 동물 권리론을 제안하려 한다. 이는 매우 힘든 일이다. 앞으로 살펴보겠지만, 확장된 동물 권리론의 기초를 세우고 보편적인 소극적 권리와 보다 집단 차별적이고 관계적인 적극적 의무를 통합하기 위해 풀어야 할 어려운 퍼즐이 많다. 결코 우리가 이 모든 문제를 해결했다고 주장하는 것은 아니다.

우리는 보편적인 개인의 권리를 다양한 맥락과 관계에 대한 감수성sensitivity과 통합하는 문제를 오래 고심해 온 정치 철학의 관련 분야들에서 최근 일어난 발전에서 배울 수 있다. 우리는 특히 이와 관련해 핵심 개념이라고 밝혀진 **시민권**citizenship 개념에 초점을 맞출 것이다.[23] 근대 시민권 이론에 따르면, 인간human being은 인격성 personhood 때문에 보편적 인권이 주어진 인격체persons일 뿐만 아니라, 특정 영토에 자리한 구별되는 자치 사회의 시민이기도 하다. 즉, 인간은 스스로 집단을 이루어 국가를 세웠고, 각 국가는 공유 영토와 서로를 통치할 공동의 책임이 있는 동료 시민co-citizens이 서로에게 특별한 책임을 갖는 '윤리적 공동체'를 형성한다. 간단히 말해 시민권은 외국인을 포함해 모든 사람에게 보편적 인권을 넘어 독특한 권리와 책임을 부여한다.

이것을 전제로 하면, 우리는 곧바로 의무에 관해 복잡하고 매우 집단 차별적인 해석과 마주하게 된다. 동료 시민과 외국인은 분명하게 구분될 것이다. 한편 두 기본 범주 사이에 걸친 집단도 있을 것이다. 예를 들어, 이주 노동자나 난민은 흔히 '시민citizen'보다는 '주민denizen'의 지위를 얻는다. 이들은 국가 영토에 거주하고 통치 대상이지만 시민은 아니다. 인간의 이동성은 필연적으로 사람들을 자치 공동체의 완전한 내부인도, 완전한 외부인도 아닌 상황으로 이끌 것이다. 또한 자치 공동체의 영토 경계가 분쟁의 대상이 될 수도 있을 것이다. 예를 들어, 토착민은 비록 보다 큰 정치 공동체 안에 자리하고 있을지라도, 자기들의 전통적 영토에 대한 집단 자치권이 있고, 따라서 시민권도 주장할 수 있다. 아니면 북아일랜드나 예루살렘의 정착촌처럼 주권이 공유되고 시민권 제도가 겹치는 영토 분쟁 사례도 있다. 인류 역사에서 자치 공동체의 경계와 영토 분쟁은 불가피하게 일어날 것이다.

따라서 우리는 여러 중복되고 제한적이며 중재된 형태의 시민권을 갖는다. 이러한 시민권은 인간 사회가 영토의 경계가 구별되는 자치 공동체로 조직되었다는 기본 사실에서 비롯된다. 이 때문에 우리는 특정 정치 공동체의 성원권membership이 갖는 도덕적 중요성을 진지하게 받아들이고, 성원권, 이동성, 주권, 영토에 관한 광범위한 문제를 다룰 필요가 있다. 그래서 오늘날 자유주의는 보편적 인권 이론뿐만 아니라 경계가 있는 시민권bounded citizenship 이론도 포함하며, 시민권 이론은 외국인, 이민자, 난민, 토착민, 여성, 장애인, 아동의 권리는 물론, 민족성과 애국심, 주권과 자결권, 연대와 시민적 덕성civic virtue, 언어 및 문화적 권리에 대한 개념에도 기반하게 되었다. 이러한 시민권 이론의 상당수는 인간의 성원권, 개인적 역량, 관계의 성격에 따라 집단 차별적인 적극적 의무를 만들어낸다. 그럼에도 이 모든 이론이 자유주의적인 이유는 어떻게 이러한 '집단적'이거나 '공동체적' 조치들이 개인의 보편적 기본권 행사와 일치하면서 또한 이를 증진하는지 보여주려 하기 때문이다. 오늘날 자유주의는 보편적 인권과 정치적, 문화적 성원권이 갖는 관계적이고 경계가 있으며 집단 차별적인 권리가 복잡하게 통합되어 있다.

우리가 보기에 시민권 이론의 발전은 고전 동물 권리론과 관계에 따른 적극적 의무 이론을 통합할 방법을 사유하기 위한 유용한 모델을 제공한다. 적어도 이것은 불변의 윤리적 처방과 관계적 의무를 조화시키는 것이 이론적으로 가능하다는 것을 보여준다. 우리는 더 나아가 동물의 경우에도 시민권 이론이 두 의무를 조화시키는 데 유용한 틀을 제공한다고 주장한다. 인간 사회에서 집단 차별적 시민권 이론이 필요한 여러 정치 과정이 동물에도 똑같이 적용되고, 그 결과 몇몇 범주도 똑같이 적용된다. 어떤 동물은 고유한 영역에서 개별적 주권 공동체를 형성한다고 보아야 한다(인간의 침입과 식민화에 취약한 야생 동물). 어떤 동물은 이주민이나 주민처럼 인간 거주 지역으로 들어가는 것을 선택한다(기회성 경계 동물). 그리고 어떤 동물은 인간과 상호 의존하며 수 세대에 걸쳐 사육되었기 때문에 '정치체polity'의 완전한 시민으로 보아야 한다(가축화된 사육 동물 시민). 이 모든 관계는 (그리고 우리가 논의 할 다른 관계들도) 각각의 도덕적 복잡성이 있으며 주권, 주민권, 이주, 영토, 성원권, 시민권 개념을 사용하여 밝힐 수 있다.

우리는 위 개념들과 세 범주가 어떻게 인간 맥락에서 동물 맥락으로 적용될 수 있는지 살펴볼 것이다. 동물의 공동체 주권은 인간의 정치 공동체 주권과 같지 않고, 동물 식민화도 토착민 식민화와 같지 않다. 도시 환경에서 사는 이주 동물이나 기회성 동물의 주민권은 이주 노동자나 불법 이민자*의 주민권과 같지 않다. 가축화된 사육 동물 시민은 어린이나 지적 장애인처럼 도움 없이는 시민권을 행사할 수 없는 시민과도 핵심적인 측면에서 다르다. 하지만 우리는 이러한 개념이 (기존 문헌에서 자주 무시되는) 도덕적으로 중요한 요소를 밝히는 데 정말로 유용하다고 주장한다. (실제로 우리는 이러한 개념을 동물에게 적용하는 것은 인간 시민권에 관한 사고를 더욱 예리하게 하는 데에도 도움 된다고 생각한다.)

* 최근 유엔 권고에 따라 부정적인 의미 부여를 피하고자 '미등록 이민자' 또는 '미승인 이민자'라는 용어를 사용하는 추세임을 밝혀둔다. 저자들은 '불법 이민자'라는 용어를 사용하지만, 이들의 권리와 지위 변화 가능성을 인정하고 불법 이민을 은밀히 허용하면서 공개적으로는 반대하는 국가의 위선적 정책을 비판하며 낙인 방지 정책의 필요성을 주장한다.

요약하면, 시민권에 바탕을 둔 확장된 동물 권리론은 보편적인 소극적 권리와 관계적인 적극적 의무를 통합하는 데 유용하며, 생태주의자가 직관적으로 강하게 우려하는 문제에 대처하는 한편, 여전히 견고한 동물 착취 구조를 다루는 데 필요한 불가침 권리의 근거를 제공한다. 우리는 이러한 접근이 지적으로 설득력이 있을 뿐만 아니라, 정치적으로 막다른 골목에 도달한 동물 옹호 운동에도 도움이 된다고 믿는다.

2장에서는 동물이 그들 세상을 주체적으로 경험하는 '쾌고감수능력'이 있는 개체라는 점에서 불가침 권리를 갖는다는 생각을 옹호하며 시작할 것이다. 우리의 목표는 고전 동물 권리론이 보편적 기본권에 기여한 공헌을 대체하는 것이 아니라 보완하는 것이기 때문에 이러한 공헌을 분명히 밝히고 옹호하면서 시작할 것이다.

3장에서는 보편적 기본권 논리를 시민권 논리와 구별하고, 정치 이론에서 시민권이 수행하는 독특한 기능을 살펴본다. 이어서 인간과 동물의 경우 모두에서 왜 시민권 논리가 설득력 있고 적용 가능한지 설명할 것이다. 많은 사람이 원칙적으로 상호 호혜나 정치적 참여 같은 시민권의 일부 핵심 가치를 동물에게는 적용할 수 없다고 주장해 왔다. 우리는 이러한 주장이 인간에게조차 시민권을 지나치게 좁게 해석한 개념이자 동물의 역량도 지나치게 좁게 해석한 개념이라는 것을 보여준다. 일단 다양한 인간이 시민권을 행사하는 방식을 살펴보면, 어떻게 동물 또한 시민권을 행사할 수 있을지 이해되기 시작할 것이다.

4~7장에서는 사육 동물부터 시작해 시민권 논리를 다양한 인

간-동물 관계에 적용한다. 4장에서는 사육 동물에 대한 기존 동물 권리 접근의 한계와 어떻게 동물의 가축화와 우리 사회로의 통합에서 생기는 도덕적 의무를 인식하는 데 실패했는지 살펴볼 것이다. 5장에서는 사육 동물의 통합을 인식하는 적절한 방법이 시민권이라고 주장하며, 가축화의 사실을 살펴볼 때 동료 시민권이 왜 도덕적으로 필요하고 어떻게 실현할 수 있는지 설명할 것이다. 6장에서는 야생 동물의 경우를 살펴본다. 야생 동물을 주권 공동체의 시민으로 보아야 하고, 이들에 대한 우리의 의무는 영토와 자율성 존중 등 국제법상 의무와 같다고 주장한다. 7장에서는 우리 곁에 사는 비사육 동물인 경계 동물을 살펴보고, 이들에게는 우리가 사는 도시 공간의 공동 거주자라는 점을 인정하는 주민 지위가 적합하며, 이 경계 동물은 시민권이라는 협력 제도의 구성원이 될 능력도 관심도 없다고 주장할 것이다.

8장에서는 이 장에서 언급한 전략적이고 동기를 부여하는 문제 중 일부로 돌아가서 마무리할 것이다. 2~7장에서 시민권 접근법의 규범적 논증에 주로 초점을 맞추지만, 이미 언급했듯이 이 접근법은 동물 옹호 운동을 위한 대중의 지지와 정치적 동맹을 확대할 잠재력이 있다. 8장에서는 시민권 접근법이 어떻게 인간-동물 관계에서 나타나는 가장 유망한 발전을 설명하는지 살펴봄으로써 이 접근법의 가능성을 확인할 것이다. 개인과 사회는 이미 사육 동물, 야생 동물, 경계 동물과 새로운 형태의 관계를 맺으며 소규모 실험을 진행 중이고, 우리는 이러한 실험이 시민권 접근법의 가능성을 구체화하는 사례라고 생각한다. 이상적인 목표와는 거리가 있지만,

시민권 접근법은 신중한 생태주의자, 동물 옹호 운동가, 다양한 동물 애호가의 실천과 발맞추는 이론의 한 사례가 될 것이다.

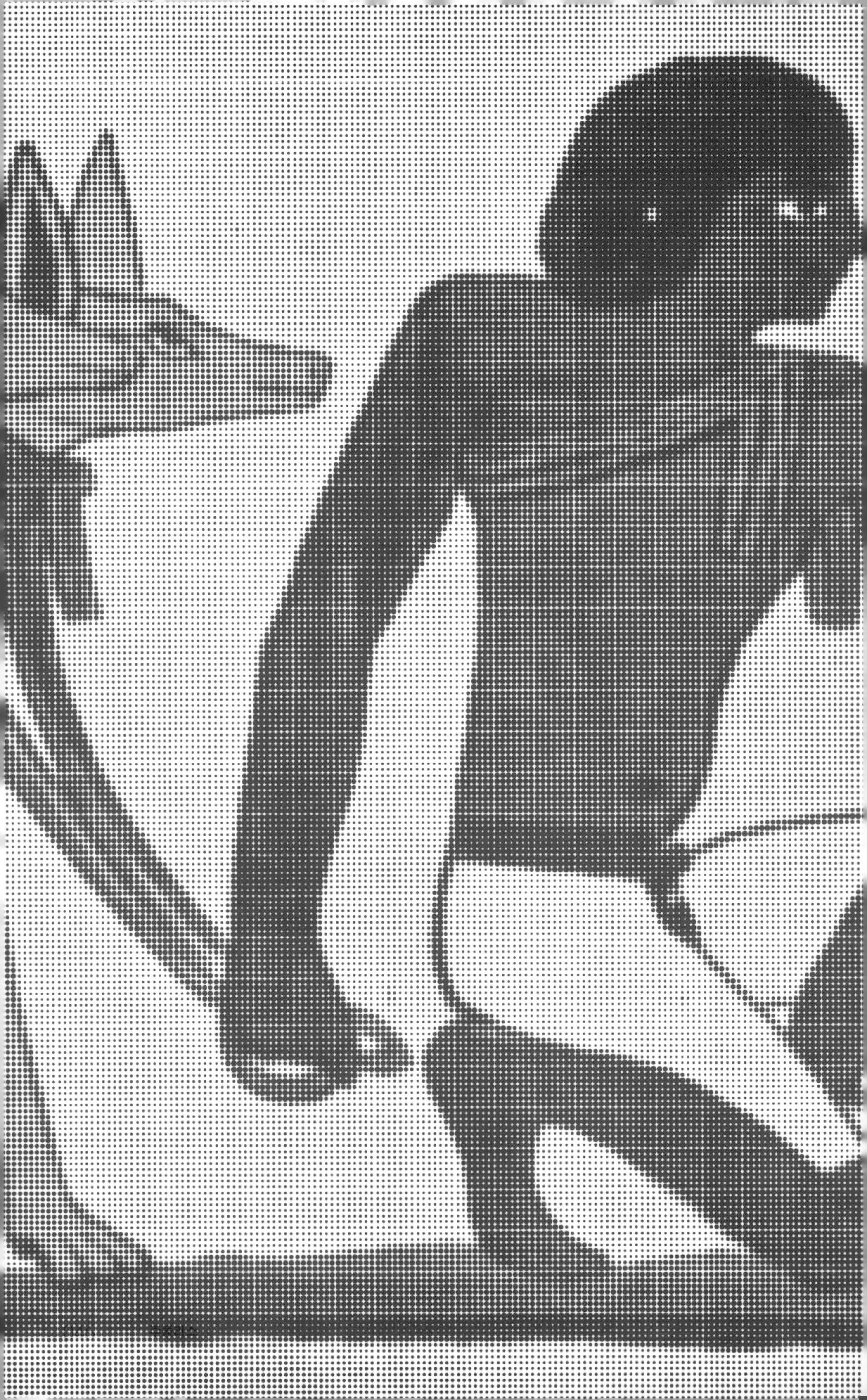

1부

동물 권리론의 확장

An Expanded Theory of Animal Rights

2 동물의 보편적 기본권

Universal Basic Rights for Animals

동물 권리론의 중요한 한 갈래는 주체로서 실존하는 모든 동물, 즉 의식이나 쾌고감수능력이 있는 동물은 모두 정의 실현의 대상이자 불가침 권리의 보유자라는 전제에서 출발한다. 동물에게 불가침 권리가 있다는 생각은 "동물권"이라는 용어의 일상적 이해를 넘어서는 매우 독특한 견해이다. 그러므로 불가침 권리가 무엇을 의미하는지, 그리고 왜 동물에게 불가침 권리가 있다고 생각하는지 명확히 할 필요가 있다.

일상에서, 동물 이용을 제한해야 한다고 주장하는 사람은 누구나 동물권 옹호자라고 불린다. 예를 들어 식용으로 키우는 돼지가 짧은 시간이나마 삶의 질을 높일 수 있도록 더 넓은 스톨에서 살게 해야 한다고 주장하는 사람은 동물권을 옹호한다고 여겨진다. 그리고 실제로 이들이 동물의 "인도적 대우를 받을 권리"를 옹호한다고 말할 수 있다. 이들보다 엄격하게 동물권을 옹호하는 사람은 영양학 측면에서 대안이 많으니 동물을 먹지 말자고 하면서도, 동물 실험이 의학 지식을 발전시키는 유일한 방법이거나 야생 동물 대량 살처분이 핵심 서식지를 보호하는 유일한 방법이라면 받아들여야 한다고 주장할 수도 있다. 이런 사람은 동물에게 "인류나 생태계 이익이 걸려있지 않는 한 인간에게 희생되지 않을 권리"가 있다고 생각한다고 볼 수 있다.

온건한 동물권 입장을 지지하든 더 엄격한 입장을 지지하든 이러한 견해는 동물에게 불가침 권리inviolable rights가 있다는 생각과는 결정적으로 다르다. 불가침 권리 개념은 개인의 가장 기본적 이익이 다른 이들의 더 큰 선greater good을 위해 희생될 수 없다는 의미다. 이런 의미에서 불가침권은 로널드 드워킨Ronald Dworkin의 유명한 말에 따르면, 다른 이들이 얼마나 많은 혜택을 보든 결코 침해할 수 없는 으뜸 패*와 같다(Dworkin 1984). 예를 들어 누군가의 장기, 척수, 또는 줄기세포가 수십 명에게 도움 될지라도 신체 일부를 얻자고 사람을 죽일 수는 없다. 실험으로 얻는 지식이 아무리 많아도, 사람을 동의 없이 의학 실험 대상으로 삼을 수 없다. 이런 의미에서 불가침권은 타인의 이익을 위해 희생되지 않도록 한 개인 주변에 둘러쳐진 보호막이다. 이러한 보호막은 살인, 노예화, 고문, 감금과 같은 근본적 해악에서 개인을 보호하는 일련의 소극적 기본권으로 이해할 수 있다.

인간에게 불가침권이 있다는 생각은 논란의 여지가 있다. 한 예로, 공리주의자는 비록 개인의 희생이 따르더라도 최대 다수에게 최대 행복을 주는 것이 도덕 원칙이라고 여긴다. 다른 조건이 똑같

* 트럼프 카드 게임에서 가장 좋은 패.

을 때, 한 사람을 죽여서 다섯 사람을 살릴 수 있다면 그렇게 해야 한다는 것이다. 위대한 공리주의자 제러미 벤담Jeremy Bentham은 불가침권 개념을 '말도 안 되는 헛소리'라고 했다(Bentham 2002). 공리주의자는 인간에게 불가침 권리를 부여해야 한다고 생각하지 않기 때문에, 당연히 동물에게도 불가침 권리를 부여하지 않는다.[1]

그러나 오늘날 인권의 근거를 둘러싼 철학적 논쟁은 계속되고 있을지라도, 인간에게 불가침 권리가 있다는 생각은 널리 받아들여지고 있다. 불가침성은 의료 윤리, 각국의 권리 장전, 국제 인권법의 기초이다. 모든 인간이 불가침 권리의 보호를 받을 자격이 있다는 개념은 법적으로는 '인권 혁명'의 일부고, 정치 철학에 있어서는 '권리 기반' 이론으로의 전환을 가져왔다. 정치 철학을 부활시켰다고 널리 알려진 존 롤스John Rawls의 『정의론A Theory of Justice』의 핵심 동기 중 하나는 타인의 행복을 위해 개인을 희생시키는 부당함을 공리주의가 해명하지 못했다는 그의 신념이었다. 유용한 의학 지식을 얻고자 개인을 실험하든, 다수의 선호를 만족시키고자 인종적 혹은 성적 소수집단을 차별하든 부당함은 해명되지 않았다(Rawls 1971). 롤스는 자유민주주의를 적절하게 옹호하려면, 개인을 단순히 사회의 이익을 위한 수단으로 다루어서는 안 된다고 강조하는 '칸트주의적' 개인 존중 개념이 필요하다고 믿었다.[2]

인간의 불가침 권리는 이제 널리 받아들여지고 있지만, 동물의 불가침 권리를 받아들일 준비가 된 사람은 거의 없다. 심지어 동물이 도덕적으로 중요하고 인도적 대우를 받을 자격이 있다고 인정하는 사람들조차, 인간의 더 큰 선을 위해 다른 방안이 없다면 동물의 권리가 침해되고 끝없이 희생될 수 있다는 생각을 흔히들 한다. 다섯 사람을 살리려고 한 사람을 죽이고 장기를 적출하는 것은 용납되지 않지만, 다섯 사람을 (혹은 다섯 원숭이를) 살리려고 한 원숭이를 죽이는 것은 허용되고 심지어 도덕적으로 요구될 수도 있다. 제프 맥머핸Jeff McMahan의 말처럼, 인간은 '절대 불가침'이지만 동물은 '더 큰 선을 위해 자유롭게 침해당할' 수 있다(McMahan 2002:265). 로버트 노직Robert Nozick은 이러한 견해를 '동물을 위한 공리주의, 인간을 위한 칸트주의'라는 유명한 말로 요약했다(Nozick 1974:39).

이 책에서 전개할 접근법은 인간만 불가침 권리를 보장받는다는 주장을 거부한다. 인권 혁명은 엄청난 도덕적 성취지만 불완전하다. 앞으로 살펴보겠지만, 불가침성 주장은 인간 종만으로 한정하지 않는다. 파올라 카발리에리Paola Cavalieri가 말했듯이, 인간의 권리라는 표현에서 인간을 지워야 할 때다(Cavalrieri 2001). 다섯 사람을 살릴 수 있다고 해도 장기를 얻으려고 한 사람을 죽이는 것이 잘못이라면, 마찬가지로 장기를 얻으려고 한 원숭이를 죽이는 것도 잘못이다. 다람쥐나 상어를 죽이는 것도 사람을 죽이는 것과 마찬가지로 그들의 기본적인 불가침 생명권을 침해하는 것이다.[3]

동물의 불가침권 주장은 이미 여러 동물 권리론자가 충분히 옹호했고, 우리가 새롭게 덧붙일 것은 거의 없다.[4] 이 견해에 이미 설득된 사람은 이번 장을 건너뛰고, 우리 견해의 더 독창적인 부분으로 넘어가도 좋다. 다음 장부터는 서로 다른 동물 집단별로 관계적 권리를 논한다.

하지만 독자 대부분은 동물의 불가침권 견해에 설득되지 않을 것이고, 심지어 터무니없다고 생각할지도 모른다. 만약 그렇더라도 이 책의 나머지 부분에서 펼쳐 나갈 우리의 주장에 계속 관심을 기울여주길 바란다. 독자들이 '동물을 위한 공리주의, 인간을 위한 칸트주의'를 지지하더라도, 아니면 동물과 인간 모두를 위한 공리주의(또는 이 모든 것을 합친 다른 이론)를 지지할지라도, 우리는 동물 권리에 좀 더 정치적이고 관계적인 설명이 보태져야 설득력이 있으리라 생각한다. 사육 동물에게 시민권을, 야생 동물에게 주권을, 경계 동물에게 주민권을 부여하기 위해 우리가 제시하는 많은 주장은 동물을 위한 불가침 권리 개념에 의존하지 않는다.

그렇지만 우리가 내보인 주장들은 불가침성을 보장하는 강력한 동물 권리론 틀strong AR framework* 안에서 정교하게 발전할 것이다. 강력한 동물 권리론은 우리의 주장을 정교하게 만드는 방식과 거기서 끌어내는 결론에 영향을 준다. 이 장에서는 출발점인 동물의 불가침권을 옹호하고, 이러한 견해가 일으킬 반대와 우려를 일부 다루고자 한다.

왜 그토록 많은 사람이 동물에게도 불가침 권리가 있다는 생각을 받아들이기 어려워하는가? 어떤 사람은 단순히 원숭이의 죽음보다 인간의 죽음이 더 큰 비극이고 세상에 더 큰 손실이며, 따라서 원

* 강력한 동물 권리론은 동물에게 불가침적인 기본권이 있다고 보는 입장으로, 이 장의 초반에서 설명한 "동물 권리"에 대한 일상적 이해처럼 동물 이용을 제한해야 하지만 인류나 생태계 이익 등이 걸리는 경우 권리가 침해될 수 있다고 보는 입장보다 강력한 입장이라고 볼 수 있다. 이후 저자들이 전개할 '확장된 동물 권리론'은 '강력한 동물 권리론'의 보편적인 소극적 권리에 관계적인 적극적 권리를 통합한 권리라고 이해하면 되겠다.

숭이를 죽이는 것보다 인간을 죽이는 것이 틀림없이 더 큰 잘못이라고 생각한다. 이 장의 논의를 통해 동물의 죽음이 가져올 손실이 무엇인지, 상대적 손실을 판단하는 것이 얼마나 복잡한지 독자들이 좀 더 생생하게 이해할 수 있길 바란다. 하지만 이러한 이해와는 별개로, 인간을 죽이는 것이 동물을 죽이는 것보다 더 큰 잘못이라는 판단은 부적절하다. 사실 우리는 인간이 죽으면 상대적 손실에 관해 비슷한 판단을 내릴 수 있고 그렇게 한다. 젊은이가 사고로 죽는 것이 노인의 죽음보다 더 비극이고, 삶을 사랑하는 사람의 죽음이 세상에 염세적인 사람의 죽음보다 더 비극이라고 생각할 수 있다. 그렇다고 해도 이런 상대적 손실에 관한 판단은 불가침의 생명권에 어떠한 영향도 미치지 않는다. 젊은이의 죽음이 더 비극이라고 해서 젊은이에게 장기를 주려고 노인을 죽일 수 있는 건 아니다. 삶을 사랑하는 사람에게 줄 장기를 꺼내자고 염세주의자를 죽여선 안 된다.

이것이 불가침 권리의 핵심이고 공리주의와 다른 점이다. 엄격한 공리주의 관점에서 보면, 생명권의 강도는 더 큰 선에 얼마나 기여했는지에 달렸다. 우리는 모두 '더 큰 선을 위해 권리가 자유롭게 침해될 수 있으며', 우리가 계속 존재하는 것이 전체 선overall good에 도움이 된다는 것을 보여줌으로써 생명권을 얻는다. 따라서 젊고, 재능 있고, 사교적인 사람은 나이 많고, 병들고, 불행한 사람보다 강력한 생명권을 누린다. 한 사람의 생명권의 중요도는 그 사람의 죽음에 따른 상대적 손실에 따라 달라진다.

인권 혁명은 정확히 이러한 공리주의 사고방식을 거부한다. 불가침성 원칙은 인간 생명권이 전체 선에 대한 상대적인 기여와 무관하며, 더 큰 선에 의해 침해될 수 없다고 말한다. 불가침성 원칙은 이제 인간의 경우에서 확립되었고, 우리는 이를 동물에게도 확장해야 한다고 주장한다. 어떤 개체의 죽음은 같은 종 개체나 다른 종 개체의 죽음보다 더 비극이고 더 큰 손실일 수 있다. 하지만 모든 개체에게는 불가침 권리가 있다. 이들은 모두 다른 개체들의 더 큰 선을 위해 희생되지 않을 동등한 권리가 있다.

동물이 다른 이들의 더 큰 선을 위해 희생되지 않을 동등한 권리가 있다는 것은 또 다른 반대와 우려를 낳는다. 이것은 동물에게 인간과 '동등한 권리', 예를 들어 투표권이나 종교의 자유, 고등 교육을 받을 권리가 있다는 뜻인가? 이 주장은 흔히 동물권 개념에 맞서 **귀류법적 반론**으로 제기되지만, 이 역시 권리 혁명의 논리를 오해한 것이다. 인간 범주 안에서도 권리는 능력과 관계에 따라 다르게 부여된다. 시민은 투표권, 사회복지권 등 외부인에게 없는 권리가 있고, 어른은 운전할 권리 등 어린이가 누릴 수 없는 권리가 있으며, 이성적 능력이 있는 사람에게는 자산 관리 결정권 등 중증 지적 장애가 있는 사람이 행사할 수 없는 권리가 있다. 그러나 다시 말하지만, 이러한 차이 중 어느 것도 근본적 불가침성에 영향을 주지 않는다. 시민은 외국인 관광객에게 없는 권리가 있지만 관광객을 노예로 삼거나 장기를 꺼내려고 죽여서는 안 된다. 성인은 어린이에게 없는 권리가 있고, 비장애인은 중증 지적 장애인에게 없는 권리가 있지만, 어린이와 지적장애인을 비장애인 성인의 더 큰 선을 위해 희생시켜서는 안 된다. 동등한 불가침성은 기본 능력과 이익, 관계 변화에 따라 달라지는 다양한 시민, 정치 사회적 권리와 양립 가능하다. 이 모든 것이 인간 사회에서는 아주 명확하다. 우리는 동물도 마찬가지라고 주장한다.

요약하면, 불가침 권리의 문제를 명확히 인식해야 하며, 우리가 인간과 동물에게 갖는 의무와 관련된 다양한 문제와 섞이지 않도록 해야 한다. 불가침성 문제는 누군가의 기본적 이익이 다른 이들의 더 큰 선을 위해 희생될 수 있느냐 없느냐의 문제다. 인권 혁명은 인간에게 이러한 불가침성이 있다고 한다. 강력한 동물권 입장은 쾌고감수능력이 있는 동물도 이러한 불가침성이 있다고 한다. 일부 독자는 동물에게 불가침성을 확장하면 권리 혁명으로 힘들게 성취한 불가침권의 '가치를 떨어뜨린다'라고 걱정할 수 있다. 하지만 오히려 불가침성을 인간으로 한정한다면 인권 보장 체계는 근본적으로 약해져 불안정해질 뿐이고, 동물뿐만 아니라 많은 사람까지 효과적인 보호 범위 밖으로 밀려나게 된다.

이 장에서 불가침권이라는 주제에 초점을 맞추었다고 해서 사육 동물에 대한 의료 제공 의무나 야생 동물 또는 경계 동물의 서식지 보호 의무와 같은 다른 시민적, 정치적, 사회적 권리의 중요성을 축소하는 것으로 받아들여서는 안된다. 오히려 우리의 프로젝트는 사육 동물, 야생 동물, 경계 동물에 관한 이러한 광범위한 문제를 명백히 정치적 동물 권리론 안에서 고려할 때만 다룰 수 있음을 보여주기 위한 것이다. 우리가 걱정하는 바는, 동물 권리론이 불가침 권리 원칙에 강력한 근거를 제공하기는 하지만, 이런 광범위한 문제를 다루는 데 필요한 관계적인 정의 이론에 개념적 자원이 부족하다는 것이다. 그러나 관계적 정의를 설명하기에 앞서, 왜 동물이

다른 이의 이익을 위해 제약 없이 침해될 수 있는 것이 아니라, 실은 강력한 권리 기반 이론의 범위 안에 포함된다고 주장하는지 설명할 필요가 있다.

앞서 말했듯이, 이 장에서 앞으로 논의할 주장은 새로운 것이 아니다. 강력한 동물권 입장의 정당성은 이미 입증되었고, 이 책의 최우선 목표는 다음 단계로 넘어가서 동물 권리론을 정의와 시민권에 관한 좀 더 광범위한 정치 이론과 연결해, 동물-인간 관계의 잠재적 모델을 더 분명하게 파악하는 것이다.

하지만 이 책의 2부에서 우리가 전개할 좀 더 독창적인 주장의 토대를 마련하고자, 도덕적 지위moral status/동물 인격성animal personhood 논쟁을 간략히 개괄하여 왜 강력한 동물권 입장이 가장 설득력 있다고 보는지 설명할 것이다. 1절에서는 동물 자아animal selfhood 주장이란 무엇이고, 왜 이 주장이 보편적 기본권의 인정을 필요로 하는지 설명하는 것으로 시작할 것이다.[5] 2절과 3절에서는 식물과 무생물이 자아를 갖지 않는 이유를 검토한다. 그렇다고 해서 우리가 이들에게 의무가 없다거나, 식물과 무생물이 내재적 가치가 없다는 것은 아니다. 4절과 5절은 기본권의 '보편성'과 '불가침성' 개념에서 발생할 수 있는 모호함이나 반론을 다룬다.

독자들이 이러한 주장이 설득력 있다고 여기길 바란다. 하지만 동물이 우리처럼 소중한 삶을 사는 취약한 자아라고 인정하도록 '설득'하는 것이 절대 쉽지 않으리라 짐작한다. 어떤 사람에게는 이 점을 인정하게 되는 경로가 지적 탐구의 과정이겠지만, 많은 사람에게 이것은 (있기라도 하다면) 개별 동물과의 실제 관계에서 일어난다.

그리고 이 사실은 이 논의가 기본권과 도덕적 지위 문제를 넘어 동물과 우리가 맺는 복잡하고 풍부한 실제 관계를 헤아리는 방향으로 확장되길 간절히 바라는 이유 중 하나다. 독자들이 동물 자아와 인권 확대라는 우리의 기본 전제에 동의하지 않더라도, 이 책 2부의 여정을 위해 견뎌주기를 바란다. 이것은 동물을 단지 취약하고 고통받는 개체로만 보는 것이 아니라 이웃이자 친구, 동료 시민, 그리고 인간 공동체와 동물 공동체 모두의 구성원으로 볼 수 있도록 도덕적 상상력을 확장하는 훈련이다. 이 훈련은 동물과 인간이 정의와 평등을 바탕으로 공존하고 상호 작용하며 심지어 협력한다는 생각을 진지하게 받아들이는 인간-동물 관계의 세계를 상상하는 것이다. 이렇게 대략적으로라도 인간-동물 관계의 긍정적 청사진을 그리는 것이, 동물의 능력이나 고통 또는 도덕적 지위에 관한 철학 기반의 표준적 동물 권리standard AR 주장에 아직 동의하지 않은 독자들에게도 설득력이 있기를 바란다.

1. 동물 자아

현대의 주류 서양 정치 이론은 대부분 정의 공동체community of justice와 인간 공동체가 일치한다고 가정한다. 기본적 정의와 불가침 권리는 인간성humanity이라는 명목으로 모든 인간에게 주어지며 인종, 성별, 교리, 능력, 또는 성적 지향 같은 차이와 상관없이 맹목적으로 적용되어야 한다는 것이다. 이러한 주류 이론에 동물 권리론은 의문을 제기한다. 왜 기본적 정의와 불가침 권리는 인간에게만 주어지는가? 인권을 보편화하는 동력은 기본적인 보호를 신체적, 정신적, 문화적 차이의 경계를 넘어 확장하는 것인데, 왜 이러한 동력이 인간 종의 경계에서 멈추어야 하는가?

동물 권리론의 전제는 사폰치스Sapontzis(1987), 프란시온(2000), 카발리에리(2001), 레건Regan(2003), 두나이어(2004), 슈타이너Steiner(2008) 등의 글에 반영되어 있듯이 위와 같이 보호받을 권리가 인간이든 동물이든 의식이나 쾌고감수능력이 있는 존재에게 모두 주어져야 한다는 것이다.[6] 쾌고감수능력/의식이 있는 존재는 자아selves다. 즉, 이들은 자기 삶과 세계에 관해 고유한 주체적 경험subjective experience을 한다. 이 사실은 불가침권이라는 형태로 특정한 종류의 보호를 요구한다. 이러한 권리를 인간에게만 한정하는 것은 도덕적 판단을 자의적으로 하거나 '종차별주의적'이다. 이 권리는 모든 취약한 존재를 보호하는 데 핵심적인 역할을 할 수 있으며, 그래야 한다.

쾌고감수능력/의식은 세상을 주체적으로 경험하게 한다는 점에서 뚜렷한 도덕적 중요성이 있다. 프란시온에 의하면, '동물에게 쾌고감수능력이 있다는 인식은 그들이 단순히 살아있다고 보는 것과는 다르다. 쾌고감수능력이 있다는 것은 고통과 쾌락을 의식한다는 것이며, 주체적 경험을 하는 "나I"가 존재한다'는 뜻이다(Francione 2000:6). 슈타이너는 '쾌고감수능력이란 생명과 번성을 위한 투쟁이 **중요한** 모든 존재가 공유하는 능력이며, 그 존재가 무엇이 중요하고 그것이 어떻게 중요한지 돌이켜 보는 사유를 하는지 여부와는 무관하다'라고 정리했다(Steiner 2008:xi-xii). 자기 삶을 내면에서 경험하며, 삶이 더 나아지거나 나빠질 수 있는 존재는 물건이 아닌 '자아'다. 이들은 쾌락과 고통, 좌절과 만족, 기쁨과 괴로움, 또는 공포와 죽음의 취약성을 경험하는 존재다.

이런 방식으로 다른 존재에게 쾌고감수능력이 있다고 인식하게 되면, 우리는 그를 대하는 태도가 달라진다. 코라 다이아몬드 Cora Diamond는 타자를 '동료 생명체'로 인지하는 것에 관해 말한다(Diamond 2004). 슈타이너는 다른 존재가 쾌고감수능력이 있다고 인식하는 것이 '도덕적 공동체 안에서 서로를 하나로 묶는 유대 관계를 만든다'라고 한다(Steiner 2008:xii). 바버라 스머츠Barbara Smuts는 '상호적 관계mutuality에서 인지하는 타자의 "존재presence"는 알기보다는 느끼는 것이다. 상호적 관계에서, 우리는 이 타자의 몸 안에 "누군가 거주한다, 즉 집에 있다someone home"는 것을 감지한다'라고 했다(Smuts 2001:308).[7]

동물 권리론의 기본 전제는 그런 취약한 자아를 만날 때마다, 즉 '집에 있는 누군가'를 만날 때마다 이들이 불가침성 원칙에 따라 보호받아야 한다는 것이다. 불가침성 원칙은 각 개체에 기본권이라는 보호막을 제공한다. 이러한 주장을 자연스럽게 표현하는 한 방법은 동물을 인격체person로 인정해야 한다고 말하는 것이고, 실제로 많은 동물 권리론자가 자기 입장을 이렇게 요약한다. 한 예로 프란시온은 그의 저서에 『인격체로서의 동물Animals as Persons』이라는 제목을 달았다(Francione 2008). 기존의 인권 규범은 흔히 '모든 인격체는 X에 대한 권리가 있다'로 표현한다. 따라서 동물 권리론의 견해는 동물에게 자아가 있으므로 동물도 인격체 범주에 포함되어야 한다고 주장하는 것으로 바꿔 말할 수 있다.

동물 권리론의 이러한 견해를 비판하는 사람들은 오직 인간만이 불가침 권리가 있다는 전통적 견해를 거듭 주장한다. 일부 비판자들은 종교에 호소한다. 유대교, 기독교, 이슬람교 등 많은 종교 경전에는 신이 인간에게 인간의 이익을 위해 동물을 이용할 권리 등 동물 지배권을 주었다고 명시되어 있고, 몇몇 독실한 종교인에게 이러한 경전의 승인은 동물 권리론을 거부할 충분한 근거가 된다.[8] 그러나 이 주장은 잠시 제쳐 둘 것이다. 우리의 관심사는 개인적 신앙이나 신의 계시가 아니라 공적 이성에 근거한 주장이기 때문이다.

다른 비판자들은 동물이 정말로 세상을 주체적으로 경험하거나 고통, 괴로움, 두려움, 기쁨을 경험한다는 점을 부인하려고 시도한다. 하지만 이 점을 뒷받침하는 과학적 증거는 차고 넘칠 정도이고 매일 더 늘고 있다. 팔머가 지적했듯이, 이제 이것은 '압도적 다수의 생물학자와 철학자'가 받아들이고 있다(Palmer 2010:15). 그래서 이 비판도 제쳐 둘 것이다.[9]

동물 권리론에 대한 더 심각한 비판은 동물에게 쾌고감수능력이 있다는 사실은 수용하지만, 그것만으로는 불가침 권리를 보장받기에 충분하지 않다는 주장이다. 이 비판에 따르면, 불가침 권리는 인격체에게만 주어지며, 인격성은 단순한 자아 이상의 것이다. 인격성은 '누군가 집에 있다'라는 사실 이상의 것이 필요하다.[10] 앞서 언급했듯이, 많은 동물 권리론자는 사실상 자아와 인격성을 같은 것으로 본다. 동물은 쾌고감수능력이 있는 자아이니 인격체로 대해야 한다는 것이다. 하지만 비판자들은 인격성을 인정받으려면 인간에게서만 발견되는 추가 능력이 필요하다고 주장한다. 이 추가 능력이 무엇인지는 각자 의견이 다르다. 일부는 언어에 호소하고 일부는 추상적 사고나 장기 계획 능력, 또 일부는 문화 향유 능력이나 도덕적 합의 능력에 호소한다. 이런 관점에 따르면 누군가 집에 있다는 사실만으로는 불가침 권리를 부여하기에 충분하지 않다. 집에 있는 '누군가'도 복잡한 인지 능력이 있어야만 한다. 이러한 인지 능력은 인간에게만 있기 때문에, 오직 인간만이 불가침 권리를 가질 자격이 있다는 것이다. 그리고 동물은 이러한 불가침 권리가 없으므로 정당하게 인간의 이익을 위해 이용될 수 있다는 것이다.

이처럼 인격성에 호소하여 동물 권리론을 거부하려는 시도는 여러 결함이 있는데, 이는 여러 문헌에서 광범위하게 논의되었다. 먼저, '자아'와 '인격'을 일관되게 구별할 수 있더라도 실제로 종의 구성원 자격species membership을 기반으로 권리를 부여하는 것을 정당화하지 못한다. 자아와 인격을 가르는 시도는 종의 경계를 가로질러 어떤 인간과 동물은 인격으로 대하고, 다른 인간과 동물은 '그저' 자아의 지위로 격하시킬 것이다. 게다가 인격과 자아를 명확히 구분하려는 시도 자체가 개념적으로 지속 가능하지 않다. 이것은 각 개체가 삶의 여러 시기마다 나아가는 일련의 연속체에 분명한 하나의 선을 그으려는 시도다. 결국 인격성에 호소하여 동물 권리론을 거부하는 시도는 허술한 도덕 기반을 드러낸다. 자아가 아닌 인격성을 토대로 불가침 권리를 부여하는 것은 도덕적으로 타당한 근거가 전혀 없다.

이 모든 논쟁을 반복하고 싶지는 않지만, 동물보다 인간을 우위에 두는 근거로 인격성을 내세우는 시도는 허무할 뿐만 아니라 심각한 위험도 있다는 것을 분명히 하는 것이 중요하다. 우리는 오직 인간만 인격성 시험을 통과할 것이라고 선험적으로 가정할 수 없다. 예를 들어, 오직 인간만 언어를 사용한다거나, 인간만 계획을 세운다는 것은 사실이 아니다. 우리는 매일 동물의 마음과 능력에 관해 더 많이 배우고 있으며, 인간 고유의 인격성을 확립한다고 여겨졌던 기준선도 매일 지워진다. 최근 여러 저자는 바로 이러한 근거로 유인원(Cavalieri and Singer 1993), 돌고래(White 2007), 코끼리(Poole 1998), 고래(Cavalieri 2006)에게 인격성을 구성하는 인지적, 도덕적 능력이 있다고 주장했다.

누군가는 인격성 기준을 언어나 계획 능력뿐만 아니라, 이성적 도덕 논증에 참여하는 능력과 그러한 논증을 통해 도달한 원칙을 따르려고 노력하는 능력 정도로 기준을 높여서 앞의 주장을 반박할 것이다.[11] 이 관점에 따르면 인격성은 자기의 신념을 일반적으로 이해하기 쉽고 보편적으로 적용할 수 있어야 한다는 특정 기준을 충족하는 형태로 구술할 능력이 있어야 한다. 그리고 타인의 도덕적 주장을 이해할 수 있고, 다른 관점의 상대적 장점을 합리적으로 성찰할 수 있으며, 그러한 도덕적 추론의 결과로 나온 원칙에 맞춰 의식적이고 의도적으로 행동하는 능력이 있어야 한다.

이러한 칸트주의적 의미*로는 유인원과 돌고래가 인격체가 아닌 것은 분명하다. 하지만 이런 의미에서 마찬가지로 명백히 인격체가 아닌 인간도 많다. 유아, 노인, 지적장애인, 질병으로 일시적으로 무능해진 사람, 중증 인지 장애가 있는 사람 등 많은 사람이 인격성의 전제 조건을 갖추지 못한다. 그리고 어떤 때는 이들보다 유인원과 돌고래 그리고 다른 비인간 동물의 능력이 명백히 더 뛰어나다. 그렇다면 어린이와 인지 장애인은 인격체가 아닌가? 이들이야말로 불가침 인권 개념이 보호해야 할 가장 취약한 사람이 아닌가?

철학 문헌에서 이것은 종종 '가장자리 사례 논증argument from marginal cases'으로 묘사된다.[12] 하지만 이런 방식의 반론은 요점을 놓친다. 인격성 기준을 통과한 다수의 '정상' 인간과, 자아는 있지만 인격성은 없는 몇몇 '가장자리' 인간이 있다는 것은 문제가 아니다. 오히려 문제는 칸트주의적 도덕 행위자성은 기껏해야 인간이 삶의 여러 시점에 다양한 수준으로 얻게 되는 부서지기 쉬운 성취라는 점이다. 우리 중 누구도 아주 어릴 때는 이 도덕 행위자성이 보이지 않는다. 그리고 우리는 모두 질병, 장애, 노화, 또는 적절한 사회화와 교육 등 사회적 지원과 양육의 부재로 일시적으로 또는 영구적으로 칸트적 행위 능력이 위협받는 기간을 겪게 된다. 인격성을 합리적으

* 칸트가 『윤리형이상학 정초Grundlegung zur Metaphysik der Sitten』에서 제시한 인격성 개념에 따르면, 이성적 존재만이 '인격'으로 간주된다. 그는 '자연의 사물은 법칙에 따라 작용하지만, 이성적 존재는 법칙의 표상에 따라, 즉 원리에 따라 행동할 능력과 의지를 지닌다'고 주장한다. 이성적 존재는 주관적 욕구를 배제하고, 보편적 도덕 법칙을 스스로 세우고 준수할 수 있는 자율성을 가진다. 칸트는 이러한 자율성을 지닌 존재만이 그 자체로 가치를 가져 '인격'으로 존중받아야 한다고 본다. [국역본] 임마누엘 칸트, 『윤리형이상학 정초』, 백종현 옮김, 아카넷, 2018.

로 논증하고 이해한 원칙에 따라 의식적으로 행동하는 능력으로 정의한다면, 인격성은 인간마다 다를 뿐만 아니라 한 인간의 일생에 걸쳐 변화하는 가변적 특성이 될 것이다.[13] 이런 의미에서 인권의 근거를 인격성 소유에 두는 것은 모두의 인권을 불안정하게 만든다. 그리고 이것은 인권의 목적, 즉 (특히) 능력이 제한된 상황이나 삶의 특정 시기에 취약한 자아에 안전을 제공한다는 목적을 무의미하게 할 것이다.

동물 권리론자는 때때로 또 다른 방식으로 인권의 불안정성을 지적한다. 인격성이라는 지위를 보장하는 근거가 인간이 동물보다 우월한 인지 능력을 가져서라면, 다른 행성에서 인간보다 진화한 종이 지구로 온다면 무슨 일이 생길 것인가? 텔레파스라는 종을 만났다고 상상해 보자. 텔레파스는 텔레파시를 하거나, 우리가 개발한 가장 뛰어난 컴퓨터를 능가하는 복잡한 추론을 하거나, 아니면 의지가 약하고 충동적이기로 악명 높은 인간 종을 뛰어넘는 도덕적 자기 조절력을 갖추었다. 텔레파스가 우리를 노예 삼아서 식량이나 스포츠, 짐 운반, 의학 실험에 이용한다고 상상해 보자. 그리고 우리의 원시적 의사소통과 추론, 충동 조절이 그들의 인격성 기준을 통과하지 못한다는 근거로 인간을 노예로 착취하는 것을 정당화한다고 상상해 보라. 이들은 우리에게 자아가 있는 것은 인정하겠지만, 인격성의 불가침 권리에 필요한 복잡한 능력이 있다는 점은 부정할 것이다.

텔레파스의 인간 노예화에 어떻게 대응할 것인가? 아마 우리는 의사소통이나 추론, 충동 조절 면에서 열등하다는 가정이 불가침 권리 소유와는 관련이 없다고 대답할 것이다.[14] 텔레파스의 판단에는 우리의 의사소통과 도덕적 자기 규율 형태가 원시적일지도 모르지만, 그렇다고 우리가 그저 우리보다 진화된 존재의 이익을 위한 도구로 이용되어야 하는 것은 아니다. 우리는 이끌어 가야 할 삶이 있고 세상에 대한 자신만의 경험이 있으며, 삶이 더 나아지거나 나빠지는지 감지할 수 있다. 요컨대, 우리는 자아를 가진 존재이고, 자아가 있기 때문에 기본적 권리가 부여되며, 우리보다 진화된 존재가 있다고 해서 우리의 자아가 줄어드는 것은 아니다. 불가침 권리는 인지 능력 척도에서 가장 높은 점수를 받은 개체나 종에게 주어지는 상이 아니라, 우리가 주체적 존재이고 스스로 이끌 삶이 있다는 것을 인정하는 것이다. 하지만 우리가 텔레파스에게 이 같은 방식으로 대응하는 것은 동물의 불가침 권리를 부정하려는 노력을 포기할 때만 가능하다. 동물 배제를 정당화하는 근거로 주장한 인지적 우월성은 정확히 텔레파스가 우리의 노예화를 정당화하는 근거가 될 것이다.[15]

위와 같은 방식이나 그 외 어떤 방식으로든 인권을 자아가 아닌 요구 수준이 높은 인격성 개념에 기반하면 인권은 불안정해질 것이다. 실제로 지난 60년간 인권 이론과 실천은 정반대 방향으로 진행되어, 합리성이나 자율성을 근거로 인권을 제한하려는 어떠한 시도도 거부했다. 이는 국제적으로 유엔 아동권리협약(1990)이나 장애인권리협약(2006)의 채택, 그리고 국내[북미]에서는 법과 여러 판례에서 볼 수 있다. 한 예로, 1977년 매사추세츠주 대법원은 언어를 이해하거나 죽음을 개념화할 수 없었던 최중증 지적 장애인을 다룬 중요한 사건에서, '법 앞의 평등 원칙'은 '지능'이나 개념적 의미로 삶을 '인식'할 개인의 능력과 '관련이 없다'는 점을 강조했다.[16] 인권을 높은 인지 능력을 요구하는 인격성 개념에 묶는다면 이러한 발전은 의미가 없다. 요컨대, 동물의 불가침 권리를 부인하려고 인격성을 내세우는 것은 인간을 위한 인권 이론과 실천의 핵심을 없앨 뿐이다.

동물 권리론의 비판자들은 이러한 반론에 여러 방식으로 대응했다. 일부 비판자는 어떤 인간은 불가침권의 보호를 받는 인격체의 자격이 없지만 어떤 동물은 인격체 자격이 있을 수도 있다는 점을 마지못해 수용한다(Frey 1983). 우리는 불가침권으로 보호받는 텐트 안에 여러 '정상' 인간과 '고등' 동물이 혼재하고 그 바깥에는 '가장자리' 인간과 '하등' 동물이 있는 인격성의 배치도를 여러 형태로 상상해 볼 수 있다. 이처럼 인지적으로 복잡한 인격성 개념을 적용하려는 모든 지적 시도는 거의 확실히 가변적이고 불안정한 도덕적 지위를 두서없이 땜질한 형태로 귀결될 것이다.[17] 어떤 이들은 이것이 진지하게 받아들여질 필요가 있는, 철학적으로 꽤 괜찮은 의견이라고 생각할지 모른다. 그러나 우리 관점에서 이것은 매우 호소력이 부족하고 (실행 불가능한 것은 말할 것도 없으며), 어떤 경우에도 실제 인권 이론의 발전에 정면으로 반하는 것이다. 인권은 가장 취약한 자를 위한 가장 강력한 보호장치로 진화했다. 이 보호장치는 피지배 집단의 인지 능력에 의문을 제기하는 지배 집단에게서 피지배 집단을 보호하고, 학대를 합리화할 수 있는 성인에게서 어린이를 보호하고, 장애인 삶의 존엄성을 부정하는 우생학자에게서 장애인을 보호한다. 이러한 발전을 지지하는 사람이라면 인지적으로 복잡한 인격성을 요구하는 도덕적 지위 이론을 지지할 수 없다.

하지만 놀랍도록 많은 이론가가 (모든) 인간을 위한 불가침 권리는 계속 주장하면서 (모든) 동물을 위한 불가침 권리를 거부하는 데 인격성을 이용할 수 있다는 희망에 매달린다. 이런 공허한 희망을 지탱하려는 이론가들은 인간의 특권을 옹호하자고 점점 더 왜곡된 지적 묘기를 펼친다. 일부 이론가는 모든 인간이 실제 지닌 능력과 무관하게 인격성을 가질 '종의 잠재력species potential'이 있다거나, 잠재력이 있는 존재 '유형'에 속한다는 생각을 간곡히 알린다(예, Cohen and Regan 2001). 이러한 주장은 도덕과 정치 철학의 다른 모든 영역에서 전반적으로 신빙성을 잃었지만, 인간이 동물을 착취할 권리를 보존하려는 필사적인 시도로 되살아난다. 이러한 주장에 여러 오류가 지적되면(예, Nobis 2004, Cavalieri 2001) 최후의 방어선은 모든 인간을 단지 종의 일원이라는 명목으로 실제 능력이나 잠재 능력과 상관없이 불가침 인격체로 봐야 한다는 주장이다. 예를 들어, 마거릿 서머빌Margaret Somerville은 동물의 인격성을 거부하면서, '인간의 보편적 인격성이란 모든 인간이 단지 인간이기 때문에 "내재적 존엄성"이 있다는 의미이고, 그러한 존엄성은 다른 자질이나 수행 능력이 있는지 여부로 결정되지 않는다'라고 한다(Somerville 2010). 여기에서 우리는 인격성을 호소하는 생각의 밑바닥을 보게 되는데, 이것은 종차별주의의 노골적인 주장 그 이상도 이하도 아니다. 서머빌에 의하면, 인간은 우리 중 하나이므로 (필요, 능력, 이익과 무관하게) 모든 인간을 불가침 인격체로 대해야 하고, 동물은 우리

중 하나가 아니므로 (필요, 능력, 이익과 무관하게) 모든 동물의 불가침 인격성을 부인해야 한다.[18]

많은 동물권 문헌이 인격성을 둘러싼 주장과 반론을 다루는 데 소모되었다. 우리는 이렇게 인격성 중심으로 논쟁을 구성하는 것이 우리를 헤매게 한다고 본다. 불가침 권리의 부여를 도덕적으로 정당화하는 것은 인지적으로 복잡한 인격성 개념이 아니라 자아다. 실제로 인격성 담론은 시작부터 우리를 잘못된 길로 이끈다. 인격성 담론은 먼저 불가침 권리의 기반이 되는 자질이나 능력의 표준 목록을 개발하고, 그러고서 어떤 존재가 이러한 자질을 가졌는지 살펴보기를 권한다. 그러나 오히려 우리는 불가침성을 존중하는 것은 무엇보다 상호 주체적 인정intersubjective recognition의 과정이라고 생각한다. 즉 가장 먼저 살펴봐야 할 것은 거기에 '주체'가 있는지, '집에 누군가'가 있는지다. 상호 주체적 인정의 과정은 그 존재의 능력이나 이해관계를 나열하려는 어떤 시도보다도 앞선다. 일단 누군가가 집에 있다는 것을 알면, 우리는 취약한 자아, 즉 내면에서 삶이 더 나아지거나 나빠지는 것을 주체적으로 경험하는 존재를 대하고 있다는 것을 알게 된다. 그렇게 우리는 누군가의 지성이나 도덕 행위자성 같은 다양한 능력을 알기 전이라도 불가침 권리를 존중해야 한다는 것을 안다.[19]

인간의 경우, 이 모든 것은 충분히 명확하다. 쾌고감수능력이 있는 인간의 경우를 다룰 때, 우리는 정신적 복잡성, 지성, 감정이나 도덕 수준에 따라 기본적 인권이나 불가침성의 정도를 정하지 않는다. 평범하든 뛰어나든, 이기적이든 성인군자든, 무기력하든 활기차든,

우리는 모두 취약한 자아이기 때문에 기본적 인권을 부여 받는다. 사실 능력이 가장 부족한 사람이 가장 취약하고, 불가침성의 보호가 가장 필요하다. 도덕적 지위는 정신적 복잡성에 대한 판단에 의존하지 않고 단지 자아 인식에 기반한다. 인격성 논의는 불가침 권리를 모호하게 하고, 동물권의 인정을 막는 잘못된 장벽을 만든다.

불가침 권리의 기반이 언어 능력, 도덕적 성찰이나 추상적 인지 능력이라는 생각은 상식에서 벗어나며, 우리의 도덕적 추론 방식에 관한 해석과 동떨어진 것처럼 보인다.[20] 불가침 권리의 보호 대상에서 동물을 배제하는 것이 목적인 사람에게는 이러한 능력에 집중하는 것이 유혹적일 수 있다. 하지만 그러려면 취약한 사람과 결백한 사람을 보호하자는 생각을 우스갯거리로 만들고, 그 이론을 속 빈 강정으로 만들어야 할 것이다.[21]

인격성 담론이 도덕적 추론을 모호하게 하고 누군가를 배제하는 목적으로 사용되는 방식을 고려하면, 인격성이라는 단어 자체를 피하고 인간과 동물의 경우 모두에서 단순히 자아와 자아를 보호하는 불가침 권리를 논의하는 게 더 나을 수 있다. 하지만 인격성이라는 용어는 간단히 지우기엔 일상 속 담론과 사법 체계에 너무나 복잡하게 얽혀 있다. 사법적, 정치적 목적을 위해서라도, 동물권 의제를 진전시키는 데에는 기존의 인격성이라는 용어를 사용하고 그것을 동물에게 확대하는 것이 필요할 것이다. 그래서 우리도 프란시온처럼 때로는 '인격체로서의 동물'에 관해 말할 것이다. 하지만 이 책의 나머지 부분에서는 인격성을 자아와 동의어로 사용하고, 불가침 권리의 기반으로 인격성을 자아와 구별하려는 어떠한 시도도 거부한다는 것을 강조한다. 인격성과 자아를 구별하려는 노력은 개념적으로 지속하기 어렵고, 도덕적 동기 부여가 부족하며, 보편적 인권이라는 개념을 급격히 불안정하게 만든다.[22]

우리의 근본적 입장은 동물이 쾌고감수능력이나 자아, 즉 세계를 주체적으로 경험한다는 사실 때문에 불가침 권리가 있다는 것이다. 이것은 자연스럽게 어떤 존재가 실제로 이런 의미에서 의식이나 쾌고감수능력이 있는가라는 의문을 불러 일으킨다. 어떤 동물이 자아인가? 어쩌면 우리는 결코 이 질문에 온전히 대답할 수 없을지 모른다. 타자의 마음other minds에 관해서라면 우리가 근본적으로 알 수 없는 부분이 있고, 이러한 간극은 우리 자신과 가장 유사한 의식과 경험의 형태에서 멀어질수록 더욱 커진다. 연체동물은 의식이 있는가? 곤충은? 현재까지의 증거로는 연체동물과 곤충은 의식이 없다는 것을 시사하지만, 이는 우리가 인간적 형태의 주체적 경험만 찾고 다른 가능한 형태는 고려하지 않아서 그럴 수도 있다.[23] 과학자들은 여전히 동물의 마음을 연구하는 방법을 배우고 있고, 앞으로도 오랫동안 의식을 확인하려고 노력하면서 어려운 사례나 회색 지대를 마주할 것이다. 그러나 많은 사례에서 의식을 확인할 수 있다는 사실은 변하지 않는다. 사실 가장 잔인하게 학대를 받는 동물 유형은 바로 의식이 있음을 가장 확실히 알 수 있는 동물들이다. 우리가 개나 말 같은 종을 가축화하는 이유는 우리와 상호 작용할 수 있는 능력이 있어서다. 우리가 원숭이나 쥐 같은 종을 실험하는 이유도 그들이 박탈, 두려움, 보상에 우리와 비슷한 반응을 보이기 때문이다. 계속되는 동물 착취를 정당화하려고 의식이 있다고 할 수 있는 기본적 기준을 결정하기 어렵다고 말하는 것은 부당하다. 프란시온이 주장했듯이, 모든 동물의 쾌고감수능력/의식 여부를 확신할 만큼 충분히 알지 못할지라도, 우리는 많은 동물에게 쾌고감수능력/의식이 있다는 것과 우리가 일상적으로 착취하는 동물은 거의 확실히 쾌고감수능력/의식이 있다는 것을 알 수 있다(Francione 2000:6; cf. Regan 2003).

게다가 자아를 인정하기 위해서 동물의 마음에 관한 수수께끼를 꼭 풀어야만 하는 건 아니다. 스머츠가 말한 '집에 있는 누군가'의 핵심은, 우리가 박쥐나 사슴이 되는 것이 어떤 것인지 이해하지 못하더라도 그들에게 의식이 있음을 인지할 수 있다는 것이다. (우리가 우리와 매우 다른 주체적 경험을 하는 타인의 자아를 인지할 수 있는 것과 마찬가지다.) 그렇다고 우리가 동물의 마음을 더 이해할 필요가 없다는 의미는 아니다. 과학은 최근 수년간 동물의 지성과 감정의 범위와 복잡성을 입증하는 데 놀라운 진전을 이루었다.[24] 이러한 이해는 동물에 대한 인간의 태도를 바꾸는 데, 특히 정반대의 압도적인 증거(와 상식)에도 불구하고 놀라울 정도로 끈질긴 편견인 동물이 쾌고감수능력이 없다는 오래된 과학적 합의를 뒤집는 데 필수적이었다. 과학적 이해는 우리가 개별 동물과 종의 구체적 이해관계를 잘 깨닫고, 동물이 이해관계에 관해 우리와 소통하는 것을 해석하는 데에도 매우 중요한 도움을 주었다. 동물을 더 잘 이해할 수록, 풍부하고 보람찬 (그리고 정의로운) 상호 주체적 관계를 맺을 기회는 더욱 늘어난다. 태평양 심해 열수 분출공에 사는 어류*처럼 어떤 동물은 그들의 세계나 경험이 우리와 너무나 달라서, 우리가 할 수 있는 최선의 행동은 그들에게 자아가 있다는 것을 인정하고 기본적 권리를 존중하며 그들이 자기의 삶을 살도록 내버려두는 것이다.[25] 그러나 더 많이 이해하고 더 깊은 관계를 맺을 수 있는 동물도 매우 많다. 타자의 마음 연구는 **누구**에게 기본권이 있는지 알아내는 것이 아니라, **어떻게** 우리가 그들과 잘 상호 작용할 수 있을지 이해하는 것이다.

우리는 동물의 마음에 관한 윤리적 탐구에서 새로운 발견을 간절히 기다린다. 그렇지만 기본권의 도덕적 주장이 새로운 발견에 달린 것은 아니다. 우리는 이미 대부분의 동물에게 '누군가 집에 있다'라는 것을 안다. 이는 우리의 관점에서 불가침 기본권을 존중하는 기반이 되기에 충분하다. 물론 이 주장이 소수 의견이라는 점은 인정한다. 그리고 도덕적 지위, 자아, 인격성, 보편적 기본권에 관한 열띤 논의는 틀림없이 계속될 것이다. 인간 우월론자들은 인간의 특권을 옹호하려고 점점 더 비뚤어진 지적 묘기를 계속할 것이고, 동물권 옹호자들은 계속해서 도덕 이론에서 인간 중심주의의 마지막 흔적을 없애려 할 것이다. 이 책의 목표는 이 모든 주장과 반론을 재현하는 것이 아니다. (이 주제에 흥미 있는 독자들은 이러한 주장의 핵심 내용을 담은 저서들을 참고하라. Sapontzis 2004; Sunstein and Nussbaum

* 이 책에서 'fish'는 '어류'로 번역했다. '물고기'라는 단어는 '물'과 '식용하는 동물의 살'이라는 뜻의 '고기'로 이루어져 있어, 독립적으로 삶을 살아가는 동물을 식용으로 보는 인간 중심적 관점을 반영하고 있어 사용을 지양하고자 했다. 최근에는 물에서 살아가는 생명체로서의 어류를 지칭하는 '물살이'가 그들의 고유한 존재 가치를 인정하는 단어로서 '물고기' 대신 사용되는 추세다.

2004; Cohen and Regan 2001; Donovan and Adams 2007; Palmer 2008; Armstrong and Botzler 2008.) 그리고 모든 측면에서 종 차별주의를 옹호하려는 새롭고 더욱 기발한 노력이 계속될 거라는 점은 의심의 여지가 없다. 하지만 피터 싱어가 지적했듯이, 지금까지 30년간 종차별주의를 옹호하려는 노력이 있었지만, '종의 구성원 자격이 갖는 도덕적 중요성에 관해서 그럴싸한 철학적 이론을 만드는 데 계속 실패했다는 것은 종차별주의를 뒷받침할 것이 없을 가능성이 크다는 점을 보여준다'(Singer 2003).

2. 인격을 위한 정의와 자연의 가치

동물권에 관한 우리의 기본적인 출발점은 다른 많은 동물 권리론자와 같이 자아나 개별 의식의 취약성에 대한 응답으로 동물의 불가침 권리를 옹호하는 것이다. 지금까지 우리는 도덕적 인격성을 인간에게만 (혹은 소수의 '고등' 동물 종에게만) 한정하려는 비판자들을 반박하는 데 주로 관심을 기울였다. 그런데 생태주의 이론가 사이에 동물 권리론에 관한 또 하나의 매우 다른 비판이 있다는 점은 언급할 만하다. 1장에서 언급했듯이, 생태주의자들은 종종 동물 권리론이 도덕적 지위를 충분히 넓히지 않는다고 비판한다. 동물 권리론이 도덕적 지위를 쾌고감수능력이 있는 존재까지만 넓히고 숲이나 강, 또는 자연 전체로 확장하지 않는다는 것이다. 어떤 생태주의자는 동물 권리론이 근본적으로 인간 중심주의에 머무른다고 주장한다. 동물 권리론이 인간을 도덕적 지위의 척도로 삼고, 다른 종은 인간과 비슷한 특성이 충분히 있어야 인간의 권리를 부여받을 자격이 있다고 주장한다는 것이다.

먼저 동물 권리론이 인간 중심적이라는 비판을 살펴본 뒤 자연의 가치 문제로 돌아올 것이다. 우리가 이해한 대로라면, 인간 중심주의는 인간성을 도덕의 기준으로 삼는 도덕 이론의 한 접근법이다. 인간 중심주의는 '인간됨being human' 또는 '인간성humanity'의 본질이 무엇인가라는 질문으로 시작하고, 인간은 이러한 본질적 인간성 덕분에 권리와 정의를 갖게 된다고 가정한다. 이러한 인간 중심적 관점에서, 동물은 인간성의 본질 중 몇 가지 성질이나 이와 비슷한 성질을 지녔다고 보일 때만 도덕적 지위를 얻는다.

이 같은 인간 중심주의는 우리의 접근법이 아니다. 우리 이론의 바탕은 개됨being a dog의 본질에 있지 않듯이 인간됨의 본질에도 있지 않다. 대신 우리 이론의 바탕은 정의의 핵심 목적 중 하나인 취약한 개체 보호에 있다.[26] '나'라는 존재가 된다는 것, 즉 경험하는 존재가 된다는 것은 특정한 종류의 취약성을 나타내며, 취약성은 불가침 권리의 형태로 다른 이의 행동으로부터 특정한 보호를 받아야 한다. 이것은 동물에게 인간 중심적 도덕 기준을 씌우는 것이 아니다. 반대로 쾌고감수능력이 있는 존재에게 일어난 일이 중요한 이유는 **그에게** 그 일이 중요하기 때문이다. 쾌고감수능력이 있는 존재가 자기 삶이 어떻게 진행되는지 신경 쓴다는 바로 그 사실이 우리에게 특별한 종류의 도덕적 책임을 부과한다.

'정의란 무엇인가' 물을 때면, 익숙한 인간의 경우부터 시작해서 무엇이 인간의 정의를 구성하고, 왜 그것이 중요한지 직관을 검토하는 것이 종종 도움이 된다. 앞에서 언급했듯이, 우리가 만약 정의에 관한 직관에 신중하게 주의를 기울인다면, (인간 중 일부만 인생의 특정 순간에 얻는) 고등 인지 기능이 아니라 (모든 인간이 공유하는) 주체적 경험의 존재가 중요하다는 것을 알게 될 것이다. 우리가 인간의 경우부터 생각해본다고 해서 특정 인간성 이론을 특권화하는 것도 아니고, 확연하게 **인간적인** 형태의 주체성을 특권화하는 것도 아니다. 우리는 인간과 똑같이 개에 대한 직관에 주의를 기울이고, 개가 불가침 권리의 보호를 받아야 하는 취약한 존재로 보이는지, 만약 그렇다면 무엇이 개를 상대적으로 취약하게 만드는지 살펴보는 것으로 시작할 수도 있었을 것이다. 그러면 개의 주체성이 인간의 주체성과 가깝든 멀든 상관없이 개의 쾌고감수능력, 의식 또는 주체성에 관한 대답에 도달했을 것이다.

이제 자연의 가치에 관한 좀 더 깊은 질문으로 들어가 보겠다. 생태주의 이론가는 인간이 끼치는 해악에 취약한 존재는 개별 동물만이 아니라고 주장해 왔다. 어떤 종은 멸종했다. 강이 오염되었고, 산맥은 황폐해졌으며, 한때 번성했던 생태계는 훼손되었다. 이러한 과정은 인간과 동물 모두에게 해를 끼쳤지만, 생태주의 이론가가 보기에 인간이 끼친 피해는 쾌고감수능력이 있는 존재에 미친 영향만으로 축소할 수 없다. 많은 생태주의 이론가는 비동물 자연non-animal nature*도 번영에 관한 이해관계가 있으므로 이를 고려해야 하며, 식물과 생태계 등의 이해관계를 고려해 도덕적 지위가 주어져야 한다

* 동물을 제외한 자연.

고 주장한다(Baxter 2005; Schlossberg 2007). 이런 생태주의 관점은 동물 권리론이 권리의 기반을 자아에 두는 한, 자연의 도덕적 중요성을 더욱 폭넓게 인정할 개념적 자원이 부족하다고 본다.

여기서 문제는 부분적으로 동물권을 옹호하는 사람들과 동물권을 비판하는 생태주의자가 모두 언급하는 '도덕적 지위'라는 용어다. 도덕적 추론에 다양한 고려 사항이 관여하는 방식을 포착하려면 좀 더 정확한 표현이 필요하다. 인간, 동물, 자연이 모두 도덕적 지위가 있다거나, 아니면 모두 피해를 볼 수 있다고 하는 것은 도움이 되지 않는다. 강 유역도 수달도 재해를 당할 수 있지만 오직 수달만 재해를 입는다는 주체적 경험을 한다. 이것은 주체적으로 경험하는 피해가 다른 피해보다 더 심각하다는 것이 아니라 그 피해가 다르므로 다른 해결책이나 보호가 필요하다는 의미다. 생태주의 이론가들이 제시하는 대표적인 사례로, 건강한 생태계에 사슴이 가득 찬 상황을 상상해 보자. 자연에는 포식자들이 없고, 사슴 개체 수는 한계를 넘어서 마지막 남은 희귀한 난초를 포함해 지역 식물군을 심하게 훼손하며, 생태계는 위험에 빠진다. 상황이 더욱 심각해져 난초 서식지가 붕괴하기 직전이라고 상상해 보자. 난초를 다른 장소로 옮기거나, 피임약이나 생태통로를 이용해 사슴 개체 수를 조절하는 비살상 해결책은 빠르게 효과를 내지 못할 것이다. 유일하고 확실한 해결책은 사슴을 죽이거나 사슴이 생태계와 난초를 파괴하도록 내버려두는 것이다.

생태주의 이론가는 이런 예를 들어 동물 권리론이 사슴 개체만 도덕적 지위를 인정하고 생태계 전체나 식물 종의 도덕적 지위는 유보한다고 비판한다. 그렇다면 생태계의 도덕적 지위를 인정하는 것이 실제로 중요한 도덕적 고려 사항을 확인하는 데 도움이 되는가? 만약 사슴과 생태계 모두 도덕적 지위를 인정한다면, 이 둘은 동급의 도덕적 고려 대상이 되어 서로를 저울질할 수 있다는 의미이고, 따라서 생태계 파괴나 난초의 멸종을 막으려고 사슴을 죽이는 것이 허용될 수 있다. 사슴이 너무나 흔한 어떤 마을에서는 자연의 이해관계가 사슴의 이해관계보다 중요할 수 있다.

이런 방식으로 문제를 바라보는 것은 지금 우리가 살펴보는 도덕적 요소를 모호하게 한다. 이 예에서 사슴을 인간 인격체로 바꾼다면 어떤 일이 일어날까. 우리는 난초를 구하자고 사람을 죽이는 것에 찬성하지 않을 것이다. 사람들에게 자연 파괴를 멈추라고 설득하고 생태계와 난초를 보호하려고 노력하겠지만 최악의 상황에 놓이더라도 사람을 죽이지는 않을 것이다. 난초는 잃겠지만 다음에 더 잘 대처하려고 노력할 것이다. 왜 그럴까? 이 예에서 말하는 도덕적 지위의 성격이 질적으로 다르기 때문이다. 난초나 지역 서식지의 이해관계는 인격체의 불가침성이나 인간이 죽임당하지 않을 권리보다 중요하지 않다.

실제로 생태주의 이론가들도 일반적으로 도덕적 지위의 질적 차이를 수용한다. 생태주의 이론가들이 식물이나 생태계도 정의 이론 내에서 도덕적 지위를 가져야 한다고 처음 제안했을 때, 비판자들은 생태계나 종을 보호하는 것이 사람을 죽이는 것을 정당화하는 데 사용될 수 있다며 반대했다. 생태주의 이론가들은 이러한 '에코파시즘ecofascism' 혐의에 관해, 종과 생태계에 전체론적 방식으로 도덕적 지위를 인정한다고 기본 인권을 짓밟는 것은 아니라고 재빠르게 대응했다. 전체론적 실체(종 또는 생태계)의 도덕적 지위가 인간의 도덕적 지위와 같지 않다는 것이다. 캘리콧Callicott이 말했듯이, 생태계의 도덕적 지위를 인정하는 것은 불가침 인권의 기존 도덕체계를 보완하며, 기존의 인권을 제한하거나 거부하는 수단이 될 수 없다(Callicott 1999).[27] 다시 말해, 도덕적 지위에는 위계질서가 있다. 자연계는 도덕적 지위가 있어서 생태적 가치가 반드시 고려되어야 하지만, 생태적 가치보다 기본 인권이 먼저다.[28]

하지만 생태주의의 이러한 움직임은 도덕적 지위에 관한 생태주의 담론이 체계적으로 오해의 소지가 있고, 우리가 의미하는 도덕적 지위와의 근본적 차이를 모호하게 한다는 점을 보여준다. 동물권리론과 마찬가지로 생태주의 이론도 암묵적으로 어떤 존재들은 불가침 권리가 있다고 가정한다. 하지만 생태주의 이론은 뚜렷한 논리적 근거도 없이 오로지 인간만 불가침 권리가 있는 인격을 갖추었다고 가정하고, 쾌고감수능력이 있는 동물과 비동물 자연은 모두 기본적 이해관계가 상충하는 나머지 도덕적 지위 범주에 넣는다.

이는 타당한 입장일 수도 있지만, 비동물 자연이 도덕적 지위를 갖는지 여부를 묻는 것으로는 이러한 입장을 명확하게 하거나 옹호하지 못한다. 오히려, 근본적인 문제는 어떤 존재가 불가침 권리를 발생시키는 자아를 갖는지 어떻게 파악하는가다. 자아의 문제는 우리가 자연의 가치에 대응하는 방식과는 별개의 문제이면서도 이 방식을 제한한다. 생태주의 이론가는 암묵적으로 동물의 자아는 인간의 자아와 달리 불가침 권리의 보호를 발생시키지 않는다고 가정한다. 그들은 이러한 의견에 어떤 논거도 내놓지 않으므로 서머빌과 같이 노골적인 종차별주의 주장에 불과하다.

우리가 볼 때, 인간, 동물, 쾌고감수능력이 없는 생명체 그리고 무생물 자연이 모두 동일한 의미에서 이해관계가 있고 따라서 모두 도덕적 지위가 있다고 하는 것은 오해의 소지가 있다. 표면적으로 이런 주장은 인간 중심주의가 인간에게 주는 특권에 도전하는 것으로 보이지만, 실제로는 오직 하나의 취약한 집단만, 즉 인간만 불가침 권리가 있고 다른 모든 동물은 거래의 대상이 된다는 도덕적 위계 개념이 깔려있다. 그리고 1장에서 보았듯이, 이러한 위계 개념의 필연적 결과는 (생태적 재앙인) 동물 착취 체제의 지속과 확장이다.

우리가 주장하는 좀 더 설득력 있는 접근법은 자아에 관한 질문으로 시작하는 것이다. 어떤 존재가 세상을 주체적으로 경험하고, 그 경험에 따라서 이해관계를 갖는가? 자아 또는 인격성에 대한 이 질문은 정의와 불가침 권리가 보장되어야 하는 존재가 누구인지 알려준다. 자연을 존중하고 보호해야 하는 타당한 이유는 비도구적 이유뿐만 아니라 도구적 이유를 포함해 많다. 하지만 그 이유들을 난초나 다른 쾌고감수능력이 없는 개체의 **이해관계**를 보호하는 것으로 해석해서는 안 된다. 오직 주체적 경험을 하는 존재만 이해관계를 갖거나 그 이해관계를 보호할 정의의 직접적 의무가 있다. 돌은 인격체가 아니다. 생태계나 난초, 박테리아도 마찬가지로 인격체가 아니다. 이것들은 사물이며, 손상이 갈 수는 있지만 부정의의 대상은 아니다. 정의는 세상을 경험하는 주체에게만 주어지고, 사물에는 없다. 쾌고감수능력이 없는 개체도 당연히 존중과 경외, 사랑, 돌봄의 대상이 될 수 있다. 하지만 주체성이 없으므로 당연히 공정성을 적용할 대상이 아니고, 정의 실현의 동기가 되는 상호 주체성의 행위자도 아니다.

생태주의 이론가들은 우리의 주장이 위계질서를 없애는 것이 아니라 단지 위계질서의 구성원만 바꾸고 있다고 반박할 것이다. 그것은 우리의 주장을 잘못 이해한 것이다. 우리는 인간이 식물과 무생물 자연에 대해 도덕적 의무가 있다는 점을 부정하는 것이 아니다. 인간과 동물이 어떤 우주적 위계질서 속에서 나무나 산보다 더 높이 있다고 주장하는 것도 아니다. 오히려 그들이 다르다고 주장하는 것이다. 쾌고감수능력은 독특한 취약성을 만들고 따라서 불가침 권리의 보호를 받아야 할 독특한 필요성이 생긴다. 만약 쾌고감수능력이 없는 개체에게도 이러한 이해관계가 있는데 우리가 그들에게 불가침성의 보호를 거부한다면, 우리는 그들을 더 낮은 지위에 두는 잘못을 저지르게 될 것이다. 하지만 그들은 이러한 이해관계가 없고 따라서 난초와 돌을 인격체로 대하지 않는다고 해서 그들을 존중하지 않는 것은 아니다.[29]

3. 자연의 타자성

지금까지 살펴보았듯이, 기본권에 관한 동물 권리론의 입장은 오직 인간만 도덕적 지위가 있다고 생각하는 사람과 모든 자연에 도덕적 지위가 있다고 생각하는 사람 양측에게 비난을 받아왔다.

양측 비판은 모두 동물의 주체성을 무시하는 교묘한 술수를 부린다. 이들은 동물의 문제를 명백히 자연의 문제로 치부하고, 동물이 단지 자연의 한 요소가 아니라 인간과 같은 방식으로 보호받을 필요가 있는 주체라는 점을 부인한다.

동물의 자아를 인정하는 것에 인본주의자와 생태주의자를 포함해 그토록 많은 사람이 드러내는 저항을 어떻게 이해할 것인가? 물론 많은 이유가 있는데, 그 중에는 오랫동안 동물을 단지 짐승이나 사물로 폄히한 역사도 있다. 그러나 우리가 흔히 동물의 생명, 좀더 일반적으로 자연을 경외하고 존중하고 소중히 여기는 방식들이 역설적으로 저항의 또 다른 이유일 수 있다는 점도 언급할 만하다.

사람은 흔히 동물을 단지 자연의 일부로, 따라서 근본적으로 인간의 계획과 무관하고 인간의 마음으로는 알 수 없는 어떤 '타자other'로 본다. 이런 타자성은 때로 위협을 느끼고 거리를 두게 하지만, 또한 존경과 경외라는 강력한 심미적이고 도덕적인 반응을 불러일으킨다. 우리는 위대한 자연의 아름다움 속에서 자신을 잊게 되는 순간이 있다. 잠시나마 자아를 잠재우고 더 큰 어떤 것, 자아와는 본질적으로 다른 어떤 것 속에서 자신을 잊게 되는 순간이다. 아이리스 머독Iris Murdoch의 황조롱이에 관한 설명은 이런 '탈자아unselfing'의 순간으로 묘사된다.

> 나는 불안과 분노에 차서 창밖을 보고 있었다. 주변은 보이지 않았고, 어쩌면 나의 명성에 해가 됐을지 모를 것에 관해서만 생각하고 있었다. 그때 갑자기 공중에서 유영하는 황조롱이를 보았다. 순간 모

> 든 것이 멀어졌다. 허영심에 상처를 입어 우울했던 자아는 사라졌다. 지금 있는 것은 황조롱이뿐이다. 그리고 내가 다시 문제로 돌아와서 생각했을 때 내 문제는 덜 중요하게 느껴졌다(Murdoch 1970:84).

이 글은 자연이 사람에게, 어떻게 자원이나 상품으로서 도구의 가치를 넘어서는 방식으로 소중하게 여겨질 수 있고 또 그래야 하는지를 보여주는 한 예로 때때로 인용된다. 일상의 업무나 고민과는 전혀 관계없는 더 큰 자연의 질서는 우리 삶에 필요한 관계와 생각의 방향을 알게 한다.

이와 관련해 산악 등반가 캐런 워런Karen Warren이 쓴 묘사를 보자.

> 누군가는 바위를 보고 완전히 다른 어떤 것, 어쩌면 자신의 존재에 대해 완전히 무심한 어떤 것으로 인식하고, 그 차이에서 경이로움을 느끼는 순간을 만난다. 그는 자아(즉, 등반가인 '나')가 끝나고 돌이 시작되는 '자아의 경계'가 어디인지 안다. 이 둘이 하나로 합쳐지는 일은 없다. 서로 다르고, 분리되어 있으며 독립적이지만 여전히 **관계를 맺고 있다**고 **인식되는** 두 개체가 서로를 보완할 뿐이다. 둘이 관계를 맺고 있는 것은, **오로지** 그가 애정 어린 눈으로 바위를 인지하고, 반응하고, 주목하고, 관심을 기울일 때뿐이다(Slicer 1991:111에서 인용).

데버라 슬라이서Deborah Slicer는 워런의 이 문단을 인용하며, 등반가와 암벽 사이의 관계를 동물, 식물, 무생물 자연을 포함해 '타자'와 맺는 윤리적 관계의 기반이 되어야 할 '애정 어린 관심'의 한 예시로 묘사했다.

자연의 타자성(아름다움과 자급자족 능력을 포함)에 대한 애정 어린 관심과 존중은 많은 인간에게 (그리고 어쩌면 일부 동물에게) 핵심적인 도덕적 능력이자 기회이다. 그리고 자아에서 벗어나 자연에 관심을 기울이거나 교감하는 순간의 경험은 인간에게 동물을 포함해 자연을 돌볼 의욕을 불러일으킬 수도 있다. 하지만 이런 '애정 어린 관심'을 동물에 대한 우리의 도덕적 반응과 의무의 전부로 보는 것은 잘못된 관점이다. 워런은 바위와 '관계 맺기'를 이야기하지만 이 관계는 일방적 관계이다. 인간 자아 혼자만 인지하기, 반응하기, 알아채기 등 관계의 모든 것을 한다. 반면에 머독의 황조롱이 이야기에는 두 자아가 존재한다. 황조롱이는 머독이 창밖을 바라보던 그 순간에는 (우리의 자아가 다른 관찰자의 존재를 모르는 것과 마찬가지로) 머독에게 무관심할 수 있다. 하지만 여기에는 상호 주체적 관계의 가능성이 있고, 그래서 다른 도덕적 의무가 존재한다.

황조롱이가 갑자기 창문에 부딪혀 땅으로 떨어진다고 상상해 보자. 아니면 워런이 방금 딛고 올라간 바위가 충격을 받아 부서진 돌 조각이 바위 아래로 떨어졌다고 상상해 보자. 황조롱이 사례에서는 돌봄이라는 도덕적 행위가 필요하다. 머독은 할 수 있다면 그 새를 도울 의무가 있다. 바위 사례에서는 이러한 도덕적 행위가 필요하지 않다. 워런은 어설픈 암벽 등반에 대해 자책할 수 있고 암벽을 훼손한 것을 후회할 수 있지만, 고통을 받고 도덕적 행위를 요구하는 자아는 존재하지 않는다. 이 사건에서 워런은 암벽 등반이 바위에 대한 애정과 일관성이 있는 행동인지 생각할 수는 있지만, 그가 떨어지게 한 돌 조각을 구하려고 절벽 아래로 내려갈 필요는 없다.

만약 동물의 독립성과 거리감, 불가해함이나 무관심 등 동물과 인간의 차이를 지나치게 강조한다면, 우리 자신의 독특한 필요와 욕구, 이익을 동물에게 투사하여 동물과 인간의 유사성을 지나치게 강조할 때와 마찬가지로 도덕적 오류의 위험에 빠지게 된다. (인간 사이의 관계에서도 마찬가지다.) 사실 많은 동물은 인간에게 무관심하지 않고 개별 자아로서 자기의 필요, 욕구, 이익 등 많은 것을 전달할 수 있는 상당한 능력이 있다.

바바라 스머츠는 개코원숭이와 반려견에 관한 그의 저서에서 종간 의사소통과 교감의 과정을 전문가로서 목격한 내용을 서술했다. 그 과정에서 그와 동물이 '서로의 내면으로 들어가 느낄 수 있는 능력'을 발휘하는 것을 경험했다(Smuts 2001:295). 스머츠는 현장 연구에서 개코원숭이 무리 사이에 있을 때 그의 존재에 개코원숭이가 보인 반응의 결정적 순간을 묘사한다. 처음에 이들은 잠재적 위협에 대한 일방적이고 본능적인 반응으로 단순히 그에게서 물러났다. 시간이 지나면서 스머츠는 '개코원숭이의 언어'를 배웠고, '걷고 앉는 방식, 몸을 가누는 방식과 눈과 목소리를 사용하는 방식' 등 모든 것을 바꿨다. 그가 점차 개코원숭이들의 감정, 동기, 의도를 보여주는 신호에 응답할 수 있다는 것을 전달하면서, 개코원숭이들은 그를 주체로 인식하게 되었다.

> 이것은 작은 변화로 보이지만, 실제로는 일방적 반응(회피)을 일으키는 **사물**로 취급되는 것에서 그들이 소통할 수 있는 **주체**로 인식

되는 엄청난 변화다. 시간이 지나면서 그들은 나를 점점 더 그들과 같은 사회적 존재로, 관계에서 발생하는 요구와 보상을 이해하는 주체로 대우했다. 이것은 때로는 자료를 모으려는 나의 욕구보다 그들의 요구(예를 들어 '꺼져!'라는 신호)에 좀 더 무게를 두어야 한다는 것을 의미했다. 하지만 이것은 나를 단순히 견뎌야 하는 침입자가 아니라 가볍게 아는 사이 혹은 때로는 익숙한 친구로서 점점 더 자주 그들의 무리 안으로 환영하는 것을 의미하기도 했다(Smuts 2001:295).[30]

스머츠는 개코원숭이와의 시간을 통해 동물의 개별성과 상호 주체적 만남의 가능성을 완전히 다르게 생각하게 되었다.

만약 내가 아프리카로 가기 전에 숲 속에서 다람쥐를 만났다면 나는 다람쥐의 존재를 즐겼겠지만, 단지 하나의 종으로서 '다람쥐'를 경험했을 것이다. 그러나 이제 나는 내가 만나는 모든 다람쥐를 하나의 작고 보송보송한 꼬리를 가진, 사람 같은 생명체로 경험한다. 보통은 이 다람쥐를 다른 다람쥐와 구분하지 못하지만, 내가 노력한다면 구분할 수 있고, 한번 그렇게 하면 이 다람쥐도 자신을 완전히 독특한 존재로, 이 세상에 있는 다른 모든 다람쥐와 성격과 행동이 다른 존재로 자신을 드러내리라는 것을 안다. 게다가 만약 이 다람쥐도 나를 알게 된다면 이 세상의 다른 사람과 관계 맺는 방식과는 또 다른 방식으로 나와 관계를 맺을 것을 안다. 모든 존재의 개별성에 대한 인식, 그리고 최소한 어떤 존재는 내 안에 있는 개별성에 반응할 능력이 있다는 인식은 세상을 모든 종류의 개별적 관계를 발전시킬 기회로 가득한 우주로 탈바꿈시켰다. 이러한 관계는 우리가 새의 영역에서 소풍을 즐길 때 새들과 맺는 관계처럼 잠깐일 수 있고, 고양이, 개, 인간 친구와 맺는 것처럼 평생일 수 있다(Smuts 2001:301).

상호 주체적 관계의 가능성에 주의를 기울이는 것은 머독의 '탈자아'의 순간과 매우 다르다. 머독의 만남은 쾌고감수능력의 유무와 상관없이 많은 타자와 가능하다. 스머츠의 경험은 다른 '자아'와만 가능하고, 상호 주체성과 독특한 취약성의 형태에 따라오는 특별한 보호의 기반이 된다. (동물과 자연을 의미하는) '타자'를 일반화하는 논의는 동물이 단지 '타자'일 뿐만 아니라 다른 '**자아**'이기도 하다는 사실을 이해하기 어렵게 한다. 자아야말로 공정과 연민이라는 구체적인 도덕적 태도를 유발하여 우리의 정의 의무를 밑받침한다.[31]

4. 위대한 논쟁: 요약

앞의 내용은 본질적으로, 지난 45년간 동물 권리론으로 시작된 '위대한 논쟁'을 보여준다. 논쟁은 여전하지만, 우리는 지금까지의 논쟁에서 제시된 논거들이 분명히 강력한 동물 권리론을 지지한다고 생각한다. 강력한 동물 권리론은 (기본권을 인간으로 한정한 사람들과 달리) 동물을 불가침 권리가 있는 취약한 자아로 인식하고, (동물과 자연을 도덕적 지위라는 위계에서 인간보다 아래에 놓거나, 동물의 도덕적 지위는 옹호하지만 자아의 중요성은 무시하는 사람들과 달리) 자아의 보호를 동물에게 확대하되 범위를 축소하거나 다른 도덕적 우선순위로 대체하지 않아야 한다고 주장한다.

동물 권리론은 여전히 논쟁 중이지만, 동물권 비판자들은 아직도 인간만의 독특한 도덕적 자아에 관해 설득력 있는 주장을 하지 못한다. 마사 누스바움Martha Nussbaum이 다소 조심스럽게 인정하듯이, '모든 생명체 종의 동등한 존엄성을 부정할 적당한 방법은 없어 보인다'(Nussbaum 2006:383).

이 장에서 짧은 논의로 동물권의 장점에 아직 설득되지 않은 독자가 설득되기를 기대하지 않는다. 어떻게 해야 타자의 눈을 들여다보고 그 속에서 하나의 인격체를 인식하도록 설득할 수 있을까? 그래서 이제부터는 동물이 왜 자아/인격체인지 새로운 주장을 펼치려고 애쓰는 대신, 동물을 인격체로, 그리고 친구이자 동료 시민으로, 그리고 (우리와 그들의) 공동체의 구성원으로 인정하는 의미를 깊이 들여다보고자 한다. 이러한 방식으로 인간-동물 관계의 개념을 구체화했을 때, 독자들이 다음에 동물의 눈을 들여다볼 때 그 속에서 인격체를, 즉 익숙하지만 여전히 신비로운, 독립적인 의미와 행위자성을 지닌 주체를 좀 더 쉽게 인식하기를 바란다.

5. 동물 기본권의 불가침성과 보편성

우리의 목표는 현재 동물 권리론이 몰두하는 기본권을 넘어 집단 차별적 인간-동물 정의의 개념을 개발하고 확장하는 것이지만, 그렇다고 보편적 기본권의 중요성을 대강 넘기려는 것은 아니다.

오히려 그 반대다. 기본권은 지금도 계속되는 비극적 동물 착취와 가장 지독한 형태의 폭력을 끝내기 위해 필요하다. 그래서 우리가 이 권리를 어떻게 이해하는지, 그리고 어떻게 이 권리가 이후 장에서 전개할 좀 더 확장된 개념을 위한 토대가 되는지 간략히 설명하면서 이 장을 마무리할 것이다.

동물을 불가침 권리가 있는 인격이나 자아로 인정한다는 것은 어떤 의미인가? 간단히 말해서 동물이 목적을 위한 수단이 아니라고 인정하는 것이다. 동물은 인간을 섬기거나, 먹이거나, 위로하기 위해 태어난 것이 아니다. 오히려 동물은 주체적으로 존재하고, 따라서 인간과 마찬가지로 이들을 해치거나 죽이거나 감금하거나 소유하거나 노예화하는 것을 금지하는 생명과 자유에 대한 불가침 권리가 있다. 이러한 불가침 권리에 대한 존중은 동물을 인간의 이익, 기쁨, 교육, 편의, 위로를 위해 소유하고 착취하는 현재 동물 이용 산업의 거의 모든 관행을 원천적으로 막는다.

우리는 동물의 기본권을 '불가침'과 '보편적' 권리로 서술했다. 이는 인권이 일반적으로 불가침이자 보편적이라고 이해되는 것과 같다. 하지만 불가침성과 보편성의 개념은 더 명료해야 한다. 불가침성부터 시작해 보자. 이미 언급했듯이 이 용어는 기본권이 절대적이고 예외가 없다는 의미가 아니다. 인간의 생명은 불가침 권리가 있지만 자기방어나 필요에 따라 인간을 죽이는 것이 허용된다.[32] 동물의 생명도 그렇다. 또한, 불가침성의 문제에는 역사적 차원도 존재한다. 인류 역사의 여러 단계에서, 또는 특정 맥락에서, 인간은 생존을 위해 동물을 해치거나 죽여야 했다. 그런 점에서라도 불가침 기본권은 절대적이거나 무조건적이지 않다.

이것은 정의의 본질에 대한 좀 더 일반적인 점을 보여준다. 다시 말해, 정의는 특정 상황에만 적용된다. (흄의 뒤를 이어) 존 롤스는 이를 '정의의 여건circumstances of justice'이라고 불렀다. 의무는 능력을 함축한다. 즉, 인간은 자기 존재가 위협받지 않으면서 서로의 권리를 존중할 수 있을 때 상대를 정의롭게 대할 의무가 있다. 롤스는 이것을 모두가 원하는 모든 것을 얻을 수 있을 만큼 자원이 무한하지 않아서 정의가 **필요한** '적절한 부족 상태'의 필요조건이라고 불렀다. 정의가 **가능**하려면 자원 경쟁이 심하지 않고 적절해야 한다. 즉, 자기 존재를 위태롭게 하지 않으면서도 상대의 정당한 요구를 인정할 수 있을 정도여야 한다.

모두 살아남기에는 식량이나 쉴 곳이 너무나 적은 '구명보트 사례'를 보자. 구명보트의 조건에서는 극단적인 행동을 고려해야 한다. 보트에 있는 사람이 모두 죽는 대신 한 사람이 희생되거나 스스로 희생할 수 있고, 누가 살고 누가 죽을지 결정하는 방법에 관해 다양한 제안이 나올 수 있다. 하지만 그러한 극단적 구명보트 사례는 정의의 여건이 적용되는 일상에서 서로에게 갖는 기본권에 관해서는 어떤 설명도 할 수 없다. 구명보트 사례가 아니라면, 적절한 부족 상태라는 조건에서 식량이나 쉴 곳 때문에 다른 사람을 죽이는 것은 잘못이다.[33]

인간과 동물의 관계에도 구명보트 사례가 있다. 실제로, 과거에는 정의의 여건이 인간-동물 관계에서 존재하지 않아서, 동물을 죽이는 것이 불가피한 집단 생존 전략의 핵심으로 오래 지속됐을 것이다. 그리고 여전히 생존을 위해 지역의 제한적인 선택지에 의존하는 고립된 인간 공동체가 있을 수 있다. 이들은 거의 틀림없이 동물에 대한 정의의 여건을 갖추지 못한다.

하지만 상황은 변한다. 의무는 능력을 함축하지만, 시간이 흐르면서 우리의 능력이 변하고 따라서 '의무'도 변한다. 이제는 더 이상 식량, 노동, 옷 때문에 동물을 감금하고 죽이는 것이 정당하지 않다. 우리의 필요를 충족하려고 동물을 해칠 필요가 없어졌다.[34]

이것은 동물을 결코 죽일 필요가 없다는 의미는 아니다. 동물은 때로 사람을 공격하고 그 존재만으로 사람에게 치명적인 위험이 되기도 한다(예, 사람의 집에 자리한 독사). 그리고 이러한 위험의 성격은 시간이 지나면서 변할 수 있다. 인간과 가깝게 지내던 특정 동물 종이 인간에게 치명적인 바이러스를 옮길 수 있고, 그래서 전에는 없었던 보호 조치를 취해야 할 수 있다. 반면에 동물로 생긴 오래된 위험을 관리할 기술(예, 예방 접종이나 장벽)을 개발해서, 전에는 필요했던 해로운 자기방어 조치들이 불필요해질 수도 있다.

정의의 여건을 평가하고 보존하는 것은 지금도 계속되고 있다. 동물에게 정의의 여건이 갖춰졌는지는 단순히 한 번에 '네/아니오'로 판단할 수 없다. 인간 사회는 이제 생존 때문에 동물을 일상적으로 죽이거나 노예로 삼을 필요는 없지만, 잠재적으로 치명적인 갈등 상황은 여전히 있다. 이런 상황은 시간이 흐르면서 변할 수 있지만, 변하지 않아야 하는 것이 있다. 정의의 여건이 갖춰진 곳에서는 여건을 보존하려고 노력해야 하고, 아직 마련되지 않은 곳에서는 이 방향을 향하도록 노력하는 것이 우리의 의무라는 점이다. 무모하게 우리를 동물과 치명적인 갈등 상황에 맞닥뜨리게 몰아서는 안 된다. 그리고 합리적인 노력으로 기존의 갈등을 줄일 수 있어야 하고, 가능한 한 동물의 불가침 권리를 존중하도록 해야 한다.[35]

우리가 갖춰야 할 정의의 여건은 상황에 따라 매우 다양할 것이다. 부유한 도시에 사는 사람에게는 동물과의 일상적인 상호 작용에서 아주 많은 부분이 정의의 여건에 해당할 것이다. 외딴곳에서 사람을 공격할 가능성이 있는 야생 동물과 함께 살거나, 적절한 기반 시설(예, 쓰레기 처리, 통과할 수 없는 주택 외벽)이 없는 빈곤한 사회에 사는 사람은 일상생활에서 주기적으로 동물과 치명적인 갈등을 겪을 수 있어서, 정의의 여건을 확대할 대책이 필요할 것이다. 각 상황에서 동물의 불가침 권리를 가능한 한 더 존중하도록 정의의 여건을 마련하고 확대할 의무가 있지만, 좀 더 유리한 환경에 사는 사람에게 명백히 더 많은 기대와 요구가 있을 것이다.

따라서 동물을 위한 불가침 권리의 개념은 생각보다 더 복잡하며, 절대적이거나 무조건적이지 않다. 이것은 인권도 마찬가지다. 누군가 치명적인 위험을 일으키거나 구명보트에 탄 상황이라면 인간을 희생해야 할 수도 있다. 이러한 비극적 사례가 있다고 해도 동물이나 인간의 불가침 기본권에 의문을 품지 않는다. 오히려 이러한 상황은 인간의 불가침성을 존중할 수 없어서 비극이다. 그래서 어떤 상황이든 가능하다면 이러한 불가침 권리를 존중할 수 있도록 정의의 여건을 점진적으로 확대할 의무가 있다.

불가침 권리에 예외가 없지는 않지만, 그 예외를 과장해서는 안 된다. 대부분 사회에서 자기방어나 어떤 필요로 동물의 기본권을 침해하는 일은 매우 드물다. 그러나 어떤 사람은 자기방어의 논리를 의학 동물 실험으로 확대하려고 한다. 동물 실험으로 치명적인 인간 질병의 치료 약을 개발할 수 있으니 '죽이거나 죽임당하거나'의 자기방어 사례로 적합하다는 것이다. 이러한 관점은 동물이나 인간 중 하나는 죽을 것이고, 따라서 인간이 자기 생존을 선택하는 것은 정당하다고 주장한다.

이 주장은 자기방어의 개념을 크게 왜곡한다. 인간의 경우를 보자. 인간을 위한 의학 연구에서 인간 실험체는 동물보다 훨씬 더 신뢰할 만한 대상이지만, 동의 없이 위험하고 침습적인* 연구에 강제로 동원하는 것은 용납되지 않는다. 사람들은 의학 지식을 확장하려 한다거나 타인을 도울 의학 기술을 발전시키려고 인간을 희생시킨다는 생각에 경악한다. 이것은 개인의 불가침성으로 막고자 하는 착취 유형 중 하나다. 기본권은 정확히 개인의 가장 기본적인 이익이 다른 사람들의 더 큰 선을 위해 희생되는 것을 막는 데 필요하다. 한 명을 희생해 얻은 지식이 천 명을 살릴 가능성이 있다는 것은 중요하지 않다. 우리는 단순히 '다른 사람들의 이익'이 개인의 기본권을 침해할 명분으로 충분하다고 생각하지 않는다. 그리고 인간은 '다른 사람들의 이익'과 '자기방어'를 혼동하지 않는다. 만약 어떤 사람이 인질로 삼은 사람들에게 총을 쏘겠다고 위협한다면, 인질을 살리기 위해 그 사람을 죽이는 것이 필요할 수 있다. 하지만 치료 약을 찾겠다고 거리에서 아무나 골라서 HIV 바이러스를 주입하는 것은 터무니없는 폭력 행위다.

* 의학적 맥락에서 '침습적'은 신체에 물리적으로 침투하거나 해를 가할 수 있다는 뜻이다. 예를 들어, 수술, 생체 조직 채취, 또는 실험적 약물 투여 등이 이에 해당한다.

동물을 대상으로 하는 의학 실험은 종종 동물권에서 어려운 사례로 여겨진다. 공장식 축산업, 화장품 실험, 레저 목적의 사냥을 혐오하는 사람조차 가끔은 동물 실험을 암묵적으로 용인하려 한다. 마치 불완전하지만 무한정 얻을 수 있는 연구 대상을 포기하는 것이 지나치게 큰 희생인 것처럼 말이다(예, Nussbaum 2006; Zamir 20007; Slicer 1991; McMahan 2002). 하지만 이것을 희생으로 보는 것은 이미 도덕적 상황을 잘못 이해한 것이다. 오늘날 수많은 의료 기술과 의학 발전이 급진적으로 이루어지지 않는 이유는, 우리가 인간 피험자들을 침습적 실험에 이용하는 것을 거부해서다. 만약 연구자가 불완전한 동물 대리자가 아닌 인간 피험자를 이용할 수 있었다면 지금쯤 의학 발전은 절대적으로 성장했을 것이다. 우리는 이것을 희생으로 보지 않는다. 우리는 매일 아침 아직 손대지 못한 모든 지식을 아쉬워하며 일어나지 않는다. 인간 피험자에 대한 제약 때문에 의학 발전이 지나치게 방해받았다고 억울해하지 않는다. 몇몇 인간의 권리를 존중하는 지나친 결벽성이 나머지 인류의 길고 건강한 삶을 방해한다고 걱정하지 않는다. 실제로 인간 연구 피험자의 이용 금지를 희생으로 보는 사람은 도덕적으로 삐뚤어져 보일 것이다. 인간에 관해서라면, 우리는 의학 지식이 윤리적 경계 안에서 발전해야만 하고, 그렇지 않으면 그것은 가질 권리가 없는 지식이라는 점을 온전히 이해한다. 이는 좀 더 창의적인 방식으로 배우게 하고, 아니면 결과를 기다리는 데 좀 더 인내심을 갖게 한다. 어떤 면에서도 이것을 희생으로 보지 않는다. 소수를 희생해서 다수가 더 길고 더 나은 삶을 얻을 수 있는 세상은 살 만한 가치가 있는 세상이 아니라는 것을 알기 때문이다.

동물을 해치거나 죽여서 얻는 의학 지식은 가치 있는 지식이 아니라는 사실을 받아들이려면 사회에 대대적 합의가 필요할 것이다. 그렇지만 이 조정의 비용은 일시적일 것이다. 새로운 실천이 관례가 될 몇십 년 후, 새로 훈련받은 연구자 세대가 다다른 후에는 동물 실험에 관한 인식도 오늘날 인간 실험에 관한 인식과 같아질 것이다. 인간 실험의 부재가 비용으로 여겨지지 않듯이, 동물 실험 금지도 비용으로 여겨지지 않을 것이다. 누구도 동물 실험을 포기하는 것이 인간의 시각에서 희생이라고 생각하지 않을 것이다. 오히려 우리는 애초에 그러한 실험을 어떻게 합리화할 수 있었는지 의아해할 것이다.

그렇다면 이제 인간과 동물의 경우에서 불가침성을 어떻게 이해할 것인가? 이것은 정의의 여건에 따라 다르겠지만, 정의의 여건이 갖춰진 곳이라면 소수의 이익을 희생하는 것이 다수의 이익에 도움이 될 때조차 (실제로 특히 그럴 때) 기본권을 굳건히 보호할 것이다.

이제 '보편성' 문제로 넘어가 보자. 우리는 카발리에리(2001)와 다른 학자들의 뒤를 이어, 우리의 동물 권리론이 인권 원칙의 논리적 확장이자 인권의 보편성을 향한 열망을 공유한다고 주장했다. 동물권이 다른 무엇보다 보편성을 열망한다는 것은 동물권이 단지 특정 문화의 전통이나 종교적 세계관의 해석이 아니라, 전 세계가 이해하고 공유하는 가치나 원칙에 기반한 보편적 윤리로 제시된다는 것이다.

보편성에 관한 이러한 주장은 즉시 문화 다원주의cultural pluralism 문제를 야기한다. 세계의 문화와 종교가 동물의 도덕적 지위에 관해 각각 아주 다른 관점을 갖는다는 점을 고려할 때, 어떻게 하나의 견해가 보편적으로 타당하다고 주장할 수 있는가? 동물권에 관한 '우리'의 견해를 다른 사회에 강요하는 것은 서구 중심주의와 도덕적 제국주의의 한 형태가 아닌가? 이러한 반박은 동물권 운동가가 금지하려고 했던 사냥이나 덫 놓기(고래 사냥, 물개 사냥 등)에 종사했던 토착민과의 관계에서 특히 두드러졌고 논란이 되었다. 서구 제국주의가 토착민을 억압한 오랜 역사에 비추어 볼 때, 이를 서구 사회가 토착민 사회를 후진적이고, 원시적이며, 심지어 야만적이라는 이유로 권력을 행사할 권리를 주장하는 또 다른 사례로 보지 않기는 어렵다. 그래서 열정적인 동물권 운동가들도 때로는 토착민의 전통적 사냥 풍습을 금지하는 법이나 규약에서 토착민을 면제할 방법을 찾는다.

하지만 동물 옹호 운동에서, 전통적인 문화적 관행이 동물권을 침해할 때마다 발동할 수 있는 일반화된 '문화적 예외'를 지지하려는 사람은 거의 없다. 예를 들어, 스페인이 유럽 연합에 가입했을 때, 스페인은 '전통문화 존중'을 근거로 투우를 허용하도록 유럽의 동물 복지법에서 예외로 인정해달라고 협상했다(Casal 2003:1). 동물권 운동가 대부분은 이것을 부끄러운 행위로 본다. 이러한 전통을 막지 못한다면 동물권 원칙을 지지하는 이유가 무엇인가?

스페인의 투우와 전통적인 토착민의 사냥 사이에는 아주 다양한 논쟁적인 사례가 있는데 대부분 종교와 엮여 있다. 유대인과 무슬림은 동물의 고통을 최소화하려고 만든 도축법에서 면제되어야 하는가? 산테리아 종교 지지자들이 종교 의식의 일부로 동물을 제물로 바치는 것을 허용해야 하는가? 일반적으로, 문화적 다양성과 동물권 존중 사이에는 갈등이 존재하는가? 만약 그렇다면 이것은 폴라 카잘Paula Casal의 말처럼 '다문화주의는 동물에게 나쁘다'라는 것을 의미하는가(Casal 2003)?

이것은 중요한 문제다. 좀 더 정확히 말하면, 신중하게 풀어야 할 각종 문제의 집합이다. 여기에서 모든 문제를 다룰 수는 없지만, 똑같은 논의가 인권에서도 일어난다는 점을 중요하게 생각해야 한다. 1948년 세계인권선언이 제정된 이후로, 인권 개념이 정말 보편적인지, 아니면 특히 여성과 아동의 권리 또는 좀 더 일반적으로 가족의 삶과 관련해 다른 문화에 서구 중심적 사고가 도입된 것인지를 두고 논쟁이 계속되었다. 동물권과 마찬가지로 인권 규범에서 문화적 또는 종교적 예외를 인정해달라고 요구하는 경우가 많다. 많은 국가가 국제인권규범에 가입할 때 특히 사회의 생활 방식이나 종교적 정체성에 가장 중요하다고 생각되는 여성과 아동의 권리와 관련해 '유보 사항'을 단다. 이는 문화 다양성 존중과 여성 권리 존중이 충돌하는지, 그래서 '다문화주의는 여성에게 나쁜가'라는 의문으로 이어진다(Okin 1999).

이런 논쟁을 비교해 보면 놀랄 만한 유사성이 있다. 인권과 동물권은 둘 다 보편성을 주장하고 이에 대해 비슷한 반론을 받는다는 점에서 유사한 위치에 있다. 우리는 동물권과 인권 중 어느 것이 더 보편적인지 생각할 필요가 없다고 본다. 이 장에서 우리의 주장처럼 동물권이 인권의 논리에서 나온 거라면, 두 보편성은 운명을 같이 한다. 깊이 뿌리박힌 끈질긴 문화 간 의견 불일치에 맞서 동물권의 보편성을 옹호하는 것은 어려운 과제다. 하지만 이것은 이미 인권의 보편성을 옹호할 때 마주했던 과제와 같다. 인권 역시 끈질긴 문화간 의견 불일치에 맞섰고, 이 싸움에서 우리가 쌓아온 해결책은 동물권에도 적용될 것이다.

문화 다양성에 관한 사실과 주장을 고려해 기본권의 보편성을 어떻게 가장 잘 옹호할지 설명한 저서는 많다. 그 논쟁을 여기에서 다 재현하거나 해결할 수는 없다. 하지만 어쩌면 적어도 몇 가지 오해는 풀 수 있을 것이다. 인권이나 동물권의 보편성에 반대하는 많은 의견은 문화적 가치의 발생과 진화에 관한 특정 견해에 따른다. 빌레펠트Bielefeldt(2000)가 언급했듯이, 인권이 서구의 것인지 논의할 때면 사람들은 종종 떡갈나무가 될 도토리라는 문화 모델로 이해한다. 서구 문명이라는 도토리에 인권이라는 문화적 유전자가 존재하며, 따라서 떡갈나무가 자라 꽃피게 될 운명이었다는 것이다. 반대로 이슬람이나 동양 사회의 도토리에는 인권 유전자가 없어서 자연적 진화가 아닌, 기껏해야 그들의 나무에 온전히 맞지 않는 이질적인 옮겨심기가 될 뿐이라고 한다. 마찬가지로 동물권의 보편성을 부정하는 사람은 동물권이 서구 문화 유전자의 일부라고 주장할 수 있다.

떡갈나무가 될 도토리 모델은 인권과 동물권 모두와 관련해 어쩔 수 없는 오해의 소지가 있다. 분명한 것은, 인권 개념을 발달시킨 서구 문명이 나치주의와 스탈린주의도 발달시켰고, 수 세기에 걸친 가부장제와 인종적 우월주의는 말할 것도 없으며, 이 모든 것이 질서, 자연, 진화, 위계에 관해 서구 문화에 깊게 뿌리내린 개념에서 나왔다는 사실이다. 오늘날 서구인 대부분이 인권 개념을 인정하는 것은 서구의 문화적 유전자와 유일하게 일치해서가 아니다. 오히려 사람들은 서구의 역사와 문화에서 발견된 다양하고 모순된 도덕적 원천 중에서 인권 개념은 지지하고 옹호할 가치가 있지만, 다른 도덕적 원천은 계속 지킬 가치가 없다고 판단한다.

이 과정은 서구뿐만 아니라 모든 문화에서 일어난다. 모든 문화와 종교에는 다양한 도덕적 원천이 있다(또는 도덕적 원천에 대한 다양한 해석이 있다). 보편적 인권 개념과 어울리는 것도 있고, 그렇지 않은 것도 있다. 한 사회 구성원의 인권은 타고난 문화적 유전자로 사전에 결정되는 것이 아니라, 사회의 다양한 도덕적 원천 중 어떤 것이 지킬 가치가 있는지 계속되는 판단으로 결정된다. 따라서 인권이 보편성을 얻은 것은 외부의 적절한 문화적 유전자가 옮겨져서가 아니라, 다양한 도덕적 원천을 성찰하는 과정을 거쳐 일련의 공통 가치나 원칙에 대한 '강요되지 않은 합의'에 이상적으로 도달했기 때문이다(Taylor 1999).

이것은 이론가 대부분이 인권의 보편성을 설명할 때 언급하는 모델이다.[36] 우리는 같은 모델이 동물권에도 적용된다고 생각한다. 어떤 사회도 동물권을 받아들이도록 미리 결정되지 않았지만, 거부하도록 미리 결정되지도 않았다. 모든 사회는 동물의 지위에 관해 다양한 도덕적 원천을 보유하며, 그중 일부는 수월하게 동물권을 인정하게 되고, 일부는 그렇지 않다. 그리고 다양한 도덕적 원천 중 어떤 것을 설득력 있다고 판단하는지는 우리 모두에게 달렸다.[37] 서구 사회만큼이나 토착민 사회에서도 마찬가지다. 사실 지금까지 우리가 옹호한 불가침성 개념은, 즉 비극적이지만 필요할 때만 동물 살해가 허용되는 것은 (아마 틀림없이) 지난 수 세기 동안 서구 사회의 주류 태도라기보다 전통적인 토착민의 태도에 더 가깝다.

지금까지 존재하는 근거는 많은 인간 문화가 동물 살해를 비극적이지만 필요한 것으로 보았음을 의미한다. 수천 년간 인간이 생존하고자 동물을 착취해야 한다는 사실은 정신적 스트레스의 원천이었다. 요즘 대다수의 사람은 인간의 욕구 충족에 수십억 마리의 동물이 고통받으며 죽어가는 것을 거의 생각하지 않는 일상을 산다. 하지만 고대 우리 조상은 동물 착취가 비극이자 도덕적으로 문제가 있다고 인식했다. 한 예로 지중해 문화에서는 제물로 바치지 않은 고기를 소비하는 것을 금기로 여겼다. 동물을 제물로 바치면 형식적으로 일정량을 신에게 바치고 나머지는 인간이 소비하도록 분배했다. 제임스 서펠James Serpell은 제물 문화를, 신이 인간에게 제물을 바치도록 요구했기 때문에 궁극적으로 신이 동물을 죽이는 것에 대한 책임을 지는 비난 전가의 형태로 설명했다. 동물은 사원이나 성직자에게 전달되었고, 이들은 동물에게서 (이른바) 동의를 끌어낸 뒤 도살 의식을 행함으로써 추가로 비난을 줄였다. 그리고 성직자는 끔찍한 의식을 치른 후에는 자신을 정화해야 했다(Serpell 1996:207). 현대에 와서 대부분의 인간은 직접적인 동물 착취와 거리를 두고 착취를 시정할 필요성을 억제하는 데 성공한 것으로 보이지만, 전통적인 사냥 사회와 종교 집단에서는 비난 전가와 완화 관행이 계속되고 있다.[38]

어떤 면에서 동물 권리론은 동물 살해가 비극적이지만 필요한 것이며 속죄해야 한다는 관점을 이어가는 토착민 사회보다 서양 주류 사회에서 더 큰 문화적 변화를 불러올 수 있다. 그리고 당연하게

도 토착민 사회에서도 사냥하고 덫을 놓는 각종 관행의 지혜와 필요에 대해 실제로 논쟁이 있었고, 어떤 토착민 지도자는 모피 산업이 착취와 학대 관행을 눈가림하려고 마케팅과 홍보에 자신들을 이용하는 것에 분개했다.[39]

어떤 경우에도 동물 권리론이 서양 사회의 문화적 유전자에 있고 다른 사회는 외부에서 옮겨진 것이라고 말할 근거가 없다. 인권과 마찬가지로 동물권의 보편성은 도덕적 원천을 성찰하는 과정에서 공개적으로 논의해야 할 것이지, 문화의 원초적 본질에 관한 단순한 가정으로 미리 결정되는 것이 아니다.

명백히 우리는 인권과 동물권 모두 보편성이 있다는 주장을 정당화할 수 있다고 생각한다. 그리고 이러한 도덕적 성찰 과정이 모든 취약한 자아의 기본권에 대한 중첩적 합의overlapping consensus* 로 이어질 수 있다고 믿는다. 하지만 우리가 동물권의 보편성을 주장하는 것이 곧 다른 사회에 동물권을 **강요하는 것**을 지지하는 것은 아니라는 점을 강조하고 싶다. 인권의 경우와 마찬가지로 강압적인 개입은 가장 심각한 권리 침해의 경우로 제한하고 대신 사회가 인권과 동물권을 실천하도록 돕는 데 집중할 강력한 도덕적, 현실적 이유가 있다. 특히 역사적으로 종속되었던 집단을 대할 때는 더욱 그래야 하는데, 그들은 과거 억압자의 동기를 의심할 만한 충분한 이유가 있기 때문이다.[40]

* 정치철학자 존 롤스가 제안한 개념으로, 서로 다른 가치관이나 신념을 지닌 사람들이 특정 정치 문제에 대해 각자의 신념체계가 중첩되는 영역에서 합의할 수 있음을 의미한다. 롤스는 이를 통해 어떻게 다양한 신념체계가 공존하는 다원주의 사회가 안정적으로 유지될 수 있는지 설명한다. 본문에서는 이 개념을 통해 인권과 동물권에 대한 보편적 합의 가능성을 보여주고 있다.

인권과 동물권의 보편성을 주장하는 것이 인권과 동물권을 **도구화하는 것**을 정당화하지 않는다는 점도 유의해야 한다. 앞서 언급했듯이, 지배 집단이 소수 집단이나 토착민에게 권력을 행사하는 배경에는 여성, 아동, 동물을 대하는 방식이 '후진적'이거나 '야만적'이라는 명분으로 정당화한 오랜 역사가 있다. 이런 맥락에서 인권과 동물권은 권리 보유자를 위한 선의의 관심에서 나온 것이 아니라, 기존 권력관계의 재생산을 정당화하는 데 사용되었다(Elder, Wolch, and Emel 1998). 동물의 사례를 보면, 지배 집단은 보통 포획하여 노예가 된 수백만 마리의 사육 동물을 학대하는 데 직접 연루된 방식은 무시하면서, 위선적으로 농촌 공동체와 토착 민족의 사냥 또는 종교적 소수 집단이 동물을 의식에 이용하는 것은 비판한다. 이런 관행은 전체 동물 학대의 극히 일부분인데도 말이다. 지배 집단은 개발도상국이 상징적인 동물이나 멸종 위기의 야생 동물을 보호하지 못하는 것에 불만을 토로하면서, 자기 나라에서 덜 위협적이고 멸종 위기에 있지 않은 동물의 무분별한 박멸 캠페인에 열중하기도 한다. 이러한 방식으로 지배 집단은 다른 사람과 문화에 대한 우월감을 재확인하는 도구로 동물 복지를 언급한다.[41]

이 모든 경우에서 동물에 관한 관심은 인간 사이의 부정의를 정당화하기 위해 선택적으로 조작되고 이용되고 있으며, 이는 동물권의 근본 원칙을 훼손한다. 우리는 이러한 형태의 도덕적 제국주의moral imperialism를 경계해야 한다. 도덕적 제국주의의 도구화에 맞서는 방법은 인권이나 동물권의 보편성을 포기하는 것이 아니라, 오히려 더욱 명확히 하는 것이다. 보편성의 원칙을 해석하는 방식에 일관성과 투명성을 확보하며, 모든 사회가 이러한 원칙의 논쟁과 형성에 동등하게 참여하는 토론의 장을 만드는 것이다. 인권 운동가들도 인권의 도구화 우려에 똑같은 접근법을 채택해 왔다.

우리는 보편성을 다음과 같이 이해하고 있다. 동물을 불가침 권리의 보호가 필요한 취약한 자아로 보는 견해는 모든 사회가 다양한 도덕적 원천으로 접근할 수 있고, 어떤 한 문화나 종교의 고유한 속성으로 다루어질 수 없다. 동물권 주장이 실제로 설득력이 있다고 밝혀진다면, 우리는 모두 정의의 여건에서 동물의 불가침 권리를 존중할 의무가 있고, 이러한 상황이 실현되도록 노력할 의무가 있다. 이를 위해 필요한 것은 사회마다 다르겠지만, 모두가 직면한 과제다.

6. 결론

동물을 자아나 인격체로 받아들이는 것은 많은 의미가 있다. 그중 가장 분명한 것은 다양한 보편적인 소극적 권리, 즉 고문당하지 않을 권리, 실험 대상이 되지 않을 권리, 소유되지 않을 권리, 노예화되지 않을 권리, 감금되지 않을 권리, 죽임당하지 않을 권리 등을 인정하는 것이다. 이는 오늘날 축산업, 사냥, 상업적 애완동물 산업, 동물원, 동물 실험 등 많은 관행의 금지로 이어질 것이다.

이것이 동물 권리론의 핵심 의제이고, 많은 동물 권리론 옹호자에게는 의제의 전부다. [이들에게] 동물권은 동물 착취를 폐지하고 동물을 노예 상태에서 해방하는 것에 관한 것이다. 우리가 살펴보았듯이, 동물 권리론에서 영향력 있는 갈래 중 하나인 동물 착취 폐지주의나 해방주의는 착취 금지가 사실상 모든 형태의 상호 작용을 원천적으로 막는다고 가정한다.

그러나 우리는 동물 권리론이 여기에서 멈춰서는 안 된다고 생각한다. 동물의 기본권을 존중하기 위해 모든 형태의 인간-동물 상호 작용을 멈출 필요는 없고, 실제로 멈출 수도 없다. 동물의 기본권을 인정한다면 그러한 권리를 존중하는 동물-인간 상호 작용의 적절한 형태가 무엇인지 질문해야 한다. 인간의 동물 착취를 끝내는 것은 필요한 출발점이지만 우리는 착취적이지 않은 관계가 어떤 모습일지 알아야 한다. 인간과 동물 모두에게 서로 이익이 될 수 있는 관계는 무엇인가? 그리고 우리의 직접적인 돌봄을 받는 동물, 우리와 공생 관계에 있는 동물, 혹은 우리와는 멀리 떨어져 사는 독립적 동물들에 대해 우리는 어떤 적극적인 의무를 갖게 되는가? 이제 이러한 질문을 살펴볼 것이다.

3　시민권 이론으로 동물 권리 확장하기

Extending Animal Rights via Citizenship Theory

서론에서 우리는 동물 권리론을 보완하고 확장하려면 동물 권리론자들이 일반적으로 지지하는 익숙한 보편적 권리를 넘어서 다양한 관계적이고 집단 차별적 동물 권리를 포함할 필요가 있다고 주장했다. 이러한 과정의 첫 단계는 도덕적으로 중요한 의무와 책임이 발생하는 인간-동물 관계를 유형별로 나누어 설명하는 것이다. 서론에서 언급했듯이 이러한 관계의 엄청난 다양성을 생각하면 이는 매우 복잡한 작업이다. 인간과 동물의 관계는 이롭고 해로운 영향, 강요와 선택의 수준, 상호 의존성과 취약성, 정서적 애착, 물리적 근접성에 따라 다양하다. 이러한 (그리고 그 외의) 모든 요소는 잠재적으로 도덕과 관련 있어 보인다.

이렇게 다양하고 혼란스러운 관계에 개념적 질서를 부여할 필요가 있다. 이 장에서 우리는 시민권 이론이 이 작업에 도움이 된다고 주장한다. 시민, 주민, 외국인, 주권자와 같은 시민권 이론의 익숙한 범주에 비추어 인간-동물 관계를 생각하는 것은 특정 동물마다 우리에게 요구하는 고유한 권리와 우리가 동물에게 행하는 특정한 부정의의 유형을 모두 밝히는 데 도움 될 것이다. 이 장에서는 우리가 말하는 시민권 이론이 무엇인지, 그리고 관계적 권리 문제를 생각할 때 시민권 이론이 제공하는 개념 자원은 무엇인지 설명하면서 시작한다. 그러고 나서 우리는 시민권 이론의 개념틀을 동물에게 적용할 때 직면하는 두 가지 즉각적인 반대 의견을 살펴보고 이를 반박할 것이다.

1. 보편적 권리와 시민권

인간의 시민권부터 살펴보자. 우리나라 어느 공항에 도착한 비행기에서 내리는 한 무리의 사람을 만났다고 상상해 보자. 우리는 그 무리의 개개인과 어떤 구체적 관계가 있는지 모른 채로도, 이미 이들이 주관적 선subjective good*을 지닌 쾌고감수능력이 있는 존재라는 사실만으로 이들 모두에게 어떤 보편적 의무를 진다는 것을 안다. 예를 들어 우리는 그 사람들을 고문하거나 죽이거나 노예로 삼을 수 없다. 이것은 모든 개인에게 우리가 지는 보편적 권리다.

하지만 그 무리가 여권 심사대로 향하면서 각 개인이 상당히 다른 관계적 권리를 가졌다는 것이 금세 분명해진다. 일부는 우리의 동료 시민으로 국내에 들어와 거주할 수 있는 무조건적인 권리

* 각 개인이 자신의 주관적 관점에서 좋다고 여기는 것을 의미하는 철학적 개념으로, 개인의 감정, 선호, 욕구, 가치관 등이 포함될 수 있다.

가 있으며, 일단 입국하면 정치 공동체의 완전하고 동등한 구성원이 될 권리를 갖는다. 다시 말해 이들은 국가의 공동 수호자로서, 국가의 방향을 결정할 때 이들의 이익과 우려는 다른 사람의 것과 동등히 중요하게 여겨질 권리가 있다. 이들은 시민으로서 정부가 대표하는 '인민'의 구성원이고, 인민으로서 주권을 행사할 권리가 있으며, 사회는 공공선public good이나 국익을 결정할 때 이들의 이익이 동등하게 고려되도록 대표하거나 협의할 방법을 만들 의무가 있다.

반면에, 비행기에 탄 다른 승객들은 여행자, 외국인 학생, 사업상 방문객 또는 임시 노동자로 시민이 아니다. 이들은 입국할 무조건적인 권리가 없고, 사전에 비자와 같은 허가를 받아야 한다. 설사 입국 허가를 받았더라도 영구적으로 머물거나 일할 권리가 없을 수 있다. 어쩌면 이들이 받은 비자는 일정 기간만 체류하도록 허가할 수도 있다. 이들은 정부가 대표하는 인민에 포함되지 않고, 인민으로서 주권을 행사하지 않으며, 우리가 공공선을 결정할 때 이들의 이익을 대표할 의무가 없다.

물론, 다시 말하지만, 이러한 비시민non-citizen도 여전히 인간이고 그래서 보편적 인권을 갖는다. 이들을 죽이거나 노예로 삼는 것, 또는 본질적인 인격성과 존엄성을 부정하는 행위는 허용되지 않는다. 그러나 비시민이 더 편리하도록 또는 즐길 수 있도록 공공 공간을 재구성하거나, 정치 제도에 비시민이 더 쉽게 접근하도록 재편할 의무는 없다. 지금도 수십만 명의 중국인이 전 세계에서 휴가를 보내고 있는데, 뉴욕이나 부에노스아이레스 같은 도시에 중국어 길 안내 표지판이 더 많다면 여행이 더욱 즐거울 것이다. 어떤 도시는 관광객을 유치하고자 그런 변화를 기꺼이 선택할 수도 있다. 하지만 시민에게는 자기의 도시를 방문객에게 더 친절하도록 만들 의무는 없으며, 사회와 공공 공간의 형태에 공동의 결정을 내리는 주체는 방문객이 아니라 시민이다. 방문객은 길 안내 표지판 정책을 결정하는 선거나 주민 투표에 참여할 수 없다.

간단히 말해서, 우리는 일반적으로 **보편적 인권**과 **시민권**을 구별한다. 보편적 인권은 특정 정치 공동체와의 관계에 좌우되지 않지만, 시민권은 특정 정치 공동체의 성원권에 따라 달라진다. 비행기에서 내리는 모든 승객이 보편적 인권을 갖지만, 시민권은 착륙한 국가와의 관계에 따라 일부 승객만 갖는다. 이것은 승객의 이익이 서로 다른 방식으로 다루어진다는 의미다. 단순히 말하면, 시민의 이익은 정치 공동체의 공공선을 결정하는 반면, 비시민의 이익은 정치 공동체가 공공선을 추구하는 방식에 **부수적 제약 조건**side-constraints을 가한다. 예를 들어 공공주택, 요양원 또는 지하철을 더 지을지는 관광객이 아닌 시민의 이익에 따라 결정한다. 하지만 집이나 지하철을 지을 때 관광객을 노예처럼 부릴 수는 없는데, 비시민의 보편적 인권은 정치 공동체의 시민이 공공선을 추구하는 방식에 제약을 가하기 때문이다.

보편적 인권과 시민권의 구분은 지나친 단순화다. 앞으로 보겠지만, 단순한 방문객 이상이지만 시민이 아닌 (또는 아직 시민이 되지 않은) '경계에 있는' 사람들이 있고, 그들의 이익은 단순한 이분법이 아닌 더욱 복잡한 방식으로 헤아릴 필요가 있기 때문이다. 예를 들어, 장기 거주권을 얻은 이민자는 아직 시민권은 없더라도 임시 방문객과는 다른 법적, 정치적 지위를 갖는다. 또한 표준적인 시민권 이외에 역사적으로 정치적 협의를 통해 국가에 소속된 집단이 있을 수 있다. 예를 들어, 아메리카 원주민은 '국내 자치국domestic dependent nations' 지위를 인정받아 더 큰 주권 인민의 경계 안에서 별개의 주권 인민을 형성한다. 하지만 이와 같이 시민권의 일부만 있거나 여러 시민권이 있는 '경계' 집단의 존재는 다음과 같은 근본적인 사실을 확인해 줄 뿐이다. 바로, 단지 보편적 인권을 지닌 '인격체'라는 사실만으로 개인의 법적 권리와 정치적 지위가 온전히 결정되지 않는다는 사실이다. (애초에 비행기에 탑승하는 것조차 허용되지 않았고, 따라서 다른 주권 정치 공동체에 남아 거주하고 있는 모든 잠재적 방문객들도 기억해야 한다.)

언뜻 보기에 법적 지위의 이러한 다양성은 의아해 보일 수 있다. 결국, 모든 승객은 똑같이 내재한 도덕적 존엄성과 취약한 자아를 가진 인간이다. 그렇다면 이들은 어떻게 서로 다른 법적 권리를 갖게 되는 것일까? 실제로 어떤 세계시민주의자는 그러한 구분이 정당하지 않다고 거부한다. 이들은 모든 사람이 전 세계 어디를 가든 그들의 이익이 자동으로 그곳의 정치적 의사결정에 동등하게 반영되어야 한다고 주장한다. 이는 모두가 지구의 어디든 자유롭게 오갈 수 있고 완전한 시민권을 갖는 국경이 개방된 세상을 만들거나 시민권이라는 범주 자체를 없애고 오직 인격성을 근거로 권리를 부여해야 이루어질 수 있다. 시민권이라는 범주를 보편화하든 폐기하든 결과는 같을 것이다. 즉, 모든 사람은 비행기에 탑승할 동등한 권리를 가질 것이고, 비행기에서 내리면서 동일한 사회적, 정치적 권리(거주권, 노동권, 투표권 등)를 갖게 될 것이다.

하지만 우리가 사는 세상은 그렇지 않으며, 그러한 세상이 바람직하다고 하기도 어렵다. 인간이 스스로를 성원권을 규제하는 구별되는 정치 공동체로 조직한 데에는 그럴 만한 까닭이 있다. 부분적으로 실용적인 목적 때문이다. 민주적 자치의 실천은 자기를 단순히 여기저기에 잠시 머무는 세계 여행자globetrotters로서가 아니라, 공통의 국가 언어와 공유된 국가 영토에 애착을 가진 동료-국민co-nationals으로 여길 때 더 쉽게 유지된다. 민주주의와 복지 국가는 일정 수준의 신뢰, 연대, 이해가 필요한데, 경계가 있고 뿌리내린 정치적 시민권의 감각을 포기하는 국경 없는 세계에서는 같은 수준으로 유지되기 어려울 수 있다.

경계가 있는 시민권에 주의를 기울이는 것은 단지 실용적이어서만은 아니다. 시민권에는 국가 정체성과 문화 그리고 자기 결정권self-determination을 포함해 여러 강력한 도덕적 가치가 얽혀있다. 많은 사람이 자기를 특정 공동체의 구성원으로 인식하며, 이 공동체가 그들의 국가 정체성, 언어, 역사를 반영하는 방식으로 그들과 그들이 속한 경계 있는 영토를 통치할 **권리**가 있다고 믿는다. 이러한 국가 자치self-government를 향한 열망은 특정 공동체와 특정 영토에 갖는 깊은 애착을 반영하고, 이러한 애착은 정당하고 존중받을 가치가 있다. 사람을 존중한다는 것은 도덕적으로 중요한 애착과 관계를 발전시키는 능력을 존중하는 것이기도 하다. 여기에는 특정 개인과 공동체, 영토, 삶의 방식, 그리고 협력과 자치의 체계에 느끼는 애착이 포함된다. 경계가 있는 시민권은 그러한 애착을 표현하고 가능하게 한다. 보편적 인격성이라는 명목으로 애착을 부정하는 세계시민주의는 인격성 존중의 핵심, 즉 경계가 있는 공동체와 영토에 도덕적으로 중요한 애착을 형성할 수 있는 우리의 능력을 놓치고 있다.[1]

이러한 이유와 다른 여러 이유로 주요 정치 이론은 거의 모두, 자유주의, 보수주의, 사회주의를 막론하고 인간이 그들 스스로를 서로 구별되는 경계가 있는 정치 공동체로 조직한다는 가정을 바탕으로 작동했다. 우리는 이 책의 목적을 위해, 자유주의 정치 이론이 경계가 있는 정치 공동체 세상에서 작동하며, 따라서 보편적 인권 이론뿐만 아니라 시민권 이론을 통해 작동한다고 가정할 것이다. 보편적 인권에 관한 자유주의 이론은 모든 인간이 인격성으로 인해 얻게 되는 권리를 알려주는 반면, 시민권에 관한 자유주의 이론은 구별되는 정치 공동체에서 성원권을 어떻게 결정하는지 설명할 필요가 있다. 그리고 이를 위해 다음과 같은 까다로운 질문에 답할 수 있어야 한다. 어떤 사람이 어떤 정치 공동체에서 어떤 **성원권**을 가져야 하는가? 구별되고 경계가 있는 정치 공동체 사이의 **경계**는 어떻게 결정하는가? 그러한 공동체 사이의 **이동성**은 어떻게 규제해야 하고, 다양한 자치 공동체 사이의 **상호 작용** 규칙은 어떻게 결정하는가?

지난 30년간 자유주의 정치 이론에서 매우 흥미로운 작업 중 일부는 '시민권 이론'이 직면하는 바로 이런 질문들을 다룬다. (우리는 여기서 '시민권 이론'이라는 용어를 넓은 의미로 사용한다. 이는 구별되는 정치 공동체의 경계와 성원권의 정의에 관한 모든 질문을 아우른다. 이에 따라 주권과 영토에 대한 권리, 국가 간 이동의 규제, 이민자의 시민권 획득에 관한 질문도 포함된다.) 우리 주장의 핵심은 동물의 경우에도 이와 비슷한 종류의 시민권 이론이 적절할 뿐만 아니라 사실상 필수적이라는 점이다. 인간의 경우와 마찬가지로, 어떤 동물은 인간 정치 공동체의 이익을 결정할 때 이익을 고려해야 하는 동료 시민으로 보는 것이 바람직하다. 또 어떤 동물은 그들의 이익이 인간이 공동체 이익을 추구하는 방식에 부수적인 제약을 가하는 일시적인 방문객 또는 비시민 주민으로 보는 것이 바람직하며, 또 다른 동물은 그들만의 정치 공동체의 거주민으로 인정하고 그들의 주권과 영토를 존중하는 것이 바람직하다.

많은 독자는 시민권 이론을 동물에게 확장한다는 생각을 받아들이기 어려울 것이다. 동물에게 불가침 권리를 보장하는 자아나 인격성이 있다는 점을 부정하는 사람들은 당연히 이 주장에 이의를 제기할 것이다. 하지만 동물의 도덕적 인격성을 인정하는 동물 권리론자조차도 동물을 시민으로 볼 수 있다거나 보아야 한다고 제안하는 일은 드물었다. 여러 이유로 사람들은 '동물'과 '시민권' 개념을 연결하기 어려워한다. 이 두 개념이 서로 다른 학문 영역에서 사용되기 때문이다.[2]

이런 우려에 대한 우리의 답변은 다음 네 개의 장에 걸쳐 펼쳐진다. 우리는 시민권 이론의 틀을 적용하는 것이 논리적일 뿐만 아니라 오늘날까지 동물 권리에서 고심해 온 여러 모순과 난관을 명확히 하는 데 도움이 된다는 점을 증명하고자 한다. 그러나 시작하기에 앞서 동물과 시민권을 생각할 때 만나는 두 가지 중요한 걸림돌을 다루는 것이 도움 될 것이다. 우리가 볼 때 동물과 시민권 이론을 연결하기를 꺼리는 이유는 많은 부분 ⓐ인간의 경우에서조차 시민권의 본질과 기능을 오해하거나 ⓑ동물-인간 관계의 본질을 오해하는 것, 또는 두 가지 다 때문이고, 이 두 오해는 지금도 존재하고 앞으로도 존재할 것이다. 다음 장에서 이어질 더 자세한 논의의 기반을 마련하기 위해 이 장에서 두 오해를 간략히 다룬다.

2. 시민권의 기능

많은 사람이 동물을 시민으로 생각하기 어려워하는 한 가지 이유는, 우리가 일상에서 시민권 개념을 종종 적극적인 정치 참여라는 의미로 생각하기 때문이다. 시민은 투표하고, 공적 논의에 참여하며, 논쟁 중인 공공 정책을 둘러싸고 정치적으로 결집한다. 언뜻 보면, 동물은 이런 의미에서 시민이 될 수 없는 것이 당연해 보인다. 동물이 어떤 지위를 갖든, 그것은 분명 시민의 지위는 아닐 것이다.

하지만 이것은 지나치게 섣부른 판단이다. 시민권 개념은 세분화할 필요가 있다. 적극적 정치 참여는 단지 시민권의 한 측면일 뿐이며, 시민권이 동물에게 어떻게 적용될지 판단하기 전에 규범적 정치 이론에서 말하는 시민권의 기능을 좀 더 전체적으로 이해할 필요가 있다. 정치 이론에서 시민권은 적어도 국적에 대한 권리, 인민주권에 대한 권리, 민주적 정치 행위성에 대한 권리라는 세 가지 기능을 수행한다고 볼 수 있다.

① **국적** nationality: 시민권의 첫 번째 기능이자 국제법에서 여전히 가장 중요한 기능은 개인을 영토 국가에 할당하는 것이다. A국가의 시민이 된다는 것은 A영토에 거주할 권리와 해외여행 시 A로 돌아올 권리를 갖는다는 뜻이다. 모든 사람은 지구상 어딘가에 살 권리가 있어야 하므로, 국제법은 누구도 무국적자가 되지 않도록 보장하고자 한다. 모든 사람은 어떤 국가의 시민이 되어야 하고, 그 국가에서 거주할 권리와 그 영토로 돌아갈 권리가 보장되어야 한다. 이러한 여권상 시민권은 그 사람이 시민으로 속한 국가의 성격에 관해서는 어떤 것도 알려주지 않는다. 사람들은 비민주적인 신정 국가, 군주제, 군사 정권 혹은 파시스트나 공산주의 독재 국가의 시민일 수 있고 따라서 정치 참여의 권리가 전혀 없을 수 있다. 이것은 아주 좁은 개념의 시민권이다.

② **인민 주권** popular sovereignty: 프랑스 혁명 이후, 시민권 개념은 정치적 정당성의 근거에 관한 특정 이론과 결합하여 새로운 의미를 갖게 되었다. 이 새로운 관점에서 국가는 신, 특정 왕조, 세습 계층이 아닌 '인민'*에 속하고, 시민권은 주권을 가진 인민의 구성원이 될 자격에 관한 것이다. 앨런 뷰캐넌Allen Buchanan의 설명처럼, 국가가 국가, 왕조, 귀족의 자산이 아니라 인민에게 속한다는 생각은 자유주의 이론 '복음'의 일부다.[3] 국가의 정당성은 인민이 본래 지닌 주권, 바로 '인민 주권'을 실현하는 역할에서 나온다. 이것은 처음에

* 여기서 '인민(人民)'이라는 용어는 국가의 구성원으로서 국적을 가진 개인을 의미하는 '국민(國民)'과는 구별된다. '인민'은 특정 계급이나 직업에 상관없이 한 영토에 있는 인구 집단을 가리키며, 국가를 구성하는 정당성의 근거로 작용한다.

는 혁명적 발상이었으며, 정치적 정당성에 관한 기존의 이론에 맞서 때로는 폭력적으로 투쟁해야 했다. 하지만 오늘날 인민 주권 개념은 사실상 보편화되었고 국제법과 국제연합[유엔]의 필수 전제 조건이다. 국가로서 인정받고 정당성을 얻기 위해 국가는 스스로 인민 주권을 형상화한 것으로 정의해야 한다.

그 결과, 오늘날 반자유주의적이고 비민주적인 정권조차 인민 주권을 형상화한다고 주장한다. 한 예로, 20세기 공산주의와 파시스트 독재 국가들은 국가의 정당성이 인민의 의지와 이익에서 비롯된다는 생각을 지지한다고 강조하려고 스스로를 '인민공화국people's republics'으로 묘사했다. 사실 그들은 다당제 선거 민주주의를 억압하면서, 다당제 민주주의의 분파주의factionalism*가 인민이 의지를 적절하게 인식하고 표현하는 것을 방해하기 때문에 인민의 의지를 강력한 지도자나 전위당vanguardist party**에게 맡기는 것이 더 낫다며 정당화했다. 이런 의미의 시민권이란 인민을 대표하여 통치하는 국가에 속한다는 것을 의미한다. 시민권의 첫 번째 의미인 '국적을 가진national' 국민이 두 번째 의미인 '인민people'에 반드시 포함되는 것은 아니다. 한 예로 미국에서 노예는 적어도 특정한 목적에서 미국 '국민'으로 여겨졌으며, 다른 국가의 국민이나 국적이 없

* 분파주의는 서로 다른 이해관계나 이념을 지닌 집단들이 여러 갈래로 나뉜 상태를 의미한다. 다당제 민주주의에서는 다양한 의견을 반영하기 위해 여러 정당이 존재하는 것이 일반적이다. 하지만 이러한 정당 간 갈등이 공동선을 위한 협력 대신 상호 적대감을 키워 사회 통합을 저해할 수 있다는 우려도 제기된다.

** 전위당은 공산주의 이론에서 혁명적 지도 역할을 하는 소수의 정예 정당을 의미한다. 이는 대중의 의식이 혁명적 수준에 도달하기 전, 소수의 혁명가가 조직적으로 대중을 이끌고 계몽해야 한다는 개념을 담고 있다.

는 난민으로 여겨지지 않았다. 하지만 이들은 인민을 대표해 통치하는 국가의 주권을 가진 인민이라는 의미에서 보면 미국 '시민'은 아니었다. 많은 인종적, 종교적 소수 집단은 미국의 노예처럼 한 국가의 국민이지만, 주권 인민의 구성원이라는 개념의 시민으로 간주되지 않는 운명을 겪었다(중세와 근대 초기 유럽의 유대인을 생각해 보라). 이 두 번째 의미에서 시민이 된다는 것은 단순히 국적 이상의 좀 더 확고한 시민권 개념을 반영하며, 국가 정당성에 관한 명확히 근대적인 개념과 연결되어 있다. 하지만 완전히 민주주의적 개념은 아니다. 시민이 민주적 수단을 통해 인민 주권을 행사할 수 있다는 의미는 아니기 때문이다.

③ **민주적 정치 행위자성** democratic political agency*: 파시즘과 공산주의의 패배 이후, 오늘날 우리는 인민 주권을 행사하는 유일하게 정당한 방법이 개방된 다당제 선거 민주주의라고 당연시한다. 이러한 민주주의 체제에서 개인은 정치적 반대 의견을 표현할 권리, 정치적 동원의 권리, 그리고 자유로운 정치적 토론의 권리를 가진다. 실제로 우리는 비민주적 정권에 사는 사람을 '시민'이라기 보다 '신민subject'**이라고 한다. 그 정권이 인민 주권이라는 개념에 기반을 두고 있다고 주장할지라도 말이다. 이 시민에 관한 새로운 이해

* 'agency'는 '행위성' 혹은 '행위자성'으로 번역되는데, 행위성은 일반적으로 (사람과 마찬가지로 동물도) '행위할 능력이 있다'는 의미로, 행위자성은 (정치적) 행위자로서의 특성을 보임을 강조한다. 이 책에서는 동물이 동물정치공동체의 구성원으로서 필요한 특성을 보임을 강조하기 위해 행위자성으로 번역한다.

** 정치 활동에 적극 참여하는 능동적 주체와 비교해, 전제 군주제 등의 정치체에서 수동적 객체로 존재하는 국민.

에 의하면 시민이 된다는 건, (첫 번째 의미에서) 국가의 국민이 되는 것이거나 (두 번째 의미에서) 인민을 대표하여 통치하는 국가의 주권 인민의 구성원이 되는 것뿐만 아니라, 민주주의 절차에 적극적으로 참여하는 것 (또는 적어도 그러한 적극적 참여에 동참할 권리를 갖는 것)이다. 이러한 관점에서 시민권은 단지 법의 수동적인 수혜자가 되는 것만이 아니라, 법의 공동 저자co-author가 되는 것이다. 따라서 시민권은 온정주의* 통치paternalistic rule가 부당하고, 개인이 민주주의 절차에서 자기를 대표할 능력이 있다는 가정을 바탕으로 한다. 비민주적 정권의 신민은 법치의 혜택을 받는 데 그치지만, 시민권은 법을 형성할 권리와 책임까지 포함한다. 그리고 이는 결과적으로 숙의deliberation**, 호혜, 공적 이성 등 정치 참여에 관련된 기술, 태도, 관행에 관한 가정을 동반한다.

우리가 보기에, 세 차원 모두 시민권 개념에 필수불가결하다. 그래

* '가부장주의'나 '권위주의'로도 번역되는 온정주의(paternalism)는 가부장적 가족 모델에서 부모가 자녀를 대하는 방식처럼, 권위를 이용해 보호 등의 선의의 목적으로 개인이나 집단의 자유나 선택을 제한하는 태도나 정책을 의미한다. 온정주의는 보호 대상의 이익을 추구하지만, 동시에 그들의 자율성을 침해할 수 있다는 윤리적 딜레마를 동반한다. 가부장주의가 주로 가족 구조의 맥락에서, 권위주의가 정부나 정책의 강력한 권력 행사의 맥락에서 논의되는 반면, 온정주의는 개인의 선을 위한다는 명목으로 타인의 선택을 제한하는 다양한 사회적, 정치적 상황을 포괄적으로 설명하는 데 사용된다. 이 책에서는 인간-동물 관계나 인간 간, 국가 간 관계와 같은 넓은 맥락에서 사용되고 있어 온정주의라는 번역어를 선택하였다.

** 공적인 토론과 논증을 통해 정치적 결정에 도달하는 과정. 단순한 투표를 통한 결정을 넘어 시민들 간의 비강제적이고 개방적인 대화를 통해 서로의 견해를 듣고, 검토하며, 합의를 도출하는 것을 강조한다. 이는 시민들의 지식과 통찰력을 끌어내고, 잘못된 가정을 수정하며, 상호 이해와 사회적 연대를 증진한다. 민주주의 이론에서는 이러한 숙의의 과정이 정치적 결정의 정당성을 높인다고 본다.

서 시민권 이론을 동물에게 확장할 수 있는지, 어떻게 확장할 것인지 고려할 때 세 차원을 모두 살펴야 할 것이다.

안타깝게도 대부분의 일상 대화와 현대 정치 이론 문헌에서 시민권을 논할 때 전적으로 세 번째 차원에 초점을 맞춘다. 시민권 이론은 무엇보다도 민주적 정치 행위에 관한 이론으로 널리 여겨진다. 언뜻 보기에 시민권의 바로 이 세 번째 차원이 동물을 시민권에서 배제하는 것으로 보인다. 결국, 동물은 존 롤스와 위르겐 하버마스Jürgen Habermas 같은 이론가들이 민주적 행위자성에 필수라고 말하는 '공적 이성'이나 '숙의적 합리성deliberative rationality'의 과정에 참여할 능력이 없다.[4]

우리는 정치 행위자성이라는 개념이 동물과 무관하다는 가정에 이의를 제기하지만, 그보다 먼저 인간의 경우에도 시민권이 민주적 정치 행위자성으로 축소될 수 없다고 강조한다. 시민권을 민주적 정치 행위자성을 행사할 권리라고 좁게 정의해버리면, 많은 사람이 시민권에서 즉시 배제된다. 어린이, 중증 지적 장애인, 인지 저하증[치매] 환자를 생각해 보라. 이들 중 누구도 롤스의 공적 이성이나 하버마스의 숙의에 참여할 능력이 없다. 하지만 이들은 시민권의 첫 번째와 두 번째 의미에서 분명히 정치 공동체의 시민이다. 즉, 이들은 국가의 영토에 거주하고 이곳으로 다시 돌아올 권리가 있다. 그리고 이들은 공공선을 결정하거나 공공복지 혜택(보건과 교육 등)을 받을 때 자기의 이익이 고려될 권리가 있다.

이 두 가지 의미에서 어린이와 지적 장애인은 관광객이나 사업상 방문객과는 매우 다르다. 관광객과 사업상 방문객은 정치 행위자성을 행사할 고도로 발달한 능력이 있더라도, 시민권이 없어서 국적을 가질 권리와 주권 인민에 포함될 권리가 없다. 관광객은 민주적 행위자성을 행사할 만한 능력과 욕구가 있을 수 있지만, 그것만으로 방문 국가에 거주할 권리나 공공선에 자기의 이익이 고려될 권리가 생기지는 않는다. 대조적으로, 어린이와 지적 장애인은 시민이므로 정치 행위자성을 행사할 능력에 한계가 있더라도 국적을 가질 권리와 주권 인민의 구성원이 될 권리가 있다. 이들이 갖는 시민으로서의 지위를 무시한다면 어린이나 지적 장애인의 권리를 이해할 수 없을 것이다. 이들은 단순히 관광객이나 사업상 방문객과 동등한 보편적 인권만 가지고 있는 것이 아니다. 이들은 또한 정치 행위자성을 행사할 능력과는 무관한 기본적 **시민권**도 지닌다. 정치 행위자성을 행사할 능력은 앞선 두 가지 의미의 시민권[국적, 인민 주권]에 꼭 필요한 필요조건도, 그 자체로 충분한 충분조건도 아니다.

그래서 시민권의 첫 두 가지 차원을 간과하지 않는 것이 중요하다. 모든 시민권 이론의 핵심 과제는 누가 특정 영토에 거주하고 그곳으로 돌아올 권리가 있는지, 그리고 누가 국가가 대표해 통치하는 주권자인 인민에 포함되는지 설명하는 것이다. 우리는 이런 질문에 모든 타당한 답변이 인간뿐만 아니라 동물에게도 적용되어야 한다고 주장한다. 특정 동물 집단은 앞선 두 가지 차원에서 우리의 정치 공동체의 시민으로 인정되어야 한다. 이 동물들은 우리가 공유하는 정치 공동체의 영토에 거주하고 이곳으로 돌아올 권리가 있어야 하고, 공동체 공공선을 결정하는 데 이익이 고려될 권리가 있어야 한다. 우리는 이 두 차원의 시민권이 특히 사육 동물에게 해당한다고 주장하고자 한다.

모든 인간이 우리 정치 공동체의 시민이 아니듯, 모든 동물이 우리 정치 공동체의 시민이 되지는 않을 것이다. 어떤 동물들은 그들 고유의 경계가 정해진 영토에서 그들만의 분리된 공동체의 시민이 될 것이며, 이 경우 우리의 주요 의무는 공동체 간의 공정한 상호 작용의 조건을 지키는 것이다. 또 다른 동물들은 우리 공동체에 거주하지만 완전한 시민은 아닐 것이며, 이 경우 우리의 주요 의무는 우리가 공공선을 추구하는 방식에 부수적인 제약으로서 그 동물의 권리를 존중하는 것이다. 인간과 동물의 경우 모두 시민권 이론의 핵심 과제는 우리가 정치 공동체에서 어떻게 성원권을 결정하는지, 그리고 그에 따라 어떤 시민권이 어떤 개체에게 적용되는지 설명하는 것이다. 우리는 이러한 시민권 틀로 동물을 분류하는 것이 역사적으로 동물 권리론을 괴롭혀 온 여러 난제를 명확히 한다고 주장한다.

따라서 동물이 민주적 정치 행위자성을 행사할 능력이 없다는 것을 받아들인다 하더라도 시민권 이론이 동물의 권리를 고려하는 일과 무관하다고 말할 수는 없다. 그러나 우리는 사실 동물이 정치 행위자성을 행사할 수 없다는 전제를 받아들이지 않는다. 시민권의 이 세 번째 차원은 현대 시민권 이해의 필수적인 특징이고, 여러 면에서 첫 번째와 두 번째 차원의 정점 또는 결과로 볼 수 있다. 정치 행위자성의 권리를 다루지 않고 국적과 인민 주권의 권리에서 멈춘 시민권은 빈약한 시민권 개념이 될 것이다. 앞서 언급했듯이 행위자성의 개념은 이제 시민권 이해에 너무나 핵심적이라서, 우리는 행위자성이 거부된 곳의 사람들을 주로 시민이 아닌 신민이라고 한다. 시민권의 이상은 정치 행위자성에 대한 깊은 헌신을 포함한다.

우리도 시민권에서 정치 행위자성의 중요성에 동의하지만, 그 본질을 명확히 하는 것이 중요하다. 정치 행위자성을 **누가 시민인지**를 결정하는 한계나 기준으로 잡는 것은 심각한 실수다. 이런 방식은 정치 행위자성을 행사할 능력이 부족한 사람을 비시민의 지위로 격하시키는 결과를 초래한다. 앞서 말했듯이, 이는 어린이와 지적 장애인을 시민권에서 배제하는 역효과를 낳을 것이다. 오히려 이 세 번째 차원은 시민권의 첫 두 차원에서 시민으로 인정한 사람들을 어떻게 대우할지 알려주는 가치 또는 관련된 가치의 묶음으로 생각해야 한다. 세 번째 차원에서 시민권 이론은 자율, 행위자성, 동의, 신뢰, 상호 호혜, 참여, 진정성, 자기 결정권 등의 가치를 긍정하고, 이러한 가치들을 긍정하고 존중하는 방식으로 대우하는 것이 사람을 **시민으로** 대우하는 방법이라고 알려준다.

우리는 누군가를 시민으로 대우하는 것이 그의 정치 행위자성을 지원하고 가능하게 하는 것을 포함한다는 점에 동의한다. 정치 행위자성을 촉진하려는 헌신은 온정주의의 위험, 강압의 폐해, 그리고 개인이 자기의 욕망과 애착에 따라 행동할 수 있는 능력을 인정하는 것에 기반한다. 하지만 이러한 가치를 긍정하고 존중하는 **방식**은 동물뿐만 아니라 인간의 경우에도 엄청나게 다양하다는 점을 유의해야 한다.

한 예로, 현대 장애인 인권 운동을 생각해 보자. 많은 평론가의 지적처럼, 이 운동은 '시민권을 조직의 핵심 원칙과 기준으로 채택'

했고(Prince 2009:16), 장애인을 '보호자'의 돌봄을 받는 '고객'이나 '환자'가 아닌 '시민'으로 대할 것을 요구했다(Arneil 2009:235). 그래서 이 운동은 현대 '시민권 운동'의 모범적인 사례의 하나로 여겨진다(Beckett 2006; Osin and Turner 2003:1). 이러한 맥락에서 시민권은 명백히 행위자성이라는 세 번째 차원을 의미한다. 장애인은 일반적으로 첫 두 차원에서 이미 시민으로 여겨졌다. 이들은 한 국가에 거주하고 그곳으로 돌아올 권리가 있고, 인민을 대표해 통치하는 국가의 '인민'의 구성원이다. 하지만 최근까지 장애인은 그들의 보호자가 결정하는 온정주의적 정책의 수동적인 수혜자로 취급되었고, 정책 결정 과정에 거의 또는 전혀 참여하지 못했다. 이러한 과거의 모델에 반대해, 장애인 인권 운동은 행위자성, 참여, 동의의 권리를 주장했고, 이 점은 '우리 없이 우리에 관해 말하지 말라nothing about us without us'라는 운동의 구호에 잘 나타나 있다. 이 구호는 장애인이 '시민으로' 대우를 받아야 한다는 주장의 핵심이다.

그렇지만 장애인을 시민으로 대우한다는 것이 무엇을 뜻하는지는 복잡하다. 특히 지적 장애인의 경우에서 더욱 그렇다. 이것은 단순히 그들을 롤스의 공적 이성이나 하버마스의 숙의에 참여시키는 문제가 아니다. 지적 장애인은 언어로 의사소통 하지 못할 수도 있기 때문이다(Wong 2009). 또한 특정 정당에 투표하거나 특정 입법안에 투표할 권리의 문제도 아니다. 지적 장애인은 정치 강령이나 법안을 이해하지 못하거나 이 강령이 자기의 이익에 어떤 영향을 미칠지 판단을 내리지 못할 수도 있기 때문이다(Vorhaus 2005). 이들이 참여하려면, '의존적 행위자성dependent agency'(Silvers and Francis

2005) 또는 '비소통 시민non-communicating citizens'(Wong 2009)을 위한 '의사 결정 지원'(Prince 2009)이라는 새로운 모델이 필요하다. 과거의 온정주의적 후견인 모델은 새로운 모델로 대체되고 있다. 이 새로운 모델은 언어적 의사소통 대신 '몸으로 구현하는embodied' 소통으로 장애인의 주관적 선에 대한 이해를 끌어낼 방법을 찾는다. 이 모델에서 지적 장애인은 시민권을 행사할 수 있지만, 프랜시스Francis와 실버스Silvers가 '협력자collaborator'라고 부르는 다른 사람들의 도움이 필요하다. 협력자들은 장애인이 개인적인 선호를 드러내는 언어나 비언어적 표현을 바탕으로 그 사람이 생각하는 좋은 삶의 개념을 모아 '대본script'을 만드는 데 도움을 주어야 한다.[5] 프랜시스와 실버스가 말했듯이, '협력자' 역할은 지적 장애인의 표현에 주의를 기울이고, 이 표현들을 모아서 일관된 선호를 파악하여 그 사람이 생각하는 선 개념을 구성하고 현재 상황에서 이러한 선을 실현할 방법을 알아내는 것이다(Francis and Silvers 2007:325). 그리고 이 정보를 정치 과정으로 가져와 이들의 관점이 사회 정의에 관해 현재 진행되는 논의에 영향을 미치게 하는 것이다.

지난 수년 동안 시민권 이론에서 가장 흥미로운 몇몇 작업은 '의존적', '보조적', '상호 의존적' 행위자성을 통해 시민권을 부여하고 행사하는 개념에 초점을 맞춘 것이다. 예외적으로 보일 수 있지만, 사실 우리는 모두 삶의 여러 단계에서 보조적 행위자성이 필요하다. 유년기와 아동기, 질병으로 잠시 무능력한 시기 또는 노년기 등에 그렇다. 이민자는 정치적 논의를 이해하는 데 통역 지원이 필요할 수 있고, 언어나 청각 장애가 있는 사람은 조정accommodation이나 보조가 필요할 수 있다. 시민권 개념이 설득력이 있으려면 행위자성의 가치를 인정해야 하지만, 행위자성 능력이 시간에 따라 확장되고 축소되며 사람마다 다르다는 점과 때로 부분적이고 부서지기 쉬운 성취를 지원하고 가능하게 하는 것이 시민권 이론의 중심 과제라는 점도 인정해야 한다. 이 점은 시민권 이론에 부수적인 부분이 아니라 핵심이 될 필요가 있다. 프랜시스와 실버스가 말한 것처럼, '대부분의 사람과 소수의 의존적 행위자의 차이는 의존한다는 사실 자체가 아니라 의존성의 정도다'(Francis and Silvers 2007:331; cf. Arneil 2009:234).[6]

달리 말하면, 정치 행위자성은 시민 사이의 관계에 내재한 것이지, 개인 사이에 상호 작용을 하기 이전에 존재하는 개인의 속성으로 보아서는 안 된다. 사람이 행위자성을 먼저 가지고, 그래서 시민권을 부여받는 것이 아니다. 또한 동료 국민이 일시적이거나 영구적으로 인지 능력이나 이성적 행위자성이 제한되었다고 해서 시민권을 박탈하지도 않는다. 오히려 시민권 관계를 맺는다는 것은 적어도 부분적으로는, 생애의 모든 단계와 정신적 능력의 모든 수준에서 동료 시민의 행위자성을 촉진하는 관계를 시작하는 것이다.

이 새로운 분야는 장애인의 시민권을 향한 중요한 가능성을 열고 있다. 우리는 이것이 동물에게, 적어도 우리와 가까운 곳에 살고 가축화로 우리에게 의존하도록 길들인 사육 동물에게도 시민권의 가능성을 열어준다고 생각한다.[7] 장애인과 마찬가지로 사육 동물의 다양한 선호 표현을 끌어내어 사육 동물의 이익에 관한 대본을 작성하고, 이를 정치 과정에 반영하여 상호 작용의 공정한 조건을 결정하는 데 도움을 줄 수 있다. 이런 의미에서 사육 동물은 동료 시민으로 간주해야 하며, 우리의 정치적 의사 결정에서 의존적 행위자성의 형태로 대표될 권리가 있다. 4장에서 살펴보겠지만, 사육 동물의 윤리적 대우에 관한 제안이 의존적 행위자성을 통한 시민권을 가능하게 하지 않는다면 이러한 제안은 착취, 억압, 부당한 온정주의적 관계를 지속시킬 가능성이 있다. 이는 (사육 동물의 멸종을 주장하지 않은) 일부 동물 권리론자의 제안에도 해당한다.

시민권의 첫 두 가지 차원인 국적과 인민 주권처럼, 모든 동물이 능동적인 정치 참여자로서 동료 시민이 되는 것은 아니다. 의존적 행위자성의 관계는 어느 정도의 친밀감과 근접성이 있어야 해서 야생에 사는 동물에게는 불가능하고 바람직하지도 않다. 하지만 인간의 경우에도 마찬가지라는 것을 기억하자. 시민권은 공동의 영토에 살고 공동의 제도로 통치되는 사람들 사이에서 성립되는 관계다. 이것은 인간과 동물 모두 그렇다. 우리는 우리 사회 안으로 데려온 사육 동물에게는 시민권이 가능하고 도덕적으로 필요하지만, 자기들만의 자치 공동체에 속하는 야생 동물에게는 필요하지도, 바람직하지도 않다고 주장한다. 그리고 인간 집단과 마찬가지로, 우리 정치 공동체에 완전히 속하지도, 완전히 밖에 있지도 않는 경계에 있으며, 따라서 그들만의 독특한 지위를 지닌 동물 집단도 있다. 이 모든 경우에서 동물의 시민 지위는 인간과 마찬가지로 인지 능력으로 결정되는 것이 아니라, 그들이 경계가 있는 특정 정치 공동체와 맺는 관계의 성격에 따라 결정된다.[8]

요약하면, 동물이 시민이 될 수 없다는 흔한 견해는 인간의 경우에서조차 시민권의 본질을 오해한 데에서 비롯한다. 많은 사람은 ⓐ시민권이 정치 행위자성의 행사에 관한 것이며, ⓑ정치 행위자성은 공적 이성과 숙의를 위한 고도의 인지 능력이 필요하므로 동물은 시민이 될 수 없다고 가정한다. 하지만 두 주장 모두 인간의 경우에도 옳지 않다. 시민권은 정치 행위자성 이상의 것이며, 정치 행위자성은 공적 이성 외에도 다른 형태로 나타난다. 시민권은 다양한 기능을 하며, 그 모든 기능은 원칙적으로 동물에게 적용 가능하다. 시민권은 개인을 영토에 할당하고, 주권 인민에게 성원권을 부여하며, (보조적이고 의존적인 행위자성을 포함해) 다양한 형태의 정치 행위자성을 가능하게 한다. 우리는 앞으로 세 가지 시민권 기능 모두 동물에게 적용하는 것이 개념적으로 일관될 뿐만 아니라, 우리의 도덕적 의무를 이해할 수 있는 유일하게 일관된 방식임을 주장할 것이다. 한편, 이런 시민권 틀을 동물에게 적용하지 않는 다른 동물 권리론에 한계가 있음을 보여줄 것이다. 이러한 권리론은 우리가 다양한 동물과 맺는 관계에서 발생하는 도덕적 차이를 제대로 인식하지 못하고, 결과적으로 특정 동물이 겪는 고유한 억압의 형태를 파악하지 못한다.

3. 동물-인간 관계의 다양성

시민권 이론을 동물에게 적용하기를 꺼리는 이유는 시민권을 지나치게 좁게 이해해서만은 아니다. 어쩌면 더 중요한 이유는 동물이 인간 공동체와 어떻게 연관되어 있는지 지나치게 좁게 이해하기 때문이기도 하다. 시민권이라는 틀은 동물과 인간이 다양한 상호 작용과 상호 의존의 관계로 반드시 연결되어 있다는 것을 전제로 하고, 시민권 이론의 과제는 이러한 관계가 정의로운지 평가하고 더욱 공정한 조건으로 바꾸는 일이다. 앞으로 논의하겠지만 시민권과 잠재적으로 관련된 상호 작용과 상호 의존 유형은 수십 가지가 있다.

일상적인 이해와 동물권에 관한 많은 학술 문헌에서 동물은 단지 두 가지 범주, 야생 동물과 사육 동물에만 속하는 것으로 여겨진다. 야생 동물은 자유롭고 독립적이며, '바깥의' 야생에 서식한다(동물원, 이국적 애완동물이나 연구 목적으로 포획되지 않는 한). 사육 동물은 통제되고 의존적이며, 가정에서 (길들여진 애완동물로서), 실험실에서 (실험 대상으로서), 농장에서 (가축으로서) 인간의 관리를 받으며 살아간다(Philo and Wilbert 2000:11). 많은 동물 권리론자가 그러하듯 이런 이분법으로 시작한다면 동물을 위한 시민권 개념은 기껏해야 이들과 무관할 것이고, 심하면 이들을 계속 억압할 구실이 될 수 있다.

고전 동물 권리론에 따르면, 인간으로부터 독립적인 야생 동물이나 독립적으로 살 수 있는 동물은 인간의 개입에서 보호되어야 한다. 우리는 그들이 자기 삶을 계속 살도록 '내버려둬야' 한다. 야생 동물은 인간의 시민권 제도에 포함될 필요가 없다. 오히려 야생 동물에게 필요한 것은 정확히 인간과의 상호 작용이나 상호 의존으로부터 보호받는 것이다. 시민권 개념은 인간에게 의존하게 만들어져 야생에서 독립적으로 살 능력을 잃어버린 사육 동물에게 더 적절해 보인다. 사육 동물에게 시민 지위를 부여하면 이들이 인간–동물 혼종 사회mixed human-animal society에서 정의로운 대우를 받게 할 수 있을 것이다. 그러나 많은 동물 권리론자는 인간 사회에 의존하도록 사육되고 강제로 편입된 동물에게 정의는 실현될 수 없다고 주장한다. 의존적인 상태는 본질적으로 착취적이고 억압적이라고 여겨진다. 그러므로 일부 동물 권리론자는 가축화를 완전히 종식하고 가축화된 종들을 말살할 것을 요구한다. 개혁은 불가능하다고 보기 때문이다. 이런 관점에서 사육 동물의 시민권을 인정하는 것은, 온정주의적 의존과 인간 세상에의 강요된 참여라는 본질적으로 억압적인 관계에 단지 도덕성이라는 겉치레를 줄 뿐이다.

따라서 많은 동물 권리론자는 동물에게 시민권을 부여하려는 생각은 적절하지 않고 잠재적으로 치명적이라고 생각한다. 시민권의 목적이 인간과 동물 사이에 좀 더 공정한 상호 작용과 상호 의존 양상을 개선하는 것이라면 적절한 틀이 될 것이다. 하지만 많은 동물 권리론자에게 상호 작용과 상호 의존 자체가 문제다. 그래서 그들에게 해결책은 첫째로 야생 동물을 내버려두고, 둘째로 사육 동물과 인간의 관계를 폐지하여 상호 작용과 상호 의존의 양상을 끝내는 것이다. 이상적인 세상에서는 모든 동물이 '야생'이거나 '해방된' 상태로 인간에게서 분리되어 자유롭게 살아가며, 어떤 동물도 인간에게 시민권을 요구하지 않을 것이다(반대의 경우도 마찬가지다).

그러나 우리는 이러한 인간–동물 상호 작용과 상호 의존이 없는 세상을 그리는 관점이 현실적으로나 규범적으로 치명적인 결함이 있다고 생각한다. 가장 명백한 문제는 이것이 야생 동물이나 사육 동물의 범주 어디에도 속하지 않는 동물-인간 관계의 많은 유형을 무시한다는 점이다. 다람쥐, 참새, 코요테, 쥐, 캐나다 거위를 생각해 보자. 이 '경계liminal' 동물은 가축화되지도 않았지만, 그렇다고 인간과 떨어져 야생에서 독립적으로 사는 것도 아니다. 이들은 차고, 뒤뜰, 공원 등 우리 사이에서 살며, 종종 인간과 가까이 살면서 얻는 이점 때문에 우리를 찾아오기도 한다. 이들은 야생 동물이나 사육 동물과 구별되는 상호 작용과 상호 의존 양상을 보인다. 이러한 경계 동물은 단순히 예외적이라고 무시할 수 없다. 이런 동물이 수백만에 달하며, 이들과의 관계에서 자주 가장 어려운 윤리적 딜레마에 빠진다. 그러나 동물 권리론은 이러한 상황에 어떠한 지침도 제공하지 않는다.

우리가 야생 동물과 사육 동물에만 초점을 맞추더라도, 이러한 동물들과 인간 사이에 상호 작용과 상호 의존 관계는 계속될 것이며, 이는 정의의 규범norms of justice에 따라 규제되어야 한다. 사육 동물의 경우, 사육 동물의 노예화를 멈추어야 하는 것이 사실이며, 4장에서 보겠지만 현재 사육 동물의 상황을 바꾸려는 많은 제안은 단지 지속적인 착취를 위한 미봉책일 뿐이다. 그렇다고 사육 동물이 겪는 부정의를 바로잡는 최선의 혹은 유일한 방법이 그들의 멸종이라고 주장하는 것은 섣부르다. 가축화의 역사적 과정은 부당했고, 현재 사육 동물에 대한 대우 역시 그러하지만, 부정의의 역사는 (인간과 동물의 경우 모두에서) 정의의 규범을 준수하는 새로운 관계를 만들기 위해 지속적으로 노력할 책임을 발생시킨다. 5장에서 우리는 이러한 관계가 가능하며, 사육 동물의 멸종을 추구하는 것은 우리가 그들에게 갖는 역사적이고 지속적인 책임을 방기하는 것이라고 주장할 것이다.

야생 동물의 경우, 야생에 사는 동물을 종종 그저 내버려둬야 하는 것은 사실이지만, 야생 동물도 인간과 정의의 규범에 따라 규제되어야 할 복잡한 상호 의존 관계 속에 있다. 산성비나 기후 변화로 사라져 가는 단일 식물 종을 먹고 사는 동물을 생각해 보자. 이들은 어떤 의미로는 '내버려두어지고 있다.' 즉, 누구도 이들을 사냥하거나 포획하지 않고 이들의 서식지에도 들어가지 않는다. 하지만 여전히 야생 동물은 인간의 활동에 대단히 취약하다.

일반적으로 사람들은 야생 동물에 대한 우리의 의무를 (야생 동물 보호 구역 등) 출입 금지 구역을 지정하여 완수할 수 있다고 생각하지만, 큰 오산이다. 야생 동물 서식지 전 범위를 출입 금지 구역으로 만드는 것은 불가능하다. 1991년 과학자들이 한 늑대에게 무선 추적 장치를 달아 이동 경로를 추적했는데, 그 늑대는 2년 동안 103,600km^2*를 돌아다녔다. 캐나다의 앨버타주에서 시작하여 남쪽으로는 몬태나주, 서쪽으로는 아이다호주와 워싱턴주, 그리고 북쪽으로는 브리티시 컬럼비아주까지 이동했다가 앨버타주로 돌아왔다(Fraser 2009:17). 늑대는 인간을 피하는 야생 동물이고, 이 늑대의 이동 경로 중 일부는 국립공원 등 야생 보호 구역을 통과했지만, 우리가 103,600km^2 전체를 인간 출입 금지 구역으로 바꾸는 것은 거의 불가능하다. 이 영역의 대부분은 도로와 철길, 농장, 송전선, 울타리, 그리고 심지어 국경으로 빽빽이 얽혀 있어 늑대와 다른 야

* 이는 남한 면적(약 100,210km^2)과 맞먹는 크기다.

생 동물이 다방면으로 인간의 영향을 받고 있다. 야생 동물 대부분은 인간의 영향을 직접 받는 지역에 살거나 그 지역을 가로지르며 이동한다. 야생동물보호협회Wildlife Conservation Society와 컬럼비아 대학의 국제지구과학정보네트워크센터Center for International Earth Science Information Network에 의하면, 지구 육지의 83%가 인간의 토지 이용, 도로와 철도 및 주요 강을 통한 접근, (야간에 감지된 빛으로 확인되는) 전력 기반 시설, 또는 1km^2 당 1명 이상의 밀도로 인간이 직접 거주하는 것 등 인간에게서 직접적인 영향을 받는다.[9] 야생 동물은 '야생'에 살지만, 인간의 손길이 닿지 않은 자연 그대로의 야생에 사는 경우는 드물다. 그래서 인간과 야생 동물 사이의 불가피한 얽힘을 다루는 동물 권리론이 필요하다.

그렇다고 야생 보호 구역을 설정하거나 확대하는 노력을 멈춰야 한다는 것은 아니다. 6장에서 전개될 시민권 기반의 주권 모델은 야생 동물의 영토권을 위해 현재 동물 권리론이 제공하는 것보다 좀 더 분명한 근거를 마련하여 이러한 노력을 지원하고자 한다. 하지만, 단지 야생 동물을 내버려두는 인간 출입 금지 구역을 지정하는 것만으로는 야생 동물 문제를 해결할 수 없음을 인정할 필요가 있다. 여전히 진행 중인 인간의 끊임없는 확장과 서식지 파괴를 생각하면 그러한 보호 구역은 많은 야생 동물에게 필요한 서식지의 전 범위를 포괄하기에는 거의 확실히 너무 작을 것이다. 그래서 짐작하듯이 야생 동물은 그들의 환경에 존재하는 인간의 영향에 적응했고, 이제 그들에게도 특정 형태의 또는 어느 정도의 공존은 자연스러운 일이 되었다. 게리 칼로레Gary Calore가 주장한 것처럼, 인간이 지구를 지배하면서 사실상 인간에게서의 독립은 실패한 진화 전략이 되었고, '상호 의존적 생물종의 시대'로 이어졌다(Calore 1999:257). 물론 이런 종류의 상호 의존성은 사육 동물이나 경계 동물을 특징짓는 상호 의존성과는 다르다. 6장에서 보게 될 것처럼 야생 동물과의 상호 의존적 관계는 그 자체로 독특한 정의의 문제를 제기하므로, 우리는 인간과 야생 동물의 공존과 상호 의존의 영역을 개념화할 방법이 필요하다.

요약하면, 동물 인간 관계는 다양한 수준의 상호 작용과 상호 취약성, 상호 의존이 놀랍도록 다양한 형태로 나타난다. 그리고 우리는 이 모든 형태의 관계에서 시민권 이론이 필요하다고 주장한다. 집단 차별적이고 관계적인 권리 모델을 갖춘 시민권 이론은 지금까지 동물 권리론이 집중해 온 보편적 권리를 보완할 수 있다.

우리가 보기에, 동물 권리론이 시민권 모델을 고려하지 못한 것은 그토록 다양한 형태의 인간-동물 관계가 불가피하다는 사실을 인식하지 못했기 때문이다. 하지만 이것은 단지 또 다른 질문을 가져올 뿐이다. 인간-동물 관계가 본질적으로 지속되리라는 사실을 인식하지 못한 이유는 어떻게 설명할 수 있을까? 사람은 이곳 인간화된 환경에서 살고 동물은 저곳 사람 손이 닿지 않은 야생에 살면서, 인간과 동물은 완전히 분리된 구역에 속한다는 생각은 조금만 살펴봐도 설득력을 잃는다. 이런 생각은 일상에서 끊임없이 마주하는 인간-동물 상호 작용과도 모순되고, 이러한 상호 작용에 관한 모든 과학적 연구와도 어긋난다. 그런데 어떻게 이런 생각이 동물 권리론에 자리 잡게 되었을까?

냉정하게 답해서 이런 생각이 동물 권리론에 자리를 잡게 된 원인 중 한 가지는, 동물 권리론자들이 오랫동안 지속된 인간과 동물의 상호 의존적 관계를 인정하면 발생하는 여러 가지 까다로운 딜레마를 피할 수 있게 해주었기 때문이다. 좀 더 너그럽게 답하자면, 동물 권리론자들이 가장 악독한 동물 권리 침해에 초점을 맞추면서 적극적이고 관계적인 의무는 나중의 과제로 남겨두었기 때문일 것이다. 하지만 우리가 생각하기에 정확한 답은, 지속적인 인간-동물 상호 의존과 상호 작용의 양상을 만들어내는 근본 요인들에 대한 깊은 오해에서 비롯되었다는 것이다. 야생에 사는 '자유롭고 독립적인' 동물과 인간과 함께 사는 '통제되고 의존적인' 사육 동물로 동물을 단순하게 분류하는 것은, 우리가 계속해서 경계해야 할 일련의 널리 퍼진 통념에서 비롯된다. 우리는 행위자성, 의존성, 지리와 관련된 세 가지 잘못된 통념을 언급할 것이다. 동물 권리론이 이러한 통념을 고착시키는 것은 인간-동물 관계에 대한 우리 문화 전반의 무지를 반영한다.

행위자성 agency

고전 동물 권리론은 인간이 인간-동물 관계의 주된 행위자 agents나 주도자initiators라고 가정한다. 동물이 자기 삶을 살도록 내버려둘지, 아니면 인간의 욕구와 열망을 채우기 위해 동물을 사냥, 포획, 사육할지 선택하는 것은 인간이다. 만약 우리가 동물에 대한 개입을 중단한다면, 인간과 동물의 관계는 대부분 단절될 것이다.

하지만 실제로는 동물도 다양한 형태의 행위자성을 보인다. 동물은 인간 정착지를 피할 수 있지만, 인간 정착지에서 얻을 기회를 찾아 일부러 다가갈 수도 있다. 문자 그대로 수백만 마리의 경계 동물이 인간 정착지를 찾아간다. 그리고 이들 또한 인간을 피할지 아니면 먹이, 도움, 주거, 우정 등 여러 필요를 충족하려고 인간을 찾아갈지 선택할 수 있다. 다양한 주도적 대안이 주어진다면, 동물은 자기 삶을 어떻게 살지, 어떤 상황에서 인간과 관계를 맺을지 선호를 표현할 수 있다(예, '행동으로 선택권 행사하기'). 동물 권리에 관한 모든 이론의 중요한 과제는 인간이 주도하는 동물과의 관계에서 정의가 무엇인지 고려하는 것뿐만 아니라 동물이 주도하는 인간과의 관계에서 정의를 고려하는 것이다.[10]

확실히 행위자성을 행사할 능력은 동물 사이에서도 매우 다양해 보인다. 개, 쥐, 까마귀같이 적응력이 뛰어난 사회적 동물은 상황과 필요에 따라 여러 선택지 중에서 선택하는 등 행동이 매우 유연하다. 반면에, 다른 동물들은 좀 더 '틀에 박혀' 있다. 이들은 '특정 서식지 전문 동물niche specialists'로, 필요를 유연하게 바꿀 수 없거나 대안을 탐색할 인지적 유연성이 부족해서 환경 변화에 쉽게 적응하지 못한다. 하지만 동물 권리에 관한 이론이 설득력을 얻으려면, 동물 주도적 상호 작용의 가능성과 인간 주도적 상호 작용에 대응해 나타나는 동물 행위자성의 가능성에 주의를 기울여야 한다.

의존성/독립성 dependence/independence

고전 동물 권리론은 인간에 대한 동물의 의존성이나 독립성의 성격을 오해하는 경향이 있다. 앞서 살펴본 것처럼 고전 동물 권리론에 따르면, 야생 동물은 인간에게서 '독립적'으로 살고(그래서 그저 내버려둘 필요가 있다), 반면에 사육 동물은 인간에게 '의존적'이다(그래서 억압적인 종속 관계에 놓인다). 하지만 실제로 의존성은 활동과 상황, 시간에 따라 개체마다 다르게 나타나는 다양한 측면이 있는 연속체다. 가장 깊은 야생에 사는 동물도 인간에게 의존하는 중요한 부분이 있고, 사육 동물도 독립성을 발휘할 수 있는 중요한 영역이 있다.

의존성을 생각할 때, 비유연성inflexibility과 특정성specificity이라는 두 가지 차원을 구분하는 것이 유용하다. 조니의 침실에 있는 철장에 사는 쥐는 비유연하고 특정한 방식으로 의존적이다. 조니가 먹이를 주지 않으면 다른 대안이 없기 때문에 이 쥐의 의존성은 유연하지 않다. 쥐는 다른 곳으로 떠날 수도 없고, 바퀴와 골판지로 만든 터널에서 영양분을 얻을 수도 없다. 또한 쥐의 의존성은 매우 특정적이기도 하다. 쥐는 먹이를 주는 특정 인간 한 명이나 특정 인간 가족에게 의존적이다. 조니의 집에 사는 쥐를 도시 쓰레기장에 사는 쥐와 비교해 보자. 쓰레기장의 쥐는 먹이 때문에 인간에게 의존하지만, 특정 인간에게 의존하지는 않는다. 인간 집단 전체가 동시에 매립지를 폐쇄하거나 모든 쓰레기를 거두어들이지 않는 한, 조니나 그의 가족이 매주 쓰레기를 버리는지는 이 쥐에게 중요하지 않다. 그리고 심지어 쓰레기장이 완전히 폐쇄되더라도 그곳에 사는 쥐의 의존성은 어느 정도 유연성을 가지고 있다. 이 쥐는 다른 곳에서 다른 식량을 찾을 것이다.

이런 관점에서 보면 사육 동물은 종종 특정성 차원에서 의존성을 보인다. 즉, 그들은 일반적으로 먹이와 거처를 제공하는 특정 인간에게 의존한다. 대조적으로 야생 동물이나 경계 동물은 먹이나 거처 또는 다른 기본적 필요를 특정 인간에게 의존하지 않는다. 하지만 야생 동물이 종종 비유연성 차원에서 더 의존적이라는 점에 주목하자. 야생에 사는 많은 동물은 특정 서식지 전문 동물로, 인간의 활동에 따른 간접적인 부작용에도 극도로 취약하다. 철새가 이동하는 특정 경로에 인간이 세운 상당한 장벽이 있다고 생각해 보자. 만약 철새가 장벽을 피해서 본래 경로로 계속 가는 방법을 알아내지 못하면 철새는 곤경에 처할 것이다. 또는 지구 온난화로 서식지인 빙판을 잃은 북극곰이나 밀크위드라는 유일한 식량원에만 의존하는 제왕나비를 생각해 보자. 이들은 야생에 살지만, 사냥, 포획, 가축화 같은 인간의 개입 없이 '내버려두더라도' 그들이 사는 환경을 변화시키는 인간의 활동에 매우 취약하다. 반대로, 많은 경계 동물과 사육 동물은 인간 사이에서 살지만, 인간에 대한 의존성이 유연한 편이다. 사육 동물과 경계 동물은 종종 (특정 서식지 전문 동물이 아닌) 적응형 다방면 전문 동물adaptive generalists로, 자연이나 인공 환경 변화에 쉽게 대응할 수 있다. 너구리와 다람쥐가 새로운 '다람쥐 방지' 새 모이통이나 쓰레기통 울타리에 매번 적응하고 심지어 무력화시키는 놀라운 능력을 생각해 보라. 모스크바와 팔레르모 등 늘 변하는 수많은 도시 환경에 놀랍도록 적응하는 들개들도 생각해 보라.

이렇게 보면 칼로레의 지적처럼, 어떤 야생 동물은 많은 경계 동물이나 사육 동물보다 인간에게 훨씬 더 '의존적'이다. 네팔의 호랑이처럼 흔히 '위풍당당하고, 사나우며, 자유롭다'라고 생각되는 일부 동물은 사실 매우 복잡하고 비용이 많이 드는 인간의 '재야생화rewilding' 개입 계획에 의존한다. 반면 많은 경계 동물은 인간이 거의 완전히 무관심한 상황에서도 생존하고 오히려 번성할 수 있다(Calore 1999:257).[11] 우리는 이러한 다양한 형태의 (상호) 의존성을 좀 더 정교하게 이해해야 한다.

인간-동물 관계의 공간적 차원
Spatial Dimensions of Human-Animal Relations

문화사회학자와 문화지리학자들은 오래도록 근대 사회가 매우 구체적인 공간 개념을 가지고 작동했다고 강조한다. 도시, 교외, 산업 구역과 농업 구역 같은 특정 공간은 '동물'이 아닌 '인간'의 것으로, '자연적인' 곳이 아닌 '문화적인' 곳으로, '야생'이 아닌 '개발된' 곳으로 정의했다. 이러한 이분법은 '동물과 사회 사이의 적절하고 도덕적으로 올바른 공간적 관계에 대해서 문화적으로 형성된 근대적 인식'을 뒷받침한다(Jerolmack 2008:73). 이런 문화적 상상 속에서, 반려동물은 (거리를 떠돌기 보다는) 목줄을 차고 안전하게 집에 머물고, 야생 동물은 동물원에 머물거나 인간에게서 멀리 떨어진 원시적 야생에 머물며, 사육 동물은 농장에 머문다. '적절하고 도덕적으로 타당한' 공간 밖에서 발견된 동물은 '제자리를 벗어난 문젯거리matter out of place'로 보고 도덕적으로 문제가 있다고 취급한다.[12] '도시 생활은 동물을 (애완동물로서) 사적 영역에 편입시키거나 실제의 또는 상상 속의 "야생"이나 어떤 전통적 시골로 치워버렸다'(Griffiths, Poulter, and Sibley 2000:59). 그리고 만약 어떤 동물이 경계를 넘으면 "'인간만을 위한" 곳으로 정의된 공간을 침범했기 때문에 도덕을 위반했다고 여겨질 운명에 처한다'(Jerolmack 2008:88).

이 고도로 근대적인high modernist 공간 개념은 인간-동물 관계를 이해하는 방식을 체계적으로 비튼다. 이것은 (안전하게 목줄을 했다면) 도시에 있는 반려동물의 존재를 인정하지만, 우리 주변에 있는 비사육 동물은 무시한다. 그래서 경계 동물은 단지 개체 수나 행동이 지나쳐서 '유해 동물'로 여겨질 때만 눈에 들어온다. 바꿔 말하면, 그들은 문제가 될 때만 눈에 보이고 공동체 어디에나 존재하는 구성원으로서는 보이지 않는다. 우리는 집 근처에 사는 생쥐부터, 도시 중심가에서 사체를 청소하는scavenge* 참새와 비둘기, 교외에서 번성하는 사슴과 코요테, 전통적인 농업 관행과 공생하며 진화해 온 수많은 종(예, 농작물을 먹는 새와 설치류, 작은 포유류와 이들을 잡아먹는 더 큰 포유류와 맹금류)에 이르기까지 이러한 동물의 다양성, 서식 공간의 종류, 우리가 그들과 상호 작용하는 방식에 놀랍도록 거의 관심을 기울이지 않았다.

우리와 야생 동물, 사육 동물 사이에도 비슷하게 복잡한 공간적 관계가 형성되어 있다. 태평양 심해 열수 분출공에 사는 등가시치과 어류처럼 어떤 야생 동물은 인간 정착지와 완전히 멀리 떨어져 산다. 그러나 다른 야생 동물들은 인간의 개발지에 완전히 둘러싸인 작은 야생 지대에 살고, 많은 야생 동물이 이동과 이주 경로를 방해하는 인간의 도로, 선박의 항로, 비행경로, 울타리, 다리, 고층

* 동물이 죽은 동물의 사체를 찾아다니며 먹이를 구하는 행동을 의미한다. 이는 주로 야생 환경에서 먹이를 구하는 방법 중 하나로, 사체를 먹고 남은 유기물은 분해되어 생태계에 중요한 역할을 한다.

건물 등 인간의 환경과 적어도 일부 시간을 협상하며 보낸다. 애완용 생쥐나 금붕어 같은 일부 사육 동물은 인간의 집 안에 있는 작은 세계에서 일생을 보낸다. 개와 같은 동물은 사람과 함께 거리로 나가 공공장소에 들어간다. 말과 같은 동물은 넓은 거주지와 운동 공간이 필요하므로 주로 농촌 지역에 산다.

인간-동물 관계의 이러한 공간적 차원들은 앞에서 살펴본 행위자성과 상호 의존성 차원과 상호 작용하며 다양한 인과 관계, 다양한 유형의 상호 작용, 그리고 다양한 수준의 취약성에 이르기까지 어지러울 만큼 많은 종류의 관계를 만든다. 그리고 이 모든 구분은 관련된 정의 문제를 확인하고 우리의 도덕적 책임을 평가하는 데 중요하다. 야생 동물과 사육 동물이라는 단순한 이분법과 여기에 따라오는 그저 '내버려두라'라는 주장은 더 촘촘한 관계망과 더 정교한 도덕적 처방으로 대체될 필요가 있다. 실제로 이 책의 주목적은 단순한 야생 동물/사육 동물 이분법을 해체하고, 제니퍼 월치 Jennifer Wolch가 말한 '인간의 개입에 의한 신체적, 행동적 변화의 정도와 동물-인간 상호 작용의 유형에 따른 다양한 동물의 **매트릭스**'로 대체하는 것이다(Wolch 1998:123). 다음에 이어지는 4개의 장에서 인간-동물 관계의 몇몇 특징적 유형이 무엇인지 밝히고, 시민권 이론을 이용해 각 유형을 설명한다.

2부
확장된 동물 권리론의 적용
Applications

4 동물 권리론의 사육 동물

Domesticated Animals within Animal Rights Theory

먼저 시민권 이론을 사육 동물에 적용해 보고자 한다. 인간은 놀라울 만큼 수많은 용도로 여러 동물을 가축화해왔다. 식량, 의복, 인체 이식용 부위(예, 심장 판막) 제공부터, 군사와 의학 실험 대상, 고된 노동(예, 쟁기질, 짐 운반)이나 숙련된 노동(예, 순찰, 수색과 구조, 사냥, 경비, 오락, 치료, 장애인 보조) 그리고 반려동물 역할에 이르기까지 그 활용 범위가 매우 넓다.

사육 동물은 종류가 다양한데, 많은 동물 연구 문헌에서는 다양한 유형의 사육 동물을 따로따로 다루고 있다. 예를 들어, 농장 동물에 대한 윤리는 애완동물에 대한 윤리나 실험동물에 대한 윤리와는 별개로 논의한다. 하지만 우리는 사육 동물의 정치적 지위를 논할 때 여러 논의를 아우르는 가축화라는 개념 자체에 주목해야 한다고 본다. 가축화는 인간과 동물 사이에 특정한 관계를 만드는데, 이 관계가 정의로울 조건을 탐구하는 것이 동물 권리를 다루는 모든 정치 이론의 중심 과제다.

인류 역사에서 오랜 시간에 걸쳐 가축화가 만든 관계는 매우 부당했다. 가축화는 인간의 이익을 위해 동물을 강제로 감금하고, 조작하고, 착취하는 특징이 있다. 실로, 가축화의 부정의는 너무나 심각해서 많은 동물권 옹호자는 바로잡을 수 없을 정도라고 생각한다. 인간이 사육 동물을 계속 길들이고 키우는 세상은 정의로울 수 없다는 것이다. 이런 관점에서 착취적인 가축화의 '원죄'는 어떤 개혁으로도 극복할 수 없다. 하지만 우리는 이러한 판단이 너무 성급하다고 생각한다. 인간과 사육 동물 관계를 성원권과 시민권 개념에 따라 재정립한다면 관계는 정의로운 방식으로 재편될 수 있다. 사육 동물이 인간과 동물 구성원 모두를 대표하는 정치 공동체에서 동료 시민의 지위를 인정받는다면 정의는 가능하다.

물론, 인간이 처음으로 동물을 가축화하기 시작했을 때, 인간은 동물을 인간 사회의 '구성원'이나 '시민'으로 포함하려는 의도는 없었다. 이 점에서 사육 동물은 아프리카에서 수입한 노예, 인도나 중국에서 데려온 계약 노동자와 비슷하다. 이들은 오로지 노동력 때문에 다른 나라로 끌려왔을 뿐, 그 사회의 구성원이 될 기대도 시민이 될 권리도 없었다. 실제로 노예와 계약 노동자를 구매한 사람들은 결국에는 열등하고 무가치하다고 여겼던 이들에게 동료 시민권을 부여하는 결과로 이어질 걸 알았더라면 구매하지 않았을 가능성이 상당히 높다. 그러나 원래 의도가 무엇이었든, 오늘날 단 하나의 합법적 대응책, 즉 정의를 토대로 관계를 재조직하는 유일한 방법은 낡은 위계적 관계를 공유 공동체의 동료 시민과 동료 구성원이라는 새로운 관계로 대체하는 것이다.

사육 동물도 마찬가지여야 한다. 인간이 이 동물들을 인간 사회로 데려오고, 인간 사회에 적응하도록 번식시키며, 삶의 다른 선택지를 막아버리는 원인을 제공했으니, 우리는 사육 동물이 이제 우리 사회의 구성원이라고 받아들여야 한다. 사육 동물은 우리 사회에 속하며, 인간과 함께 정치 공동체의 동료 구성원으로 인정받아야 한다.

사육 동물을 시민으로 재개념화하는 것은 공유된 정치 공동체에서 동물의 존재로 생기는 모든 윤리적 딜레마를 해결하는 마법 공식이 아니다. 하지만 동물의 권리를 생각하는 데 새로운 관점을 제시한다. 우리는 이 방향이 지금까지 동물 권리론이 내놓은 기존 방안보다 더 설득력 있고 생산적이라고 주장한다.

1. 가축화의 정의

먼저, '가축화'라는 용어를 명확히 할 필요가 있다. 「브리태니커 백과사전Encyclopaedia Britannica」에 따르면, 사육 동물은 '특정한 요구나 변덕을 충족하려는 인간의 노동으로 만들어졌고, 인간의 지속적인 돌봄과 배려를 받는 환경에 적응한' 동물이다.[1] 이 정의에는 논리적으로 분리할 수 있는 몇 가지 요소가 있는데, 그 요소들을 구분해 논의하는 것이 도움 될 것이다.

- 가축화 **목적**: 인간의 '특정 요구나 변덕'을 충족하기 위해 동물의 신체를 교배 및 이용
- 가축화 **과정**: 특정 목적에 맞도록 동물의 본성을 바꾸기 위해 선택 교배selective breeding*를 하고 유전자를 조작하는 '인간의 노동'
- 사육 동물의 **대우**: '인간이 동물에게 제공하는 지속적인 돌봄과 배려'
- 인간 **의존 상태**: 사육 동물이 인간에게 지속적 돌봄을 받는 환경에 '적응'되었다는 사실

이 가축화의 요소들은 각각 독립적이거나 다양한 조합으로 존재할 수 있다는 의미에서 서로 분리할 수 있다. 인간이 동물 번식을 중단하고 인간의 이익을 위한 동물 착취를 그만두더라도 여전히 지속적 돌봄을 받으려 인간에 의존해야 하는 부류의 동물이 있을 것이다. 또는, 인간이 동물을 인간의 이익이 아닌 동물의 이익을 위해 번식시킬 수도 있다. 한 예로, 어떤 번식 프로그램은 동물의 특정 종species이나 품종breed의 선천적 결함을 없애서 오직 번식된 해당 동물의 후손에게 이익을 주려는 목적에서 고안된 것일 수 있다. (인간과 동물 모두에게 발생하는 질병을 퇴치하는 일처럼 동물과 인간의 이익이 일치하는 경우도 있을 것이다.) 또는 특정 종의 개체 수 과잉과 이로 인한 자원 부족의 어려움을 해결하고자 실행되는 다른 번식 프로그램을 생

* 인간이 원하는 형질을 가진 개체를 인위적으로 선택하여 교배하는 방법으로, 자연 선택과 대조되는 인위 선택의 한 방법이다.

각해 볼 수 있다. 또한 해당 종에게 의존성을 유발하지 않는 번식 프로그램이나, 동물을 인간의 관리나 돌봄에서 독립시키기 위한 번식 프로그램을 생각할 수도 있다(기존의 번식 프로그램 몇몇은 멸종 위기종의 야생 개체 수 회복을 위해 고안되었다). 또는 어떤 동물 종 전체는 부당한 번식과 대우의 대상이지만, 그중 일부 개별 동물은 정당하게 대우받는 경우일 수도 있다(이것은 특히 운이 좋은 반려동물의 예다).

인간-동물 관계의 윤리를 고찰할 때, 가축화의 이런 측면들을 구분해야 할 것이다. 지금까지 가축화는 주로 동물이 인간에게 더욱 의존하도록 인간은 동물을 더 잘 이용하도록 동물의 특정 형질을 길러내는 방향으로 이루어졌으며, 동물의 이익에 관해서는 어떠한 관심도 없었다. 하지만 인간과 사육 동물 사이의 윤리적 관계를 검토할 때는 목적, 과정, 대우의 문제를 구분하는 것이 중요하다. 모든 형태의 번식 통제가 동물을 도구화하거나 기본권을 침해하는 것은 아니며, 모든 형태의 의존이 학대나 지배를 수반하는 것도 아니기 때문이다. 기존에 너무나 많은 동물 권리론 문헌이 이러한 구분에 실패했고, 그래서 사육 동물과의 정의로운 관계 모델을 개발할 가능성을 너무 일찍 가로막았다.

2. 인도적 대우와 상호 호혜라는 신화

이제까지 동물 권리론 문헌은 사육 동물의 대우에서 구체적으로 무엇이 잘못되었는지 밝히는 데 효과적이었지만, 해결책을 찾는 데는 덜 효과적이었다. 이는 이해할 만한 일이다. 사육 동물의 권리를 위한 효과적인 행동을 막는 중대한 걸림돌 하나가 동물의 인도적 대우라는 낭만적 신화이기 때문이다.

동물권을 진지하게 받아들이는 사람이 보기에, 인간이 동물을 가축화한 역사란 노예화, 학대, 착취, 살해의 정도가 점점 심해지는 이야기다. 집약적 축산업은 동물을 부품으로 전락시켰고, 그들의 짧고 잔혹한 일생은 완전히 기계화, 표준화, 상품화되었다.[2] 생명공학은 더 나아가 동물을 더 쓰기 좋은 부품으로 만들려고 유전적 형질을 바꾼다. 동물권 옹호 운동은 이러한 대우를 폭로하는 것은 물론, 이것이 동물이 도덕적으로 중요하지 않고 인간이 마음대로 동물을 이용할 권리가 있다는 근본적인 믿음과 어떻게 연결되어 있는지 폭로하는 데 쉼 없이 애써 왔다.

이러한 도덕적 부패는 실험실과 공장식 축산에서도 멈추지 않는다. 동물 권리론자 대부분은 현대 축산업의 극단적 착취를 인정하면서도, 산업화가 덜 진행된 환경에서조차 '인도적 고기' 같은 것은 없다고 단언했다. 농장 동물은 산업화된 축산업보다 전통적 축산 기술이 사용되던 시절에 좀 더 자연스러운 삶을 누렸을지도 모르지만, 여전히 착취와 죽임을 당했고 자주 방치되고 학대받았다. 착취의 범위와 강도는 증가했지만, 지배라는 근본적 관계는 변하지 않았다. 사육 동물에게 '좋았던 지난날'이란 결코 없었다.[3] '현대적', '위생적', '효율적' 방법이 '인도적 도살' 시스템에 이바지할 수 있다는 생각은, 행복한 대농장 노예라는 과거의 신화를 멋진 신세계라는 새로운 신화로 대체하는 것에 불과하다.*

인도적 대우라는 신화의 실체가 폭로되면, 동물 착취 옹호자들은 대개 다른 신화로 후퇴한다. 즉, 가축화는 실은 동물의 이익을 위한 것이며 도덕적 상호 호혜의 형태라는 것이다. 인간은 사육 동물에게 생명과 거처, 먹이, 돌봄을 제공하고 그 대가로 동물은 인간에게 고기와 가죽, 노동을 제공한다. 인간에게 쓸모가 없다면 사육 동물은 존재하지 않을 것이고, 존재하지 않는 것과 비교하면 적절한 돌봄을 받으며 짧은 삶을 살다가 빠른 죽음으로 끝내는 것은 합리적인 상호 호혜적 계약이라는 것이다.[4]

인간의 일이라면 우리는 이런 주장을 절대 받아들이지 않을 것이다. 인간 집단을 착취해 12살 나이에 죽게 하거나 장기를 얻을 목적으로 낳아 기른다고 상상해 보자. 이것은 공포 영화와 대량 학살 범죄의 영역이지 도덕적 이론화의 영역은 아니다. 아이는 부모가 낳지 않는다면 존재하지 않겠지만, 그렇다고 부모에게 아이를 착취하거나 아이의 권리를 침해할 권리가 주어지는 것은 아니다. 그런데도 농장 동물에 대해서는 이렇게 합리화한다는 사실 자체가 우리가 동물을 얼마나 무가치하게 생각하는지, 대부분의 가축화가 어느 정도로 동물의 도덕적 존엄성을 부정하는 것을 전제로 이루어지는지 보여준다.

반려동물을 둘러싼 논의 역시 비슷한 신화로 왜곡된다. 많은

* 저자는 가축화를 정당화하는 두 논리를 비판한다. 사육 동물에게 기본적 필요를 제공하는 전통적 산업은 '행복한 대농장 노예'에 빗대고, 현대적이고 효율적 기술로 인도적 도살 시스템을 구축한다는 현대 산업의 가축화는 기술 만능주의를 비판하는 올더스 헉슬리의 소설 제목인 '멋진 신세계'에 빗대어 둘 다 본질적으로 동물 착취임을 지적한다.

사람이 반려동물을 사랑하고 합리적으로 잘 돌보지만, 수많은 동물의 이야기는 행복한 결말을 맞지 못한다. 해마다 수백만 마리의 고양이와 개가 동물 보호소에서 안락사를 당한다. 여기에는 길을 잃은 동물, 야생 동물, 인간 가족에게 버려진 동물(널리 인용된 통계에 따르면 인간 가족이 반려동물과 함께 사는 기간은 평균 2년에 불과하다)[5] 그리고 나이, 건강, 성격 등으로 입양할 수 없는 동물이 포함된다.[6] 반려동물은 종종 비양심적으로 이윤을 챙기는 강아지 공장에서 번식된다. 때로는 기본적인 건강과 이동 능력을 해치는 심미적 이상을 달성하기 위해 교배되기도 한다. 인간의 반려동물이 되기에 좀 더 매력적이거나 적합하도록 꼬리 자르기, 성대 제거, 발톱 뽑기 등 고통스럽고 불필요한 시술을 받기도 하고, 폭력과 강압을 동원한 훈련 방식에 시달리기도 한다. 먹이와 거처라는 기본적인 필요는 종종 충족되지 않는다. 심지어 반려동물을 사랑하고 좋은 의도를 가진 인간과 살더라도, 순전히 무지 탓에 운동과 애정에 관한 동물의 필요가 충족되지 못할 때도 많다.[7] 그리고 전쟁, 가뭄, 홍수 같은 재난이 닥치면 인간이 자기를 구하려고 애쓰는 동안, 반려동물은 다른 사육 동물과 함께 대개 버려지고 처참한 운명을 맞는다.[8]

3. 사육 동물 폐지/멸종주의 접근법

동물권 옹호자들은 전통적 관행부터 현대의 관행에 이르기까지 우리가 사육 동물을 얼마나 잘못 대우해왔는지 끈질기게 폭로해왔다. 그동안의 관행들은 사육 동물에 대한 인간의 선량한 지배라는 신화가 거짓임을 드러내 보인다. 하지만 여전히 질문은 남는다. 이러한 부정의에 맞서 우리가 무엇을 해야 하는가?

단순하게 보면 동물 권리론 문헌은 두 가지 접근법을 내놓았는데, 우리는 이를 '폐지/멸종주의abolitionist/extinctionist'*와 '한계치threshold' 관점이라고 부를 것이다. '폐지/멸종주의' 관점은 인간과 사육 동물 관계의 폐지를 추구한다. 사육 동물은 스스로는 거의 살아남을 수 없기 때문에 이는 사실상 가축화된 종의 멸종을 뜻한다. 이런 관점에서 보면, 현재 살아 있는 사육 동물은 돌봐야 하지만 더는 사육 동물이 생기지 않도록 체계적으로 단종시켜야 한다. '한계치' 관점은 인간과 사육 동물의 관계가 계속될 것이라고 본다. 단, 상호 이익을 보장하고 기본 욕구를 보호하도록 다양한 개혁과 안전장치로 이 관계를 개선해야 한다고 말한다. 우리는 각 관점을 논의하면서 왜 두 관점 모두 충분하지 않다고 생각하는지 설명할 것이다. 그리고 5장에서 시민권을 토대로 우리의 대안을 자세하게 설명할 것이다.

폐지/멸종주의 관점에 따르면, 끔찍한 부정의의 역사는 피할 수 없이 다음의 결론으로 이어진다. 즉, 우리가 동물과 맺는 관계에서 맡는 역할이 주인, 지배자, 관리자 또는 형식적인 공동 계약자 등 무엇이든 우리를 이러한 관계에서 제거해야 한다는 것이다. 우리의

* 이 책에서는 미국 노예제 관련 'abolitionist'를 '폐지론'으로, 동물권 운동의 'abolitionist'를 '폐지주의'로 구분하여 번역하였다. 이는 이노우에 타이치의 저서 『동물 윤리의 최전선動物倫理の最前線』을 참고한 것으로, 그는 미국 노예제 폐지 운동이 한 국가 내 특정 제도의 철폐를 목표로 한 반면, 동물권 운동은 전 세계적 동물 착취 관행 전반의 폐지를 추구한다는 점에서 차이가 있음을 지적하였다. [국역본] 이노우에 타이치, 『동물 윤리의 최전선』, 정혜원 옮김, 두번째테제, 2024.

권력과 통제는 반드시 사육 동물에 대한 지배와 학대로 이어진다. 가축화에서 학대를 없앨 수는 없다. 가축화라는 개념 자체에 학대가 들어 있기 때문이다. 게리 프란시온은 이렇게 말한다.

> 이제 더는 가축화된 비인간이 존재하게 해서는 안 된다. 이는 우리가 음식, 실험, 의복 등에 이용하는 동물뿐만 아니라 비인간 반려동물도 해당한다. (…) 우리는 이미 존재하게 한 비인간을 분명히 보살펴야 하지만, 더는 생기지 않도록 해야 한다. (…) 우리가 비인간 동물을 가축화하는 부도덕한 행동을 했다고 하면서도, 이제는 가축화된 비인간 동물이 계속 번식하도록 노력하겠다는 것은 말이 되지 않는다 (Francione 2007:1–5).

동물의 권리를 존중하려면 가축화를 끝내고 현재 살고 있는 가축화된 종을 모두 멸종시켜야 한다는 프란시온의 관점은 폐지/멸종주의 입장의 전형이다(Francione 2000, 2008; Dunayer 2004).[9] 요점은 모든 인간의 사육 동물 이용과 이들과의 상호 작용을 끝내야만 한다는 것이다. 인간과 사육 동물 사이에서 정의로운 관계의 가능성을 가늠하려는 것은 동물 복지론적 개혁론의 오류에 빠지는 것이다.

이러한 견해를 지지하는 사람들은 가축화 행위 자체의 부당함과 현재 대우의 악랄함, 사육 동물의 의존 상태에 대한 비난 등 여러 주장을 섞어서 제시한다. 프란시온의 다음 주장에 이 모든 논점이 적용된 것을 볼 수 있다.

> 사육 동물은 언제 먹을지, 먹을 수는 있을지, 언제 어디서 배설할지, 언제 잠을 잘지, 운동을 할 수 있을지 등 모든 것을 인간에게 의존한다. 특별한 경우를 제외하면 인간 사회에서 독립적이고 제 몫을 하는 구성원이 될 인간 어린이와 달리 사육 동물은 비인간 세상의 구성원도 아니고 완전한 인간 세상의 구성원도 아니다. 사육 동물은 한평생 취약성의 중간 지대에 머문다. 자기의 모든 것을 우리에게 의존한 채로 말이다. 우리는 사육 동물이 말을 잘 듣고 따르도록 혹은 그들에게는 사실상 해롭지만 우리에게는 만족스러운 특성을 갖도록 길러왔다. 우리가 어떤 의미에서 그들을 행복하게 만들든, 그 관계는 결코 '자연스럽'거나 '정상적'일 수 없다. 우리가 사육 동물을 얼마나 잘 대우하는지와 상관없이 사육 동물은 우리 세계에 갇혀 있어서는 안 된다(Francione 2007:4).

이 견해가 앞서 확인한 가축화의 다양한 측면, 즉 가축화 목적, 가축화 과정, 의존성, 사육 동물에 대한 실제 대우를 어떻게 한데 묶는지 주목하자. 우리가 이미 살고 있는 사육 동물을 잘 대하든('어떤 의미에서 그들을 행복하게 만들든') 나쁘게 대하든(착취하거나 죽이든) 그들이 처한 상황의 본질적 부당성과 '부자연스러움'은 바뀌지 않는다는 얘기다. 이 본질적 부당성은 우리가 사육 동물 종 전체와 윤리적 관계를 맺을 가능성을 오염시킨다. 이러한 프란시온의 견해는 캘리콧과 같은 환경주의자의 시각을 떠올리게 하는데, 캘리콧은 사육 동물을 품위 없고 부자연스러운 존재로, 인간이 '온순함, 순종성, 우둔함, 의존성'을 의도해 교배한 '살아 있는 인공물'로 묘사한 바 있다(Callicott

1980).[10] 이와 비슷하게 폴 셰퍼드는 애완동물을 인간의 창조물이자 '문명화된 장신구', '잔해이자 파편', '프랑켄슈타인이 발명한 괴물'이라고 부른다(Shepard 1997:150-1).

우리가 보기에 인간과 사육 동물의 모든 관계를 끝내자는 폐지/멸종주의 주장은 동물권 운동에 전략적 재앙이었다. 사실상 많은 사람이 반려동물과 관계를 맺으면서 동물권에 관심을 두게 되기 때문이다. 그 관계는 사람들에게 동물의 삶이 보여주는 풍부한 개성을 그리고 동물을 착취하지 않는 관계의 가능성을 깨닫게 해준다. 그런데 동물권을 지지하려면 이 모든 관계를 비난해야 한다는 주장은 많은 잠재적 지지자를 소외시키는 일이다. 또한 사냥꾼과 번식 기관을 포함해 동물 권리론에 적대적인 이들에게 공격하기 쉬운 정치적 표적을 내주었는데, 이들은 멸종주의의 발언을 인용하면서 마치 그것이 동물권 개념의 **본질**인 양 몰아붙인다.[11]

전략적 측면은 차치하고라도 폐지주의 주장은 지적으로 지속하기 어렵다. 폐지주의는 인간-동물 관계에 대한 일련의 오류와 오해에서 나온다. 폐지주의의 일부 견해는 역사적으로 사육 동물을 존재하게 만든 것이 부당하므로 이제 멸종시켜야 한다는 다소 엉성한 주장에 기대고 있다. '우리가 비인간 동물을 가축화하는 부도덕한 행동을 했다고 하면서도, 이제는 가축화된 비인간 동물이 계속 번식하도록 노력하겠다는 것은 말이 되지 않는다'라는 프란시온의 주장을 생각해 보자(Francione 2007:5). 이것은 명백한 오류다. 아프리카에서 미 대륙으로 데려온 노예를 떠올려 보자. 정의는 분명히 노예제 폐지를 요구하지만, 노예제 폐지가 곧 해방된 노예와 그 후손의 멸종을 의미하지는 **않는다**. 아프리카 노예를 배에 실어 미국으로 데려온 것은 명백히 부당한 일이었지만, 아프리카계 미국인을 말살하거나 아프리카로 돌려보내는 것은 해결책이 아니다. 아프리카인이 미국에 살게 된 과정은 본래부터 부당했지만, 이 역사적 부정의의 해결책은 미국에 아프리카인이 없던 시절로 시계를 되돌리는 것이 아니다. 오히려, 아프리카계 미국인을 말살하거나 추방하는 것은 본래의 부정의를 해결하기는커녕 그들이 미국 공동체 구성원으로서 갖는 권리와 가족을 꾸리고 자식을 낳을 권리를 부정하여 원래의 부정의를 가중할 뿐이다.[12]

마찬가지로, 가축화의 원초적 부당함을 해결하려면 사육 동물 종을 멸종시켜야 한다고 생각할 근거는 전혀 없다. 사실, 이러한 폐지주의 주장이 원래의 부정의를 더 악화시킨다고 볼 수도 있다. 실제로 사육 동물을 멸종시키려면 사육 동물을 더욱 강압적으로 통제해야만 하기 때문이다(예, 번식하지 못하게 막기). 오히려 이 문제의 해결책은 사육 동물을 공동체의 구성원이자 시민으로 포용하는 것이다.

어떤 폐지주의는 다음의 두 가지 근거를 들어 가축화와 노예제의 유비가 실패라고 대응한다. ⓐ해방된 노예와 그 후손에게는 좋은 삶이 가능하지만 사육 동물은 부자연스럽거나 퇴화한 상태이므로 좋은 삶을 살 가능성이 없고, ⓑ해방된 노예의 출산을 막는 것은 부당한 통제가 따르지만 사육 동물의 번식을 통제하는 데는 인간에 버금가는 부당함이 없다.

이 두 주장은 앞서 나열한 인용구들에 암시되어 있지만 대개

심도 있게 논증되지는 못했고, 지속하기 어려워 보인다. 먼저 번식 통제 문제를 살펴보자. 폐지주의 문헌 상당수에서 사육 동물을 단계적으로 멸종시키자는 주장은 놀랍도록 모호하고 완곡한 어법을 사용한다. 프란시온은 '우리가 이미 존재하게 한 비인간은 분명히 보살펴야 하지만 더는 생기지 않도록 해야 한다'라고 말한다(Francione 2007:2). 이 말을 리 홀Lee Hall의 '의존적인 동물을 더 만들기를 거부하는 것이 동물권 운동가가 내릴 수 있는 가장 훌륭한 결정이다'라는 진술(Hall 2006:108)과 존 브라이언트John Bryant가 말한 애완동물은 '단계적으로 완전히 멸종되어야 한다'라는 견해(Bryant 1990:9-10)와 비교해 보자. 이들이 사용한 언어는 매우 흥미롭다. '더는 생기지 않도록 하는 것', '만들기를 거부', '단계적 멸종'. 이런 묘사는 인간이 사육 동물을 '만드는' 실험실 이미지를 연상시킨다. 마치 이러한 동물을 자기 마음대로 살도록 둔다면 번식을 원치 않거나 번식에 아무런 흥미도 갖지 않을 것처럼 말이다.

오늘날 사실대로 말하면, 사육 동물의 번식은 대부분 인간이 통제하는 대단히 침습적이고 기계화된 과정일 수 있다. 인공 수정은 광범위하게 시행되고 있고(사육된 칠면조 중 어떤 종은 도움 없이는 새끼를 밸 수 없다), 강제 임신 기구rape rack(완곡하게는 '교배주머니'라고도 한다)의 사용도 마찬가지다. 혹은 인간이 번식을 엄격하게 감시하지만, 기계로 보조하지 않는 경우도 있다(예를 들어, 품종 번식업자가 동물이 원하는 방법으로 원하는 시간에 교배할 수 있도록 '허용'할 때).

폐지주의 입장은 인간이 사육 동물 '만들기'를 멈춘다면 사육 동물이 더는 생기지 않게 될 거라고 가정하지만, 사실은 그렇지 않다. 사육 동물의 '단계적 멸종'은 인간이 동물 만들기를 멈추는 것만이 아니라, 모든 사육 동물을 강제로 중성화하거나 가두는 데 엄청난 수준의 더 많은 (그리고 아마도 불가능한) 인간의 노력이 필요하다. 이는 사육 동물의 출산을 제한하는 것뿐만 아니라 완전히 예방하는 것, 즉 사육 동물이 짝짓기 하고 가족을 이룰 기회를 없애는 것을 의미할 것이다. 요컨대 이것은 동물 권리론자들이 가축화를 부당하게 만든다고 말하는 바로 그런 종류의 강압과 구속을 포함하고, 이런 의미에서 원래의 부당함을 해결하기보다 악화시킨다.

우리가 보기에 여기에는 '만들기를 거부'나 '존재의 단계적 멸종' 같은 말로 얼버무리며 개체의 자유를 침해하는 심각한 문제가 있다. 폐지주의는 이 과정을 동물이 아닌 인간의 행위로 가장해서 동물의 기본적 자유 침해에 관한 중요한 질문을 피해 간다.

사육 동물의 번식을 통제하거나 제한하는 것이 항상 잘못된 것은 아니다. 예를 들어 생식 능력이 줄어든 동물의 이익을 고려한 온정주의적 정당화는 타당할 수 있다. 더는 임신을 견딜 수 없는 나이 든 암컷 양의 임신을 막거나, 임신할 수 있지만 너무 어려 자손을 낳으면 건강을 해칠 수 있는 어린 동물을 위해 임신 기회를 늦추는 것은 정당할 수 있다. 어린이나 지적 장애가 있는 사람에 대한 온정주의적 조치와 마찬가지로, 그러한 제한은 과잉금지의 원칙proportionality을 지켜야 하고, 개체의 이익 추구라는 정당한 목표를 달성하기 위해 최소한으로 제약하거나 개입해야 한다. 5장에서 우리는 상호호혜적 시민권 모델의 일부로서 사육 동물의 번식을 온정주의적으로 제한해야 한다는 주장을 더욱 복잡한 근거로 뒷받침할 것이다.

따라서 우리는 사육 동물의 번식 제한이 정당할 가능성을 부정하지 않는다. 우리가 걱정하는 것은 폐지/멸종주의 입장이 대규모 개입을 지지하면서 개입으로 인해 개체의 자유를 제한하는 문제를 정당화하려는 시도조차 하지 않는 점이다.[13]

하지만 '종의 단계적 멸종'에 필요한 강압의 정도에 대한 우려는 잠시 제쳐두더라도 폐지주의 주장에 더욱 반대하는 까닭은, 이들이 사육 동물의 좋은 삶을 상상하지 못하기 때문이다. 이들은 사육 동물이 계속 착취당할 것이고 그들이나 그 후손까지 좋은 삶을 누리는 것은 불가능하다고 미리 가정한다. 우리가 보기에 이 주장은 매우 타당하지 않다. 우리는 좋은 삶을 사는 것으로 보이는 반려동물을 알고 있다. 그리고 농장 동물의 경우, 농장 생추어리를 방문하면 공장식 축산에서 구조된 동물이 인간에게 돌봄받으며 같은 종이나 다른 여러 종과 더불어 살면서 충만하고 좋은 삶을 누리고 있음을 알게 된다. 많은 동물이 종을 넘어 우정을 쌓으면서 농장의 종간 공동체interspecies community에서 건강하고 활기차게 지내는 것처럼 보인다. 종간 우정은 전체가 부분의 합보다 더 큰 일종의 농장 문화를 만들고, 인간을 포함해 매우 다양한 개체에게 풍요로운 형태의 삶을 제공한다. 만약 착취 없이 이런 종류의 세상이 가능하다면, 이것이 사육 동물의 멸종보다 더 좋지 않을까?[14]

그렇다면 폐지주의는 무슨 근거로 사육 동물이 좋은 삶을 살 수 없다고 주장하는 것일까? 앞서 말했듯이 폐지주의의 주장이 깊이 있게 옹호되는 일은 드물지만, 지금껏 그들이 옹호한 것을 보면, 자유/존엄과 의존성의 관계와 인간-동물 상호 작용의 부자연스러움에 대한 매우 문제가 많은 가정에 기반하는 것으로 보인다.

의존성과 존엄성

우리는 동물의 가축화가 잘못되었다는 폐지주의의 주장에 동의하지만, 왜 그렇게 생각하는지 분명히 밝히는 것이 중요하다. 앞서 가축화의 다양한 측면을 목적, 실제 과정, 그 결과 나타난 의존 상태 등으로 구분했다. 우리는 동물 가축화의 본래 **목적**, 즉 인간의 변덕에 맞게 동물을 바꾸려는 것이 그릇됐다는 폐지주의의 의견에 동의한다. 마치 다른 사람을 섬기도록 인간의 하위 계급을 선별적으로 번식시키는 것이 잘못된 것과 마찬가지다. 또한 우리는 가축화 **과정**, 즉 감금과 강제 번식이 신체 보전bodily integrity*이나 자유라는 기본 권리를 침해한다는 점에 동의한다. 정의를 바탕으로 사육 동물과 관계를 재정립하려면, 인간이 사육 동물을 통제하는 목적과 수단을 모두 바꿔야 할 것이다. 5장에서 논의할 시민권 모델은 그런 변화를 다루는 것이 목적이다.

사육 동물 폐지주의는 한발 더 나아가, 가축화의 결과로 나타난 의존 상태는 개혁하거나 보완할 수 없을 정도로 본질적으로 그릇됐다고 주장한다. 수십, 수백, 수천 년에 걸친 번식의 결과 의존성은 동물의 본성 그 자체가 되었고, 많은 폐지주의는 이런 타고난 의존성 탓에 사육 동물이 존엄성 없고 온전치 못한 삶으로 내몰린다고 생각한다. 앞에서 인용한 프란시온의 글을 다시 보자.

* 신체 보전의 권리는 개인의 신체에 대한 자율성과 자기 결정권을 의미한다. 이는 개인의 신체가 본인의 동의 없이 침해되거나 변형되지 않을 권리를 포함한다. 동물의 맥락에서는 강제적인 번식, 불필요한 의료 처치, 신체 구조를 변형하는 선택 교배 등으로부터 자유로울 권리를 의미할 수 있다.

> 사육 동물은 언제 먹을지, 먹을 수는 있을지, 언제 어디서 배설할지, 언제 잠을 잘지, 운동을 할 수 있을지 등 모든 것을 인간에게 의존한다. 특별한 경우를 제외하면 인간 사회에서 독립적이고 제 몫을 하는 구성원이 될 인간 어린이와 달리 사육 동물은 비인간 세상의 구성원도 아니고 완전한 인간 세상의 구성원도 아니다. 사육 동물은 한평생 취약성의 중간 지대에 머문다. 자기의 모든 것을 우리에게 의존한 채로 말이다. 우리는 사육 동물이 말을 잘 듣고 따르도록 혹은 그들에게는 사실상 해롭지만 우리에게는 만족스러운 특성을 갖도록 길러왔다. 우리가 어떤 의미에서 그들을 행복하게 만들든, 그 관계는 결코 '자연스럽'거나 '정상적'일 수 없다. 우리가 사육 동물을 얼마나 잘 대우하는지와 상관없이 사육 동물은 우리 세계에 갇혀 있어서는 안 된다(Francione 2007:4).

여기서 우리는 사육 동물의 본성 자체에 대한 비난을 볼 수 있다. 사육 동물은 '사람에게 모든 것을 의존'하는 '부자연스러운' 존재이고, '말을 잘 듣고 따르며', 마치 절대 자라지 않아 제 몫을 하지 못하는 어린이에 비유된다. 홀 역시 '사육 동물에게 불완전하면서 도움이 되지도 않는 자율성을 부여하는 것은 그들을 존중하지 않는 일'이라며 사육 동물의 멸종을 정당화한다(Hall 2006:108).

사육 동물이 부자연스럽다는 주장에는 두 가지 면이 있다. 신체적, 정신적 특성 측면에서 선택 교배는 **유형 성숙**neotonization(귀여운 외모, 낮은 공격성, 장난기 등 어떤 종의 성체가 어린 시절 특성을 유지하는 것)이라는 결과를 낳았다. 개들은 (크기, 머리 모양, 학습과 놀이에 관한 열의,

간청하고 짖는 행동 등의 특성에서) 성체 늑대보다 어린 늑대를 좀 더 닮았다. 사육 동물은 세상을 살아가는 능력으로 **의존성**을 갖도록 길러졌다. 사육 동물은 인간 어린이처럼 '자기와 관련된 것을 사람에게 의존'하지만, 사육 동물만 영원히 '취약성의 지옥'에 갇혀 있다. 폐지주의자들은 사육 동물이 유형 성숙과 의존성이라는 두 특성 때문에 존엄성 없는 영원한 미성숙 상태로 갇히게 된다고 본다.

우리 견해로는, 사육 동물을 이렇게 이해하는 것은 잘못이고 도덕적으로 비뚤어진 것이다. 유형 성숙이나 의존성 모두 본질적으로 존엄하지 못하거나, 부자연스러운 것이 아니다. 이런 근거로 사육 동물을 비난하는 것은 정당하지 않으며 인간에게도 해로운 결과를 낳을 수 있다.

먼저 의존 문제를 생각해 보자. 철학과 정치 이론이 점차 독립(또는 자율)과 의존이라는 이분법적 대립에 포함된 많은 오류와 왜곡에 주의를 기울이는 바로 이 시점에, 동물 권리론자들이 이 개념들을 문제시하지 않고 계속 사용하는 것은 당혹스럽다. 전통적으로 인간 정치 이론은 폐지주의적 동물 권리론과 마찬가지로 독립 상태를 인간 생활의 가장 자연스럽고 궁극적인 목표로 여겼다. 수십 년간 페미니즘 비평은 이 관점이 남성 편향의 산물이자 공적 영역과 사적 영역이라는 사회적 구분의 산물이라는 것을 보여주었다(Okin 1979; Kittay 1998; Mackenzie and Stoljar 2000). 점점 더 많은 사람이 인간이 모든 삶의 단계에서 취약하고 의존적인 존재라는 것을 인식하게 되었다. 우리가 지닌 독립성과 자율성의 토대는 취약하다. 이 취약성은 사랑하는 사람이나 생계, 집을 잃었을 때, 심각하게 다치거나 질병에 걸렸을 때, 가족을 부양하게 되었을 때 등 자연이나 인간이 일으킨 재앙과 맞닥뜨렸을 때 너무나 분명해진다. 의존성에는 정도의 차이가 있고, 일부 사람(예, 신체나 지적 장애가 있는 사람)은 평생 상당한 수준의 의존을 경험한다. 하지만 중증 정신 장애인처럼 극도로 취약하고 의존적인 경우에도 우리는 그들을 의존이나 무능력 상태로만 판단하는 것이 모욕이라는 점을 분명히 인식할 수 있게 되었다. 장애인 권리 옹호자들은 독립과 의존이라는 이분법적 관점 때문에 우리가 다양한 협력 조건에서 장애인들이 상당한 행위자성과 독립성을 수행할 수 있다는 점을 보지 못하게 되는지 계속해서 밝혀왔다. 페미니즘 문헌과 아동 권리에 관한 글에서도 유사한 주장이 제기되었다(예, Kittay 1998). 이렇게 풍부한 관점에서 보면 의존은 독립의 이분법적 대립이 아니다. 오히려 우리의 필연적인 (상호) 의존성을 인정하는 것이 사람들이 선호를 표현하고 능력을 개발하며 선택하도록 지원하기 위한 전제 조건이다.

본래 의존성은 존엄성 상실을 가져오지 않는다. 존엄성에 영향을 미치는 것은 우리가 의존성에 **응답**하는 방식이다.[15] 만약 우리가 의존성을 일종의 나약함으로 경멸한다면, 개가 저녁 밥그릇에 앞발을 갖다 대거나 산책할 시간이라며 애교스럽게 우리를 쿡 찌르는 행동에서 아첨이나 비굴함을 볼 것이다.[16] 하지만 우리가 의존성 자체를 존엄성 없는 것으로 보지 않는다면, 우리는 개가 자신이 원하는 것과 그것을 얻기 위해 의사소통하는 법을 아는 개체, 즉 행위자성, 선호, 선택의 잠재력이 있는 존재로 볼 것이다. 어떤 존재를 복종하는 의존적인 존재로 볼 때, 우리는 그를 특별한 관점과 필요, 욕구,

개발 능력 등을 지닌 독특한 개체로 여길 필요가 없다. 하지만 그의 의존성 너머를 바라본다면, 그의 소망과 요구, 기여를 어떻게 이해하고 이에 응답할지 배울 수 있다. 우리는 그의 잠재적 능력이 발휘되도록 어떻게 사회를 재구성하는 것이 최선일지 질문할 수 있다.

'자연스럽고 정상적인' 관계에는 의존성이 없다는 생각은 이상한 생각이다. 사육 동물은 먹을거리, 보금자리, 정서적 교감을 사람에게 의존하면서 매우 취약해진다. 하지만 비사육 동물도 날씨, 식량원, 포식자에게 매우 취약하다. 어떤 야생 동물은 상대적으로 이동 능력이 높고 적응력이 뛰어나며 사회성이 있어서 먹을거리, 보금자리, 동료애에 대한 필요를 충족하고, 위험을 피하거나, 전반적으로 삶을 즐기는 데 있어 독립적 행위자성을 행사하는 범위가 넓다. 반면 다른 야생 동물은 이동에 제한이 있거나 특정 서식지 전문 동물이라서 단일한 식량원이나 기후 현상에 완전히 의존해 극도로 취약하다. 우리 인간은 인터넷이 작동하지 않을 때, 전력망이 고장 나거나 '제때' 식품을 공급하는 배달 시스템이 중단될 때 자기의 의존성을 극명하게 알게 된다. 의존은 그 정도에 차이가 크지만 우리 모두의 삶에서 피할 수 없는 사실이다. 이 사실 자체로 존엄성 상실이 일어나지 않는다. 존엄성 상실은 우리의 필요가 무시되고, 착취당하고, 충족되지 않을 때 일어난다. 그리고 의존한다는 사실을 이용해 행위자성을 발휘할 기회를 가리거나 억누를 때 존엄성을 잃는다. 사육 동물이 (기본권의 직접적 침해와 더불어) 끔찍한 존엄성 상실을 겪는다는 것은 의심의 여지가 없다. 하지만, 이런 존엄성의 상실과 인간에게 의존하는 상태를 동일시하는 것은 실수다. 존엄성 상실은 다른 존재가 우리에게 완전히 의존할 때 그의 필요를 충족해 주지 못하거나, 사육 동물이 광범위한 영역에서 독립적인 행위자성을 발전시킬 능력이 있는 개체라는 점을 우리가 인식하지 못할 때처럼, 우리가 의존성에 응답하는 방식에서 발생한다.[17]

유형 성숙은 부자연스러운가?

가축화와 유형 성숙은 아주 가깝게 맞닿아 있다. 낮은 공격성이나 '길들 가능성tameability' 같은 유년기의 특성을 한 가지 선택하면 펄럭이는 귀, 납작한 코, 장난기 등 유년기의 다른 특성들도 따라온다.[18] 시간이 흐르면서 사육 동물의 성체는 조상의 유년기에서나 볼 수 있던 특성을 보인다. 사육 동물 폐지주의는 이러한 과정을 부자연스럽고 굴욕적인 것으로 보는 듯하다. 하지만 정말로 그럴까?

오히려 유형 성숙은 완벽히 자연스러운 진화의 한 형태다. 만약 특정 환경에서 유년기의 특성이 가장 적응력이 높다면, 그 특성이 선택될 것이다. 유년기의 특성은 탐험하려는 의지, 학습 능력, 사회적 상호 작용에서 종간 경계가 희미한 것 등이 있다. 이러한 유년기의 특성들을 성체기까지 유지하는 것은 다양한 환경에서 적응하고 살아남기에 매우 유리하다. 한 예로, 스티븐 부디안스키Stephen Budiansky는 마지막 빙하기의 기후 변화가 특정 서식지 전문 동물보다 적응형 다방면 전문 동물을 선택했고, 유년기 특성(예, 먹이을 찾아 새로운 영토를 탐험하려는 의지, 환경 변화에 적응하는 능력, 종간 경계를 넘어 협력하려는 의지) 때문에 일부 종은 살아남고 다른 종은 사라지게 됐다고 주장한다(Budiansky 1999). 기후와 환경이 격변하는 시기에 많은 동물이 '자기 가축화self-domestication' 과정을 겪은 것이다.

실제로 부디안스키와 다른 학자들은 개와 다른 사육 동물들이 인간이 특정 형질을 선택 교배하기 오래전부터 자기 가축화 시기를 겪었다고 주장한다. '자기 가축화'를 겪은 종의 또 다른 예로 보노보가 있다. 보노보와 침팬지를 비교해 보면, 개와 늑대의 관계와 매우 비슷하다. 보노보는 유형 성숙한 침팬지로, 작아진 머리 크기와 작은 이빨, 털, 뇌와 같은 신체적 형질과 공격성 감소, 놀이와 학습 욕구 증가, 사회성과 협동심 증가, 성적 흥미와 성적 접근 가능성sexual availability* 증가 등의 사회적 특성을 보인다. 가축화 된 개와 늑대 사이에도 매우 유사한 관계가 성립한다.

뜻밖에도, 스티븐 제이 굴드Stephen Jay Gould, 리처드 랭엄Richard Wrangham 등 여러 학자는 인간도 자기 가축화를 했다고 주장한다. 앞의 예시에서 보노보를 인간으로 바꿔보면 인간도 유형 성숙한 침팬지의 특징을 보인다는 것이다. (여기에는 뇌 크기도 포함되는데, 지난 3만 년 동안 인간의 뇌 크기는 10% 가량 줄었고 같은 기간에 신체, 머리, 털, 치아도 작아졌다.)[19] 인간의 자기 가축화 과정은 진화와 더 큰 사회의 구성원으로 협력하며 살아가는 능력에 매우 결정적인 역할을 했다.

우리는 인간의 진화 과정을 우아한 형태로 바라본다. 공격성 감소, 놀이 학습, 적응 능력 향상, 사회적 유대와 협력 행동 증가를 긍정적 진화로 간주한다. 이러한 특성은 인간의 경우 긍정적으로 평가되지만, 사육 동물이 인간과 동일한 특성을 보이면 멍청하고(뇌

* 동물이 성적 활동에 얼마나 개방적이고 접근 가능한지 의미한다. 발정기의 빈도, 발정기당 교미 가능 시간, 교미 상대에 대한 수용성 등 다양한 요인에 의해 결정된다.

크기가 작고), 유치하고, 말을 잘 듣고 따르도록 길들여졌다는 비난을 받는다.[20] 명백히 유형 성숙은 인간에게는 존엄성과 양립할 수 있지만, 사육 동물의 경우 존엄성을 잃게 된다. 의존성과 마찬가지로, 우리는 존엄성의 상실이 보는 사람의 관점에 달려있는 것이지 사육 동물의 본질적 특성은 아니라고 주장한다. 버지스-잭슨이 말했듯이, '만약 개와 고양이를 그들의 야생 사촌과 비교해 진정성이 없거나 유아적인 버전으로 여긴다면, 일관성을 위해서라도 인간 역시 자기의 조상이자 현재에도 친척 관계인 영장류와 비교해 진정성 없거나 유아적인 버전으로 보아야 한다'(Burgess-Jackson 1998:178 n61).

사육 동물 폐지주의자들이 사육 동물의 감금과 강제/선택 교배, 특히 인간에게 더 유용하고 동물에게는 해로운 형질을 의도적으로 선택하는 행위를 비난하는 것은 정당하다. 다만 우리가 폐지주의와 의견을 달리하는 지점은 의존성과 유형 성숙 자체에 대한 비난이다. 사육 동물은 이런 식으로 진화했다고 해서 좋은 삶을 살 기회나 번식에 흥미가 사라질 만큼 본질적으로 퇴화하지 않았다. 따라서 사육 동물이 과거는 물론 현재에도 계속해서 겪는 부정의를 해결하는 방법은 멸종이 아니라, 인간과 관계를 재건하는 것이다.

관계와 공생의 필연성

동물이 인간에게 의존하는 것이 부자연스럽다는 폐지주의의 가정은 애초에 동물이 인간과 상호 작용하는 것이 부자연스럽다는 폐지주의의 또 다른 핵심적인 가정과 맞닿아 있다. 앞서 인용한 프란시온의 글은 사육 동물이 '우리 세계에 갇혀 있는 것'이 부자연스럽다고 암시한다. 비슷하게, 두나이어는 가축화를 동물이 인간 사회에 '강요된 참여'로 본다(Dunayer 2004:17). 동물이 자기 의지대로 할 수 있고 인간의 간섭에서 벗어난다면 인간과 분리된 자기들의 세상에서 살 것이라는 뜻이다. 두나이어는 동물이 인간 사회에서 사는 것이 부자연스러운 상태이고, 인간의 잘못된 개입에서 비롯되어 부자연스러운 의존으로 이어진 것이라고 말한다.

이것은 또다시 인간과 동물의 관계를 오해한 것이다. 7장에서 좀 더 세세하게 논의하겠지만, 많은 동물이 인간 사회가 제공하는 기회를 찾아오는 것은 매우 자연스러운 일이다. 너구리, 청둥오리, 쥐, 다람쥐 등 수많은 적응력 있는 기회성 동물이 인간 정착지에서 번성하며, 그들을 막으려는 인간의 적극적 노력에도 불구하고 도시 생활을 계속한다.[21] 인간은 주변 환경과 완전히 단절된 존재가 아니라 그 일부다. 인간이 바꾼 환경도 손대지 않은 야생과 마찬가지로 생태계의 일부다. 자연은 빈 곳을 채우려는 경향이 있어, 인간의 정착과 활동이 환경을 바꾸면 다른 종들이 필연적으로 적응하여 이용 가능한 생태적 틈새를 메꾸게 될 것이다. 그래서 인간의 주거 형태, 폐기물 처리, 농업, 자원 활용 방식에 따라 생기는 기회에 이끌려 인간의 활동과 공생하며 살도록 적응한 동물은 항상 있었고, 앞으로도 계속 있을 것이다.[22]

가축화의 역사를 살펴보면 오늘날의 개나 고양이, 가축화된 초식 동물의 조상이 당시에는 적응력 있는 기회성 동물이었음을 알 수 있다. 늑대와 같은 개의 조상은 음식물 찌꺼기, 온기, 보금자리를 찾아 인간 정착지로 들어왔다. 농업과 대규모 곡물 저장고의 출현은 설치류를 인간의 정착지로 끌어들였고, 그에 따라 고양이와 다른 설치류 포식자도 들어왔다. 오늘날 사슴과 같은 초식 동물은 먹이를 구하고 인간을 경계하는 포식자를 피하기 위해 인간 정착지에 들어왔다. 인간이 적극적으로 가축화를 시작하기 전, 인간과 많은 동물 종 사이에는 공생 관계가 발전했다. 이 관계는 처음에는 인간의 행위자성이나 개입에서 비롯된 만큼이나, 아니 그보다 더 동물의 행위자성과 적응에서 비롯되었다. 이후 시간이 흐르면서 인간은 자기에게 유용한 형질을 얻기 위해 기회성 동물을 선택 교배하는 방법을 알게 됐고, 그리하여 동물의 진화 궤도를 바꾸었다. 하지만 인간이 선택 교배 방법을 알아채지 못했더라도 인간은 도시에, 동물은 야생에 살면서 인간과 동물이 완벽하게 분리된 세상에 살고 있지는 않을 것이다. 오히려 인간은 지금처럼 수많은 적응력 있는 동물과 공동체를 공유하고 있을 것이다. 이것은 단순히 가축화의 종식으로 인간-동물 관계의 윤리적 복잡성을 피할 수 없다는 점을 시사한다. 우리가 동물을 '우리 세계'에 '초대'(또는 강요)하든 안 하든 그들은 우리 일상의 일부다. 동물이 없는 '우리 세계'란 없으며, 우리가 할 일은 인간-동물 관계의 적절한 형태를 파악하는 것이다.

흥미로운 예로 스칸디나비아 북부에 사는 사미족과 순록의 관계를 들 수 있다. 순록은 반쯤 가축화된semi-domesticated 동물로 여겨진다. 이들은 자유롭게 무리를 지어 돌아다니고, 이들의 번식은 인위적으로 조작되지 않는다. 하지만 시간이 지나면서 순록은 인간의 존재와 특정 형태의 사육에 적응해 왔다. 인간은 순록 떼를 관리하고 고기, 가죽, 뿔을 얻으려 순록을 죽이고 때로는 순록의 젖을

짜기도 한다. 순록은 가두어져 있지 않다. 원한다면 인간을 떠날 수 있다.

이러한 예는 폐지주의의 틀에서는 다루어질 수도, 발견될 수도 없는 중요한 쟁점을 제기한다. 동물 권리론자가 아닌 몇몇 사람은 동물이 가축화(이 예에서는 반-가축화)를 '선택'했다면 인간이 동물을 이용하는 것은 '착취'가 아니라고 주장하는데,[23] 이는 우리가 주장하는 바와 다르다. 우리는 이미 이러한 견해를 거부했다.[24] 인간의 경우에 절박한 처지의 난민이 자기를 노예로 팔기도 한다는 사실이 노예화를 합법화하지 않는 것처럼, 기회성 동물이 인간 공동체에 이끌려 들어왔다는 사실이 그들을 착취해도 되는 권리를 주지는 않는다.[25]

사실 우리의 주장은 선택했다면 착취가 아니라는 견해와는 정반대다. 인간과 동물의 관계가 '강요된 참여'가 아닌 공생으로 시작했더라도, 여전히 상호 작용의 공정한 조건에 관해 답해야 할 중요한 도덕적 문제들이 있다. 우리는 어떤 방식의 상호 작용이 허용되는지 결정할 필요가 있다. 왜냐하면 적응력이 뛰어난 동물이나 반-가축화 동물은 우리가 원하든 원치 않든 우리와 상호 작용할 것이기 때문이다. 인간과 동물의 관계는 피할 수 없으며, 인간의 힘이 우위에 있어서 착취 관계로 변질될 고질적인 위험이 있다. 모든 동물 권리론의 중요한 과제는 동물-인간 관계가 비착취적일 수 있는 조건을 찾는 것이다. 상호 호혜적인 관계와 기생적이고 착취적인 관계를 구별할 기준이 필요하다. 인간의 동물 이용이 허용되는 범위와 인간이 원했든 아니든 인간의 존재에 적응한 동물에게 우리가 지켜야 할 의무를 알 필요가 있다. 그렇게 비착취적인 관계의 원칙을 확립하면, 사육 동물과의 관계도 정의로운 조건으로 재구성할 수 있다. 폐지주의의 틀은 오직 강요된 참여를 통해서만 인간과 동물이 함께 살게 된다고 가정함으로써, 이런 도덕적 문제를 무시하고 인간-동물 관계에서 도덕적으로 중요한 가능성을 사전에 차단한다.

요약하면, 우리는 폐지주의 접근법에 여러 가지 허점이 있다고 본다. 폐지주의 접근법은 의존 상태를 본질적으로 존엄성이 결여된 것이고 인간-동물 상호 작용을 부자연스러운 것으로 오해한다. 이런 오해를 버리면, 사육 동물이 본질적으로 부당한 상황에 갇혀있어서 멸종해야만 해결될 수 있다고 가정할 필요는 없다(게다가 멸종이라는 목표 자체도 강요와 감금이라는 또 다른 부당한 행위를 통해서만 달성될 수 있다).

덧붙여 말하자면, 우리는 결코 동물을 가축화하는 과정에서 저지른 본래의 부정의의 심각성을 부인하거나 축소하려는 게 아니다. 가축화는 여러 차원에서 부당하다. 가축화는 강제 감금과 강제 번식으로 동물의 기본적 자유를 침해하고, 동물의 건강과 수명을 해치고 야생으로 돌아갈 가능성을 없애는 방식으로 동물을 번식시켰다. 더 나아가 동물을 목적 그 자체로 존중하기보다는 인간의 목적을 위한 수단으로 전락시켰다. 우리는 사육 동물에 대한 이러한 해악이 인간의 동물 억압의 핵심이라는 폐지주의의 견해에 전적으로 동의한다. 비록 대중은 물개 사냥이나 멸종 위기종에 더 신경을 쓰는 것으로 보이지만, 사육 동물이야말로 인간의 억압으로 가장 잔인하게 고통받고 있다.

사육 동물들이 겪은 끝없는 고통의 역사를 보면, 폐지주의자들이 사육 동물의 존재 자체를 종식시키기 원하는 것은 이해할 만하다. 폐지주의자의 해결책은 사육 동물이 존재하기 이전으로 돌아가 역사의 잘못을 바로잡는 것이다. 프란시온의 말을 빌리자면, '우리가 비인간 동물을 가축화하는 부도덕한 행동을 했다고 하면서도, 이제는 가축화된 비인간 동물이 계속 번식하도록 노력하겠다는 것은 말이 되지 않는다.' 하지만 이것은 잘못된 해결책이다. 오히려 본래의 부정의를 더 악화시키는 비뚤어진 해법이다. 여기에서 다시 한번 19세기 초 미국의 노예제 폐지에 관한 논쟁을 생각해 보는 것이 도움이 될 것이다. 노예제 폐지 운동이 처음으로 진지하게 논의되었을 때, 많은 백인은 정의를 실현하려면 시계를 거꾸로 돌려야 한다고 생각했다. 흑인이 유럽인에게 붙잡혀 미주 대륙으로 끌려와서 노예가 되어 부당한 대우를 받았으니, 이 잘못을 바로잡는 유일한 해결책은 그들을 아프리카로 돌려보내 역사의 시계를 다시 작동시키는 것이라고 생각한 것이다. 하지만 물론 이는 유일한 해결책도 정당한 해결책도 아니고, 미래 지향적으로 정의를 실현하려는 요구를 회피하려는 시도에 불과했다. 아프리카계 미국인은 처음에는 노예로서, 그 후에는 이등 시민으로서 백인 사회에 강제로 편입되었다. 시간이 흐르면서 노예제의 경험은 이들을 변화시켰다. 이들의 문화, 신체적 상태, 정체성, 열망과 선택 등이 변했다. 노예제가 폐지되었을 때 정의를 향한 길은 아프리카계 미국인을 더 이상 존재하지 않는 노예가 되기 전 역사적 상황으로 돌려보내는 것이 아니라, 그들을 온전하고 동등한 시민으로 인정하는 방향으로 나아가는 것이었다. 우리는 사육 동물에 관해서도 비슷한 도덕적 과제에 직면해 있다.

물론 이를 위해서는 우리가 사육 동물을 대하는 방식에서 급진적 변화가 필요하다. 이는 근본적 목적(인간을 위한 이익에 봉사), 수단(강제 감금과 번식), 일반적 대우의 형태(식량, 실험, 노동력을 위한 착취와 도살) 등에서의 변화를 포함한다. 앞으로 살펴보겠지만, 이러한 변화는 가능하다.

4. 한계치 접근법

모든 동물 권리론자가 폐지/멸종주의 주장을 지지하는 것은 아니다. 어떤 동물 권리론자는 '한계치 접근법'을 지지하는데, 이 접근법은 인간과 사육 동물의 관계가 정의의 요구demands of justice를 충족하도록 획기적으로 바뀔 가능성을 열어둔다. 한계치 접근법은 사육 동물의 단계적 멸종이 아닌, 인간과 사육 동물의 상호 호혜적인 공생을 모색한다. 이 관점에서 목표는 사육 동물의 '이용'을 허용하는 한계치를 정하는 한편 동물의 '착취'나 '희생'을 금지하는 것이다. 한 예로 스티브 사폰치스는 사육 동물 해방이 인간의 동물 이용을 모두 금지하는 것은 아니라고 주장한다.

> 오히려, 목표는 현재 인간들이 자신의 이익이 일상적으로 희생되지 않도록 보호받는 것처럼 동물도 보호하는 것이다. 은둔하며 살기보다 특정한 방식으로 타인에게 도움이 되는 것이 통상 인간에게 더 이득이듯이, 동물도 특정 방식으로 우리에게 도움이 되는 것이 더 이득일 수

있다. (…) 다만, 동물을 어떻게 이용하는 것이 진정으로 상호 호혜적 인지는 논의할 문제다(Sapontzis 1987:102).

사폰치스 자신은 인간과 사육 동물의 상호 호혜 관계를 다루는 이론을 개발하지는 않았다. 그는 이 문제를 모든 형태의 착취가 끝난 뒤에 나타날 '지금보다 훨씬 나은 세상'으로 미룬다(Sapontzis 1987:86). 사실 이것은 폐지주의를 반대하는 동물 권리론 문헌의 전형적인 특징이다. 이론가들은 상호 호혜 관계의 이론이 필요하다는 것은 인정하지만 그 작업은 미래에 남긴다.[26]

그럼에도 사육 동물과 인간의 관계를 규제하는 원칙을 구체화하려는 몇 가지 중요한 시도가 있었다. 여기에서는 데이비드 데그라지아David DeGrazia, 차히 자미르Tzachi Zamir, 마사 누스바움의 견해를 살펴본다. 각 이론은 가치 있는 통찰을 제공하지만, 심각한 한계도 있다. 특히, 우리는 그들이 정의 공동체의 본질을 잘못 파악하고 있다고 주장한다. 우리의 관점에서, 동물은 이제 가축화의 결과로 적절하게 인간 사회의 구성원으로 인정받아야 하며, 이때 성원권은 거주의 권리(이곳이 그들의 집이고 그들은 이곳에 속한다), 공동체의 공공선을 결정할 때 그들의 이익이 반영될 권리 그리고 상호 작용에서 발전하는 규칙을 형성할 권리를 포함한다. 인간의 사회적 성원권은 시민권 개념에 들어 있는데, 우리는 성원권이 사육 동물에도 적절한 틀이라고 주장한다. 앞으로 살펴보겠지만, 동물 이용의 한계치를 제시하는 동물 권리론은 성원권의 중요성을 인정하지 않으며, 그 결과 여러 형태의 부당한 대우를 정당화하게 된다.

데그라지아와 자미르의 동물 이용과 착취에 관한 견해

한계치 관점은 먼저 (허용할 수 있는) 사육 동물의 '이용'을 (허용할 수 없는) '착취'나 억압과 구별할 수 있다고 전제한다. 동물을 이용한다는 생각은 본질적으로 허용할 수 없을 정도로 도구적인 관점에서 동물을 인간의 목적을 위한 수단으로 삼는 것처럼 볼 수 있다. 하지만 이는 분명한 오해이다. 우리는 자기의 목적을 위해 타인, 가족, 친구, 지인, 낯선 사람 등 다른 사람을 일상적으로 그리고 허용 가능한 선에서 이용한다. 대부분의 관계에는 도구적인 면이 있고, 타인의 존재를 총체적으로 도구화하지만 않는다면 문제가 되지 않는다. 이런 이용은 사회적 상호 교류의 일부이고 특정 조건에서만 착취로 변질된다. 실제로 인간은 공동체 안의 사람만 이용하지 않고 때로는 공동체로 새로운 사람을 데려오기도 하는데, 사실 어느 정도는 이들을 이용하려는 목적이 있다. 예를 들어, 부모는 여러 동기로 아이를 가질 결심을 한다. 이들은 단지 생명이라는 선물을 누군가에게 주고 싶어서 아이를 낳을 수도 있지만 동시에 부모가 되려는 욕망, 반려인을 향한 욕구, 가문의 전통이나 사업을 이어받을 상속인에 대한 희망 등 자기의 목적도 이루고자 아이를 낳기도 한다. 이민정책의 경우도 생각해 보자. 국가는 통상적으로 노동력 수요에 따라 특정 나이대거나 특정 기술을 가진 이민 신청자를 선호한다. 그리고 공동체로 데려온 개인이 특정 산업이나 사회 전반에 도움이 되길 기대한다. 어린이와 이민자는 이들을 이용하면 다른 사람이 이익을 얻는 바로 그 점 때문에 착취당하기 쉽다. 그렇다고 해결책으로 출산과 이민을 없애거나, 어린이와 이민자가 우리 사회에 기여하는 방식을 없애서는 안 된다. 오히려 정의를 위해서는 이용이 상호 호혜적이도록, 즉 강자가 약자를 일방적으로 착취하는 것이 아니라 공동체 구성원 사이의 사회생활에서 주고받는 관계의 일부가 되도록 보장하는 기준과 안전장치를 마련해야 한다.

원칙적으로 사육 동물에 대해서도 인간의 경우와 유사하게 허용할 수 있는 이용과 허용할 수 없는 착취를 구별할 수 있다. 어쩌면 사육 동물을 반려, 특정 형태의 노동(예, 양치기), 특정 제품(예, 거름)을 위해 이용하는 것은 허용하되, 동물의 자유와 복지에 해로운 착취(예, 장시간 노동, 안전하지 않은 환경, 선택지의 결여)는 금지할 수도 있을 것이다.

그렇다면 사육 동물의 이용과 착취를 어떻게 구별할 것인가? 인간의 경우, 앞서 언급했듯이 우리는 성원권이라는 이상적인 관점에 비춰 이 질문에 답한다. 이용이란 공동체 구성원 사이의 사회생활에서 일어나는 주고받음의 일부다. 그리고 착취는 사람을 노예나 하층민과 같은 이등 시민의 지위에 있다고 전제하거나 그 지위로 강등하는 방식으로 대하는 것이다. 따라서 착취를 예방하려면 성원권과 시민권 개념을 명확히 하고, 구성원 사이의 사회생활에서 주고받는 범위 내로 이용의 한계를 보장하는 안전장치가 있어야 한다.

하지만 이는 사육 동물의 권리에 관한 기존의 한계치 접근법과는 다른 틀이다. 데그라지아(1996)와 자미르(2007) 같은 한계치 접근법을 주장한 이론가들은 훨씬 더 약한 기준과 안전장치를 내놓았는데, 우리는 이것이 종속과 착취의 관계를 재생산한다고 본다.

데그라지아와 자미르는 인간이 가축화의 결과로 동물에게 특별한 의무, 즉 동물 착취 금지의 의무를 지게 되었다는 점을 받아들인다. 하지만 이들은 착취를 정의할 때 공유 공동체 구성원 사이의 주고받음이라는 이상적인 정의를 참고하는 대신, 다음 두 가지를 기준으로 삼는다. ⓐ동물의 삶이 살 만한 가치가 있고 동물의 가장 기본적 필요가 충족되는 '복지의 최소 기준', ⓑ인간이 행동하지 않았다면 어땠을지 하는 반사실적counterfactual* 가정, 즉 인간의 돌봄과 통제가 없었을 경우보다 동물의 상황이 더 나빠지지는 않았어야 한다는 기준이다.

우리가 주목하고 우려하는 것은 바로 이 두 번째 기준이다.[27] 데그라지아와 자미르는 반사실적 가정을 서로 다른 방식으로 정의한다. 데그라지아의 비교 기준은 야생 생활이다. 만약 어떤 동물이 야생에서 사는 것이 더 낫다면, 인간이 그 동물을 애완동물로 기르거나 농장이나 동물원에 가두는 것은 동물에게 해를 끼치는 것이다. 하지만 동물에 대한 인간의 대우가 야생에 사는 것보다 더 나쁘지 않다면 인간의 동물 이용은 허용될 수 있다.[28] 데그라지아가 인정하듯이, 이러한 기준은 적어도 사육 동물에게는 매우 미흡한 요구조건이다. 이 기준은 동물원에 전시하려고 야생 동물을 포획하는 것을 반대할 때는 매우 강력할 수 있다. 야생 동물은 거의 항상 야생에 내버려두어야 더 잘 살기 때문이다. 하지만 사육 동물은 야생에서 번영하지 못하는 것은 물론 살아남지도 못할 것이다. 그들은 수 세기 동안 인간에게 의존하도록 길러졌기 때문이다. 심지어 누군가 개를 단지 짐을 끄는 짐승으로 보고 놀이나 우정을 나눌 기회도 없이

* 실제로 일어난 사실과 반대되는 상황에 대한 상상.

고된 노동에 이용한다고 (그리고 소진시킨다고) 해도, 이 개는 거리로 쫓겨나 스스로 살게 하는 것보다는 더 오래 살 수도 있다.[29]

자미르의 비교 대상은 비존재non-existence 상태이다. 사육 동물은 존재 자체가 인간이 그들을 존재하게 할지 말지 결정하기에 달렸다. 그래서 자미르에게 중요한 질문은 동물이 인간에게 이용당하기 위해 존재하게 되는 것이 동물에게 이익이겠는가다. 자미르는 인간이 동물을 살 가치가 없을 만큼 고통이나 해악을 끼치지 않는 한에서 이용한다면, 일반적으로 동물에게 살 기회는 이롭다고 주장한다.[30] 자미르의 관점에서 보면, 도축 없는no-kill 낙농장과 양계장*, 애완동물 소유, 개와 말을 이용한 동물 보조 치료 등 사육 동물을 이용하는 여러 활동이 그가 주장하는 기준을 통과할 것이다. 그는 이런 활동들이 동물에게 해가 되지만, 동물의 삶을 질적으로 나쁘게 할 정도는 아니라고 주장한다. 사육 동물에 해를 끼치는 행위는 인간이 기꺼이 사육 동물을 존재하게 할 '합리적' 전제 조건이라면 정당화될 수 있다. 예를 들어, 인간은 달걀 사업에서 경제적 이윤이 나도록 충분히 많은 닭을 키울 수 없었다면 키우지 않았을 것이다. 이는 고통스러운 부리 자르기가 필요하다는 의미일 수도 있지만 닭이 존재하는 대가로 치를 만한 가치가 있다는 것이다. 송아지를 암소에게서 떼어 놓지 않는다면 송아지가 암소의 젖을 대부분 먹을 테고, 그러면 낙농업은 운영하기 힘들 것이다. 자미르는 송아지를 암소와 떼어 놓는 것이 장기적 피해가 아닌 일시적 고통일 뿐이라고 생각하면, 송아지를 떼어 놓는 것은 암소가 존재하는 대가로 치를

* 우유와 달걀을 더는 생산하기 어려운 동물을 죽이지 않는 농장.

가치가 있다고 말한다. 다시 말해, 그는 살 기회를 얻는 대가로 각종 권리가 침해되는 것(가족과의 이별, 동의하지 않은 침습적 수술, 강압적인 훈련)을 허용하는 셈이다. 자미르는 동물을 죽이거나 지속적인 고통을 주는 행위와 같이 극단적 권리 침해는 받아들이지 않지만, 덜 심각한 침해는 허용한다. 그의 주장에 따르면, 이러한 침해는 동물이 존재하지 않았으면 어땠을까 하는 반사실적 가정과 비교하면 전반적으로 동물에게 이익이라는 것이다.

데그라지아와 자미르의 반사실적 가정에는 중요한 차이점이 있지만, 두 사람의 주장 모두 얼마나 논리가 미흡한지, 그리고 우리가 인간의 이용과 착취를 생각하는 방식과 얼마나 동떨어져 있는지 즉시 알 수 있다. 몇 가지 비유를 생각해 보자. 앞서 언급했듯이 우리는 종종 도구적인 이유로 새로운 구성원을 우리 사회로 데려온다. 어린이나 이민자를 우리 사회로 데려오는 것은 부분적으로 이용할 수 있을 거라는 기대 때문이다. 그러나 일단 아이가 태어나거나 이민자가 영구적으로 정착하면, 이들은 사회의 동료 구성원이 되며 이들을 이용하는 것은 시민권의 규범에 따라 규제되어야 한다. 우리는 부모가 자녀의 권리를 침해할 수 없다면 애초에 낳지 않았을 거라는 이유로 자녀의 권리를 침해하도록 허용하지 않는다. 아이의 울음소리나 비명을 들어야 한다는 걸 알았다면 애초에 부모가 되지 않았을 것이고, 성대 없이도 아이의 삶은 여전히 살 가치가 있을 거라는 이유로 아이의 성대 제거를 정당화하는 사람을 상상해 보자. 인간의 경우, 우리는 아이가 존재하는 것만으로 그러한 해악을 정당화할 가치가 있다고 받아들이지 않는다.

혹은 친자식이 두 명 있는 한 부부가 위탁 가정에서 방치된 어떤 아이를 셋째로 입양했다고 상상해 보자. 이 부부는 입양한 아이의 삶이 살 만한 가치가 있을 만큼 기본적 필요를 충족해주고, 아이는 위탁 가정에 있을 때보다 더 나은 삶을 산다. 하지만 이 부부는 음악 수업료나 스포츠, 대학 교육 비용을 친자식에게만 지원하고 입양아는 가정부로 이용한다. 또는 가난한 나라에서 노동자를 데려오려고 적극적으로 이민 정책을 시행하는 부유한 나라를 생각해 보자. 목적은 부유한 나라의 토박이 국민이 기피하는 일거리를 맡기는 것이며, 이민자는 영구적으로 정착할 수 있다. 부유한 나라는 이민자가 기본적 필요를 충족할 만한 임금을 보장하지만, 초과 근무와 휴가 정책, 고용 보험, 직무 교육 기회, 연금 등 법적 보호는 하지 않는다. 이주 노동자는 가난한 나라에 있을 때보다 나은 삶을 살고 기본적 필요를 충족할 수 있다. 그러나 이들은 이등 시민으로, 부유한 나라에 얼마나 오래 거주하고 얼마나 많이 기여했는지 상관없이 주류 사회의 부와 기회를 나눠 받지 못한다. 우리는 두 사례 모두 명백히 입양아와 이민자에 대한 대우가 부당하다고 비난할 것이다.

이 사례들은 가족과 더 큰 공동체[앞 사례에선 국가]에서 정의에 대한 우리의 감각이 데그라지아와 자미르가 주장하는 한계치를 충족하는 것 이상의 무언가에 좌우된다는 점을 시사한다. 그것은 바로 성원권이라는 개념이다. 정의는 비존재라는, 존재하지 않았다면 어땠을까 하는 반사실적 가정이나 추방, 망명 혹은 공동체 외부에 있던 이전 상태로의 복귀라는 반사실적 가정에 비교해 평가할 수 있는 것이 아니다. 정의는 사회 공동체의 평등주의 관점에서 평가되며, (출산이나 이민으로) 새로운 사람을 공동체로 데려오면 그들이 완전한 구성원이 되도록 허용해야지 이등 시민의 지위에 영구히 머물게 해서는 안 된다. 그런데 왜 우리 공동체로 데려온 동물에게는 다른 기준을 적용해야 하는가? 무엇이 인간은 (평등주의 개념이 적용된) 일등 구성원으로, 동물은 (기본적 필요에 대한 더 낮은 한계치와 두 가지 반사실적 가정이 적용된) 이등 구성원으로 대하는 것을 정당화하는가? 동물 착취에 이의를 제기하는 것과는 거리가 먼 이러한 접근법은 동물의 종속적 지위를 정당화하고 제도화한다.

우리가 보기에 이 두 반사실적 가정은 인간이 사육 동물을 이미 인간-동물 혼종 사회로 데려왔다는 점을 간과한다. 사육 동물이 이미 존재하고, 인간과 함께 살고 있으며, 오랜 상호 작용과 상호 의존의 역사가 만들어낸 산물이라는 사실은 사육 동물의 권리에 관한 모든 합리적인 설명의 출발점이 되어야 한다. 데그라지아와 자미르는 마치 인간이 간단히 사육 동물에게서 떠날 수 있는 것처럼, 그리고 만약 사육 동물과 계속 상호 작용하기로 결심한다면 우리가 그들을 떠났을 때보다 그들의 삶이 더 나빠지지 않게 하는 것이 유일한 의무처럼 말한다. 이는 인간 사회가 수 세기에 걸친 포획과 가축화로 사육 동물에게 특별한 의무를 집단으로 지게 되었다는 사실을 무시하는 이상한 견해다. 세대를 걸쳐 계속된 인간의 행동은 많은 사육 동물이 야생에서 살 가능성을 앗아갔다. 단지 개인적으로 반려동물을 입양하지 않거나, 마당에서 닭을 키우지 않는 것으로는 인간의 책임을 피할 수 없다. 우리는 사육 동물에 대한 우리의 대우가 누적되며 미친 영향에서 비롯된 집단적 책임을 져야 한다.[31]

인간의 이민과 비교하는 것도 도움이 될 것이다. 공동체에 새로운 사람이 들어오면 흔히 이들을 도울 특별한 책임이 있는 특정한 개인들이 있다(예, 가족 구성원이나 교회 단체의 후원). 하지만 사회의 다른 구성원도 새로 온 사람에게 집단적 책임, 즉 이들이 사회에 통합되고 성공적으로 사회의 구성원이 되도록 도울 의무를 진다. 이러한 집단적 책임은 대개 언어 교육, 시민 교육, 정착 지원, 직업 훈련 등 정부 정책으로 이행된다. 마찬가지로 자녀에 대한 의무도 사적인 측면(부모가 아이에게 지는 의무)과 공적인 측면(사회가 교육, 보건 등을 제공하여 발달과 사회화를 도울 의무) 두 측면으로 고려된다. 데그라지아와 자미르는 이러한 사회-정치적 차원을 간과하고 있다. 사육 동물은 인간과 공유하는 공동체, 오랜 시간 존재해 온 혼종 공동체의 일부이므로, 인간에게는 집단적이고 여러 세대에 걸친 의무가 생긴다. 그 결과 우리는 각자 행동으로 사육 동물의 삶을 더 악화시키지 말아야 할 개인적 의무뿐 아니라, 가축화로 인해 공정한 성원권의 조건을 만들 집단적 책임도 진다.

기존 한계치 모델의 이러한 문제점은 왜 그토록 많은 동물 권리론자가 폐지/멸종주의 접근법을 지지하는지 설명하는 데 도움이 될 것이다. 가축화가 인간의 목적을 위해 이루어지고 동물을 착취할 막대한 유인이 있다는 점을 생각하면, 한계치 모델은 착취를 지속하는 구실이 되고 동물에게 끼치는 해악이 인간의 이기심에 따라 편파적으로 평가될 위험이 어디에나 존재한다. (송아지를 어미 소와 떼어 놓는 것이 일시적 고통일 뿐이라는 자미르의 추정이나, 말 '길들이기'가 심각한 해악이 아니라는 주장을 생각해 보라.) 한계치 이론가들이 제안한

다양한 한계치 모델은 우리가 앞서 살펴본 것처럼 동물 착취 문제를 해결하기에는 부적절한 동물 복지론적 개혁의 변형일 수 있다. '불필요한 고통'을 덜어주자고 주장하는 동물 복지론적 개혁이나, '착취' 줄이기가 목표인 한계치 이론 모두 인간의 사육 동물 지배를 효과적으로 막을 수 없으니, 오직 사육 동물의 완전한 폐지/멸종만이 부정의를 끝낼 수 있다는 것이다.

우리는 이 의견을 심각하게 받아들인다. 하지만 앞서 살펴보았듯이 폐지주의 접근법은 그 나름대로 사육 동물에 대한 우리의 책임을 회피하고, 심지어 원래 부정의를 더 심화시킬 수도 있다. 우리가 보기에, 한계치나 폐지주의 관점은 사육 동물에 대한 우리의 지속적인 의무를 충분히 진지하게 다루지 않는다. 두 관점은 모두 각자의 방식으로 인간에게 이러한 책임을 회피할 면책권을 준다. 우리가 5장에서 전개할 시민권 모델은 두 관점과는 근본적으로 다른 접근법을 제시한다.

5. 누스바움과 종 규범 원칙

우리의 시민권 모델을 더 자세히 설명하기 전에 마사 누스바움이 그의 책 『정의의 최전선Frontiers of Justice』에서 주장한 또 다른 접근법(Nussbaum 2006)을 간략히 살펴보겠다. 자미르나 데그라지아와 달리 누스바움은 동물에게도 인간과 같이 일반적 정의의 틀을 적용하고자 한다. 즉, 인간과 동물 모두에 대해 우리는 개체가 자기 '역량'을 최대한 발휘하도록 할 의무가 있다. 동물에 대한 우리의 의무는 비존재나 야생에서의 삶이라는 인위적인 반사실적 조건에 제약을 받는 것이 아니라, 인간과 마찬가지로 역량을 발휘하여 번영하게 할 무한한 의무가 있다는 것이다.

이런 추상적 수준의 설명에서는 우리도 누스바움의 '역량 접근법capability approach'에 공감한다.[32] 하지만 누스바움도 데그라지아나 자미르와 마찬가지로 인간과 사육 동물이 이미 혼종 사회를 형성했다는 사실을 간과한 채 역량 접근법을 전개하여, 그 결과 동물 정의를 구상할 때 혼종 사회가 갖는 사회정치적 맥락의 함의를 놓친다. 간단히 말해, 문제는 누스바움이 정의 역량 이론을 그가 '종 규범species norm'이라고 부르는 것과 엮는 방식에서 생긴다. 누스바움에 따르면 개체는 자기 종 구성원에게 전형적인 방식으로 번영한다. 따라서 정의를 위해 우리는 각 개체가 가능한 한 자기 종의 전형적인 구성원에게 있다고 정의된 역량을 실현할 수 있게 해야 한다. 누스바움의 접근법에서 묻는 것은 한 개체가 번영하는 데 필요한 것이 무엇인가가 아니고, 그 개체의 종이 번영하는 데 일반적으로 필요한 것이 무엇인가이다.

누스바움은 종 규범이라는 개념을 사용하여, 예를 들어 중증 장애인과 같이 자기가 속한 종의 '규범적' 역량을 갖추지 못하는 개인을 위해서도 사회 정책의 목표는 최대한 종에 정의된 역량을 성취하도록 보장해야 한다고 주장한다. 인간은 번영하려면 다른 인간과 만나고 관계 맺는 일을 즐기도록 언어를 배우고 사회화될 필요가 있다. 인간 개개인이 이러한 역량을 성취하게 하는 것이 정의의 과제다. 중증 지적 장애인의 경우, 그 역량을 온전히 성취하지 못할 수 있지만 이들이 최대한 역량을 성취하도록 충분한 시간과 자원을 들여 가능한 한 '정상적인' 삶을 살도록 돕는 것이 정의의 의무다. '어떤 종으로 태어나든지 모든 어린 개체는 그 종과 관련된 "기본 역량"을 갖추었는지 아닌지 상관없이 그 종과 관련된 존엄성을 지닌다는 점을 명심해야 한다. 이 때문에 모든 어린 개체는 개인적으로, 혹은 보호자를 통해 그 종과 관련한 모든 역량을 갖추어야 한다'(Nussbaum 2006:347).

이것을 동물에 적용하면, 동물을 위한 정의란 특정 종의 전형적인 구성원이 갖는 역량을 얻을 수 있게 해야 한다는 의미다.

> 요약하면, 적절히 구성된 종 규범은 해당 생명체에게 번영할 괜찮은 기회가 있는지 판단할 적당한 기준을 알려준다. 비인간 동물도 마찬가지다. 종마다 특화된 핵심 역량에 관한 설명이 필요하다. (…) 그 다음 그 종의 구성원이 종 규범에 맞게 살도록 노력해야 한다. 설령 그렇게 하는 데 특별한 걸림돌이 있더라도 말이다(Nussbaum 2006:365).

누스바움에게 종 구성원 자격은 정의의 기준선뿐만 아니라 경계선도 설정한다. 예를 들어, 누스바움은 '침팬지의 언어 사용은 인간 과학자가 만들어낸 허울이다. 침팬지 공동체에서 번영하는 전형적인 방식은 언어를 사용하지 않는다'라고 말한다(Nussbaum 2006:364). 침팬지를 위한 수화(나 컴퓨터 보조 언어)도 허울일 뿐인데, 일반적인 침팬지는 수화로 의사 표현을 하거나, 인간과 같은 언어를 사용하지 않기 때문이다. 반면, 일반적인 개는 이동 능력이 있으므로, 누스바움은 만약 당신의 반려견이 다친다면, 그 개가 정상적으로 이동할 수 있도록 보조 기구를 해 주는 것이 적절하다고 주장한다. 다쳤거나 장애가 있을 때뿐만 아니라 일반적인 상황에서도 종 규범은 특정 개입이 적절한지 아닌지 판단할 적절한 지침이 된다는 것이다.

종 규범을 따르는 것은 인간과 동물이 분리되어 사는 세상에서는 합리적일 수 있다. 그런 세상에서 침팬지는 야생에 있는 '그들만의 공동체에서' 종 규범에 맞게 번영할 것이고, 인간은 인간만의 공동체에서 종 규범에 맞게 번영할 것이다. 하지만 사육 동물은 이미 인간과 함께 사는 사회에 있고, 그들이 정의의 조건에 따라 함께 살 방법을 찾아야 한다는 과제에 직면해 있다. 이는 인간과 사육 동물이 '자기만의 공동체에서' 따로 번영하는 것이 아니라 혼종 공동체에서 번영할 수 있는 역량 이론이 필요하다는 뜻이다.

야생에 사는 침팬지에게 종 규범과 연계된 번영 개념은 아마도 합리적 기준일 것이다. 종 구성원 자격이란 특정 개체의 필요와 역량을 대략 빠르게 평가하는 데 유용한 약식 분류다. 하지만 사육 동물의 경우, 그들에 대한 우리의 적극적 의무는 종 규범 개념으로 완전히 설명할 수 없다. 사육 동물은 한 종의 구성원이자 다른 종과의 종간 공동체interspecies community의 구성원이기도 하다. 특정 동물에게 필요한 역량은 이런 맥락에 따라 크게 영향을 받을 것이다. 늑대나 들개는 주로 다른 늑대나 들개들과 의사소통을 할 수 있어야겠지만, 반려견은 인간이나 함께 사는 다른 종과 의사소통하고, 인간-동물 혼종 사회에 잘 적응해 살아가야 한다. 시골의 농장 생추어리에 사는 개나 당나귀에게 필요한 역량은 (다양한 종의) 다른 동물과 잘 어울리기, 농기계의 위험성을 인지하기, 양을 보호하거나 옥수수 창고에서 까마귀를 쫓아내기 등 유용한 기술을 습득하는 일과 관련 있을 것이다. 도시의 개에게는 지하철을 타는 법이나 문 여는 법, 어디에 용변을 봐야 하는지 등을 배우는 것이 필요한 역량일 수 있다. 다시 말해, 번영과 관련된 역량은 종 구성원 자격만큼이나 사회적 맥락에 의해서도 정의된다. 우리는 사육 동물을 인간 사회의 일부로 만들었고, 이들이 종간 맥락interspecies context에서 번영하도록 보장할 의무가 있다. 이 의무는 야생화 동물*이나 야생 동물의 맥락과는 관련이 없는 역량을 갖추게 하는 일도 포함할 것이다.[33]

게다가 종간 공동체에서 필요한 역량에 관한 설명은 양방향으로 적용된다. **인간**의 번영에 관한 우리의 개념 역시 인간에게 혼종 공동체에서 살아가고 다른 종과 공정하게 상호 작용할 책임과 기회가 있다는 사실을 고려해야 한다. 인간의 번영 개념은 인간이 가장 중요한 관계를 반드시 다른 인간과 맺어야 한다고 가정해서는 안 된다. 다른 종의 개체들과도 중요한 관계를 맺을 수 있다는 점을 인정해야 한다. 실제로 많은 사람에게 가장 중요한 관계가 다른 종인 개체와의 관계일 수 있다. 이런 경우를 개인의 성향이나 선택의 문제가 아니라, 인간으로서의 '종 규범'에 도달하지 못한 실패라고 볼 이유는 없다.

누스바움의 조카 아서에 관한 논의를 살펴보자. 아서는 아스퍼거와 투렛 증후군 진단을 받았다. 아서는 지적 능력이 매우 뛰어나

* 야생화 동물에 관한 설명은 7장 412~417쪽을 참고하라.

지만, 사람과의 사회관계는 몹시 어려워한다. 누스바움은 다음과 같이 말한다.

> 만약 아서가 번영한다면, 인간으로서 번영하는 것이다. 그 사실은 그가 사회적 역량을 개발하기 위해 특별히 애를 써야 한다는 뜻이다. 그런 노력 없이는 우정을 쌓거나, 좀 더 넓은 사회관계나 도움이 되는 정치 관계를 맺기 어려울 것이다. 아서에게 사회적 역량 부족이 문제가 되는 이유는 그가 인간 공동체의 구성원이기 때문이다. 우주로 나가 (「스타트렉」의 스팍처럼) 최소한의 사회적 능력만 있는 지적 외계인 공동체를 찾는 것은 아서가 선택할 수 있는 일이 아니다. 사람들은 아서에게 특정한 것을 기대할 테고, 그래서 비용이 많이 들더라도 사회적 역량을 가르치는 형태의 교육을 만들어서 아서에게 사회적 역량을 길러줘야 한다. 종 규범이 중요한 이유는 사람이 번영하거나 그렇지 못할 조건이 되는 정치적, 사회적 공동체의 맥락을 정의하기 때문이다 (Nussbaum 2006:364–5).

이러한 누스바움의 입장은 장애인의 권리를 강화하는 데 도움이 되지만, 개인의 역량과 기호에는 지나치게 엄격하고 잠재적으로는 가혹할 정도로 무감각하다. 예를 들면, 중증 자폐 스펙트럼 장애가 있는 사람은 인간과 미묘한 사회적 상호 작용을 하는 법을 배우는 데 수많은 시간을 보내도 그다지 성공하지 못할 수 있다. 반면 개나 말, 닭 같이 좀 더 직관적이고 보람있게 소통할 수 있는 동물과 상호 작용할 때 더 행복하고 만족스러울 수 있다. 실제 역량과 기호 대신 종 규범을 개인의 기준으로 정하는 것은 좌절과 실패만 줄 수 있다. 중증 스펙트럼 장애를 가진 사람은 동물과 함께할 때 자기 역량과 성향이 더 잘 발현되는 독특한 개성이 있을 수 있다. 만일 그렇다면, 종과 무관한 보편적인 공동체 개념보다 종 규범만 엄격하게 고수하는 것은 오히려 그들의 번영을 방해할 수 있다.

우리가 아서의 상황을 단정 지을 수는 없지만, 인간 사회에서 심각한 사회적 제약이나 장애가 있는 사람은 소위 정상적인 형태의 인간 교류 대신 다른 형태의 관계에서 잘 살 수 있는 것으로 보이기도 한다. 아서 같은 사람은 컴퓨터와 상호 작용하거나, 그의 상황을 이해하고 너그럽게 받아들이는 매우 지적인 사람이나 그와 마찬가지로 사회적 기능에 어려움이 있는 사람들과 상호 작용하면서 지적 자극과 만족감을 얻을지 모른다. 감정적 필요는 사회적 기대가 그다지 없으면서 사랑과 유대감을 주고받는 데 충분한 능력이 있는 개나 돼지 등 동물과의 우정으로 일부 충족할 수도 있다. 왜 이것은 인간 개인의 번영에 관한 타당한 개념이 되지 못하는가? 왜 공동체, 사회성, 우정, 사랑 같은 개념이 종에 따라 제한되어야 하는가?[34] 역사적으로 수없이 많은 사람이 인간과 함께하는 것보다 동물을 선택해왔고, 오늘날에도 많은 사람이 배우자나 자녀, 동거인 대신 반려동물을 선호한다. 이를 인간 규범에서 벗어난 병리 현상으로 간주한다면 종간 사회적 관계가 가져다 줄 풍부한 가능성을 차단하게 될 것이다. 실제로 인간 어린이에 관한 연구는 어린이들이 어떻게 자연스럽게 자기를 동물과 공유하는 사회의 일부로 여기는지 보여준다. 어린이는 성장하면서 인간을 다른 동물과 완전히 구별하고,

인간 사회의 경계선을 명확히 긋도록 사회화된다(Pallotta 2008). 그러나 우리가 이런 방식으로 사회의 경계를 설정해야 할 이유는 전혀 없다.[35]

누스바움은 종 규범에 초점을 맞추면서 종을 넘나드는 유대 관계와 종 내부의 다양성을 모두 간과한다. 야생에서 고아가 되고 다친 어린 침팬지가 인간에게 입양된 경우를 생각해 보자. 이 침팬지는 다치고 인간 공동체에 사회화되었기 때문에 야생의 삶으로 돌아갈 수 없을 것이다. 이 동물에게 적절한 번영 개념은 침팬지 종의 역량 목록이 아니라, 주로 인간 사회에서 생활하게 될 특정 침팬지 개체를 위한 역량 목록이다. 이 침팬지가 기본적인 인간의 언어를 (그리고 다양한 인간 문화를) 배우는 것은 '허울'이 아니라 그가 사는 환경에서 살고 번영하려면 필수적일 것이다. 우리는 단지 종의 구성원이기만 한 것이 아니라, 사회의 구성원이며, 이 두 가지가 꼭 겹치는 것은 아니다. 정의 이론은 종 구성원 자격만이 아니라 사회적 맥락도 고려할 필요가 있다.

마찬가지로 종 규범에 맞지 않는 차이가 반드시 '장애'인 것은 아니며, 이를 규범에 맞추려고 노력해야 하는 것도 아니다. 개체의 차이는 단순히 다른 능력이거나 아니면 더 뛰어난 능력으로 이어질 수도 있다. 정의는 왜 종 규범으로 개체를 속박하는 대신 개체의 고유한 역량에 관심을 기울이지 않는가? 이것은 실제로 장애 연구 분야에서 누스바움의 접근법을 비판할 때 흔하게 사용하는 질문이다. 실버스와 프랜시스가 말했듯이, '누스바움의 역량 접근법에서 장애인에 대한 정의로운 대우는 장애인들이 개선될 수 있는지, 개선되길 원하는지와 상관없이 주로 비장애인이 장애인을 개선함으로써 서로 관계를 맺도록 허용, 장려, 또는 의무화하는 것을 의미하는 것처럼 보인다'(Silvers and Francis 2005:55; cf. Arneil 2009).

인간과 동물 모두에게 정의를 실현하려면 종간 공동체의 구성원 자격과 종 내부의 개별적 차이 모두에 더욱 민감한 번영 개념이 필요하다. 번영 개념은 또한 새로운 형태의 종간 공동체가 등장하면서 동물과 인간의 번영에 새로운 가능성이 열릴 때, 이러한 진보에 열려 있어야 한다. 5장에서 주장하겠지만, 이것이 바로 시민권 모델이 제시하는 바다.

6. 결론: 현재 동물 권리론 접근법의 한계

우리가 검토한 폐지주의, 한계치, 종 규범 접근법은 많은 점에서 다르다. 폐지주의는 사육 동물의 멸종을 주장하는 반면, 한계치와 종 규범 접근법은 인간-동물 교류는 불가피하고 때로는 바람직하다는 점을 받아들인다. 하지만 이 세 가지 접근 방식은 다른 차원에서 몇 가지 중요한 가정을 공유하고 있다. 세 가지 접근법은 공통적으로 사육 동물의 지위를 야생에 있는 진정한 공동체나 자연 공동체에서 벗어난 일종의 일탈 상태로 인식하고, 이러한 인식은 사육 동물에 지는 도덕적 의무를 생각할 때 일반적으로 갖는 기본적인 입장으로 남아있다. 이것은 결과적으로 폐지주의와 한계치 접근법이 공유하는 가정, 즉 사육 동물은 인간의 행동과 의사 결정의 대상이지 결코 행위자가 아니라는 가정과 연결된다. 두 주장 모두 인간-동물 공동체에서 인간이 필연적으로 '모든 결정을 내릴 것'이라고 가정한다(Zamir 2007:1000). 그리고 늘 그렇듯이 허용 가능한(착취는 아닌) 관행 목록을 제시할 뿐, 개별 동물의 선호를 알려고 애쓰지 않는다.

우리는 완전히 새로운 출발점이 필요하다. 인간과 사육 동물이 이미 함께 공동체를 형성했다는 전제에서 출발해야 한다. 우리가 사육 동물을 우리 사회로 데려왔으니, 이들에게 이 사회의 성원권을 부여해야 한다. 이제 이곳이 사육 동물의 집이고 사육 동물이 속한 곳이며, 우리가 공동체의 공동선을 생각할 때 사육 동물의 이익이 포함되어야 한다. 이를 위해서는 결국 동물이 공유 사회를 우리와 함께 발전시키고, 그들(과 우리)의 삶이 어떻게 나아가야 하는지 결정하는 데 기여할 수 있게 해야 한다. 우리는 동물이 우리와(그리고 다른 동물과) 어떤 관계를 맺고 싶어 하는지, 시간이 지나면서 개체마다 어떻게 다를지 관심을 기울여야 한다. 결과를 예측하기는 어렵지만, 사육 동물이 야생에 있었다면 살았을 삶이나 고정된 종 규범 개념에 따르는 삶과는 거의 확실히 다를 것이다. 요컨대, 우리는 사육 동물이 공동체의 동료 시민이라는 점을 인정해야 한다.

5 사육 동물의 시민권

Domesticated Animal Citizens

이제 사육 동물을 위한 시민권 모델을 더욱 상세하게 설명하려고 한다. 우리의 접근법은 두 가지 중요한 생각에서 출발한다.

(1) 사육 동물을 우리 공동체의 구성원으로 인정해야 한다. 동물을 우리 사회로 데려와서 (적어도 가까운 미래에는) 다른 방식으로 살 가능성을 박탈했으니, 우리는 공정한 조건 아래 사육 동물을 인간의 사회·정치 제도에 포함해야 할 의무가 있다. 이것은 곧 동물에게 **성원권**membership이 있다는 의미다. 성원권은 모든 동물에게 주어진 보편적 권리를 넘어서는 관계적이고 차별적인 권리이다.

(2) 관계적인 성원권을 생각하기에 적절한 개념틀은 **시민권**citizenship이다. 시민권은 크게 세 가지 핵심 요소로 구성된다. 거주권(이곳이 사육 동물의 집이고, 사육 동물은 이곳에 속한다), 주권 인민의

구성원(공공선을 결정할 때 사육 동물의 이익을 헤아린다), 행위자성(사육 동물이 협력의 규칙을 형성할 수 있어야 한다).

이 두 가지 측면에서 우리는 사육 동물을 과거의 노예, 계약 노동자, 외국인 이주민에 비유했다. 이들은 처음에 종속된 계층으로 공동체에 들어왔지만, 정치 공동체의 '우리'로 받아들일 것을 정당하게 요구했다. 새로운 구성원을 우리 사회에 영구적으로 받아들일 때, 우리는 그들과 그 후손에게 보편적 인권을 넘어서 시민권 형태의 성원권을 부여해야 한다. 우리의 목표는 이 원칙을 사육 동물에도 확장하는 것이다.

위의 두 생각은 어느 정도 분리될 수 있다. 누군가는 사육 동물의 성원권이라는 개념은 인정하지만, 시민권이 사육 동물의 성원권 개념을 구상하는 적절한 틀이라는 점은 받아들이지 않을 수 있다. 또 누군가는 사육 동물이 인간과 도덕적으로 맺는 관계에서 성원권이 발생하지만, 이 관계가 동료 시민의 관계는 될 수 없다고 생각할 수도 있다. 이제까지 살펴 본 바와 같이, 동물 권리론자는 지금까지 사육 동물의 시민권 개념 언급을 놀랍도록 꺼려왔는데, 아마도 시민권이 많은 동물이 갖추지 않은 능력을 전제로 하는 것처럼 보이기 때문일 것이다. 시민권은 흔히 자기 선을 성찰하는 사고, 민주적 절차에 참여해 자기 선을 분명히 표현하는 능력, 정의감, 합리적 협상과 합의를 거쳐 승인한 공정한 협력 조건을 준수하는 능력이 있어야 한다고 한다. 이 관점에 따르면, 동물은 그러한 능력이 부족해서 성원권이 시민권의 형태를 취할 수 없으며, 어쩌면 피후견인권

wardship 형태로 개념화될 수 있을 것이다. 시민권과 피후견인권의 차이는 시민이 공동체의 법과 제도의 능동적 공동 저자co-authors라면, 피후견인은 약자를 보호할 의무의 수동적 수혜자라는 점이다.[1]

이 장에서 우리는 시민권 모델의 적절성을 주장한다. 하지만 피후견인권과 시민권 둘 다 관계적 권리의 개념을 포함하고, 따라서 기존의 수많은 동물 권리론을 넘어선다는 점에 주목할 필요가 있다. 서론에서 우리의 목표는 고전 동물 권리론이 옹호하는 보편적 기본권을 동물과 인간 관계에서 도덕적으로 중요한 차이를 파악하는 집단 차별적 동물 권리론으로 보완할 필요성을 보여주는 것이라고 말했다. 피후견인권은 모든 쾌고감수능력이 있는 동물에게 부여된 보편적 권리에 대한 존중을 넘어, 그 자체로 권리와 의무가 생기는 도덕적으로 중요한 관계의 독특한 유형을 설명하는 데 사용할 수 있는 틀이다.

실제로 피후견인권과 시민권은 적어도 몇 가지 사안에서는 비슷한 결론을 낼 가능성이 높다. 예를 들어, 피후견인권과 시민권 모두 우리가 야생 동물이나 경계 동물에게는 하지 않는 의학적 개입과 같은 형태의 돌봄을 사육 동물에게는 해야 할 의무가 있다고 말할 수 있다. 그러나 우리는 시민권 모델이 더 바람직하다고 강력히 주장한다. 사육 동물을 동료 시민으로 이해하기를 꺼리는 것은 근본적으로 두 가지 치명적인 오해에서 비롯한다. 첫 번째, 인간-동물 혼종 환경에서 사육 동물이 갖춘 행위자성, 협력, 참여의 능력을 인정하지 않으려 한다. 생물학자들이 이미 오래전에 인정했듯이, 몇몇 동물 종은 바로 이러한 능력 때문에 가축화의 대상으로 선택되었다. 피후견인 모델은 이 능력을 무시하고 사육 동물을 완전히 수동적이고 인간에 의존하는 존재로 취급한다. 이와 관련해서 두 번째, 인간과 사육 동물이 이미 모든 구성원이 주인인 혼종 공동체를 형성하고 있다는 점을 거부한다. 피후견인 모델은 공공연히 또는 암묵적으로 사육 동물을 인간 사회의 (문자 그대로 그리고 비유적으로) 가장자리에 있는 나머지로 취급하며, 더 큰 공동체가 공동체와 공공 공간을 통치하는 방식에 어떤 권리도 주장할 수 없는 존재로 여긴다. 피후견인 모델에서 사육 동물은 보호의 대상인 외국인이나 손님처럼 우리 사회에 진정으로 속하지 않는, 단지 우리가 인도적으로 대우할 의무가 있는 존재가 된다.[2]

이 장에서 우리의 목표는 시민권 모델이 인간과 사육 동물이 현실에서 관계 맺는 경험과 도덕적 의무를 더 잘 포착한다고 보여주는 것이다. 이를 위해 시민권에 필요한 능력의 종류를 먼저 살펴볼 것이다. 장애 이론의 최근 연구를 바탕으로 각기 다른 수준의 인지 능력을 가진 개인이 시민으로 대우받고 시민권을 행사하는 여러 방법이 있으며, 사육 동물이 이러한 더욱 확장된 시민권 개념에 들어가지 못할 근거가 없다는 점을 보여 줄 것이다(1-3절). 그런 다음, 이 시민권 모델이 사육 동물의 사회화와 훈련, 이동권, 의료와 해악으로부터의 보호, 번식 등 여러 구체적인 문제에서 어떤 의미인지 알아본다(4절). 우리는 이 모든 문제에 시민권 모델이 4장에서 다룬 폐지/멸종주의, 한계치 관점보다 좀 더 타당한 해답을 내놓는다고 주장한다.

1. 시민권 다시 생각하기

동물은 시민이 될 수 있는가? 3장에서 논의했듯이 시민권에는 권리나 자격의 목록만 아니라, 공동체의 공동 창조자co-creator로서 자기가 속한 사회와 그 사회의 문화와 제도 형성에 지속적으로 공동 참여하는 역할도 있다. 따라서 시민권은 능동적 역할로, 시민권이 있는 개인은 단지 수동적 수혜자가 아니라 공동체에 기여하는 행위자가 된다. 이러한 능동적 역할을 수행하려면 특정 능력이 있어야 하고, 그것이 무엇인지 명확하게 설명할 필요가 있다. 인간의 시민권에 관해 널리 알려진 설명을 보면, 시민권은 적어도 세 가지 기본적인 능력, 즉 롤스가 '도덕적 능력'이라고 부르는 능력이 있어야 한다.[3]

ⓐ 주관적 선을 갖고, 이를 소통하는 능력
ⓑ 사회적 규범/협력을 따르는 능력
ⓒ 법의 공동 저술co-authoring에 참여하는 능력

우리는 이 기본 능력 목록을 반박하지 않는다. 다만 이 세 능력을 해석하는 전형적 방식에 의견을 달리한다.

대부분의 정치 철학은 이러한 능력을 매우 높은 수준의 주지주의intellectualist나 이성주의rationalist 방식으로 해석한다. 예를 들어, 주관적 선을 가질 능력이 있으려면 개인은 선 개념을 성찰할 수 있어야 한다고 여긴다. 단지 선을 갖는 것으로 충분치 않고, 성찰을 거

쳐서 선을 가져야 한다는 것이다. 마찬가지로, 사회 규범을 따르는 능력은 개인이 이성적으로 사회 규범의 근거를 이해하고, 이 근거에 따라 규범을 지키는 것으로 간주한다. 세 번째로 법의 공동 저술에 참여할 능력을 위해서는 '공적 이성'이나 다른 형태의 '의사소통 합리성communicative rationality'에 참여할 수 있어야 한다고 해석한다. 이는 개인이 특정 법을 옹호하는 근거를 분명하게 표현할 수 있고, 다른 사람이 제시하는 근거를 이해하고 평가할 수 있어야 한다는 의미다. 사회생활에서 협력하는 것만으로는 충분하지 않고, 협력의 조건을 성찰하고 숙고할 수 있어야 한다는 것이다.

이렇게 높은 수준의 인지주의 방식으로 해석한다면, 동물은 정말로 시민이 될 능력이 없어 보인다. 하지만 많은 인간 또한 배제될 것이다. 어린이, 지적 장애인, 인지 저하증 환자, 질병이나 부상으로 일시적으로 능력이 없는 사람 등이 밀려난다.[4] 결국 사람들은 시민권의 인지주의적 조건에 점차 이의를 제기하고 이를 포기하게 되었는데, 이는 주로 장애 운동의 법적, 정치적 투쟁 덕분이었다. 이 운동은 단지 인도적 보호가 아닌 시민권을 명백히 요구하는 캠페인을 벌였다.[5] 마이클 프린스Michael Prince에 따르면, '"완전한 시민권"을 위한 투쟁은 장애 운동에서 가장 전형적 형태의 정치 행위'이고, 장애 운동가는 '시민권을 운동을 조직하는 핵심 원칙과 기준으로 삼아왔다'(Prince 2009:3, 7).

지적 장애인에 관련해 인지주의적 시민권 개념에 대한 문제 제기는 두 차원에서 이루어지며, 두 차원 모두 동물과 매우 관련이 깊다. 첫 번째, 장애 운동은 지적 장애인의 실제 능력(예, 주관적 선을 갖는 능력, 그 선을 소통하는 능력, 공적 삶에 참여하고 이를 함께 만드는 능력, 신뢰와 협력 관계를 맺는 능력)과 이러한 장애인의 능력이 '비장애인'의 능력과 연속성이 있다는 점을 강조한다. 두 번째, 장애 운동은 이러한 능력이 어떻게 시민권을 인식하고 행사할 수 있게 하는지(예를 들어, 어떻게 지적 장애인이 적어도 적절한 조건에서 시민권을 행사할 수 있는지) 다시 생각했다.

시민권에 필요한 능력에 관한 이러한 새로운 설명의 중심에는 신뢰를 바탕으로 하는 '의존적 행위자성'이라는 개념이 있다. 이러한 관점에서는 중증 지적 장애인도 행위자성을 발휘할 능력이 있지만, 그 행위자성은 이들이 신뢰하고 행위자성 표현을 인지하고 보조하는 기술과 지식이 있는 특정한 타인과의 관계를 통해 발휘된다. 그러한 지지와 신뢰 관계 속에서, 지적 장애인은 ⓐ다양한 형태의 행동과 의사소통으로 자기의 주관적 선을 표현하는 능력, ⓑ신뢰 관계의 발전에 따라 사회 규범을 지키는 능력, ⓒ상호 작용의 조건을 만드는 데 참여하는 능력 등 시민권에 필요한 능력을 갖추게 된다.

우리가 보기에 이러한 개념 중 몇몇은 사육 동물에도 적용할 수 있으므로 뒤에서 더 자세히 설명하려 한다. 실제로 가축화 과정에 관한 중요한 사실은 바로 이러한 의존적 행위자성을 발휘하는 능력을 전제하고 강화한다는 점이다. 가축화는 사회성이 있고 의사소통할 수 있으며 인간에게 적응하고 인간을 신뢰하는 동물에게만 작용하며, 오랜 시간에 걸쳐 이러한 능력을 더욱 강화했다(Clutton-

Brock 1987:15).[6] 그 결과 사육 동물은 주관적 선*을 표현하고 협력하며 참여할 수 있게 하는, 한마디로 시민이 될 수 있게 하는 인간과의 관계를 형성할 수 있게 되었다.

모든 동물이 이러한 의존적 행위자성을 발휘하고 이에 따라 시민권을 행사할 수 있게 하는 관계를 맺는 것은 아니다. 다음 두 개의 장에서 우리는 이러한 관계가 다양한 종류의 비사육 동물에게는 존재하지 않으며, 존재해서도 안 된다고 주장한다. 그들이 야생에서 살든, 우리 주변의 경계 지역에 살든 마찬가지다. 비사육 동물을 위해서는 우리가 공유하는 정치 공동체의 시민권을 부여하는 것과는 다른 방식으로 이들의 권리와 이익을 인정하는 방법을 찾아야 할 것이다. 하지만 사육 동물에게는 시민권을 부여하는 것이 가능하고 도덕적으로 요구된다는 것이 우리의 주장이다.

2. 시민권에 관한 최근 장애 이론

사육 동물의 경우를 자세히 검토하기 전에, 우리가 주장하는 모델에 큰 영향을 준 중증 지적 장애인의 시민권과 관련한 장애 이론의 최근 주요 문헌을 간략히 살펴보자. 앞서 언급했듯이 최근 장애 이론 문헌은 전통적 시민권 이론에 두 가지 중요한 문제를 제기한다. 중증 지적 장애인의 능력을 인정하고 이러한 능력으로 시민권을 행사하는 방식을 인정하라고 요구한다.

* "주관적 선"에 관해서는 108쪽 설명을 참고하라.

먼저, 장애 이론은 전통적 시민권 이론에서 주관적 선을 가질 능력과 선을 전달하는 능력 개념에 문제가 있다고 주장한다. 장애 이론가는 중증 지적 장애인이 비록 '자기 이익을 판단하는 데 필요한 구체적 능력이 부족하고'(Vorhaus 2005), 타인의 도움 없이 자기의 주관적 선을 명확히 표현할 수 없을지라도(Francis and Silvers 2007), 자기만의 계획과 선호가 있다고 강조한다. 이러한 선을 소통하기 위해 다양한 '의존적 행위자성' 모델이 개발되었다. 에바 페더 키테이Eva Feder Kittay는 친밀한 관계와 주의 깊고 애정 어린 관심으로 중증 지적 장애인의 선호를 투명하게 전달할 수 있는 돌봄 제공자의 역할을 강조한다(Kittay 2005b). 이 역할에는 신체 언어를 비롯해 미묘한 표현과 몸짓, 소리를 해석하는 일 등이 있다. 프랜시스와 실버스는 '협력자가 할 일은 이러한 표현에 주의를 기울이는 것, 이러한 표현을 모아서 그 사람이 지닌 선 개념을 구성하도록 일관적인 선호를 설명하는 것, 기존 상황에서 이러한 선을 실현하는 방법을 찾는 것'이라고 말한다(Francis and Silvers 2007:325).

존 보하스John Vorhaus(2007)는 중증 지적 장애가 있는 어린이 카일리의 예를 든다. 카일리는 하루를 어떻게 보내고 싶은지 물으면 대답할 수 없다. 하지만 여러 선택지를 나타내는 그림을 보여주면 선호하는 선택지를 몸짓으로 표현할 수 있다.[7] 전통적 시민권 이론은 중증 지적 장애인에게 주관적 선이란 아예 없거나 파악할 수 없어서 시민권의 근거가 될 수 없다고 가정한다. 반면에 장애 이론은 이러한 가정이 언어적 표현 모델에 과도하게 의존하고(Clifford 2009), 주관적 선을 이해하는 방식을 지나치게 개인주의적이고 내적인 개념으로 해석한 결과라고(Francis and Silvers 2007) 주장한다.

적절한 활성화 조건이 갖춰진다면 중증 지적 장애인의 주관적 선은 표현될 수 있고, 정의 개념을 형성하는 데 큰 도움이 될 것이다.[8]

시민권은 단지 자기의 선을 표현하거나 증진하는 것에 관한 것만은 아니다. 공정한 협력 조건에 동의하고 따르는 능력에 관한 것이기도 하다. 전통적 정의 이론은 우리가 정의 원칙에 어떻게 합의하게 되는지 상상해 보는 방식으로, 사회 계약을 협상하는 개념을 자주 끌고온다. 먼저 알맞은 협력 조건을 이성적으로 논의하고, 선호하는 정의 원칙을 함께 받아들인 뒤, 그 원칙을 따른다(따르는 것도 정당한 이유가 있기 때문이다). 이 모델은 확실히 중증 지적 장애인에게는 적용되지 않는다. 하지만 실버스와 프랜시스가 지적했듯이, 사회적 협력의 발전 방식에 관해 '협상negotiation' 모델 말고도 여러 대안이 있다. 이들은 '신뢰trust' 모델을 제안하는데, 신뢰 모델에서는 우선 당사자가 먼저 특정한 타인과 신뢰 관계를 맺고, 신뢰 관계가 발전하면서 더 큰 협력 체계를 형성하고 유지하는 데 참여하게 된다. 전통적 협상 모델에서는 협상 당사자들이 '기본 원칙을 제시하고 검토한 후 고르는 것으로 묘사되며', 그 후 이 원칙은 '바로 이행'된다. 반면에, 신뢰 모델은 사회 활동이 진화하면서 서로에게 의지하려는 인간의 자연스러운 성향을 강화하고 체계화하는 협력 원칙을 구현함에 따라 '협력을 촉진하는 조건cooperation-facilitating conditions이 시간의 흐름과 함께 발전한다는 점을 강조한다. 협력 원칙을 지키기 위해 원칙을 표현하거나 깊이 생각하는 능력이 필요하지는 않다. 단지 원칙에 헌신하면 된다'(Silvers and Francis 2005:67). 신뢰 모델은 '서로 다른 능력이 있는 당사자끼리 재량껏 서로를 믿기로 약속'

하면서 시작하는데, 이 상호 작용은 '또 다른 실체, 즉 협력 체계(또는 사회 풍토, 공동체 문화, 아니면 사회 그 자체)를 풍요롭게 만든다'(Silvers and Fancis 2005:45).

신뢰 모델에서 중증 지적 장애인은 사회적 협력 체계에 동의하고 따를 수 있다. 이때 협력 체계는 일회성 협상이 아닌 지속적인 협력 관계 속에서 사회 규범을 만들고 수정하는 과정으로 만들어진다. 중증 지적 장애인은 사랑, 신뢰, 상호 의존 관계를 통해 협력 체계에 참여하고 이를 풍요롭게 만든다. 이것은 전통적 시민 참여 모델이 간과하는 능력이다.[9]

이것은 중증 지적 장애인의 시민권에 관한 최근 이론을 간략히 정리한 내용에 불과하다. 하지만 여기서 이미 새롭고, 더욱 포용적인inclusive 시민권 개념의 씨앗을 볼 수 있다. 전통적 시민권 설명에서, 중증 지적 장애인은 완전히 무시되거나 '예외적 존재' 또는 '가장자리 사례'로 취급되고 이들이 형성하지 않은 사회 규범에 따라 영구적으로 피후견인권에 종속되는 '도덕 수동자moral patient'*로서 통합된다. 새로운 접근법에서 시민권은 훨씬 다양한 범위의 능력을 가진 개인이 완전한 시민으로 행동하고 대우받도록 재구성된다. 그리고 이를 위해서는 시민을 단지 일반적인 범주의 일부가 아닌 고유하고 독특한 개인으로 대해야 한다. 사람을 시민으로 존중한다는 것은 그 사람과 무관하게 결정된 객관적 선objective goods이나 능력의 목록에 따라 대하는 것이 아니라, 그 사람의 주관적 선에 관심을

* 도덕 철학에서 자신이 도덕적 행위를 할 수 없지만, 도덕적 배려의 대상으로 여겨지는 존재를 의미한다. 이러한 존재는 도덕적 책임을 질 수 있는 능력이 없으므로 도덕 행위자(moral agent)의 배려와 보호를 받게 된다.

기울인다는 의미다. 그리고 특정 개인이 살면서 겪는 이런저런 어려움을 해결하는 실제 능력과 상관없이 일반적인 장애 진단을 토대로 능력을 전체적으로 판단하는 대신, 그들의 특정한 개별 능력에 관심을 기울이는 것을 말한다. 누군가를 시민으로 대우한다는 것은 그만이 갖는 주관적 선의 증거를 찾는 것이고, 개인이 행위자성을 발휘할 수 있는 영역을 찾아 지원하는 것이다.[10]

이 새로운 접근법의 중요한 장점은 정의와 성원권을 역사적으로 종속되어 온 집단에 확장할 수 있다는 점이다. 이러한 접근법은 시민권이 무엇을 뜻하는지 좀 더 정확하게 설명한다는 점에 주목할 가치가 있다. 우리는 모두 자기의 주관적 선을 표현하는 데 타인의 도움이 필요하고, 사회적 협력 체계에 참여하려면 사회 구조의 지원이 필요하다. 우리는 모두 상호 의존적이고, 행위자로서의 (가변적이고 맥락에 좌우되는) 능력을 활성화하고 유지하려고 타인에게 의지한다.

이것은 실제로 장애 운동에서 강조하는 중요한 점이다. 지적 장애인의 정체성과 행위자성을 어떻게 지원할지 연구함으로써 인간의 조건에 일반적으로 중요한 점을 배울 수 있다. 인간이 의존적이라는 사실을 인정하는 것은 자율성과 주체적 정체성의 도덕적 중요성을 강조하는 이론을 곤란하게 하지 않는다. 오히려 사회 관계와 사회 구조가 자율성과 주체적 정체성의 가치를 활성화하거나 저해하는 많은 방식을 밝혀서 그러한 이론을 풍부하게 만들 기회로 생각해야 한다. 프랜시스와 실버스의 말처럼 상호 의존은 '개성이나 차이를 잃는 것을 의미하지 않는다. 반대로, 의존적 행위자성이 주관적 이야기를 제한하거나 손상하는 것이 아니라 오히려 완성하게 한다고 이해하는 것은, 우리가 선을 생각하는 방식을 풍부하게 만든다'(Francis and Silvers 2007:334). 비슷하게 바버라 아르닐Barbara Arneil은 우리가 모두 독립적으로 기능하게 하는 구조에 크게 의존하고 있으므로, 의존성은 '자율성의 반의어가 아니라 어떤 의미에서는 선행 조건으로 보아야 한다'라고 지적한다(Arneil 2009:236). 적절한 시민권 이론이라면 단순히 의존성이 사라지길 바랄 것이 아니라, 우리가 지닌 다양한 형태와 수준의 의존성을 고려하여 어떻게 행위자성을 가능하게 할지 설명할 필요가 있다.

다시 말해, 상호 의존적인 시민권이라는 새로운 모델은 단순히 시민권 이론에 포함되는 개인의 범위를 확대하는 것이 아니라, 시민권 개념을 의존 상태나 타고난 능력과 상관없이 모두를 위한 것으로 바꾼다는 점에서 의의가 있다. 이 새로운 시민권 개념은 정치형태polity를 독립적인 사람과 의존적인 사람, 행위자와 수동자로 나누는 대신, 우리가 모두 상호 의존적이며 상황이나 생애 주기에 따라 다양한 형태와 정도의 행위자성을 경험한다는 점을 인정한다. 중증 지적 장애를 가진 사람들을 시민권의 영역으로 끌어들이는 것은 그들의 능력에 관한 우리의 생각을 바꾸는 것에 그치지 않고(중증 지적 장애인의 능력을 인식하고 육성하는 활성화 조건을 마련하도록 강제하기 때문에), 중증 지적 장애인이 아닌 나머지 인간의 능력이 단순히 타고난 것이 아니라 사회적으로 활성화된 방식임을 강조한다.[11]

3. 사육 동물은 시민이 될 수 있는가?

장애 이론에서 나온 새로운 시민권 개념은 우리가 사육 동물을 생각하는 방식에 큰 영향을 미친다. 이 새로운 개념은 어떻게 이성적 성찰 없이도 시민권의 핵심 능력을 발휘할 수 있는지에 관한 하나의 모델을 보여주기 때문이다. 중증 지적 장애가 있는 개인은 이성적 성찰이 가능하지 않아도 시민이 될 수 있다. 그는 자기의 주관적 선을 가지고 소통할 수 있고, 사회의 협력 체제를 따를 수 있으며, 사회생활에서 행위자로 참여할 수 있다. 그렇다면 사육 동물도 이러한 능력을 행사하여 시민이 될 수 있을까?

우리의 대답은 '그렇다'이다. 어떤 면에서 이것은 이제 분명하다. 4장에서 언급했듯이, 역사적으로 가축화를 위해 선택된 동물 종은 바로 그들에게 이러한 능력이 있었기 때문에 선택되었다. 하지만 동물을 시민으로 생각하는 것이 익숙하지 않다는 점을 생각하면 증거를 검토하는 것이 좋겠다.

주관적 선을 갖고 소통하기

사육 동물과 살아본 사람이면 누구나 동물이 좋아하는 것, 관심사, 욕구가 있으며 이를 다양한 방식으로 전달하려고 한다는 사실을 안다. 그들은 밖으로 나가고 싶다는 것을 알리려고 대문 쪽으로 걸어간다. 먹을 것을 달라고 냉장고 앞에서 야옹거린다. 애정을 요구하며 팔에 코를 비빈다. 날개를 퍼덕이고 꽥꽥거리며 물러나라고 돌진해 온다. 벽장에서 목줄을 꺼내 와 산책할 시간이라는 신호를 보낸다. 상체를 낮춰 함께 놀자는 신호를 보낸다. 소파나 침대를 가리키며 올라가도 괜찮은지 묻는다. 공원을 함께 걷다가 우리가 무심코 길을 잘못 들어서면 멈춰 선다. 들판을 가로질러 와서 호주머니에 코를 비비며 사과 간식을 달라고 조른다. 비를 피하고 싶다는 표시로 헛간 문 앞에 모인다. 사육 동물은 광범위한 레퍼토리repertoires*의 소리, 몸짓, 움직임, 신호 등으로 우리에게 욕구와 필요를 표현한다.

사육 동물이 선에 관해 소통하기 위해서는 우리가 그들에게 주의를 기울여 그들의 소통 방식을 이해하는 법을 배워야 한다. 먼저 동물이 소통하려고 노력한다는 점을 인식해야 하고, 다음으로 동물의 개별적인 레퍼토리를 주의 깊게 관찰해서 해석해야 하며, 마지막으로 적절히 응답해서 그들이 우리와 소통하려는 시도가 헛된 노력이 아니라고 인식하게 해야 한다. 시간이 흐르면서 소통 시도를 인지하고 반응하는 협력 과정을 통해 지식, 신뢰, 기대가 커지고 레퍼토리는 늘어난다. 이는 의존적 행위자성의 전형적인 모습이다. 만약 동물에게 행위자성이 없다고 전제하고 그들의 신호에 주의를 기울이지 않으면, 동물은 시도하기를 포기하고 이 믿음은 자기 실현적

* 음악에서 '한 사람이 연주할 수 있는 곡목이나 기술의 범위'를 뜻하고, 일반적으로는 '어떤 사람이나 존재가 할 수 있는 모든 일의 총합'을 의미한다. 여기서는 동물이 사용할 수 있는 다양한 의사소통 방식의 범위를 뜻한다.

사실self-fulfilling fact*이 된다. 하지만 동물이 행위자성을 발휘하길 기대하고 더 많이 발휘하게 할수록 동물이 자기의 주관적 선을 표현하는 능력도 더 향상된다.

몇 가지 예를 살펴보자. 많은 인간은 반려견의 입맛이 까다롭지 않다고 생각하거나, 까다롭더라도 반려견의 식단을 통제하는 것은 인간의 몫이라고 생각한다. 온정주의적 틀이 작용하는 것이다. 어느 정도의 온정주의적 태도는 불가피하다고 해도, 우리는 동물의 안전을 위해 필요한 것보다 훨씬 더 많이 동물의 삶을 통제한다. 인간이 개가 필요한 영양분을 섭취하고, 과식하거나 독이 되는 음식을 먹지 않도록 해야 하는 것은 사실이다. 그래도 여전히 개가 좋아하는 음식을 표현하고 스스로 선택할 수 있는 영역이 존재한다. 시행착오를 통해 (그리고 여러 번의 선택 기회를 통해) 알게 된 것은 우리의 반려견 코디가 좋아하는 음식이 미나리, 케일 줄기, 당근이라는 것이다. 코디는 완두콩도 아주 좋아해서 밭에서 직접 뜯어 먹을 정도였다. 과일에는 별 관심이 없었다. 반면에 코디의 친구 롤리는 바나나에 무척 열광했다. 개는 각자 좋아하는 것이 있고, 정도의 차이는 있지만 자기가 좋아하는 것을 선택할 능력이 있다.

산책을 즐기는 우리의 친구 크리스틴은 (지금은 세상을 떠난) 반려견 줄리어스와 매일 몇 시간씩 산책했다. 크리스틴은 항상 이 산책이 줄리어스를 위한 것이고, 이 시간이 그의 하루 중 특별한 시간이라 생각했으며, 어떤 경로로 걸을지, 얼마나 오래 걸을지, 길을 따

* 특정한 믿음이나 기대가 그에 따른 행동을 유발하여 결국 그 믿음이 현실이 되는 상황을 의미한다. 동물에게 행위자성이 없다고 가정하고 그들의 신호를 무시하면, 동물은 결국 소통하려는 시도를 포기하게 되어 실제로 행위자성을 발휘하지 않게 된다. 이러한 과정에서 원래의 믿음이 현실이 되는 것이다.

라가며 놀지, 강에서 수영할지 등 가능한 한 줄리어스가 원하는 대로 따라야 한다고 생각했다. 줄리어스는 보통 목줄 없이 앞장서서 길을 이끌었다. 만약 줄리어스가 멈춰서 냄새를 맡느라 뒤처지는 사이 크리스틴이 갈림길에서 방향을 자기 생각과 다르게 잡으면, 줄리어스는 갈림길에 앉아서 크리스틴이 뒤를 돌아보고 되돌아와서 자기가 선택한 오늘의 경로로 합류할 때까지 기다렸다. 다시 말해 줄리어스는 경로 선택권을 행사했을 뿐만 아니라 이것이 자기의 권한이라는 것을 이해하고 있었다.

음식 선택과 산책 경로는 시민권을 논할 때 사소한 문제로 보일 수 있다. 하지만 정말 그럴까? 반려견의 삶에서 무엇을 먹을지 그리고 하루 중 가장 활동적인 시간을 어떻게 보낼지에 관한 문제가 사실은 굉장히 중요하지 않을까?

이러한 행위자성을 잠재적으로 행사할 범위의 한계는 어디일까? 이것은 이론적으로 생각해서 답할 수 있는 문제가 아니다. 이것은 행위자성을 기대하고, 찾고, 활성화하는 과정에 참여할 때만 답할 수 있다. 실제로 개를 비롯한 사육 동물이 행위자성을 행사할 수 있는 범위를 깊이 연구한 몇몇 주목할 만한 예가 있다. 바버라 스머츠는 동물 보호소에서 데려와 반려견이 된 사피와의 관계를 묘사한다. 스머츠는 사피를 '훈련'하지 않고, 매우 인내심 있게 의사소통하고 반복된 신호를 보내며 되돌아오는 사피의 신호에 주의를 기울였다.

> [사피는] 많은 언어 표현을 (적절하게 반응한다는 점에서) 이해하고 있었고, 자기의 몸짓과 자세의 언어를 이해시키려고 인내심 있게 나를

가르쳤다(음성적 소통은 거의 하지 않았다). 어떤 개들은 밖으로 나가고 싶을 때 짖지만, 사피는 문에서 멀리 떨어져 있을 때라도 문을 쳐다보고 나를 쳐다봤다(그래서 알아차리는 데 시간이 좀 걸렸다). 산책하러 나가서 내가 생각에 너무 골몰하거나 다른 사람과 대화에 너무 몰두하면, 사피는 내 무릎 뒤 부드러운 부분에 살며시 코를 대어 나의 주의를 자기에게로 돌렸다. 이 문단을 쓰고 있는 지금도, 사피는 한 시간 동안 쉬고 있던 자리에서 일어나 다가와서 코로 살살 나의 팔꿈치를 찌르며 교감하고 싶은 욕구를 표현하고 있다. 내가 비슷한 욕구로 사피에게 다가가면, 사피는 거의 항상 기꺼이 하던 일을 잠시 멈추고 나에게 관심을 기울이고 나도 그에게 똑같이 행동한다. 나는 자판치던 것을 멈추고 사피의 눈을 마주하고, 이름을 부르고, 그의 머리 윗부분을 입술로 쓰다듬는다. 이 짧은 접촉으로 만족한 듯, 사피는 한두 시간 정도 방해하지 않고 나를 내버려두는데, 내가 글을 쓰는 동안에는 자제하는 것이다(Smuts 1999:116).

엘리자베스 마셜 토마스**Elizabeth Marshall Thomas**도 반려견의 행위자성을 존중하는 법을 탐구하는 기나긴 연구에 참여했다. 『개와 함께한 10만 시간**The Hidden Life of Dogs**』에서 그는 개들이 그의 기대에 부응하도록 훈련하기보다, 그들에게 행위자성을 발휘할 기회가 주어졌을 때 보이는 개별적인 능력과 선택을 자세히 관찰했다.

나는 함께 지내는 개들에게 음식과 물, 보금자리를 주었지만, 나의 연구가 시작되고 나서는 배변 교육이나 부르면 오는 것조차 포함해 어떠한 훈련도 하지 않았다. 그럴 필요가 없었다. 강아지들은 나이 많은 개를 따라 했고 그 결과 완벽하게 배변 훈련을 마쳤으며, 모든 개는 대부분 부르면 자연스럽게 다가왔다. 이들이 우리의 요구를 거부할 때는 그들에게 진정 중요한 것과 어긋날 때뿐이었다. 이렇게 선택할 자유가 있는 개는 엄격하게 훈련을 받고 극도로 훈육된 개가 평생 보일 수 있는 것보다 더 많은 생각과 감정을 하루에 보여준다(Thomas 1993:xx-xxi).

토마스는 자기가 키우는 개들 사이에서 누구와 어떻게 시간을 보내길 원하는지에 대한 선호나 능력에서 큰 개별적 차이가 있음을 발견했다. 이들은 종종 매사추세츠주의 케임브리지시 시내를 자유롭게 돌아다니며 탐험하도록 허용되었다. 미샤는 타고난 길잡이였고, 길을 잃거나 자동차나 도시 생활의 여러 위험에 대처할 때 어려움을 겪지 않고 멀리까지 여행하곤 했다. 마리아도 돌아다니는 것을 좋아하지만 길치여서 미샤와 함께하지 않으면 반드시 길을 잃었다. 마리아의 해결책은 누군가 자기를 발견하고 이름표를 확인한 뒤 토마스가 데리러 올 때까지 아무개의 집 현관에 앉아서 기다리는 것이었다. 이 해결책이 믿을 만한 방법임이 확실해지자 마리아는 종종 이 방법에 의지했다. 이는 의존적 행위자성의 전형적인 사례다. 마리아는 돌아다니는 것을 좋아하지만 길을 못 찾고, 그래서 해결책은 자기의 자율성을 지원하는 일종의 지지대가 되어 줄 인간을 찾는 것이었다.

행위자성을 발휘할 능력은 반려동물에만 있는 것이 아니다. 농장 동물도 자기의 주관적 선을 소통할 능력이 있다. 로저먼드 영은 수십 년 동안 우스터셔주에 있는 가족 농장에서 소와 다른 동물의 우정과 적대감, 다양한 활동에서 드러나는 각 동물의 취향, 고유한 성격과 지능 등을 관찰했다. 영이 운영하는 솔개둥지농장Kite's Nest Farm은 '모든 동물이 그들의 선택에 따라 인간과 의사소통하거나 분리될 자유가 있는 환경'을 제공한다(Young 2003:22). 이렇게 자유를 누리며 살도록 만들어진 공간에서 각자의 성격과 행위자성이 드러난다.

> 수년 동안 우리는 소에게 밖에 머무를지 쉼터로 들어갈지, 잔디나 짚 위를 걸을지 콘크리트 길을 걸을지, 어떤 음식을 선택할지 등 여러 가지 대안 중에서 선택할 기회와 시간을 주면, 자기에게 가장 좋은 것을 선택하고 모두 같은 것을 선택하지는 않는다는 점을 알게 되었다. (…) 동물이 끊임없이 참여하는 의사 결정 과정에는 정확히 무엇을 먹을지 선택하는 것도 들어간다. 이들은 온갖 종류의 풀과 허브, 꽃, 산울타리와 나뭇잎을 뜯어 먹고 둘러보면서 자기가 적당하다고 느끼는 하루의 먹을 양과 필수 미량 영양소를 섭취한다. 이러한 먹이 선택은 우리가 이들만큼 효과적으로 결정할 수 없는 일이다. 동물은 모두 개별적인 존재다. 먹이의 측면에서 무리 전체를 위한 일괄적인 '규정'은 대다수에게 적합하겠지만, 우리는 항상 소수에 관심을 기울였다. 우리는 소와 양이 엄청난 양의 기이한 식물을 먹는 것을 보았다. 소는 짙은 녹색의 거친 가시가 있는 쐐기풀을 760g이나 먹고, 양은 특히 새끼를 낳고 에너지 비축량이 급감할 때는 뾰족하고 가시 돋친 엉겅퀴 윗부분이나 키가 크고 질긴 소리쟁이 잎을 먹는다. (…) 우리가 발견한 한 가지 특히 만족스러운 사실은, 동물이 다쳤을 때는 버드나

무를 엄청나게 많이 먹고 싶어 한다는 점이다. 우리는 이러한 행동이 아스피린의 발명과 관련이 있기를 바란다*(Young 2003:10, 52).

이 작가들은 의존적 행위자성, 즉 존중하는 관계에서 나오는 행위자성에 관한 설득력 있는 이야기를 들려준다. 스머츠는 동등한 인격체 사이의 관계라는 관점으로 이러한 존중을 묘사한다.

다른 존재를 인격체로 대하는 것은 그들에게 인간의 특성이 있다고 여기는지 아닌지와는 아무 상관이 없다. 오히려, 다른 존재가 우리와 같은 사회적 주체이며, 우리의 그들에 관한 주체적 경험이 그들과의 관계에 영향을 미치듯이 그들의 우리에 관한 독특한 주체적 경험도 우리와의 관계에 영향을 미친다는 점을 인정하는 것과 관련이 있다. 만약 그들이 우리를 개인으로 대하고, 우리도 그들을 개체로 대하면 **인격적** 관계를 맺을 수 있다. 만약 어느 한쪽이 상대방의 사회적 주체성을 헤아리지 못한다면, 인격적 관계는 불가능하다. 우리는 일반적으로 인격성을 다른 존재에게서 '발견'하거나 아니면 '발견하지 못하는' 본질적인 자질로 생각하는 반면, 이 글에서 주장하는 인격성은 **다른 존재와 관계**를 맺는 방식을 의미하며, 따라서 주체가 아닌 그 누구도 인격성을 주거나 뺏을 수 없다. 다시 말해 인간이 개별 비인간 존재를 자기 주체성이 있는 존재가 아닌 익명의 대상으로 대할 때, 인격성을 포기하는 것은 상대인 동물이 아니라 인간이다(Smuts 1999:118).[12]

* 아스피린의 원료가 버드나무 껍질 추출물이다.

사육 동물은 선을 **성찰**하지 않을 수 있지만 이익, 선호, 욕망 등의 선을 **가지고** 자기의 선을 달성하려고 행동하거나 소통할 능력이 있다. 의존은 자율의 선행 조건이지 반의어가 아니라는 아르닐의 주장을 다시 떠올려 보자. 사육 동물은 인간에 의존해 안전과 편의의 기본 틀을 구축한다. 이러한 틀이 마련되면, 사육 동물은 삶의 많은 영역에서 행위자성을 직접 (소가 어떤 식물을 먹을지 선택할 때처럼) 또는 보조된 행위자성을 (마리아가 '모르는 사람의 집 현관에 앉아 있기'를 사용하여 집으로 돌아갈 방법을 찾을 때처럼) 발휘할 수 있다.

정치 참여

동물은 주관적 선을 지녔고 소통할 수도 있다. 하지만 이것이 정치 참여로 이어질 수 있을까? 참여는 시민이 민주적 통치에 동의한다는 생각과 관련 있다. 전통적 관점에서 정치 참여는 주로 정보를 받고 이 정보를 바탕으로 선거에 참여하여 공동의 정치 공동체를 형성할 책임으로 인식된다. 여기에서 다시 한번, 우리는 시민권 개념에서 참여를 이성적 성찰, 협상, 동의라는 지적 과정으로 보는 강한 이성주의가 작용하는 것을 알 수 있다.

앞서 우리는 장애인 권리 옹호 운동가들이 정치 참여에 대해 다른 개념을 내놓았다고 언급했다. 이들은 참여와 동의를 '몸으로 구현하는' 관점에서 재개념화한다. 클리퍼드Clifford(2009)는 중증 지적 장애인의 존재 자체가 어떻게 정치 과정과 논의를 변화시키는지에 주목한다. 실버스와 프랜시스(2005)는 사회 계약이라는 협상 모델 대신 신뢰 모델을 제안하는데, 이 모델에서 시민은 사회 관계를 맺음으로써 정치 공동체에 참여하고 이를 형성한다. 다시 말해 동의라는 개념은 일회적 계약이 아닌 지속적인 신뢰 관계의 연속체라는 점에서 새롭게 인식된다.

사육 동물도 이 관점으로 볼 수 있을까? 현대 사회에서 사육 동물의 비가시성에 관해 많은 글이 있다. 19세기 신문을 잠깐 보더라도 이러한 변화는 쉽게 알 수 있다. 신문에는 마을과 도시에서 소와 돼지가 '제멋대로' 날뛰는 사건으로 가득하다. 농업의 산업화 역사는 사육 동물에 대한 제한과 감금을 강화하며 인간의 공간에서 사육 동물을 서서히 분리하고, 동물을 도시 중심에서 변두리로 점차 이동시키며 제거해 온 역사다. 도시와 마을은 반려동물을 포함해 사육 동물의 신체를 통제하는 더욱 구속적인 조례를 만들었다. 반려동물은 농장 동물보다는 좀 더 가시적이지만 이들의 이동성과 접근성도 상당히 줄었다. 최근 수년간 감금과 비가시성 추세에 대한 반발이 커지고 있다. 예를 들어, 뒤뜰에서 닭을 키우는 사례가 늘고 있으며, 돼지를 반려동물로 키우는 것을 금지하는 법규에 이의를 제기하는 움직임도 있다. 이러한 흐름은 반려견의 경우 오프리쉬 공원*, 대중교통, 휴가철 여행지에 동반할 수 있도록 요구하는 움직임에서 가장 명백히 드러난다.

사육 동물의 비가시성과 배제는 장애인의 역사와 유사한 점이 있다. 19세기에 분리, 감금, 비가시성을 향한 움직임이 있었고, 이는 20세기 말 재통합, 이동성, 접근성 요구로 반박되었다. 장애인이 공공 영역에서 보이지 않게 되었을 때 정치 공동체의 모습은 달라졌

* 반려견이 목줄을 풀고 놀 수 있는 공원.

다. 보이지 않는 신체는 정치 생활에서 더는 교정적 존재나 정치 세력으로 활동할 수 없었다. 분리와 비가시성의 증가가 우생학 운동의 정점이자 장애인의 권리에 대한 가장 악랄한 공격과 시기가 맞물리는 것은 결코 우연이 아니다. 현대의 장애 운동이 재통합과 접근성 문제에 초점을 맞추는 이유는, 특정 장애인 개인의 삶에 미치는 차이 때문만은 아니다. 장애인의 존재가 정치 공동체에 대한 우리의 개념, 공동체 생활의 제도와 구조를 바꾸는 방식 때문이기도 하다. 다시 말해, 존재 자체만으로도 참여의 한 가지 형태가 될 수 있다.

개의 목줄 착용에 관한 법과 개의 공공 공간 출입이나 이동을 통제하는 각종 규제에 도전하는 움직임이 점차 늘어나는 것을 생각하면, 이러한 옹호 운동을 인간의 시민권 관점에서 개념화하고 싶기 마련이다. 자기와 반려견을 대표해 옹호 운동을 하는 것은 인간이다. 인간이 행위자로서 의사를 표현하고 옹호 운동을 한다. 개는 행위자성의 대상이지 행위자 자체는 아니다. 하지만 이는 개가 그 존재만으로 변화를 이끄는 옹호자이자 행위자가 되는 방식을 놓친다. 몇 가지 예를 보자. 유럽, 특히 프랑스를 여행하는 북미인들은 흔히 공공 공간에서 개의 존재를 보고 놀란다. 개가 버스와 기차를 타고 다닌다. 영화관, 상점, 식당에도 반려인과 동행한다. 북미에서는 주로 공중보건과 안전을 이유로 제정된 조례에 따라 이런 식으로 공공 공간에 동물이 드나드는 것이 엄격히 제한된다. 프랑스를 여행해 본 적이 없는 사람이라면 공공 공간에 동물 배제를 정당화하는 일반적인 근거를 생각 없이 받아들일 수 있다. 개가 공공 공간에 들어오면 질병이나 부상이 만연해질 거라고 믿을 수도 있다. 하지만 프랑스를 여행하면서 곳곳에 개가 있지만 문명이 무너지지 않은 것을 목격하면, 자기 나라에서 동물을 매우 엄격하게 제한하는 것을 다시 생각하게 될 것이다. 이 예시에서 태도의 변화는 인간이 옹호 운동을 펼친 결과가 아니라는 점에 주목하자. 북미인이 프랑스인과 사회에 개를 통합하는 문제에 관해 대화를 나눌 필요는 없다. 개는 존재 자체로 변화를 끌어내는 행위자이지, 의도적인 행위자가 아니다. 하지만 이들은 자기 삶을 주도하고 자기가 할 일을 한다는 점에서 행위자이고, 이러한 행위자성이 공적 영역에서 행사되기 때문에 정치적 숙의를 위한 촉매제로 작용한다.

북미에서도 도우미견service dog의 행위자성을 통해 비슷한 과정이 일어나고 있다. 장애인을 보조하거나 인간에게 여러 서비스를 제공하는 도우미견을 허용하기 위해 엄격했던 개 관련 금지 규정이 완화되고 있다. 이처럼 사회 속에 개를 통합하는 것은 인간에게 이익이라는 근거로 정당화되지만, 도우미견의 존재는 종종 개에 대한 전반적인 제재를 의심하게 하는 데 영향을 미친다.[13] 공공 공간에서 개의 존재가 위험하다는 생각은 반대되는 상황을 자주 목격하게 되면 흔들리게 될 것이다. 도우미견은 이런 방식으로 공적 영역에서 행위자로 활동하면서 시민의 태도를 바꾸고 공적 논의의 조건을 바꾸고 있다. 사실 '도우미견'이라는 범주는 사회 재통합을 향한 투쟁에서 시민 불복종의 장이 되고 있다. 온타리오주 동부의 한 마을에 있는 치즈 가게의 주인은 저스틴이라는 반려견과 사는데, 저스틴은 가게에 나와 어울려 지내는 것을 좋아한다. 이는 일반적으로 지역의 보건 조례 위반이지만, 저스틴은 반려인에게 뇌전증 발작이 임박했을 때 경고한다는 가짜 도우미견 자격증을 가지고 있으며 이를 근거로 출입이 제한된 곳에도 반려인과 동행한다.[14] 이러한 방식으로 저스틴은 그곳에 물리적으로 존재하며, 치즈 가게에 방문하는 손님들에게 자기가 그들의 건강을 위협하는 존재가 아니라 사회에서 환영받을 만한 구성원이라는 점을 알린다.

제니퍼 월치는 도시의 반려견 공원 운동에 관한 논의에서 개가 정치 참여자이자 변화의 행위자라는 대단히 매력적인 주장을 펼친다(Wolch 2002). 어떤 공원이 약물 중독자와 매춘부의 아지트가 되어, 불법 행위에 위협을 느낀 일반 가족과 시민은 그곳을 더는 이용하지 않게 되었다. 그 후 개를 키우는 사람들은 비공식 모임을 만들어 공원을 '되찾기' 위해 나섰다.

> 반려견 보호자들은 공원의 환경을 개선하고 안전에 투자하며, (불법이지만) 목줄을 매지 않은 대형견의 존재를 활용해 공원이 바람직하지 않게 이용되는 것을 막았다. 역설적이게도, 공원이 더 매력적으로 변모하자 지역 주민들도 공원을 이용하고 싶다고는 했지만, 목줄을 매지 않은 개에는 반대하며 '개 對 어린이'라는 대립 구도로 안전 문제를 제기했다. 반려견 보호자들은 개가 미국 가정과 도시 공동체의 정당한 구성원이 되게 함으로써 부분적인 승리를 거두었다. 다른 도시의 반려견 공원과 마찬가지로, 이 공원은 이제 사람과 동물 모두를 위한 특별한 장소가 되었고, 도시공원과 오락 시설 운영에 있어 풀뿌리 참여를 위한 장소로 자리 잡았다(Wolch 2002:730-1).

이 이야기에서 인간은 필수적인 '협력자'이지만, 개가 참여하지 않았다면 반려견 공원 운동은 일어나지 않았을 것이다. 개의 물리적인 존재와 행동이 정치 과정에서 핵심적인 일을 했고, 결과적으로 개를 공적 생활과 공간에 재통합시켰을 뿐만 아니라 도시 풀뿌리 운동에 전반적인 변화를 불러왔다. 개가 풀뿌리 운동의 목표나 풀뿌리 운동에서 자기가 맡은 역할을 성찰할 수 없다고 해도, 개가 이 과정의 참여자라는 사실은 변하지 않는다. 그리고 개는 강요받거나 어쩔 수 없이 참여한 것이 아니다. 개는 탐색, 놀이, 인간과 친구 개와 어울리는 일과 같은 자기가 하고 싶은 일을 하는 행위자다. 그들은 존재하고 삶을 영위하는 것으로 인간과 개의 공동체를 만드는 데 도움을 준다.

이 주제는 반려동물이 공동체 정신과 상호 작용에 미치는 파급 효과에 관한 최근 연구에서 다루었다(Wood et al. 2007). 반려동물의 존재는 개를 통해 사람 간 대화의 물꼬를 트는 기회가 되는 것처럼 공동체의 사회적 상호 작용을 증진한다. 한 가족이 휴가를 떠날 때 금붕어 먹이 주기를 돕는 것과 같이 이웃 간의 호혜 관계도 촉진한다. 인간과 반려견이 거리와 공원에 거닐고 있기 때문에 공동체 구성원은 자기가 역동적이고 단결되고 안전한 동네에 산다는 느낌을 더욱 강하게 받는다. 또한 반려동물은 인간이 공동체 활동에 참여하게 하는 촉진제가 된다. 이처럼 수많은 방식으로 반려동물은 공동체 내 시민 관계를 끈끈히 잇는 데 필수적 요소인 교류, 신뢰, 상호 호혜를 적극적으로 키워나간다.

정치 참여에는 저항과 반대도 빠질 수 없다. 제이슨 흐라이벌

Jason Hribal은 작업 중단과 지연, 설비 파괴, 탈출 시도, 폭력 행위 등 노동하는 동물의 정치 행위자성을 탐구했다(Hribal 2007, 2010). 실제로 흐라이벌은 20세기 초 말의 동력에서 내연 기관으로 빠르게 전환된 이유가 부분적으로는 노동 조건에 반발해 주기적으로 문제를 일으키는 동물 노동자를 없애려는 산업 경영진의 욕구 때문이었다고 주장한다(Hribal 2007). 흐라이벌은 동물원과 서커스 동물의 저항도 조사했다. 그는 동물원/서커스 관리 당국이 일부러 코끼리, 돌고래, 영장류의 저항 행동에 의도치 않은 사고나 무작위적이고 본능적 행동이라는 잘못된 딱지를 붙여서 저항 행동의 분명한 의도와 계획을 무시해 왔다고 주장한다. 관리 당국은 동물이 처한 상황에서 필사적으로 탈출하려 하고 적극적으로 저항했다는 사실이 드러나면 해당 기관에 대한 대중의 지지가 약해지리라는 것을 잘 알고 있다(Hribal 2010).

협력, 자율 규제, 상호 호혜

시민은 사회생활이라는 협력 활동에 참여한다. 이는 상호 협력과 신뢰를 쌓으려면 행동, 요구, 기대의 측면에서 다양한 형태로 자기를 절제해야 한다는 뜻이다. 쉽게 말해, 시민권은 권리는 물론 책임에 관한 것으로, 여기에는 공정한 협력 조건을 지킬 책임도 포함된다. 언급했듯이, 전통적 시민권 이론은 상호 호혜 개념에 이성주의적 색채를 더한다. 사회 협력을 증진하도록 자기 행동을 규제하는 것만으로는 충분하지 않고, 정의를 걱정하고 동료 시민을 존중한다는 올바른 이유로 자기 행동을 규제해야 한다.

하지만 자기 조절, 사회 규범 준수, 협력 행동은 모두 이성적 성찰 없이도 가능하다. 이성적 성찰은 단지 가끔 이 세 가지 행위의 일부가 될 뿐, 개인마다 상황마다 그 정도가 크게 달라진다. 정치 철학은 일반적으로 이성적 성찰을 동기로 삼는 호혜 행동이 이상적이라고 하지만, 사회가 계속 기능하는 데 가장 중요한 것은 동기가 아니라 행동이다.

대부분 사람은 폭력이나 절도, 타인을 괴롭히는 행위를 금지하는 사회 규범을 존중하며 일상을 산다. 사회생활은 우리 모두가 이러한 규범을 전반적으로 알고 존중할 때만 가능하다. 대부분의 일상에서 우리는 성찰 없이 규범을 무의식적으로, 자동으로, 습관적으로 지킨다. 만약 철학적으로 사색하는 경향이 있다면 이따금 뒤로 물러서서 이러한 관행을 검토할 수 있고, 상황이 변할 때는 잠시 멈춰서 성찰할 수도 있다. 하지만 우리가 하는 행동의 윤리를 매 순간 멈춰서 성찰한다면 사회는 마비될 것이다. 대부분의 윤리적 행동은 습관적이며, 이는 특히 영웅적인 도덕 행동의 경우에 두드러진다. 불타는 집으로 뛰어들거나, 얼어붙은 강에 뛰어들거나, 엄폐물에서 나와 쓰러진 전우를 돕는 등 타인을 구하려고 목숨을 건 사람들은 흔히 멈춰서 성찰하지 않았다고 말한다. 이들은 도움이 필요한 상황에서 자신이 행동할 수 있다고 인지하자마자 곧장 반응했고, 우리는 이런 사람들을 도덕적 영웅으로 본다. 도덕적 행동은 추상적인 정당화에 따라 어떤 일을 하는 것이 아니라, 도덕적 품성과 행동, 사랑과 연민, 두려움과 충성심과 같은 동기에 관한 것이다. 우리는 모두 도덕의 본질을 매우 깊이 생각하지만 자기가 맺은 관계나 사회적 행동에서는 꽤 이기적인 사람을 안다. 그리고 아낌없이 주고 이타적인 사회적 행동에 참여하면서도 자기 행동의 윤리를 성찰하지 않는 사람도 안다.

우리는 인간의 도덕이 이성적, 감성적 동기, 성격, 행동, 결과의 문제가 모두 합쳐져서 매우 복합적이라는 것을 인정한다. 하지만 동물에 대해서는 이성적 성찰이라는 단 하나의 측면에만 집중하고, 동물은 선good의 본질을 성찰할 능력이 없어 보이니 도덕 행위자가 아니라고 결론 내린다. 많은 동물 옹호 문헌에서도 동물은 인간의 도덕적 행위의 대상인 도덕 수동자가 될 뿐, 결코 동물 스스로 도덕 행위자가 될 수 없다고 가정한다.

이러한 견해는 동물행동학의 최근 연구에서 강하게 반박되고 있다. 최근 연구는 동물이 다양한 범위의 감정을 경험하고 공감, 신뢰, 이타성, 호혜, 공정한 승부 감각 같은 다양한 도덕적 행동을 보인다는 것을 밝혔다.[15] 동물 사이에 협력적, 이타적 행동이 존재한다는 점은 특별한 논란의 여지가 없는 사실이다. 우리는 늑대와 범고래, 그리고 수많은 동물이 협력적인 사냥 및 기타 활동에 참여하는 것을 안다. 동물이 서로 돕고, 심지어 자신을 위험하게 만드는 상황에서도 인간을 돕는 이야기도 익숙하다.[16] 익숙하지 않은 것은 동물의 호혜와 공정에 관한 연구다. 베코프Bekoff와 피어스Pierce는 세라 브로스넌Sarah Brosnan과 프란스 드 발Frans de Waal이 수행한 영장류 연구를 일부 요약한다.

꼬리감는원숭이capuchin monkey는 대단히 사회적이고 협력적인 종으

> 로 식량을 공유하는 일은 흔히 볼 수 있다. 원숭이들은 동료 사이에 동등하고 공정하게 대우하는지 주의 깊게 살펴본다. (…) 브로스넌은 꼬리감는원숭이 한 무리에게 음식을 교환하는 값으로 작은 돌을 사용하도록 훈련했다. 그리고 암컷 둘에게 간식 교환 실험을 했다. 먼저, 한 원숭이에게 화강암 조각을 포도와 교환하도록 했다. 두 번째 원숭이에게는 첫 번째 원숭이의 돌과 포도의 교환을 지켜보게 한 뒤, 돌을 훨씬 덜 탐나는 간식인 오이 조각과 교환하도록 했다. 부당한 대우를 받은 원숭이는 연구자와 협력하기를 거부했고 오이를 먹지 않으며 종종 인간에게 던져버렸다. 요약하면 꼬리감는원숭이는 공정하게 대우받을 것을 기대했던 것이다. 그들은 자기의 보상을 주변 원숭이와 비교하고 측정하는 것으로 보였다. 혼자 있을 때 돌을 오이와 교환했다면 결과에 기뻐했을 것이다. 오이가 갑자기 탐탁지 않게 된 것은 다른 원숭이가 더 나은 것을 얻는 것을 보았을 때였다(Bekoff and Pierce 2009:127–8).

불공평한 대우에 꼬리감는원숭이가 보이는 반응처럼 호혜적 이타주의와 불평등에 대한 혐오는 사회적 동물이 사회적 재화의 공정한 분배에 예민하다는 것을 보여준다. 하지만 호혜라는 규범의 지배를 받는 것은 먹이 분배만은 아니다. 사회적 동물은 짝짓기, 놀이, 몸단장grooming 등 삶의 여러 측면을 지배하는 규범을 충실히 따른다. 이러한 행동은 많은 부분 지배나 번식 욕구와 같은 맹목적인 본능으로 치부하기 쉽지만, 사실 이 행동은 사회적 규범을 의식적으로 학습하고, 협상하며, 개발하는 과정을 보여준다.

이 점은 늑대, 코요테, 개의 놀이 행동에 관한 베코프의 흥미로운 관찰에서 잘 설명된다. 놀이는 도덕과 관련이 있는데, 둘 다 규칙과 기대의 체계, 그리고 위반에 대한 제재를 포함하기 때문이다. 공동체 구성원은 놀이로 호혜와 공정이라는 사회 규범을 배운다.[17] 사회적 놀이는

> 공정, 협력, 신뢰의 기반 위에 있으며 누군가 속임수를 쓰면 끝날 수 있다. 사회직 놀이를 하는 동안 개체는 무엇이 옳고 그른지, 무엇이 다른 개체에게 받아들여지는지에 관한 감각을 배울 수 있고, 그 결과 효율적으로 작동하는 사회적 집단(놀이)가 발전하고 유지된다. 따라서 공정과 다양한 형태의 협력은 사회적 놀이의 토대가 된다. 동물은 협력과 신뢰가 우선하도록 놀이의 의도를 계속해서 협상해야 하고, 차례를 지키는 법과 놀이를 공정하게 만드는 '핸디캡'을 주는 법을 배운다. 또한 용서하는 법도 배운다(Bekoff and Pierce 2009:116).

갯과 동물Canids은 앞발을 바닥에 대고 상체를 낮추는 자세로 다른 동물을 놀이로 초대하는데, 이는 특별한 규칙에 따라 놀이가 진행 중이라는 뜻이다. 예를 들어, 다른 동물이 다치지 않도록 자기의 힘과 무는 강도를 조절해야 한다. 놀이 중에는 놀이의 맥락 밖에서 적용되는 규칙을 어겨도 괜찮다는 점을 알아야 한다(예, 서열이 아래인 동물이 서열이 높은 동물에게 덤비거나, 서열이 높은 동물이 서열이 낮은 동물에게 복종하는 것). 다시 말해, 놀이는 공평한 경기장을 만든다. 자기 스스로 힘과 지위에 핸디캡을 주어 물기, 올라타기mounting, 태클하기

등 다른 맥락에서는 위협적인 행동을 놀이로 이해하게 한다. 지나치게 공격적이거나 놀이 중 올라타기를 실제 성관계로 전환하려 하는 등 놀이 규칙을 위반하는 것은 받아들여지지 않는다. 규칙 위반이 발생하면 놀이가 중단될 수 있으므로, 동물들은 계속해서 여전히 놀고 있다는 점을 서로 협상하고 안심시켜 준다. 베코프는 갯과 동물의 놀이에서 상체를 낮추는 자세가 폭넓게 사용된다는 사실을 관찰했다. 단순히 놀이를 시작할 때만이 아니라 지속적으로 놀이를 협상하기 위해 이런 자세를 취한다는 것이다. 만약 개가 약간 세게 물거나 때려서 상대가 당황한 반응을 보이면, 규칙을 위반한 개는 '미안해, 내가 잘못했어. 우리 계속 놀자'라고 사과하고 안심하라는 의미로 상체를 낮춘다. 만약 개가 공격적으로 보일 수 있는 행동을 하려고 할 때면, 먼저 상체를 낮춰 '걱정하지 마, 이건 단지 놀이야'라고 표시한다. 공정한 놀이의 규칙을 위반한 갯과 동물은 놀이에서 제외되고, 때로는 사회 집단에서 완전히 추방된다 (Bekoff and Pierce 2009, Horowitz 2009).[18]

이 흥미로운 갯과 동물의 놀이 세계에 관한 이야기는 개들이 사회적 규칙을 이해하고 협상하며, 사회 집단에서 다른 개의 기대를 관찰하고 반응하는 능력이 있음을 보여준다. 하지만 이 사실이 인간-동물 혼종 공동체에서 사육 동물이 시민권을 가질 가능성에 관해 무엇을 알려주는가? 개는 동종 사회에서 좋은 시민의 규칙을 이해할지 몰라도, 혼종 사회에서는 어떨 것인가? 사실 개는 인간-개 혼종 사회의 규칙을 협상하는 데에도 매우 비슷한 능력을 보인다. 실제로 개와 야생 갯과 동물 사이에서 가장 두드러지는 차이는 개가 인간에게 상당히 적응했고 인간의 사회적 단서와 안내를 기대한다는 점이다. 길든 늑대와 코요테는 이러한 행동을 하지 않는다. 다시 말해 개가 지닌 사회적 협력 기술의 레퍼토리(허용 가능하고 공정한 행동 규범을 학습하고 협상하기, 다른 이들의 기대에 부응하기)는 인간-개 공동체에서 진화해 왔다. 개는 인간의 행동을 읽고 협력 조건을 협상하는 데 놀라울 만큼 능숙하다.[19]

재닛 앨저Janet Alger와 스티븐 앨저Steven Alger의 멋진 연구는 같은 집에서 사는 개와 고양이의 우정을 살펴본다. 개와 고양이는 종종 함께 꼭 붙어 앉거나 잠을 자고, 서로 자주 인사를 나누고 부드럽게 만진다. 이들은 함께 산책하는 것을 좋아하고, 외부의 위협에서 서로를 보호하려 한다. 무엇보다 이들은 함께 노는 것을 즐긴다. 개와 고양이는 동종끼리의 특정한 놀이 방식이 따로 있다. 종 사이의 장벽을 넘으려면 놀이 신호와 행동을 정확하게 전달하고 해석해야 한다. 예를 들어, 고양이는 상체를 낮추는 행동을 하지 않지만, 개가 놀자고 요청하는 상체 낮추기를 금방 이해한다. 비슷하게, 개는 고양이가 빠르게 달려 지나가거나, 바닥에 누워서 네 다리를 모두 뻗은 채로 보내는 놀이 요청을 정확하게 해석한다. 개와 고양이는 동거하는 것만으로 서로의 모든 행동을 이해하지는 못하지만, 서로 소통하는 레퍼토리를 협상한다. 게다가 이 레퍼토리는 각 종의 엄격한 놀이 규칙으로 한정되지 않는다. 예를 들어, 연구자들은 고양이가 머리 비비기나 꼬리 말기 등 고양이식 인사와 애정 표현 행동을 개와 놀자는 초대로 바꾸는 데 성공하였고 이 행동을 다른 고양이와 놀 때는 하지 않는다는 것을 발견했다(Alger and Alger 2005; Feuerstein and Terkel 2008 참고).

개와 고양이만 자기가 인간과 (그리고 서로와) 협력적인 공동체의 구성원이라고 인식하는 동물은 아니다. 사육 동물은 대부분 자기나 다른 동물을 위해서 인간에게 도움 청하는 법을 안다. 로저먼드 영은 난산이 예상되거나 다른 소의 안위를 염려하는 소가 인간에게 도움을 청한 여러 사례를 이야기한다(Young 2003). 마송Masson은 조앤 알트만이라는 반려인을 구한 룰루라는 돼지를 소개한다. 어느 날 부엌에 있던 알트만은 몸이 매우 좋지 않았다. 룰루는 무언가 심각하게 잘못되었다는 것을 감지하고, 개 출입구로 자기 몸을 밀어 넣어 긁히고 피 흘리며 밖으로 나갔다. 룰루는 달려 나가 도로 한가운데 드러누웠고, 차가 멈추자 운전자를 알트만이 심장 마비로 쓰러져 있는 부엌으로 데려갔다(Masson 2003). 대부분 동물은 수의사에게 치료받을 때 비록 다리를 고정하고, 주사를 맞고, 고슴도치 가시를 뽑는 등의 과정이 불편하더라도 수의사가 자기를 도우려는 것을 안다. 다시 말해, 동물은 자기가 인간과 협력 사회를 이루고 있다는 점을 이해한다.

이 점은 앞서 언급한 개와의 몇 가지 일화에서 볼 수 있다. 상호존중이 있다는 조건 하에, 동물은 [인간과 이룬] 협력 사회에서 계속 협상이 이루어진다는 것을 알고 있는 게 분명하다. 반려견 줄리어스는 크리스틴과의 산책이 하루 중 특별한 시간이며, 이 시간을 어떻게 보낼지를 협상하는 것이 자기의 권한이라는 사실을 알았다. 엘리자베스 마셜 토마스가 반려견을 부르면 개는 대부분 응답하는데, 토마스가 불필요한 요구를 하지 않기 때문이다. 개가 부름을 무시할 때는 그럴 만한 합리적인 근거가 있을 때뿐이다. 바버라 스머츠는 다람쥐, 고양이 등 같은 환경에 사는 동물과 상호 작용하는 법과 같은 다툴 거리를 두고 반려견 사피와 협상하는 놀라운 일화를 들려준다. 그리고 사회생활에서 협상은 양방향으로 이루어진다. 사피도 다양한 방식으로 스머츠를 훈련했다. 사피는 자는 동안 스머츠가 자기를 밟지 않도록 하거나 아주 부드러운 천으로만 자기 배에 묻은 진흙을 닦아내도록 했다. 그리고 몹시 싫어하는 목욕에 관해서는,

> 나는 사피를 욕실로 데려가 욕조로 들어가라고 말한다. 보통 사피는 오랜 망설임 끝에 욕조에 들어간다. 하지만 가끔 들어가지 않을 때도 있는데, 그럴 때는 자발적으로 부엌에 가서 내가 빗으로 털어낼 수 있을 만큼 진흙이 충분히 마를 때까지 기다린다. 비슷하게, 장난감 물어오기 놀이를 할 때 사피에게 장난감을 내려놓으라고 말하면 절반 정도만 그렇게 한다. 만약 장난감을 놓지 않으면, 이것은 장난감 뺏기 놀이를 시작하자는 신호거나 장난감을 가지고 조금 쉬었다가 다시 하고 싶다는 뜻이다. 장난감은 사피의 것이고 사피는 절대 나의 새 신발 같은 물건으로 장난치지 않기 때문에, 언제 장난감을 가지고 놀지 그리고 언제 나와 공유할지 사피가 결정하는 것은 공정해 보인다(Smuts 1999:117).

이 모든 사례는 인간이 지시하고 개가 따른다는 전통적인 생각에 반한다. 이 개들은 명백히 반려인과 협력하고 반려인을 기쁘게 하려고 하지만, 동시에 자기가 좋아하는 것을 주장하고 협력 조건을 (재)협상할 준비, 요컨대 권리와 책임이 모두 따르는 시민권을 행사할 준비가 충분히 되어 있다.

우리는 이런 사례를 보고 '와! 저 개는 매우 특별하고 독특한 게 분명해'라고 할 수 있다. 어쩌면 그럴 수도 있겠지만, '와! 저 반려인은 매우 특별하고 독특한 게 분명해'라는 말이 좀 더 적절한 반응일 수 있다. 즉, 그 개의 반려인은 개가 개별적인 선호가 있고, 이것을 반려인과 소통하고, 공존의 조건을 협상할 수 있는 존재로 인식한다. 단순히 그 동물이 특별히 타고난 능력이 있어서가 아니라(물론 그것도 중요한 요소이긴 하지만), 반려인이 이러한 능력을 계발시킬 준비가 된 것이다.[20]

이렇게 자율 규제와 협동 생활을 협상할 수 있는 동물이 얼마나 될까? 우리는 이제 막 질문을 던지기 시작했기 때문에 아직 답을 찾지 못했다. 사육 동물을 자산, 노예, 이질적인 침입자가 아닌 우리의 동료 시민으로 인정하기 시작하면, 거대한 미지의 영역이 열린다.

중요한 미지의 영역 중 하나는, 사육 동물에게 더 큰 자유와 보조적 행위자성이 주어질 때, 그들이 여전히 인간과 함께 사는 사회의 구성원이 되기로 선택할지다. 엘리자베스 마셜 토마스가 시골로 이사하여 매우 넓은 지역에 울타리를 치고 반려견들이 자유롭게 살도록 했을 때, 개들은 토마스와 관계를 완전히 끊지는 않았고 여전히 음식을 얻고 비상시에는 도움을 받았지만 어느 정도 멀어졌으며, 사람보다는 개를 중심으로 생활을 재정립하게 되었다(Thomas 1993). 『우리와 머물기 위해 온 개들The Dogs Who Came to Stay』이라는 책에서 조지 피처George Pitcher는 루나라는 떠돌이 개가 피처와 그의 동반자를 신뢰하고 가족으로 받아들이는 정반대 궤적의 이야기를 서술한다(Pitcher 1996). 리타 메이 브라운Rita Mae Brown은 열한 살짜리 개 고질라가 비록 거의 매일 브라운의 농장으로 돌아오기는 하지만, 어떻게 옆집 이웃을 가장 의지할 인간으로 택했는지 서술한다(Brown 2009). 토마스는 자유롭게 돌아다니는 고양이 풀라가 도로 건너편의 가족과 살기로 선택했지만, 자기와 마주칠 때마다 열심히 반긴다며 비슷한 경험을 서술한다(Thomas 2009). 브라운의 개와 토마스의 고양이는 여러 동물이 있는 집을 떠나 자기가 유일한 반려동물이고 인간의 관심을 독점할 수 있는 집을 선택했다.

동물 생추어리는 사육 동물과 함께할 수 있는 미래를 향한 몇 가지 통찰을 제공한다. 캘리포니아주에 있는 댄싱스타생추어리Dancing Star sanctuary의 당나귀들은 전통적인 농장 생활과 야생 생활 사이 어딘가의 세계에 산다. 당나귀들은 자기만의 방식으로 인간과 상호 작용할 자유가 있고 종종 그렇게 한다(특히 그들이 좋아하는 인간과 그렇게 한다). 당나귀들은 방목 식단의 보충제, 안전, 수의학 치료 등 몇 가지 특정 지원을 인간에게 의존한다. 동시에 이들은 더 큰 생태계에 통합되어 있다. 사슴, 칠면조, 붉은스라소니, 퓨마 그리고 수많은 작은 새와 생명체도 이 생추어리에 서식하고 있다(Tobias and Morrison 2006). 로저먼드 영이 이야기한 솔개둥지농장에 사는 소들도 주변 생태계에서 분리되지 않고 통합되어 있다. 자유롭게 돌아다니는 농장의 소들은 산책하는 동안 사슴, 오소리, 여우, 야생 고양이 등 다른 많은 생명체와 마주친다. 이들은 인간과 공유하는 사회에 발을 두고, 인간 거주지 너머로 확장된 더 큰 생태계의 일부로서 자기 할 일을 한다(Young 2003). 일부 사육 동물은 자기 삶에 더 큰 통제권이 주어진다면 인간과 동물의 공유 사회에서 완전히 떠나기를 선택할 수도 있다. 마송은 기꺼이 인간에게서 벗어나 성공적으로 '재야생화rewild'될 심리적, 신체적 특성이 있어 보이는 말은 그럴 수 있지만, 인간과 깊은 유대감을 형성한 개는 그럴 가능성이 훨씬 낮다고 주장한다(Masson 2010).

요약하면, 사육 동물이 행사할 수 있는 행위자성의 범위는 알려지지 않았지만, 동물의 능력을 더 많이 알게 될수록 더 많은 가능성이 보인다. 더욱이 의존적 행위자성은 개체의 타고난 능력이 아니라, 관계에서 만들어지는 특징이 있다. 스머츠가 말했듯이 주체성/인격성은 우리가 다른 존재에게서 '발견'하거나 '발견하지 못하는' 능력이 아니라 다른 존재와 '관계를 맺는' 방식이다.[21] 그래서 우리는 동물 행위자성의 잠재적 범위에 마음을 열고, 행위자성이 항상 매우 쉽게 변하고, 개체, 맥락, 구조적 요인에 좌우된다는 점을 인식해야 한다. 사육 동물을 시민으로 인정한다는 것은 행위자성을 행사할 능력이 개체마다 때에 따라 다양하다는 점과 우리의 행동으로 종종 의도치 않거나 예상치 못한 방식으로 둔화되거나 강화될 수 있다는 점을 항상 인식하며, 동물의 행위자성을 향상시킬 의무가 있다는 의미다. 이 모든 것은 비인간 동물 시민뿐만 아니라 인간 시민도 해당하는 사실임을 기억해야 한다.

4. 사육 동물의 시민권 이론을 향하여

지금까지 우리가 주장한 논의를 요약하면, ⓐ사육 동물을 위한 정의는 이들이 우리 사회의 구성원임을 받아들이고, 공정한 조건으로 우리의 사회, 정치 제도에 포함하는 것을 요구한다. ⓑ사육 동물이 시민이 되기에 필요한 능력, 즉 주관적 선을 갖고 소통하는 능력, 참여하는 능력, 협력하는 능력을 갖춘 만큼, 시민권은 사육 동물의 성원권을 개념화하기에 적합한 틀이다.

그러나 실제로는 어떨까? 사육 동물을 성원권과 시민권이라는 렌즈를 통해 인식한다는 것은 무슨 의미일까? 어떤 조건에서 어떤 형태의 사육 동물 시민의 이용과 상호 작용이 허용될까? 우리는 이러한 질문에 자연스럽게 시민의 권리와 책임을 정한 목록을 만들어 대답하려는 경향이 있다. 우리가 보기에 이러한 목록은 모든 동료 시민의 행위자성과 참여를 활성화하는 과정에서만 나올 수 있는 결과물이기 때문에 작성하기에는 아직 이르다. 만약 사육 동물이 단지 수동적 피후견인에 불과하다면, 동물의 의견이나 참여에 앞서 이들에 대한 우리의 인도적 의무를 정할 수 있을 것이다. 하지만 동물이 집단의 사회, 정치 제도에 참여할 권리가 있는 동료 시민이라면, 우리는 동물이 어떻게 자기의 주관적 선을 표현하는지, 어떻게 이들이 사회 규범을 따르거나 반대하는지 좀 더 알 필요가 있다. 이는 지속적인 과정이 될 것이며, 예상치 못한 결과가 나올 수도 있다.

하지만 적어도 성원권/시민권이라는 개념에 따르거나 전제되는 것이 무엇인지 (그리고 반대로 개념에 맞지 않는 것이 무엇인지) 생각해 볼 수 있다. 우리는 다음의 아홉 가지 영역에서 시민권의 전제 조건을 파악하고자 한다.

- 기본적 사회화 basic socialization
- 이동성과 공공 공간 공유 mobility and the sharing of public space
- 보호 의무 duties of protection
- 동물 생산물 이용 use of animal products
- 동물 노동 이용 use of animal labour
- 의료적 돌봄 medical care
- 성과 재생산 sex and reproduction
- 포식/식단 predation/diet
- 정치적 대표 political representation

비록 완전한 목록은 아니지만 인간과 사육 동물의 관계에서 가장 긴급한 도덕적 문제를 다룬다. 각 영역에서 우리의 목표는 해당 영역의 모든 과제에 최종 해결책을 내놓는 것이 아니라, 시민권이라는 틀이 어떻게 인간의 의무를 생각하는 데 독특한 시각을 제공하는지 보여주는 것이다. 시민권 틀은 고전 동물 권리론을 넘어 4장에서 논의한 폐지주의, 한계치, '종 규범' 관점보다 더 설득력 있는 접근법이다.

기본적 사회화 Basic Socialization

어떤 공동체든 구성원이 되려면 거쳐야 하는 사회화 과정이 있고, 따라서 시민권 이론은 개인이 어떻게 공동체의 구성원으로 사회화되는지 설명해야 한다. 기존 구성원은 어린이나 새로 온 사람이 적응하고 번영하는 데 필요한 기본 기술과 지식을 전해주어야 한다. 인간 사회에서 어린이를 사회화하지 않는 것은 먹이지 않거나 보호하지 않거나 양육하지 않는 것과 같은 학대의 한 형태다. 사육 동물도 마찬가지다. 인간 유아와 마찬가지로 동물도 이 세상에 태어나면서부터 배우고, 탐험하고, 규칙을 이해하고, 자기 자리를 찾을 준비가 되어 있다. 이러한 준비성을 적절히 활용하도록 돕지 못하면 동물을 해치는 것이다. 이러한 의미에서 사회화는 구성원의 권리다. 사육 동물을 사회화하지 못하면 이들이 인간-동물 사회에서 번영할 기회를 빼앗는 것이다.

여기서 기본적인 사회화란 특정 형태의 노동 훈련(예, 시각 장애인을 위한 안내견 훈련)과 다르다는 점에 유의해야 한다. 사회화는 개체가 사회 공동체에 받아들여지도록 (가능한 한) 배워야 할 기본적이고 일반적인 기술/지식을 포함한다. 예를 들어, 신체 활동과 충동을 조절하고, 기본적인 의사소통과 사회적 상호 작용의 규칙, 다른 존재에 대한 존중을 배우는 것 등이 있다. 반면에 훈련은 특정 개체의 능력과 관심을 계발하는 것이다. 사회화는 사회 구성원이 되기 위한 기본 전제 조건이다. (사육 동물의 훈련 문제는 이 장의 후반부에서 다시 다룬다.)

우리는 모두 공동체에서 사회화될 기본적 권리가 있다. 그런데, 어떤 공동체에 사회화되는가? 여기서 우리의 시민권 모델이 다른 이론과 확연히 구별된다. 정치 공동체의 경계와 구성원을 정의하는 방식에 따라 특정 개인에게 적절한 사회화가 무엇인지 이해하는 바도 달라질 것이다. 예를 들어 고양이가 속한 공동체를 철저히 고양이 종의 공동체로 규정하면, 고양이의 사회화란 성묘의 지도를 받으며 고양이 사회의 기본 규범과 지식을 학습하는 과정이라고 생각할 것이다. 하지만 고양이를 인간-동물 혼종 공동체의 구성원으로 생각하면, 기본적 사회화의 권리에는 단지 고양이 사회만이 아닌 혼종 사회에서 고양이가 번영하기 위해 알아야 할 규범과 지식도 들어간다. 혼종 사회의 인간 구성원도 마찬가지다. 현재, 주변의 동물과 함께 살아가는 법을 배우는 것은 특정 하위 문화나 가족에 속한 일부 인간의 사회화 과정에만 포함될 뿐, 모든 인간을 위한 과정은 아니다. 하지만 만약 우리가 사육 동물을 공동의 정치 공동체 구성원으로 인정한다면, 양방향으로 일정 수준의 기본적인 사회화를 하는 것이 의무가 된다. 이는 서로를 동료 시민으로 인정하고 존중하는 방식 중 하나다. 시민권을 위한 사회화가 다양한 인종과 종교인을 존중하고, 협력하고, 함께 참여하는 방법을 배우는 것을 포함하듯이, 앞서 논의했던 사육 동물과의 협력적 관계를 맺는 법을 배우는 것도 포함해야 한다.

그러나 적절한 사회화의 내용은 열린 문제로, 상황에 따라 크게 달라질 수 있다. 사회화의 내용은 상황에 따라 크게 달라질 수 있다. 방목형 말 생추어리에서 태어나 인간과 만날 일이 별로 없는 말은 인간-동물 혼종 사회로의 사회화가 딱히 필요하지 않다. 왜냐하면 이 말의 행위자성은 주로 말 사이에서 발휘될 것이고, 다른 말들이 (같은 지리적 영역을 공유할 수도 있는 방울뱀이나 퓨마 같은 다른 동물과 잘 지내는 법 등 기본적인 내용이 들어간) 기본적 사회화를 도울 것이기 때문이다. 반면, 인간 가정에 입양된 개는 인간-동물 혼종 사회에서 잘 지내는 법을 좀 더 많이 배워야 한다. 이 개가 번영할 공동체, 그리고 다른 이의 기본 권리를 존중하는 법을 배우게 될 공동체는 다른 개와 인간뿐만 아니라 고양이, 다람쥐, 새 등이 함께하는 공동체일 것이다. 예를 들면, 이 개는 배변 훈련을 받아야 하고, 사람을 물거나 뛰어들지 않고, 자동차를 조심하고, 함께 사는 고양이를 쫓지 않는 법을 배워야 할 것이다(쫓는 놀이를 하는 게 아니라면 말이다). 그리고 다른 개뿐만 아니라 인간, 아마도 고양이에게서도 배워야 할 것이다. 다시 말해, 우리가 모든 사육 동물을 어느 정도의 상호 사회화가 필요한 인간-동물 혼종 정치 공동체의 구성원으로 여기더라도, 실제로 이들에게 적절한 사회화의 내용은 상황에 따라 크게 다를 것이다.

사회화의 내용이 개인과 상황에 따라 달라질 수 있지만, 그래도 사회화 과정에서 지침이 되어야 할 몇 가지 일반 원칙이 있다. 첫째, 앞서 언급했듯이, 사회화는 부모나 국가가 개인을 틀에 맞춰 키울 권리가 아니라, 개인을 공동체의 구성원으로 인정하고 그 공동체에서 잘사는 데 필요한 기술과 지식을 가능한 한도 내에서 제공할 책임으로 인식해야 한다.

둘째, 사회화는 일생을 통제하고 간섭하는 과정이 아니라, 개인이 공동체의 완전한 구성원이 되도록 양육하는 일시적인 발달 과정이다. 사회화는 그 자체로 목적이 아니라 행위자성과 참여 능력의 발달을 촉진하기 때문에 정당화된다. 일정 시점이 되었을 때 개인은 기본 규범을 내재화했거나 그렇지 못했을 수 있다. 어느 쪽이든, 누군가를 사회 구성원의 모습으로 만들 타인의 의무는 아동기가 끝날 때 함께 사라진다. 어느 시점이 되면 우리는 사람을 있는 그대로 모든 결점도 함께 완전한 시민으로 받아들여 존중해야 한다. 그 후에는 기본 규범을 위반하는 개인을 우스갯거리로 만들거나, 내쫓거나, 다른 사람에게 위험하다면 가둘 수 있다. 하지만 그를 여전히 아동으로 대하는 것은 모욕이 될 것이다. 물론 아동기의 트라우마, 학대, 방치가 사회화를 심각하게 지연시키거나 제한하는 경우처럼 예외도 있다. 하지만 일반적으로 우리는 어릴 때 사회 구성원의 틀에 맞게 '만들어'지고, 성인이 되면서 자율적인 행위자로 존중받게 된다.

사육 동물을 시민으로 인정하는 것도 이와 비슷한 접근이 적절할 것이다. 즉, 동물이 어릴 때 기본적인 사회화에 주의를 기울이되 이들을 평생의 성형成形 대상으로 보지 않는 것이다. 용인할 만한 온정주의는 한정된 기간에 성인이 어린이를 사회화하는 것을 허용하지만, 해로운 온정주의(사실상 지배)는 평생 성형자-피성형자의 관계로 남을 것이다. 하지만 여전히 많은 사람이 사육 동물을 영원한 어린이로 보고, 이들이 성체가 된 지 한참 지나서도 끊임없이 틀에 맞추려 한다. (중증 지적 장애인도 흔히 이러한 해로운 온정주의의 대상이 된다.)[22]

인간의 사회화는 이루어지는 기간의 제한에 더해 **방식**에도 엄격한 제한이 있다. 시대와 문화에 따라 사회화 방식에는 큰 차이가 있다. 자유민주주의에서는 강압적이고 권위적인 방식에서 벗어나 긍정적 행동 강화와 처벌 없는 교정 모델로 옮겨가는 뚜렷한 움직임이 있었다. 가혹한 처벌과 위협은 일반적으로 (학대적인 것은 물론) 불필요하고 비생산적인 것으로 여겨진다. 야생 동물도 대개 자기 공동체의 구성원을 큰 폭력이나 강압 없이 사회화한다. 베코프가 야생 갯과 동물을 이야기할 때 분명히 드러나듯이, 놀이는 사회화 과정의 핵심 요소로, 위협적이지 않은 상황에서 어린 개체가 사회 규범을 깨닫도록 안내한다. 인간과 마찬가지로 많은 사회적 동물은 일반적으로 긍정적 행동 강화와 처벌 없는 교정으로 사회화될 수 있다.[23] 우리는 모두 세상에 적응하는 법을 배우려는 열정을 품고 준비된 상태로 세상에 나오고, 이때 필요한 것은 위협이나 강압이 아니라 현명한 지도다. 인간에 의한 사육 동물의 사회화가 너무나 자주 가혹하고 강압적이라는 사실은 동물의 능력이 아닌 인간의 무지와 성급함, 무례함을 보여준다.[24]

이동의 자유와 공공 공간 공유
Freedom of Movement and the Sharing of Public Space

사육 동물을 우리 공동체의 구성원으로 받아들이는 것은, 사육 동물이 같은 공동체에 속하며 공공 공간을 공유할 자명한 권리가 있다고 인정하는 것이다. 성원권을 인정하는 개체를 사적 공간이나 지정된 분리 구역에 가두는 것은 모순이다. 하지만 이것이 바로 현대 사회가 사육 동물을 대하는 전형적 방식이다. 우리는 사육 동물의 자유로워야 할 이동을 크게 제한한다. 상자와 우리, 울타리, 사슬, 목줄 등으로 **신체적 구속**physical restraint을 가하거나 공공장소, 가게, 해변, 공원, 대중교통, (농경 동물의 경우) 도시 경계로의 접근을 막는 등 **이동 제약 조치**mobility restrictions를 취한다. 사실 우리는 사육 동물을 통제하고 제자리에 머물게 하는 데 상당한 시간과 에너지를 쏟고 있다. 이처럼 사육 동물의 이동을 극단적으로 막으면 이들을 계속 보지 않을 수 있고, 우리는 사육 동물이 우리 생활 속 어디에나 있고 그 존재가 중요하다는 사실을 망각할 수 있다.[25]

이렇게 사육 동물을 가두는confinement 각종 행위는 사육 동물의 기본권을 심각하게 침해하고 최소한의 동물 학대 방지 기준마저 어기는 것이다. 그렇다면 시민권 모델에서는 이동의 자유와 접근성에 대해 어떤 규제가 허용될 수 있는가? 어떻게 용인할 수 있는 제약과 용인할 수 없는 제약을 구별하는가? 우리는 먼저 구속되거나 감금되지 않을 소극적 권리의 경우를 살펴보고, 그 다음 좀 더 적극적인 이동mobility의 권리를 이야기할 것이다.

인간 사회에서는 감금되거나 구속당하지 않을 권리를 기본권으로 여기고, 이 권리는 필요성과 과잉금지 원칙이라는 매우 까다로운 조건이 갖추어질 때만 미룰 수 있다. 예를 들어, 우리는 자기나 타인에게 심각한 위험을 초래하는 개인을 구속할 수 있다. 의도적이든(예, 폭력을 행사하는 사람, 자살 충동을 느끼는 사람) 의도적이지 않든(예, 생명을 위협하는 전염병에 걸린 사람, 약물/술에 취해 매우 위험한 행동을 하려는 사람) 모두 해당한다. 이런 구속은 대부분 즉각적인 위험이 없어질 때까지만 한시적으로 정당화될 수 있다. 하지만 정당한 온정주의의 한 형태로서 좀 더 지속적인 방식으로 감금하기도 한다. 유아와 어린이가 자기 환경을 안전하게 탐색할 수 있을 때까지 몇 년 동안 구속과 감금의 방식을 적용하기도 한다. 그러나 이러한 제약은 명백한 정당성이 있어야 한다. 역사적으로 장애인이나 정신질환자는 용인할 수 있는 온정주의 수준을 훨씬 벗어나는 방식으로 감금당해 왔다. 따라서 우리는 당사자에게 감금과 구속이 이롭다고 주장하며 이를 요구하는 것을 경계해야 한다.[26]

이동에 관한 적극적 권리는 구속당하지 않을 소극적 권리만큼 절대적 권리로 여겨지지는 않는다. 우리의 이동권은 여러 가지 방식으로 제한되는데, 특히 국경과 사유 재산법으로 제한된다. 이 두 가지는 모두 근대 발전의 산물로, 어떤 평론가는 근대성을 이동권 제약이 커진 것과 동일시하기도 한다. 하지만 이동성은 항상 제약을 받아왔다. 근대 사회에서 제약은 지리적/정치적 경계의 형태를 띠었고, 역사적으로는 사회적 지위의 형태를 띠었지만(이를테면, 농노, 군인, 귀족의 일원, 성직자 등 신분에 따라 이동이 엄격히 통제되었다), 이동의 자유는 언제나 (현실적 한계는 물론) 사회정치적 한계로 제약을 받았다.

몇몇 세계시민주의 이론가는 제한 없는 이동권을 요구하지만, 대부분의 이론가는 이동권이 중요한 이유가 우리 삶이 번영하려면 합리적인 범위의 선택지에 접근할 수 있어야 하기 때문이라는 점을 인정한다. 우리는 제한 없는 이동권은 아니지만 적절한 이동권 또는 충분한 이동권이 있다(Baubock 2009; Miller 2005, 2007). 물론, 이동의 제약은 국가 내부와 국가 간의 부당한 불평등이 영원히 이어지도록 할 수 있다. 부자가 자기 사유지에 타인이 접근하지 못하게 할 권리나 부유한 국가가 가난한 국가의 사람을 들어오지 못하게 할 권리 등 부당한 상황에서 이동의 제약은 특권을 보호하는 핵심 기제가 된다. 하지만 여기에서 근본적인 문제는 이동의 제약 그 자체가 아니라 불평등이다. 국가 간 또는 어떤 국가의 시민 간에 불공정한 불평등이 사라진 세상을 상상해 보면, 이동의 제약은 본질적으로 부당하지 않다. 많은 사람에게 자기 국가에서 자유롭게 이동하고 일할 수 있는 것이 중요하며, 또 다른 많은 사람에게는 세계의 여러 곳을 여행하고 볼 수 있는 것이 중요하다. 하지만 우리가 원하는 모든 국가의 시민이 될 권리가 있다거나, 모든 사유지가 없어져야 한다거나, 정부가 위험한 해변과 도로를 막지 않고 취약한 생태계와 문화 유적지 접근을 통제해서는 안 된다는 것은 아니다. 다시 말해, 우리가 삶을 꾸리고, 돈을 벌고, 사회 활동을 하고, 배우고, 성장하고, 즐기려면 충분히 이동할 수 있어야 하지만, 이러한 범위의 이동성이 있다고 가정하더라도 우리가 원하는 곳 어디로든 이동하거나 이주할 권리가 있는 것은 아니다. 신체적 구속은 항상 기본적으로 해롭지만, 경계가 있는 이동성은 경계 안에서 좋은 기회가 충분히 있는 한 해롭지 않다.

이동성은 사회적 지위와 포용을 보여주는 중요한 상대적 지표이기도 하다. 억압받는 집단은 예외 없이 이동권이 제한된다. 1930년대 유대인에 대한 나치의 제약, 남아프리카공화국의 반투스탄 제도, 인도의 카스트 제도, 미국의 짐 크로법*, 사우디아라비아 여성의 여행 제한을 생각해 보자. 다시 말해, 이동성이 중요한 이유는 우리가 원하는 삶을 꾸리는 데 필요하기 때문만이 아니라, 특히 공공장소에 접근을 제한하여 종속 집단과 완전한 시민을 구별하는 방법으로 이용되기 때문이다. 어떤 제약은 '충분한 선택권sufficient options' 기준은 통과하지만(즉, 풍요로운 삶을 꾸리는 능력에 불합리한 제약을 가하지 않는다), 사회적 포용의 기준을 통과하지 못할 수 있다. 예를 들어, 짐 크로법 아래서 흑인용 식당이 백인용 식당과 똑같이 좋았더라도

* 1876년부터 1965년까지 미국 남부에서 시행됐던 흑백 인종 분리 정책.

('분리되었지만 평등한'), 이는 사회적 배제와 불평등의 표시로 기능했을 것이다. 이러한 형태의 배제는 특정 개인이나 집단이 여기에 어울리지 않고, 그들의 (종속적인) 자리에 머물러야 한다는 메시지를 전달하는 것이다.

노골적이고 의도적으로 이동성을 차별하는 제약과 달리 의도치 않게 이동성을 차별하는 경우도 있다. 예를 들어, 현대 도시의 구조는 비장애인을 기준으로 설계되어 지체 장애인의 이동성과 접근성에 장벽이 된다. 이런 부주의는 의도적이지 않을 수 있지만, 무심코 누구를 완전한 시민으로 가정하는지는 확실히 보여준다. 완전한 시민권은 단순히 법적 권리를 보유하는지 여부뿐만 아니라, 공유 사회의 제도를 만들 때 고려 대상에 포함되는지로 결정된다. 완전한 시민으로 인정받는다는 것은 한편으로 공공 공간과 이동의 형태를 설계할 때 그 사람의 의견과 필요를 고려한다는 것이다.

따라서 이동성에 대한 차별적 제약은 사회적 배제의 직접적 형태이거나 불평등의 간접적 표지가 될 수 있다. 그러나, 모든 형태의 차별적 제약이 존엄성 침해나 불평등의 표지는 아니다. 종종 이동권은 직업상 역할과 관련이 있다. 예를 들어, 경비원이나 정비사, 연극배우, 학자, 그 외 수많은 직업군은 다른 시민이 접근할 수 없는 공공 공간에 접근할 수 있고 이는 문제가 되지 않는다. 이러한 제약은 누군가가 충분한 선택권을 갖는 데 영향을 미치지 않고, 사회적 배제의 도구로 작용하지도 않는다. 마찬가지로, 스트립쇼를 하는 나이트클럽이나 성인용 영화관에 어린이가 가는 것을 제한하는 것은 충분한 선택권과 사회적 배제의 기준을 통과하는 용인할 수 있는 온정주의의 형태다. 그리고 감금과 구속에 관련해 논의한 바와 같이, 성인의 이동권이 온정주의적 이유나 타인을 보호하기 위해 제한될 때가 있다. 운전 능력을 입증할 수 없는 사람은 운전이 제한되고, 의학적으로 위험할 수 있는 사람(또는 임신 후반기의 사람)은 비행기 탑승이 제한된다. 어떤 이에게는 과거에 그가 위협했던 사람 가까이 가지 못하도록 접근 금지 명령을 내린다. 또 다른 경우에는 추적 장치를 달거나(예, 가석방된 사람), 화학적 거세*를 받는 조건으로만(예, 성범죄 재범자 투옥의 대안으로) 자유롭게 이동하도록 허락하기도 한다.

여기에서 우리의 목적은 자유 사회에서 특정한 이동 권리와 제약의 목록을 옹호하려는 것이 아니라, 큰 틀에서 우리가 자유로운 이동에 대한 권리를 어떻게 생각할지 전체적인 그림을 그리는 것이다. 요약하자면, 인간의 이동권에서 세 가지 기본 원칙을 확인할 수 있다.

(1) 자기나 타인의 기본적 자유를 명백히 위협할 때를 제외하고, 어떠한 형태의 구속이나 감금도 해서는 안 된다는 강력한 추정이 있다.
(2) 풍요로운 삶을 위해 적절한 범위의 선택지에 접근할 수 있도록 충분히 이동할 적극적 권리가 있다.
(3) 다음의 상황에는 개인에게 충분한 선택지가 있을지라도 이동 제약에 반대한다.
 ⓐ 이등 시민이나 종속적 시민임을 표시하려고 이동 제한을 사용할 경우(예, 짐 크로 방식의 인종 분리 정책)

* 성 충동 약물치료

ⓑ 특정 공간이나 장소를 설계할 때 특정 집단을 단순히 고려하지 않아서 이동에 제약이 의도치 않게 발생한 경우(예, 장애인의 접근성)

이러한 제약이 있다면 공동체 내 모든 개인의 완전한 성원권을 인정하는 것이 아니다.

동일한 기본 원칙이 사육 동물의 이동권에 적용될 수 있고 적용되어야 한다고 보지만, 당연히 세부적인 적용은 다를 것이다. 첫 번째 원칙은 사육 동물을 동료 시민으로 인정하는 것과 무관하게, 피후견인 모델이나 쾌고감수능력 있는 존재에 해를 끼치는 것을 금지하는 모든 접근법으로 뒷받침할 수 있다. 하지만 두 번째와 세 번째 원칙은 바로 사육 동물을 동료 시민으로 인정하는 것과 연관이 있다고 생각한다. 이 두 원칙은 우리가 사육 동물을 우리의 공동체로 데려와서 생긴 적극적 의무를 반영하며, 우리는 이러한 의무에 따라 사육 동물을 공정하게 받아들이도록 집단 사회를 (재)형성할 책임을 지게 되었다.

현재 우리가 사육 동물을 대하는 방식은 세 원칙을 모두 위반한다. 일단은 감금과 구속을 해서는 안 된다는 강력한 추정을 위반한다. 실제로는 가축 구속을 불법이라고 추정하기는커녕, 그러한 제약이 인간의 편의상 필요하고 정당하다는 추정이 일반적인 것처럼 보인다. 우리는 사육 동물을 입마개, 목줄, 사슬, 우리, 새장으로 구속하거나 감금한다. 또한, 충분히 적극적인 이동성을 제공해야 할 의무를 어기고 있으며, 이는 의도적 차별 방식(동물은 여기에 속하지 않고 종속된 장소에 머물러야 한다)이거나 의도치 않은 방식(공공 공간에 대한 접근을 설계할 때 동물의 이익을 고려하지 않는다) 둘 다로 이루어진다.[27] 이 모든 것은 이례적인 제약에는 이례적인 정당성이 있어야 한다는 생각 없이 당연한 일로 행해진다. 동물의 자유로운 이동을 제한하는 일반적인 금지 사항(예, '모든 개는 목줄을 해야 한다', '애완동물 출입 금지', '도시 경계 내부에서 닭 사육 금지')은 개별 동물이 구속 없이 다양한 인간-동물 환경에 안전하게 적응할 능력을 고려하지 않고, 또는 이러한 제약이 동물의 번성이나 공유 공동체의 구성원으로서 그들의 지위에 가져올 영향을 고려하지 않고 시행된다.

우리가 사육 동물을 동료 시민으로 인정한다면 이러한 대우 방식은 더 이상 받아들여지지 않을 것이다. 그렇다고 해서 제약이 정당화될 수 없다는 뜻은 아니다. 동물도 인간처럼 제한 없는 이동성이 아니라, 충분한 이동성이 필요하다. 충분한 이동의 필요는 넓게 울타리를 친 목장과 목축지, 공원으로 적절하게 충족될 수 있다. 그리고 이동의 제약은 포식자, 고속 도로, 그 외 다른 위험에서 사육 동물을 보호하며, 동물에게서 사람을 보호한다는 근거로 정당화될 수 있다. 일부 형태의 감금과 구속은 발달을 위한 온정주의적 조치로 정당화될 수 있다(예, 개가 때가 되면 책임감 있는 성견으로서 행위자성을 행사하도록 사회화하는 것). 이러한 감금과 구속은 거리에서 적절한 행동 방식을 잘 모르는, 예를 들어 다람쥐를 뒤쫓거나 사람에게 올라타는 것을 자제하는 법을 배우지 못한 성견에게도 정당화될 수 있다. 말하자면 개들은 사회생활의 상호 호혜적 경계를 협상하는 능력에서 개체마다 차이가 대단히 크다. 어떤 개는 자기나 다른 존재를 보호하기 위해 다른 개보다 더 많은 구속이 필요할 것이다. 중요한 점은 시민으로서 동물이 사회생활을 협상하는 기술과 그러한 기술을 배울 권리, 그리고 이동의 자유에 대한 자의적인 제약에 항의할 기회를 갖는다는 점이다. 물론 여전히 동물의 이동에 많은 제약이 정당하겠지만, 이 제약은 늘 임시 상태에서 항의, 협상, 지속적인 발전에 열려 있을 것이다. 이러한 조건에서 인간-동물 사회가 최종적으로 어떤 모습일지 알 수 없다.

어떤 사육 동물은 충분한 이동성의 원칙이 지켜지기 어려울 수 있다. 금붕어나 최근 가축화된 사랑앵무budgerigar를 보면, 야생에서의 생존 능력을 어느 정도 잃어버려서 그냥 풀어줄 수 없다. 그렇다고 이들에게 충분한 이동성을 허용할 수조와 새장을 만들어 주기에는 큰 노력이 필요하다. 이러한 경우 시민권 접근법의 요구 사항을 달성하지 못할 수도 있다. 재야생화의 가망이 없고 번성하는 가축 생활에 필요한 이동성 조건을 갖출 수 없을 때 시민권 모델은 실패할 수 있고, 우리는 폐지/멸종주의 입장으로 내몰릴지도 모른다. 하지만 이러한 상황이 모든 혹은 대부분의 사육 동물에 해당한다고 가정할 이유는 없다.[28]

시민권 관점은 동물의 자유로운 이동에 대한 제약을 용인하는 것에 의문을 제기할 뿐만 아니라, 접근성을 높이고 이동성에 대한 장벽을 줄이는 법을 배우도록 요구한다. 우리는 사육 동물이 책임 있는 동료 시민, 즉 사회 공동체의 기본 규칙을 따르고 자기나 타인을 위협하지 않는 시민으로 행동하도록 돕고 사육 동물의 이동성을 자의적이거나 불필요한 장벽이 가로막지 않도록 인프라, 습관, 기대를 어떻게 바꿀 수 있을지 질문해야 한다. 미국의 사회 구조가 남성을 위한 적극적 우대 조치 프로그램이라는 캐서린 매키넌Catherine MacKinnon의 유명한 말을 다시 떠올려보자(MacKinnon 1987:36). 네 발로 걷거나 휠체어나 목발을 이용하지 않고 두 발로 걷고, 눈높이가 1.5m 이상에, 청력이나 후각이 아닌 시각적 신호, 상징이나 수어가 아닌 인간의 언어에 주로 의존하는 사람을 인간 사회가 얼마나 적극적으로 우대했는지 생각해 보면 흥미롭다. 이런 방식으로 생각하기 시작하면 언제나 한편에 인간을, 반대편에 동물을 두던 것과는 문제가 달라진다. 개와 고양이, 어린이는 모두 키가 작아서 후진하는 차에 치이기 쉽다. 휠체어를 타는 사람에게는 계단이 커다란 장애물이며, 이는 어떤 동물에게도 마찬가지다. 외국인 방문객은 종종 언어 정보에 혼란을 겪고, 대부분의 동물도 마찬가지다. 그리고 때로 장애인의 경우처럼 동물도 상대적인 능력이 있을 수 있다. 동물의 능력에는 더 예민한 후각, 몸짓 언어에 관한 주의력, 신체의 속도와 민첩성 등이 있다. 동물은 많은 상황에서 인간보다 더 잘 헤쳐나갈 수 있다. 예를 들면, 군중이나 차량의 흐름 헤쳐 나가기, 장애물 뛰어넘기, 불안정한 발판에서 균형 유지하기, 식량원 찾기 같은 것이다. 다시 말해 사육 동물을 정치공동체polis에 통합하려면 이동성을 막는 장벽을 없애는 것뿐만 아니라, 동물이 어떤 특별한 능력을 인간-동물 사회에 가져오는지 생각하는 것 등 여러 수준에서 우리의 공유 공간을 다시 생각해야 한다.

마찬가지로, 이동과 접근 제한이 열등함의 표식이 되는지, 어떻게 작용하는지 생각해 볼 필요가 있다. 예를 들어, 북미에서는 반려동물이 인간과 함께 식당에 들어가는 것을 금지한다. 이는 보통 식품 안전을 근거로 정당화된다. 하지만 앞서 살펴본 바와 같이 프랑스 같은 나라에서는 이러한 금지 조치가 없어도 질병이 발생하지는 않았다. 사실 여기서 문제가 되는 것은 '동물이 있어야 할 곳'에 관한 특정 생각이나 동물이 인간 음식 가까이에 있는 걸 볼 때 느낄 불쾌감이다. 다시 말해, 이러한 전면적인 금지는 '직원은 화장실 사용 후 반드시 손을 씻을 것'이나 '모든 승객은 항균 매트에 발을 닦아야 한다' 같은 것보다는, '흑인은 버스의 뒷자리 이용'이나 '유대인 출입 금지'에 좀 더 가깝다. 이러한 제약은 앞서 설명한 입증된 필요성과 과잉금지의 원칙에 위배될 뿐만 아니라 사회적 위계의 표지로 사용된다. 이들은 특정 집단이 완전한 시민권을 누리지 못하게 하고, 동시에 이렇게 배제된 사람들을 비가시적으로 만든다. 사실상 우리는 하인을 뒷계단만 사용하도록 제한하여 이등 시민으로 보이지 않게 머물도록 했던 빅토리아 시대의 가정으로 돌아간 셈이다.[29]

요약하면, 동물을 시민으로 인정하는 것은 이동권에 있어서 세 가지 중요한 의미가 있다. 첫 번째 의미는 구속/감금에 반대하는 일반적인 추정과 풍요로운 삶을 누리도록 충분히 이동할 수 있는 적극적 권리를 사육 동물에도 동일하게 확대 적용하는 것이다. 두 번째, 시민권 이론은 구조적인 불평등 문제를 주목하도록 촉구한다. 사회가 불필요하게 특정 개체나 집단의 이동성을 제한하는 방식으로 구성되었는가? 세 번째로 인정과 존중의 문제에 주의를 기울이기를 요구한다. 사회가 열등한 지위를 표시하는 방법으로 이동성을 자의적으로 제한하는 방식이 있는가?

보호 의무 Duties of Protection

사육 동물을 동료 시민으로 인정하는 것은 우리가 여러 해악에서 이들을 보호해야 할 의무가 있음을 의미한다. 우리는 사육 동물이 인간에게서 받는 피해, 다른 동물에게서 받는 피해, 일반적인 사고나 자연재해로 생긴 피해 등에서 보호해야 할 의무가 있다. 각 경우에서 우리의 보호 의무에 관해 몇 마디 덧붙이겠다. 이러한 보호 의무 중 일부는 이동권과 마찬가지로, 사육 동물의 시민으로서의 지위에 의존하지 않고, 단지 기본권이 존중되어야 할 주관적 선을 지닌 존재로서의 지위에 바탕을 둔다. 하지만 다른 보호 의무는 성원권과 구체적으로 엮여 있다.

시민은 법의 완전한 혜택과 보호를 받을 자격이 있으며, 이는 동물을 해치지 않아야 하는 인간의 의무가 단지 도덕적, 윤리적 책임만이 아니라 법적인 책임이어야 함을 의미한다. 인간과 마찬가지로 동물에게 해를 끼치는 것도 불법이어야 한다. 고의적 상해뿐만 아니라 과실로 말미암은 상해나 사망도 범죄화해야 한다. 하지만 모두 알다시피 법전에 명시된 법과 실제로 시행되는 법 사이에는 종종 엄청난 차이가 있다. 아내 폭행에 관한 법은 수년간 쉽게 무시되었고, 수사나 기소로 진행되는 일은 거의 없었다. 오늘날 동물 학대에 관한 많은 법도 마찬가지다. 실제로 한 존재가 진정으로 동료 시민으로 인정받는 정도를 알 수 있는 한 가지 척도는, 바로 그가 실제로 법의 효과적인 보호를 받는지 여부다.

우리 사회는 인간에 대한 심각한 범죄에 관해서라면, 먼저 그 범죄를 예방하거나, 범죄가 발생하면 가해자를 찾아서 형사 절차를 밟으며, 필요하다면 가해자의 감금과 교정에 막대한 자원을 투입한다. 우리의 광범위한 형사 사법 체계는 약자 보호, 범죄 예방, 죄질에 비례한 합당한 징벌 부과, 범죄 발생 후 공동체의 완전한 회복 등 여러 기능을 수행한다. 그러나 어쩌면 형사 사법 체계의 가장 큰 기능은 기본권 보호를 위한 우리 사회의 약속을 법의 집행 메커니즘으로 뒷받침하여 우리 사회가 기본권 보호에 얼마나 진지한지 보여주는 것이다. 우리는 모두 이러한 메커니즘의 우산 아래 성장했고 아주 어려서부터 타인의 기본권을 존중하는 것이 사회생활의 중요한 접착제임을 배운다. 우리는 대부분 이러한 지시 사항을 내재화하여 어길 생각이 없다. 사육 동물을 동료 시민으로 인정하는 것은 그들 역시 법의 완전한 보호를 받을 자격이 있고, 형법으로 공동체에서 그들의 성원권을 반영하고 지켜야 한다는 것을 뜻한다.

이러한 원칙은 개나 고양이를 고의로 죽인 사람이 인간을 죽인 사람과 같은 처벌을 받아야 한다는 것을 의미하는가? 최근 영국에서 감금되어 지내다가 탈출한 침팬지를 총으로 쏘아 죽인 사건에 관한 기사에서, 카발리에리는 왜 침팬지 살해범을 추적해서 소송하지 않는지 의문을 제기하고, '이러한 죽음killing을 살해murder로 보게 될 때'를 고대한다고 말했다(Cavalieri 2007). 우리 또한 그러한 때가 오기를 몹시 기다린다. 하지만 범죄와 처벌의 관계는 복잡하다. 처벌은 다양한 기능을 수행한다. 범죄를 예방하고, 특정 행동을 사회가 혐오한다는 상징적인 의미를 전달하며, 죄질에 비례하여 합당한 형벌을 가하고, 피해자나 피해자 가족에게 사건이 마무리되었음을 느낄 수 있게 한다. 이런 서로 다른 기능은 종종 여러 이해관계가 얽혀 있을 수 있고, 인간이나 동물이나 마찬가지일 것이다. 흔히 한 개인의 죄질은 그 사람이 지키도록 사회화된, 잘 정립된 사회 규범을 얼마나 고의적이고 명백하게 위반했는지 그 정도로 이해된다. 사회 규범이 아직 충분히 정립되지 않았거나 개인이 그러한 규범을 지키도록 사회화되지 않았다면, 유죄 당사자는 처벌을 덜 받을 자격이 있을 가능성이 있다. 그러나 바로 이러한 상황에서 동물의 생명을 존중하는 새로운 사회 규범을 더욱 강력히 정립하기 위해서 범죄를 억제하도록 더 강한 처벌을 요구할 수 있다. 이는 양형 기준이 시간이 흐르면서 사회 규범과 사회화 유형이 진화함에 따라 변할 수 있음을 시사한다.[30]

6장과 7장에서 논의하겠지만, 시민이 아닌 모든 동물, 즉 야생에 사는 동물이든 도시에 사는 경계 동물이든 고의적 살해는 범죄화되어야 한다(살인과 상해 금지가 시민뿐 아니라 방문객과 외국인에게 똑같게 적용되듯이).[31] 하지만 다른 보호 의무는 모든 동물이 아닌 동료 시민인 사육 동물에만 적용될 수 있다. 예를 들자면, 사육 동물 시민은 인간뿐만 아니라 다른 동물에게서도 보호받아야 한다. 우리는 사육 동물을 포식자, 질병, 사고, 홍수나 화재에서 보호하는 조치를 취해야 한다. 사육 동물에 대한 인간의 보호와 구조 의무를 불러일으키는 것은, 쾌고감수능력이 있는 존재라는 그들에게 내재하는 도덕적 지위가 아니라 우리 사회의 구성원이라는 지위다.

이 장을 쓰는 동안, 우리의 논제를 잘 보여주는 두 가지 흥미로운 논쟁이 있었다. 첫 번째는 로스앤젤레스 소방관이 홍수에서 개를 구출한 뉴스 영상이다. 이것은 허리케인 카트리나와 같은 재난 상황에서 사육 동물을 구출하는 것에 관한 오래된 비슷한 논쟁거리 중 하나다.[32] 이런 노력을 지지하는 일부 사람은 동물을 구조하는 것이 인간을 구조하기 위한 좋은 훈련이 된다는 반응을 보였다. 우리가 보기에 도덕적 명령은 훨씬 더 간단하다. 우리가 이 동물을 우리 사회로 데려온 이상 보호할 의무를 지게 된 것이다. 6장에서 보겠지만 우리에게 야생 다람쥐를 홍수나 산불에서 보호하거나 천적에게서 보호할 의무는 없다. 두 번째 논쟁은 토론토의 주변 숲에서 이웃 마을로 들어와 그 지역의 개와 고양이를 죽이는 것으로 추정되는 코요테를 어떻게 다룰지에 관한 것이다. 북미 전역에 코요테가 확산하면서 비슷한 현상이 나타나고 있다. 우리는 이러한 포식자에게서 사육 동물을 보호할 의무가 있다고 본다. (7장에서 우리는 도시에 사는 코요테의 권리를 침해하지 않으면서 사육 동물을 보호할 수 있는 다양한 대책을 논의할 것이다.) 다시 말하지만, 이 의무는 동료 구성원에게 지는 의무다. 우리에게는 야생의 들쥐를 코요테에게서 보호할 의무도, 야생에 사는 코요테의 포식 행위에 끼어들 권리도 없다.

동물 생산물 이용 Use of Animal Products

4장에서 논의했듯이, 여러 동물 권리론자는 동물의 정당한 '이용'과 부당한 '착취'를 구별하려고 시도했다. 이 권리론자들이 제대로 지적했듯이, 인간의 맥락에서 우리는 자주 필요와 욕구를 채우려고 다양한 방식으로 타인을 이용하며, 이것이 반드시 도덕적으로 문제가 되는 것은 아니다. 인간 사회에서 머리카락과 혈액 등 인체에서 나온 산물의 교환을 포함해 많은 경제적 혹은 기타 형태의 교환은 무해한 이용을 보여준다. 문제는 그러한 이용이 언제 착취로 넘어가는가다.

우리는 이러한 구분이 타당하지만, 근본적으로 성원권 이론에 비추어서 볼 때만 명확해질 수 있다고 주장했다. 예를 들어, 무엇을 이민자 착취로 볼 것인가라는 질문은 단순히 그들이 고향에 있었을 때에 비해 더 나은 생활을 하는지 물어보는 것만으로는 답을 얻을 수 없다. (굶주림이나 전쟁을 피해 온 난민에게는 사실상 모든 형태의 생활이, 심지어 노예 생활도 더 나을 수도 있다.) 그리고 무엇이 아동 착취에 해당하는지는 단순히 그들이 태어나지 않았더라면 더 나았을지 묻는 것으로 알 수 없다. (아동에게도, 아무리 노예와 비슷한 생활이라도 태어나지 않은 것보다는 나을 수 있다.) 오히려 우리는 어떤 형태의 이용이 사회의 완전한 성원권과 들어맞는지, 그리고 어떤 형태의 이용이 사람을 영구적으로 종속된 계급이나 계층에 몰아넣는지 물어야 한다.

인간에게는 이용과 착취를 구별 짓게 하는 많은 지침과 보호 장치가 있다. 예를 들어, 어린이나 이민자는 어린이가 성장하거나 이민자가 새로운 사회에 통합될 때까지 한시적으로 완전한 시민권이 허용되지 않겠지만, 영구적으로 그렇지는 않다. 어느 시점이 되면 모든 시민은 어디에 살고, 일하고, 사회화할지 등 자기 삶을 선택할 자유가 있어야 하며, 자기가 다른 사람들에게 어떻게 '이용될지' 스스로 결정할 수 있어야 한다. 다시 말해, 가장 중요한 착취 보호책은 개인에게 선택권이 있고, 착취 상황을 벗어날 자유를 갖는 것이다. 우리는 이익을 보겠다는 기대로 어린이와 이민자를 공동체로 데려올 수 있지만, 일단 그들이 공동체에 들어오면 완전한 권리를 지닌 구성원이 된다. 우리는 그들의 노동으로 이익을 얻을 수 있지만, 일방적으로 그들에게 인생 계획을 강요하거나 시민권의 완전한 혜택을 제한할 수는 없다.

사육 동물도 마찬가지라고 생각한다. 다른 존재를 정당하게 이용하려면 관계의 조건이 한쪽이 다른 쪽을 영구적으로 종속시키는 것이 아니라, 양쪽 당사자의 구성원 지위를 반영하는 것이어야 한다. 이를 위해서 서로의 행위자성과 선택을 (가능한 한 많이) 존중해야 한다. 사육 동물은 평생 인간에게 상당히 의존하기 때문에 특히 착취당하기 쉽다. 동물이 탈출할 권리를 행사하거나 착취 상황에 효과적으로 저항하기는 매우 어렵다. 동물의 행위자성을 무시하는 경향, 자미르의 표현으로 인간이 '대장 노릇을 하는' 경향은 압도적이다. 인간은 동물 이용으로 큰 이익을 보기 때문에 동물의 필요와 선호를 인간 중심적인 관점으로 생각할 위험이 항상 존재한다. 그래서 동물의 행위자성을 인정하고 활성화할 필요성을 강조해 왔던 것이다. 우리는 동물이 자기의 필요와 선호에 관해 우리에게 전달하는 것을 이해하려 노력하고, 그들 고유의 삶의 계획을 실현하도록 도울 책임이 있다.

이는 우리가 동물을 이용할 수 없거나 이들에게서 이익을 얻을 수 없다는 뜻이 아니라, 동물의 행위자성과 성원권에 걸맞은 조건에서만 그렇게 할 수 있다는 의미다. 먼저, 해를 입히지 않는 이용의 예를 몇 가지 보자. 많은 사람은 개를 위한 공원에서 개들이 자유롭게 뛰어다니며 노는 것을 볼 때 커다란 즐거움을 얻는다. 어떻게 보면 우리는 즐기려고 개를 이용하고 있지만, 이용한다고 개를 방해하거나 해치지는 않는다. 또한 우리가 개에게서 즐거움을 얻는다고 해서, 즉 '개가 인간에게 즐거움을 주기 위해서만 존재한다'라는 생각으로 이용한다고 해서 개를 도구로 보는 것은 아니다. 인간은 즐거움(과 우정, 사랑, 영감)을 위해 개를 삶에 들일 수 있지만, 동시에 개는 인간과 마찬가지로 본연의 모습 그대로 자신을 위해 존재할 수 있다.

이제 좀 더 명백한 이용 사례를 살펴보겠다. 한 무리의 양이 인간과 함께 완전한 시민으로 사는 공동체인 쉽빌Sheepville이라는 마을을 상상해 보자. 양은 기본권을 보호받고, 시민권의 혜택을 온전히 누린다. 인간이 포식자에게서 보호해 주고, 의료적으로 필요한 도움을 주고 적절히 먹을거리를 보충해 주는 등 양을 세심하게 살피는 가운데, 양들은 풍부한 은신처와 다양한 식량원이 있는 넓은 목초지를 자유롭게 돌아다닌다. 인간은 양과 함께 지냄으로써 이득을 보지만, 다른 방식으로도 이득을 본다. 한 해의 특정 시기에 양은 공원을 돌아다니며 풀을 짧게 유지한다. 또는 덴마크의 삼소Samso 섬에서처럼, 양은 태양광 패널이 있는 들판 주변에서 풀을 뜯어 먹으며 풀이 자라 패널을 가리지 않도록 막는다. 또한 유럽의 많은 지역에서 양들의 풀 뜯기는 다양한 동식물군이 서식하는 광활한 목초지를 유지하는 데 도움이 된다(Fraser 2009; Lund and Olsson 2006). 풀을 뜯는 활동 외에도, 인간은 양의 배설물을 거두어 화원과 채소밭에 비료로 이용하는 혜택을 얻는다. 이러한 이용은 전혀 해롭지 않은 것으로 보인다. 양은 단지 자기 일을 할 뿐이고, 인간은 강요하지 않은 활동에서 혜택을 얻기 때문이다.

좀 더 까다로운 이용 사례를 생각해 보자. 쉽빌 사람들은 양털을 이용해야 하는가? 상업적인 양털 작업은 양이 결국 도살된다는 사실은 제외하더라도, 양털로 이윤을 내는 사업을 만들기 위해, 양을 고통스럽고 두려운 과정에 노출시킴으로써 여러 가지 방식으로 해를 끼친다. 하지만 윤리적 조건을 갖추고도 양털을 이용해 혜택을 얻을 수 있다. 야생의 양은 자연스럽게 털갈이하지만, 사육된 양은 양털 생산을 늘리도록 선택 교배되어 많은 종이 스스로 털갈이하는 능력을 잃었다.[33] 사육된 양을 질병이나 더위에서 보호하려면 일 년에 한 번 인간이 털을 깎아줘야 한다. 뉴욕주 북부에 있는 팜생추어리Farm Sanctuary에서는 매년 양의 털을 깎는다. 양털 깎기가 양들에게 이익이기 때문이다. 사실 양의 털을 깎지 않는 것이 그들에게는 학대일 것이다. 팜생추어리는 가능한 한 양털 깎기의 불편과 스트레스를 최소화한다. 양털 깎기 전문가는 양들을 진정시키고 양털 깎기 가위에 상처를 입지 않도록 매우 조심한다. 털을 깎은 양은 비로소 털의 무게에서 벗어나 안정을 취한다. 그러고 나면 양털로 무엇을 하는가? 팜생추어리는 철학적으로 인간의 모든 동물 이용에 반대해서, 양털을 이용하지 않고 새나 다른 동물이 둥지를 만들도록 숲에 깔아둔다.[34]

사육 동물을 도구로 보는 시각이 압도적인 세상에서, 팜생추어리의 동물 이용 반대 철학은 인간의 동물 이용 권리에 대한 널리 퍼진 인간의 태도에 파장을 일으키기에 충분할지도 모른다. 하지만 쉽빌의 공정한 인간-동물 사회를 생각해 보면, 양을 위해서라도 어차피 깎아야 하는 털을 인간이 이용하지 못하게 하는 것은 상식에서 벗어나 보이기 시작한다. 이는 ⓐ모든 이용이 반드시 착취적이거나, ⓑ이용은 필연적으로 착취로 가는 미끄러운 비탈길slippery slope*을 걷게 된다는 추정에 기반한 것이다. 이용이 반드시 착취적이라는 첫 번째 주장에는 이미 인간의 예를 들어 이러한 혼동에 이의를 제기했다. 이용은 반드시 착취적이지 않고, 사실상 타자 이용을 거부하는 것은 효과적으로 타자가 사회 전체의 선에 기여하는 것을 막는 것 자체로 그들의 완전한 시민권을 거부하는 형태가 될 수 있다. (예를 들어, 유대인을 전문직에서 배제하는 것, 이스라엘계 아랍인의 군복무를 금지하는 것 등 특정 인간 집단에 특정한 직업을 금지하는 것이 어떻게 이등 시민의 표지가 되는지 생각해 보자.) 시민권은 협력적인 사회 프로젝트로, 그 안에서 모두가 동등하게 인정받고, 모두가 사회생활의 산물로 이익을 누리며, 능력과 성향에 따라 공공선에 기여한다. 한 집단을 영구적으로 다른 사람들을 위해 노동하는 종속된 계층으로 만드는 것은 시민권을 부정하지만, 그 집단이 잠재적으로 공동의 선에 공헌할 존재임을 부인하는 것도 시민권을 부정하는 한 방식이다.

기여의 방식은 매우 다양할 것이다. 어떤 이들은 그저 사랑과 신뢰의 관계에 참여하는 것으로 기여할 수 있고, 다른 이들은 좀 더 물질적인 방식으로 기여할 수 있다.[35] 중요한 것은 모두가 자기에게 적합한 방식으로 기여할 수 있어야 한다는 점이다. 이것이 존엄의 핵심 요소이다. 여기서 존엄이란 기여함으로써 얻는 자기 존중감만

* 미끄러운 비탈길에 발을 내딛으면 바닥으로 내려가는 것을 멈추기 어려운 것처럼, 사소한 것을 허용하기 시작하면 결국 극단적이고 바람직하지 않은 결과로 이어진다는 논증의 한 종류이다. 본문에서는 동물을 이용하는 것이 점차적으로 동물 착취로 이어질 수 있다는 주장을 비판적으로 다루고 있다.

이 아니라(누구나 자기 존중감을 느끼는 정신 능력이 있는 것은 아니다) 기여한 덕분에 다른 이들에게서 얻는 존중도 포함된다. 팜생추어리는 사육 동물을 인간-동물 혼종 정치체의 동료 시민으로 대하기보다 보호받는 존재라는 특별한 계층으로 가려낸다. 하지만 보호가 이용의 반대어가 될 필요는 없다. 쉽빌이 인간의 양털 이용을 허용해도 모든 존재의 이익은 여전히 동등하게 인정될 수 있고, 모두의 권리도 여전히 보호받을 수 있다. 더불어 모두가 사회의 선에 기여하는 것으로 여겨질 것이다. 개체마다 능력, 행위자성, 의존과 독립의 정도가 엄청나게 다양하겠지만, 모두 공동체 생활의 주고받음에서 배제된 특별한 계층이 아니라 사회적 프로젝트에 기꺼이 참여하는 존재로 여겨질 것이다.

두 번째 우려가 여전히 남아있다. 이용이 착취로 이어지는 미끄러운 비탈길이 있다는 점이다. 하지만 모든 미끄러운 비탈길에 대한 걱정에서 그렇듯이, 우리가 가진 멈춤 장치의 종류를 신중하게 생각해야 한다. 미끄러운 비탈길로 떠미는 압력의 주요인은 상업화다. 이윤을 추구하는 동기가 생기면 착취로 이어지는 압력이 강해진다. 예를 들어, 양털을 깎을 때 양의 불편을 최소화하는 조치는 비용이 더 많이 드는 편이다. 이윤을 늘리고 싶다면 이러한 조치를 최소화하고 싶은 유혹을 받을 수 있다. 명백히, 인간의 경제 활동에도 근무 시간 확대, 품삯 깎기, 일터 안전 미확보 등과 같은 비슷한 압력이 있다. 정의로운 인간 사회라면 인간 노동자는 단체 교섭, 정치 행동, 탈출할 권리로 미끄러운 비탈길에 저항할 수 있다. 동물 역시 저항의 형태를 취할 수 있다(Hribal 2007, 2010). 게다가 쉽빌에서는 양을 대신해 교섭, 요구, 대변하는 수탁자trustee를 통해 비슷한 보호를 보장할 수 있을 것이다. 어떤 이유로 이윤을 보려는 착취적 압력에서 양을 보호하지 못하게 되면, 간단히 양털과 양털 가공품의 상업화를 금지할 수 있을 것이다. 연례 양털 깎기 후에 쉽빌은 주민 스스로 적합하다고 생각하는 방식으로 양털을 이용하지만, 양털이나 양털 가공품을 파는 것은 금지할 수 있다. (또는 수익이 전부 양의 관리에 사용되는 비영리 방식이 될 수도 있다.)

양털 생산물의 상업화가 양 시민sheep citizen의 권리 존중과 어긋나는 일인지, 즉 착취에 특히 취약한 시민 집단을 상업화하려는 압력이 그들의 이익을 지나치게 위협하는지에 대해서 합리적인 의견 차이가 있을 수 있다. 인간의 맥락에서도 취약한 집단에 비슷한 염려가 있다. 어린이가 돈을 벌려고 일하는 것을 금지하는 것이 정말 최선인가? 아니면 신중하게 규제하는 것이 최선인가? 중증 지적장애인의 고용은 비영리적이든 영리적 목적이든 금지해야 하는가? 금지는 개인에게서 호혜적 시민권의 기회를 박탈한다. 이윤을 추구하려는 동기는 취약한 노동자를 착취에서 보호하도록 상당한 주의를 기울이고 감독할 책임을 불러일으킨다.

달걀과 우유 같은 다른 동물 생산물은 어떨까? 양의 경우처럼 생산물이 상업화되면 위험은 급격히 증가한다. 달걀이나 우유로 이윤을 얻으려고 닭이나 소를 태어나게 한다면 그 과정에서 이들의 기본권이 희생될 것은 뻔하다. 현재의 달걀 생산 과정에서는 암탉을 가두고 끔찍하게 학대할 뿐만 아니라, 수평아리와 더는 알을 낳지 않는 암탉은 골라 죽이기도 하는데, 이 모든 것은 수익성을 유지하기 위해 요구되는 일이다.

이번에는 권리를 온전히 보호받고 번영하며 살도록 지원을 받는 다른 시민과 동등한 권리를 누리는 닭 시민을 상상해 보자. 사육된 암탉은 알을 많이 낳는다. 몇 개의 유정란을 품고 새끼를 키울 기회를 가지면서도 여전히 남는 달걀이 많을 것이다. 사실 달걀 안 배아의 성별을 구분하고 암탉이 (주로) 암컷만 품도록 하는 것이 가능하다. 인간이 이러한 나머지 달걀을 이용하는 것이 잘못인가? (또는 앞으로 논의하겠지만, 나머지 달걀을 고양이에게 먹이는 것은 잘못인가?) 팜생추어리에서는 양털과 마찬가지로 인간이 달걀을 소비하는 것도 금지한다(남은 알은 닭에게 다시 먹이로 준다). 양털 논의와 비슷하게 우리는 인간의 달걀 이용이 본질적으로 착취는 아니라고 주장한다. 인간은 농장이나 넓은 뒤뜰에서 반려닭이 살게 할 수 있다. 그 닭들은 번영하는 삶을 꾸리고 좋아하는 일을 할 충분한 자유가 있으며, 보호하고 쉴 곳을 만들어 주고 먹이와 의료 도움을 주는 인간의 특별한 주의 아래 탐험하고 놀고 사회적 유대 관계를 맺으며 새끼를 키울 수 있다. 그리고 그 과정에서 인간은 닭이 낳은 알을 일부 소비할 수 있다. 이 관계가 부분적으로 이용에 기반하는 것은 사실이다. 반려닭을 선택하는 많은 인간이 적어도 부분적으로 달걀을 얻으려고 그렇게 한다. 하지만 이용한다는 사실이 반드시 닭의 권리와 공동체 성원권의 완전한 보호를 훼손하는 것은 아니다. 양과 마찬가지로, 이러한 권리를 확실히 감시하고 집행하는 메커니즘을 마련하고, 권리를 침해할 수 있는 상업적 압력을 규제하는 것이 주된 관심사가 될 것이다.[36]

우유 이용은 좀 더 문제가 심각하다. 젖소는 풍부한 우유를 뽑아내도록 교배되어 건강과 수명이 저하되었다. (예를 들어, 지나친 우유 생산은 칼슘 비축량을 줄여서 뼈를 약하게 만든다.)[37] 또한, 우유 생산을 상업적으로 수익성 있는 공정으로 만들기 위해 수송아지는 고기용으로 도살하고, 암소는 우유 생산을 유지하도록 계속 새끼를 배게 한다. 이로 인해 암소들은 지치고 많은 질병에 걸린다. 인간에게 가는 우유의 양을 최대한 늘리려고 송아지를 어미 소에게서 떼어놓는다. 소에게 착취적이지 않은 환경을 상상할 수 있을까? 소를 완전한 시민으로 인정하고 양이나 닭과 같은 방식으로 번성하게 하는 환경을 상상할 수 있을까? 이는 (소의 크기와 필요를 고려할 때) 인간에게는 대단히 실질적, 재정적 부담이 될 것이고, 얻을 수 있는 우유는 제한적일 것이다.[38] 소가 자기 의향대로 짝짓기하고 송아지를 키운다고 가정하면, 어느 정도 남는 우유가 있겠지만 많지는 않을 것이다. 소와 송아지(암컷과 수컷 송아지 모두, 비침습적으로 성별을 선택할 수 있는 방식이 아니라면)는 상당한 공간과 자원이 필요하다. 다시 말해, 소와 함께하는 즐거움이나 약간의 우유를 얻으려고 큰 노력을 기울일 준비가 된 사람이 아니라면, 반려소와 함께 사는 것을 상상하기란 어렵다.

이는 반려소는 없다는 것이 아니라 수가 많지 않을 것이라는 의미다. 반려소를 (또는 반려돼지를) 원하는 사람은 항상 있겠지만, 현실적으로 이러한 동물은 비착취적인 조건에서 별로 '쓸모'가 없어서 인간-동물 공동체에 들여오는 수가 줄어들 것이다.[39] 반면에, 우유 이용을 신중하게 상업화하면 우유를 고급 상품으로 만들어서 제한적이지만 안정적인 소 공동체를 만들 수 있다.[40]

동물 노동 이용 Use of Animal Labour

지금까지 풀 뜯기, 양털 기르기, 거름과 달걀, 우유 생산하기 등 동물이 자연스럽게 자기 할 일을 하는 것으로 인간이 혜택을 누리는 경우를 살펴봤다. 또 다른 형태의 이용은 장애인 보조견, 치료 도우미견, 경찰마馬 등 동물이 인간을 위해 다양한 종류의 일을 하도록 훈련하는 것이 있다. 개나 여러 동물이 별다른 훈련 없이 할 수 있는 일도 있다. 쉽빌로 돌아가서, 양을 보호하는 개나 당나귀가 있는 공동체를 상상해 보자. 이런 보호 행동은 (특정 품종을 선택 교배하면서 많이 길러져) 별다른 훈련이 없어도 되는 자연스러운 본능이고, 우리는 개나 당나귀가 경비 일을 하면서 충만하고 풍요롭게 사는 삶을 상상할 수 있다. 쉽빌에서 개나 당나귀가 착취당하지 않도록 하기 위해서는 몇 가지 안전장치가 필요하다. 예를 들어, 일하는 것을 즐기고 양이나 다른 동료 개, 동료 당나귀와 어울리는 것을 좋아하는 개와 당나귀만 일하게 하는 데 고려되어야 한다. 이 동물들이 양 지키는 일을 좋아하는지 판단하기 위해 침대에 머무르기, 인간과 어울리기, 자기와 같은 종과 함께 초원에서 뛰어놀기 등의 다양한 활동 선택지를 주어야 한다. 그리고 어느 때건 노동 시간은 엄격하게 제한하여 당나귀나 개가 항상 일하는 중이라고 느끼지 않게 해야 한다. 이 모든 여건이 갖춰졌을 때 제한된 시간 동안 경비 일을 하는 삶은 다양성과 지시 받은 일을 완수하는 만족감과 잦은 사회적 교감으로 충분히 만족스러운 삶이 되리라고 상상할 수 있다.

이 부류에 속하는 다른 일도 있을 것이다. 예를 들어, 사교적인 개는 인간과 함께 병원이나 양로원에 찾아가는 사회 복지 업무를 즐길 수 있다. 개(나 쥐)가 과도한 훈련 없이 뛰어난 후각을 잘 이용해 종양이나 발작의 조짐, 위험 물질을 알아내거나 실종된 사람을 추적하는 일에서 인간을 도울 수도 있다. 하지만 이러한 동물 이용은 착취 가능성이 매우 높아서 신중하게 규제해야 한다. 이용이 착취적이지 않으려면, 동물이 활동을 즐기고 자극과 교감을 통해 번영하며, 일이 그들이 당연히 받아야 할 사랑과 인정, 간식, 돌봄을 받으려고 치러야 하는 대가가 아니라고 분명히 표현할 수 있어야 한다. 그리고 일은 개가 다른 활동에 참여하고 인간이나 개 친구들과 사회 활동을 하며 쉬는 시간과 균형을 이루어야 한다. 다시 말해 개(와 다른 일하는 동물)에게도 인간 시민이 사회에 기여하는 조건을 통제하고 자기 성향에 따라 삶을 어떻게 살지, 누구와 시간을 보낼지 결정할 수 있는 것과 똑같은 기회가 주어져야 한다.

다만 한 가지 위험한 점은 동물의 필요와 선호를 우리의 목적에 맞게 조작하고 변형할 수 있다는 것이다. 이것은 인간 정의 분야에서 오래 알려진 전형적인 '적응된 선호adaptive preferences'라는 문제다. 최악의 부정의의 형태 중 하나는 억압받는 사람들을 조종하고 세뇌해 억압을 자연스럽고 정상적이며 당연한 것으로 받아들이게 만드는 것이다. 이것은 여성, 하위 계층 등 종속을 받아들이도록 사회화된 집단을 위한 정의 이론에서 중요한 문제가 되어 왔다.

적응된 선호는 명백히 동물에게도 중요한 문제다(Nussbaum 2006:343-4). 앞서 우리는 모든 사육 동물이 유능한 시민으로 성장하도록 기본적 사회화의 권리가 있다는 사실을 논의했다. 더불어 개별 동물이 지닌 특별한 관심사와 능력을 키울 권리도 논의했다. 이것은 매우 섬세한 과정이다. 인간의 경우, 우리는 개인의 잠재력을 계발하는 것과 개인에게 미리 정해진 할 일을 하도록 강요하고 틀에 맞추려 하고 세뇌하는 것의 차이를 잘 알고 있다. 몇몇 매우 영리한 동물들은 맡은 일을 수행하고 목표 달성을 위한 협력 활동에 참여하여 배우고, 시험하고, 능력을 계발하는 과정을 통해 성장한다. 예를 들어, 매우 영리하고 활기찬 개가 있는데 자기 반려인과 어질리티*를 훈련하면서 어느 때보다 행복해한다고 상상해 보자.[41] 이 학습 과정에서 어느 정도의 구속, 교정, 통제가 있을 것이다. 하지만 아이가 피아노를 그만두려 할 때 부모가 몇 번 더 수업하도록 부드럽게 압력을 넣는 것이 아이에게 이득이 될 수 있는 것처럼, 개도 반려인에게서 "집중하라"는 압박을 어느 정도 받는 것이 이득이 될 수 있다. 부모는 아이의 음악적 재능을 발견하고, 단기적으로는 아이가 만족스러워하지 않아도 장기간 피아노를 배우면서 크게 만족하리라는 것을 알 수 있다. 우리는 부모가 전체적인 맥락에서 아이의 이익을 항상 중심에 두고 있다는 것을 알기 때문에 부모가 균형을 잘 잡으리라고 믿는다. 부모가 단지 라이브 연주를 듣고 싶은 자기 변덕을 채우려고 하거나, 아이의 피아노 연주로 재정적 이익을 보려 하거나, 다른 부모에게 자랑하는 권리를 누리려는 의도로 어린 연주자를 만든다고 의심되면 우리는 즉시 부모를 신뢰하지 않는다. 이 모든 일이 일어날 수 있다. 즉, 부모가 자기 아이의 피아노 연주로 이익을 볼 수도 있다. 하지만, 교육의 가장 큰 동기는 아이의 이

* 기둥, 터널, 허들, A자형 프레임 등 복잡한 구조의 장애물을 개 혼자 또는 개-조련사 쌍이 함께 통과하여 목적지까지 달리는 스포츠.

익과 발달에 관한 것이어야 한다.

이러한 관점에서 볼 때, 많은 사육 동물 훈련은 착취적이다. 대부분의 치료 도우미 동물이나 보조 동물은 고유한 잠재력이나 관심사를 계발하려고 훈련하는 것이 아니라, 인간의 목적을 위해 만들어진다(승마, 오락 산업의 동물, 그 밖의 많은 노동하는 동물도 마찬가지다). 특별히 다루기 쉬운 기질이 있는 동물은 어려서부터 발견되어 미래의 역할에 맞춰진다. 흔히 수개월에 걸쳐 매우 집중적으로 진행되는 훈련은 어지간히 많은 구속과 감금, 심각한 교정과 박탈로 이어진다. 이른바 긍정적 강화조차도 대개는 은밀하게 위장된 강요다. 개가 간식이나 놀이 시간 또는 애정을 얻을 유일한 방법이 사람을 기쁘게 하는 과제를 하는 것이라면, 이는 교육이 아닌 협박이다. 많은 일하는 동물이 자유롭게 뛰어놀거나 다른 이들과 어울리거나 자기 세계를 탐험하고 경험할 실질적인 휴식 시간을 박탈당한다. 일 때문에 스트레스가 많고 위험한 상황에 빠지기도 한다. 이들은 안정적인 환경과 지속적인 우정을 누리지 못하고 늘 훈련사, 일터, 인간 고용주 사이를 전전한다. 이들은 자기의 잠재력을 계발하도록 길러지는커녕, 복종하도록 만들어진다. 이들의 행위자성은 발휘되지 않고 대중 통제, 인간의 오락, 재활 치료용 승마, 장애인 보조에 효과적인 도구가 되도록 억압당한다.

양떼 목장에서 존재만으로 포식자를 견제하는 당나귀와, 일생의 대부분을 타인의 도구로 일하도록 수개월간 훈련하는 안내견 사이에 이용에서 착취로 넘어가는 경계선이 있다. 민머리가 되는 순간이 정확히 언제인지 알기 어려운 것처럼, 이용과 착취의 선을 언제 넘는지 정확히 알기는 어렵다. 하지만 경계가 모호하다고 해서 민머리와 풍성한 머리를 구별하지 못하는 것은 아니다. 일반적으로 우리가 사육 동물을 공동체로 데려와서는 완전한 시민으로 대우하지 않을 때 이 선을 넘게 된다. 문제는 우리가 동물에게 이익을 얻는다는 점이 아니라, 거의 항상 그들의 희생으로 이익을 얻는다는 점이다.

의료적 돌봄/개입 Medical Care/Intervention

사육 동물을 공동체의 구성원으로 인정하는 것은 의료적 돌봄 같이 복지에 대한 공동체의 자원과 사회 기반을 이용할 동등한 권리를 인정하는 것이기도 하다. 오늘날 농장 동물과 반려동물은 성장 호르몬, 중성화, 발톱 제거, 부리 자르기, 성대 수술, 꼬리와 귀 자르기 등 수많은 수의학적 시술과 약물 치료를 받으며, 대부분은 동물을 위해서가 아니라 동물을 좀 더 생산적이고, 순응적이거나 매력적으로 만들려는 인간의 이익을 위해서 이루어진다. 유선염 등의 감염을 막는 항생제 투여, 서로 해칠 수 있는 닭의 부리 자르기와 같은 어떤 처치들은 동물을 위한 것으로 합리화된다. 하지만, 이러한 문제는 당연히 애초에 인간의 동물 학대(과밀 수용, 스트레스, 부적절한 식단 등)에서 비롯됐고, 따라서 개입이 공동체 구성원의 복지에 대한 진정한 관심이라고 보기는 어렵다.

그러나 동물도 백신 접종부터 응급 치료까지 진정으로 이익이 되는 수의학적 돌봄을 많이 받는다. 반려동물 건강 관리에 지출하는 비용은 종종 도덕적 우선순위가 잘못된 사례로 비판을 받는다

(Hadley and O'Sullivan 2009). 실제로 많은 반려인이 자기 개와 고양이의 복지에 큰 노력을 기울이면서, 농장 동물을 학대하는 데 기꺼이 참여하는 모순적인 행동을 한다. 일부 비평가는 반려동물의 건강 관리에 지출하는 것이 축산업이나 동물 실험의 잔혹함은 지지하면서도 자기를 동물 애호가로 생각하고 싶어 하는 사람들의 위선적인 행동에 불과하다고 생각한다.

인간이 반려동물을 의료적으로 돌보는 동기가 위선적이거나 모순적이라도, 그렇다고 사육 동물이 의료적 돌봄을 받을 권리는 줄어들지 않는다. 의료적 돌봄은 현대 사회에서 구성원의 권리이고, 사육 동물도 구성원으로 대우받을 권리가 있다. 이것은 실제로 우리가 반려견과 반려묘를 의료적으로 돌볼 의무는 있지만, 야생의 늑대나 표범에게는 그럴 의무가 없는(항상 없는 건 아니지만) 이유를 설명한다(야생 동물에 대한 우리의 의무는 6장에서 논의한다). 이러한 의무는 동물 건강보험 제도로 수행될 가능성이 높다.[42]

의료적 돌봄 의무의 범위와 성격에는 또 다른 문제가 있다. 한 가지는 동물이 치료에 관한 정보에 입각한 동의informed consent*를 할 처지가 아니고, 따라서 인간 부모가 아이를 위해 하는 것처럼 인간이 동물 대신 결정해야 한다는 것이다. 이때 온정주의적 틀은 피할 수 없지만, 우리는 동물이 어느 정도 인간에게 자기의 의사를 전달할 가능성에 열려 있어야 한다. 예를 들어, 많은 동물이 단기적으로는 특정 치료가 불편하거나 고통스러울지라도, 수의사가 도우려

* 환자는 의사에게서 앞으로 받게 될 치료에 관해 이성적으로 판단하고 결정할 수 있도록 치료 과정, 부작용, 예상 결과 등 충분한 정보를 제공받고, 이를 바탕으로 충분히 숙려한 후에 치료에 동의해야 한다는 원칙을 의미한다.

한다는 것을 이해할 수 있으므로 수년에 걸쳐 수의사의 치료를 기꺼이 받아들인다. 하지만 개가 나이가 들어서 만성적인 건강 문제에 시달리며 어느 순간 동물 병원 방문과 치료에 적극적으로 거부하기 시작했다고 상상해 보자. 이것은 치료가 여전히 효과적이고 살날이 몇 달이나 몇 년 늘어난다고 해도, 치료를 강요하는 것이 개의 선택이 아닐 수 있다는 경고 신호가 되어야 한다.

반려동물이 우리에게 무엇을 바라는지 이해하는 일에 최선을 다한다고 해도, 인간이 반려동물에게 무엇이 옳은지 결정해야 한다는 기본적인 온정주의 틀은 크게 바뀌지 않을 것이다. 인간 성인은 침습적 수술 후에 오랜 회복 기간 동안 이어질 불편함이 예상될 때 자신에게 무슨 일이 일어나는지 이해할 수 있고, 회복 후의 삶도 예측할 수 있다. 동물은 그렇지 않아서, 우리는 그 과정이 그들에게 더 두렵고 힘들다고 가정해야 한다. 심리적 회복력이 충분하고 앞으로 살날이 많은 어린 동물에게는 침습적 수술이 옳은 선택일 수 있지만, 몇 달 더 살도록 무서운 개입을 받아야 할 겁 많고 나이 든 개에는 올바른 선택이 아닐 수 있다.

인간의 경우, 불치병 말기 안락사의 윤리성을 둘러싸고 많은 논쟁이 있었다. 한편으로는 환자가 안락사에 동의나 요청을 할 수 없더라도, 남은 몇 시간이나 며칠 동안 불필요한 고통을 덜어주고 싶은 마음이 드는 것은 옳아 보인다. 다른 한편으로는 안락사 합법화가 남용으로 이어질 가능성이 있다. 사육 동물의 경우, 안락사라는 단어가 불치병으로 남은 시간 동안 겪게 될 고통을 더는 것과는 무관한 죽음에 계속해서 사용되는 것을 볼 수 있다. 동물은 단지 아무도 원치 않거나 버려졌거나, 나이 들었거나, 불편하거나, 비용이 많이 든다는 이유로 '안락사'당한다. 하지만 대부분의 사육 동물 살해가 끔찍한 안락사 남용이라는 사실은, 사육 동물이 완전한 시민으로 인정되는 정의로운 사회에서는 안락사를 완전히 금지해야 한다는 것을 의미하지 않는다. 인간과 마찬가지로 동물의 안락사도 도덕적으로 복잡하고 논쟁의 여지가 있을 것이며, 법적으로 허용된다면 엄격하게 규제되어야 함을 의미한다.

여기에는 딜레마가 있다. 수의학 기술의 발전으로 과거에는 심부전으로 죽었을 수도 있던 많은 동물이 약물로 심장 질환을 성공적으로 조절하게 되어서, 수개월 또는 수년 더 살 수 있게 되었다. 하지만 이것은 심장 마비로 한순간에 죽는 것보다는 신부전이나 뇌종양 같은 고통스럽고 지속적인 질병 상태로 죽을 가능성이 더 크다는 것을 의미할 수 있다. 우리의 온갖 개입은 (심장약 같은 좋은 개입이든, 동물을 너무 많이 먹게 하거나 너무 적게 운동하도록 내버려두는 것처럼 나쁜 개입이든) 동물의 남은 삶에 영향을 미친다. 그 시점에서 우리가 할 일은 무엇이어야 하는지는 몹시 어려운 질문이다. 그들의 고통을 달래고 가능한 한 완화할 것인가 아니면 서둘러 죽음을 앞당겨서 고통을 끝내줄 것인가? 어느 쪽이든, 우리는 그 결정의 책임을 피할 수 없다. 그리고 인간 사이에서 이 문제가 얼마나 논쟁을 불러일으키는지 생각하면, 사육 동물의 경우에도 결코 논쟁이 덜하지는 않을 것이다.

성과 재생산 Sex and Reproduction

시민권 접근법을 포함해 모든 동물 권리론이 직면하는 어려운 문제 중 한 가지는 재생산reproduction*에 대한 권리이다. 인간은 사육 동물의 성과 번식 생활을 엄청나게 통제한다. 동물이 번식**할 수 있을지**, 번식**해도 되는지, 언제, 어떻게, 누구**와 짝짓기해도 되는지 간섭한다. 많은 폐지/멸종주의 동물 권리론자는 당연하게도 번식에 대해서 이토록 만연한 간섭을 비난하고, 이를 가축화가 본질적으로 억압을 수반한다는 증거로 인용한다. 하지만 4장에서 지적했듯이, 사육 동물을 멸종시켜야 한다는 그들의 주장은 사육 동물의 번식을 **막으려면** 똑같이 체계적인 강압과 감금 방식을 사용해야 함을 은연중에 전제한다. 현재의 관행이 인간의 목적에 맞게 동물이 번식하도록 강요한다면, 폐지/멸종주의 접근법은 동물이 번식하지 않도록 강요한다.[43]

두 접근방식은 사육 동물의 정당한 이익을 진지하게 다루지 않는다. 누군가 인간의 성생활과 출산에 이 정도로 간섭하자고 제안한다면 터무니없다고 할 것이다. 그렇다면 사육 동물의 성생활에 인간의 어떤 규제가 정당화될 수 있을까? 사육 동물을 논의하기 전에, 인간과 야생 동물의 경우를 간단히 생각해 보는 것이 도움이 될 것이다.

인간의 성생활과 재생산은 어떤 방식으로 규제되는가? 한편으

* 'reproduction'은 사회학, 정치학, 페미니즘 등의 권리 논의에서 출산과 관련된 자기 결정권을 지칭하는 중요한 개념으로 주로 '재생산'으로 번역되고 있다. 관련 담론과의 연결성을 고려하여 전반적인 권리 논의를 뜻할 때에는 '재생산'으로 번역하였고, 구체적인 상황에서는 '번식' 혹은 '출산'으로 번역하였다.

로 사람들이 원할 때 원하는 상대와 성관계할 수 있고, 원한다면 가족을 이룰 수 있는 것은 매우 중요하다. 하지만 무분별한 자유가 있는 것은 아니다. 우리는 성 착취와 약탈에서 어린이를 보호한다. 성관계는 서로 합의하에 이루어져야 한다. 성관계를 할 자유는 절대적이지 않고, 성관계에 기꺼이 동의할 상대가 있는지에 달려 있다. 우리는 자기가 낳은 아이를 책임져야 한다. 특히 자녀가 관련된 문제일 때 성관계와 임신의 어떤 측면이 시장 논리에 따라 이루어질 수 있는지 신중하게 규제한다(예를 들어, 정자와 난자 매매, 보조 생식술, 입양 지원 등). 그리고 특정 결과를 얻으려고 출산을 조작하는 범위를 규제한다. (예를 들어, 선천적 기형으로 임신을 포기하는 선별적 낙태는 허용하지만, 성별 선택의 도구로 사용하는 것은 막는다. 단순히 태아의 기형을 고치는 것이 아닌 태아의 능력을 '강화'하려고 수술하는 것은 또 다른 윤리적 논쟁 영역이다.) 이러한 규제의 기준을 어디에 둘 것인지는 많은 경우 상당한 논쟁거리가 된다.

일반적으로 우리는 개인이 성관계를 갖고 그 결과를 받아들이는 데 있어서 스스로 규제하고 책임질 수 있기를 기대한다. 개인이 할 수 없을 때는 국가가 개입한다. 아동을 보호하고, HIV 감염에서 보호하고, 성폭행에서 보호한다. '(원하는 상대와) 성관계할 권리'라는 것은 없지만, 성적 강압이나 부당한 성적 규제에서 자유로울 권리는 있다. 그리고 대부분의 사람이 '가정을 이룰 권리'를 주장하고 이 권리가 유엔의 세계인권선언에도 명시되어 있지만, 이것도 동의하는 상대(또는 정자 기증자나 입양아)가 있느냐에 달렸다. 그리고 가정을 이룰 권리의 범위에 대해서는 상당한 논쟁이 있다. 이 권리는 자녀를 부양할 책임 또는 사회적 인구 과잉일 때 재생산하지 않을 책임 (또는 인구 붕괴일 때 재생산할 책임)에 의해 어느 정도까지 제약을 받을 것인가? 사회는 아이 낳기를 권하거나 억제하는 데 특혜를 (때로는 좀 더 강압적인 조치를) 광범위하게 사용한다. 우리의 성생활과 재생산은 사실 상당한 규제를 받고 있으며, 이러한 규제는 주로 내면화된 자율 규제와, 사회의 압력과 특혜에 반응하는 형태로 나타난다.[44]

인간은 재생산을 자율적으로 규제하여 (이론적으로) 지속 가능한 수준으로 인구수를 보전하거나, 자기가 낳은 아이를 돌보는 개인적, 집단적 능력을 넘어서지 않도록 할 수 있다. 야생 동물은 성생활과 재생산에 대한 사회적 통제와 자율 규제의 정도가 엄청나게 다양하다. 어떤 종은 거의 모든 성체 암컷이 짝짓기하고 새끼를 낳는다. 이들은 종종 엄청난 수의 새끼를 낳지만 돌보는 데는 거의 에너지를 쓰지 않는다. 개체 수는 포식, 동사, 질병, 굶주림으로 조절된다. 많은 어류와 파충류가 진화하며 이런 전략을 갖추게 되었다. 사회적인 종 사이에서는 매우 다른 모습이 보인다. 늑대는 성생활과 번식 활동을 엄격히 제한하는 종의 흥미로운 예다. 늑대 무리에서는 알파 수컷과 암컷만 짝짓기하고 새끼를 낳는 것이 일반적이다. 소수의 새끼가 태어나므로 이들에게 막대한 투자가 이루어진다. 무리 전체가 협력하여 알파 커플의 새끼를 키운다. 많은 성체 늑대가 평생 짝짓기를 하지 않는다. 늑대는 이런 측면에서 고도로 자기와 사회의 규제를 받는다. 개체 수가 외부의 힘으로 통제되는 것이 아니라, 사회 집단이 상황과 가용 자원에 따라 엄격히 규제한다.

사육 동물은 이들의 조상이 번식 조절에 어느 정도 사회적 통제를 발휘하고 새끼를 기를 때 성체들이 협력하는 사회적인 종에 속한다는 점을 기억해야 한다. 하지만 인간이 개입해 본능적이든 학습으로든 이러한 종의 번식 메커니즘을 급격히 바꾸었다. 다시 말해, 인간의 개입은 사육 동물이 먹이와 피난처를 얻고, 포식자로부터 보호받는 데 있어 인간에게 더 많이 의존하게 만든 것과 마찬가지로, 야생에 존재하는 자율 규제와 사회적 협력, 그리고 외부 통제가 함께 이루어지는 개체 수 조절 메커니즘을 사육 동물에게서 없애버렸다.

사육 동물을 시민으로 인정할 때, 동물이 자율적으로 성생활과 번식을 통제할 수 있다면, 이를 복원하도록 노력해야 한다. 하지만 개체가 행위자성을 발휘하는 것이 가능할 때만 행위자성을 키울 수 있고, 사육 동물은 성과 번식을 자율적으로 규제하는 정도에 상당한 차이가 있다. 우리는 사육 동물을 늑대와 같이 외부 압력에 반응하여 성행위와 번식을 자율 규제하거나, 포식자나 식량 부족 등 직접 외부 압력으로 개체 수가 조절되는 야생에서의 조건에서 벗어나게 했다. 포식자에게 먹히거나 굶어 죽는 것은 행위자성을 발휘하는 것이 아니고, 그런 상황으로 돌아가는 것도 사육 동물을 위한 것은 아니다. 그런데 야생의 메커니즘이 없어진다면 대신 어떤 메커니즘으로 동물은 성과 번식을 통제할까? 자기가 선택한 상대와 어울리고 원해서 짝짓기하고, 새끼를 키우는 사회 공동체에서 살게 됐을 때, 사육 동물이 어떻게 자기 성과 번식 행동을 통제할지 우리는 모른다. 그래서 사육 동물을 시민으로 인정한다는 것은, 동물이 자기 삶을 더 많이 통제할 수 있게 되었을 때 어떻게 행동할지 실험하고 배우는 것이기도 하다. 하지만 이는 인간이 단순히 동물의 삶에서 물러날 구실이 되지 않는다. 사육 동물이 의미 있는 행위자성을 행사할 수 없는 한, 인간은 그들의 이익을 위해 행동할 책임이 있다. 공동체의 구성원으로서 사육 동물은 필요하다면 온정주의적 보호도 포함해 여러 보호를 받을 권리가 있다. 더불어, 그들이 자율 규제가 되지 않는다면, 사회생활의 제약을 받게 된다(예를 들어, 다른 동물의 기본권과 협력 제도의 지속 가능성을 보전하기 위해 그들을 규제할 수 있다).

다른 영역과 마찬가지로 성과 재생산 영역에서도 시민권은 권리와 책임이 함께 묶여있다. 시민으로서 사육 동물은 성생활과 재생산이 필요 이상으로 제한받지 않을 권리, 그리고 더 큰 인간-동물 혼종 사회에서 자손이 돌봄과 보호를 받을 권리 등을 지닌다. 하지만 시민으로서 사육 동물은 다른 이들에게 불공평하거나 비합리적인 비용을 부과하지 않고, 공동체 운영에 지속 불가능한 부담을 주지 않는 방식으로 권리를 행사할 책임도 있다. 동물이 번식을 스스로 규제하지 않거나 할 수 없을 때 다른 이들이 동물의 자손을 돌보고 키우는 데 드는 비용이 엄청날 수 있다. 이런 상황이라면 동물의 번식에 어느 정도 제한을 두는 것은 더 큰 공동체 운영에서는 합리적이라고 생각한다. 이동성 제한과 마찬가지로, 번식 제한도 신중하게 정당화되어야 하며, 가능한 한 가장 제한이 적은 방법을 사용할 필요가 있다. 중요한 것은 이러한 정당화가 폐지주의가 주장하는 멸종으로 가는 전면적인 번식 통제/불임화와는 다르다는 것이다. 폐지주의는 개별 동물의 이익을 생각하지 않고 자유를 제한하려 한다. 반면, 시민권 모델에서 제한은 개체의 이익과 연결될 때만 정당화될 수 있으며, 그 이익에는 권리와 의무가 모두 포함된 협력적인 사회 프로젝트의 일부가 되는 것도 있다는 점을 알아야 한다.

사육 동물이 어떻게 번식하는지의 문제와 사육 동물이 얼마나 많이 존재해야 하느냐는 문제는 구분할 필요가 있다. 현재 사육 동물은 단연코 지구상에서 압도적으로 개체 수가 많은 포유동물과 조류이므로, 이들이 더 많이 존재해야 한다고 주장하기는 어려울 것이다. 이들의 개체 수는 생태학적 관점에서 볼 때 지속 가능하지 않다. (이 점에서는 인간도 마찬가지다.) 사육 동물이 지금처럼 개체 수가 많은 유일한 원인은 우리가 그들을 착취하려고 집중적으로 번식시켰기 때문이다. 그래서 어떤 식으로든 동물 해방은 사육 동물의 개체 수를 상당히 줄어들게 할 것이다. 우리는 ⓐ생태적으로 지속 가능하고 ⓑ사회적으로 지속 가능한 (즉, 사육 동물을 돌볼 인간의 의무와 동물이 인간-동물 공동 사회에 기여하는 방식이 어느 정도 균형을 유지하는) 개체 수 규모를 목표로 해야 할 것이다. 인간이 지속 가능한 방식으로 사육 동물의 개체 수를 조절하는 것이, 조절하지 않았을 때 생태적 붕괴나 사회적 붕괴로 황폐해지는 것보다 사육 동물에게는 이익이다.

사육 동물의 번식률을 조절할 수 있는 상대적으로 비침습적인 방법은 피임 백신, 일시적인 물리적 분리, 무정란 등 많다. 게다가 동물이 가족을 원하는 것처럼 보인다면 가족을 이루게 한 후 피임 조치를 할 수도 있다. 다시 말해 일부 사육 동물만이 번식을 담당하고 대부분은 번식하지 않는 현재 상황 대신 동물 대부분에게 새끼를 낳고 기를 기회를 분산시키되 범위는 제한할 수 있다.

인간이 사육 동물의 개체 수를 통제하는 것이 바람직하다고 해서 (동물이 이런 점에서 사회적으로 자신을 규제하지 않는 한) 동물이 짝짓기할지, 누구와 할지, 언제 할지 등 모든 면을 통제해야 하는 것은 아니다. 이러한 점에서 다시 한번 동물이 행위자성을 행사하는 범위에 대한 까다로운 질문에 직면한다. 『개와 함께한 10만 시간』에서 엘리자베스 마셜 토마스(1993)는 놀랍도록 다른 두 상황을 서술한다. 한 상황은 강한 결속과 애정을 지닌 한 쌍의 개 마리아와 미샤에 관한 것으로, 이 둘은 명백히 성행위와 그 결과로 낳은 새끼에서 상호적인 기쁨과 만족을 얻었다. 반면에 다른 개 비바는 낯선 수컷 개가 울타리를 넘어 들어와 강간했을 때 큰 정신적 충격을 받아 불안하고 자신 없는 어미가 되었다. 첫 번째 상황은 안전한 상황에서 개가 책임 있는 행위자성을 발휘할 기회를 갖는 경우로 보인다. 인간의 개입은 이러한 행위자성을 행사할 조건, 즉 개가 짝짓기 상대를 선택할 수 있고 원치 않는 성적 접근에서 보호받을 수 있는 안정되고 안전한 환경을 만드는 핵심적인 역할을 한다. 다시 말해, 인간의 개입은 반드시 행위자성을 제한하는 것은 아니며, 오히려 활성화하는 데 매우 중요할 수 있다.

여기에는 커다란 미지의 영역이 있다. 일부 사육 동물 종은 수 세대 동안 인간의 도움을 받아 인공 수정으로 태어났다. 어떤 동물은 도움 없이는 번식이 불가능할 정도다. 이들에게 짝짓기할지, 언제 할지, 누구와 할지 결정하는 통제권을 돌려줄 때는 신중해야 한다. 우리의 역할은 그들이 어떤 조건에서 의미 있는 행위자성을 어느 정도까지 행사하는 것으로 보이는지 밝혀진 것을 따라야 한다.

당분간 우리는 누가 누구와 번식할지 계속해서 상당 부분 통제할 것이다. 동물이 많은 선택을 할 수 있는 상황을 만들더라도 여전히 가능한 짝의 범위와 짝이 된 상대와의 임신과 출산으로 이어질 가능성도 통제할 것이다. 이러한 통제는 현재 동물의 권리를 존중하고, 나아가 미래 동물에게 이익이 되는 방식으로 이루어져야 한다.

예를 들어, 인간이 동물을 번식시키면서 동물에게는 호흡기 문제, 수명 단축, 극단적인 기온에 대한 취약성 증가, 성체 동물이 자기 무게를 지탱할 수 없는 정도로 비만해지는 등 많은 건강 문제가 생겼다. 동물은 의도적으로 이러한 과정을 되돌리는 방향으로 짝짓기를 결정할 수 없다. 우리는 진화적 압력으로 적합성fitness이 정의되고 선택되는 자연에서 사육동물을 벗어나게 했다. 사육 동물에게 적합성이란 인간-동물 혼종 사회에서 번영할 수 있는 특성이다. 이는 적어도 가까운 미래에는, 인간이 사육 동물의 이익을 위해 번식을 통제할 필요가 있음을 의미한다. 동물에게 짝으로 선택할 후보의 선택지를 내놓을 때, 인간은 동물 착취가 아닌 동물 시민권을 바탕으로 혼종 사회에서 번영할 능력과 건강이라는 면에서 잠재적 자손에게 이익이 될 선택지를 주어야 한다. 번식 관리는 미래 동물에게 이익이 되고 짝지은 동물 한 쌍의 (짝짓기 여부와 시기에 관한) 권리가 존중되는 조건 아래 진행될 때 정당화될 수 있다.[45]

사육 동물의 식단 Domesticated Animal Diets

우리가 사육 동물에게 지는 많은 의무 중에는 그들이 충분한 영양을 섭취하게 할 책임도 있다. 여기에서 우리는 또 다른 딜레마에 부딪친다. 우리는 사육 동물에게 고기를 먹일 의무가 있는가? 특히 고기가 이른바 자연식의 일부라면? 사육 동물 시민에 대한 우리의 의무를 다하기 위해 일부 동물을 고기로 만들어야 하는가?

한 걸음 물러나 동물의 식단 문제를 좀 더 일반적으로 생각해 보자. 닭, 소, 염소, 양, 말 등 일부 사육 동물은 행위자성을 행사할 범위가 더 크게 주어진다면 자기에게 영양학적으로 꼭 필요한 것 중 많은 것을 스스로 해결할 수 있을 것이다. 앞서 로저먼드 영을 인용하여, 자유롭게 돌아다니는 소들이 어떻게 균형 잡힌 식사를 하고, 질병에 대처하며, 출산에 대비하기 위해 식단을 조절하는지 살펴보았다(Young 2003). 하지만 다른 동물들은 필요한 영양 성분 섭취를 우리에게 의존할 것이다. 반려견과 반려묘는 사냥과 사체 청소하기scavenging로 먹이를 찾는 야생 환경에서 오래전에 떨어져 나왔다. 들개와 길고양이는 대개 스스로 생존할 수 있지만, 인간이 먹이를 보충하지 않으면 잘 자랄 수 없다. 개와 고양이는 오랫동안 인간과 함께 생활하고 먹이를 나눠 먹도록 길들었다. 최근 수십 년 동안 우리는 개와 고양이 전용 사료라는 개념에 익숙해졌다. (한편으로 이것은 개와 고양이가 인간과는 다른 영양분이 필요하다는 점을 점차 더 이해하게 된 것을 보여준다. 다른 한편으로는 산업화한 육류 생산 체계의 부산물을 소비할 시장을 찾으려는 욕망을 보여주기도 한다.) 하지만 대부분의 인간-반려동물 역사에서 개와 고양이는 가족이 먹다 남은 음식과 직접 얻은 음식을 먹고 살았다. 개는 특히 고도로 유연한 잡식동물로 진화했다. 개가 적절히 설계된 비건 식단을 먹고도 잘 살 수 있다는 증거가 충분히 있다. 고양이도 육식 동물이긴 하지만 타우린과 기타 영양분을 적절히 보충한 고단백 비건 식단으로 잘 살 수 있다는 증거도 점점 더 많이 나오고 있다.[46] 이것이 사실이라면 정의로운 인간-동물 세상으로 나아가는 데 있어서 반려동물을 먹이는 문제로 도덕적 딜레마에 빠져 헤어 나오지 못하는 일은 없을 것이다.

비평가들은 비건 식단이 개와 고양이에게 자연스러운 게 아니라고 불평할 것이다. 하지만 개와 고양이는 수백 년 간 우리 세계의 일부로 살며 다양한 문화의 식사에 적응했다. (상업적인 반려동물 사료도 자연스럽지는 않다.) 반려동물에게 자연식이란 없다. 그들에게 중요한 것은 필요한 영양을 모두 섭취할 수 있는, 그들의 입맛에 맞고 만족스러운 식단이다. 고양이와 개는 각자 입맛이 다르지만 많은 비건 식품과 감미료(예, 영양 효모, 해조류, 고기, 생선, 치즈 맛 조미료 등)를 좋아한다는 증거가 많다.

비건 식단이 영양가 있고 맛있어도 많은 고양이와 개에게 우선적 선택은 아닐 가능성이 높다. 선택권이 주어진다면 아마도 고기를 선택할 것이다. 우리는 동물의 행위자성을 활성화하는 것, 즉 가능한 한 동물이 자기의 선을 위해 선택하게 하는 것이 중요하다고 주장했다. 그렇다면 왜 식단의 경우에는 그들에게 고기라는 선택지가 있어서는 안 된다고 주장하는가? 시민의 자유는 항상 다른 이들의 자유를 존중하도록 제약을 받기 때문이다. 인간-동물 혼종 사회에서 개와 고양이 구성원은 다른 동물을 죽이는 식생활의 권리가 없다. 6장에서 논의하겠지만, 포식자-피식자 관계는 야생에 사는 동물에게는 불가피하지만, 사육 동물은 정의의 여건을 갖춘 인간-동물 혼종 사회의 시민이다. 누누이 강조했듯이 정의는 사육 동물의 권리를 인정하기를 요구하지만, 또한 모든 시민과 마찬가지로 사육 동물 역시 모두의 기본적 자유를 존중하기를 요구한다. 많은 인간도 육식을 좋아하지만, 영양학적으로 대체 식품이 있다면 육식은 비윤리적 행위일 것이다.

하지만 어떤 고양이가 동물 단백질이 없는 식단으로는 적절한 영양을 섭취할 수 없다면 어떻게 해야 할까? 다른 동물의 죽임당하지 않을 권리를 침해하지 않으면서 고양이를 먹일 우리의 의무를 어떻게 이행할 수 있을까? 가능한 선택지는 다음과 같다. ⓐ고양이가 사냥하게 내버려두기 ⓑ고양이에게 먹일 사체 찾기 ⓒ줄기세포에서 배양한 '프랑켄미트frankenmeat[배양육]'를 발명하기 ⓓ사육 닭이 낳은 알을 먹이기. 첫 번째 선택지, 반려묘가 쥐와 새를 잡아먹게 하는 것은 우리가 직접 새와 생쥐를 죽이는 것과 별반 다르지 않다. 반려묘는 우리 공동체의 구성원이므로, 가능하다면 어린이가 다른 동물에게 폭력을 쓰는 것을 막듯이 반려묘가 다른 동물에게 폭력을 사용할 수 없게 해야 한다. 다시 말해, 인간-동물 혼종 사회의 구성원으로서 우리의 책임 중 일부는 다른 구성원의 기본적 자유를 존중하도록 자율 규제를 할 수 없는 구성원을 규제하는 것이다(예, 고양이 목에 방울을 달아서 쥐와 새에게 접근을 알리거나, 집 밖에서는 그들을 죽이지 못하게 감시하는 것 등).

두 번째, 나이가 들어서 죽거나 교통사고로 죽은 동물의 고기를 얻는 등 사체를 청소하는 선택은 흥미로운 의문을 불러일으킨다. 시체에 예의를 표하는 것은 우리가 존중을 보이는 방법 중 하나다. 어떤 사람은 동물이 시체를 존중한다는 생각을 이해할 수 없으니, 동물이 사체를 대하는 방식이 죽은 자의 존엄을 무시했다고는 할 수 없다고 주장할 것이다. 존중의 개념을 이해하는 사람들 사이에서만 서로 존중하는 관계가 가능하다는 생각은 둘 중 한 사람이 존중의 개념을 이해하지 못하더라도 존중이 두 사람 사이의 관계에 내재할 수 있다고 주장하는 장애 이론가들이 반박하였다. 어떤 사람이 존중받지 못하면 그가 존중받지 못한다는 사실을 이해하지 못하더라도 그가 받게 되는 대우와 공동체의 완전한 구성원으로 인식될지 여부에 심각한 영향을 미친다. 이러한 존중의 개념은 동물의 사체 대우에도 영향을 미칠 수 있다. 우리가 일반적으로 동물의 사체 대우에 인간의 시체와 다른 기준을 갖는다면, 이는 존중의 차별을 드러내고, 동물을 계속해서 공동체의 완전한 구성원으로 보지 못하게 할 것이다. 따라서 우리는 동물의 사체를 인간의 시체와 다르게 대하는 의미를 신중하게 살펴볼 필요가 있다. 한편, 인간의 시체를 존중해야 한다는 생각은 문화마다 다양하고 시간에 따라 변화한다. 부검, 과학 연구 목적의 인체 사용, 장기 이식 등 이 모든 관행은 한때 시체를 모욕하는 예로 여겨졌다. 인간의 시신을 거름으로 사용하는 기술도 같은 이유로 논란이 되고 있다. 인간 시신을 거름으로 재활용해도 될까?

여기에서 시체 대우가 모든 개인의 기본권에 속하는지, 아니면 공동체의 경계와 구성원의 상호 의무를 표시하는 시민권과 관련된 권리인지 또 다른 의문이 생긴다. 이 질문은 두 가지 차원에서 생기는 것 같다. 한편으로, 보편적으로 경멸이나 불경 행위로 인식되어 삼가야 하는 인간의 시체 처리 방식이 몇 가지 있다. 다른 한편으로 시체에 대한 우리의 적극적 의무는, 즉 존중을 표하기 위해 **해야 하는** 일에 대한 생각은 문화적, 종교적으로 다양하고 공동체의 경계를 구분하는 표지가 된다. 이는 인간이든 동물이든, 시민이든 외국인이든 시체를 대할 때 결코 해선 안 되는 방식이 있고, 동시에 공동체의 구성원에게 지는 특별한 의무도 있다는 의미일 수 있다. 예를 들어, 어떤 사람이 외국에서 죽으면 시체를 그의 나라로 돌려보내거나, 그가 우연히 방문한 곳의 문화 방식이 아닌 그가 본래 속한 문화/종교/공동체의 방식에 따라 처리하는 것이 더 적절할 것이다.

그렇다면 우리는 사육 동물의 사체를 해당 사회나 공동체에서 인간의 시체를 대하는 것과 같은 방식으로 대해야겠지만, 공동체 밖에서 온 동물의 사체에는 같은 의무가 적용되지 않을 수 있다. 반려묘의 사체를 인간-동물 공유 사회에서 시민으로서의 지위를 표현하는 방식으로 다루는 것은 적절할 수 있지만, 야생 동물에는 적절하지 않을 수 있다. 야생 동물은 생태계를 통해 사체를 청소하고 재활용하는 일이 전혀 무례하지 않은 다른 사회에 속한다. 그렇다면 고양이 먹이로 야생 동물의 사체를 청소하는 것이 용납될 수 있다는 뜻인가? 그러면 결국 야생 동물의 생명이 가치가 덜 중요하다고 인식하게 만드는가?

세 번째, 우리가 시체를 대하는 방식과 그 방식이 생명 존중을 해치는지에 관한 걱정은, 연구실에서 줄기세포를 이용해 만든 배양육 프랑켄미트 개발에 관련된 걱정으로 이어진다. 한편으로 이런 종류의 개발은 육류 소비의 문제를 해결할 수 있는 잠재적 해결책으로 보인다. 이 과정에서는 어떤 쾌고감수능력 있는 존재도 만들어지지 않고 단지 조직tissue만 만들어진다. 따라서 이 고기를 만드는 과정에서 누구도 직접 해를 입지 않는다. 다만 한 가지 걱정은 배양육 개발이 생명 존중에 미칠 영향이다. 인간의 것이 아닌 동물의 줄기세포로 배양육을 만드는 것은 인간의 존엄성과 관련해 중요한 차이가 없는가? 인간의 줄기세포로 소비용 고기를 만들 일은 없어 보인다. 인간은 식용이 아니라는 식인 금기 때문이다. 하지만 동물의 줄기세포에서 자란 고기를 먹는 것은 비슷한 위반이 아닌가? 어떤 비건에게는 인공육(또는 인조털이나 인조 가죽)의 생각조차 혐오스럽지만, 다른 사람에게는 이런 제품이 문제가 되지 않을 수 있다. 혐오 문제는 존중 문제와 얽혀있고, 합리적인 사람이라면 계속해서 적절한 경계에 관해 서로 다른 의견을 내놓을 것이다.

네 번째 선택지, 고양이에게 달걀 같은 비육류 동물 단백질을 먹이는 것은 인간-동물 사회에서 이런 용도로 닭을 이용하는 것이 윤리적일 조건이 있는지에 달렸다. 우리는 이 문제를 앞서 살펴보았고, 그것이 용납될 만한 제한적인 상황이 있다는 결론을 내렸다. 하지만 윤리적 달걀 (또는 우유) 상품 사업은 아마 실현 불가능할 것이고(그리고 남용을 부를 것이다), 따라서 고양이에게 필요한 동물 단백질을 보급하기 위해 대량 생산이 이루어질 수는 없을 것이다. 하지만 반려묘와 살고 싶은 사람에게는, 어쩌면 반려닭을 키워서 윤리적으로 달걀을 얻는 것이 한 가지 해결책이 될 수 있다.[47]

고양이는 사육 동물 중 유일하게 진정한 육식 동물이기에 인간-동물 사회에 독특한 과제를 준다. 고양이와 함께 살려면 인간은 반려묘의 식단과, 반려묘가 인간-동물 사회의 구성원이 되기에 필요한 여러 제약과 관련해 일정 수준의 도덕적 복잡함을 해결해야만 할 것이다. (여기서 제약이란 반려묘의 식단만이 아니라 반려묘의 포식 행위에서 다른 동물을 보호하기 위해 야외에서 고양이를 주의 깊게 살피는 것도 있다.) 이러한 수준의 제약은 고양이가 인간-동물 혼종 사회의 구성원이 되어 잘 지낼 가능성을 약하게 할까? 이것은 고양이의 멸종이 정당화될 수 있다는 의미일까? 적어도 이것은 반려묘를 들이려는 모든 인간이 자기 고양이가 필요한 제약 속에서도 풍요롭게 살도록 상당한 책임을 지겠다고 약속하는 것을 의미한다. 예를 들어, 고양이의 입맛에 맞고 영양학적으로 적절한 먹이를 찾으려는 노력, 고양이가 다른 동물을 위험하게 하지 않으면서 야외 활동을 즐길 기회를 만들어주는 노력 등이 포함된다.

정치적 대표 Political Representation

우리는 상호 협력적이고 호혜적인 사회생활에서 어떻게 개인이 자유를 누리고 번성하는지 이해하는 관점을 시민권이 제시한다고 강조했다. 개인이 자유와 기회를 누리려면 사회생활의 기본 규칙을 내재화해야 한다. 사회생활의 기본 규칙에는 예를 들어 사회생활에 참여하면서 타인의 권리를 침해하지 않는 것이 있다. 하지만, 기본 규칙은 항상 임시로 정해진 것으로 모든 시민이 민주적으로 참여해 계속해서 협상한다. 우리는 사육 동물의 의사 표현을 해석하는 법을 배운 '협력자'가 돕는다면 사육 동물도 규칙 협상 과정에 참여할 능력이 있다는 점도 강조했다. 하지만 이런 의존적인 행위자성은 사육 동물과 협력자를 정치적 의사 결정자와 연결하는 제도적 장치가 있을 때만 정치적으로 효과가 있을 것이다. 요약하면 사육 동물의 효과적인 정치적 대표를 확실히 보장할 방법이 필요하다.

사육 동물의 정치적 대표는 사육 동물에게 투표권을 확대한다고 해결될 문제가 아니다. 동물은 다양한 후보자나 정당의 정책을 이해할 수 없기 때문이다. 이는 많은 중증 지적 장애인에게도 해당하며, 보르하우스가 지적했듯이 중증 지적 장애인에게도 투표권으로 정의되지 않는 또는 한정되지 않는 대표의 개념이 필요하다(Vorhaus 2005). 그렇다면 우리는 동물 동료 시민을 위한 정치적 대표를 어떻게 생각해야 할까?

동물 권리론에서 동물 동료 시민의 정치적 대표에 관한 논의는 거의 없다. 이는 동물 권리론이 소극적 권리를 우선시하고, 인간-동물 관계의 미래는 사회적, 정치적 통합이 아니라 교류를 최소화하는 것이라고 가정하기 때문이다. 하지만 환경 이론에서는 '자연에 투표권을 주는' 방법을 주제로 논의가 진행되고 있다. 예를 들어, 로빈 에커슬리Robyn Eckersley는 미래 세대와 인간을 제외한 여러 종의 이익이 의사 결정에서 고려되도록 보장할 책임이 있는 '환경보호청environmental defenders office' 같은 독립적인 공공 기관을 헌법에 명시하라고 권고했다(Eckersley 1999, 2004:244). 다른 환경 이론 저자들도 환경 '변호사advocate', '수탁자trustee', '민원 해결 도우미ombudsmen'라는 정치적 직책을 만드는 것과 비슷한 제안을 논의했다(Nor-ton 1991:226-7; Dobson 1996; Goodin 1996; Smith 2003). 하지만 비평가들은 결국 미래 세대나 비인간 종의 이익을 고려하도록 보장하는 유일하게 믿을 만한 방법은, 일반 인간 유권자가 태도를 바꾸는 것이라고 주장한다(Barry 1999:221; Smith 2003:116).

앞서 언급했듯이, 이러한 제안은 동물 권리론이 아닌 환경/생태학 문헌에서 나왔다. 그리고 환경/생태학 문헌의 우선순위를 반영하듯, 앞의 여러 제안은 사육 동물의 시민권은 말할 것도 없고 사육 동물의 기본권을 옹호하는 것에도 거의 집중하지 않았다. 이들이 집중한 것은 생태계, 그것도 주로 야생 생태계의 지속 가능성이다. 이는 2장에서 보았듯이 개별 동물의 권리 침해를 지지하는 것과 종종 밀접한 관련이 있다(예, 지속 가능한 사냥, 생태계 치유를 위해 개체 수 과잉 종이나 침입종의 살처분 옹호).

보다 구체적으로 동물 권리 관점에서 보면, 스위스의 취리히에는 '동물 변호사' 직책이라는 흥미로운 예가 있다. 동물 변호사는 법정에서 동물을 대변할 권한이 있고, 환경적 지속 가능성보다 동물 복지에 집중할 의무가 있다.[48] 하지만 이는 정치적 대표라기보다 동물 학대 및 피해 방지에 맞서 현존하는 법적 보호를 효과적으로 시행하는 것을 보장하는 정도다. 동물 변호사는 입법 과정에서 동료 시민으로서 동물을 대표하여 성원권의 조건을 재협상하는 권한은 없다.

이상의 예에서 분명히 알 수 있듯이, 결국 중요한 것은 '변호사 defender'나 '민원 해결 도우미' 같은 이런저런 제도를 만드는 것이 아니라, 제도 개혁을 촉진할 인간-동물 관계의 근본적인 그림을 그리는 것이다. 무엇보다 이미 대부분의 사법 관할 구역에서 동물 복지 담당관 제도가 잘 확립되어 있지만 담당관의 역할은 복지론의 바탕을 이루는 철학, 즉 동물이 인간의 목적 달성을 위해 존재하며 동물 복지는 '불필요한' 고통을 제거하는 것뿐이라는 생각에 의해 엄격히 제한된다.

이런 함정에서 빠져나오려면 먼저 대표성을 위한 새로운 제도의 목적을 분명히 해야 한다. 우리는 이러한 제도가 사육 동물의 동료 시민권이라는 생각을 중심으로 만들어져야 한다고 주장해 왔다. 효과적으로 사육 동물을 대표하려면 여러 수준에서 제도 개혁이 필요할 것이다. 여기에는 입법 과정에서의 대표성과 함께, 도시의 토지 계획 결정이나 경찰, 응급 구조, 의학, 법률, 도시 계획, 사회 복지 등 다양한 전문적이고 공적인 서비스의 통치 기구에서 동물을 대표하는 것도 필요하다.[49] 사실 이 모든 제도에서 사육 동물은 비가시화 되었고 이들의 이익도 무시되었다.

5. 결론

이는 사육 동물을 동료 시민으로 생각할 때 일어날 수 있는 변화 중 일부일 뿐이다. 이러한 예로 시민권이라는 관점이 어떻게 작동하는지, 그리고 현재 동물 권리론을 지배하는 폐지/멸종주의와 한계치 관점과는 무엇이 다른지 어느 정도 알 수 있길 바란다. 우리의 관점에서 시민권 모델의 핵심은 권리나 책임의 고정된 목록이 아니라, 완전한 성원권과 동료 시민권이라는 이상을 구현하는 지속적인 관계 구성에 대한 약속이다. 우리는 동물 훈련과 사회화, 동물 제품과 노동, 동물 건강 관리와 재생산의 문제를 검토했다. 이 과정에서 인간-동물 혼종 공동체의 완전한 구성원으로서 사육 동물의 지위를 인정하는 규정과 보호 장치는 어떤 것이 있는지, 그리고 어떤 것이 사육 동물의 구성원 지위를 약화시켜서 동물을 영원히 종속된 계층으로 만드는지 질문했다.

이 모든 문제에서 사육 동물을 동료 시민으로 생각하는 것이 모든 도덕적 딜레마를 남김없이 해결하는 마법의 공식은 아니다. 인간과 마찬가지로 사육 동물 시민을 존중하는 데 무엇이 필요한지에 대해서는 논쟁과 합리적인 의견 차이가 있을 것이다. 하지만 우리는 시민권 관점에서 생각하는 것이 우리의 판단을 이끌 목표와 안전장치를 명확히 하고, 동물 권리론의 기존 접근 방식에서 마주하는 막다른 길과 모순을 피하는 데 도움이 된다고 주장한다.

더욱이, 이러한 접근 방식은 우리가 현재 동물을 대하는 몇 가지 모순적인 행동을 이해하는 데 도움이 된다. 누군가는 인간 사회가 반려묘나 반려견을 지나치게 대우하고, 이런 대우가 감상적이고, 위선적이며, 방종이라고 비판한다. 이 비판에는 두 가지 측면이 있다. 첫 번째는 반려견의 암 치료에 많은 값을 치르면서도 돼지갈비나 치킨으로 저녁 식사를 하는 것이 위선이라고 지적한다. 두 번째는 비교가 아니라 절대적 비판으로, 단순히 반려동물이 이러한 수준의 돌봄을 받을 자격도 없고 적절한 대상도 아니라는 주장이다. 동물은 단지 동물일 뿐이라는 것이다.

우리는 현재 사육 동물에 대한 대우가 모순적이라는 점에는 이견이 없지만, 이 두 가지 비판은 잘못되었다고 생각한다. 첫 번째 비판에 대해서, 시민권 접근법은 위선에 대한 적절한 반응이 반려동물을 돌보는 수준을 낮추는 것이 아니라, 모든 사육 동물을 성원권의 완전한 혜택과 책임을 지닌 시민으로 대하는 것이라고 말한다. 두 번째 비판에 대해서, 시민권 접근법은 공동체 구성원 모두가 근본적으로 동등하다고 주장한다. 모든 시민에 대한 동등한 배려와 존중은 감상적인 방종이 아니라 정의의 문제다. 많은 사람이 반려동물에게 주는 사랑과 돌봄은 경멸할 그릇된 감정이 아니라, 활용하고 확장해야 할 강력한 도덕적 힘이다.

6 야생 동물의 주권

Wild Animal Sovereignty

앞서 4장과 5장에서는 사육 동물에 초점을 맞추었다. 이제는 비사육 동물, 즉 인간의 직접적인 관리에서 상대적으로 자유롭게 살아가며 먹이와 서식지, 사회 기반 시설 등 필요를 스스로 충족하는 동물에 집중할 것이다. 비사육 동물이라는 광범위한 범주에 속하는 동물은 다양한 형태의 인간-동물 관계를 맺고 있다. 7장에서는 인간과 밀접한 관계를 맺고 사는 야생 동물인 경계 동물liminal animals을 논의할 것이다. 이 장에서는 '진정한 야생' 동물, 즉 인간과 인간 정착지를 피해 점차 줄어드는 자신들의 서식지와 영역에 (가능한 한) 분리되어 독립적인 생활을 유지하는 동물을 논의한다. 야생 동물의 경우, 우리가 앞서 사육 동물을 위해 막 윤곽을 잡기 시작한 인간-동물 혼종 공동체에서의 의존적 행위자성과 동료 시민권 모델은 실현 가능하지도, 바람직하지도 않다.

야생 동물은 인간을 피하고 일상의 필요를 인간에게 의지하지 않지만, 여전히 인간 활동에 취약하다. 이 취약성은 인간 활동과의 지리적 근접성, 생태계 변화에 대한 종의 적응력, 생태계 변화의 속도에 따라 달라진다. 이러한 취약성은 크게 세 가지 인간 활동의 영향에서 비롯된 것으로 생각해 볼 수 있다.

① **직접적이고 의도적인 폭력** direct, intentional violence 사냥, 낚시, 포획, 동물원이나 서커스 전시, 이국적 애완동물이나 전리품 수집, 야생 동물의 신체 이용 목적의 납치, 야생 동물 관리 사업 일환의 살처분, 과학 연구 명목의 해로운 실험

② **서식지 파괴** habitat loss 인간이 거주, 자원 채취, 여가와 기타 활동을 목적으로 동물의 서식지를 지속해서 침범하여 파괴하고 동물의 생존에 필요한 공간, 자원, 생태계 생명력을 빼앗는 방식

③ **간접적 피해** spillover harms 선박 항로, 고층 건물, 고속 도로에서 오염과 기후 변화의 파급 효과에 이르기까지 인간의 기반 시설과 활동이 동물을 위험하게 하는 수많은 방식

인간이 야생 동물에 미치는 영향은 대개 이 세 가지 중 하나로 부정적이지만, 잠재적으로 긍정적 영향을 미칠 수 있는 네 번째 방식도 상상해 볼 수 있다.

④ **적극적 개입** positive intervention 야생 동물을 돕기 위한 인간의 노력. 개별적 차원의 노력(예, 얼음이 깨져 물에 빠진 사슴 구하기)이나 제도적 차원의 노력(예, 질병 예방 백신 접종), 자연재해와 자

연 현상(예, 화산, 먹이 사슬, 포식자)에 대응하려는 노력, 인간이 끼친 해악을 되돌리거나 예방하려는 노력(예, 재야생화, 서식지 복원)

적절한 동물 권리론이라면 이 네 가지 유형의 영향을 모두 고려하는 방침을 제시해야 한다.

이 장에서 우리는 고전 동물 권리론이 네 가지 인간의 영향을 고려하는 데 적합하지 않다고 주장하고, 이 과제를 위해 권리론을 어떻게 확장하고 수정해야 할지 제안한다. 우리가 정리한 네 가지 영향 중에서 고전 동물 권리론은 첫 번째 유형인 기본권의 직접적 침해에만 집중하고, 다른 세 가지 문제에는 별 관심을 기울이지 않는다. 이는 우연한 실수가 아니라, 동물권을 오로지 동물에 내재하는 도덕적 지위에만 근거하여 정의하는 권리론의 한계다. 나머지 세 가지 문제를 적절히 다루려면 동물권을 좀 더 명확하게 관계적으로 정의하고 정교하게 만들 필요가 있다. 즉 인간 공동체와 야생 동물 공동체 사이에서 실현할 수 있고 도덕적으로 옹호할 수 있는 관계의 유형이 무엇인지 명확히 설명할 필요가 있다. 앞으로 살펴보겠지만, 이는 근본적으로 정치적인 질문이며, 인간 사회와 야생 동물 공동체 사이의 적절한 정치적 관계 구조가 어떤 형태인지 규명할 때만 해결할 수 있다. 이러한 관계를 파악하는 한 가지 유용한 방법은 야생 동물이 주권 공동체를 형성하고 있으며, 야생 동물 주권 공동체와 인간 주권 공동체의 관계가 국제 정의 규범에 따라 규제되어야 한다고 생각하는 것이다. 5장에서 시민권 이론이 사육 동물에 대한 우리 의무를 파악하는 데 도움이 된다고 주장했듯이, 이 장에서도 우리는 주권과 국제 정의의 개념이 야생 동물에 대한 우리 의무를 파악하는 데 도움이 된다고 주장한다.

앞으로 분명해지겠지만 우리의 목표는 동물 권리론의 확장이지 대체가 아니다. 이러한 점에서 우리의 접근 방식은 생태주의 이론과 상당 부분 다르지만, 비슷한 우려에서 출발한다. 많은 생태주의 이론가는 고전 동물 권리론이 서식지 파괴와 그 외 의도치 않은 피해[간접적 피해]에 관심을 두지 않고, 인간 활동이 야생 동물과 생태계에 미치는 복합적이고 파괴적인 영향을 제대로 이해하지 못한다고 비판한다. 우리는 이러한 생태주의 이론의 통찰을 폭넓게 수용하고 있다. 그러나 2장에서 주장했듯이 생태주의 이론의 일반적인 흐름은 동물을 자연이나 생태계라는 더 큰 범주에 집어넣고 동물의 주체성이 갖는 고유한 도덕적 중요성을 가볍게 여기며, 개별 (비인간) 존재의 불가침성을 부정한다.[1] 많은 생태주의자는 생태계의 건강에 관한 전체주의적 관심과 개별 동물에 권리를 부여하는 개념은 양립할 수 없다고 주장한다. 취약한 생태계를 보호하려면 침입종 식물을 제거할 필요가 있는 것처럼, 인간은 생태계를 해치는 동물 종을 소위 '생태계 치유를 위한 살처분therapeutic culling'*할 수 있다는 것이다.

하지만 동물 권리론의 관점에서 보면, 생태계에 존재하는 다양한 유형의 개체 중에서 어떤 개체는 주체로서 존재하며, 주체는 불가침 권리 존중을 포함해 고유한 도덕적 응답을 요구한다는 점을

* 건강하고 균형잡힌 생태계를 유지하기 위해 개체 수 과잉으로 생태적 불균형을 초래하거나 토종 야생동물을 위협하는 외래종을 제거하는 것.

꼭 기억해야 한다. 사실 생태주의자도 이미 이러한 생각을 받아들이고 있다. 어찌 됐든 그들은 생태계를 보호하자고 인간의 생태계 치유를 위한 살처분을 권하지는 않을 것이다. 인간에 관한 한, 생태주의자들은 생태계 보호 노력이 개인의 불가침 권리 보호라는 제약 안에서 이뤄질 수 있고 반드시 그래야 한다고 받아들인다. 우리는 동물에도 비슷한 원칙이 적용될 수 있고 적용되어야 한다고 믿는다. 따라서 이 장의 목표는 확장된 동물 권리론이 어떻게 서식지와 생태계 번영이라는 중요한 문제를 다루면서도 주체의 불가침성에 관한 동물 권리론의 약속을 지킬 수 있을지 보여주는 것이다.

우리는 먼저 고전 동물 권리론 접근법이 야생 동물을 다룰 때의 한계를 개괄하고, 대안으로 주권 기반 모델을 전개한다. 이를 위해 우리가 말하는 주권이 무엇을 의미하는지 설명하고, 그러한 주권을 야생 동물 공동체에 어떻게 부여할 수 있을지 명확히 한다. 또한 인간이 야생 동물에 미치는 모든 영향과 상호 작용을 다루는 데 있어 설득력 있는 원칙을 규명하는 데 주권 기반 모델이 어떻게 도움이 될지 살펴본다.

1. 야생 동물에 대한 고전 동물 권리론 접근법

동물 권리론은 인간이 야생 동물에 미치는 네 가지 영향 중 첫 번째인 생명과 자유의 권리에 대한 직접적 침해에 주로 집중했다. 권리론은 사냥꾼, 포획꾼, 이국적 동물 매매꾼, 동물원과 서커스, 야생 동물 관리자의 약탈에 맞서 야생 동물을 보호하기 위해 엄청난 노력을 기울였다. 이는 당연한 일이다. 이러한 인간의 관행으로 죽거나 피해를 보는 동물이 끔찍히 많기 때문이다.[2] 모든 동물의 소극적 기본권을 강조하는 고전 동물 권리론 덕분에 자연스럽게 직접 침해 문제에 초점이 맞춰지고, 이는 야생 동물 옹호 운동가에게 적절한 출발점이 됐다.[3]

그러나 고전 동물 권리론이 기본권의 직접적 침해를 강조하는 것은 동물 옹호 운동의 출발점이자 종착점이기도 하다. 고전 동물 권리론의 기본 지침은 인간이 야생 동물에 직접 해를 끼치는 행위를 멈추고, 그들을 내버려두어야 한다는 것이다. 설령 이것이 동물이 인간의 활동으로 생기는 간접적 피해나 홍수, 질병과 같은 자연의 힘과 포식자 등에 입는 피해에 취약한 상태로 내버려두는 것이라도 말이다. 따라서 톰 레건은 야생 동물에 대한 우리 의무가 '내버려두기'라고 요약했다.[4] 이와 비슷하게 피터 싱어는 자연에 개입할 때의 복잡성을 고려하면, '우리가 다른 동물을 불필요하게 죽이거나 학대하지 않는 것만으로 충분'하고(Singer 1990:227) '가능한 한 많이 동물을 내버려둬야 한다'라고 했다(Singer 1975:251).[5] 그리고 게리 프란시온은 야생 동물에 대한 우리 의무가 '반드시 돕거나 해를 입지 않도록 개입할 도덕적, 법적 의무를 의미하지는 않는다'라면서(Francione 2000:185) 그 역시 '동물을 그저 내버려두어야 한다'라고 했다(Francione 2008:13).

요컨대, 고전 동물 권리론은 야생 동물에 대한 '불간섭hands-off' 접근법을 지지해 왔다. 직접 해를 주는 것을 엄격히 금하지만, 그 이상의 적극적 의무도 없다. 클레어 팔머는 이를 '자유방임적 직관

laissez-faire intuition'*이라고 부르며, 이러한 직관은 동물 권리론 문헌에 매우 깊숙이 자리 잡았다고 한다(Palmer 2010). 그러나 이러한 접근 방식은 지나치게 좁거나, 지나치게 넓다고 널리 비판 받아왔다. 지나치게 좁은 이유는 고전 동물 권리론에서 말하는 '동물을 내버려두라'라는 명령이 인간의 활동 영역 확장과 동물 서식지 파괴와 같이 인간이 야생 동물에게 해를 주는 주요한 방식을 다루지 않기 때문이다. 앞서 보았듯이 기본권의 직접적 침해는 인간이 야생 동물에 끼치는 부정적 영향의 세 유형 중 하나일 뿐이고, 설령 야생 동물 사냥과 포획을 멈추더라도 인간은 여전히 대기와 수질 오염, 운송로, 도시와 산업의 개발, 농업 활동으로 야생 동물에 엄청난 피해를 줄 것이다. 물론 '내버려두라'라는 생각을 이러한 간접적 피해를 포함하는 넓은 의미로 해석할 수 있지만, 적어도 지금까지 동물 권리론은 간접적 위험과 피해가 언제 부정의로 간주되는지, 이러한 부정의를 어떻게 바로잡을지는 거의 말하지 않았다.

고전 동물 권리론의 접근 방식은 지나치게 넓다고 생각되기도 하는데, 야생 동물에게 생명권이 있다고 인정한다면 불간섭non-intervention이라는 소극적 의무뿐만 아니라 적극적 의무도 생길 수 있기 때문이다. 동물 권리론자는 그들의 이론을 야생 동물을 그저 있는 그대로 내버려두는 것이라고 설명할 수 있지만, 비평가들은 생명권을 인정한다면 인간이 동물을 죽이는 것을 그만둬야 할 뿐만

* 인간이 야생 동물에게 특별한 도움을 줄 의무는 있을 수 있지만, 일반적으로 그들을 돌봐야 할 의무는 없다는 견해로, 팔머는 많은 사람이 이러한 직관을 가지고 있다는 관찰을 바탕으로 불간섭 접근법을 주장한다. 도덕 철학에서 직관은 사람들이 자연스럽게 느끼는 도덕적 판단을 의미하며, 이러한 직관은 도덕적 원칙과 규범을 형성하는 데 중요한 역할을 한다.

아니라 동물의 생명이 위협받을 때마다 개입해야 한다고 지적했다. 포식을 중단하고, 굶주림, 홍수, 한파에 노출되는 자연 과정에서 동물을 보호하기 위해 체계적으로 개입해야 한다는 것이다(Cohen and Regan 2001; Callicott 1980). 만약 영양의 생명과 자유의 불가침 권리를 보호하기 위해 인간의 영양 사냥을 막아야 한다면, 사자가 사냥하는 것도 막아야 하지 않을까? 그러면 아마도 사자를 따로 울타리를 쳐서 분리된 공간에 두거나, 모두 동물원에 가둬야 할 것이다. **귀류법**reductio ad absurdum*에 따라 생각해 보면, 생명권이 있는 야생 동물을 적극 도와야 할 인간의 의무를 다하기 위해 새를 위한 콩 단백질 벌레를 개발하거나, 야생 동물의 굴에 중앙난방을 설치하는 상황까지 상상해볼 수 있다(Sagoff 1984:92-3; 참조. Wenz 1988:198-9). 이처럼 야생 동물 사냥을 금지하는 근거로 생명권을 주장하는 것은, 자연에 개입해야 할 지나치게 광범위한 의무에 수문을 열어주는 것처럼 보인다.[6]

동물 권리론자들은 너무 좁거나 너무 넓다는 비판에 응답하는 과정에서 그들의 견해를 수정했다. 비록 수정한 내용이 부적절하고 임시방편이지만, 그렇게라도 보다 적절한 관계적 견해를 보여준다. 우리는 동물 권리론의 수정된 내용을 간략히 살펴보고, 수정된 내용이 어떻게 자연스럽게 우리의 주권 모델로 이어지는지 이야기할

* 귀류법은 어떤 주장에서 모순을 끌어내어 그 주장의 타당성을 반박하는 논증법이다. 'absurdum'이 논리적 모순뿐만 아니라 '불합리함' 또는 '터무니없음'을 뜻하는 바와 같이, 직관상 터무니없는 결과를 모순으로 제시하여 자신의 주장을 강화한다. 본문에서는 생명권이 있는 야생 동물을 적극적으로 도와야 한다면 새를 위한 콩 단백질 벌레 개발이나, 야생 동물의 굴에 중앙난방 설치를 해야 한다는 직관상 터무니없는 결과를 제시함으로써 야생 동물의 생명권 주장이 바람직하지 않다는 점을 논증한다.

것이다.

서식지 파괴 우려에 대해 동물 권리론자는 생태계의 번성이 개체가 번성하는 전제 조건이므로, 동물 권리론이 이러한 생태주의적 우려를 다루어야 한다고 인정한다(Midgley 1983; Benton 1993; Jamieson 1998; Nussbaum 2006). 실제로 최근 동물 권리론자들은 서식지 보호가 야생 동물의 핵심적 권리라고 주장한다. 예를 들어 두나이어는 '인간에게 살해당하지 않을 권리를 제외하면, 자유로운 비인간 동물의 가장 중요한 권리는 서식지에 대한 권리다'라고 말한다(Dunayer 2004:143). 존 해들리John Hadley는 서식지에 대한 권리를 야생 동물의 재산권으로 표현할 수 있으며, 이로써 인간의 활동 영역 확대와 생태계 파괴로 인한 강제 이주에서 야생 동물을 보호할 수 있다고 주장한다(Hadley 2005; Sapontzis 1987:104 참조).

하지만 최근 동물 권리론에 등장한 서식지의 재산권 개념은 충분히 나아가지 못하고 중요한 문제를 다루지 않은 채 남아있다. 이는 새는 둥지에 대해, 늑대는 굴에 대해, 즉 어떤 동물 가족이 독점적으로 사용하는 특정 영역에 대해 재산권이 있다고 말하는 것과는 별개의 문제다. 문제는 동물이 생존에 필요한 서식지가 특정 독점 영역을 훨씬 넘어선다는 것이다. 동물은 종종 다른 동물이 함께 사는 광활한 영역을 날거나 가로질러 이동해야 한다. 새 둥지 근처의 물웅덩이가 오염되거나 고층 건물이 비행경로를 막는다면 새 둥지를 보호한다고 해도 별 도움이 되지 않는다. 이럴 때 재산권 개념이 어떻게 도움이 될 수 있는지 명확하지 않다. 어떤 토지 경계 구역을 어떤 야생 동물의 재산으로 보아야 하는가? 이러한 영역에서 인간의 활동은 어떻게, 어느 정도로 제한해야 하는가? 우리는 어떻게 경계를 감독하고, 이러한 경계를 (양방향으로) 넘나드는 이동을 어떻게 규제할 것인가? 우리가 자기 서식지에 사는 동물에게 추가적인 의무가 있다면 어떤 의무를 지는가? 재산권이 동물에게 인간 활동으로 인해 강제로 이주당하지 않을 권리를 부여한다면, 다른 동물의 활동이나 기후 변화로 인한 강제 이주에서도 동물을 보호해야 하는가?

우리가 보기에 동물 권리론자는 대부분 이러한 질문들을 다루지 않는데, 오로지 동물의 내재적 도덕적 지위에만 초점을 맞추는 관점에서는 대답할 수 없기 때문이다. 이미 살펴보았듯이 동물에 내재하는 도덕적 지위에 관한 고찰만으로는 특정 동물(이나 특정 인간)에 대한 우리의 도덕적 의무를 결정하기에 불충분하며, 도덕적 의무는 우리가 동물과 맺는 관계의 성격에 따라 달라진다. 재산권이나 서식지 권리 논의는 야생 동물과의 관계를 좀 더 관계적이고 정치적인 맥락에서 이해해야 한다는 동물 권리론 내의 암묵적인 인식을 보여준다. 그러나 앞으로 살펴보겠지만 단지 재산권에만 집중해서는 야생 동물과 인간의 정치적 관계를 설명하기에 불완전하고 오해의 소지가 있다. 먼저 인간 공동체와 야생 동물 공동체 사이의 적절한 관계가 무엇인지 질문해야 하는데, 우리는 이 관계가 주권의 관점에서 가장 잘 설명될 수 있다고 생각한다. 그런 다음 주권 개념의 틀 안에서 서식지 문제를 다뤄야 할 것이다.

생명권을 인정하면 포식에 개입해야 할 의무가 따라올 거라는 우려도 재산권과 마찬가지로 막다른 골목에 부닥친다. 동물 권리론자들은 일반적으로 야생 동물을 굶주림이나 포식에서 보호하려는 의도라고 해도 자연에 개입해선 안 된다는 '자유방임적 직관'을 지지한다. 하지만 이 직관은 동물의 생명이 도덕적으로 중요하며 그들에게 생명과 자유에 대한 기본적인 권리가 있다는 주장과 상충되어 보인다. 이러한 우려에 대해, 동물 권리론자들은 자연에 전면적으로 개입하지 말아야 하는 이유로 다음과 같은 몇몇 논거를 내놓았다.

한 가지 논거는, 취약한 동물을 돕는 것은 칭찬할 만하지만 잡아먹히거나 굶주릴 때는 개입할 **의무**가 없다는 것이다. 톰 레건은 그의 고전적 저서『동물권 옹호The Case For Animal Rights』초판에서 부정의injustice, 즉 우리는 부당한 권리 침해를 막아야 할 의무가 단순한 불운misfortune을 막을 의무보다 일반적으로 더 강하다고 주장한다. 따라서 우리는 야생 동물을 인간의 사냥에서 보호할 의무가 있는데, 사냥이 책임 있는 도덕 행위자가 저지른 부당한 행동이기 때문일 것이다. 하지만 포식자에게 잡아먹히거나 자연 현상에 따른 고통에서 야생 동물을 보호할 의무가 없는 것은, 고통이 도덕 행위자성의 결과가 아니라서 불운하지만 부당하지는 않기 때문이라고 한다.[7]

비슷한 주장으로, 프란시온은 미국법이 인간에게도 '도울 의무'에 한계를 둔다고 말한다.

> 길을 걷는데 누군가 쓰러져서 작은 물웅덩이에 얼굴을 대고 익사하고 있는 것을 본다고 해보자. 이때 법은 나에게 그 사람을 도울 어떠

> 한 의무도 부과하지 않는다. 심지어 내가 해야 할 일은 그 사람을 뒤집는 것뿐이고, 내가 위험해지거나 심각한 불편을 겪지 않고 할 수 있는 일이더라도 말이다. (…) 동물을 물건으로 취급하지 말아야 한다는 기본 권리는 우리가 동물을 자원으로 취급할 수 없음을 의미한다. 그렇다고 우리가 반드시 동물을 도와야 하거나 동물이 해를 입지 않도록 막기 위해 개입해야 할 도덕적, 법적 의무가 있다는 의미는 아니다 (Francione 2000:185).

다른 동물 권리론자도 마찬가지로 우리가 (인간이든 동물이든) 다른 존재의 기본 권리를 침해하지 않을 '완전한' 의무가 있지만, 도움이 필요한 존재를 돕는 데는 '불완전'하거나 재량적 의무만 있다고 주장한다. 일반적으로 다른 존재들에 대한 우리의 소극적인 의무들(죽이지 않기, 감금하지 않기, 고문하지 않기, 노예로 삼지 않기, 생필품을 빼앗지 않기)은 '양립 가능한compossible', 즉 서로 충돌하지 않는 의무이다. 한 사람을 죽이지 않을 의무를 이행한다고 해서 다른 사람에게 같은 의무를 이행할 수 없는 것은 아니다. 반면에 많은 적극적 의무는 양립 가능하지 않다. 한 동물을 특정한 위험에서 돕는 것은 다른 동물을 돕는 방식과 충돌할 가능성이 있다. 제한된 시간과 자금으로는 지원 프로그램 중 일부만 도울 수 있을 뿐 전부를 도울 수는 없으며, 이러한 제약으로 일차적 개입 의무는 어쩌면 가까이에 있고 위험이 낮으며 잘 알려진 경우로 한정될 수 있다(Sapontzis 1987:247).

다른 존재를 도울 적극적 의무는 약하고 불완전할 뿐이라는 생각은 종종 적극적 의무의 '동심원' 모델과 더불어 언급된다. 캘리콧

(1992), 벤츠Wenz(1988), 팔머(2010)가 정립한 이 모델에 따르면, 우리의 도덕적 의무는 도움이 필요한 자들이 우리와 감정적, 공간적, 인과적으로 얼마나 가까운지에 따라 결정된다. 반려동물같이 가까운 관계에는 적극적 의무가 있고, 야생 동물처럼 멀리 떨어진 관계에는 피해를 주지 않을 소극적 의무가 있다고 한다.

비판에 맞선 동물 권리론자의 이러한 대응에는 두 가지 치명적인 문제가 있다. 첫 번째, 야생 동물에 자유방임적 직관을 주장하려면 곤경에 처한 인간을 도울 우리의 도덕적 의무를 극적으로 약화해야 한다. 불운을 막기보다 부정의를 막을 의무가 더 큰 것은 사실이지만, 실제로 누군가 바다에서 익사하거나 떨어지는 돌에 맞았을 때 이 일이 부정의가 아닌 자연적인 불운이라도 명백히 우리는 이들을 구해야 할 강력한 의무가 있다. 프란시온이 현재 미국법이 곤경에 처한 사람에게 '선한 사마리아인'*의 의무를 지게 하지 않는다고 했지만, 다른 국가의 사법권에서는 이런 일에 의무를 붙여 단지 재량에 따르는 선택이 아니라 진정한 도덕적 의무로 정한다. 우리의 도울 의무가 가까이 있는 사람일수록 더 강한 것은 사실이지만, 분명히 우리는 멀리 떨어진 나라에서 고통받는 사람에게도 적극적 의무가 있다. 나는 멀리 떨어진 나라에서 굶주리는 사람과 개인적인 관계가 없고 그의 역경에 어떤 인과적 책임도 없겠지만, 그렇다고 해서 내가 도와야 할 적극적 의무가 면제되는 것은 아니다. 야생

* 프랑스, 독일 등 몇몇 나라는 다른 사람에게 위험이 발생하는 것을 보고 자신 또는 제3자의 위험이 없는데도 구조에 나서지 않는 경우 처벌하도록 법으로 규정하고 있다. 이 법은 성경 누가복음의 강도를 만나 길에서 죽어가는 사람을 선한 사마리아인이 구조해주었다는 '선한 사마리아인' 이야기에서 유래했다.

동물에게 자유방임적 직관을 정당화려고 자연적 불운으로 곤경에 빠졌거나 우리와 지리적으로나 인과적으로 멀리 떨어져 고통을 겪는 사람을 도와야 할 일반적인 도덕적 의무를 약하게 만드는 것은 비뚤어진 태도다.

두 번째, 동물 권리론자의 이런 답변은 사실 문제의 핵심에 도달하지 않는다. 비판자들이 동물 권리론을 반대하는 이유는 야생 동물을 도우려고 자연에 개입하는 것을 **의무화**해서가 아니라, 그러한 개입을 권장하고 칭찬할 거라는 점이기 때문이다. 대부분의 사람은 거리에서 곤경에 처한 인간 동료 시민을 돕는 것이 법적 의무는 아니지만 선한 행동이라고 보면서도, 포식자-피식자 관계에 제도적으로 개입하는 것은 나쁜 일이라고 생각한다. 우리는 단순히 사자와 영양을 물리적으로 분리하여 사자가 영양을 먹이로 삼지 못하게 해서는 안 된다. 야생 동물에 대한 도움을 의무가 아닌 단지 재량으로 여기는 것은 이러한 정서를 반영하지 못한다. 동물 권리론은 도움이 의무가 아니라 재량에 따라 허용될 수 있는 것으로 말하지만, 비평가들은 적어도 일부의 경우에서는 개입이 허용되어서는 안 된다고 주장한다. 즉, 재량으로 개입할 힘이 있더라도 개입해서는 안 된다는 것이다.

그래서 몇몇 동물 권리론자는 동물 권리론의 관점에서 인간의 자연 개입을 제한하는 것이 왜 타당한지 설명하려 시도했다. 이런 논거는 동물 권리론과 일관되게 동물의 고통을 줄여야 하는 자명한 도덕적 이유가 있다는 전제에서 출발해야 한다. 동물 권리론의 도덕적 근거는 동물이 세계를 주체적으로 경험하고 있다는 인식이므로, 이 경험이 어떠한지 분명 도덕적으로 중요하다. 먹이 사슬이나 포식과 같은 자연의 과정이 고통을 주는 한 이 과정은 무해하거나 신성하지 않다. 그러나 야생 동물에게는 개입 의무를 크게 제한해야 할 원칙적이고 실용적인 근거가 다양하다. 이들 중 두 가지를 간략히 논의하고자 한다.

오류 가능성 논거

어쩌면 가장 일반적인 논거는 인간이 자연에 개입할 때의 엄청난 오류 가능성fallability일 것이다. 인간이 자연에 개입할 때 종종 의도치 않은 결과뿐만 아니라 오히려 역효과를 낳는다. 의도적으로 외래종을 들여와 생태계에 심각한 영향을 끼친 사례나 재앙을 가져온 많은 소위 과학적 관리 기법을 생각해 보라. 한 예로, H. J. L. 올포드는 나미비아 국립공원에서 '살처분이 잘못된 이유'를 설명한다. 국립공원의 개체 수 조절을 위한 살처분 개입은 정적인 동물 개체 수에 대한 부정확한 모델에 기반을 두고 있지만, 진화는 개체 수 폭증과 급감이라는 극심한 변화에 기반을 두고 있으며, 이렇게 양극단을 오가는 변화가 생태계 내 다른 생명체에 유리한 서식지와 조건을 만드는 핵심이라는 것이다(Orford 1999).[8] 자연계는 엄청나게 복잡하고, 우리의 이해는 한정적이다. 이런 조건에서 우리의 개입은 이익만큼의, 어쩌면 훨씬 더 큰 손해를 입힐 수도 있다.

오류 가능성 논거는 강력하다. 실제로 인간의 개입 효과를 예측하기는 어렵다. 사슴을 구하려고 늑대 무리를 쫓아내는 것은 분명히 이익이겠지만 늑대들이 굶주린다면? 늑대가 다른 언덕에서 더 어리고 더 건강한 사슴을 죽인다면? 죽음의 순간에서 구한 사슴이 겨울 동안 서서히 굶어 죽거나 만성적 소모성 질환으로 고통받는다면? 지금 우리는 소규모의 또는 단발적인 개입에 대한 무지를 얘기하고 있는데, 좀 더 큰 규모로 생각하면 인간 개입의 위험은 극적으로 확대된다. 침입종 도입이나 핵심종keystone species* 파괴와 같이 과거에 우리가 저지른 생태계 조작의 결과를 보면, 우리는 생태계의 복잡성에 겸허해져야 하고 우리의 특정한 개입에 따라올 변수를 이해하는 데 더욱 신중해야 한다. 많은 아프리카 강에는 최상위 포식자 악어가 사는데, 프레이저(2009:179-94)는 악어가 사라지면서 오카방고 삼각주의 생태계가 어떻게 무너져 가는지 논의한다. 악어를 없애면 메기 같은 악어의 먹이가 되는 생명체에게 위험이 즉시 줄겠지만, 메기는 그 자체로 먹이사슬의 중간 포식자이기 때문에 걷잡을 수 없이 증가하면 타이거피시와 도미 등 수많은 다른 종이 파괴될 수 있다. 또한 주로 새끼 악어를 먹고 사는 어류와 조류(왜가리, 황새, 독수리 등)도 피해를 볼 것이다. 몸이 큰 악어는 삼각주 갈대 사이로 열린 물길을 유지 관리하는 데 필수적이며, 열린 물길은 많은 종에게 중요하다. 악어의 활동은 쓰레기를 없애고 영양분을 재활용하면서 수질을 지키는 데 매우 중요하다.[9] 이런 생태계의 복잡성 때문에 포식자에 대한 개입은 (최선의 경우) 고통을 줄이기보다 단지 재배치할 뿐이고, (최악의 경우) 역효과를 일으킬 가능성이 매우 높다.

많은 동물 권리론자는 생태적 상호 의존성과 사전 예방 원칙precautionary principle**을 근거로 자연 개입을 반대한다. 고통을 막기

* 개체 수는 적지만 지역 생태계에 큰 영향을 미치는 생물종.

** 어떤 활동이 인간 건강이나 환경에 피해를 끼칠 위협을 발생시킬 때, 과학적 인과관계가 온전히 확립되지 않았더라도 이를 방지할 조치를 취해야 한다는 원칙.

위해 개입해야 할 의무는 더 큰 고통을 일으키지 않을 의무에 의해 제한되어야 한다는 것이다(Sapontzis 1987:234; singer 1975; Nussbaum 2006:373; Simmons 2009; McMahan 2010:4).

하지만 팔머(2010)가 지적했듯이, 오류 가능성 논거는 여전히 핵심을 놓치는 것으로 보인다. 이 논거는 우리에게 정보가 더 많다면 야생 동물의 식량과 영역 경쟁을 방지하고, 포식자와 피식자를 분리하도록 자연 세계를 재설계해야 한다는 걸 암시한다. 말하자면 모든 야생 동물에게 안전하게 확보된 서식지를 마련해 주기 위해 자연을 각 동물만의 안전한 보호 구역과 식량원이 보장되는 잘 관리된 동물원으로 바꾸려는 것이다. 우리는 아직 이렇게 하는 방법을 모르지만, 개입에 대한 유일한 반박이 오류 가능성이라면 적어도 소규모의 시범 사업부터 시작하여 전반적인 고통을 줄이도록 자연을 어떻게 재설계할지에 대한 지식을 쌓을 수 있다. 맥머핸은 인간이 이미 야생 곳곳에 영향을 미쳐서 앞으로 해야 할 개입은 자연 세상에서 고통을 줄이는 방향으로 나아가야 한다고 주장한다(McMahan 2010:3). 다시 말해, 우리가 자연에 끼친 영향이 이미 광범위하고 불가피한 만큼, 불간섭에 대한 오류 가능성 논거 뒤에 숨어 있을 수만은 없다.

번영 논거

재량 논거나 오류 가능성 논거도 문제의 핵심에는 도달하지 못한다. 우리는 대부분 야생 동물의 고통에 개입하는 것을 거부하는데, 이는 오류 가능성이나 비용 때문이 아니라 야생 동물의 번영을 해친다는 좀 더 원칙적인 근거 때문이다. 이러한 번영 논거는 어쩌면 가장 중요하지만 가장 덜 발전된 논거이다. 고통을 허용하는 것이 정확히 어떻게 번영에 이바지한다는 것일까?

제니퍼 에버렛Jennifer Everett에 따르면, 야생 동물의 번영은 포식 과정에서 진화한 특유의 형질과 능력에 따라 행동할 수 있는지에 달렸다. 이는 집단과 개체 수준 모두 해당한다. 야생 동물 공동체는 스스로 규제할 수 있을 때 번영하고, 개별 동물은 자기 본성에 맞게 행동할 때 번영한다는 것이다. 에버렛은 이러한 번영을 생명체의 본성이 갖는 특징적인 사실을 고려하는 것으로 설명하며, 생명체가 자기 본성에 따라 번영하도록 도움이 필요할 때만 도와 줄 '조건적 의무prima facie duties'가 있다고 주장한다. 우리는 포식자에게서 사슴을 구하려고 개입해서는 안 된다. 왜냐하면 사슴은 '인간이 비인간 포식자에게서 보호하지 않아도 사슴으로서 번영하기 때문이다. 계속해서 돕는다면, 사슴이 자기 본성에 따라 번영할 수 있을지 알 수 없다'라는 것이다(Everett 2001:54-5).

이 논거에는 중요한 점이 있지만, 보완과 설명이 필요하다. 사슴의 죽음을 막는 것이 번영에 해가 된다고 주장하기는 어렵다. 사슴은 살아있지 않으면 번영할 수 없을 것이고, 실제로 여러 동물권리론자는 이런 차원에서 모든 개입을 반대해서는 안 된다고 주장한다.[10] 에버렛은 '계속되는' 개입을 언급하며 이에 동조하는 듯하다. 어쩌면 번영을 저해하는 것은 오직 체계적인 개입만이라는 것이다. 자연을 동물원으로 재설계하면 사슴이 자기 본성대로 번영하는 것은 불가능해지겠지만, 얼음에 갇힌 개별 사슴을 구한다고 해서 본성대로 번영하는 것이 불가능해지지는 않는다. 모든 개입에 반대하며 번영 논거를 대는 것은 자연의 과정이 본질적으로 도덕적으로 선하거나 무해하다고 신성화하는 것과 위험할 정도로 가깝다. 사슴의 본성이 포식자에게 먹히는 과정에서 형성되었다고 해서 사슴이 산 채로 잡아먹히는 것에서 만족감을 느낀다는 의미는 아니다.

어떤 종류의 개입이 어떤 수준에서 번영을 저해하는지 더욱 신중하게 생각해 볼 필요가 있다. 인간의 경우에도 개인의 개입과 국가의 개입을 구분해야 할 필요가 있다. 우리는 개별 상황에서 도울 의무를 지지할 수 있지만, 국가가 모든 위험을 방지하거나 제거하는 일을 맡아야 한다고 생각하지 않을 수 있다. 레건은 호랑이에게 공격받는 아이를 만나면, 개인이 그 아이를 도우려고 개입할 의무는 있지만, 그렇다고 해서 국가가 모든 호랑이를 박멸하여 공격의 위험을 없앨 의무가 있는 것은 아니라고 말한다(Regan 2004:xxxviii). 더불어 개인의 의무가 있다고 해서 모든 호랑이에게 위치추적기를 달아 추적하여 사람들에게 호랑이의 존재를 경고하는 공공 정책이나 사람들이 숲에 들어가는 것을 금지하는 정책을 지지하는 것도 아니다. 사람은 위험을 안고 살아야 한다. 위험을 없앤다면 자유를 끔찍이 억압받게 될 것이며, 이러한 억압에는 자기 능력을 온전히 계발하고 탐구할 자유도 포함된다. 위험한 순간에 어린이를 보호하려는 개인의 행동은 어린이의 번영에 기여하지만, 해를 입힐 위험한 행동이나 과정을 금지하는 집단의 행동은 인간의 번영을 저해할 수 있다. 동물도 마찬가지다.

집단적 개입이 번영을 저해할 수 있다는 점을 인식하면, 분석의 수준을 좀 더 관계적이고 정치적인 차원으로 옮길 필요가 있다. 우리가 던져야 할 질문은 동물의 고통을 느끼는 내재적 능력에 따라 우리가 동물에게 어떤 의무를 지는지가 아니다. 이미 보았듯이, 현재 이 질문에 대한 동물 권리론의 대답은 임시방편이고 단편적이다. 대신, 인간과 야생 동물 공동체 사이에 적절한 관계가 무엇인지 질문해야 한다. 우리의 관점에서 보면 현재 동물 권리론의 논거들은 인간과 야생 동물 공동체의 관계를 더욱 정치적인 관점에서 서로 다른 자치 공동체 사이의 관계로 이해할 필요가 있다고 암묵적으로 인정하고 있지만, 실제로 관계의 조건을 명시적으로 규정하지 못한다. 야생 동물의 서식지 보호 문제를 다루는 방법으로 재산권을 언급하는 것이 좀 더 정치적으로 이해하려는 제스처인 것처럼, 과도한 개입의 위험성에 대한 언급 역시 야생 동물 공동체를 조직적인 자치 공동체로 봐야 하며 동물 공동체와 인간 공동체의 관계가 주권과 공정한 상호 작용의 규범으로 규제되어야 할 필요가 있음을 보여준다.

실제로, 동물 권리론 문헌에서 이러한 생각의 단서를 볼 수 있다.[11] 예를 들어, "동물을 내버려두라, 인간 포식자를 동물에게서 떨어뜨려 놓으라"라는 톰 레건의 유명한 문장이 있다. 레건은 "이러한 '다른 국가nation'가 자기 운명을 개척하게 해야 한다"라고 덧붙였다(Regan 1983:357). 이는 우리가 개별 동물의 생명권을 침해하지 않을 의무와 더불어 '다른 국가'로서 '자기 운명을 개척할' 집단의 우리가 동물에게 존중할 의무도 있음을 시사한다. 누스바움은 '동물에게 필요한 것을 제공하는 인간의 자비로운 동물 독재라는 생각 자체가 도덕적으로 혐오스럽다. 종의 주권은 국가의 주권과 마찬가지로 도덕적으로 중요하다. 인간의 개입이 아무리 자비롭다고 해도, 한 생물이 번영하려면 매우 중요한 문제를 스스로 해결하는 것이 필요하다'라고 말한다(Nussbaum 2006:373). 여기에서 우리는 동물 권리론이 의식 있는 개별 존재의 권리를 존중하는 것을 넘어, 집단의 자율성과 주권을 존중하는 사상으로 나아가는 것을 볼 수 있다.[12] 하지만 레건과 누스바움은 야생 동물을 '다른 국가'나 '주권을 가진' 종으로 대우하는 것이 무슨 의미인지 명확히 설명하지 않고, 그들의 책에 있는 다른 구절들도 국가나 주권 같은 개념과는 맞지 않다.[13]

요약하면, 야생 동물 문제에 대한 동물 권리론의 접근 방식은 좋게 말해서 미흡한 상태다. 우리는 이 장을 야생 동물이 인간의 활동에 취약한 네 가지 주요한 방식인 의도적인 직접적 폭력, 서식지 파괴, 그 외 의도치 않은 간접적 피해, 적극적 개입을 설명하면서 시작했다. 동물 권리론은 모든 동물의 기본권에 중점을 두고 직접적 폭력을 강력히 견제한다. 하지만 나머지 문제에 동물 권리론이 제공하는 틀은 적절하지 않다. 많은 동물 권리론자는 야생 동물의 서식지 보호의 중요성을 언급하지만, 이를 실현할 방법을 탐구한 권리론자는 거의 없다. 그 밖에도 야생 동물에 대한 의도치 않은 피해 문제에는 관심이 훨씬 더 적다. 포식, 자연의 먹이 사슬, 자연재해에서 야생 동물을 보호해야 하는 적극적 의무에 관하여 동물 권리론자들은 적극적 개입의 여러 한계를 제시했는데, 이는 어느 정도는 타당하지만 선택적이고 단편적이다. 인간과 야생 동물 공동체 사이의 관계를 더욱 체계적으로 다루는 이론이 필요하다. 지금까지 임시방편으로 제시된 여러 논거를 하나로 묶고 더 나아가 지금까지 간과해 온 여러 문제와 갈등을 다루는 이론이 말이다.

이 장에서 앞으로 설명할 우리의 접근법은 개별 야생 동물의 번영이 공동체의 번영과 분리될 수 없음을 인식하고, 야생 동물의 권리를 공동체 사이의 공정한 상호 작용이라는 관점에서 재구성하는 주권 이론이다. 이는 인간-동물 상호 작용의 전체 범위에 걸쳐 영향을 미친다. 야생 동물의 주권을 인정하면 야생 동물의 영역을 침범하는 인간의 행동을 제한하고, 의도치 않게 야생 동물에게 입히는 피해를 최소화하도록 합리적인 예방 조치를 취할 의무가 생긴다. 이를테면 선박의 항로를 재배치하고, 도로를 건설할 때 동물의 우회로를 건설하는 것과 같은 의무다. 동시에 야생 동물을 적극적으로 도울 의무는 제한한다. 우리가 야생 동물의 주권 영토를 방문하는 조건이나 주권이 겹치는 영토를 공유하는 조건을 제한하면서 동시에 야생 동물이 인간 주권 사회에 들어오는 조건도 설정한다. 이는 우리에게 동물의 기본권을 존중할 의무를 부과하는 동시에, 그 대가로 동물이 인간의 기본권을 침해하지 않도록 보호하기도 한다. 다시 말해, 야생 동물 주권 이론은 야생 동물과의 상호 작용을 위한 길잡이가 되고, 동물에 대한 인간의 소극적 의무와 적극적 의무의 균형을 이해하며, 개별 행위자의 윤리적 의무와 국가 차원의 개입 간 차이를 신중히 고려하여 의무를 수행하기 위한 포괄적인 틀을 제공한다.

2. 야생 동물 공동체의 주권 이론

3장에서 논의했듯이 시민권과 주권 개념은 개인과 자치 공동체의 권리를 이해하는 핵심 원칙이고, 우리의 목표는 이러한 핵심 원칙을 동물에게도 확장하는 것이다. 4장과 5장에서는 자치 공동체 **내** 시민권의 성격에 초점을 맞추어, 어떻게 사육 동물이 역사적으로 소외되거나 종속된 계층이나 계급과 비슷한 부정의를 겪었는지, 그리고 시민권 이론이 어떻게 이러한 부정의를 다루고 모든 구성원을 포용하는 좀 더 포괄적인 정치 공동체를 구축하는 틀을 제공하는지 검토했다. 이 장에서는 자치 공동체 **간** 관계의 외적 차원에 집중한다. 여기에서도 우리는 야생 동물이 역사적으로 영토에 대한 자치권과 주권을 박탈당한 여러 인간 공동체와 비슷한 부정의를 겪었다고 주장한다.

인류 역사에서 강대국이 식민화와 정복으로 약소국에 부정의를 저지른 슬픈 역사는 굳이 더 설명할 필요도 없다. 소위 말하는 '원시적primitive'이거나 '문명화되지 않은uncilvilized' 민족을 식민 지배하는 침략 행위는 대개 피해 민족이 자치권을 가질 자격이 없다는 이유로 정당화되었다. 한 예로, 나치가 동유럽을 점령했을 때, 유대인과 집시 같은 일부 집단은 대량 학살의 대상이 되었고, 폴란드인, 우크라이나인, 그리고 다른 슬라브족 사람들은 국가 주권을 빼앗기고 봉건 농노나 노예 같은 처지로 전락했다. 다른 정복의 경우 토착민 같은 이미 살고 있던 거주민은 중요한 의미에서 단순히 보이지 않는 존재로 취급되었다. 호주의 식민지 개척자들이 호주 대륙을 '테라 눌리우스terra nullius'*, 인간 시민(이나 비인간 시민)이 없는 땅으로 여겼다는 사실은 잘 알려져 있다.

이러한 부정의에 맞서 국제사회는 강대국의 지배에서 약소국을 보호하는 국제법 체계를 발전시켜 왔다. 국제법 체계는 모든 국가nation의 주권을 인정하고 이에 따른 침략과 식민 지배의 범죄화, 그리고 공정한 무역 및 협력의 조건, 환경 오염과 이주와 같은 국경을 넘는 갈등을 해결하는 초국가적 기관 창설, 실패한 국가failed state**나 중대한 인권 침해에 외부에서 정당하게 개입하는 규칙 설정 등 국가 사이의 상호 작용을 규제하는 일련의 원칙을 명료하게 규정했다. 이러한 원칙들은 '만민법law of peoples' 또는 국제 정의 체계의 핵심이 되었다.

이렇듯 국가 간 관계에서 국제법 체계는 모든 면에서 치열하게 논쟁 중이며 끊임없이 진화하고 있다. 이는 인간이 정착이든 자원 채취든 새로운 영토를 차지하려고 무력을 사용하면서 토착민을 죽이거나 강제로 이주하게 하거나 노예로 삼거나 식민 지배를 해 온 수 세기에 걸친 정복과 착취에 대한 대응으로 현재 진행 중인 작업이다.

우리가 보기에 야생 동물도 비슷한 부정의를 겪어왔으므로 비슷한 국제적 규범이 필요하다. 제니퍼 월치는 동물의 서식지를 식민지로 만드는 데 사용한 정당화 논리가 토착민의 땅을 식민지로 만

* 주인 없는 땅.

** 정부의 통치능력이 부족하여 적절한 행정 서비스를 제공하지 못하는 국가를 일컫는 정치사회학 용어.

드는 데 사용한 '테라 눌리우스' 정당화 논리와 놀랍도록 비슷하다고 말한다.

> 주류 [도시] 이론에서 도시화는 '개발'이라는 과정을 통해 '빈 땅'을 '개량된 땅'으로 변모시키며, 개발자는 (적어도 신고전주의 이론에서는) 이 땅을 '최고이자 최선의 용도'로 사용하는 데 헌신하도록 권유받는다. 이러한 표현은 왜곡된 것이다. 황무지는 '빈' 것이 아니라 비인간 생명으로 가득 차 있고, '개발'은 환경의 철저한 비자연화를 의미하며, '개량된 땅'은 필연적으로 토질, 배수, 초목이 황폐해진다. 그리고 '최고이자 최선의 용도'에 대한 판단은 이익 중심의 가치와 인간의 이익만을 반영한다(Wolch 1998:119).[14]

황무지에 동물이 살고 있다고 확인될 때조차 이 동물 거주자들은 자기가 사는 영토에 대해 지배 주권과 거주의 권리가 있다고 인정받지 못한다. 한 예로, 인간의 개발과 동물의 서식지 사이에 갈등이 있을 때 흔히 쓰는 '죽임 없는' 해결책은 동물을 다른 곳으로 이주시키는 것인데, 마치 강제 이주는 본래 권리 침해가 아닌 것처럼 여겨진다. 해들리의 주장처럼, 개발 과정에서 동물을 해치면 안 된다는 조건은 동물의 재산 소유권을 존중하는 것보다 훨씬 약한 보호책이다(Hadley 2005). 그리고 앞으로 논의하겠지만 소유권 존중은 영토 주권을 인정하는 보다 약한 보호책이다.

인간 사회에서 테라 눌리우스 신조와 서식지 이주 관행 같은 부정의는 국제법으로 엄격히 금지된다. 사람들을 고향에서 강제 이주시키는 경우를 생각해 보자. A라는 토지를 개발하려 한다고 가정해 보겠다. 현재 A토지에는 토착민 공동체가 살고 있어서 거주민을 모아 B라는 토지로 이주시키려 하지만, B토지에는 이미 다른 공동체가 살고 있다. 두 지역의 거주민은 모두 시민권의 재배치에 관해 어떠한 사전 협의도 받지 못했다. A토지의 시민은 고향을 빼앗기고 난민으로 전락했다. B토지 거주민은 이 문제에 어떠한 의사 표현도 하지 못한 채 B토지에 [A토지의] 난민들이 몰려들어 자원 및 문화 갈등이 격렬히 빚어질 가능성이 꽤 높다. 인간의 경우, 우리는 여기에서 무슨 일이 일어나고 있는지 즉시 알아챈다. 이것은 토지와 자원의 노골적인 약탈과 주권 침해다. '피해를 최소화'하기 위해 이주를 아무리 신중하게 진행하더라도, 우리에게는 이미 누군가 살고 있는 땅을 지배할 권리가 없다.

하지만 야생 동물의 경우에는 국제법도 정치 이론도 이러한 노골적 부정의를 비난하지 않는다. (역설적이게도 인간의 주권을 보호하려고 채택한 바로 그 국제법이 동물의 주권을 부정하는 일은 묵인하는 것으로 보인다.)[15]

우리는 야생 동물의 경우에 공동체 사이에서 발생하는 부정의도 인간과 마찬가지로 야생 동물에게 주권의 권리를 확장하고 주권 공동체 사이의 공정한 상호 작용 조건을 정의하여 해결할 수 있다고 제안한다. 다음에서 자세히 기술하겠지만, 먼저 우리가 제안한 모델을 일부 환경주의 문헌과 일부 공공 정책에서 볼 수 있는 '책임관리자stewardship' 모델과 대조해 보면 좋겠다. 책임관리자 모델에서는 야생 동물 보호 구역, 보호 시설, 국립공원의 형태로 야생 동물의 서식지가 따로 마련된다. 이러한 야생 영역은 인간과 동물의 공동 이익을 위해 인간이 운영하거나 관리한다. 인간의 접근과 사용을 엄격히 제한하지만, 동물의 주권을 인정해서가 아니라 인간의 관리 차원에서 제한하는 것뿐이다. 이러한 관리는 상대적으로 개입적일 수도 있고 방임적일 수도 있지만, 어느 쪽이든 이 관계는 인간 주권 공동체가 특정 용도로 영토를 따로 설정하고, 그 영토에 인간 공동체가 일방적으로 경계와 사용을 재정의할 권리를 보유하는 관계로 이해할 수 있다.

대조적으로, 주권 모델에서 다른 공동체의 주권 영토를 인정한다는 것은 우리가 그 영토를 통치할 권리가 없는 것은 물론이고, 피보호자를 대신해 관리자로서 일방적으로 결정을 내릴 권리도 없다는 점을 인정하는 것이다. 한 국가의 시민으로서 우리는 다른 주권 국가의 영토를 방문하거나 심지어 거주할 자유는 있을지라도, 우리의 필요나 욕구에 따라 또는 그 국가의 필요와 욕구에 대한 우리의 생각에 따라 그 영토를 통제, 정착, 또는 일방적으로 재구성할 자유는 없다. 캐나다인은 스웨덴을 방문해서 여행하고 다채로운 매력을 즐길 자유는 있지만 시민권은 얻을 수 없다. 캐나다인은 스웨덴에서 매장을 열거나, 법을 바꾸거나, 투표하거나, 불어와 영어로 서비스를 요구하거나, 국가가 제공하는 보조금을 받을 수 없다. 스웨덴 시민이 그들 자신의 사회 형태를 결정하고 다른 사람들이 방문할 조건을 정한다.

마찬가지로, 우리가 이야기하는 야생 동물의 서식지에 대한 주권 인정은 인간이 주권적 권력sovereign authority를 유지하며 동물과 자연을 책임관리하는 공원을 만드는 것이 아니라, 권력에 대해 유사한 권리를 지닌 주권적 실체 사이의 관계에 관한 것이다. 이는 인간이 야생 동물의 영역을 방문할 때 책임관리자나 운영자가 아닌 외국 방문객의 입장이어야 한다는 의미다.[16]

이런 관점에서, 야생 동물에 관한 책임관리자 모델은 사육 동물에 관해 5장에서 논의했던 피후견인 모델과 비슷한 문제점이 있다. 두 모델의 근본적인 문제는 동물을 무능력하고 인간 행동(이롭든 해롭든)의 수동적인 수혜자로 만든다는 점이다. 반면에 야생 동물을 위한 주권 모델은 사육 동물을 위한 시민권 모델과 마찬가지로 동물이 자기의 선을 추구하고 자기의 공동체를 형성하는 능력에 초점을 맞춘다.

영토를 토대로 공동체의 주권을 인정하는 것은 그 영토에 사는 사람들이 그곳에 거주할 권리와 공동체 생활의 형태를 결정할 권리가 있으며 그렇게 할 수 있는 능력이 있음을 인정하는 것이다. 이를 인정한다는 것은 주권 공동체가 한편으로는 식민화, 침략, 착취에서 벗어날 권리가 있고, 다른 한편으로는 공동체 외부의 온정주의적 관리에서도 자유로울 권리가 있다는 의미다. 주권을 가진 인민은 자기의 공동체 생활이 다른 주권 국가의 권리를 침해하지 않는 한 공동체 생활의 성격을 스스로 결정할 권리가 있다. 여기에는 실수할 권리, 그리고 공동체 밖의 외부인이 잘못됐다고 볼 수도 있는 길을 선택할 권리도 들어있다.

주권 국가의 자율성은 인간의 경우에도 동물의 경우에도 절대적이지 않다. 외부의 지원이나 개입이 적절한 상황도 많다. 우리는 야생 동물 관련해서 이러한 예를 논의할 것이다. 하지만 일반 원칙으로서 주권 이론은 개인과 마찬가지로 민족 공동체가 스스로 결정한 삶을 영위하는 것의 중요성을 인정하고, 이는 결국 우리가 그들의 고통에 반응하는 방식에 영향을 미치고 제약을 가한다.

동물 주권이라는 개념은 의심할 바 없이 많은 독자에게 낯설 것이고, 어쩌면 직관을 상당히 거스를 수 있다. 그리고 실제로 어떤 정의에 따르면 동물 주권은 그릇된 추론에서 비롯된 개념이기도 하다. 주권은 때로 법을 만드는 최고 또는 절대 권력authority으로 정의되는데, 여기서 법은 단순한 관습, 습관, 사회적 관행과 별개의 것으로 이해된다. 이런 식으로 이해할 때, 주권은 '공동체와 분리되어 공동체 위에 있는' 명령 체계command structure가 필요하다. 왜냐하면 '이러한 종류의 명령 체계가 있어야만 주권 개념이 자리 잡을 제도가 마련될 수 있기 때문이다'(Pemberton 2009:17). 사회생활은 많은 부분이 사회화, 전통, 동료의 영향, 집단 구성원 사이 거래와 경쟁 등을 통해 암묵적이고 비공식적으로 규제되지만, 주권은 완전히 달라서 '사회와 구별되고 절대적인 정치권력을 행사하는 통치 권력이 수립되어야 발생한다'(Loughlin 2003:56). 이러한 의미에서 주권은 '사회 발전에서 단순히 기계적이거나 자연 발생적인 모든 것과 반대되는 개념이다'(Bickerton, Cunliffe, and Gourevitch 2007:11).

이런 식으로 주권을 정의하면, 동물 공동체에는 주권을 갖추기에 필요한 제도가 없는 게 분명하다. 야생 동물 공동체의 자율 규제는 '단순히 기계적이거나 자연 발생적인' 것은 아닐지라도, 사회와 분리된 권력이 공식적으로 선포한 법적 명령에 기반을 두지않고 암묵적이고 비공식적으로 이루어지기 때문이다. 하지만 우리는 주권에 대한 이러한 정의가 지나치게 협소하다고 생각한다. 동물의 경우뿐만이 아니다. 이 정의는 인간 공동체의 정당한 권리를 다루기에도 너무 좁다. 그래서 먼저 인간 공동체에서 좀 더 폭넓고 유연한 주권 설명을 논의하고, 이러한 폭넓은 주권 설명이 야생 동물 공동체에도 일반화할 수 있고 또 그래야 하는 근거를 논의할 것이다.

만약 복잡하게 분화된 제도를 갖춘 사회만 주권을 주장할 자격이 있다면, 어떤 인간 공동체는 그 기준을 통과하지 못할 것이다. 역사적으로 대부분의 인간 공동체는 관습에 의해 통치된 국가 없는 사회stateless였다. 그렇다면 그들이 주권에 대한 정당한 권리가 없다는 뜻일까? 이는 유럽 제국주의자가 취했던 견해다. 유럽인이 미주 대륙을 식민지로 삼았을 때, 토착민이 주권의 개념이나 실천이 부족하다는 근거로 토착민의 주권 침해를 부인했다. 토착민 공동체의 어떠한 개인이나 기관도 모든 구성원에게 구속력 있는 법적 명령을 내릴 '절대적 정치권력'이 없어 보인다는 것이었다. 제국주의자들은 토착민의 자율 규제를 '단순히 기계적이거나 자연발생적인 것'으로 치부했다.[17]

제국주의자들이 주권 이론을 이용해 토착민의 땅과 자율성을 뺏은 것은 우연이 아니었다. 주권 이론은 정확히 토착민의 식민화를 정당화하려고 개발한 이론이었다(Keal 2003; Anaya 2004). 주권 이론, 그리고 더 나아가 국제법이 발전된 근본적인 원동력은 유럽의 통치자들이 서로를 특정 방식으로(즉, 평등하게 그리고 합의에 따라 대해야 할 문명화된 민족으로) 대우하면서, 비유럽인은 매우 다른 방식으로(즉, 정복하고 식민화해야 할 열등한 존재로) 대우하는 것을 정당화하기 위한 것이었다. 주권 이론은 이처럼 제국주의 게임의 일부였다.

일부 비평가는 주권이라는 용어에 그러한 유럽 중심주의 이데올로기와 위계가 들어 있으니, 토착민을 위한 정의에 관심이 있는 사람이라면 이 용어를 사용하지 말아야 한다고 주장한다(Alfred 2001, 2005). 이러한 견해에 따르면, 토착민은 식민화에 대응하여 토착민 주권을 주장하는 게 아니라 주권이라는 개념 자체를 거부해야 한다.[18] 다른 비평가는 주권 개념이 원래 고향인 유럽 안에서도 점점 더 쓸모없어지고 있다고 주장한다. 국제 인권법과 유럽 연합 같은 새로운 형태의 초국가적 거버넌스governance*가 등장하면서 '절대적 정치권력'이라는 개념이 무의미해졌기 때문이다. 실제로 포스트모더니스트, 페미니스트, 구성주의자constructivists, 범세계주의자 등 다양한 비평가는 '주권이 도덕적으로 위험하고 개념적으로 공허하거나 실증적이지 않다고 확신한다'라고 했다(Bickerton, Cunliffe, and Gourevitch 2007:4; Smith 2009도 참조).

그러나 우리의 견해로는 주권 개념은 복구할 수 있고 특정한 도덕적 목적을 달성하는 데 중요한 역할을 할 수 있다. 하지만 이러한 도덕적 목적을 좀 더 명확히 할 필요가 있다. 주권의 도덕적 목적이 무엇인가? 펨버턴에 따르면, 주권은 '공동체가 성장하고 번영할 수 있는 안전한 공간을 제공하는 수단일 뿐이다. 그러므로 핵심이 되는 중요한 가치는 자율성autonomy이다'(Pemberton 2009:7). 주권은

* 단순히 정부의 '통치'나 '관리'가 아니라, 정부를 비롯해 시민사회, 기업 등 다양한 주체가 협력하여 공동의 문제를 해결해 나가는 더욱 폭넓고 참여적인 방식의 사회 운영 시스템을 의미한다. '초국가적 거버넌스'는 이러한 협력이 국가의 경계를 넘어 적용되는 것을 의미한다.

공동체 번영을 위한 수단으로 자율성을 보호한다는 견해는 실제로 주권의 도덕적 목적에 관한 최근 대부분 이론가의 생각이다.[19] 공동체 구성원의 번영이 자기 영토에서 고유한 사회 조직 형태를 유지하는 능력과 밀접하게 관련되는 한, 우리가 공동체 구성원에게 외세의 통치를 강요한다면 해악과 부정의를 저지르는 것이며, 주권은 그러한 부정의에서 그들을 보호하는 도구가 된다.

이런 식으로 보면 주권을 추구하는 도덕적 동력은 근본적으로 반제국주의적이다. 실제로 다니엘 필폿Daniel Philpott은 두 가지 중요한 역사적 '주권 혁명', 즉 최초로 주권 원칙을 확립한 웨스트팔리아 조약Treaty of Westphalia과 주권 원칙을 전 세계로 확산시킨 2차 세계대전 이후 탈식민화decolonization 운동은 제국의 권력에 대항해 지역의 자치권을 지키려는 투쟁에서 영감을 받았다고 주장한다 (Philpott 2001:254).[20]

주권 개념이 규범적으로 옹호될 수 있으려면 이러한 도덕적 목적에 부합하도록 정의되어야 한다. 하지만 그럴 경우 공동체가 주권 자격을 얻기 위해서는 특정한 '명령 체계'를 보여야 한다는 주장은 명백히 도덕적 왜곡이다. 이 주장은 도덕적 실체보다 법적 형태에 집착하기 때문이다. 토착민에게 복잡하게 분화된 제도가 있는지 여부는 중요하지 않다. 중요한 것은 자율성에 대한 그들의 관심이다. 펨버턴의 말처럼, '[토착민이] 독립적인 삶을 산다는 단순한 사실과 국가 점령에 대한 저항으로 입증한 그들이 중시하는 가치만으로도 그들이 간섭받지 않고 내버려두어질 권리를 입증하기에 충분했어야 한다.' 국가 없는 사회가 유럽의 고도로 근대적인 주권 개념을 따르지 않았다고 해서, '국가 없는 사회의 민족을 사회 조직과 인식 가능한 이해관계가 없는 단순히 숫자에 불과한 존재로 볼 수 없다'(Pemberton 2009:130). 민족이 '독립적으로 존재하고' '독립에 가치를 부여하며' 외세의 지배에 '저항'하고, '사회 조직'에 '인식 가능한 이혜관계'가 있을 때, 주권을 요구하는 도덕적 목적을 갖게 된다.

요컨대, 특정 공동체에 주권을 부여할지 여부와 부여하는 방법을 판단할 때 중요한 것은 공동체가 어쩌다 보유하게 된 지 모를 법제도가 아니라 공동체가 자율성에 관심을 가지고 있는지 여부이며, 이는 결국 공동체의 번영이 그들의 영토에서 그들의 방식으로 사회 조직과 자율 규제를 유지하는 능력에 연결되어 있는지 여부에 달려 있다. 인간의 경우, 그러한 관심은 특정한 근대 국가 형태의 사회를 넘어선다는 점은 분명하다. 따라서 국민국가nation states의 경계 안에서 또는 경계를 넘나들며 작동할 수 있는 토착민, 유목민, 목축민을 위한 새로운 주권 개념을 개발하는 방향으로 가는 뚜렷한 흐름이 나타나고 있다.[21]

다양한 보호령protectorate이나 속령dependency과 관련해서도 주권 개념을 재정의할 필요가 있다. 역사적으로 규모가 작거나 취약한 공동체는 특정한 목적을 갖고 보다 큰 공동체와 연합하여 보호받으면서 내부 자치권도 고수했다. 이러한 사례는 세계 곳곳에 여전히 많이 남아 있다. 주권 이론가들은 이러한 공동체가 주권을 포기한 건지 의아해하며, 때로 유엔 비자치영토위원회Commission on Non-Self-Governing Territories는 공동체가 완전한 독립을 주장할 것을 권하기도 하지만, 그러한 공동체 사이의 합의가 주권의 근본적인 도덕적 목적에 부합하지 않을 이유는 없다.[22] 유럽 내에서도 비슷한 혁신이 일어나고 있다. 사람들은 유럽 연합의 여러 수준에서 주권이 분할되었다 재결합되면서 어떤 단일한 수준도 확실한 우위를 주장할 수 없는 상황을 이해하려 애쓰고 있다.

이 모든 상황에 비추어 보았을 때 우리는 특정한 법적 형태에 집착하는 것을 그만둘 필요가 있다. 대신 주권으로 달성할 수 있는 도덕적 목적이 무엇인지 고찰하고, 어떤 주권 형태나 방식이 실제로 그러한 목적을 달성할 수 있을지 생각해야 한다. 그 결과는 필연적으로 다양한 형태의 자치, 속령, 보호령, 연방, 연합으로 주권이 중첩되고, 통합되고, 공유되는 서로 다른 체제가 될 것이다.[23]

우리는 야생 동물 공동체에도 다양한 형태의 주권이 분명히 있다고 본다. 국가 없는 인간 공동체처럼 야생 동물 공동체도 주권의 개념이 없을 수 있고, '사회'와 '국가'를 분리하는 분화된 제도를 갖추지 않을 수 있다. 그러나 인간과 마찬가지로 야생 동물도 '사회 조직과 인식 가능한 이해관계가 없는 단순히 숫자에 불과한 존재로 볼' 수 없다(Pemberton 2009:130). 이들도 '독립적인 삶'을 살고, 외세의 지배에 저항함으로써 자기가 중시하는 가치를 보여준다. 인간 공동체와 마찬가지로 야생 동물 '공동체의 번영'은 서식지와 자율성 확보에 달렸다. (실제로, 야생 동물의 복지는 전통적인 특정 서식지 보전에 좌우되는 정도가 인간보다 더 크다.)[24] 그래서 야생 동물도 '내버려두어질 권리가 있다'라고 여겨야 한다.

요약하자면, 일단 주권의 도덕적 목적을 분명히 하면 야생 동물도 주권을 인정받을 자격이 있다. 야생 동물은 자기의 영역에서 사회 조직을 보전하는 데 정당한 이해관계를 가지고 있으며, 자기와 자기 영역을 외부에 지배받는 부정의에 취약하다. 주권은 부정의에 따른 취약성에 맞서 자기 이익을 보호하기에 적절한 도구다. 주권을 위해 특정 '명령 체계'가 필요하다는 주장은 인간과 동물의 경우 모두 도덕적으로 자의적인 주장이다.

일부 독자는 국가 없는 인간 사회와 야생 동물 공동체 사이에는 근본적인 차이가 있다고 반문할 것이다. 국가 없는 인간 사회는 제도적으로 뚜렷한 법질서가 없을 수 있지만, 자치에 관해서는 이성적으로 성찰할 수 있다. 주권에 국가성statehood이 필요하지 않더라도, 명백히 최소한 이성적 성찰과 자기 의식적인 의사 결정 능력은 필요하다는 것이다. 주권을 부여받고 존중받을 가치가 있으려면, 주권은 '단순히 기계적이거나 자연 발생적인' 본능적 행동 표현 이상이어야 한다. 토착민에게 유럽 중심적인 '문명 기준' 충족을 요구하는 제국주의자의 주장이 옳지 않다고 해도, 주권 인정을 요구할 때 확실히 충족해야 하는 능력 기준이 있지 않을까?

5장에서 시민권을 갖추는 데 필요한 동물의 능력을 논의하면서 이러한 반박을 어느 정도 해소했기를 바란다. 앞서 논의했듯이 동물이 행위자성을 행사할 수 없다는 가정은 잘못된 것이다. 그렇지만 5장에서 집중한 것은 인간-동물 혼종 공동체에서 사육 동물이 행사할 수 있는 행위자성이다. 우리는 사육 동물이 주관적 선을 표현할 수 있고, 그들의 선이 공공선에 관한 인간의 정치적 결정에 고려될 수 있고 고려되어야 한다고 주장했다. 이것은 인간이 동물의 주관적 선을 해석하는 데 적극적 역할을 하고, 그럼으로써 동물이 동료 시민권을 행사할 수 있게 하는 '의존적 행위자성'의 개념과 연결된다. 이 개념 자체가 가축화가 전제하는 인간과 동물 사이의 신뢰 관계에 의존한다.

그런데 우리가 야생 동물의 주권을 부여하면, 바로 이 의존적 행위자성 모델을 거부하게 된다. 즉, 개별 야생 동물이 자기 선을 해석하는 데 인간의 도움을 원하지 않거나 필요로 하지 않을 거라는 얘기다. 주권 행사에 필요한 능력competence은 사육 동물이 동료 시민권을 행사하는 데 필요한 능력과는 분명히 다르다. 야생 동물에게 주권을 부여하려면, 우리는 동물이 자기를 돌볼 능력이 있고, 인간과 분리되어 자기의 공동체를 독립적으로 관리할 능력이 있음을 보여줘야 한다. 이 능력은 인간-동물 혼종 공동체에서 의존적인 행위자성 능력과는 매우 다르다.

주권을 갖추는 데 어떤 종류의 능력이 필요한가? 야생 동물이 주권을 갖는 데 중요한 것은 인간과 마찬가지로 공동체가 직면하는 어려움에 대응하고, 공동체의 개별 구성원이 성장하고 번영하는 사회적 맥락을 제공하는 능력이라고 우리는 주장한다. 이런 의미에서 야생 동물은 분명히 유능하다. 때로 야생 동물의 이러한 능력은 동물이 육체적 충동과 그들이 사는 환경에서 얻는 기회, 위험, 변화에 본능적으로 반응할 때처럼, '기계적이고 자연 발생적'이다. 그리고 때로 이런 능력은 의식적으로 학습하는 것이기도 하다. 옐로스톤공원의 곰이 미니밴의 지붕에서 발을 굴러 문을 여는 법을 배우고, 이 기술을 다른 곰들에게 전달할 때처럼 말이다.

야생 동물은 개체로서도, 공동체로서도 유능하다. 야생 동물 개체는 어떤 먹이를 먹고, 어디에서 먹이를 찾고, 겨울을 나려면 먹이를 어떻게 저장해야 하는지 안다. 피난처를 찾거나 만드는 법, 새끼를 돌보는 법, 먼 거리를 이동하는 법도 안다. 포식자에게 잡아먹힐 위기에서 경계하고 숨고 주의를 돌리고 반격하는 법과 에너지를 낭비하지 않는 법도 안다. 예를 들어, 사슴은 잠재적으로 위험한 인간을 피해 도망갈 때 인간의 시야에서 벗어날 만큼만 달아나고, 필요 이상으로 더 멀리 달아나느라 에너지를 낭비하지 않는다(Thomas 2009). 그리고 야생 동물은 공동체로서도 유능하다. 적어도 사회적 종의 공동체는 그렇다. 야생 동물 공동체는 함께 협력하여 사냥하거나 포식자를 피하는 법, 집단 내 약하고 다친 구성원을 공동으로 돌보는 법을 안다. 새로운 지식은 같은 종 사이에서 빠르게 퍼진다. 예를 들어, 큰까마귀는 밤에 횃대에 앉아서 식량원에 관한 정보를 공유한다(Heinrich 1999). 한 푸른박새가 우유병의 포장지를 뚫는 법을 배우고, 얼마 지나지 않아 인근의 모든 푸른박새가 이 새로운 기술로 영국의 가정집 문 앞에 배달되는 우유병 윗부분의 크림층을 습격한다.[25] 때때로 야생 동물은 종의 구분을 넘어서 협력한다. 큰까마귀는 코요테와 협력하여 사체를 청소하고(4장, 각주 22의 설명), 참바리는 곰치와 협력해서 사냥한다(Braithwaite 2010).

이외에도 수많은 방식으로 야생 동물은 개체로서든 집단으로서든 야생의 삶에서 직면하는 수많은 어려움에 대응하여 성공적으로 자기 필요를 충족하고 위험을 최소화한다. 이런 의미에서 레건이 강조했듯이 야생 동물을 우리의 보호가 필요한 무력한 어린이로 보는 것은 옳지 않다.[26] 야생 동물 공동체에는 다양한 연령대와 능력 수준의 동물이 있다. 야생 동물은 부모이자 공동체로서 어린 개체를 사회화하고 생존에 필요한 능력을 전수한다. 대규모의 자연재해, 파괴적이지만 예방가능한 질병, 곤경에 빠진 개별 야생 동물 등 어느 경우에는 외부 인간의 지원이 도움이 되고 바람직할 수 있다. 이런 경우는 다음에서 논의한다. 하지만 일반적으로 야생에 살면서 따르는 일상적 위험을 관리하는 데에는 야생 동물이 자기 공동체에서 서로 지원할 책임을 나누어 맡는 유능한 행위자라고 보는 것이 타당하다. 실제로 그들은 우리가 그들을 대신해서 위험을 관리하는 것보다 훨씬 더 유능하다.

누군가는 야생 동물이 공동체 구성원 모두를 굶주림과 포식에서 보호할 수 없다면 주권을 행사할 만큼 유능한 건 아니라고 반박할 수 있다.[27] 만약 인간 공동체가 이런 면에서 구성원을 보호하는 데 실패한다면, 우리는 이 공동체를 '실패한 국가'로 보거나, 아니면 어느 정도 외부의 개입이 필요하다고 볼 것이다. 하지만 생태계에서 먹이 사슬과 포식자-피식자 관계는 '실패'의 지표가 아니다. 오히려 야생 동물 공동체가 존재하는 맥락의 근본적인 성격을 명확히 보여주는 것으로, 먹이 사슬과 포식은 야생 동물이 개체로서, 집단으로서 대응해야 하는 과제다. 그리고 여러 연구와 관찰 결과에 따르면 야생 동물은 이런 과제에 유능하게 대응한다.[28]

이러한 능력에 관한 논거가 특히 더 설득력 있게 적용되는 동물이 있다. 많은 포유류 종은 적은 수의 자손을 낳고, 개별 부모로서나 더 큰 사회 집단으로서 양육에 대단히 많은 시간과 노력을 투자한다. 어린 포유류 개체는 어린 시절 위험에서 살아남아 성체가 될 실질적인 기회가 높다. 이에 비해 많은 양서류와 파충류 종은 알을 많이 낳고 스스로 살아남도록 내버려둔다. 알은 대부분 부화하지 못하고, 부화하더라도 대부분 포식자에게 금방 잡아먹힌다. 많은 거북이, 도마뱀, 어류의 일생은 알을 깨고 나와서 더 큰 어류나 조류, 파충류에 먹히기 전까지의 아주 짧은 순간에 불과하다.

'유능한 행위자성competent agency'은 종별로 행사 범위에 차이가 있지만, 범위에 상관없이 유능한 행위자성을 지녔다면 이를 인정하고 지원해야 한다. 어떤 종은 유능한 행위자성이 자율성을 존중해야 한다고 강력히 주장할 근거가 되지만, 다른 종의 행위자성은 그렇게 주장하기에는 설득력이 약할 수 있다. 하지만 모든 것을 고려할 때, 유능한 행위자성의 증거가 가장 미미한 종을 포함해, 모든 야생 동물의 주권을 존중해야 한다. 왜냐하면 야생 동물의 주권은 앞서 논의한 오류 가능성과 번영 논거로 강력히 뒷받침되기 때문이다. 자연 과정의 복잡성과 상호 의존성에 관한 우리의 이해는 매우 불완전해서 우리가 야생 동물을 보호하려는 온정주의적 개입은 의도하지 않은 결과를, 어쩌면 역효과를 끼칠지도 모른다고 가정해야 한다. 이러한 온정주의적 개입이 전방위로 이루어진다면, 거의 확실히 야생 동물이 그들의 환경에 대응하도록 진화한 역량과 성향을 발휘하는 능력은 약해질 것이다. 야생 동물을 자율 규제가 가능한 자주적 공동체의 구성원으로서 존중하려면, 야생 동물 공동체의 형태를 결정하는 특징에 개입해서는 안 된다. 그것은 야생 동물의 독립성과 본래의 모습 그대로 살 능력의 종말을 의미하고, 야생 동물이 계속해서 인간의 개입에 의존하게 한다.[29]

더불어, 우리가 야생 동물의 선호를 판단할 수 있다고 해도 야생 동물이 그러한 개입에 응하지 않으리라는 점에 유의해야 한다.[30] 우리가 정의한 바와 같이, 야생 동물은 인간과의 접촉을 피한다. 인간의 환경에 길든 사육 동물이나 7장에서 논의할 인간의 개발에서 발생하는 기회를 찾아오는 경계 동물과 달리, 야생 동물은 명백히 인간으로부터의 독립을 선호한다. 야생 동물은 주권 문제에서 '그 자리에 없는 것으로 의사를 밝힌다'라고 할 수 있다. 그리고 야생 동물이 우리와 함께하는 사회에 참여할 어떤 의향도 보이지 않는 한, 우리는 야생 동물이 그들만의 주권 공동체를 형성하고 있음을 존중해야 한다.

우리의 관점에서는, 야생 동물에게 있다고 추정되는 능력과 그들이 인간의 개입에 보이는 반감은 그들이 정당한 주권적 권력sovereign authority을 인정받을 권리를 확립하기에 충분하다.[31]

어쩌면 이것은 우리 논의의 출발점, 즉 단순히 야생 동물을 '내버려둬야 한다'라는 오랜 동물 권리론의 견해로 돌아간다고 생각할 수 있다. 하지만 앞서 보았듯이 동물 권리론이 이 견해를 뒷받침하기 위해 제시한 논거들은 다소 임시방편적이고 미흡하다. 반면에 주권을 인정하는 것은 '내버려두라'라는 견해에 좀 더 안정적인 규범적, 개념적 기반을 제공한다. 게다가 고전 동물 권리론은 야생 동물을 **어떻게** 내버려둘지는 설명하지 않는다. 자율성을 존중하는 것은 타당한 도덕적 목적이지만, 이 목적을 이루기 위해서는 법적, 정치적 수단이 필요하다. 앞서 언급했듯이 일부 동물 권리론자는 재산권으로 야생 동물을 보호할 수 있다고 제안했다(Dunayer 2004;

Hadley 2005). 하지만 유럽의 제국주의를 다시 생각해 보면 이러한 접근법은 한계가 있다. 유럽 제국주의자는 토착민의 주권은 부정하면서도 그들에게 재산권이 있다는 것은 종종 기꺼이 받아들였다. 그래서 토착민 개인이나 가족은 땅 몇 마지기는 지킬 수 있었지만, 유럽인들이 자기의 법, 문화, 언어를 토착민에게 강요했을 때 집단의 자율성은 잃게 되었다.[32] 마찬가지로 결국 야생 동물이 필요한 것은 개별 둥지나 동굴에 대한 재산권이 아니라, 자기 영역에서 자기 삶의 방식을 지킬 권리를 보호받는 것이다. 요컨대 야생 동물은 주권이 필요하다.

또한, 주권 존중은 인간과 동물의 경우 모두에서 단지 내버려 두라는 명령만은 아니다. 주권 존중은 고립이나 자급자족을 요구하지 않으며, 오히려 다양한 형태의 상호 작용과 지원, 심지어 개입의 형태로도 할 수 있다. 인간의 경우에는 이것이 아주 명확하다. 인간 자치 공동체는 상호 협력과 상호 합의(인도주의적 개입 규칙에 대한 합의 등)의 촘촘한 관계망에 참여함으로써 주권을 행사한다. 야생 동물의 경우에도 주권을 존중하기 위해 완전한 불간섭이 필요하다는 생각은 잘못됐다. 모든 형태의 개입이 자율성과 자기 결정의 가치를 위협하는 것은 아니다. 어떤 형태의 적극적 개입은 주권을 촉진할 수 있다. 인간의 개입으로 생태계에 침입해 황폐하게 만들 조직적이고 공격적인 신종 박테리아를 막을 수 있다고 상상해 보자. 또는 수십억 마리의 야생 동물이 사는 야생 보호 구역에 충돌할 예정인 유성의 경로를 인간이 개입하여 바꾸는 것을 상상해 보자. 이 외에도 앞으로 논의할 많은 인간의 개입은 야생 동물이 그들의 영역에서 그들의 삶의 방식을 지키도록 보호하는 것으로 볼 수 있다.

보다 일반적으로, 주권은 공동체 사이에서 필연적으로 발생하는 다양한 문제들, 예를 들어 경계 문제, 파급 효과 문제, 합법적 개입 범위 등을 다루는 틀을 제공한다. 이 장의 초반에 말했듯이, 고전 동물 권리론의 '내버려두라'라는 명령은 이러한 문제에 거의 어떠한 방향 안내도 하지 않는다. 사실, 오로지 개체의 능력과 이익에만 초점을 맞추는 고전 동물 권리론은 이러한 문제를 다룰 수 없다고 생각한다. 영토, 경계, 파급 효과, 개입 문제를 단지 개체의 보편적 권리 문제로만 다루려는 모든 시도는 필연적으로 앞서 말한 '지나치게 좁은-지나치게 넓은' 딜레마에 빠질 수밖에 없다. 이 모든 문제는 주권 공동체 사이의 정의로운 관계라는 더 큰 틀 안에서 볼 때 다루기 쉬워진다.

이것이 우리가 이 장의 나머지 부분에서 인간과 야생 동물의 관계에서 발생하는 일련의 구체적인 문제를 검토하면서 보여주려 하는 것이다. 5장의 시민권 모델과 마찬가지로, 주권 이론은 매우 까다로운 문제를 해결하는 마법 공식이 아니다. 하지만 주권이 이러한 문제들을 해결하는 데 유용한 렌즈를 제공하고, 기존 동물 권리론이나 생태주의 접근법에서 내놓은 해답에 비해서 좀 더 일관성 있고 설득력 있는 해답을 제공한다는 것을 보여줄 것이다. 우리는 먼저 개입 문제부터 시작해서 주권 개념이 어떻게 식민화나 온정주의적 관리에 반대하는 추정을 정당화하는 동시에 주권을 지지하는 받아들일 수 있는 형태의 개입에 기준을 제공할 수 있는지(3절) 탐구한다. 그런 다음 경계와 영토의 문제(4절), 경계를 넘어 미치는 파급 효과 문제(5절)를 살펴볼 것이다.

3. 적극적 지원과 개입

앞서 말했듯이, 동물 권리론이 해결해야 할 근본적인 문제 중 하나는 야생 동물에 대한 적극적 의무에 관한 문제다. 동물을 취약한 자아로 인정하면 동물의 고통은 자연 과정에서 생긴 것이라도 중요하고, 우리는 고통을 줄이거나 없애기 위해 할 수 있는 일을 해야 한다. 이는 누스바움의 말을 빌리면, 동물 권리론이 '매우 일반적인 방식으로, 자연적인 것을 정의로운 것으로 점차 바꾸는 것'을 목표로 해야 한다는 것을 시사한다(Nussbaum 2006:400). 반면에 야생 동물에게 먹이와 안전한 보금자리를 제공하기 위해 개입할 의무가 있다는 생각은 동물 권리라는 개념 자체를 **축소하는 것**으로 보인다. 이러한 딜레마에 직면한 동물 권리론자들은 야생 동물을 그냥 내버려두어야 한다는 '자유방임적 직관'을 지지하는 여러 논거를 내놓았다. 이러한 논거에는 자율성, 번영, 오류 가능성, 재량 논거가 있다. 이 논거들은 종종 다소 임시방편으로 보이며, 명확하거나 서로 일관되게 들어맞지는 않는다.

게다가 가능한 모든 범위의 개입을 생각해 보면, '자연적인 것을 정의로운 것으로 바꾸자'라는 개입주의자의 원칙이든, '내버려두자'라는 불간섭주의자의 원칙이든 단 하나의 단순한 원칙으로 모든 개입을 아우를 수 있다는 생각은 설득력이 없어 보인다. 여러 유형의 개입 사이에는 중요한 차이가 있고, 어떤 개입은 다른 개입보다 좀 더 허용될 수 있다. 우리는 개입 간 차이의 도덕적 중요성을 포착하는 개선된 동물 권리론이 필요하다.

모든 인간의 개입이 야생 동물 사회의 자율성이나 서식지를 위협하는 것은 아니다. 야생의 자연을 감상하거나 적당히 자원을 채취하는 일(견과류, 과일류, 버섯류, 해조류 등의 야생 식량을 다른 이를 위해 '좋은 것을 충분히' 남겨두면서 지속 가능하게 채집하는 일)처럼 야생 동물의 영토 안에서 인간이 하는 일부 활동은 동물에게 해가 되지 않을 수 있다. 일부 개입은 사실 긍정적 혜택을 가져올 수도 있다. 그러한 예로, 선택적 벌목은 밀집한 숲 환경에 공기와 빛의 순환을 증가시켜 생태계를 풍요롭게 하고 그곳에 사는 동물에게도 혜택을 준다. 야생 동물은 인간과의 접촉을 피하긴 하지만 때로는 인간의 행동에서 혜택을 받을 수 있다. 개별 동물이 얼음이 깨져 물에 빠졌을 때 구조되거나, 비상식량이나 집터를 제공받을 때처럼 말이다.

이러한 소규모 개입은 해롭지 않아 보이고 앞서 언급한 유성 궤도 변경 같은 일부 대규모 개입도 바람직해 보인다. 야생 동물 공동체에 대한 개입을 정당화할 때는 매우 신중해야 하지만, 모든 개입이 부당하지는 않다. 불행히도 현재의 동물 권리론은 어떤 형태의 개입이 적절한지 결정하는 데는 어떤 기준도 제공하지 못한다. 그렇다면 야생 동물을 위한 주권 이론은 동물 권리론보다 나을까? 물론 주권이 '내버려두기'를 의미하는 멋진 단어에 불과하다면 도움이 되지 않을 것이다. 그러나 우리는 주권이 그 이상이라고 주장해 왔다. 주권은 특정한 도덕적 목적에 뿌리를 두고 특정한 이익과 특정한 위협에 연결되어 있다. 공동체는 그들의 영토에서 그들의 사회 조직을 유지하는 데 정당한 이해관계를 가지고 있고, 공동체와 공동체의 영토를 외세가 지배하는 부정의에 취약하다는 위협을 겪는다. 주권은 이러한 특정한 부정의에 대한 취약성에서 특정한 이익을 보호하는 적절한 수단이다.

이렇게 보면 주권은 단지 '내버려두는 것'보다 훨씬 더 풍부한 도덕적 개념이다. 주권 존중은 고립이나 자급자족에 관한 것이 아니며, 모든 형태의 상호 작용이나 개입을 금지하는 것도 아니다. 중요한 것은 자결권이라는 가치를 지키는 것이며, 이는 어떤 형태의 개입은 배제하지만 다른 형태의 지원은 허용하고 어쩌면 요구하기까지 한다.

주권 공동체에 정당한 개입과 부당한 개입을 구분하는 원칙은 인간의 경우에도 논란의 여지가 많다. 하지만 몇 가지 기본 원칙은 확인할 수 있다. 주권 공동체는 국외 국가의 침략(정복, 식민화, 자원 탈취)과 덜 폭력적인 형태의 제국주의(선한 의도든 아니든, 온정주의적 관리나 외부 세력의 내정 간섭)에서 보호받을 권리가 있다. 다시 말해, 주권은 외부 세력의 말살, 착취, 합병 등의 위협에서 공동체를 보호하는 한 형태다. 주권은 공동체가 (외부 세력의 의도가 어떻든) 강력한 외부 세력의 무분별한 힘에 휘둘리지 않고 외부 세력과 통제된 상호 작용을 하는 조건 아래에서 스스로 결정한 길을 따라 발전할 수 있게 한다.

그러나 주권의 목표가 국가 간의 모든 상호 작용을 배제하는 것은 아니다. 무역, 이동성 증대, 그리고 중요하게는 적극적 지원의 가능성 면에서 국가 간 상호 협력에서 얻을 수 있는 잠재적인 이점이 많다. 그 결과, 다른 국가에 적극적 지원을 요청하는 일도 많다. 상호 원조 협정arrangements은 조약의 형태로 공식화되거나, 수년 동안의 상호 작용과 상호 지원으로 점차 확립될 수 있다. 이러한 합의는 주권을 훼손하지 않고, 오히려 국가가 시민을 대표해 주권을 행사하는 방법이다.

훨씬 더 까다로운 영역은 요청받지 않거나 상호 협정으로 합의되지 않은 적극적 개입이다. 예를 들어, 한 국가가 갑자기 외부 위협, 자연재해, 내부 붕괴로 압도될 때와 같은 경우다. 일반적으로 이러한 상황에서 국제사회는 지원할 의무가 있다고 생각한다. 해를 입은 국가가 공식적으로 지원을 요청할 처지가 아니어도 말이다. 하지만 지원을 요청하지 않은 국가를 돕는 개입(또는 외부 지원을 요청하는 것에 대해 갈등이 있을 때의 개입)은 문제가 될 수 있다. 적극적 지원을 제공해야 한다는 주장은 자주 제국주의적 힘의 행사를 은폐하는 데 사용된다. 예를 들어, 이라크 침공이나 나치의 체코슬로바키아와 폴란드 침공은, 국가가 보호할 의무를 다하지 못한 내부의 소수 민족을 보호한다는 명분으로 정당성을 주장했다. 반면에 르완다의 경우, 국가가 시민을 보호하는 일에 갑작스럽고 치명적으로 실패했을 때 투치족을 보호하기 위해 국제사회가 개입해야 했다는 것은 일반적으로 합의가 되었다. 시민의 기본권을 보호하려는 국외의 군사적 개입은 거의 필연적으로 해당 국가 정부의 의지를 거슬러 일어나기 때문에 아마도 가장 어려운 문제일 것이다. 그뿐만 아니라 자연재해나 개발 실패에 대한 원조와 지원 역시 어려운 문제다. 2004년 아시아에서 파괴적인 쓰나미가 발생했을 때 국제사회의 대응은 도움이 필요한 사람들과 공동체의 환영을 받았고, 이러한 국제적 지원은 공동체의 주권에 위협이 되지 않으면서 효과적으로 진행되었다. 하지만 국가가 소위 원조라는 이름으로 나서면서 실제로는 새로운 시장에 접근하고, 자원을 통제하며, 의존 관계를 만들거나 의무를 강요하는 등의 행위를 얄팍하게 포장한 일이 수없이 많았다.

이러한 문제는 인간의 국제 관계에서 엄청나게 복잡하며, 인간-동물 관계에서도 덜 복잡할 거라고 생각할 이유가 없다. 그래도 널리 공유된 몇 가지 기본 원칙을 확인할 수 있다. 첫 번째, 다른 국가의 국민이 재앙(인재든 자연재해든)을 겪었거나 겪고 있을 때, 우리가 도울 수 있고 도우려는 노력을 거부하지 않는다면, 우리는 능력과 자원을 최대한 동원해 그들을 도와야 한다. 두 번째, 우리는 공동체가 자립할 수 있는 방식으로, 즉 자결권을 지닌 주권 국가로서의 능력과 생존력을 지원하는 방식으로 도와야 한다. 취약한 상황을 이용해 국가의 독립성을 훼손하거나, 부채를 지우거나, 국력을 약하게 만들거나, 우리의 선 개념을 강요해서는 안 된다. 이러한 원칙을 이행하는 것이 항상 쉬운 것은 아니다. 지원해야 하는가, 어떻게 지원해야 하는가, 누가 지원해야 하는가 등의 매우 복잡한 질문이 따르기 때문이다. 모든 단계에서 지원은 지원받는 사람의 존엄성(과 자결권을 지닌 공동체의 시민이 될 권리 등)을 존중하는 방식으로 이루어질 수도 있고, 훼손하는 방식으로 이루어질 수도 있다.

주권 국가가 자연재해와 같은 재앙으로 압도되거나 '실패한 국가'나 집단 학살과 같이 내부 질서나 합법성이 완전히 붕괴할 때처럼, 적극적 개입이 국민의 주권을 존중하는 것과 일치하는 경우도 분명히 있다. 이때에는 실제로 개입이 그들의 주권을 보호하고 회복하는 데 도움이 된다고 볼 수 있다. 이 경우 개입이 효과적이라고 가정하면, 우리는 지원할 의무가 있다.

이러한 기본 원칙은 야생 동물 공동체에도 적용할 수 있다고 생각한다. 예를 들어, 유성의 경로를 바꿔 충돌을 막는 것은 명백히 주권을 존중하고 회복을 돕는 개입으로 보인다. 반대로 포식 행위를 종식하거나 자연의 먹이 사슬을 통제하려고 개입하는 것은 주권을 무너뜨리고 야생 동물을 영원히 의존적이고 온정주의적 보호를 받아야 하는 처지로 만들어야만 달성될 수 있다. 앞서 논의했듯이 포식과 먹이 사슬은 야생 동물 공동체가 자율 규제하는 안정된 구조의 일부다. 동물은 이러한 조건에서 생존하도록 진화했고 생존할 능력이 있다. 개별 동물은 이러한 자연 과정에서 고통을 겪지만, 동물 주권 공동체는 포식과 먹이 사슬이 있다고 해서 무력화될 만큼 심각한 재난을 겪고 있다거나 자율 능력이 급격히 없어진다는 의미는 아니다. 야생 동물은 서로 정의의 여건circumstances of justice*에 있지 않으며, 일부 개별 동물이 생존하려면 반드시 다른 동물이 죽어야 한다. 이는 자연의 안타까운 특징이지만 이러한 자연의 사실을 일제히 바꾸려고 개입하는 시도는 자연을 우리의 계속된 개입과 관리에 완전히 종속시킬 것이다. 이는 불가능할 뿐만 아니라, 설사 가능하더라도 야생 동물 공동체의 주권을 완전히 훼손할 것이다. 포식과 먹이 사슬을 끝내려고 자연에 개입하는 것은 동기와 결과 모두

* 저자가 2장에서 소개하고 있는 존 롤스의 개념으로, 정의가 적용될 수 있는 특정한 상황을 의미한다. 즉, 자원이 무한하지 않아 정의가 필요하지만, 동시에 극단적인 결핍 상태가 아니어서 타인의 정당한 요구를 인정하는 것이 자신의 생존을 위협하지 않는 상황을 말한다.

정당화될 수 없다. 이는 개입에 필요한 조건인 압도적인 재난, 공동체 와해, 외부 지원 요청을 충족하지 못하고, 주권 공동체가 생존할 수 있고 스스로 결정할 수 있는 공동체로 다시 자립할 수 있도록 돕는다는 목표를 달성할 수도 없다.

따라서 주권을 존중한다는 것은 포식이나 자연의 먹이 사슬을 끝내려는 (적어도 현재 우리가 상상할 수 있는) 제도적 개입을 원천적으로 막는다. 하지만 다른 종류의 적극적 지원에 대한 문제는 여전히 남아 있다. 즉, 야생 동물 공동체의 안정성이나 미래에도 주권 공동체로 존재할 능력을 훼손하지 않는 적극적 지원의 형태는 무엇인가? 우리는 이러한 기준을 통과하는 몇 가지의 개입을 이미 논의했다. 공중에서 유성을 폭파하거나 통제불능의 바이러스가 취약한 생태계에 침투하기 전에 막는 것 등이다. 이 개입들은 공상 과학 영화처럼 보이겠지만,[33] 인간이 야생 동물의 주권을 훼손하지 않으면서 야생 동물 공동체에 도움을 줄 수 있는 좀 더 소박한 소규모 개입을 상상해 볼 수 있다.[34] 여기서 중요한 것은 규모다. 인간 개개인은 자연의 균형을 깨뜨리지 않고, 즉 야생 동물 공동체의 주권을 위태롭게 하지 않으면서 굶어 죽어가는 사슴을 구할 수 있다. 그러나 정부가 대규모 사슴 먹이 주기 사업을 시행하면, 사슴의 개체 수, 사슴의 포식자, 사슴이 먹는 식물, 먹이 경쟁자 등에 영향을 미칠 것이다. 이 모든 영향을 관리하려면 체계적이고 지속적인 인간의 개입이 필요하게 될 것이다.

이는 개인으로든 집단으로든 우리의 행동을 복잡하게 따져 볼 필요가 있음을 의미한다. 개인으로서 나의 행동이 야생 동물 공동체의 주권을 훼손할 가능성은 작다. 하지만 나의 행동이 많은 다른 사람의 행동 방식과 같다면 야생 동물의 주권을 훼손할지도 모른다. 그렇다고 개인이 사슴에게 먹이 주는 것이 금지되지는 않는다. 사슴에게 먹이 주는 사람이 많지 않고, 크게 봤을 때 개인의 행동이 해롭지 않으며, 이 행동이 장래에 눈덩이처럼 커져 인간의 개입이 만연해지지 않을 거라는 상당히 확실한 판단이 선다면 말이다.

내가 유일한 행위자인지 많은 행위자 중 한 명인지의 걱정은 고려 사항 중 하나일 뿐이고, 오류 가능성 논거도 있다. 개인 차원에서 한 나의 행동이 내가 예상하는 결과를 가져올 것인가, 아니면 고통을 줄이려던 행동이 잠재적으로 더 큰 피해를 일으킬 것인가? 엘리자베스 마셜 토마스는 뉴햄프셔에 있는 자기 집에서 사슴에게 먹이를 줄지 말지 숙고한 추론 과정을 상세히 설명한다.[35] 그는 의도치 않게 발생할 수 있는 몇 가지 결과에 대해 깊이 생각했다. 해당 지역 사슴 공동체 사이의 사회적 관계와 권력 관계 교란, 식이 불균형 유발, 사슴이 급식소에 가려다 포식자에게 노출되거나 잡아먹힐 위험, 급식소에서 사슴 간의 질병 전파 조장 등 이 모든 것을 고려한 토마스는 할 수 있는 한 많은 예방 조치를 취하고 사슴에게 먹이를 주기로 한다. 그는 다음과 같이 묻는다.

> 그 모든 충고에도 거리끼지 않고 내가 이 동물에게 먹이를 주는 까닭은 무엇이었을까? 우리가 같은 곳에 살고 있기 때문에, 그들이 고유한 개체이기 때문에, 그들에게는 동족이 있고, 경험이 있으며, 과거와 욕구가 있기 때문에, 그들이 춥고 배고팠기 때문에, 가을에 먹이를 충

분히 찾지 못했기 때문에, 그리고 목숨은 누구나 하나뿐이기 때문이었다(Thomas 2009:53).

간단히 말해, 토마스는 자기 행동의 결과를 고려한 끝에, 결국 단순한 연민에 이끌려 행동했다. 이 사슴들은 토마스가 개인적으로 관계를 맺어온 사슴들이다. 사슴들은 고통을 겪고 있고, 그는 사슴을 도울 위치에 있다고 생각한다. 그래서 그는 이들을 돕는다. 궁극적으로, 우리는 적극적 지원을 제공하는 모든 상황에서 구체적인 상황을 평가하고 올바른 선택을 내리는 데 있어 개인으로서 자기의 판단을 믿어야 한다. 나는 필요한 만큼 정보를 찾아보았는가? 내가 실제로 사슴에게 해를 줄 위험을 최소화하도록 먹이 주는 법을 충분히 알고 있는가? 다른 이를 돕고 고통을 줄이려는 나의 노력을 다른 곳으로 향하게 하는 것이 더 나은가? 나의 행동이 가져올 더 큰 파급 효과와 이것이 다른 이의 행동과 어떻게 상호 작용할지 생각해 보았는가?

이러한 종류의 딜레마는 뉴욕주 북부에 있는 릴리호수에서 비버 떼와 겪은 경험을 다룬 호프 라이든Hope Ryden의 책에서 잘 설명하고 있다(Ryden 1989). 라이든과 비버들은 점차 서로의 존재에 익숙해졌고, 라이든은 수개월 동안 비버들을 불편하게 하지 않는 거리에서 관찰하며 비버의 습성과 사회적 관계에 대해 발견한 놀라운 사실을 기록했다. 라이든은 과학자로서 비버의 삶에 크게 개입하지 않으면서 가능한 한 자연 그대로의 비버들을 관찰하고 싶었다. 그가 원한 것은 비버의 삶을 관찰하는 것이지, 조작하는 것이 아니었다. 하지만 수개월 동안 (비버가 가장 활발한) 야간에 관찰하면서 그는 자연스럽게 비버들에게 깊은 애착을 갖게 되었다. 그러던 중 위기가 찾아왔다. 겨울이 끝나갈 무렵, 봄이 늦어지고 얼음이 유난히 두껍게 어는 등 여러 상황이 겹치면서 비버들이 굴에서 먹을 음식이 떨어진 것이다. (비버들은 얼음이 깨질 때까지 굴에서 나갈 수 없으므로 겨울 초에 먹이를 충분히 저장하지 않았다면 굶어 죽게 된다.) 라이덴은 비버의 집에서 소리가 나지 않는 것을 깨닫고 그들이 죽어가고 있음을 알 수 있었다. 고심 끝에 보고 있을 수만은 없어서 비버 집 바로 옆의 얼음을 깨서 열어주고, 날씨가 풀릴 때까지 며칠간 비버들이 버티기에 충분한 나뭇가지를 가져다 놓았다. 라이든은 전반적으로 불간섭 원칙을 지켰지만, 개인적으로 개입해야만 하는 상황이라는 것을 깨달았다. 누군가는 이러한 행동이 모순적이라거나 그가 의무를 다하지 못했다고 말할 것이다. 하지만 여기에는 모순이 없다. 라이든이 비버의 먹이 사슬에 인간이 개입할 보편적 의무가 있다는 원칙을 규정하고 있는 것이 아니기 때문이다. 오히려 그는 특정한 비버들과 매우 특정한 관계에 있었다. 그는 비버들을 매우 잘 알고, 그의 행동이 재앙적인 파급 효과를 끼치지 않을 것을 알았다. 게다가 그에게는 비버와의 관계에서 얻은 많은 이익과 더불어 관계에서 비롯된 돌봄 의무가 있었다.

많은 과학자와 자연주의자naturalists는 야생 동물, 주로 '멸종위기'종을 위해 놀랍도록 복잡한 프로젝트를 수행해 왔다. 붉은볼따오기가 인간이 조종하는 초경량 항공기의 뒤를 따라 본래의 이동 경로를 다시 학습하도록 돕는 프로젝트도 있다. 따오기는 날개가 튼튼하지 않아서 바람을 맞고 자주 경로를 이탈한다. 지금까지 몇몇 따오기는 주로 승합차의 뒤를 따라 이동 경로를 배우고 있다![36] 우리는 이러한 프로젝트에서 오류 가능성과 재량에 관한 논거가 항상 충분히 고려되고 있는지 질문할 수 있다. 이러한 개입이 정말로 피해보다 더 많은 이익을 가져다줄까? 이 노력과 자원을 다른 곳으로 돌리는 게 더 낫지 않을까? 우리는 또한 종 전체의 권리가 아니라 도움을 받는 개별 동물의 기본권이 존중되는지 걱정할 수도 있다. 종 전체의 이익을 위해 개별 동물의 권리가 침해되지는 않는가? 이러한 질문들은 모두 중요하다. 하지만 우리가 이러한 프로젝트에서 배워야 하는 것은 마음만 먹으면 자연 세계에 놀랍도록 창의적이고 섬세하게 개입할 수 있다는 점이다. 그리고 이러한 개입은 적절한 상황에서, 개체로서 그리고 주권 집단으로서 동물의 권리를 온전히 존중하면서도, 동물에 대한 우리의 이해와 미래에 동물을 도울 수 있는 우리의 능력도 증진시킬 수 있다.

이러한 개입의 훌륭한 사례로 자연주의자 조 휴토가 농부의 밭에 버려진 야생 칠면조의 알을 구조하여 인큐베이터에서 부화시켜 야생에 살도록 한 결정을 들 수 있다(Hutto 1995). 휴토는 자기의 결정이 미칠 영향을 전적으로 책임지는 데 헌신했다. 그는 칠면조들이 일 년 내내 그에게 의존할 것이라는 사실을 알고 있었다. 단지 먹이와 서식지만이 아니라, 그 과정에서 인간에게 익숙해지지 않으면서 스스로 먹이를 찾고 자기를 지킬 수 있는 완전히 독립된 생명체로 자라는 것까지 말이다. 그는 칠면조들이 밤에 안전하게 지내도록 우리와 횃대를 설치했다. 그리고 낮에는 칠면조의 부모가 되어 어린 칠면조들에게 점차 주변 환경을 소개하고, 수없이 많은 시간을 칠면조들이 숲과 들판을 탐험하고 먹이를 찾아다니는 데 동행했다. 일 년 동안 휴토는 야생 칠면조의 삶을 살면서, 칠면조와 동행하고 이동하는 법, 먹이를 찾는 곳, 환경 변화에 대응하는 법, 뱀이나 야생 과일, 또는 다른 주목할 만한 특징을 서로 신호로 알려주는 법을 배웠다. 이런 식으로 조 휴토는 칠면조들이 취약한 초기 몇 개월 동안 주의 깊게 지켜보면서, 자연에서 야생 칠면조가 하는 모든 행동과 경험을 할 수 있게 했다. 그리고 일 년이 되기 전에 칠면조들은 성공적으로 야생으로 돌아갔다. 이후에 휴토가 작성한 기록은 야생 칠면조에 관한 우리의 이해와 인식을 크게 증진시켰다. 이는 명백히 진정으로 상호 이익이 되는 관계가 형성된 사례로 보인다. 칠면조들은 휴토가 아니었다면 없었을 삶의 기회를 얻었고, 가두어져 성장을 박탈당한 삶이 아닌 온전히 칠면조로서 누리는 삶을 얻었다. 그리고 휴토는 종의 경계를 넘어 배우고 유대 관계를 맺을 기회를 얻었다.

똑같이 알을 구조하는 개입으로 시작하더라도 매우 다른 방향으로 전개될 수도 있다. 다 자라도 동물원에 평생 갇혀 살거나, 인간에게 너무 익숙해져 야생으로 돌려보내더라도 오래 지나지 않아 다시 인간의 거주지로 돌아와 사고를 당하거나 의도적인 피해를 입을 수도 있다. 아니면 칠면조가 취약한 초기 몇 달에 적절한 돌봄을 받지 못하거나, 준비가 덜 된 채로 야생으로 돌아간 뒤 처음 만난 코요테나 매의 먹이가 되는 것을 상상할 수도 있다. 이러한 여러 가지 암울한 시나리오는 야생 동물에 대한 불간섭 원칙이 왜 일반적으로 타당한지 상기시킨다. 하지만 휴토의 이야기는 야생 동물과의 관계에서 개인이 취할 수 있는 윤리적 선택이 불간섭만은 아님을 일깨운다.

종종 생태주의 이론가들은 자연 과정에 인간의 개입을 허용할 수 없는 것에 관해 동물 권리론자보다 더 강경한 입장을 보였다. 이러한 입장은 오류 가능성에 대한 우려(인간이 필연적으로 이로움보다 해를 더 많이 끼칠 거라는 우려)에서 크게 기인하지만,[37] 일종의 반감상주의에서도 영향을 받는다. 생태주의 사고 중 이러한 강경한macho 관점에 따르면, 자연법칙은 냉혹하고, 그렇지 않기를 바라는 것은 나약하고 비겁한 짓이다. 개별 동물을 향한 연민에서 나온 개인의 행동은 전체적인 틀을 바꿀 수 없고, 그래서 동물이나 생태계에 실제로 피해를 주지 않더라도 일종의 쓸데없고 과도한 감상주의에 불과하다는 것이다. 그렇게 행동하려는 욕망은 자연에 대한 이해 부족, 심지어 자연 과정에 대한 혐오를 드러낸다(Hettinger 1994).

이러한 견해는 문제가 많다. 첫 번째, 동물이 고통을 겪는 것과 같은 자연의 특정 측면을 안타깝게 여기는 것이 자연 자체에 대한 혐오에 해당한다는 것은 잘못된 생각이다(Everett 2001). 두 번째로, 이러한 견해는 인간과 인간의 행위가 자연의 일부가 아니라는 암묵적 가정에서 나왔으며 이 가정은 지지할 수 없다. 우리가 다른 종의 고통에 공감하는 반응은 그 자체로 인간 본성의 일부이며, 이런 반응은 다른 종에서도 볼 수 있다(예, 인간 구조를 돕는 야생 돌고래들). 세 번째로, 이 견해는 개체의 운명에 냉담한 태도를 보여준다. 포식이나 먹이 사슬의 자연 과정을 바꿀 수 없고 따라서 동물의 운명을 대규모로 바꿀 수 없다고 해서, 개별 동물을 돌보는 행위가 무의미하거나 모순은 아니다. 개별 동물을 돌보는 행위는 먹이를 얻거나 얼음물에 빠졌다가 구조된 개별 동물의 삶에 결정적인 영향을 미친다. 일부 생태주의 이론가는 자연의 법칙이나 (비인간의) 생태 과정을 절대적 사실로 보거나 심지어 신성시하기 때문에 이런 오류에 빠진다. 이것은 여기에서 전개하는 동물 공동체가 주권을 가진 자기 결정적 존재로 존중되어야 한다는 이론과는 매우 다르다.

야생 동물의 주권을 존중한다는 것은 단순히 내버려두는 것이 아니다. 주권은 야생 동물의 자유, 자율성, 번영을 보호하는 데 매우 중요하며, 이는 일반적으로 인간이 자연에 개입할 때 매우 신중해야 함을 의미한다. 하지만 야생 동물 공동체의 주권을 침해하지 않는 지원 행위도 많다. 우리는 자연재해를 막으려는 노력부터 소소한 연민과 도움의 행동까지 야생 동물 공동체의 주권을 훼손하지 않는 여러 가지 지원을 살펴보았다. 우리는 이러한 개입이 잘못된 판단이나 일관성 없는 감상적 행위와는 거리가 멀고, (다른 존재의 고통에 대한 사려 깊은 응답으로서의) 연민과 정의에 의해 요구되는 행위라고 주장할 것이다. (다음에서 논의하겠지만 이러한 적극적인 개입은 우리가 불가피하게 야생 동물에게 가하는 심각한 위험과 비용을 줄이는 데 도움이 될 수 있다.) 야생 동물의 주권은 우리가 왜 다음의 두 가지 충동을 느끼는지 설명한다. ⓐ일반적으로 자연을 자연 그대로 내버려두려는 충동 (동물이 자기 삶의 방향을 결정하고, 인간의 '결정' 없이 그들 공동체의 미래를 결정하는 행위자성을 행사할 공간을 보존하는 것), ⓑ그럼에도 고통을 줄이고 재앙을 피하도록 대응하되, 대응으로 나타날 결과를 신중하게 고려하여 시간이나 규모가 제한된 방식으로 대응하려는 충동. 이러한 충동들은 서로 상충하지 않는다. 오히려 동물들이 서로 정의의 여건 아래 있지 않은 야생에서 종종 충돌하는 중요한 가치(자율과 자유 대 고통의 완화) 사이의 균형을 신중히 고려한 태도를 보인다.

요약하면, 우리는 야생 동물에 대한 적극적 의무를 생각하는 데 주권이 적절한 틀이라고 생각한다. 주권이라는 틀은 기존의 동물 권리론에 있는 공백과 우유부단을 피한다. 우리는 야생 동물 공동체 내부의 과정(예, 포식과 먹이 사슬)에 개입하여 자율성을 침해해서는 안 되며, 야생 동물이 영구적으로 인간의 체계적 관리를 받게 해서는 안 된다. 그러나 인간의 개입이 주권 존중과 들어맞을 때는(그리고 오류 가능성 논거와 재량 논거를 신중하게 고려했을 때는) 적극적으로 지원할 의무가 있다. 이러한 의무는 '항상 고통을 줄이려고 행동하기'나 '절대 자연에 개입하지 않기'와 같은 단순한 일반 공식으로 포착할 수 없다. 우리는 어떤 신성한 자연의 법칙에 복종할 의무가 없지만 야생 동물에게 정의의 의무를 지고 있다. 일반적으로, 야생 동물의 주권을 존중한다는 것은 우리가 자연에 개입하는 것에 매우 신중해야 한다는 뜻이다. 그러나 주권 존중은 야생 동물 공동체가 독립적이고 자율 규제하는 공동체로 번영할 능력을 훼손하지 않으면서, 개별적이고 시간이나 규모가 제한적인 지원을 하는 것과도 부합한다. 우리가 동물의 자율성을 침해하거나 더 큰 피해를 주지 않고 도울 수 있다면, 곤경에 빠져 고통받는 개별 동물에 공감하고 도와야 한다.

4. 경계와 영토

지금까지 우리는 야생 동물의 주권이 '내버려두라'라는 고전 동물 권리론의 구호보다 더 넓고 풍부한 개념이며, 더욱 복잡한 도덕적 목적에 뿌리를 두고 있음을 보여주고자 했다. 하지만 주권이라는 틀에도 어려움이 없는 것은 아니다. 주권의 도덕적 목적은 분명할 수 있지만, 주권이 실제로 어떻게 운용될 수 있는지는 분명하지 않다. 우리는 지금까지 각각 '자기 영토'에서 자체적인 사회 조직 형태를 유지하는 서로 다른 '공동체' 사이의 상호 작용을 주권 규범이 어떻게 규제할지 다소 느슨하게 이야기했다. 이는 마치 세계를 별개의 영토에서 주권을 행사하는 별개의 공동체로 깔끔하게 나눈 그림을 상상하게 한다. 하지만 이는 현실적인 그림이 아니다. 자연은 각각의 종에게 개별 영토를 할당하지 않는다. 여러 야생 동물 종이 같은 영토를 점유하거나 차지하려고 경쟁하며, 많은 종이 이동하려면 다른 동물이나 인간이 점유한 영토를 가로질러야 한다. 따라서 주권이 실제로 의미가 있으려면 깔끔하게 나뉜 공동체나 영토의 그림에 얽매여서는 안 된다.

이 장의 나머지 부분에서는 경계, 영토, 파급 효과 문제 등 주권이라는 틀을 적용할 때 나타나는 주요 과제를 다룬다.

경계의 본질: 주권의 공유와 중첩

흔히 주권 국가state라고 하면, 영토 덩어리에 매끈한 선을 그어서 국가를 뚜렷하게 구분하는 전통적인 정치 지도를 떠올릴 것이다. 캐나다는 위도 49도선의 북쪽에 있고 미국은 그 남쪽에 있다. 주권은 이보다 복잡해서, 국가의 경계는 천부적인 자결권을 지닌 국가나 민족을 구분하는 경계와 깔끔하게 일치하지 않는다. 많은 국가는 실제로 다국민 국가multi-nation state이고, 서로 다른 국가나 민족이 주권을 공동으로 소유하거나 주권이 중첩되어 있으며, 각 국가나 민족은 주권과 자기 결정권을 주장한다. 캐나다의 국경 안에는 퀘벡인, 이누이트인, 퍼스트 네이션First Nations* 그리고 미국의 국경 안에는 아메리카 인디언 부족과 푸에르토리코인 등 다양한 유형의 하위 국가가 있다. 일반적으로 하위 국가의 주권은 여전히 영토에 뿌리를 둔다. 우리는 지도상에서 서로 다른 토착 민족이나 소수 민족 국가의 (부분적으로 공동으로 소유한) 주권 하에 있는 땅을 가리킬 수 있다. 이런 의미에서 우리의 주권 개념은 국토 또는 전통적인 영토와 깊이 연결되어 있다. '국가 안의 국가nations within'의 존재는 주권과 영토의 연결을 복잡하게 만들지만, 그 연결 고리를 대체하지는 않는다.

동물의 경우 이야기는 좀 더 복잡하다. 일부 육상 동물의 경우, 인간의 하위 국가와 비슷한 영토 주권 형태를 생각할 수 있다. 퀘벡, 사프미**, 푸에르토리코처럼 동물 주권 공동체의 경계는 여러 민족을 포괄하는 더 큰 주권 국가의 경계 안에 있거나 겹쳐 있을 것이다. 하지만 조류나 어류를 생각해 보면, 이들 공동체의 경계는 단순히 이

* 퍼스트 네이션은 유럽이 캐나다에 들어오기 전부터 캐나다에 살던 첫 민족이라는 뜻으로 이누이트인, 메티스인과 함께 캐나다의 대표적 토착 민족 중 하나이다.

** 사미족(Sámi)이 사는 땅으로 노르웨이, 스웨덴, 핀란드, 러시아를 걸쳐 있다.

차원의 지리적 용어로 정의할 수 없다. 수중 생명체와 공중 생명체는 인간의 주권 영토 개념에서 종종 부차적인 생태학적 차원에 서식한다. 또한 경계 개념은 이주도 고려해야 한다. 주권의 기능이 공동체의 구성원이 번영하는 사회 조직 형태를 지키도록 보호하는 것이라면, 이러한 사회 조직 형태에 다른 종이나 민족의 영토를 가로지르는 이주도 들어간다는 것을 인식할 필요가 있다.

몇 가지 사례를 살펴보자. 흰목휘파람새whitethroat (sylvia) warbler는 사하라사막 남쪽 사헬 지역에서 겨울을 나고 이집트와 서유럽을 거쳐 매년 봄 영국 삼림지대로 돌아온다. 이들의 '주권 영토'는 어디인가? 사헬과 영국 두 주요 서식지가 흰목휘파람새의 주요한 주권 영토라고 할 수 있지만, 이들이 주권 영토를 누릴 가능성은 명백히 두 서식지를 잇는 육로와 비행경로를 사용할 권리에 달렸다. 이러한 서식지의 일부는 인간의 정착지와 분리되어 있지만, 상당 부분이 인간의 주권 영토와 겹친다. 따라서 이러한 지역에서 주권이 어떻게 공유되는지 설명이 필요하다. 흰목휘파람새는 이동할 때 우리에게 피해를 주지 않는다. 그래서 이들의 주요 서식지 두 곳을 보호하는 것 말고도, 이들의 비행경로에 장애물을 세우면 안 되고, 이들의 주요 휴식 지점에 있는 수자원과 식량 자원이 오염되지 않게 해야 한다.

북방긴수염고래nothern right whale는 북미 대륙 동북부의 뉴잉글랜드와 노바스코샤 해안에서 여름을 보내고, 동남부의 플로리다와 조지아주 해안으로 이주하여 새끼를 낳고 겨울을 보낸다. 북미 대륙의 동쪽 해안선은 선박 운항이 매우 잦아 선박에 치일 수 있어서,

북방긴수염고래의 이주는 매우 위험하다. 여기서도 해양 동물의 주권을 인정하는 동시에 영토 사용을 공유할 방법이 필요하다. 인간도 흰목휘파람새나 북방긴수염고래처럼 이주할 권리, 즉 먹고 살기 위해 이동할 권리가 있다. 이 권리를 야생 동물의 주권 영토를 통과하는 경로로 이동할 수 있는 '지상 통행권'이라는 용어로 개념화할 수 있을 것이다. 그러나 인간의 이동을 위한 '통행권'은 제한적인 권리다. 인간은 통과하는 영토의 동물을 고려하지 않고 통행권을 행사해서는 안 된다. 실제로 인간은 북방긴수염고래들을 치명적인 선박과의 충돌에서 보호하려고 대서양의 선박 항로를 변경하고, 선박이 고래 무리 근처에 있을 때 선박에 경고하는 고래 추적 시스템을 구축하는 등 중요한 조치를 하고 있다. 이처럼 인간은 이미 고래의 서식지를 가로지를 때 인간의 활동을 부수적으로 제약하는 것으로서 고래의 주권을 존중할 의무를 인정하고 있다.

다른 예로, 멀리 떨어진 인간 공동체를 연결하려고 고속 도로가 야생의 땅을 가로지르는 일은 무수하다. 이러한 도로가 본래 허용될 수 없는 것은 아니지만 야생 동물의 주권 영토를 통과하는 통행권이 적용된 통로로 보아야 한다. 그리고 바다의 선박 항로처럼 야생 동물에 해를 입히지 않도록 고속 도로를 재설계할 의무가 있다. 우리는 동물의 생명권과 이동권을 희생하면서까지 우리의 이동 권리를 행사해서는 안 된다. 이는 고속 도로를 여러 면에서 재고해야 함을 의미한다. 예를 들어, 고속 도로를 대규모의 야생 동물 집단에서 멀리 떨어진 곳으로 옮기거나, 완충 지대와 이동 통로, 터널을 만들거나, 제한 속도를 낮추고 자동차를 재설계하는 것이다.

주권을 존중한다는 것은 지정된 영토와 통로/통행권이 혼합된 형태를 포함할 가능성이 높다. 인간과 동물 모두 마찬가지다. 인간이 야생 동물 영토를 통과하는 통로가 필요하듯이, 야생 동물도 개체 수 압력, 기후 변화 등에 유연하게 대응하려면 인간의 밀집 정착 지역을 통과하는 통로가 필요하다.

이런 복잡함을 모두 담는 주권 틀을 개발하는 것은 쉽지 않다. 그러나 인간의 경우에 흥미로운 비유와 선례가 있다. 목축 민족, 유목 민족, 소수 민족과 소수 종교 집단이 전통적인 장소, 항구, 성지, 또는 같은 민족에게 계속 접근할 수 있도록 육상 통로, 완충 지대가 설정되고 통행권을 부여받거나 주권을 공유한 예가 많다.[38] 롬인Roma*, 베두인족Bedouin, 사미족Sami, 그 외 수많은 유목 민족이 전통적 이동 방식으로 근대 국가의 경계를 통과하는 상황을 생각해 보자. 유목 민족과 국경으로 분리된 공동체의 경우, 성원권은 국경을 넘어선다. 이러한 현실을 인정하는 새로운 시민권 형태를 개발하려는 노력이 이루어지고 있다.[39] 이러한 민족 중 일부는 국가가 없고, 일부는 한 지역에서는 시민이지만 다른 곳에서는 방문객이며, 또 다른 민족은 일종의 다중 시민권multiple citizenship을 가지고 있다. 아직 진행 중이지만, 인간의 정치 이론은 공동체와 영토가 중첩되고 이동하는 특성을 부정하거나 억압하는 대신 받아들이는 방식으로 새로운 주권과 시민권 개념을 서서히 발전시키고 있다.

이를 위해서는 주권이 단일하고 절대적이어야 한다는 생각을

* 유럽의 여러 지역에 걸쳐 사는 소수 민족으로, 과거에는 '집시'라고 불렸으나 최근에는 이 용어의 사용을 지양하는 추세다. 롬인들은 독특한 문화와 언어를 가지고 있으며, 전통적으로 유목 생활을 해왔다.

버려야 한다. 인간과 동물의 주권은 필연적으로 어느 정도의 '병렬 주권parallel sovereignty'을 포함할 것이다. 공동체, 특히 대부분의 동물 공동체는 주권을 지키는 데 있어 토지가 없으면 자치적인 자율 규제는커녕 생태적으로 생존할 수 없으므로 주권은 영토와 중요하게 얽혀 있다. 하지만 주권을 특정 영토에 대한 독점적인 접근권과 통제로 정의할 필요는 없다. 오히려, 주권은 공동체가 자주적이고 자율 규제를 하는 데 필요한 접근권과 통제의 정도나 성격의 관점에서 정의될 필요가 있다.[40]

콩고강 남부의 숲을 보노보와 인간이 공유하는 경우를 생각해 보자. 보노보의 주권을 인정하는 한 가지 방법은 숲의 상당 부분을 따로 떼어내고 단순히 인간의 접근을 차단하는 것이다. 차단 대상에는 전통적으로 이 지역에 여러 세대에 걸쳐 살면서 삶의 방식이 이 땅과 밀접하게 연관된 사람도 있다. 이것은 실제로 몇몇 국제 보호단체에서 실시한 접근법이었다. 하지만 보노보의 권리를 충족하려고 토착민을 몰아내는 것은 부당하다.[41] 이 문제의 한 가지 해결책은 쫓겨난 사람들에게 다른 땅과 기회를 보상으로 제공하는 것이다. 하지만 더 나은 해결책은 보노보와 인간 공동체가 이 지역에 대해 중첩된 주권overlapping sovereignty을 공유한다고 인정하는 것일지도 모른다. 최근에는 보노보가 전쟁, 자원 개발, 밀렵 거래로 끔찍하게 탄압받고 있지만, 어떤 전통 사회는 수 세대에 걸쳐 보노보와 함께 지속 가능하고 조화로운 방식으로 살아왔고 보노보를 해치는 것을 금기시한다. 이 두 사회가 땅과 자원을 공유하고 각자 독립적인 경로를 추구하면서 평화롭게 공존하지 못할 이유가 없다(인간의 생태

발자국이 균형을 유지하는 한). 서로 간에는 주권이 공유되거나 중첩된다. 외부 세계와 두 사회 간에는 이들의 공동 주권joint sovereignty이 외부 개입과 침입(예, 외부 인간 행위자의 침략, 정착, 폭력, 개발, 자원 채취)에서 두 사회 모두 보호할 수 있다.[42]

물론 콩고민주공화국에는 수많은 다른 동물 종 또한 서식하고 있으며, 이들은 모두 복잡한 생태계 망으로 연결되어있다. 따라서 단일 종이 아닌, 다종 동물 생태계의 주권 공동체라는 관점에서 생각해야 한다. 이에 대해서도 인간 사회에서 유사한 사례가 있다. 많은 국가가 토착 민족이나 국민 집단에 내재하는 자결권이 있다는 원칙을 지지했지만, 이러한 집단이 너무 작아서 스스로 효과적으로 통치할 수 없거나 지리적으로 다른 집단 사이에 흩어져 있을 때, 해결책은 '다민족 자치 체제multi-ethnic autonomy regimes'였다. 다민족 자치 체제에서는 단일한 지리적 실체가 여러 민족의 주권을 보호하고 증진하는 수단이 된다. 멕시코(Stephen 2008), 니카라과(Hooker 2009), 에티오피아(Vaughan 2006)에서 이러한 사례를 볼 수 있다.[43]

특정 영토를 단일 주권의 다종 공동체로 보든 여러 주권이 중첩된 공동체로 보든, 핵심은 그 영토가 외부적으로는 외세의 지배나 약탈에서 보호받고 내부적으로는 각자의 자율적 경로를 따라 자유롭게 발전할 수 있다는 점이다.

요약하면, 주권을 지리적으로 엄격히 분리하는 관점으로 생각할 필요는 없다. 동물과 세계를 공유하면 다양한 주권 관계가 따라올 것이다. 영토가 엄격히 분리되어 인간의 접근이 매우 제한된 야생지wilderness 지역이 있을 수 있고, 특정 인간 공동체와 특정 동물 공동체가 주권을 공유하지만 외부인은 제한되는 지역도 있을 수 있다. 이주 패턴, 이동 통로 등 여러 방식으로 영토를 공유하기 위해 주권을 다차원으로 인식할 필요가 있는 다른 맥락도 있을 수 있다.

이렇듯 다양한 주권 관계를 수용하기 위해서는 야생 동물 주권의 경계를 국립공원의 경계처럼 지나치게 단순한 영토 개념으로 묶어서 생각해서는 안 된다. 야생 동물의 주권은 ⓐ생태적 생존 가능성, ⓑ영토의 다차원성, ⓒ인간과 동물의 이동성, ⓓ지속 가능하고 협력적인 공존 방식parallel co-habitations의 가능성을 고려하는 다층적 주권 개념이어야 한다.

경계 설정: 영토의 공평한 할당

인간과 동물의 주권이 단순히 지도 위의 선으로 환원될 순 없지만, 주권을 인식하려면 경계선이 필요하다. 다양한 야생 동물과 인간 공동체의 주권이 일부 지역에서 중첩되더라도, 여전히 어떤 동물과 인간 공동체가 어떤 영토에 있을 권리가 있는지 판단할 방법이 필요하다. 과연 인간 주권 공동체와 동물 주권 공동체의 경계를 어디에 설정해야 할까?

이는 동물권에 대한 정치 이론에서 주요 과제다. 부분적으로는 인간 정치 이론에서도 풀리지 않은 주요 문제이기도 하다. 에이버리 콜러스Avery Kolers의 표현을 빌리면, 영토권 문제는 근대 정치 철학에서 '충격적인 맹점'이고, '가장 심각한' 누락이다(Kolers 2009:1).

인간의 경우 이 문제를 1인당 또는 국가당 토지를 공정하게 분배하는 수학 공식으로는 분명히 풀 수 없다. 싱가포르의 인구 밀도는 km^2당 약 7천 명인데, 미국의 인구 밀도는 km^2당 31명, 호주는 km^2당 3명에 불과하다. 그렇다고 해서 1인당 토지를 똑같이 차지하도록 싱가포르에 미국이나 호주 영토 일부에 대한 주권을 부여할 수는 없다. 캐나다는 지금처럼 큰 영토를 가질 자격이 있는가? 룩셈부르크가 더 커야 하지 않을까? 중국인이나 인도인의 수가 줄고 스위스인이나 우간다인의 수가 더 많아야 하지 않을까? 이런 질문으로는 큰 진전을 이루지 못한다. 우리는 추상적으로 주권 영토가 얼마나 커야 하는지, 그곳에 인종/종족/문화의 사람이 얼마나 많이 살아야 하는지 묻지 않는다.

마찬가지로, 야생 동물은 얼마나 있어야 하고 인간은 얼마나 있어야 하는지, 각각의 동물과 인간 집단은 얼마나 많은 땅에 대한 권리가 있어야 하는지 묻는 것으로는 큰 진전을 이루지 못할 것이다. 오히려, 우리는 현장의 사실facts on the ground에서 출발해야 한다. 다른 모든 조건이 똑같다면, 인간과 동물은 지금 사는 곳에 있을 권리가 있고, 주권 이론이 근본적으로 할 일은 이 권리를 박탈이나 정복의 위협에서 보호하는 것이다.

물론 모든 조건은 똑같지는 않으며, 따라서 현장의 사실은 단지 도덕적 분석을 위한 출발점일 뿐 이야기의 종착점은 아니다. 이제까지의 정착과 이용 패턴은 특정한 부정의를 바로잡거나 현재와 미래의 필요를 충족하기 위해 다시 논의할 필요가 있을 것이다. 서론에서 언급했던 통계를 돌이켜 보면, 1960년 이후 세계 인구는 두 배 이상 증가하여 인간의 정착지가 이전에 야생 동물이 자리 잡았던 토지로 확장되었고 그 결과 야생 동물의 개체 수는 3분의 1로 급감했다. 동물이 자리 잡은 토지를 인간이 급격하게 정복한 탓에, 이로 인해 동물 개체 수가 대폭 감소한 것이다. 따라서 동물의 주권 영토 경계를 생각할 때, 현재의 개체 수와 동물이 살고 있는 곳에 따라 경계를 그어야 하는지, 아니면 부당한 정복의 역사를 다루어야 하는지 바로 질문하게 된다.

같은 문제가 인간의 정치 이론에도 있다. 현재 존재하는 국가의 경계는 정복, 식민화, 강제 동화로 부당하게 설정되었다. 하지만 시간이 지나면서 처음에는 부당했던 정착 행위가 정당한 권리가 되었다. 유럽의 아메리카 대륙 정복에서 소련의 발틱 공화국 식민화에 이르기까지, 원래 부당한 식민화/정착에 책임이 있는 세대는, 지금 사는 곳을 유일한 고향으로 알고 식민지 점령과 정복이라는 부당한 행위를 한 적이 없는 다음 세대에 자리를 내주었다. 마찬가지로 인간-동물의 관계에서도, 동물이 선점한 땅에 인간이 정착한 것은 잘못이었지만 (그리고 지금도 잘못이지만) 정착민의 후손이 새로운 '현장의 사실'이 되었음을 인정해야 한다. 정의는 우리에게 역사적 부정의를 고려하길 요구하지만, 현존하는 개인의 권리를 침해하지 않고 시간을 되돌릴 수는 없다.

영토에 관한 타당한 정치 이론이라면 사람들이 현재 어디에 살고 있는지, 지금 있는 공동체와 국가의 경계는 어디인지 등 현장의 사실에서 출발해야 하며, 동시에 과거와 미래를 모두 고려하는 정의의 문제에도 관심을 기울여야 한다. 한편으로는 부당한 과거 행동을 인정해야 하고, 때에 따라서는 보상하거나 배상해야 한다. 다른 한편으로는 현재부터, 즉 현재 특정 영토에 살고 있는 개인에서

부터 출발하여 앞으로 모두를 위한 정의가 되도록 노력해야 한다. 우리는 먼저 미래 지향적 정의를 살펴보고, 이어서 역사적 부정의에 대한 배상 문제를 살펴볼 것이다.

'현장의 사실'에서 출발해 보자. 인간은 야생 동물의 서식지를 급격히 침범하고 훼손했지만, 여전히 야생 동물이 서식하는 미개발 영토가 많이 남아있다. 이곳에는 '자연 그대로의 야생지'는 물론이고, 인간이 임업, 광업, 가축 방목 등 자원 채취 활동은 하지만 최소한의 정착만 하는 넓은 영토도 포함된다. 야생 동물은 이러한 영역의 실질적 거주민이다. 따라서 우리는 현재 인간이 살지 않거나 개발하지 않은 모든 서식지를 동물의 주권 영토로 간주해야 한다는 전제에서 시작한다. 공기, 바다, 호수, 강, 그리고 생태적으로 생존할 수 있는 모든 야생지('자연 그대로의 야생지'든 복원된 땅이든, 넓은 지대든 작은 독립 구역이든)가 동물의 주권 영토에 해당한다.[44] 이러한 땅은 현재 야생 동물이 자리 잡아 살고 있고, 우리는 이 구역의 야생 동물 시민을 식민 지배하거나 내쫓을 권리가 없다. 이는 사실상 인간 정착지 확장이 끝났음을 의미한다. 정착지 확장 외에도 벌목, 채굴, 가축 방목 등 동물의 주권 구역에 대한 우리의 침입은 우리가 사는 곳의 경계를 훨씬 넘어 수십억 마리의 야생 동물이 거주하는 지역까지 그 영향을 미치게 한다. 야생 동물의 소극적인 기본권을 인정한다면, 이러한 활동을 많이 축소하거나 바꾸어야 할 것이다. 그렇게 되면 방목 가축 수도 크게 줄어들 것이다. 벌목, 채굴, 야생 식량 채집도 모두 동물에 해를 주지 않는 방향으로 변화할 것이다. 그러나 동물 주권의 영토를 인정하는 것은 자원 채취 과정에서 주는 직접적 피해를 멈추는 것 이상을 의미할 것이다. 이러한 구역에서 인간의 활동을 반드시 중단할 필요는 없지만, 그 구역에 주권이나 공동 주권이 있는 야생 동물 공동체의 이익을 고려해 재협상해야 한다. 이들의 이익은 피해 방지를 넘어 생태계의 생명력 보호와 야생 동물 공동체의 자기 결정권까지 포함한다. 다시 말해 주권을 가진 동등한 존재 사이의 호혜 관계를 바탕으로 재협상이 이루어져야 한다.

따라서 야생 동물의 주권을 인정하는 것은 인간의 활동에 두 가지 큰 제한을 둔다. 첫째, 인간의 무분별한 정착지 확장에 '여기까지만, 더는 안 된다'라고 말한다. 이는 우리가 정착지를 좀 더 현명하고 효율적으로 건설하고, 이미 황폐해진 곳을 재건하되, 더는 동물이 사는 땅을 식민지로 삼아 정착지를 확장하지 않는 것을 의미한다. 둘째, 동물 주권의 영토(또는 공유 영토)에서 우리의 활동은 동등한 존재 사이의 공정한 협력 조건에 따라 수행해야 한다. 이는 야생 동물에 대한 우리의 직접적 폭력을 끝내는 것에서 훨씬 더 나아간다. 인간의 야생 동물 영토 '관리'가 탈식민화와 비슷한 과정을 거쳐야 한다는 것이다. 즉, 일방적인 착취를 공정한 거래로 대체하고, 생태계를 파괴하면서 발생하는 비용을 외부로 전가하는 관행을 지속 가능하고 상호 이익이 되는 방식으로 전환해야 한다.[45]

우리는 인간과 야생 동물의 현재 정착 패턴을 출발점으로 삼을 수 있지만, 필연적으로 이러한 기존 경계 중 일부를 재고해야 할 것이다. 지구의 생태 구역 중 일부는 풍요로운 삶을 지원하고, 다른 구역은 훨씬 적대적인 환경이다. 풍요롭거나 취약한 생태계에 있는 기존 인간 정착지는 그대로 두되, 시간이 지남에 따라 그 지역에서 인간의 정착 흔적을 줄여 나가야 할 수도 있다. 반대로, 인간 정착지가 야생 동물 집단의 생명력과 다양성을 증진하는 방식으로 확장할 수 있는 지역도 있을 것이다. 예를 들어, 현재 축산업의 영향을 받는 매우 넓은 영토를 생각해 보자. 동물 사료를 생산하기 위해 단일 작물 농업에 할애하는 광활한 토지뿐만 아니라, 소 방목에 사용하는 토지가 많을 것이다. 두 관행 모두 야생 동물의 개체 수와 다양성을 크게 감소시켰다. 축산업이 종식되면 이 지역을 야생 동물에게 돌려줄 수 있다. 아니면, 지속 가능한 방식의 농업, 자원 채취, 야생지/여가 활동 공간으로 인간과 동물이 공유할 수도 있다. 예를 들어, 산울타리hedgerow, 관리된 산림, 무경운 농법*은 놀랍도록 다양한 종을 지원할 수 있다. 실제로 축산업을 끝내면 우리가 야생 동물과 새로운 관계를 협상할 매우 넓은 영토 구역을 확보하게 될 것이다(Sapontzis 1987:103).

인간의 경우, 지도에 그은 임의의 선은 민족peoples과 종족 공동체ethnic communities의 지리적 분포를 반영하지 못하고, 해당 공동체에 실질적인 터전을 제공하는 데 실패하여 많은 고통을 주었다. 다행히 우리는 '동물의 지리적 분포animal geography', 서식지, 유역, 생태계, 생물권에 관해 많이 배우고 있으며, 이러한 지식은 야생 동물 공동체의 중요한 경계를 이해하는 데 사용할 수 있다.[46] 동물 주권 공동체를 위한 정치적 경계를 생태계 지도의 경계에 맞춰 설정하여 동물 주권 공동체의 생존 가능성과 안정성을 보장할 수 있다.

* 땅을 갈지 않는 농법.

생태계를 더 많이 이해할 수록 어떤 땅을 '재야생화rewild'할 것인지, 어떤 땅을 안정된 공생 관계에서 공유할 것인지, 어떤 땅에서 좀 더 광범위한 인간의 개발이나 관리를 유지할지 더 나은 결정을 내릴 수 있을 것이다.[47]

현재의 정착 패턴은 미래의 필요와 생태적 지속 가능성을 고려할 뿐만 아니라, 과거 야생 동물에 대한 역사적 부정의를 보상하기 위해서도 조정할 필요가 있다. 물론, 과거에 야생 동물에게 가한 폭력이나 서식지 파괴가 모두 부당 행위였던 건 아니다. 많은 시기와 장소에서 인간과 야생 동물은 서로 정의의 여건에 있지 않았다. 인간은 먹을거리와 옷을 얻으려고, 때로는 자신을 보호하려고 동물을 죽이지 않고는 살아남지 못했을 것이다. 하지만 필요할 때만 동물을 죽이기로 제한을 둔 적은 거의, 아니 전혀 없었다.[48] 인간은 항상 스포츠나 편의를 이유로 또는 아무 이유 없이 동물을 죽였다. 실제로 우리가 야생 동물에게 저지른 역사적 범죄는 충격적이다. 향고래 한 종만 생각해 보자. 향고래는 대략적인 추정으로 1700년경 개체 수가 약 150만 마리 정도였다. 18세기와 19세기 미국인의 포경이 향고래의 수를 약 4분의 1 정도로 줄인 것으로 추정된다. 19세기 후반이 되자 등불과 윤활유에 쓰이는 경뇌유*가 석유와 등유로 대체되면서 포경 활동이 줄었다.[49] 하지만 20세기에 들어 근대적 포경 산업이 등장하면서 포경이 부활했고, 20세기 중반 국제포경위원회 조약에 따라 보호받게 되기 전까지 대략 75만 마리의 향고래가 죽임을 당했다. 한때 원래 개체 수의 4분의 1로 줄어들었던 향고래의 개체

* 고래의 머릿골에서 짜낸 기름.

수는 매우 느리게나마 조금씩 회복되고 있다.

경뇌유와 고래 뼈 코르셋은 인간에게 유용했을지는 몰라도 결코 필수품은 아니었다. 포경의 역사는 명백히 인간의 편의를 위해 야생 동물을 무자비하게 파괴한 예다. 한때 150만 마리에 가까운 향고래가 바다를 누비고 다녔지만, 오늘날에는 50만 마리도 채 되지 않는다. 미래 지향적 정의는 지금 살아 있는 고래에 대한 대우, 즉 그들의 보편적인 기본권과 해양 서식지에 대한 공동 주권을 존중하는 데 초점을 맞춘다. 그렇다면 인간이 향고래를 대량 학살한 역사에 대해서 정의는 무엇을 요구하는가? 희생된 고래들을 되살리거나 그들에게 보상할 수는 없다. 역사에서 일어난 부정의 중 일부 사례에서는 현재 세대가 조상에게 가해진 부당한 대우로 인해 힘들게 사는 것을 확인할 수 있다.[50] 따라서 현재 살고 있는 후손에게 적절한 구제 조치로 보상할 수 있을 것이다. 하지만 향고래는 후손이 조상에게 가해진 부정의로 피해를 보았는지 그렇다면 어떤 피해를 보았는지 분명하게 알 수 없다.

이러한 상황에서 역사적 부정의는 '상황에 따라 대체'된 것으로 보이며(Waldron 2004:67), 우리의 노력의 초점은 미래 지향적 정의에 맞춰져야 한다. 그렇더라도 우리에게는 교육, 기념비, 집단 사과 등의 상징적 보상으로 적어도 역사적 부정의의 사실을 인정해야 할 강력한 이유가 있다. 루카스 마이어Lukas Meyer가 말하듯, 심지어 배상이 불가능할 때에도,

> 상징적 보상 행위는 실질적으로 보상할 수만 있다면 실행하길 원하고 실행할 거라는 우리 자신에 대한 이해를 표현할 수 있게 한다. 이러한

행위가 성공적이라면, 우리는 과거에 살았던 사람들에게 실질적으로 보상할 수 있다면 보상할 거라는 우리 이해를 확실하게 표명하게 될 것이다. 또한 그러한 부정의가 반복되는 것을 막겠다는 확고한 의지도 표명하게 될 것이다(Meyer 2008).

아마도 250년 전 포경으로 인한 피해를 복구하기 위해 오늘날 우리가 할 수 있는 일은 없을 것이다. 하지만 잘못을 인정하는 것은, 적어도 지금 살아 있는 고래의 주권을 온전히 존중하겠다는 우리의 약속과 의무를 강하게 만들 것이다.[51]

정의에서 시간은 매우 중요한 요소다. 부정의가 발생한 직후에는 피해를 복구하거나 보상할 수 있다. 시간이 흐르면 현장의 사실은 변하고, 미래 지향적 정의가 더 강력하게 작용한다. 그래서 부정의가 일어날 때, 그 자리에서 해결하는 것이 무엇보다 시급하다. 공격자와 침략자는 시간이 지나고 상황이 변하는 것의 중요성을 안다. 그들은 현장의 사실을 바꾸고(예를 들어, 점령 영토에 정착하거나 인종 청소를 자행함으로써) 그 후 정의의 균형추가 미래로 기울 때까지 그 상태를 고수하려는 강한 동기가 있다. (우리는 이러한 행위를 일상생활에서도 목격한다. 예를 들어 누군가 토지 용도 제한을 어기고 금지된 건물을 지은 다음, 현장에서 새로운 사실을 만들어 규제 당국이 예외를 허락하기를 바라는 일이 있다.) 미래 지향적 정의의 한 가지 의무는 부당한 일이 기정사실로 굳어버리기 전에 막도록 강력한 억제책을 마련하는 것이다.

5. 주권 공동체 간 공정한 협력 조건

지금까지 우리는 주권이라는 틀이, 동물 권리론에서 널리 퍼져 있지만 논리적 토대가 부족한 불간섭이라는 추정을 지적으로 설득력 있게 설명한다고 주장했다. 더불어 주권은 논리적 토대가 부족한 또 다른 중요한 문제인 파급 효과를 다루는 규범적인 틀도 제공한다. 앞서 언급했듯이 야생 동물은 기본권이 직접 침해되거나 영토를 침범당하는 피해만 아니라, 인간 활동의 영향으로 발생하는 온갖 의도치 않은 피해를 보기 쉽다. 동물은 기후 변화, 환경 오염(기름 유출, 농지 오염수 유출 등), 자원 채취, 사회 기반 시설(댐, 울타리, 도로, 건물, 항로 등) 때문에 위험에 빠진다.

이러한 위험 중 일부는 인간이 야생 동물의 서식지 침범을 멈추면 줄겠지만, 인간의 영토와 야생 동물의 영토를 완전히 차단하여 분리할 수는 없다. 많은 야생 동물이 인간의 정착지를 통과하여 광범위한 거리를 이동한다. 사헬 지대에서 영국으로 이동하는 흰목휘파람새나, 뉴잉글랜드 해안에서 플로리다로 이동하는 북방긴수염고래를 다시 떠올려 보자. 동물 주권 공동체가 인간 공동체 안에서 병존한다는 점을 고려하면 어떤 의미에서 모든 영토는 접경 지역border territory이다. 우리는 앞서 이주 경로, 이동 통로, 공유된 생태계 등 주권이 중첩되는 지역에서, 인간 공동체는 공동 주권이 있는 야생 동물 공동체의 이익을 무시하고 자유롭게 자기 이익을 추구할 수 없다고 주장했다. 인간의 활동은 거의 모든 동물 주권 공동체에 즉각적으로 직접적인 영향을 주며, 야생 동물의 부상이나 사망과 같은 큰 위험을 불러온다.

하지만 인간과 동물 사이의 위험이 모두 일방적으로 발생하는 건 아니다. 야생 동물도 인간 활동에 위협적이거나(예, 도로에서 사슴이나 무스와 충돌하거나, 비행기 엔진에 새가 빨려 들어가는 일), 공중보건을 위협할 수 있고(예, 동물 바이러스), 불곰이나 코끼리의 공격처럼 직접 인간을 위협할 수 있다.

이러한 위험은 인간과 야생 동물이 계속해서 지구상에 함께 사는 한 피할 수 없다. 그래서 동물 권리론의 중요한 과제는 위험을 규제하는 적절한 원칙을 정하는 것이다. 인간이 건물, 도로, 항로, 오염 규정 등을 설계할 때 야생 동물의 이익을 어떻게 고려할 것인가? 우리의 의무는 위험을 '최소화'하는 것인가, '합당한' 위험만 부과하는 것인가, 아니면 야생 동물이 겪을 모든 위험을 없애는 것인가? 반대로 우리가 야생 동물에게서 마주하는 위험을 줄이려 할 때 할 수 있는 정당한 행동은 무엇인가? 이러한 질문들은 대단히 중요하지만, 또다시 '내버려두라'라는 고전 동물 권리론의 명령으로는 해결되지 않은 채 남아 있다.

지금까지 우리는 인간과 동물 사이의 위험 문제를 정반대의 방식으로 다루어왔다. 야생 동물이 인간에게 위험을 일으킨다면 아무리 사소하더라도 우리는 일반적으로 가장 치명적인 방법까지 동원해 어떤 조치라도 취할 권리가 있다고 생각한다.[52] 만약 코요테나 프레리독이 인간에게 (혹은 사육 동물에게) 아주 미미한 위험이라도 느끼게 하면 우리는 그들을 대량으로 살처분할 권리가 있다고 믿는다. 반대로 우리의 활동이 야생 동물을 심각하게 위협할 때는 이를 종종 발전의 대가라며 무시한다.

이와 대조적으로, 주권 이론은 위험의 분배를 주권 공동체 사이의 정의 문제로 다루어야 한다고 주장한다. 이 점에 관해 우리는 인간이 처한 위험과 의도치 않은 피해를 다루는 일반적인 접근 방식에서 배울 수 있다.[53] 국내외 모든 상황에서 사회생활에는 사고로 인한 사망과 부상, 질병 전파, 재산과 생명 파괴 등 필연적인 위험이 따른다. 자동차가 시속 16km보다 빠르게 주행하도록 허용하면 다른 운전자나 보행자, 인근 거주자에게는 위험이 증가할 것이다. 하지만 대부분의 사람은 이 정도의 위험은 감수할 만한 가치가 있다고 생각한다. 시속 16km 이상의 주행을 금지한다면 개인의 자유와 경제적 생산성에 큰 비용이 발생할 것이기 때문이다. 위험을 완전히 없애려는 시도는 사회생활을 마비시킬 것이다. 그렇다고 모든 형태의 위험 부과가 허용되거나 정당한 것은 아니다. 다른 이에게 위험을 부과하려면 다음과 같은 여러 조건을 갖춰야 한다.

ⓐ 일어난 위험이 정당한 이익을 얻는 데 진정으로 필요하고, 위험의 정도가 위험으로 얻을 이익에 비례하며, 위험이 부주의나 무관심의 결과가 아니어야 한다.

ⓑ 위험과 그에 따른 이익은 전체적으로 공정하게 분배되어야 한다. 즉, 한 집단이 계속해서 위험의 희생자가 되는 것을 피해야 하며, 한쪽에서 위험으로 고통받았다면 다른 쪽에서는 위험에서 이익을 얻어야 한다.

ⓒ 가능하다면 사회가 의도치 않은 피해의 희생자에게 보상해야 한다.

우리는 이 세 가지 원칙이 인간 사회에서 어떻게 작동하는지 간략히 설명한 다음, 이 원칙들이 인간 주권 공동체와 야생 동물 주권 공동체의 공정한 상호 작용 조건을 생각하는 데 어떻게 지침을 줄 수 있을지 보여줄 것이다.

위험을 평가할 때, 먼저 위험이 정당하고 진정한 이익을 위한 것인지 따져볼 필요가 있다. 고속 도로의 예를 다시 생각해 보자. 우리는 고속 도로와 그로 인한 교통사고와 오염을 완전히 없앨 수 있다. 하지만 이는 엄청난 경제적 비용과 자유의 희생을 치러야 할 것이다. (또한 긴급 상황 대응 역량을 급격히 낮추어서 사망률이 더 올라가는 결과를 가져올 수도 있다.) 그래서 우리 사회는 고속 도로와 관련하여 복잡한 결정을 내린다. 고속 도로를 설치할지 말지, 도로망을 확장할지 아니면 점차 철도망으로 대체할지, 고속 도로를 최대한 안전하게 만드는 데 얼마나 투자할지(도로 폭 확대, 차선 추가, 제한 속도 낮추기, 가로수 줄이기, 자동차 안전 개선하기 등), 운전자를 얼마나 규제할 것인지(나이, 장애, 주의력 등) 등을 결정한다.

이러한 결정은 위험을 줄일 수 있겠지만, 이동으로 얻는 정당한 이익을 과도하게 희생하지 않고는 위험을 완전히 없앨 수는 없다. 이 결정은 첫 번째 조건을 충족한다. 즉, 위험이 정당한 이익을 하는 데 필요하고 이익에 비례해야 한다는 조건이다. 그러나 이것이 끝이 아니다. 우리는 위험 부담과 이익의 분배도 고려해야 한다. 많은 사람이 고속 도로로 이익을 얻지만, 어떤 사람은 불가피하게 고통을 받거나 죽기도 한다. 이러한 상황은 왜 부당하다고 느끼지 않는가?

우리가 이를 부당하게 생각하지 않는 이유는, 누구도 다른 사람들의 이익에 궁극적인 대가를 치르도록 미리 선택되지 않기 때문이다. 이것은 마치 길을 지나가도록 허락해 주는 대가로 목숨을 바치라고 요구하는 성난 신이나 괴물을 달래려고 희생자를 선택하는 상황이 아니다. (거의) 모든 사람은 이동으로 이익을 얻으려고 피해를 볼 위험을 감수하고 도로에서 운전하는 것을 (아니면 차 타는 것을) 선택한다. 우리 모두가 운전의 이익과 위험을 공동으로 분담하는 것이지, 일부 인간이 타인의 이익을 위한 희생자로 선택되는 것이 아니다.

물론 위험이 모두에게 똑같이 나누어지지 않는 것은 사실이다. 어떤 사람은 고속 도로를 한 번도 이용하지 않고도 고속 도로로 경제적 이익을 얻는다(예, 교통량 증가로 이익을 보는 지역 상점 주인). 반면에 어떤 사람은 고속 도로를 한 번도 이용하지 않고도 고속 도로로 고통을 받는다(예, 교통량과 공해가 줄어들기를 바라는 동네 은둔자). 하지만 이러한 차이가 공정성에 위배되는지는 사회 전체에서 위험이 어떻게 분배되는지와 같은 더 큰 이야기에 달려있다. 공정성은 개별 집단이 내린 결정의 위험과 이익이 영향을 받는 모든 구성원에게 균등하게 나누어지기를 요구하지 않는다. 오히려 모든 위험을 없애는 것은 불가능하고, 모두가 여러 가지 방식으로 사회에서 이익을 얻고 여러 방식으로 위험에 처하기 때문에 위험과 이익은 시간이 지나면서 여러 영역에 걸쳐서 대략 균등하게 나누어져야 한다는 일반적인 생각에 따른다(결과가 균등해지는 게 아니라 일반적인 위험 수준이 대략 균등하게 나누어져야 한다는 의미다). 예를 들어, 자동차 때문에 평균보다 더 큰 위험에 빠지는 사람이 거주지와 근무지에 따라 산재나 식중독, 환경적 병원균으로 위험에 처할 가능성은 평균보다 낮을 수도 있다. 이러한 차이가 부정의로 변질되는 것은, 동일한 집단이 계속해서 더 큰 위험을 감수해야 할 때, 즉 그 집단이 아마도 이미 약하거나 낙인찍혔거나 사회적으로 불이익을 받고 있어서 그들에게 부과되는 위험이 간과되거나 무시될 때일 것이다. 만약 특정 인종 집단이 사회 정책의 혜택에서 제외되거나 경제 과정에서 다른 이들의 이익을 위해 위험을 감수하도록 지목되었다면, 정의에 문제가 생긴 것이다. 이 문제는 한 국가 안에서 또는 국제적으로 발생할 수 있다. 예를 들어, 주로 중산층에게 이익이 되는 산업은 위험한 폐기물을 가난한 소수자 동네에 쌓아 두기도 하고, 어떤 국가는 산업 쓰레기를 국경 지역에 두고 오염된 공기나 물이 힘없는 이웃 국가로 흐르길 바라기도 한다.

사회적 위험이 어떤 의미에서 공정하게 분배되고 정당한 공익에 부합하더라도, 정의를 위한 추가적인 요구사항이 있다. 주의와 보상의 의무다. 위험이 공정하게 분배된다는 사실만으로는 교통사고로 심각한 장애를 얻은 불운한 사람과 그 가족에게는 그다지 위로가 되지 않는다. 이는 사회에 불필요한 위험을 없애고 피해자에게 보상할 부담을 지운다. 고속 도로에서 발생할 수 있는 위험이 (본질적으로 통제할 수 없다고 볼 수 있는) 빙판길이나 낙석으로 일어나는 것이 아니라, 과거에도 사상 사고가 일어났던 급커브에서 비롯된다고 가정해 보자. 표지판을 더 설치하거나 도로를 약간 더 넓히면 상황을 크게 개선할 수 있다. 이 때 이 위험은 더는 일어나도 합당한 일이 아니다. 적은 비용으로 심각한 위험을 없앨 수 있다면, 위험이 공평하게 나누어졌다 해도 위험을 없애지 않는 것은 부주의한 일이다. 위험을 줄이는 비용이 올라갈수록 무엇이 합당한지 우리의 생각도 변하고, 그 비용을 다른 곳에 더 잘 쓸 수 있지 않을까 고민하게 된다. 여기에서 우리의 판단은 특정 사회의 부와 정책 결정의 상대적 비용에 따라 달라질 것이다. A라는 사회는 도로 수리 비용을 몇천 개의 말라리아 방지용 모기장의 비용과 저울질해야 할 수 있다. B라는 사회는 도로 수리 비용을 시내 행진에 사용하는 장식 비용과 저울질할 수 있다. 두 사회는 도로 수리가 그만한 가치가 있는지에 대해 서로 다른 결정을 내릴 것이다.

보상은 이 문제에서 또 다른 중요 요소다. 집단생활은 우리 모두에게 피할 수 없는 위험을 부과한다. 그러나 우리 중 일부만 (예를 들어) 교통사고로 사망하거나 크게 다치는 등 높은 대가를 치른다. 이때 사회는 사고 발생 가능성을 줄일 책임뿐 아니라, 불가피한 사고가 발생했을 때 피해자에게 보상할 책임이 있다. 사회는 피해자의 치료와 재활 비용, 가족을 위한 보상에 공동으로 책임짐으로써 작게나마 이익과 위험이 더욱 공정한 균형을 회복하는 데 도움을 줄 수 있다. 이렇게 하지 못하는 사회는 위험을 공평하게 분배해야 한다는 본래의 조건을 충족하지 못하는 것이다.

인간 사회에서 익숙한 세 가지 원칙은 우리가 야생 동물을 대하는 정의의 의무에 유용한 토대가 된다. 앞서 강조했듯이 인간은 수많은 방식으로 야생 동물에 의도치 않은 피해를 준다. 환경 오염은 대표적 예다. 수질 오염, 살충제 사용, 대기 오염, 급격한 기후 변화는 모든 동물의 생명에 치명적이다. 대부분의 동물은 환경 악화에 인간보다 훨씬 더 취약하다. 인간의 정착 패턴과 사회 기반 시설도 동물을 위험하게 한다. 예를 들어 원자력 발전소의 냉각 시설은 수많은 수중 생물을 죽이고, 고층 건물의 유리 창문과 야간 불빛은 수많은 철새를 죽인다.

지금까지 살펴본 온 고속 도로 예시를 계속 활용하여 생각해보자. 사실 고속 도로는 '로드킬'이라는 형태로 야생 동물에게 엄청난 피해를 주는 인간 기반 시설/활동의 교과서적인 예다. 문제의 규모를 이해하는 데 온타리오주 롱포인트에 있는 3.5km 길이의 둑길은 좋은 예다. 이 둑길은 이리호와 세계 생물권 보전지역인 주변 습지를 가로지른다. 이 짧은 구간에서 매년 1만 마리의 동물(표범개구리, 지도거북, 여우뱀 등 많은 소형 포유류를 포함해 100여 종의 동물)이 차에 치여 죽는다. 롱포인트는 특히 심각한 예지만, 인간이 만든 도로가 야생 동물을 가하는 대량 학살의 헤아릴 수 없는 규모를 어느 정도 보여 준다.[54]

이런 믿기 어려운 동물 대학살은 동물에 대한 정의의 의무를 위반하는가? 앞서 논의한 원칙에 비추어 볼 때, 답은 확실히 '그렇다'이다. 이러한 부정의의 본질을 파악하고 극복하기 위해 고속 도로 사례를 좀 더 살펴보자. 분명한 문제는 전반적 비용과 이익이 공정하게 분배되지 않는다는 점이다. 인간은 고속 도로에서 직접적으로 이익을 얻거나 사회 기반 시설의 위험과 이익이 분배되는 사회의 구성원으로서 이익을 얻는다. 하지만 야생 동물은 인간의 고속도로에서 이익을 얻지 못하고,[55] 인간 사회에서도 이익을 얻지 못한다. 우리가 야생 동물에게 가하는 위험이 야생 동물이 인간에게 주는 위험으로 상쇄되는 것도 아니다. 일반적으로 야생 동물이 우리에게 주는 위험은 우리가 동물에게 주는 위험에 비하면 미미하다. 이러한 엄청난 위험의 불균형은 우리의 정의감에 경종을 울려야 한다. 이것은 어떤 국가가 어떤 이익이나 위험의 상호 교환 없이 산업 쓰레기를 하류나 바람이 부는 방향에 있는 이웃 국가에 배출하는 상황과 비슷하다.

이런 상황에서 어떻게 하면 위험을 분배하고 부과하는 데 있어 정의를 실현할 수 있을까? 가장 명백한 것은 가능한 한 야생 동물에게 부과하는 불균형한 위험을 줄일 의무다. 위험을 줄이기 위해서는 동물의 습성과 고려한 구조물의 위치 선정과 설계, 도로 밑 동물의 지하도 설치, 야생 동물을 위한 통로 조성, 차량에 야생 동물 경고 장치 장착 등 인간의 개발 관행을 여러 방면으로 개선해야 할 것이다. 개보수는 비용이 많이 들겠지만, 이런 개선 사항을 초기 설계나 개발 단계에서 고려한다면 비용을 최소화할 수 있다. 이렇게 하면 위험 부담을 더욱 공평하게 분배할 수 있을 뿐만 아니라, 우리가 다른 존재에게 미치는 위험을 부주의하게 무시하지 않도록 보장할 것이다. 대체로 인간의 개발 관행에서 동물을 위한 비용은 전혀 고려되지 않았다.[56] 인간은 동물에게 부과하는 위험이 이익으로 정당화될 수 있는지 신중하게 평가하지 않고 단순하게 무시했다.

이는 그저 최소한의 조치일 뿐이다. 부유한 인간 사회는 발전을 크게 저해하지 않으면서도 야생 동물에 의도치 않게 주는 피해를 완화하도록 더 많은 조치를 취할 수 있다. 동물과 공유하는 환경을 오염시키지 않고, 동물에게 미치는 영향을 줄이도록 교통수단과 건물을 재설계하고, 발전소로부터 어류를 보호하는 우회로나 장벽을 만들고, 소형 설치류 동물이나 둥지를 트는 새를 더 잘 보호하도록 논밭 경작과 수확 기술을 개선하는 것이다. 이러한 조치는 적지 않은 비용이 들겠지만 감당할 수 없을 정도는 아닐 것이다. 많은 변화가 그렇듯이, 전환은 어렵지만 일단 새로운 사고방식이 자리 잡으면 자연스러운 일이 될 것이다.

예를 들어 전형적인 북미 식단에서 비건 식단으로 전환한 예를 생각해 보자. 처음에는 블루 치즈나 폭찹, 새로운 요리법, 몸의 변화 등에 집중하며 음식에 집착할 수 있다. 하지만 시간이 지나면 새로운 식단은 일상이 되고, 장기간 비건식을 실천한 사람은 음식과 영양 계획/준비에 여느 사람과 비슷한 시간을 들인다. 그리고 만일 사회적 규모로 비건으로의 전환이 이뤄진다면, 식사 의례를 다시 생각하게 되고 창의적이고 맛있는 비건 요리를 개발하게 되어 박탈감은 완전히 사라질 것이다. 인간이 어떤 변화를 꾀할 때 드는 비용을 고려할 때는 전환기와 장기적 양상을 구분해 볼 필요가 있다. 전환기 동안에 비용은 과거의 자유와 기회에 대한 박탈감과, 새로운 실천에 대한 부담으로 강하게 나타날 수 있다. 따라서 이를 달래는 전환 전략이 필요하다(예, 점진적인 변화, 다양한 실험, 보상 등). 하지만 정의로운 여건을 갖추기 위한 합리적인 노력이 무엇인지 판단할 때 근본적인 문제는 전환 비용(이 비용은 상쇄될 수 있다)보다도 그 전환이 장기적으로 공정하고 지속 가능한 관행으로 이어지는가의 문제다.

지금까지 우리는 상호 호혜라는 방정식의 한쪽, 인간이 야생 동물 공동체를 위험하게 하는 방식을 살펴보았다. 이 위험은 협력으로 이익을 나누더라도 상쇄되지 않는다. 야생 동물은 전반적으로 위험이 균형을 이루는 인간 공동체의 구성원이 아니기 때문에, 인간이 동물에게 주는 위험은 저절로 줄지 않으니 우리가 나서서 줄여야 한다.

이제는 방정식의 다른 한쪽, 야생 동물이 인간에게 주는 위험을 살펴보자. 과거에 인간은 여러 야생 동물이 주는 상당한 위험에 처해 있었다. 많은 천적을 없앴지만, 여전히 독사나 호랑이, 불곰, 코끼리, 악어 등에게서 여전히 위험에 처한다. 우리는 야생 동물이 인간에게 주는 어떤 위험도 용납할 수 없다고 생각하는 경향이 있다. 하지만 인간이 동물에게 주는 위험을 생각하면 동물이 주는 위험이 전혀 없기를 바라는 것은 불합리하다. 주권이 중첩되는 지역에서 야생 동물의 존재로 생기는 위험은 어느 정도 받아들여야 한다. 우리가 공격받을 때 방어할 권리가 없다는 의미는 아니다.[57] 인간 공동체는 주권이 중첩되는 구역에서 야생 동물로 생기는 일반적인 위험을 없앨 권리가 없다는 뜻이다. 코요테와 퓨마, 코끼리가 사는 야생 지역과 인접한 곳에 살기로 했다면, 자신과 아이들, 반려동물에게 있을 어느 정도의 위험은 받아들여야 한다. 위험하고 싶지 않다고 코요테를 죽여서는 안 된다. 해 질 녘에 시골길을 운전하겠다면, 사슴이나 무스와 우연히 충돌해 피해를 입을 위험을 받아들여야 한다. 우리의 위험을 낮추려고 동물의 살처분을 요구해서는 안 된다. 다시 말해, 인간 사회가 야생 동물 공동체에 엄청난 위험을 부과하면서, 우리 자신에게는 위험이 전혀 없도록 요구해서는 안 된다.[58]

인간과 야생 동물에게 부과되는 위험의 정도가 완전히 균형을 이룰 수는 없다. 하지만 우리가 야생 동물에 주는 위험을 최소화하면서 동시에 야생 동물이 우리에게 주는 위험과 함께 사는 법을 배우면 위험의 불균형을 확실히 줄일 수 있다.[59] 또한 야생 동물에게 이익을 주는 방법을 찾아서 불균형을 더욱 줄일 수 있다. 앞에서 언급했듯이 인간의 개발로 생긴 위험이 불공정한 이유는 부분적으로 이 개발이 야생 동물에게는 이익이 아니라는 사실 때문이다. 그러나 이전에 논의했듯이 야생 동물에게 이익을 줄 방법이 있을 것이다. 동물 권리론이 인간의 야생 동물 사회 개입에 신중한 입장을 취한 것은 정당하지만, 우리는 모든 적극적 개입이 부당하지는 않다고 주장했다. 치명적인 바이러스 확산을 막는 것처럼 일부 개입은 야생 동물 공동체의 이익과 자율성을 보호할 수 있다. 또 다른 개입의 예로 인간은 재야생화 프로젝트로 황폐해진 서식지를 풍요롭게 만들고 활력을 불어넣을 수 있다. 이런 방법으로 인간이 야생 동물을 도울 수 있는 한, 위험의 심각한 불균형을 어느 정도 완화할 수 있다. 엄격한 조건 하에서 야생 동물을 돕는 우리의 능력은 인간과 야생 동물 사이에서 상호 호혜적인 관계를 맺을 수 있는 기회를 준다. 그렇다고 우리가 동물에게 주는 위험을 줄일 책임이 없어지지는 않고, 많은 경우 위험 부과는 여전히 불가피할 것이다. 정당화될 수 있는 적극적 개입은 우리가 부분적으로나마 균형을 바로잡을 기회를 준다.

마지막으로 보상 문제를 살펴보자. 우리가 야생 동물에게 가하는 위험을 줄인다고 해도 의도하지 않은 피해가 반드시 발생할 것이다. 그렇다면 우리의 활동으로 해를 입은 야생 동물에게 우리는 무엇을 해야 하는가? 롱포인트의 둑길을 다시 생각해 보자. 지금까지의 논의는 인간이 다양한 의사 결정 단계에서 지역 야생 동물에게 많은 의무를 진다는 점을 분명히 했다. 실제로, 롱포인트에서는 야생 동물 진입 차단 장치와 이동 통로를 포함하도록 둑길을 다시 짓고 있다. 이렇게 되면 인간은 동물을 죽이지 않고도 계속해서 롱포인트에 갈 수 있을 것이다.[60] 그러나 둑길을 아무리 잘 설계하더라도 여전히 동물이 다치거나 죽게 할 수 있어서, 우리는 위험 부담의 불균형을 줄이는 방법으로 개별 동물에게 보상할 의무를 지게 된다. 이때 보상이란 가능하면 다친 동물을 치료하고 재활시키며, 부모를 잃은 새끼를 돌보는 것이다. 이는 결코 새로운 아이디어가 아니다. 이미 많은 야생 동물 보호 시설이 이런 일을 하고 있다. 그러나 현재 구조 활동은 극히 일부의 동물만 돕고 있는데, 이는 우리가 가한 위험으로 고통받는 야생 동물을 돌볼 의무를 사회의 체계적인 접근이 아니라 특별히 연민을 깊이 느끼는 소수의 개인에게 기대고 있기 때문이다.

보상 의무를 인정하면 새로운 질문이 생긴다. 하나는 야생 동물에게 구체적으로 **어떻게** 보상할 것인가다. 인간이 만든 도로나, 인간의 활동으로 다친 야생 동물 중 일부는 재활 치료 후 안전하게 야생으로 돌아간다. 이는 간단한 경우다. 하지만 많은 경우에 야생으로 돌아가지 못할 정도로 심각하게 다치기도 한다. 일반적으로 야생 동물을 야생에서 떼어놓거나 강제로 가두는 것은 (애완동물이나 동물원에 전시하는 것처럼) 야생 동물의 기본권을 언제나 침해하지만, 장애를 입은 동물은 조금 특별한 경우다. 이러한 동물은 더는 야생에서 살 수 없으므로 우리는 그들을 일종의 보호 시설에서 적절하게 돌볼 의무가 있다. 보호 시설은 당연히 먹이와 은신처, 이동의 자유, 사생활, 동반자 관계 등 장애를 입은 동물의 이익을 가능한 한 충족하도록 설계되어야 한다.

보호 시설 환경에서 야생 동물의 이익이 무엇인지 파악하는 것은 어려운 일이다. 예를 들어 야생 동물이 생활하던 야생 환경과 최대한 비슷하도록 재구성하는 것이 그들에게 이익이 아닐 수도 있다. 이것은 뒤돌아보기looking backwards의 위험인데, 미래를 보고 동물의 이익이 무엇인지 생각하기보다 잃어버린 과거에 지나치게 집중하는 것이다. 만약 동물이 야생으로 돌아갈 수 없고 인간이 돌봐야 한다면, 이 동물은 어떤 의미에서 이제 되돌아갈 수 없는 과거의 삶에서 떠나온 난민이 된 것이다. 이 지점에서 우리는 이 동물을 우리 공동체의 시민으로 환영할 의무가 있다. 물론 처음부터 난민이 되지 않았더라면 더 좋았겠지만, 일단 주사위가 던져지면 앞을 봐야지 뒤를 돌아봐서는 안 된다. 우리는 야생으로 돌아갈 수 없는 야생 동물을 자신의 운명을 추구하는 독립적이고 자율적인 공동체(나 국가)의 구성원으로 보는 시각에서 벗어나 우리의 새로운 공동 운명에 협력하는 공동체의 구성원이나 시민으로 볼 필요가 있다.[61]

잃어버린 삶의 방식을 재건하려는 시도를 지나치게 강조하면, 변화된 환경에서 야생 동물에게 열려 있는 새로운 가능성을 보지 못할 수 있다. 우리는 이때 동물을 야생 동물의 망가진 예가 아니라, 새로운 환경에서 특별한 도움을 받고 이익을 얻는 개체로 보고 반응해야 한다. 이러한 동물 중 많은 수가 인간과의 접촉을 피할 수 있으며, 이는 이들의 선택이다. 그러나 어떤 동물은 구조와 재활 과정에서 인간과의 접촉에 적응할 뿐만 아니라 심지어 인간과 상호 작용하며 잘살 수도 있다. 또 어떤 동물은 인간을 비롯한 다른 종의 동물과 우정을 쌓을 수도 있다. 교통사고로 장애가 생겨 더는 걷고 사냥하고 영역을 지킬 수 없게 된 코요테는 어떤 의미에서는 새로운 종류의 존재가 된다. 야생 동물 보호 시설에서 이 코요테는 인간이니 토끼, 다람쥐와 유대감을 쌓을 수도 있다. 장애물 코스obstacle courses*나 드라이브 혹은 록밴드 영상 시청을 즐기게 될 수도 있다. 장애가 생긴 앵무새는 스페인어를 배우거나 퍼즐을 푸는 도전을 즐길 수도 있다. 중요한 것은 불운한 사고를 당한 동물을 인간-동물 공유 사회에 데려와서 인간이 돌봐야 한다면, 야생성 복원이라는 환상에 사로잡혀 동물을 희생시킬 것이 아니라 개별 동물로서 온전히 존중해야 한다는 것이다. 동물에 대한 우리의 의무는 공유 사회에 사는 그들의 현재 이익이 무엇인지에 대한 판단에 기반해야지, '자연스러움' 이나 '종 규범' 같은 사실상 동물 공동체도 변한다는 사실을 무시한 개념에 기대서는 안 된다.[62] 야생 동물 보호 시설은 어설프게 자연을 모방하는 것이 아니라, 고유한 개별 동물이 원한다면 새로운 생존 방식을 찾도록 자극을 주는 다양한 환경으로 설계해야 한다.[63]

요컨대, 부과된 위험과 의도치 않은 피해에 관한 주권 접근 방

* 인위적으로 장애물을 설치하고 통과하는 과정을 겪도록 만든 경로. 환경 풍부화를 위해 사용되며, 동물의 신체적, 정신적 건강에 도움이 된다.

식은 인간 주권 공동체와 야생 동물 주권 공동체의 공정한 상호 작용의 조건을 파악하게 한다. 바로 형평성, 상호 호혜성, 보상의 원칙이다. 이러한 원칙들을 적용한다는 것은, 예를 들어, 우리가 동물에게 미치는 영향을 줄이고 효과적인 동물 이동 통로와 완충 지대를 만들도록 자동차와 도로, 건물, 그리고 다른 사회 기반 시설을 이전하고 재설계해야 한다는 의미다. 또한, 위험을 최소화하고자 최선을 다했는데도 동물이 인간의 활동으로 의도치 않게 다쳤다면, 야생 동물 재활을 돕기 위해 구조 센터를 설립하고 가능하다면 야생으로 돌려보내야 한다. 그리고 우리는 야생 동물의 존재로 발생하는 합당한 위험과 함께 사는 법을 배워야 한다.

6. 결론

이 장을 시작하며 직접적 폭력, 서식지 파괴, 의도치 않은 간접적 피해, 적극적 개입 등의 인간 활동으로 야생 동물이 해를 입는 무수한 방식을 간략히 설명했다. 동물 권리론은 주로 야생 동물에 대한 직접적 폭력에 초점을 맞추었다. 이러한 폭력을 끝내야 한다는 점에는 동의하지만, 이것은 야생 동물과 인간의 관계에서 엉켜버린 실타래를 풀기 위한 시작에 불과하다. 우리는 주권 접근법이 야생 동물에 대한 우리의 다양한 의무를 이해하는 길을 안내한다고 주장했다. 야생 동물 주권(야생 동물 공동체가 자율적이고 자기 주도적으로 살 권리)에 대한 존중은 인간의 활동과 야생에 대한 개입을 강하게 견제한다. 첫째, 주권은 개인이 특정 영토와 자치 공동체에 속할 권리를 확고히 한다. 여기에서 공동체는 다른 이들에게 침략당하거나, 식민 지배를 받거나, 약탈당하지 않는 공동체를 의미한다. 따라서 야생 동물의 주권을 인정하는 것은 인간의 야생 동물 서식지 파괴를 멈추게 할 것이다. 이 땅이 이미 누군가 머물러 사는 땅이며, 그들이 그들의 영토에서 그들 공동체의 생활 방식을 지킬 권리를 인정하게 할 것이다. 둘째, 주권은 평등과 비착취를 바탕으로 공동체 간 협력을 위한 틀을 제공한다. 주권이 중첩되는 지역에서나 인간 활동이 '국경을 넘어' 영향을 끼치는 상황에서, 인간 활동을 상당히 제약하여 야생 동물에 대한 의도치 않은 피해를 최소화하고 우리가 다치게 한 동물에게 보상하도록 할 것이다.

셋째, 주권은 야생 동물에 대한 우리의 적극적 개입 의무를 생각할 때 적절한 틀을 제공한다. 야생 동물의 자율성을 훼손하여 영원히 인간이 관리하도록 야생 동물 공동체의 내부 작용에 개입해서는 안 된다. 하지만, 주권 존중에 들어맞는 적극적 개입도 있다. 자연재해로 동물 주권 공동체의 생존 가능성이 희박할 때 (그리고 우리가 구호할 수 있는 위치에 있을 때) 또는 악성 박테리아 창궐, 거대 유성, 인간 같은 침입자가 위협을 가할 때, 우리는 야생 동물 공동체를 지원할 의무가 발생할 수있다. 우리는 '동물 세계의 치안을 관리할' 의무는 없지만(Nussbaum 2006: 379), 야생 동물의 주권이 위협받을 때 보호할 의무는 있다. 주권 공동 체제에서는 국가 간 상호 호혜주의의 일환으로 야생 동물을 보호하고 지원할 의무가 있다. 우리는 야생 동물의 존재에서 이익을 얻고, 그들과 공유하는 자원에서도 이익을 얻는다. 우리는 때로 야생 동물에게서 피해를 입지만, 우리가 되돌려주는 피해와 비교하면 미미하다. 야생 동물에게 입히는 피해를 인식하고 최소화하는 것, 그리고 가능하면 적절한 적극적 지원으로 이러한 피해의 균형을 맞추려고 노력하는 것은 우리의 의무다.

마지막으로, 주권은 '자연에 개입하지 않기'라는 일반 공식으로는 알 수 없는, 개별 지원 행위에 관한 직관을 이해하는 데 도움을 준다. 우리에게는 어떤 자연법칙에 복종할 의무가 아니라, 야생 동물에 대한 정의의 의무가 있다. 일반적으로 야생 동물의 주권을 존중하는 것은 우리가 자연에 개입하는 것에 매우 신중해야 한다는 의미다. 동시에 주권을 존중하는 것은 야생 동물 공동체가 독립적이고 자결권이 있는 공동체로 번영하는 능력을 해치지 않으면서 많은 개별적이고 제한된 규모로 지원하는 것과 부합한다.

지금까지 살펴본바, 주권 접근법이 고전 동물 권리론 문헌의 접근법보다 더 설득력 있는 대답을 한다고 생각한다. 많은 동물 권리론 문헌에서 개입과 의도치 않은 피해 문제는 완전히 무시되거나, '내버려두라'라는 구호로 축소된다. 앞서 보았듯이 이 구호로는 우리 주변의 야생 동물 공동체에 대한 우리의 윤리적 책임이 무엇인지 정리할 수 없다.

1장에서 살펴봤듯이 다른 저자들도 개별 동물의 능력과 이익에만 초점을 맞추는 동물 권리론의 한계를 인식하고, 좀 더 관계적인 접근법을 펼쳤다. 아마도 가장 상세한 예는 클레어 팔머의 최근 출간된 책(2010)일 것이다. 팔머는 책에서 인간이 다양한 동물 집단의 특정한 취약성을 만드는 데 어떤 역할을 했는지에 따라서 다양한 개별 동물 집단에 갖게 되는 관계적 의무를 설명한다. 농장 동물과 반려동물을 가축화로 인간에게 의존하도록 만들었으니, 이제는 그들의 필요를 충족시킬 책임이 있다. 야생 동물의 서식지를 파괴해 취약하게 만들었으니, 피해를 구제할 책임이 있다. 하지만 야생 동물의 취약성에 인과적으로 연루되지 않았다면 책임져야 할 적극적 의무는 없다. 이런 의미에서 팔머의 '관계' 이론은 본질적으로 치유적remedial이다. 우리가 책임져야 할, 그리고 이상적으로는 처음부터 생기지 않아야 했을 피해를 바로잡을 필요가 있어서 관계적 의무를 갖게 된다. 관계적 의무는 관계를 맺지 않는다는 최고의 선택이 가능하지 않을 때 사용하는 차선책이므로, 이러한 의무는 본질적으로 치유적 성격을 띤다.[64]

클레어 팔머에 비하면 우리의 주권 접근법은 좀 더 근본적으로 동물과의 관계를 설명한다. 팔머는 인간이 저지른 부정의가 없다면 야생 동물에게 져야 할 적극적인 도덕적 의무가 없다는 이유로 '자유방임적 직관'을 지지한다. 우리의 접근 방식은 야생 동물 공동체의 자율성은 상당한 도덕적 가치가 있으며, 주권 관계를 맺는 것이 이러한 도덕적 가치를 존중하는 최고의 방법이라는 근거로 야생 동물의 주권을 옹호한다. 사육 동물의 동료 시민권을 존중하는 것처럼, 야생 동물의 주권을 존중하는 것은 도덕적으로 가치 있는 관계를 구체화하며, 동물의 이익, 선호, 행위자성을 존중하는 방식으로 관계를 맺어야 하는 (적극적) 의무를 이행하는 것이다. 이러한 적극적 가치들은 팔머가 제시한 관계적 의무의 치유적 설명에서는 드러나지 않는다. 즉, 야생 동물의 주권 (또는 사육 동물의 동료 시민권) 관계를 뒷받침하는 도덕적 선이나 목적에 대한 설명이 전혀 없다. 그 결과 우리가 실제로 야생 동물과 사육 동물에게 져야 할 의무에 대한 팔머의 설명은 매우 부족하다. 결국 야생 동물을 위한 정의에 관한 팔머의 설명은 고전 동물 권리론과 마찬가지로 개별 동물의 소극적 기본권을 직접적으로 침해하는 것을 피해야 할 필요성이나, 우리가 이미 저지른 피해를 바로잡을 필요성 외에는 거의 아무것도 말하지 않는다.

팔머의 견해는 관계적 의무의 '동심원' 모델 중 하나다. 이 모델은 팔머뿐만 아니라 캘리콧(1992), 벤츠(1988)에게서도 발견되는데, 이 모델에서 인간의 도덕적 의무는 다양한 동물 집단과의 (정서적, 공간적, 인과적) 근접성으로 결정된다. 사육 동물처럼 인간 가까이 있는 동물에게는 적극적 의무가 있고, 멀리 떨어진 야생 동물에게는 소극적 의무가 있다. 하지만 잭 스워트Jac Swart(2005)는 이러한 동심원 모델에 심각한 오해의 소지가 있다고 지적한다. 우리는 사육 동물과 야생 동물 모두에게 돌봄과 정의의 의무가 있는데, 그 의무로 요구되는 행동 유형이 다르다고 말하는 것이 좀 더 정확할 것이다. 스워트는 이러한 차이를 의존성의 성질 차이로 설명한다. 사육 동물은 먹이와 쉼터를 위해 인간과의 관계에 의존하기 때문에 우리는 '특정한' 돌봄 의무가 있다. 반면 야생 동물은 자연 환경과의 관계에 의존하기 때문에 우리가 돌볼 의무는 '불특정'하고 '동물의 생활 조건과 자연에 의존하는 관계를 지키려는 노력'에 초점을 둔다고 했다(Swart 2005:258). 우리는 서로 다른 동물이 각각 의존하고 있는 것을 보장할 적극적 의무가 있다. 다른 존재를 돌볼 의무를 실천하는 것은 부분적으로 그 존재가 의존하는 관계를 돌보는 것이다. 이는 야생 동물과 사육 동물에게 동일하게 적용된다. 그들은 다른 유형의 관계에 의존하고 있다. 팔머의 주장과는 다르게 잭 스워트는 우리가 야생 동물을 돌볼 의무가 불특정하다는 사실은 그들의 필요에 대한 응답이지, 우리가 동물의 필요에 응답할 적극적인 의무가 없다는 증거는 아니라고 한다.

이 점에서 우리의 관계적 관점은 팔머보다 스워트에 좀 더 가깝다. 야생 동물 공동체의 영토 주권을 존중하고 지킬 의무에 관한 우리의 설명은, 야생 동물이 자연에 의존하는 것을 존중할 의무가 있다는 스워트의 생각을 좀 더 '정치적'으로 재구성한 것이라고 할 수 있다. 마찬가지로, 5장에서 우리가 설명한 사육 동물의 동료 시민권을 인정할 의무는, 인간에게 의존하는 동물을 돌볼 의무가 있다는 스워트의 생각을 좀 더 정치적으로 재구성한 것이라고 할 수 있다. 동료 시민권이라는 정치적 언어가 사육 동물을 돌볼 의무를 구체화하는 데 도움이 되는 것처럼, 주권이라는 정치적 언어도 야생 동물에 대한 불특정한 돌봄 의무를 구체화하는 데 도움을 주고, 권리, 재산, 영토, 위험, 이동성에 관한 몇 가지 근본적으로 정치적인 문제를 다룰 수 있게 한다. 이런 점에서 팔머와 스워트, 그리고 동물권리론 내의 다른 관계적 이론은 모두 우리의 법적, 정치적 생활을 지배하는 정치 이론과 단절되어 응용 윤리 분야에만 머물러 있다.

계속 강조하지만, 야생 동물의 주권법은 마법 공식이 아니며, 지금까지 우리의 논의는 야생 동물 주권을 어떻게 **집행**할 것인가 같은 정치적 질문을 비롯하여 많은 질문에 답하지 않았다. 전통적인 인간의 정치 이론에서 주권 권력으로 인정받을 권리는 항상 대내외적으로 자기의 주권을 주장할 능력과 밀접하게 연관되어 있다. 인간의 국가는 영토를 효과적으로 지배할 수 있어서 주권 국가로 인정받는다. 인간이 주권을 행사하는 방법은 다양하다. 외부의 도전에 대해서는 충분한 군사력을 보유하여 주권을 주장할 수 있지만, 상호 보호와 지역 안보 조약(예, NATO 회원 가입), 다국민 국가에의 주권 위임(예, 캐나다의 퍼스트 네이션은 자기의 방위책임을 캐나다 정부에 위임했다), 또는 개별 국가의 주권을 중첩하거나 '통합'하는 국제기구 참여 등의 방법으로 주권을 주장할 수 있다.

야생 동물 주권의 경우 이와 유사한 정치적 절차로 어떤 것을 생각해볼 수 있을까? 야생 동물은 대개 인간의 개입에 물리적으로 자기방어를 하지 못한다. 외교적 협상이나 국제기구에서 자기변호를 할 수 없고, 자기 주권의 이익을 보호할 책임 위임을 집단으로 결정할 수도 없다. 그렇다면 동물의 주권을 주장하고 집행할 정치적 메커니즘은 무엇일까?

답은 동물 주권의 원칙에 헌신하는 인간이 어떤 형태로든 대리로 대표하는 것이다. 현재로서는 그러한 대리 대표제가 어떤 모습일지 거의 알 수 없다. 5장의 동료 시민권 제도에서도 사육 동물의 정치적 대표와 관련하여 질문이 제기된다. 이 질문에 대해서는 동물 민원 해결 도우미ombudsperson나 변호사advocate 같은 다양한 제안을 했다. 로버트 구딘Goodin과 캐럴 파테만Carole Pateman, 로이 파테만Roy Pateman(1997)은 '유인원 주권'을 상상한 글에서 유인원 주권 국가가 필연적으로 인간을 수탁자로 하는 보호국의 형태가 될 것이라고 주장한다. 그러한 수탁자(민원 해결 도우미나 변호사)는 아마 야생 동물을 식민화, 정복, 불공평한 위험의 부담에서 보호하고, 적극적 개입이 제안되면 개입의 영향을 평가할 권한을 가질 것이다.*[65]

우리는 이러한 제도에 관한 구체적인 청사진을 갖고 있지 않다. 5장에서 말했던 것처럼, 현재 우리의 관심사는 이런저런 제도의 창설을 옹호하는 것이 아니라, 제도 개혁을 가져올 인간-동물 관계의 근본적인 그림을 명확하게 그리는 것이다. 먼저 우리는 새로운 대표제의 목표를 정해야 하며 이 제도가 야생 동물의 주권 개념을 중심으로 구축되어야 한다고 주장한다. 이러한 제도에서 효과적인 대표성을 확보하기 위해서는 국내외 여러 차원에서 환경, 개발, 교통, 공중 보건 등의 문제를 다루는 제도 개혁이 필요하다. 이 모든 제도에서 주권 공동체로서의 야생 동물의 권리가 대표되어야 한다.

* 이 논의는 최근 국내에서도 새롭게 주목받는 '자연의 권리' 논의를 연상시킨다. 최근 제주도는 남방큰돌고래를 법적 원고 당사자격이 있는 '생태법인'으로 지정하는 방안을 검토하고 있는데, 이때 현실적인 방식은 인간이 생태법인을 신탁관리하는 형태로 예상된다.

7 경계 동물의 주민권

Liminal Animal Denizens

앞선 5장과 6장에서는 사육 동물을 위한 동료 시민권과 야생 동물을 위한 주권을 설명했다. 대중의 상상 속에는 대체로 이 두 동물 집단이 동물 범주의 전부일 것이다. 동물이란 인간과 함께 살도록 선택된 사육 동물, 아니면 숲, 하늘, 바다 등 야생에서 인간의 활동이나 설계와 무관하게 인간과의 접촉을 피해 사는 야생 동물뿐일 것이다.

사육 동물/야생 동물이라는 이분법은 우리 주변에 사는, 심지어 도시 한가운데 사는 다람쥐, 너구리, 쥐, 찌르레기, 참새, 갈매기, 매, 생쥐 등 엄청난 수의 야생 동물을 간과한다. 여기에 사슴, 코요테, 여우, 스컹크 등 도시 주변에 사는 동물까지 더하면 이런 야생 동물이 단지 몇몇 예외적인 종이 아니라, 인간 곁의 삶에 적응한 많은 비사육 동물 종이라는 점이 분명해진다. 야생 동물은 우리 사이에서 살고 있고, 항상 그래왔다.

이러한 동물 집단을 야생 동물도 사육 동물도 아닌 경계에 놓인 지위를 나타내기 위해 경계 동물이라고 부를 것이다. 때때로 경계 동물이 우리 사이에 사는 이유는 인간이 경계 동물의 오랜 서식지를 침범했거나 에워싸서 인간 정착지에 최대한 적응할 수밖에 없기 때문이다. 하지만 야생 동물이 적극적으로 인간 정착지를 찾아오기도 하는데, 오랜 야생 서식지에 비해 인간 정착지에 더 나은 식량원과 은신처가 있고, 포식자의 위협에서 벗어날 수 있기 때문이다. 앞으로 살펴보겠지만 실제로 경계 동물이 우리 사이에서 살게 되는 경로는 다양하다.

어찌 보면 경계 동물의 상황은 성공적이라고 할 수 있다. 야생 동물의 수는 줄어드는 반면 경계 동물의 수는 늘어왔으며, 이들은 인간 정착지에 놀랍도록 성공적으로 적응했음을 보여준다. 그렇다고 인간과 경계 동물의 관계가 모든 면에서 좋다는 뜻은 아니다. 적어도 동물권 관점에서 볼 때, 경계 동물은 광범위한 학대와 부정의에 시달리고, 우리는 경계 동물에게 갖는 특유의 관계적 의무가 무엇인지 여전히 알지 못한다.

이미 언급했지만, 한 가지 문제는 우리의 일상 세계에서 경계 동물이 잘 보이지 않는다는 점이다. 우리는 자연과 인간 문명을 이분법으로 구분하듯이, 도시 공간도 야생과 자연에 정확히 반대되는 개념으로 정의한다. 따라서 우리는 적어도 사회를 설계하고 통치하는 방법을 생각하고 논의할 때 경계 동물을 보지 못한다. 예를 들어, 도시를 설계할 때 인간의 결정이 경계 동물에게 미치는 영향을 거의 고려하지 않고, 도시 계획가는 이러한 문제를 고려하도록 교육을 거의 받지 않는다.[1] 그 결과, 경계 동물은 우리의 건물, 도로, 전선, 울타리, 공해, 애완동물이었다가 유기되어 야생화된 동물 등으로 종종 의도치 않은 피해를 본다. 경계 동물은 집단으로서 인간과 살 때 발생하는 위험에 적응했을 수 있지만, 개별적으로는 많은 개체가 끔찍하고 예상치 못한 죽음을 맞는다.

경계 동물의 비가시성invisibility은 단지 무관심이나 방치에 그치지 않는다. 훨씬 더 심각하게도, 종종 경계 동물의 존재 자체가 불법이 된다. 우리는 야생 동물이 야생에서만 살아야 한다고 가정하기 때문에 경계 동물은 흔히 인간 영토에 무단 침입했고 그곳에 있을 권리가 없는 외부자나 침입자로 낙인찍힌다. 그 결과, 인간은 경계 동물과 갈등이 생길 때마다 대량 포획이나 이주, 심지어 박멸 캠페인(총살, 독살)으로 이들을 없앨 권리가 있다고 생각한다. 경계 동물은 우리 공간에 속하지 않기 때문에, 우리는 마치 인종 청소하듯이 이들을 유해 동물로 여기고 없앨 권리가 있다고 생각하는 것이다.[2]

따라서 경계 동물의 상황은 매우 역설적이다. 넓은 진화론적 관점에서 이들은 가장 성공한 동물 종으로, 인간이 지배하는 세상에서 생존하고 번성하는 새로운 방법을 찾았다. 하지만 법적, 도덕적 관점에서는 가장 인정받지 못하거나 보호받지 못하는 동물이다. 사육 동물과 야생 동물은 학대를 받더라도, 적어도 자기가 있는 곳에 있을 권리가 있다는 점을 마지못해 인정받는다. 하지만 경계 동물, 즉 인간 주변에 사는 야생 동물이라는 개념 자체가 많은 사람에게 불법이자 인간의 공간 개념에 위배되는 것으로 여겨진다.[3] 그 결과, 주기적으로 벌어지는 대량 학살에서 경계 동물을 보호해야 한다는 목소리도, 그들을 보호하는 법률도 거의 없다.[4] 동물과 도시의 양립 불가능성을 표현한 극단적이지만 슬프게도 전형적인 예시로, 도시주의자 프랜 리보위츠Fran Liebowitz의 주장을 보자.

> 나는 동물을 좋아하지 않는다. 어떤 동물이든 마찬가지다. 나는 동물을 생각하는 것조차 좋아하지 않는다. 동물은 나의 친구가 아니다. 내 집에서는 동물을 환영하지 않는다. 내 마음속에도 동물을 위한 자리는 없다. 동물은 나의 관심 목록에서 빠져 있다. (…) 좀 더 정확히 말하자면 나는 두 가지 예외 말고는 동물을 좋아하지 않는다. 첫 번째 예외는 이미 죽은 동물로, 바삭한 등갈비와 가죽 단화가 된 동물을 아주 좋아한다. 두 번째 예외는 그들이 도시 밖, 숲속에 있거나 가급적 저 멀리 남미의 정글에 있을 때다. 이는 어쨌든 공평한 일이다. 나는 거기에 가지 않는데 왜 그들은 여기에 오는가? (Philo and Wilbert 2000:6 재인용)

우리의 관점에서는, 경계 동물이 인간 정착지에 속하지 않는다는 생각 자체가 근본적으로 잘못되었다. 우선 이 생각은 현실과 완전히 동떨어져 있다. 앞으로 살펴보겠지만, 대규모 이주나 박멸은 효과가 없으며, 오히려 상황을 악화시킬 때가 많다. 더 중요한 것은 이 생각이 도덕적으로 옹호될 수 없다는 점이다. 경계 동물은 다른 곳에 속한 외부자나 무단 침입자가 아니다. 대부분의 경계 동물은 달리 살 곳이 없고, 도시가 집이자 서식지다.

따라서 경계 동물의 존재를 합법적으로 인정하고 공존 방법을 찾아야 한다. 사실, 모든 설득력 있는 동물 권리론이 해야 할 중요한 일은 경계 동물과의 공존을 위한 지침을 개발하는 것이다. 하지만 지금까지 동물 권리론은 경계 동물에 관해 거의 아무런 언급도 하지 않았다. 널리 퍼진 사육 동물/야생 동물의 이분법을 반영하듯, 동물 권리론자들은 인간에게서 해방되어야 할 사육 동물과 그들만의 삶을 살도록 내버려두어야 할 야생 동물은 논의했지만, 경계 동물은 논의하지 않았다.

경계 동물이라는 범주는 인간 세계와 야생 동물 세계를 지리적으로 분리하는 동물 권리론자의 상상에 들어갈 자리가 없다. 한 예로, 프란시온은 가축화가 지리의 자연적 분리를 위반하고, 사육 동물을 그들이 '속하지 않는 인간 세계에 가두는' 점이 문제라고 했다 (Francione 2007:4).[5] 여기에 내포된 전제는 동물에 적절하고 자연스러운 장소는 저 밖에 있는 야생 공간이고, 인간 공동체 내부에 존재하는 동물은 단지 포획, 가축화, 번식 등 인간의 부당 행위의 결과라는 점이다. 이처럼 동물과 인간을 자연스럽게 분리하는 그림에서는 경계 동물이 보이지 않게 된다.

동물 권리론자가 경계 동물의 경우를 완전히 간과한 것은 아니다. 동물 권리론자가 모든 동물은 불가침 권리가 있어서 인간은 정당방위가 아닌 한 동물을 죽일 수 없다고 말할 때, 이들은 대개 불가침 권리가 사육 동물이든, 야생 동물이든, 경계 동물이든 모든 쾌고감수능력이 있는 동물에 해당하는 보편적 권리라는 점을 강조한다.[6] 하지만 이는 단지 불가침의 기본권에 관한 동물 권리론의 기본적 주장을 되풀이하는 것일 뿐, 우리가 경계 동물에 관해 갖는 의무의 독특한 성격과 그것이 야생 동물이나 사육 동물에 관해 갖는 의무와 무엇이 다른지 아무것도 말하지 않는다. 이러한 논의는 거의 없거나 각주나 괄호 안에 언급하는 정도에 그친다. 예를 들어, 두나이어는 경계 동물을 슬쩍 인정하면서, 경계 동물이 바람직한 인간-동물 격리의 예외임을 암시한다. 하지만 두나이어는 직접 개입이나 불가침 권리의 침해를 반대하는 고전 동물 권리론의 보호 명령 말고는 경계 동물에 관해 무엇을 말해야 할지 확신하지 못하는 듯하다.

> 결국 해방 이후에는 거의 모든 비인간이 자유롭게 살 것이고 '가축화' 되지 않을 것이다. **자유롭게 사는 비인간은 인간에게서 완전히 격리될 수 없다.** 거위가 '우리의' 연못을 방문한다. 다람쥐가 우리의 뒤뜰에 들어오고, 비둘기가 우리의 건물에 내려앉는다. 우리는 숲에서 곰과 마주치고 해안에서 게와 마주친다. 어디에 있든 비인간은 인간에게서 보호될 필요가 있다. 비인간은 **인간의 개입을 막을 법적 권리**가 필요하다(Dunayer 2004:141, 강조 표시 추가).

이 글은 고전 동물 권리론의 한계를 잘 보여준다. 경계 동물이 '인간에게서 완전히 격리될 수 없다'라는 표현은 실제 상황을 지나치게 과소평가한 것이다. 인간 사이에서 살기를 선택하고 인간이 만든 환경에서 (종으로서) 번성하는 듯한 동물은 동물 권리론의 이론적 문제점을 보여준다. 그리고 경계 동물에게 '인간의 개입을 막을 법적 권리'가 필요하다는 것은 다음과 같은 의문을 불러일으킨다. 비둘기, 다람쥐, 집참새에게 '인간의 개입'이란 무엇인가? 비둘기가 건물에 앉지 못하게 그물을 설치하거나, 지하실의 쥐구멍을 막는 것이 개입인가? 작은 새가 유리창에 부딪히지 않도록 맹금류 스티커를 붙이는 것이 개입인가? 공원에서 개나 어린이가 다람쥐를 쫓도록 내버려두는 것이 개입인가? 경계 동물에 대한 우리의 의무가 무엇이든, 불간섭 원칙으로는 그 의무를 이행할 수 없다. 우리는 울타리를 세우거나, 집을 짓거나, 공원을 만들 때마다 때로는 도움이 되고 때로는 피해를 주면서 경계 동물의 활동에 개입하고 있다.

6장에서 보았듯이, 고전 동물 권리론자들은 야생 동물에 대한 적절한 대응은 '내버려두는 것'이라고 말했고, 두나이어는 똑같은 불간섭 원칙이 경계 동물에게도 적용되기를 바란다. 하지만 경계 동물에게는 불간섭 원칙이 거의 의미가 없다. 야생 동물을 '내버려두라'라는 말은 야생 동물의 서식지에 대한 주권을 존중하고, 영토를 침범하거나 식민화하는 것을 자제해야 한다는 주장의 줄임말이다. 하지만 경계 동물의 경우, 그들의 서식지는 우리의 도시이고 실제로 우리의 뒤뜰과 집이다. 인간 주권 공동체가 당연하게 정당하게 자치권을 행사하는 바로 그 물리적 공간이다. 인간 사회의 거버넌스는 반드시 우리 곁에 거주하는 경계 동물의 활동에 온갖 방식으로 개입할 것이고, 동물 권리론의 과제는 이 개입의 영향을 어떻게 고려할지 알아내는 것이다.

경계 동물의 이익을 고려하는 하나의 방법은 그들에게 시민권을 확대하는 것이다. 경계 동물이 우리 곁에 계속해서 산다면 어쩌면 우리는 그들을 주권 행사를 공유하는 동료 시민으로 생각해야 할 것이다. 이는 우리가 사육 동물과의 관계에서 제안한 것이다. 하지만 5장에서 언급했듯이 시민권을 사육 동물에게 확대할 수 있는 것은 바로 그들을 가축화했다는 사실에 근거한다. 가축화는 인간과 동물의 협력, 소통, 신뢰의 가능성을 전제하고 더욱 발전시키며, 이러한 가치들은 시민권 관계의 전제 조건이 된다. 시민권은 상호 호혜적 교류와 규칙 학습, 사회화를 할 수 있는 수준의 사회성이 있음을 전제로 한다. 이는 물리적으로 가까운 위치에서 사회적으로 의미 있는 상호 작용을 할 능력을 요구한다. 인간과 사육 동물은 동료 시민권의 관계로 사회화해야 하며, 이를 위해서는 신뢰와 협력이 필요하다.

반면 경계 동물은 가축화되지 않아서 인간을 신뢰하지 않으며, 일반적으로 직접적인 접촉을 피한다. 우리는 경계 동물이 좀 더 사회성을 기르고 협력하도록 만들기 위해 노력해 볼 수 있다. 실제로 오랜 시간 이들을 가축화하기 위해 시도해 볼 수 있다. 하지만 가축화는 감금, 가족과의 분리, 번식 통제, 식이와 여러 습관적 행동의 극단적 변화, 그리고 오랜 가축화 과정에서 사육 동물에게 가해진 기본적 자유의 침해를 통해서만 가능하다. 집참새나 매 중 하나를 가두거나 둘 다 가두지 않고서는 집참새를 매에게서 보호할 수 없다. 다람쥐의 먹이 공급과 번식률을 체계적으로 관리하지 않으면 식량이 부족할 수 있고, 다람쥐를 가두지 않는다면 너구리나 족제비, 자동차의 위협에서 보호할 수 없을 것이다.

그래서 우리는 경계 동물을 그들 영토의 주권자나 우리 영토의 동료 시민으로 보기 어렵다. 인간 공동체에서 경계 동물을 '해방'할 수도 없고, 단지 '내버려둘' 수도 없다. 우리와 경계 동물의 관계는 완전히 새로운 사고방식이 필요하다.

우리는 이러한 관계를 개념화할 가장 좋은 방법이 **주민권**denizen*이라는 개념이라고 주장한다. 경계 동물은 인간 공동체의 공동 거주민co-residents이지만 동료 시민은 아니다. 이들은 우리와 함께 이곳에 속하지만, 우리의 구성원은 아니다. 주민권은 이렇게 동료 시민이나 외부의 주권과는 근본적으로 다른 독특한 지위를 포착한다. 시민권과 마찬가지로 주민권도 정의의 규범으로 통제되어야 하지만, 친밀과 협력의 정도가 낮은 좀 더 느슨한 관계이고 따라서 권리와 책임이 줄어드는 특징이 있다.[7] 주민권 제도의 공정성은 대부분 권리와 책임이 축소되는 방식에 달려있다. 권리와 책임이 주민을 영구적으로 종속된 계층의 지위로 전락시키는 방식으로 축소된다면, 주민권은 곧바로 착취와 억압의 원천이 될 것이다. 반대로 권리와 책임이 좀 더 상호적으로, 주민 고유의 이익이 더 잘 반영되도록

* 이 책에서는 'denizenship'을 '주민권'으로, 'denizen'을 '주민'으로 번역했다. 이는 한국 정치이론 문헌의 최근 경향을 반영한 것으로, 2014년부터 2023년까지 이용승을 중심으로 한 연구자들과 일부 정부 연구기관에서 이 번역어를 사용해 왔다. 이러한 번역은 기존 인간 정치학에서 이민자, 이주민 등을 대상으로 제안된 주민권 개념과 동물의 주민권을 연결하여 독자의 이해를 돕고자 하는 의도를 담고 있다.

주민권은 이 책에서 제시하는 denizenship의 핵심 원칙인 안정적 거주권, 국가와의 상호 호혜적 관계, 그리고 낙인 방지와 일정 정도 유사성이 있는 개념으로 보인다. 첫째, 표준국어대사전에 따르면 '주민'은 "일정 지역에 살고 있는 사람"으로 정의되며, 이 정의에 따라 주민권을 "일정 지역에 살 권리"라고 이해하면 denizenship의 안정적 거주권 개념과 연결하는 데 무리가 없다. 둘째, 한국 법률에서 주민은 지방자치단체 구역 내 주소가 있는 자로 정의되며, 지방자치단체 주민으로서 국가와 맺는 느슨하고 자율적인 관계는 denizenship이 추구하는 완전한 시민권보다 약한 관계와 유사성을 보인다. 셋째, '주민'이라는 용어가 일상에서 자주 사용되어 대중에게 친숙한 만큼, 저자들이 우려하는 경계동물의 낙인을 방지하고, 경계 동물을 우리 사회의 가시적인 구성원으로 인식하는 데 도움이 될 수 있다.

한국에서 주민권은 denizenship과 다르게 해석될 여지가 있지만 아직 주민권 개념이 발전되고 있는 상황이니만큼, 주민권을 중심으로 풍부한 논의가 이어지길 바란다.

축소된다면, 주민권은 공정한 관계를 맺는 수단이 될 수 있다.

이번 장의 목표는 주민권 모델이 어떤 형태일지, 어떤 종류의 권리와 책임이 따르는지 (그리고 어떤 권리와 책임이 면제될지) 간략히 설명하는 것이다. 이 과정에서 우리는 다양한 인간 주민의 예시를 참고한다. 특정 사회의 거주민이지만 시민권 제도에 완전히 참여하지 않으면서 그곳에 계속 머물고 싶어 하는 사람이 많다. 경계 동물이 우리 사이에서 살고 싶어 하면서도 사회화, 호혜, 규칙 준수라는 독특한 형태의 협력적 시민권이라는 우리 사회의 프로젝트에 강제로 참여하길 원치 않듯이, 마찬가지로 일부 인간 집단도 우리와 함께 살길 바라면서도 근대 시민권 관행에 편입되는 것을 거부한다. 이러한 예는 역사적으로 많으며, 서구 사회는 실제로 많은 사람이 시민권의 요구에 맞지 않는 문화적, 종교적 생활 방식을 지키려고 시민권을 '이탈opt out'할 수 있도록 계속해서 허용하고 있다.

우리는 이미 3장에서 난민, 단기 이주 노동자, 불법 이민자뿐만 아니라 아미쉬파 같은 고립주의 공동체 등 국가 안 경계 구역liminal zone에 살면서 완전한 시민권을 가질 자격이 없는 (혹은 관심이 없는) 사람들에 대한 이야기를 했다. 경계 동물처럼 일부 인간 주민 집단도 이곳에 속하지 않는 외부자나 무단 침입자로 낙인찍히고, 기껏해야 무시당하고 심한 경우 착취당하거나 우리와 함께 살 권리를 부정당한다. 하지만 어떤 사회에서는 이러한 집단의 독특한 열망을 더 잘 반영하고 수용하는 주민권 모델을 개발하기도 했다.

인간 주민권 예시는 경계 동물을 위한 적절한 주민권의 조건을 밝히는 데 도움이 될 것이라 생각한다. 이를 통해 주민 지위에 따르는 특징적인 이익과 부정의를 파악할 수 있을 것이다. 유감스럽게도, 정치 이론 문헌에서는 인간 주민권을 다룬 연구가 부족하다. 인간 주민권의 공정한 조건을 규명한 잘 개발된 이론이 없다. 따라서 이 장의 논의는 사육 동물의 시민권과 야생 동물의 주권과 비교해 잠정적이고 추측에 기반한다. 하지만 인간에게도 주민권 이론이 필요하다는 점은 의심의 여지가 없다. 왜냐하면 우리의 동료 주민이 모두 동료 시민이 될 수 있거나 될 의향이 있는 것은 아니기 때문이다. 그리고 일단 인간의 주민권을 이해할 필요성을 깨달으면 동물을 위한 주민권의 적절함도 좀 더 쉽게 이해할 수 있을 것이다.

어찌 보면, 인간과 경계 동물의 유비는 이미 익숙하다. 경계 동물은 종종 그들이 들여온 질병, 불결한 습성, 무질서한 행동으로 인간을 위협하는 '외부 침입자'로 조롱을 받았다.[8] 콜린 제롤맥Colin Jerolmack(2008)은 「비둘기는 어떻게 쥐로 취급받게 되었는가」라는 흥미로운 논문에서 미국 내 참새와 비둘기에 대한 태도 변화를 표로 만들어, '유해' 조류에 대한 언어와 태도에 이민자, 부랑자, 동성애자 등 낙인찍힌 인간 집단에 대한 언어와 태도가 어떻게 반영되는지 보여준다.[9] 사람들은 환영받지 못하는 동물을 환영받지 못하는 인간과 동일시하고 낙인찍는다(그 반대도 마찬가지다).

우리의 접근법은 정반대로 전개된다. 우리는 경계 동물을 두려움과 경멸의 대상인 인간 집단과 비교해서 거리를 두게 하지 않는다. 오히려 우리는 사회적 소수 집단에 정의를 확장하는 전략, 즉 포용과 공존의 전략을 참고해서 경계 동물을 위한 정의를 생각한다. 우리는 인간의 경계성을 은유로 삼는 것이 아니라, 주민권 모델로 사회가 더 많은 다양성을 수용하고, 비정상deviant, 외부인, 이등 시민, 바람직하지 않거나 위험하다고 여겨지는 사람들이 정치체body politic와 정의로운 관계를 맺게 할 실질적인 방법에 관심이 있다.

1. 경계 동물의 다양성

주민권 개념을 발전시키기 전에, 경계 동물에 관해 좀 더 알 필요가 있다. 경계 동물은 상당히 광범위하고 복잡한 집단을 형성한다. 일상 대화에서 우리 사이에 사는 비사육 동물을 본래 다른 곳에 속할 기회성 무단 침입자이거나 존재 자체가 인간에게 갈등과 불편을 불러오는 유해 동물로 생각한다. 그러나 실제로 야생 동물이 우리 주변에서 살게 되는 경로는 다양하다. 이는 인간과 동물의 다양한 형태의 행위자성이 발휘된 결과로, 갈등과 이익이 공존하는 다양한 상호 의존과 상호 작용으로 이어진다. 경계 동물의 범위에는 우리가 출입을 막으려고 애쓰는 쥐와 같은 이른바 유해 동물도 있지만, 적극적으로 환영하는 명금류songbird*도 있다. 그리고 사람 사이에 갈등과 모순을 일으키는 많은 종도 있다. 예를 들면, 어떤 사람들은 비둘기에게 먹이를 주는데 그들의 이웃은 독을 먹인다. 경계 동물을 대하는 인간의 태도는 종종 극단적이지만, 단순하거나 일관되지는 않는다. 많은 사람에게 경계 동물은 도시 환경에 아름다움과 흥미를 더하지만, 어떤 사람에게는 자연을 초월하거나 적어도

* 참새목에 속하는 노래하는 새

엄격하게 통제하는 인간 문명의 오아시스라는 상상 속 도시 이미지와 모순된다.

그렇다면 경계 동물은 누구인가? 앞서 언급했듯이, 우리는 경계 동물을 진정한 야생 동물(인간의 정착지를 피하거나 여기에 적응할 수 없는 동물)이나 사육 동물과 구분한다. 이것은 엄격한 생물학적 분류가 아니라는 점을 강조한다. 같은 종이나 관련 종의 동물이 세 범주 모두에서 발견될 수 있다. 예를 들어, 야생에는 진정한 야생 토끼가 있고, 도시공원에 사는 경계 토끼가 있으며, 가축화된 사육 토끼가 있다. 게다가 동물은 이러한 범주들의 스펙트럼을 오갈 수도 있다. 인간-동물 관계는 다차원적 관계망으로 이루어져 있고, 동물마다 상호 의존성, 행위자성, 관계가 다양하고 변화한다.

그럼에도 경계 동물은 야생의 비사육 동물이 인간의 환경에 특정한 방식으로 적응하는 독특하고 점점 증가하는 인간-동물 관계의 유형을 반영한다. 경계 동물이란 인간 사이에서 사는 데 적응했지만, 인간에게 직접 돌봄받지는 않는 동물이다.

경계 동물이라는 용어를 쓸 때, 도시/교외 접경 지역에 사는 모든 야생 동물이 경계 동물은 아니라는 점에 유의해야 한다. 6장에서 살펴보았듯이 많은 진정한 야생 동물이 도시와 주변 지역에서 시간을 보낸다. 야생에 살다가 일시적으로 방향을 잃고 헤매다가 뒤뜰 수영장에서 구조된 말코손바닥사슴이나, 폭풍으로 이동 경로에서 멀리 떨어져 온타리오호 마을 해안가에 쓸려온 앨버트로스를 생각해 보자.[10] 수많은 야생 동물이 이주 경로를 따라가다가 어떤 시기에는 인간이 개발한 지역 근처를 지난다. 그리고 또 다른 많은 야생 동물은 인간의 개발로 그들의 땅이 식민지가 되어 좁은 서식지로 쫓겨나 살아남으려고 애쓰는 난민으로 전락한다.

야생 동물이 인간 정착지에 머무르는 이유는 기회를 얻으려는 것이 아니다. 그리고 보통 인간과의 공존에서 이익을 얻지도 않는다. 오히려, 우연히 또는 인간의 거침없는 확장 속도에 강제로 인간과 접촉하게 된다. 일반적으로 이들은 인간과의 접촉에서 살아남으려고 고군분투하지만 성공하지 못한다.[11] 우리는 6장에서 야생 동물이 주권을 가진 영토의 시민으로 인정받아야 하며, 인간은 야생 동물에 국가 대 국가의 의무를 진다고 주장했다. 이러한 의무에는 ① 영토 경계 존중(예, 침략과 식민화 종식) ②파급 효과(예, 국경을 넘는 오염이나 로드킬) 제한 ③주요 국제 통로(예, 이주 경로)의 주권 공유 ④방문객 기본권 존중 ⑤난민 지원 등이 있다. 다시 말해, 우리의 야생 동물에 대한 의무는 야생 동물이 야생 동물 공동체로 존재하도록 하면서, 우리와의 불가피한 접촉으로 치러야 하는 부정적 대가를 최소화하는 것이다.

하지만 이 장의 초점은 일시적으로 인간과 접촉하는 진정한 야생 동물이 아니라, 우리 사이에 사는 경계 동물이다. 경계 동물을 구별하는 특징은 진화론 관점에서 볼 때, 인간 근처에 살면서 생기는 기회를 활용해 생존하고, 대부분 번성할 수 있었다는 점이다. 이들은 인간 근처에서 보금자리와 먹이를 얻고 포식자에게서 안전을 확보하거나, 그저 인간이 점령한 최고의 수자원과 생존에 적절한 미

기후microclimate* 지역을 이용한다.[12] 경계 동물은 인간 정착지를 피하거나 도망치지 않고 (또는 살처분되지 않고) 끌려 들어와 적응하게 된 동물로, 사육 동물이나 진정한 야생 동물과 구별되는 의존성과 취약성이 있다. 야생 동물이 인간의 직접적 피해와 의도치 않은 피해, 그리고 서식지 파괴 측면에서 인간 활동에 매우 취약하다는 점을 다시 떠올려보자. 인간이 내일 지구에서 사라진다면, 이는 대부분의 야생 동물에게 극도로 좋은 소식일 것이고, 생존 위험도 크게 줄어들 것이다.[13] 예를 들어, 영국의 한 포유류 연구(야생 동물과 경계 동물 모두 포함)는 기후 변화, 서식지 파괴, 고의적 살상, 오염, 살충제, 로드킬 등 인간이 초래한 위험에 비해 포식, 경쟁, 그 밖의 비인간 요인들은 야생 동물 개체군에 미치는 영향이 거의 없다는 것을 발견했다. 이 연구는 개별 동물의 사망률이 아닌 전체 개체군의 추세를 살폈지만, 인간이 초래한 많은 위험은 분명히 개별 동물에게 직접적 피해를 준다. 전체 종의 개체군 사망률이 심각한 정도라면, 실제로 피해를 입은 개별 동물의 수는 틀림없이 매우 많을 것이다(Harris et al. 1995). 대부분의 야생 동물은 인간과 가까운 곳보다 야생에서 사는 것이 더 안전하다.

대부분의 사육 동물은 인간을 떠나 독립적으로 사는 데 한계가 있다. 시간이 흐르면서 적절한 환경 조건이 갖춰지면 많은 사육 동물이 종으로서 독립적인 생활에 다시 적응할 수 있겠지만, 현재 조건에서 인간이 하루아침에 사라져 버린다면 대부분의 사육 동물

* 지표면 근처의 작은 지역에서 발생하는 기후 조건을 의미한다. 예를 들어, 도시 내 공원이나 건물 그늘 아래의 온도와 습도는 주변보다 다를 수 있다. 이러한 미기후는 동물들의 생존에 큰 영향을 미칠 수 있다.

개체는 재앙을 맞을 것이다. 사육 동물은 먹이, 보호, 보금자리, 가축화 과정에서 발생한 질환 치료 등 거의 모든 면에서 특정 인간에게 의지한다. 인간이 없다면 많은 사육 동물이 굶주림이나 동사, 포식, 질병으로 빠르게 죽어갈 것이다.

경계 동물은 인간 공동체에서 야생 동물과 사육 동물과 다른 생태적 지위ecological niche에 위치한다. 이들은 인간 활동으로 변하는 환경에 적응한 동물로, 이런 의미에서 인간이 필요하거나 적어도 인간에게서 이익을 얻는다. 그러나 경계 동물이 인간 정착지와 이곳에서 얻는 자원에 의존하지만, 대상이 특별히 정해져 있지 않다. 사육 동물과 달리, 경계 동물은 자기를 돌볼 특정 인간 개인에게 의존하지 않는다. 이들의 의존성은 좀 더 일반화되어, 인간 정착지 전반에 의존한다. 이러한 환경에서 경계 동물은 보통 스스로 생활을 꾸리며 개별 인간에게 의존하지 않고 산다(다시 논의하겠지만 몇몇 예외는 있다). 반면, 인간과의 근접성으로 인해 공간과 자원을 두고 갈등이 불가피하게 발생하면서 경계 동물은 빈번히 살해나 폭력적인 통제 조치의 표적이 될 뿐만 아니라 의도치 않은 피해의 희생자가 된다. 따라서 인간이 하루아침에 사라진다면, 경계 동물에게 미치는 영향은 매우 다양할 것이다. 일부는 좀 더 초목이 우거진 초원으로 이동할 것이고, 일부는 인간 사회의 잔해 속에 살면서 점차 새로운 생태적 현실에 적응할 것이다. 그리고 일부는 인간과 함께 멸종할 것이다.

경계 동물의 거주, 적응, 의존의 패턴과 주민권이 이러한 패턴에 대한 적절한 대응인 이유를 더 잘 이해하려면, 다양한 경계 동물 유형을 구분하는 것이 유용하다. 경계 동물에는 기회성 동물(코요테나 캐나다 거위처럼 도시 생활이 주는 기회에 매료된 매우 적응력이 높고 이동이 잦은 동물들), 특정 형태의 인간 활동에 의존도가 상당히 비유연한 특정 서식지 전문 동물, 야생화 사육 동물과 그 후손, 그리고 탈출하거나 유입된 외래종이 포함된다. 우리는 이러한 각각의 동물 집단이 **저 바깥**에 속하는 외부자가 아니라 **이곳**에 속한다고 보아야 하고, 따라서 추방 조치는 일반적으로 부당하고 실제로 효과가 없다고 주장한다. 하지만 동료 시민권 역시 의미 있는 대안은 아니다. 동료 시민권은 오직 가축화 과정에서 통해 형성되는 신뢰와 협력을 전제하기 때문이다. 그리고 경계 동물에게 가축화 과정을 강요하는 것은 부당하고 효과도 없을 것이다. 따라서 주민권을 토대로 경계 동물과 우리의 관계를 개념화할 새로운 방법이 필요하다.

기회성 동물 opportunist

기회성 동물은 매우 적응력이 뛰어난 종으로, 인간이 만든 환경에서 살아남아 번성하는 법을 배워 분포 지역과 개체 수를 크게 늘린다. 이들은 야생에도 도시에도 존재한다. 예를 들면, 야생 코요테와 도시 코요테, 야생 철새 캐나다 거위와 도시 주변에 사는 캐나다 거위가 있다. 기회성 동물로는 회색다람쥐, 너구리, 청둥오리, 갈매기, 까마귀, 박쥐, 사슴, 여우, 매 등이 있다. 이러한 동물은 본래 적응형 다방면 전문 동물adaptive generalist이어서, 새롭게 나타나는 생태적 기회를 활용할 수 있으며, 환경 변화에 따라 식단, 보금자리 형태, 집짓기 방식을 바꿀 수 있다. 청둥오리는 갈대가 우거진 습지에 둥지를 지을 필요가 없다. 동네 맥주 가게 앞 그늘진 정원이나 마음에 드는 사람이 사는 집 발코니에 자리 잡으면 된다. 박쥐는 현수교의 틈새가 일반적인 동굴보다 온도와 접착력이 더 낫다는 것을 알아낼지도 모른다. 매는 절벽의 급경사면 대신 고층 건물을 사용할 수 있다. 너구리는 썩어 가는 나무 밑동 대신 오래된 창고에 자리 잡을 수 있다. 까마귀는 야생에서 먹잇감을 찾는 것보다 로드킬 당한 사체를 먹으면서 더 수월하게 살 수 있는 고속 도로 주변을 서식시로 정한다.

이런 유연성 덕분에 기회성 동물은 인간이 개발한 지역에서 번성하는 동시에 야생 환경에서 종으로서 번성하는 능력을 유지한다. 대부분의 동물 종은 시간이 주어지면 생태 환경 변화에 적응할 수 있지만 일부 종은 좀 더 뛰어난 적응력을 보인다. 동물의 적응력은 연속적인 스펙트럼 상에 있으며, 특히 기회성 동물은 인간 정착지의 다양한 상황과 급격한 변화 속도에 특별히 유연하게 적응한 종이다.

기회성 동물은 우리 사이에서 살기로 '선택'한 것으로 여겨지며, 같은 종의 동물 일부가 야생에서 살고 있어서 우리는 가끔 기회성 동물에게 적극적인 의무나 책임이 없다고 생각한다. 기회성 동물이 우리 사이에서 사는 이유는 아마도 도시 생활에서 얻는 이익과 위험의 조합을 따져볼 때 야생의 삶보다 유리하기 때문이고, 더는 유리하지 않다고 판단하면 야생으로 돌아갈 수 있다. 예를 들어, 클레어 팔머는 '도시가 인간이 지배하는 공간'이라서 기회성 경계 동물이 도시에 왔기 때문에, 우리가 기회성 경계 동물에게 관계적 의무를 지지 않는다고 주장한다(Palmer 2003a:72).[14]

하지만 이러한 주장은 종 차원에서 개체 차원으로 너무 빠르게 넘어간다. 종으로서 기회성 동물에게 이동성과 적응력이 있다고 하더라도, **개체**로서 기회성 동물은 야생과 경계 상황 사이를 오갈 선택권이 없을 수 있다는 점에 유의해야 한다. 때로 야생 동물은 경쟁에서 밀려 도시와 그 주변에서 기회를 살피게 된다. 하지만 많은 도시의 기회성 동물은 과거 이주민의 후손이거나 인간의 서식지 확장에 밀린 난민이다. 시간이 지나면 현장의 사실은 변한다. 이동 통로로 서식지에서 도시로 이동한 여우를 상상해 보자. 얼마 지나지 않아 통로가 인간의 개발로 사라지고, 이제 여우는 야생으로 돌아갈 선택지를 잃었다. 많은 경계 동물이 이렇게 도시나 주변의 고립된 지역에 살게 되는데, 이들의 선택지는 물리적 장벽이나 인접 지역에 사는 같은 종의 개체 수 압력으로 막힌다. 그리고 여우 이주민의 후손도 똑같은 이동의 제한을 받게 된다. 따라서 종 수준의 선택지와 개체 수준의 선택지 간 차이를 염두에 둬야 한다. 개체로서 기회성 동물은 대개 야생으로 돌아갈 선택지가 없는 우리 공동체의 영구적 구성원으로 생각하는 것이 이치에 맞다. 야생에 거위나 코요테 무리가 있다고 해서 우리 곁에 사는 특정 거위나 코요테 개체를 야생으로 이주시키면 생존하리라고 가정할 수 없다.

기회성 동물은 불특정한 방식으로 인간에게 의존적이다. 인간 정착지에 기대어 살지만, 일반적으로 특정 인간과의 관계에 의존하지 않으면서 인간 활동의 변화에 적응할 수 있다.[15] 한 집주인이 쓰레기를 제대로 처리하거나 현관에 반려동물의 사료 그릇을 치우거나 굴뚝을 철망으로 막기로 결심하더라도, 언제나 거리에는 조금 더 엉성한 습관이 있는 또 다른 집주인이 있다. 아니면 동네 쓰레기통, 노천 시장, 식당 뒷골목, 길거리 쓰레기, 환풍구, 버려진 건물, 정원 창고 등 보금자리 조건이 까다롭지 않은 잡식성 동물에게는 수많은 다른 기회가 있다.

많은 기회성 동물은 성가신 종(예, 텃새거위)이나 잠재적 위협(예, 코요테)으로 여겨져 개체 수를 줄이기 위한 살처분 캠페인의 대상이 된다. 그리고 다음에서 설명하겠지만, 이러한 종의 새로운 구성원이 우리 주변에 사는 것을 억제하거나 저지하려는 정당한 (비살상의) 노력이 있을 수 있다. 하지만 대부분은 아닐지라도 많은 기회성 경계 동물은 이곳에 속한다. 이들은 야생에서 도시로 이동한 최초의 기회성 동물의 후손이거나, 서식지 변화나 개체 수 변동으로 야생으로 돌아갈 선택지를 잃은 동물이다. 이제 도시가 그들의 유일한 집이다.

기회성 동물이라는 큰 범주 안에서 공생 종synanthropic species이라는 하위 집단도 언급할 필요가 있다(DeStefano 2010:75). 공생 동물은 다른 기회성 동물과 달리 인간과 사는 곳이 거의 일치한다. 예를 들면, 유럽 찌르레기, 집참새, 생쥐, 노르웨이쥐 등이 있다. 공생 동물은 인간 정착지를 벗어나 번성할 수 있을지 확실하지 않다. 여우나 흰꼬리사슴은 야생에서도 경계 상황에서도 번성하는 것을 쉽게 볼 수 있지만, 집참새나 노르웨이쥐는 그렇지 않다. 하지만 두 동물의 공통점은 높은 유연성이다. 참새는 다양한 먹이를 먹고 번성할 수 있다. 쥐는 썩어가는 낙엽뿐만 아니라, 건물의 단열재나 낡은 양모 담요로도 똑같이 잘 둥지를 만들 수 있다.

다른 기회성 동물과 마찬가지로, 공생 동물도 우리가 그들을 초대했든, 적극적으로 지원하든, 공동체의 구성원으로 원하든 상관없이 우리 사이에 살고 있다. 많은 인간은 이러한 동물의 존재가 주는 이점을 거의 보지 못하고 철저한 억압과 통제 캠페인을 벌인다. 하지만 공생 동물이 다른 어떤 기회성 동물보다도 더욱 이곳 우리 사이에 속한다는 것을 인정해야 한다. 이들에게 야생이라는 선택지는 없다. 추방은 거의 확실히 죽음이라는 결과를 낳는다.

특정 서식지 전문 동물 niche specialist

지금까지 이동성이 뛰어나고 유연하며, 매우 다양한 환경에 적응하고 번성하는 종들을 살펴보았다. 특정 서식지 전문 동물은 훨씬 낮은 유연성을 보이며, 환경 변화에 훨씬 더 취약하다. 이들은 오래 지속된 형태의 인간 활동에 적응했으며, 인간이 이러한 활동을 유지하는 데에 유연성 없이 의존한다. 예를 들어, 전통적 농업 관행이 수 세대 동안 안정적으로 유지되어 온 지역에서 일부 종은 농업 관행으로 만들어진 특정한 생태적 지위에 적응했다. 대표적으로 영국의 산울타리hedgerow*는 매우 다양한 동물이 농작물, 잡초, 벌레, 작은 설치류 등을 먹고 사는 서식지다. 여우 같은 일부 종은 (유연한 기회성 동물로서) 산울타리에 유연성 없이 의존하지 않는다. 이들은 야생 환경에서도, 도시 환경에서도 번성할 수 있다. 하지만 유럽겨울잠쥐 같은 다른 종들은 산울타리로 만들어진 특정 생태적 서식지에 의존해 산울타리가 사라지면 함께 사라질 것이다.[16] 다시 말해

* 경계를 표시하기 위해 낮게 자라는 나무를 빼곡히 심어 만든 울타리.

특정 서식지 전문 동물은 새로운 영토로 쉽게 이주하거나 급격한 변화에 적응하지 못한다.

또 다른 대표적인 특정 서식지 전문 동물인 흰눈썹뜸부기는 영국에서 전통 농법이 확산하던 시절에 번성했다. 그러다 캐슬린 제이미Kathleen Jamie가 묘사한 것처럼,

> 죽음의 신이 제초기 형태로 흰눈썹뜸부기에게 찾아왔다. 낫으로 풀을 베던 시절에는 풀이 길게 자라서 한 해의 후반에 베어진 다음 느리게 움직이는 짐수레에 쌓일 때까지, 흰눈썹뜸부기는 긴 풀 속에 숨어서 번식할 수 있었다. 새끼들은 초원의 풀이 베이기 전에 날개가 자랐고, 휘둘리는 낫에서 도망칠 충분한 시간이 있었다. 하지만 제초 방식이 기계화되고 겨울용 사료로 풀을 일찍 베기 시작하면서 흰눈썹뜸부기와 알, 어린 새끼들은 모두 떼죽음을 당했다(Jamie 2005:90).

흰눈썹뜸부기는 현재 멸종 위기에 놓여 있다. 기계식 제초를 하기에는 너무 좁은 헤브리디스 제도의 몇몇 들판에서만 겨우 살고 있다. 전통적 농업 관행에서 기계식 단일 작물 재배로 빠르게 전환되면서 다양한 특정 서식지 전문 동물은 큰 타격을 입었다. 이들의 서식지는 인간 활동이 미치지 않은 야생 서식지는 아니지만, 생명에 필수적이다. 인간이 이러한 서식지에 변화를 꾀하는 것은 인간의 손길이 닿지 않은 야생에 침입하는 것만큼이나 동물에게 파괴적이다.

급격한 변화가 특정 서식지 전문 동물에게 미치는 파괴적인 영향은 종과 개체 수준 모두에서 우려스럽다. 서식지 환경의 급격한

변화는 개체 수 증가를 억제해 멸종 위험을 높이거나 종 다양성을 감소시킬 뿐만 아니라, 개별 동물의 고통으로 이어진다. 만약 산울타리가 뽑히면 그곳에 살던 유럽겨울잠쥐는 갈 곳이 없어 죽을 가능성이 높다. 흰눈썹뜸부기는 둥지를 트는 들판에 기계식 제초기가 사용되기 시작하면 곧 죽음을 맞을 것이다.

특정 서식지 전문 동물은 인간이 만든 환경 변화에, 특히 급격한 변화에 취약하다. 매우 적응력이 높은 침입종과 달리, 이들은 인간이 의도적으로 살처분하는 표적이 되는 일은 거의 없다. 하지만 이들은 경계 생태계의 취약성에 대한 인간의 부주의와 의도치 않은 피해에 특히 쉽게 노출된다. 대부분의 경우, 우리는 인간 활동의 변화가 좋든 나쁘든 경계 생태계에 사는 동물에게 미치는 영향을 전혀 알지 못한다.

유입된 외래종 introduced exotics[17]

대표적인 동물 외래종은 유기되거나 탈출한 동물원 동물, 이국적 애완동물이 있으며, 호주의 토끼와 수수두꺼비, 플로리다주 습지의 비단뱀, 미시시피강의 잉어, 괌의 갈색뱀 등과 같이 의도적으로 방생된 종도 있다. 이렇게 방생된 종 중 일부는 야생 동물이 되지만, 다른 종은 인간이 바꾼 환경(농경지, 도시 주변)에 이끌려 들어와 토착 경계성 종으로 번성한다. 이런 종 중 일부는 의도적으로 도입된다(예, 사냥꾼이 사유지를 자기가 선호하는 동물 종으로 채우거나 농부가 해충을 없애려고 외래 포식자를 도입하는 경우). 어떤 종은 부주의(예, 운송 중 사고, 이국적 애완동물을 키우는 인간의 무책임한 행동)나 인간의 이동과 대규모

운송 산업의 부수적 결과로 도입된다.

외래종은 대개 환경에 재앙으로 취급되지만, 외래종 방생의 영향은 매우 다양하다. 한 예로, 샌프란시스코의 붉은가면앵무(에콰도르와 페루에서 포획된 야생 조류의 후손)는 현지 생태계에 별다른 부정적인 영향 없이 새로운 환경에 적응했다.[18] 또 다른 예로 남미의 앵무새인 몽크앵무는 코네티컷주와 미국 동부 해안을 따라 경계 군락을 형성하게 되었다. 이 경우에도, 지역 생태계와 토착 새들의 생활은 새로운 이민자의 유입으로 딱히 나빠진 것이 없어 보인다.[19] 그런데도 이 두 앵무에게 '외부의alien', '외래의foreign' 침입자를 박멸해야 한다는 목소리가 있다. 마치 존재 자체가 자연 질서를 더럽히는 것처럼 말이다.[20] 소위 침입종에 대한 공포는 매우 과장된 것일 수 있다. 결국 (새로운 종이 들어와 나타난 변화를 포함해) 생태 변화는 생태계 활력의 일부이며, 유익한 변화나 중립적인 변화를 종 다양성이나 생태계 활력에 진정으로 파괴적(이고 돌이킬 수 없는) 영향을 주는 변화와 구별하는 것이 중요하다.

때에 따라 외래종은 유전적으로 가까운 토착종의 개체 수를 넘어 증가해서 토착종의 개체 수 증가를 억제하기도 하지만, 생태계 전반을 훼손하지는 않는다.[21] 아메리카회색다람쥐는 유입되어 붉은다람쥐의 자리를 차지하는 경향이 있지만, 전반적인 생태계의 활력이나 생물 다양성에 급격한 영향을 미치지 않는다. 회색다람쥐는 붉은다람쥐보다 적응력이 뛰어나고 질병에 강해서, 점차 붉은다람쥐의 개체 수를 억제한다. 회색다람쥐를 박멸하기 위한 폭력적인 캠페인(예, 독살과 총살)이 시행되었는데, 이는 특히 영국에서 두드러졌다. 영국에서는 사라져가는 붉은 다람쥐에 대한 감상적 애착이 있는데, 이는 어느 정도 비어트릭스 포터Beatrix Potter의 유명한 소설 『다람쥐 넛킨 이야기Squirrel Nutkin』 때문이다(BBC 2006). 많은 비평가가 지적했듯이, 박멸 캠페인은 대개 이 침입종이 토착 붉은다람쥐를 공격하거나 질병을 전파하고 토착 동식물을 파괴한다는 근거 없는 믿음 때문이다.[22]

생물학자들은 침입종에 대한 일부 과민 반응에 의문을 제기하며, 많은 외래 유입종이 유전적으로 가까운 종과 교배할 때 유전자 풀gene pool*의 다양성에 미치는 영향이 해롭지 않거나 오히려 긍정적이라고 주장했다(Vellend et al. 2007). 실제로 과학자들이 새로운 환경에 유입된 종의 행동을 예측하는 방법을 더 많이 알게 되면서, 몇몇 생물학자는 기후 변화로 고립될 종을 구하는 방법으로 의도적인 외래종 유입을 지지한다(Goldenberg 2010).

재앙적인 외래종 유입의 역사, 특히 포식자 유입의 역사를 보면 의도적인 외래종 유입은 신중해야 한다. 특히 현대 사회에서의 유입의 범위와 속도를 감안하면 더욱 그렇다. 포식자가 전혀 없는 환경에 새로운 동물이 유입되고 토착종이 적응하지 못하면, 외래종이 생태계 활력을 위협할 정도로 번성할 가능성이 크다. 예를 들어, 수수두꺼비는 맹그로브 습지에서 해안의 사구와 농업 지역에 이르는 호주의 여러 환경에 적응했으며, 이 모든 지역에서 생물 다양성을 감소시키는 원인으로 지목된다. 수수두꺼비는 또한 도시 환경에서도 물웅덩이에서 번식하고 각종 동식물, 쓰레기, 개 사료와 썩은

* 종의 유전적 특성을 결정하는 유전자 전체.

고기를 먹으며 번성한다.[23] (하지만, 시간이 흐르면서 토종 두꺼비가 독에 중독되지 않고 수수두꺼비를 잡아먹는 법을 배워 생태계가 다시 안정되는 경향을 보인다는 점도 유의해야 한다.)

따라서 우리는 결코 외래종의 의도적 유입을 옹호하지 않는다. 동물을 포획하여 새로운 환경으로 옮기고 가둬 놓거나 완전히 새로운 환경에 방사할 때, 인간은 동물의 기본권을 침해한다. 게다가 만약 외래종이 포식자라면 이들을 방사한 지역에 사는 무방비 상태인 주권 동물의 권리도 침해하게 된다. 그래서 가능한 한 외래종의 이동과 도입을 금지해야 한다. 하지만 외래종 유입을 금지한다고 이러한 문제를 완전히 없앨 수 있다고 기대할 수는 없다. 모든 외래종 유입이 의도적인 건 아니라는 점이 중요하다. 어떤 외래종 유입은 의도치 않은 행동이나 동물의 밀항으로 일어나기도 한다. 그리고 일단 외래종이 유입되면 박멸 캠페인은 용인할 수 있는 대응책이 아니다. 우리는 이렇게 적응력이 뛰어난 외래종으로 인해 인간과 토착종 모두에게 발생하는 문제를 해결할 대안을 찾아야 한다.

야생화 동물 feral animals*

우리는 인간의 직접적 통제를 벗어난 사육 동물과 그 후손에게 '야생화feral'라는 용어를 사용한다. 야생화 동물이라고 하면 탈출하거나 유기된 고양이와 개가 쉽게 떠오를 것이다. 그러나 야생화된 농장 동물도 많다. 특히 호주에서는 돼지, 말, 소, 염소, 들소, 낙타 등

* 본문에서는 야생 동물(wild animal)과 야생화 동물(feral animal)을 구분하여 사용한다. 야생화 동물은 사육 동물이었다가 여러 이유로 야생 동물이 된 경우를 말한다.

야생화 농장 동물의 개체 수가 수백만에 이른다.[24]

야생화 동물 1세대는 거의 예외 없이 인간이 저지른 부정의를 직접 당한 피해자들이다. 인간이 유기했거나, 너무 심하게 학대해서 달아날 수밖에 없었던 동물들이다. 많은 야생화 동물은 특히 온대 기후를 벗어난 지역에서는 스스로 생존할 수 없고, 온갖 끔찍한 최후(동사, 굶주림, 질병, 포식, 사고, 과학자의 포획과 생체 해부, 동물 규제 당국자의 포획과 안락사)를 맞으리라고 짐작할 수 있다. 언뜻 이런 암울한 상황에서는 야생화 동물을 다시 가축화 상태로(우리의 관점에서는 가축 동료 시민으로) 되돌리는 것이 정의라고 생각할 수 있다. 아마도 많은 야생화 동물에게 올바른 해답일 것이다. 최근 탈출했거나 유기된 동물, 심리적으로나 신체적으로 생존이 어려운 개체는 확실히 그렇다. 하지만 모든 야생화 동물이 그렇다고 가정해서는 안 된다. 야생화 동물 집단이 정착하고 동물들이 새로운 환경에 적응하기 시작했다면, 이제 사실상 경계 종이 된 것이다. 이들에게는 인간과 좀 더 긴밀한 관계로 돌아가거나 인간-동물 혼종 공동체의 시민권이라는 절충안을 받아들이는 것이 이익이 아닐 수 있다.

야생화 동물 중 일부는 진정으로 '재야생화'된 동물이다. 예를 들어, 호주 노던 준주에 인간 정착지에서 멀리 떨어져 사는 농장 동물의 후손이 그렇다. 비둘기 같은 다른 야생화 동물은 비사육 공생 동물과 비슷하게 오로지 인간 정착지와의 공생으로 번성한다. 비둘기는 적응형 다방면 전문 동물로, 다양한 씨앗과 곤충, 사체를 먹으며 번성할 수 있고, 같은 과의 비사육 종인 바위비둘기들이 좋아하는 암벽 대신 건물에서 튀어나온 부분에 앉아 쉴 수 있다. 비둘기는 비교적 유연하고 불특정한 방식으로 인간에게 의존한다. 하지만 언제나 그렇지는 않다. 예를 들어, 런던 트래펄가 광장에 사는 비둘기 무리를 보자. 비둘기의 개체 수는 인간의 조직적인 먹이 제공에 따라 증가했다(Palmer 2003a). 주변 지역은 이미 비둘기 개체 수가 포화 상태여서 인간이 먹이를 주지 않으면 비둘기들은 굶게 될 것이다. 다시 말해, 이 특정 비둘기 무리(와 산마르코 광장, 기타 지역에 있는 비슷한 무리)의 상황은 실제로 매우 불안정하다. 인간에 대한 의존성이 상당히 유연하지 않고 특정적이기 때문이다.

개와 고양이처럼 대부분의 야생화 애완동물은 인간 정착지에 가까이 머무르며, 적응력이 뛰어난 다른 동물처럼 사체를 청소하고, 더 작은 동물을 사냥하며, 버려진 건물에 산다. 적응형 다방면 전문 동물로서 이들은 유연하고 불특정한 방식으로 인간에게 의존하는 편이다. 하지만 트래펄가 광장의 비둘기처럼, 어떤 개체는 좀 더 특정적이고 유연하지 않은 의존 관계를 형성한다.[25] 예를 들어, 야생화된 개와 고양이는 종종 먹다 남은 음식물이나 물을 챙겨줄 의지할 수 있는 인간(집 주인, 토지 관리인, 식료품점이나 음식점 주인)과 특정 관계를 맺는다.

영국 헐hull시에 사는 야생화 고양이[길고양이] 연구는 인간이 주는 먹이, 집, 손길에 대한 의존도에서 인간과 길고양이의 관계가 흥미로울 정도로 다양하다는 사실을 발견했다(Griffiths, Poulter, and Sibley 2000). 어떤 고양이 집단은 도시의 버려진 구역에 살면서 인간과의 접촉을 피했다. 다른 고양이 집단은 인간과 좀 더 가까운 지역, 예를 들어 집이나 회사 근처 또는 대규모 시설의 용지에 살았다.

이 고양이 집단은 사람들에게 잘 알려져 있었고, 사람들은 고양이에게 음식과 물, 보금자리를 주었으며, 고양이와 인간 사이에 상당한 상호 작용이 있었다. 몇몇 고양이 집단의 개체 수는 포획-중성화-방사 프로그램TNR*으로 관리되었다. 많은 고양이가 꽤 건강하고 독립적인 삶을 사는 것처럼 보였으며, 이는 모든 야생화된 애완동물이 고통받고 있으며 인간이 구조해야 한다는 고정 관념과는 상반되는 모습이었다.

로마시는 좀 더 공식적인 체계가 잡혀 있다. 로마시에서는 고대 신전 유적지로 구성된 대규모 도시 구획에 고양이 생추어리를 설치했다. 이곳은 지면보다 몇 피트 아래에 있고 울타리가 쳐져 있지만, 울타리에 충분한 틈이 있어 고양이가 원할 때마다 드나들 수 있다. 생추어리 자원봉사자들은 고양이에게 먹이와 보금자리, 의료 서비스를 제공하며 백신 접종과 중성화 프로그램도 실시한다. 방문객은 고양이와 함께 어울릴 수 있으며 때때로 입양도 이루어진다.[26]

플로리다주 키웨스트시의 야생화 닭들은 또 다른 흥미로운 예다. 이들은 한때 키웨스트 주민이 달걀, 고기, 닭싸움을 위해 키웠지만 그 후 유기되거나 도망친 닭의 후손이다. 이들은 이따금 병들거나 다친 동물을 보살피는 인간의 도움을 받으며 야생화 동물로 번성하는 것으로 보인다. 이들은 전갈과 여타 성가신 곤충의 개체 수를 줄이는 데 기여하고, 키웨스트의 일상에 독특하고 다채로운 분위기를 더한다. 물론 모든 주민이 야생화 닭을 좋아하는 것은 아니

* 'TNR'은 trap(포획)-neuter(중절수술)-return(제자리방사)의 앞글자를 딴 단어다. 길고양이 개체 수를 적절하게 유지하기 위해서 고양이를 인도적인 방법으로 포획하여 중절수술 후 원래 포획한 장소에 풀어주는 프로그램이다.

고, 어떤 주민은 지저분하고 울음소리가 거슬린다고 비난하기도 한다. 수년 동안 야생화 닭을 박멸하려는 시도가 있었지만, 현재 이들은 시에서 보호받는 지위에 있고 주민들은 평화로운 공존 전략을 계속해서 협상하고 있다.

야생화 동물은 개체 수가 지나치게 많아 보이면 종종 통제 대상이 된다. 박멸 캠페인이 세계 여러 도시에서 실시되지만, 점점 논란이 되고 있다. 팔레르모에서 부쿠레슈티와 모스크바에 이르기까지 점점 더 많은 사람이 이제까지 폭력적이고 효과 없는 전략을 그만하고 경계 동물과의 공존 방법을 모색하면서 야생화 개[들개]를 어떻게 대해야 할지 점점 더 논의가 활발해지고 있다.[27] 야생화 동물은 유해 동물로 여겨질 뿐만 아니라 외래종처럼 그 존재만으로 자연 생태계가 오염되는 외부 침입자로 인식되어 비난받는다. 특히 이들이 도시의 경계를 넘어 주변으로 퍼져 나갈 때 더욱 그렇다. 외래종과 마찬가지로 야생화 동물에 대한 인식은 종종 과장되어 있다. 사실 야생화 동물이 생태계에 미치는 영향은 상황에 따라 매우 다르다(King 2009).

마지막으로, 야생화 동물은 한때 사육 동물 시민(이나 그 후손)으로 사육 동물을 이해하는 독특한 관점을 제공할 수 있다. 또한, 이들은 미래에 동물이 인간과 관계의 조건을 설정하는 데 있어서 행위자성과 독립성을 더 많이 행사하게 하는 관계의 가능성을 보여줄 수 있다.

2. 주민권 모델의 필요성

요약하면, 경계 동물은 각기 다른 여러 이유로 우리 주변에 살게 되었고, 더 큰 인간 사회와 광범위하게 상호 작용한다. 이러한 여러 경계 동물 집단은 주요 측면에서 서로 다르지만, 일반적으로 두 가지 공통적인 주요 특징이 있다. (1)경계 동물은 개별 동물로서 달리 속할 곳이 없어서 우리가 이들을 배제하는 것은 정당하지 않다. 하지만 (2)경계 동물을 동료 시민권 모델에 포함하기에는 자격이 없거나 적합하지 않다. 이러한 상황에서 경계 동물에게 거주의 안정성을 제공하면서 동료 시민권의 요구 조건을 면제하는 새로운 인간-동물 관계 모델이 필요하다. 우리는 주민권이라는 개념으로 이러한 목표를 달성할 수 있다고 생각한다.

이러한 일반화에는 몇 가지 예외가 있을 수 있다. 모든 경계 동물을 이곳에 속한다고 받아들여야 할 필요는 없다. 우리는 활발하게 이동하는 기회성 동물이 인간 사회로 이주해 오는 것을 막을 잠정적 권리가 있다. 다음에서 논의하겠지만, 인간도 마찬가지로 국가 간 합리적 정의 조건에 따라 국가는 인간의 이주를 규제할 잠정적 권리가 있다. 한 캐나다 시민은 스웨덴으로 이민가서 그곳의 시민이 되기를 간절히 희망할 수 있다. 하지만 스웨덴은 국제법과 협정에 따라 이러한 과정을 규제하고, 궁극적으로 수락하거나 거절할 권리가 있다. 이 캐나다인은 국가가 없는 것도 아니고 국제적 부정의의 희생자도 아니며 난민도 아니다. 그에게는 시민이 되고 싶은 국가를 마음대로 선택할 무제한적 이동의 권리가 없다.

야생에 사는 경계 동물이 야생에 머물 선택권이 있다면, 앞의 캐나다 시민처럼 이들도 국가가 없는 것도 아니고, 난민도 아니며, 국제적 부정의의 희생자도 아닐 것이다. 그렇다면 인간 공동체는 경계 동물을 끌어들일 유인책을 만들거나 자유롭게 드나들도록 장벽을 없애거나, 영구적인 주민으로 환영할 의무가 없다. 반대로, 인간 공동체는 들어오는 경계 동물의 수를 제한할 장벽을 세우고 유입 제재 조치를 할 수 있다. 예를 들어 밀항 동물을 막으려고 국제 이동과 운송에 대한 감시를 대폭 강화할 수 있다. 인구 밀도가 매우 높은 도심과 맞닿은 야생 지역에서 야생 동물의 이주를 막을 물리적 장벽을 쌓아 올릴 수 있다. 야생 동물이 인간 공동체로 이끌리는 유인 요소를 줄일 수도 있다. (예를 들어, 캐나다 거위에게는 거부할 수 없이 유혹적인 연못 옆의 광활한 켄터키 블루그래스 잔디 조성을 멈출 수 있다.) 아니면 경계 동물의 유입이나 정착을 막도록 적극적인 제재 조치(예, 소음 발생기, 오프리쉬 강아지 공원 등)를 할 수도 있다.

하지만 인간과 마찬가지로, 인간 공동체가 동물의 이주를 막기 위해 장벽을 세우고 제재할 수 있다는 일반적인 추정에는 여러 단서가 붙는다. 먼저, 제재 조치는 모든 개체의 불가침 기본권을 존중해야 한다. 우리의 영토로 들어오려는 인간이나 동물 이주민을 총으로 쏘면 안 된다. 더욱이, 일단 경계 동물이 인간 공동체에 거주하게 되면(즉, 이들이 출입 통제를 피해 성공적으로 들어왔다면) 계산은 달라지기 시작한다. 야생에서 얼마 전에 이주해 온 동물은 야생으로 안전하게 추방될 수도 있다. 하지만 대부분의 야생 동물은 일단 새로운 환경으로 이주한 후에는 되돌릴 수 없다. 앞서 언급했듯이, 기회성 동물 종(이나 외래종)이 야생에서 집단으로 번성한다고 해서 개체가 야생으로 돌아갈 선택권이 있다는 의미는 아니다. 시간이 지나면서 기회성 동물은 공동체에 뿌리를 내리게 되는데, 그 뿌리를 뽑으려고 포획해서 야생으로 이주시키면 심각한 대가를 치르게 될 가능성이 높다. 예를 들어, 가족과의 분리나 낯설고 생존에 불리한 환경으로의 이주 방사를 겪게 된다. 포획되어 방출된 동물은 포식자나 같은 종의 경쟁자를 상대할 준비가 되지 않았거나, 도움을 받을 친족 네트워크에서 떨어져 낯선 환경에서 먹이나 은신처를 찾지 못해 죽는 일이 많다.

그렇다면 이동성과 적응력이 뛰어난 기회성 동물일지라도 경계 동물이 이제 더는 외부자가 아니라 이곳에 속한다고 인정해야 한다. 일단 경계 동물이 이곳에 와서 자리를 잡으면, 우리는 그 존재의 정당성을 받아들이고 배제가 아닌 공존을 위한 접근법을 택해야 한다.

하지만 경계 동물을 우리 공동체의 영구 거주민으로 인정한다면, 사육 동물처럼 동료 시민권을 부여해야 하지 않을까? 경계 동물에게 무엇을 선호하는지 물어볼 수 있다면, 그들은 완전한 시민권의 혜택을 얻으려 하지 않을까? (무상 의료 보험! 중앙난방!) 왜 경계 동물에게 동료 시민권 대신 주민권을 부여하는가?

지금까지 살펴본 바와 같이, 가축으로 사육된 종에 속하는 몇몇 야생화 동물은 동료 시민권이 실제로 실현될 수 있다. 하지만 대부분의 경계 동물에게 동료 시민권은 실현할 수 있지도 않고 바람직하지도 않다. 우리는 시민권을 무조건적인 선이나 혜택으로 생각하는 경향이 있지만, 시민권에는 책임이 따른다는 점을 기억해야 한다. 이 책임에는 동료 시민에게 예의를 갖추고 호혜 규범을 지키도록 사회화할 책임도 포함된다. 어떤 집단은 시민권의 협력 프로젝트에 참여하도록 강요받는 대가가 매우 클 수 있다. 다음에서 보듯이, 이는 인간도 그렇지만, 경계 동물은 더욱 분명하다.

대부분의 경계 동물이 같은 종의 야생 동물 사촌과 마찬가지로 인간과의 접촉을 피하는 습성이 있다는 점에 주목해야 한다. (야생화 사육 동물은 좀 덜하지만 시간이 지나 야생화 무리가 형성되면 역시나 인간을 피하게 되는데, 인간과의 접촉이 위험하다는 것을 고통스럽게 배웠음에 틀림없다.) 개별 경계 동물은 길들 수 있지만 일반적으로 다람쥐, 코요테, 까마귀 등 경계 동물은 인간을 조심하거나 피한다. 이들은 인간의 환경에 살며 기회를 얻는 대가로 인간 사이에서 살아야 하므로 우리를 견딜 뿐, 우리와 교제하거나 협력을 구하지는 않는다. 달리 말하면, 경계 동물은 인간의 환경에서 혜택을 얻지 인간과의 접촉에서 혜택을 얻는 것은 아니다(물론 이 일반적인 규칙에도 개별적인 예외는 있다). 경계 동물은 사육 동물의 특징인 인간과 어울리는 사회성이 없다. 따라서, 우리는 (일반적으로) 돼지나 고양이와는 가능한 호혜적 관계, 규칙 학습 행동, 사회화 같은 과정에 경계 동물을 참여시킬 수 없다.

우리는 경계 동물을 좀 더 사회적이고 협력적으로 되도록 해 볼 수 있다. 즉, 가축화를 시도해 볼 수 있다. 하지만 앞서 언급했듯이, 이것은 상당한 감금, 가족과의 분리, 번식 통제, 가축화의 역사에서 사육 동물에게 행해진 기본적 자유의 침해로만 달성할 수 있다. 경계 동물은 우리 주변에 살지만 가축화되지 않아서 자기들만의 사회 조직, 번식, 자식 양육에 대한 자율 규제 메커니즘을 보유하고 있다. 경계 동물을 표준 시민의 권리와 책임을 따르게 하려면 그들의 자율 규제 메커니즘을 인간의 관리로 바꿔야 할 것이고, 그들의 자유와 자율은 대폭 줄어들 것이다(감금 그리고 먹이, 번식, 유대, 여러 습관적 행동의 통제).

그렇다고 우리가 경계 동물의 복지를 보호하고 증진할 적극적 의무가 없다는 말은 아니다. 오히려 다음에서 논의하겠지만, 적절한 주민권 모델이라면 이러한 의무를 포함할 것이다. 하지만 경계 동물에게 완전한 시민권 보호를 확대하려면, 삶의 모든 영역에 체계적이고 강압적으로 개입해서 그들의 다른 중요한 이익을 위태롭게 해야만 한다.

모든 것을 고려할 때, 우리는 경계 동물에게는 주민의 지위가 더 적절하다고 주장한다. 주민권은 경계 동물에게 시민권 의무 중 일부를 면제하는 동시에 인간에게 경계 동물에 대한 포괄적인 적극적 의무 중 일부를 면제해 준다. 이것은 분명히 판단의 문제다. 경계 동물에게 이익과 책임이 줄어드는 주민권보다 동료 시민권을 선호하는지 물어볼 수 없기 때문이다. 이런 의미에서 경계 동물을 위한 주민권은 인간의 주민권과는 다르다. 다음 절에서 논의하겠지만 인간 주민권의 축소된 권리와 책임의 조합은 협상 과정을 거쳐서 결정된다. 동물에게 우리가 할 수 있는 최선은 ⓐ경계 동물이 인간을 피하는 성향과 같은 행동의 실마리에 응답하고, ⓑ경계 동물이 일반적인 시민권으로 얻을 것과 잃을 것이 그들에게 어떤 의미가 될지, 그것이 경계 동물에게 이익인지 따져보며(예, 이동, 먹이 선택, 번식의 자유가 심각하게 제한되는 대가로 안전과 먹이를 얻는 것),[28] ⓒ기회성 경계 동물이 그들의 환경에 있는 많은 위험을 협상하는 기본 능력을 존중하는 것이다. 이 능력은 인간이 대신해 위험을 관리하면 약해질 것이다.[29] 우리가 보기에 이러한 세 가지 고려 사항은 모두 주민권 모델에 분명히 유리하다.

따라서 대다수의 경계 동물에게는 배제도 동료 시민권도 실행할 수 있는 선택지가 아니다. 일부 야생화 동물은 공동체의 동료 시민권 자격이 있을 수 있고(그것으로 혜택도 얻을 수 있고), 새로운 기회성 동물이나 외래종은 들어오지 못하게 배제될 수 있다. 하지만 대다수의 경계 동물은 이곳에 머물 것이고, 공동체 내 동료 시민권domestic co-citizenship을 규정하는 친밀한 신뢰와 협력의 형태 없이 거주 안정성을 제공하는 법적, 정치적 지위를 부여 받아야 한다. 요컨대 경계 동물은 주민권이 필요하다.

그렇다면 주민권의 공정한 조건은 무엇일까? 주민권은 안정적 거주와 함께 시민권의 권리와 책임 중 일부를 결합한 것이다. 어떤 권리와 책임이 면제되고 어떤 것이 남는가? 주민권은 동료 시민권의 신뢰하고 협력하는 친밀한 관계를 포함하지 않을 수 있지만, 여전히 물리적 공간을 공유하고 서로 밀접하게 연결되어 영향을 주는 그물망으로 얽힌 관계다. 솔직히 말해서, 인간은 경계 동물 삶의 행복과 불행을 좌우한다. 그렇다면 인간과 동물은 서로에게 무엇을 해야 하는가? 이 독특한 관계의 공정한 조건은 무엇인가?

앞서 언급했듯이, 동물 권리 문헌은 이러한 질문에 답하기는 커녕 질문을 던지지도 않았다. 하지만 우리는 인간 주민권의 몇 가지 예를 살펴보면서 무언가 배울 수 있을 것이다.

3. 인간 정치 공동체의 주민권

앞서 살펴본 바와 같이, 공적 논의와 동물 권리론 모두에서 경계 동물의 비가시성은 동물을 인간 사회의 구성원으로 길들인 사육 동물과 다른 곳에 속하는 야생 동물이라는 두 개의 상자에 욱여넣으려는 경향에서 비롯된다. 경계 동물은 두 범주에 들어가기를 완강히 거부하며, 우리 사회의 구성원도 외부자도 아니다. 완전히 내부에 있지 않으면서 완전히 외부에 있지도 않다. 주민권은 이러한 복잡성에 대한 응답이다.

인간의 경우에도 비슷한 역학이 작용하는 것을 볼 수 있다. 우리는 인간도 우리 중 하나인 동료 시민이나 다른 곳에 속하는 외국인이라는 두 상자에 욱여넣으려고 한다. 국제 질서와 전통 정치 이론은 인간이 별개의 정치 공동체에 깔끔하게 배치된 그림에 익숙하다. 이 그림에서 이상적이라고 가정하는 것은 세계 모든 사람이 각자 단 하나의 정치 공동체의 구성원이 되는 것이다. 국제 협약에도 반영되어 있듯이, 누구도 무국적 상태여서는 안 되고, 이중 시민권도 없어야 한다.[30] 제임스 스콧James Scott이 밝힌 바와 같이 근대 국가는 인구가 '가독성 있는legible'* 상태를 좋아한다. 즉, 모든 사람이 제자리에 있고 모든 사람이 각자 있을 제자리가 있어야 한다(Scott 1998). 이 상상의 세계에서는, 국경 안에 사는 사람은 모두 그 국가의

* 근대 국가가 효율적인 통치를 위해 인구와 자원을 쉽게 식별하고 관리할 수 있는 상태를 의미한다. 근대 국가들은 도량형, 언어, 회계 기준 등의 표준화와 함께 인구 조사, 지도 제작 등을 통해 통치 대상을 명확히 파악하고 관리하고자 했다. [국역본] 제임스 C. 스콧, 『국가처럼 보기』, 전상인 옮김, 에코리브르, 2010.

완전한 시민일 것이고, 그 외 다른 사람은 모두 확고하게 배제되어 그들이 '실제로' 속하는 국경 안에서 안전하게 보호될 것이다.

하지만 경계 동물처럼 인간도 국가가 고안한 표준 범주에 들어가기를 완강히 거부한다. 어떤 국가 영토에 머물고 싶지만 국가의 완전한 시민권에는 제대로 적응하지 못하거나 관심이 없는 사람은 항상 존재해 왔고 앞으로도 존재할 것이다. 이들은 우리 중 하나가 되지 않고 협력적인 시민권 제도에 완전히 참여하지 않으면서 우리 곁에 살고 싶어 한다. 이러한 경우에 대한 대응으로 다양한 형태의 주민권이 고안되었다. 주민은 거주할 권리를 누리지만 주변 사회와 느슨하게 연결되며, 시민권의 기본 권리 중 일부를 행사할 수 없지만 상호 호혜적으로 기본 책임 중 일부가 면제된다.

우리는 현대 국가에서 등장한 주민권의 두 유형 ①선택적 이탈 주민권과 ②이주 주민권에 대해 살펴본다.

선택적 이탈 주민권 opt-out denizenship

이 주민권의 한 범주는 개인이나 집단이 완전한 시민권의 일부 측면과 거리를 두려는 성향에서 비롯된다. 근대 민주 국가는 참여, 협력, 소속감이라는 특정 사회정신에 기반을 두고 있다. 정부는 국민에 의한, 국민을 위한 것이고, 국민은 협력적인 사회 프로젝트에 참여하는 사람이다. 불가피하게도 어떤 개인과 집단은 이런 프로젝트에 동의할 수 없거나 동의하지 않으며, 빠지고 싶어 한다. 예를 들어, 이들은 시민권의 기본 책임 중 일부를 거부할 수 있는데, 아마도 책임을 그들의 양심이나 종교가 요구하는 것과 충돌한다고 보기 때문일 것이다. 그렇다면, 이들은 시민권의 권리와 책임에서 부분적으로 면제받는 이들만의 선택적 이탈 지위를 협상하려 할 것이다.

잘 알려진 예로 미국의 아미쉬파가 있다. 이들은 매우 전통주의적이고 고립주의적인 민족 종교 분파로, 더 큰 사회와 국가 기관이 세속적이고 부패했다고 간주하고 접촉을 최소화하려고 한다. 따라서 아미쉬파 사람들은 시민권의 책임을 이행하라는 요구를 거부한다. 이들은 배심원이나 군 복무를 원치 않고 공공 연금 제도에 기여하지 않으며, 자녀가 근대 시민권의 관행과 정신을 교육받기를 원치 않는다. 그 대가로 이들은 시민권의 권리 중 많은 것을 포기한다. 투표하거나 공직에 출마하지 않으며, 내부 분쟁을 해결하려고 공공 법정을 찾지 않고, 공공 복지나 연금 제도의 혜택도 받지 않는다.

제프 스피너Jeff Spinner는 아미쉬파가 일종의 '부분 시민권'을 행사한다고 말하지만(Spinner 1994), 제프 자신도 지적하듯이, 아미쉬파는 바로 그 '시민권' 개념에서 이탈하려 한다. 시민이라는 지위, 그에 따르는 덕목, 관행, 사회화 형태는 아미쉬파가 추구하는 삶의 방식과 다르다. 이러한 점에서 그들은 미국에 계속해서 살기를 원하지만 동료 시민은 아닌 형태의 주민권을 추구한다고 설명하는 것이 정확할 것 같다.

우리는 이것을 **선택적 이탈** 주민권이라고 부를 것이다. 이탈은 단일 문제 이탈부터 포괄적 이탈까지, 일시적인 이탈에서 영구적인 이탈까지, 합법적인 이탈에서 불법적이거나 저항적 이탈까지 형태가 다양하다. 예를 들어 평화를 추구하는 양심적 병역 거부자의 이탈은 시민권의 한 가지 특정한 측면인, 필요시에 무력으로 자기 국가를 방어할 의무에만 해당되고 시민권 전반을 거부하는 것은 아니다. 이는 부분 이탈 시민권dissenting citizenship으로 설명하는 것이 좀 더 정확할 것이다. 대조적으로 아미쉬파의 이탈은 의무적인 연금 납부에서 어린이의 취학 연령에 이르기까지 광범위한 문제에 걸쳐 있으며, 이 문제들을 더 큰 사회의 제도와 영향에서 고립되어야 하는 전통적 종교 생활 방식을 유지한다는 명목으로 국가와 협상한다. 이 경우에 이탈하려는 것은 시민권 자체이다. 다른 경우는 그 중간 어딘가에 속한다. 유럽에 있는 몇몇 롬인Roma* 공동체는 전형적 근대 시민권과 잘 맞지 않는 그들의 유랑 생활 방식을 받아들이는 대안적인 소속 형태를 협상하려 시도했다(그다지 성공적이지는 않았다).

어떤 개인은 특정 법률을 어기거나 정치와 경제 제도에 참여하는 시민의 책임을 거부함으로써(예, 투표 거부, 지하 경제 참여, 은둔 생활, 유랑 생활 등) 시민권을 이탈한다. 이런 시민권 이탈은 개인적일 수 있고, 아니면 대안 공동체가 홈스쿨링, 물물 교환 경제, 정치 참여 중단, 국가 혜택 거부를 중심으로 조직될 때와 같이 공동체적이고 조직적인 형태일 수도 있다.

요컨대, 다양한 이념적, 종교적, 문화적 이유로 어떤 사람은 단지 근대 국가 시민권의 사회적 프로젝트에, 이 프로젝트의 복잡성, 요구, 변화 속도, 도덕적 타협에 참여할 수 없거나 참여할 의지가 없고, 그 대신 이탈하여 몇 가지 대안적인 형태의 주민권을 협상하고 싶어 한다.

건강한 민주 공동체는 이러한 욕구를 부정의나 불안정의 위험 없이 수용할 수 있을까? 선택적 이탈 주민권의 공정한 조건은 무엇일까? 앞서 언급했듯이, 주민 지위의 공정성은 권리와 책임의 상호

* 롬인에 관해서는 353쪽 역자주를 참고하라.

호혜성에 달려있다. 개인이나 집단이 시민권의 책임에서 더 많이 면제되기를 바랄수록, 그들은 시민권의 권리를 그만큼 기꺼이 포기할 수 있어야 한다. 개인이나 집단이 시민권의 특정 책임에서 면제되고자 한다면 혜택이 비슷하게 축소되거나 대체 사회봉사를 수행하여 상호 호혜성을 유지해야할 것이다. 예를 들어, 양심적 병역 거부자는 군 복무 대신 공동체를 위한 개발 사업에 의무적으로 참여해야 할 것이다. 세금 면제를 협상하는 공동체는 그만큼 혜택의 감소를 받아들여야 할 것이다. 자기 집단의 구성원이 공적 숙의 정신에 따라 사회화하길 원치 않는다면, 공적 숙의에 참여할 수 있기를 기대해선 안 된다.[31]

이렇게 권리와 책임이 상호적으로 약화된 소속 관계affiliation가 본질적으로 불공정하거나 비합리적으로 보이지 않지만, 모든 선택적 이탈 주민권 주장이 똑같이 설득력 있는 것은 아니고, 주민권 조건을 협상하는 방식에 상당한 자유재량이 있을 수 있다. 한편 이탈이 단순한 선호나 문화적 관행이 아닌 양심 문제여서 양심의 자유를 근거로 선택적 이탈 주민권을 요구한다는 설득력 있는 주장을 제시하는 경우처럼, 선택적 이탈 주민권을 수용하는 데 강력한 근거가 있을 때도 있다. 그러나 다른 한편으로, 모든 형태의 선택적 시민권 이탈 주민권에는 무임승차 요소가 있다. 근대 국가 시민권의 사회 프로젝트에서 이탈한 사람들은 여전히 그 사회 프로젝트에 의존한다. 아미쉬파는 기본권과 재산권을 이웃이나 국외에서 침해하는 것을 미국이 보호하지 않는다면, 펜실베이니아나 위스콘신에서 전통적 삶의 방식을 보전할 수 없을 것이다. 이런 의미에서 선택적 이탈 주민은 온전히 기여하지는 않는 법적, 정치적 안정의 틀에 무임승차하는 것이다.

이렇게 상충하는 고려 사항을 평가하는 방법은 ⓐ이탈자 수 ⓑ이탈 대안 ⓒ개별 구성원의 취약성 등 여러 요인에 따라 달라질 수 있다. 이탈자 수에 관해 스피너는 민주 사회가 소수의 무임승차자는 감당할 수 있지만, 그러한 집단의 수가 계속 늘어나서 사회가 선택적 이탈 주민권 대안을 제공하는 정치적 틀을 지킬 능력을 위협받는다면 제한할 필요가 있다고 주장한다. 선택적 이탈 주민권을 수용할 의무가 있다고 느끼는지는 그 집단에 가능한 이탈 대안에 따라 달라질 수 있다. 만약에 미국이 아미쉬파를 이민자로 환영하는 새로운 아미쉬 국가와 국경을 맞대고 있다면, 미국은 자기 국경 안에서 아미쉬파의 주민권이라는 대안을 수용해야 할 의무가 줄어들 수 있다. 세 번째 고려 사항은 시민권에서 이탈한 개인이나 집단이 이탈한 지위로 인해 대단히 취약해질 수 있다는 점이다. 이들은 기피자나 낙오자로 낙인찍힐 수 있다. 고립되고 쉽게 착취당할 수도 있다. 가장 중요한 문제는 이탈한 공동체의 취약한 구성원(예, 지적 장애인, 어린이, 동물)을 보호할 의무가 있는 국가 법률이나 국가 기관이 보호하지 못할 수 있다는 점이다. 국가는 의사능력이 있는 성인이 자발적으로 위험을 무릅쓰고 시민권을 이탈하는 것을 허용할 수 있지만, 여전히 이러한 집단의 취약한 구성원이 기본권을 보호받도록 보장할 책임이 있다. 의사능력이 있는 성인은 자기의 시민적 권리와 책임을 포기할 자유가 있을 수 있지만, 이들이 일방적으로 어린이, 지적 장애인, 사육 동물의 권리까지 포기시킬 수는 없다.

이러한 다양한 요인을 어떻게 저울질할지 결정하기는 어려운 일이다. 국가는 각종 형태의 선택적 이탈 주민권을 협상하는 데 놀라울 정도로 기꺼이 나서고 있지만, 그 방식이 매우 조건적이고 불균등하며 해결되지 않은 과제를 안고 있다. 선택적 이탈 주민권은 근대의 시장 주도적이고 개인주의적인 자유민주주의 사회에 잘 맞지 않는 개인이나 집단을 수용하는 매력적인 선택지가 될지도 모른다. 선택적 이탈 주민권이 직면한 과제는 불공정한 부담을 지우지 않고, 개인의 권리를 침해하지 않으며, 관용을 저해하지 않으면서 이러한 요구를 수용하는 방법을 찾는 것이다.

이주 주민권 migrant denizenship

주민권의 두 번째 형태는 국경을 넘는 이주와 관련이 있다. 이 경우 이주민은 현재 거주하는 국가의 근대 시민권의 정신에 종교나 문화적으로 이의가 없는데도, 거주 국가에서 시민권을 취득하길 원하지 않을 수 있다. 이들은 오래도록 국외에서 살더라도 여전히 출신국의 시민권 프로젝트에 참여하면서, 거주 국가에서는 시민권보다는 주민권만 원할 수 있다. 이런 경우에, 이주 주민권을 이야기해 볼 수 있다.

여기에서 매우 특정한 유형을 이야기하고 있다는 점을 강조한다. 모든 형태의 국제적 이동이 주민권으로 이어지는 것은 아니다. 우리가 사용하는 의미의 주민이 되려면 이주민은 일시적인 외국인 방문객 이상이어야 한다. 다른 국가의 시민이자 여행, 사업, 학업 목적의 일시적 거주자는 방문객이지 주민이 아니다. 또한 주민은 완전한 시민권을 기대하고 약속받고 모집된 전통적 이민자와도 다르다. 주민은 이 두 집단의 중간으로, 장기 거주민이지만 시민은 아니다.

현대 세계는 이러한 이주 주민으로 가득하다. 일부는 일자리를 찾아 국외의 영토로 허가 없이 들어온 불법 이주민이다. 다른 일부는 국가가 승인한 이주 노동자로, 시민권을 기대하지 않고 계절마다 혹은 반영구적으로 특정 일자리를 채우도록 초청된 사람들이다.[32] 이러한 이주 노동자는 해당 계절이 지나거나 퇴직하면 시민권이 있는 자기 나라로 돌아갈 것이다. 아랍에미리트연합국, 쿠웨이트, 사우디아라비아 같은 몇몇 나라에서는 이주 노동자가 경제의 바탕을 이룬다. 유럽이나 북미 같은 지역에서는 이주 노동자가 자국민이 외면하는 노동 시장의 작은 틈새(과일과 채소 수확, 도축장 노동, 청소와 기타 가사 노동)를 메운다. 예를 들어, 멕시코 노동자는 캐나다로 가서 과일과 채소를 수확한 뒤 늦가을에 완전한 시민권이 있는 멕시코의 가족과 공동체로 돌아간다. 카리브해와 필리핀 여성들은 종종 캐나다에서 어린이나 노인을 돌보는 반숙련 돌봄 노동자로 몇 년간 일하고 고국으로 돌아간다.

일부 상황에서, 장기 이주민이 시민이 아닌 주민의 지위로 계속 남아있는 것은 부당한 일이다. 모든 의도와 목적을 고려할 때, 거주 국가는 이주민이 현재 속한 곳이며, 이들이 집과 가정을 이루고 뿌리를 내린 곳이다. 이때 이주민은 완전한 시민권을 추구할 가능성이 높고 이들에게 완전한 시민권을 부여하는 것이 정의다. 이들의 시민권을 부인하는 것은 그 자체로 부당할 뿐만 아니라 종종 다른 부당한 일을 영속화한다. 전 세계의 이주 노동자는 착취당할 가능성이 매우 높다. 가난한 국가에서 온 절박한 개인은 종종 매우 열악한 생활과 노동 조건을 견딜 용의가 있으며, 시민권이 없다는 것이 그들이 명목상 보유한 법적 권리조차 행사하지 못하게 할 수 있기 때문이다.

그래서 많은 연구자는 가능한 한 빠르고 쉽게 이주 노동자를 시민으로 전환하거나 이주 노동자 프로그램을 완전히 없애는 것을 목표로 해야 한다고 주장한다(Lenard and Strehele, 출간 예정). 노동시장의 공백을 메우려는 국가는 이주 노동자가 아닌 영구 이민자를 받아들여야 하고, 따라서 모든 노동자는 완전한 시민권의 우산 아래 보호될 것이다.

하지만 이주 주민권이 항상 또는 본질적으로 착취적일 것이라거나 시민권이 항상 해결책이 된다고 가정해서는 안 된다. 어떤 이주민은 현재 거주 국가에서 집과 가족을 꾸리거나, 사회에 깊이 뿌리를 내리거나 협력적인 시민권 제도에 참여하고 싶지 않을 수 있다. 이들의 인생 계획은 그 중심이 출신국에 머물러 있을 수 있다. 오토넬리Ottonelli와 토레시Torresi(출간 예정)가 말했듯이, 계절노동자와 임시 노동자는 지극히 합리적이고 정당한 '임시 이주 계획'을 세웠을지도 모른다. 이들 삶의 중심은 고국에 있고, 고국에서 집을 짓고 대가족을 부양하고 사업을 시작하는 등의 목표를 위해 이주 국가에서 돈을 벌거나 전문성을 쌓는 것만 원할 수 있다. 이들은 이주 국가에 영원히 정착해서 가족의 뿌리를 뽑고 기존의 삶을 버리길 원하지 않는다. 오히려 고향에 있는 자기 삶과 가족을 위한 목표를 달성하려고 이주 노동에 참여하기를 원한다. (또는 여행하는 젊은이의 경우 어딘가 정착하기 전에 단순히 장기 여행과 해외 생활을 경험해 보고 여행 경비를 마련하려고 해외에서 일을 찾을 수 있다.)

이런 경우라면, 이주 노동자는 이들을 국가의 시민권 프로젝트에 좀 더 신속히 통합시키려 고안한 정책에 관심이 없을 가능성이 높다. 이주민이 임시 이주 계획을 세웠다면, 이주 국가의 시민권 규범을 습득할 관심이나 의향이 거의 없을 것이고, 이를 강제하려는 시도에 반발할 것이다. 이주 국가의 정치 체제나 언어를 배우는 데 시간이나 자원을 쓰는 것이 그들에게는 합리적이지 않을 수 있다. (캐나다에 있는 멕시코 계절노동자는 영어나 불어를 배우는 데 시간을 쓰기를 원치 않을 수 있다.) 요컨대, 이들은 장기적으로 혹은 특정 계절마다 우리 사이에서 살기를 원할 수 있지만, 우리 중 하나가 되길 원치 않을 수 있다. 이주 노동자 역시 그들 나름의 이유로 시민권에서 벗어나기를 원할 수 있다.

이러한 이주 노동자의 예들은 시민권을 공정을 보장하는 가장 중요한 수단으로 삼는 전통 자유주의 정의론에 이의를 제기한다. 이주민은 부정의에 매우 취약하지만, 그렇다고 이들에게 시민권을 강요한다면 효과가 없거나 불공정할 가능성이 있다. 이주민에게 시민권을 부여한다고 해도 이들이 시민권을 효과적으로 행사하는 데 필요한 시간과 자원을 투자하지 않으면 효과가 없다. 그리고 이주 국가가 이주민에게 현지 언어를 배우고 국가의 정치 제도를 익히는 데 시간과 자원을 투자하도록 강요한다면 불공정할 것이다. 이주민에게 시민권 취득을 강요하는 모든 시도에는 '이민자가 분담해야 할 비용이 포함되어 있고, 이들이 원래 세운 인생 계획과 추진하는 일의 자원을 다른 데에 쓰도록 부당하게 강제할 것이다'(Ottonelli and Torresi, 출간 예정). 그 결과, 이러한 이주민은 '민주주의의 지도에서 제자리를 찾기 어렵다'(Carens 2008a).

그렇다면 이주민을 부정의에서 어떻게 보호할 수 있을까? 이주민을 받아들이려는 노력이 종속 관계와 고착된 사회 계층 구조로 퇴보하지 않도록 하려면 어떻게 해야 할까? 이는 전 세계적으로 너무나 자주 일어나는 일이다. 이런 맥락에서 정의는 이주민을 착취에서 보호하는 동시에 이들이 출신국과 연결된 삶의 목표를 자유롭게 추구하도록 하는 형태의 주민권을 요구한다.[33] 주민권은 시민권보다는 이주 국가의 사회와 약한 관계를 맺지만, 양 당사자의 정당한 이익에 맞춰 조정되므로 불공정하거나 억압적이지 않다.

물론 많은 것이 주민권의 명확한 조건에 달려 있다. 앞서 살펴보았듯이 공정한 주민권은 시민권의 권리와 책임이 균형 잡힌 방식으로 또는 상호적으로 축소되어야 하고, 어느 한쪽이 일방적으로 다른 한쪽에게 부과하는 것이 아니라 양측의 정당한 이익에 부응하도록 이뤄져야 한다. 주민권은 시민권의 모든 부담을 여전히 지게 하면서 권리를 줄이는 것이 아니다. 이런 주민권은 이등 시민권이 될 것이다.[34] 오히려 주민권은 시민권과는 다르고 좀 더 약하지만 그래도 여전히 상호 호혜적인 관계를 더 넓은 정치 공동체와 협상하며, 양쪽이 서로에게 더 약한 권리를 행사한다.

예를 들어, 이주 국가는 이주 노동자에게 사회적 권리의 영역에서 법의 완전한 보호(예, 보건 혜택, 산업 안전, 훈련과 보상, 가족 방문 비자 발급)를 확대하여 제공하는 한편, 완전한 시민권 혜택(예, 영구 정착과 가족 이민 초청 권리, 투표권과 공직 취임권)이나 책임(예, 납세, 복무 또는 배심원 의무, 언어 능력)을 제한할 수 있을 것이다.

이런 맥락에서 이주 주민권에는 일반적으로 국가 간 역할 분담이 따른다. 예를 들어, 계절노동자와 관련해 이주 국가는 계절노동 생활의 영역에서 이주 국가의 시민 노동자와 동등한 보호와 지위를 제공한다(예, 임금, 보호, 훈련, 의료와 안전 규정). 반면, 출신 국가는 다른 생활 영역에서 시민권을 제공하는 주요 역할로 남는다(예, 출신 국가의 노동 생활, 가족생활 지원과 혜택, 정치 참여, 퇴직 혜택 등). 이 모델에서 이주민은 '무력한 이등 시민으로 인식'되지 않고, '이주국에 완전히 포용되지 않아도 이들의 특수한 위치와 그 사회와의 유동적이고 일시적인 관계를 공적으로 인정받아 동등한 지위가 보장되는' 사람으로 인식된다(Ottonelli and Torresi, 출간 예정).

이러한 주민권 모델에 따르는 위험을 과소평가하고 싶지는 않다. 미숙련 이주 노동자들을 항상 착취에 취약하다. 계절 노동자가 종사하는 지역 사회의 인맥 부족, 정치 과정에 행사할 권력 부재, 언어 장벽, 교육과 권리에 관한 지식 부족 등이 요인이다. 이러한 취약성은 회사원, 관광객, 방문 학생 등 모든 여행자에게 어느 정도는 공통으로 나타난다. 하지만 이주 노동자는 특히 취약한데, 일반적으로 돈이 많지 않고, 선택지가 제한적이며, 고립된 장소에서 육체적으로 힘들고 위험한 일에 종사할 가능성이 더 높기 때문이다. (고숙련 외국인 노동자는 더 많은 선택지, 협상력, 높은 교육 수준으로 인해 훨씬 덜 취약하다.) 이러한 취약성은 이주 노동자의 권리가 온전히 알려지고 존중받도록 보장하는 효과적인 국내외 감독 체계를 구축하여 완화할 수 있을 것이다.[35]

지금까지는 허가받은 이주 노동자의 주민권에 초점을 맞췄다.

허가받지 않은 미승인 이주민이나 불법 이주민의 경우는 더 복잡하다. 이들은 처음 입국할 때부터 문제가 생긴다. 불법 이주민이 임시 이주 계획을 세운 한, 특정 조건 아래서는 이주 주민권과 비슷한 지위가 적절하다고 생각한다. 하지만 특정 조건이 무엇인지 명확히 하는 것은 간단하지 않다.

불법 이민과 관련해 자유민주주의 국가의 모범 사례를 보면 두 가지 원칙이 작동하는 것을 확인할 수 있다. 첫 번째, 국가는 무단 입국을 방지할 정당한 권리가 있다. 물론 국가는 불법 이민자에게 총을 쏘는 등 기본권을 침해할 수는 없지만, 비자 요구나 국경 통제, 장벽 건설로 입국을 막고, 입국한 불법 이주민을 찾아서 추방하는 치안 유지 활동을 할 수 있다. 또한 국가는 처음부터 불법 입국을 유도하는 사회 조건을 바꿀 수도 있다. 예를 들어, 불법 이주민을 고용하는 기업을 처벌하거나 불법 이민자에게 특정 혜택(예, 운전면허증)을 주지 않아 불법 이민자로서 사는 삶을 어렵게 만들 수 있다.

하지만 불법 이민자가 일정 기간 적발되지 않고 추방을 피했다면 두 번째 원칙이 작동한다. 머지않아 이들은 불법 점유자의 권리 squatter's rights*와 같은 도의적 '체류권'을 얻을 수 있다. 도의적 '체류권'은 국가가 장기 불법 이민자를 종종 정기적으로 사면하는 정책에서 실제로 나타나고 있다(Carens 2009b, 2010). 이주민이 어떤 공동체에 불법으로 들어왔을지라도, 시간이 지나 그 공동체와 얽히면 이들을 뿌리 뽑는 데 드는 도덕적 비용이 너무 커진다.

* 취득 시효(adverse possession)라고도 불리는 이 권리는 주로 토지와 같은 재산에 대한 법적 소유권이 없는 사람이 소유자의 허가 없이 지속적으로 소유하거나 점유함으로써 법적 소유권을 취득할 수 있는 권리를 뜻한다.

때로는 너무 깊이 얽혀서 이들이 거주하는 국가가 사실상 유일한 고향이 되기도 한다. 이들은 이주 국가에서 집을 얻고 가정을 꾸렸을 수 있고, 출신국으로 돌아가면 이방인처럼 느낄 수 있다. 만약 그렇다면 사면은 완전한 시민권으로 이어져야 한다. 하지만 다른 불법 이주민은 출신국과 밀접한 연결을 보전하면서 애초에 고국과 연결된 삶의 목표를 추구하려고 불법 이주를 선택했을 수 있다. 이때는 합법 이주 노동자와 마찬가지로 주민권이 공정한 해결책이 될 수 있다.

요컨대, 국가는 불법 이주민을 막는 장벽을 세우고 제재할 수 있지만, 일단 이들이 들어서고 시간이 지나면 계산은 변하기 시작하여 새로운 현장의 사실을 받아들일 필요가 생긴다.[36] 이러한 인정은 완전한 시민권의 형태일 수도 있고, 어떤 때에는 주민권이 좀 더 적절할 수도 있다.

합법 이주 노동자와 불법 이민자 모두에게 이주 주민권의 지위는 잠재적인 결과이며, 이주 주민권은 완전한 시민권에 대한 헌신, 즉 어쩌면 관계의 양측 모두 원치 않을 수도 있는 헌신을 요구하지 않으면서도 거주권(과 기타 적절한 사회적 권리)을 확실하게 보호할 수 있다.

앞서 언급했듯이, 이러한 형태의 이주 주민권에는 차이에 대한 공정한 수용이 차별과 낙인의 관계로 변질될 위험이 따른다. 이주 주민은 다른 삶의 목표를 갖고 다른 사회와 유대를 가진 도덕적으로 동등한 존재가 아니라 가치 없는 외부인이나 불법 침입자로 여겨질 수 있으며, 이로 인해 주민 관계의 잠재적 호혜성이 약화될 수 있다. 이러한 위험은 특히 불법 이민자와 관련이 있지만, 합법 이주민도 해당한다. 잠재적 호혜성의 약화는 이주국이 이민 정책을 선의로 시행하는지에 좌우된다. 현실에서는 많은 국가가 기만적이고 위선적인 이주 노동자 정책을 편다. 합법적 이민은 대중을 설득하기 어려운 정책이지만 이주 노동자가 경제에 필수적이기 때문에 불법 이주를 눈감아준다. 이주민의 입국은 허용하되 법적 지위를 부여하기를 거부함으로써 국가는 이들에게 주민권에 따른 권리나 혜택을 제공할 책임을 회피하고, 기업들은 인건비 절감으로 이익을 누린다.

더 일반적으로 국가들은 종종 이주를 공개적으로 반대하고 이주가 경제와 민주적 자기 결정권, 문화적 안정에 과도한 부담인 것처럼 내세우면서도, 은밀하게 불법 이주를 허용하여 이익은 취하고 대가는 전혀 지불하지 않으려 한다. 명백한 부정의와 더불어, 이런 기만적인 국가 정책은 이주민을 향한 시민의 태도에 나쁜 영향을 준다. 이민의 필요성과 혜택에 대한 국가의 공식적인 침묵은 이주민이 공동체에 이바지하는 구성원이 아니라, 법을 위반하거나 사회에 부담이 되거나 사회 계약을 위협하는 사람이라는 제한된 인식을 만든다. 이런 조건에서 이주 주민은 매우 힘없고 취약한 지위가 될 수밖에 없다. 국가가 이주 문제를 정직하고 성실하게 다룰 때, 주민권은 공정한 관계를 위한 안정적인 틀을 제공할 수 있다.

지금까지 근대 자유민주주의 사회에서 주민권의 두 가지 기본적인 형태를 살펴보았다. 주민권은 국경을 넘은 이주와 시민권의 주요 관행에서의 다양한 형태의 이탈에서 비롯될 수 있다. 우리의 관점에서 이러한 형태의 주민권은, 존 롤스가 말한 '다원주의의 요소들', 즉 자유의 조건에서 불가피하게 발생하는 인간의 문화, 행동, 관행의 다양성을 고려하면 필연적으로 존재할 수밖에 없다. 앞서 말했듯이, 인간은 국가와 정치 철학자가 자기를 경직되고 배타적인 범주에 넣으려는 시도에 완고하게 저항한다. 모든 사람이 완전한 시민권이나 완전한 배제를 선택할 수 있거나 기꺼이 받아들일 수 있지는 않다. '들어올지 나갈지' 선택해야 할 때 어떤 사람들은 타당한 이유로 주민권이라는 세 번째 선택지를 협상하기를 선호할 수도 있다.

그러나 주민권은 다원주의의 사실을 고려할 때 필연적이며 공정과 호혜성이라는 기본적인 기준에 들어맞을 수 있지만, 또한 본질적으로 착취당하기도 쉽다. 역사적 기록을 보면 완전한 시민권이 도덕적 평등을 보호하는 가장 신뢰할 만한 수단이며, 주민권은 어떠한 경우에도 종속 관계로 변질되지 않도록 강력한 안전장치가 필요하다. 이러한 안전장치가 정확히 무엇인지 이론화한 문헌은 거의 없지만, 우리는 세 가지 보호해야 할 문제를 파악할 수 있다.

(1) 거주의 안정성 security of residency

이주 주민이 공동체에 거주하게 된 방법이 합법이든 불법이든, 시간이 지나고 다른 곳에 거주할 기회가 줄면 이들의 체류권과 정치 공동체에 포함될 권리는 커진다. 영구 거주자는 추방되어서는 안 되며, 시민으로든 주민으로든 안정적인 거주권을 부여받아야 한다.

(2) 주민권의 호혜성 reciprocity of denizenship

주민에게 완전한 시민권을 제한하는 것은 다음과 같은 전제 하에서만 정당화될 수 있다. ⓐ거주 국가 외 다른 국가에서 완전한 시민권을 누리는 단기 거주자나 일시적 거주자인 경우. 또는 ⓑ주민권이 양측의 이익과 능력을 상호 유익하게 조정한 결과이며, 약화된 형태의 소속이나 협력에 대한 양측의 욕구를 반영하는 경우. 다시 말해, 시민권의 혜택과 부담이 상호적으로 감소하며, 이는 위계적인 착취 관계가 아니라 공정한 이익 조정의 결과다.

(3) 낙인 방지 조치 anti-stigma safeguards

국가는 주민권이라는 대안적 지위로 인해 주민이 취약해지지 않도록 보장할 특별한 책임이 있다. 주민권이 낙인이나 고착된 계층 구조의 원천이 되는 것을 막도록 안전장치를 마련해야 한다. 주민이 다른 방식으로 이주국의 정치 공동체와 관계를 맺는다고 해서 열등하거나 가치 없는 존재가 되는 것이 아니며, 이들의 본질적인 도덕적 지위와 기여는 여전히 존중되어야 한다. 이러한 안전장치로는 강력한 차별 금지법과 법의 완전하고 평등한 보호, 그리고 공동체에서 주민의 역할에 관한 공적 논의에서 위선이나 악의적 태도를 보이지 않는 것 등이 있다.

이와 함께 다른 안전장치가 마련되면, 주민권은 인간 집단과 공동체의 다양성을 수용하면서도 도덕적 평등과 공정이라는 근본 가치를 지키는 데 유용한 역할을 할 수 있다.

4. 동물 주민권의 조건 정의하기

인간의 주민권 논의가 경계 동물에게도 적용될 수 있을까? 우리는 그렇다고 생각한다. 왜냐하면 부분적으로 경계 동물도 인간 주민과 똑같이 배제나 비가시성에 직면하기 때문이다. 근대 국가가 개인에게 완전한 시민이거나 완전한 외부인이기를 기대하며 모든 인간을 엄격하고 배타적인 시민권 범주에 넣으려고 하는 것처럼, 사회도 모든 동물을 완전한 야생 동물이나 완전한 사육 동물로 분류해 제자리에 두는 것을 좋아한다. 경계 동물은 이러한 일상의 그림에서 보이지 않는 존재가 되고, 계속해서 왠지 '제자리에서 벗어난' 것으로 인식된다. 실상 경계 동물은 정확히 어디에 속하는지 알지 못하면서도, 다른 어딘가에 속하는 이방인이나 외부자로 여겨진다. 그래서 인간 외부인과 마찬가지로 경계 동물은 배제의 대상이 되며, 동물 배제는 제재, 장벽, 추방뿐만 아니라 폭력이나 살해라는 좀 더 극단적인 형태로 나타나기도 한다.

인간과 동물의 경우 모두 밑바닥에 깔린 논리는 이곳에 거주하고 싶다면 누구든 '들어올지 나갈지' 선택해야 한다는 것으로 보인다. 완전한 시민이 될 것인가, 아니면 배제될 것인가? 이렇게 강요된 선택은 인간관계의 다양성을 다루기에 충분하지 않은 것처럼 동물에게도 적절하지 않다. 사실 많은 측면에서 동물에게는 훨씬 더 부적절하다. 인간 주민의 경우 추방과 완전한 시민권 중에서 선택을 강요당하는 것은 가혹한 일이지만, 두 선택지 모두 잠재적으로 실행할 수 있다. 인간 주민은 비록 상당히 불공정한 부담과 비용을 감수하겠지만, 출신국으로 돌아가거나 완전한 시민이 되는 것에 적응할 수 있다. 반면 동물은 두 선택지 모두 일반적으로 실행할 수 없다. '들어올지 나갈지' 선택은 사실상 추방과 가축화 사이의 선택을 의미한다. 인간 정착지를 떠나도록 강요당하거나, 인간의 사육 동물이 되어 함께 살기에 필요한 감금과 번식을 겪도록 강요당하는 것. 두 선택 중 어느 것도 경계 동물의 현실에 적절한 대응은 아니다. 오히려 우리는 경계 동물이 이곳에 속하지만, 우리의 지배를 받지 않으며, 사육 동물과는 다른 지위를 가진다는 점을 인정할 필요가 있다. 경계 동물은 주민권이 필요하다.

그렇다면 동물 주민권의 공정한 조건은 무엇일까? 우리가 논의한 인간의 공정한 주민권 원칙 세 가지를 동물 주민권에도 적용할 수 있을까? 우리는 할 수 있다고 믿는다. 하지만 이러한 세 가지 원칙이 각종 유형의 경계 동물에게 어떻게 적용될지 체계적인 설명을 발전시키기는 어렵다. 앞서 논의했듯이 경계 동물은 취약성과 적응력이 각각 다르기 때문이다. 산울타리 안에 사는 유럽겨울잠쥐를 위한 주민권은 도시에 사는 비둘기를 위한 주민권과는 분명히 다른 형태가 될 것이다. 하지만 우리는 세 가지 원칙을 각각 간단히 이야기하고자 한다.

(1) 거주의 안정성

인간과 동물 모두에게 주민권의 가장 중요한 특징은 거주할 권리로, 이 권리는 다른 곳에 속하는 외부자나 외국인이 아니라 우리와 함께 이곳에 속하는 거주민으로 대우받을 권리다. 기회성 동물이나 이국적인 경계 동물의 첫 입국과 번식을 제재하거나 방지하는 합법적인 시도가 있을 수는 있지만, 시간이 지나면 이들은 머물 권리right to stay를 얻게 된다. 개별 동물이 공동체에서 어떻게 살게 되었든, 합법적이든 불법적이든, 원해서든 원치 않든, 시간이 지나면서 다른 곳에 머물 기회가 줄어듦에 따라 동물의 머물 권리는 커진다.

(2) 공정한 호혜성 조건

인간과 동물 모두에게 주민권은 완전한 시민권에 비해 좀 더 약한 관계를 맺고자 하는 집단의 욕구를 받아들여 상호적으로 권리와 책임이 줄어드는 것을 포함한다. 그런데 동물 주민권은 일반적으로 인간의 주민권보다 훨씬 더 약한 형태의 상호 작용과 상호 의무를 갖는다. 만약 주민권을 완전한 시민권의 일부 측면을 선택적으로 이탈하는 것이라 한다면, 이탈의 정도는 인간 주민과 비교해 경계 동물 주민이 훨씬 더 클 것이다.

이는 아마도 포식 관계에서 가장 분명하게 드러난다. 인간 주민권의 경우, 우리는 어떤 주민이 다른 주민에게 잡아먹히거나 굶어 죽거나 추위로 죽는 것을 용납하지 않는다. 국가는 주민을 포함해 모든 인간 거주자를 기본적인 생존 위협에서 보호할 의무가 있으며, 주민 지위에 그러한 보호를 포기하는 것은 들어있지 않다. 반면에 경계 동물 주민은 여전히 포식자-피식자 관계에 놓인다. 어떤 동물 주민은 포식자(매)이고 어떤 동물 주민은 피식자(집참새)이며, 또 다른 동물 주민은 포식자이자 피식자이다(길고양이는 새를 잡아먹지만 때로는 코요테에게 잡아먹힌다).

인간과 동물의 주민권은 왜 이런 차이가 있는 것일까? 또다시 해답은 자유와 자율에 대한 위협의 종류에 있다. 일반적으로 우리는 살해나 굶주림의 위협에서 인간 주민을 보호하면서도 여전히 선택의 자유와 자유로운 이동의 권리를 존중할 수 있다. 하지만 인간의 생명을 보호하려고 자유와 자율을 극도로 제한해야만 한다면, 우리는 차라리 생명과 안전의 위험을 감수하려 할 것이다. 예를 들어, 정기 건강 검진이 제때 질병을 발견하는 유일한 방법이라고 해도 강제 사항은 아니다. 비슷하게 모든 가정에 카메라를 설치해서 감시하면 모든 유아가 충분한 사랑을 받고 영양분을 섭취하도록 보장할 수 있더라도 그렇게 하지 않는다. 인간 사회는 끊임없이 자유와 자율 그리고 안전 사이에서 균형을 맞추고 있다(그리고 이러한 균형은 사회마다 합리적인 차이가 있다). 경계 동물의 삶에는 인간의 경우라면 용납할 수 없는 수준의 위험이 있다. 그러나 이러한 위험을 낮추기 위해서도 용납할 수 없는 수준의 강제와 감금이 필요하다. 경계 동물의 경우 자유와 위험이 너무나 다르게 계산되기 때문에 계산한 결과인 권리와 책임의 조합도 마찬가지로 다를 것이다.

약한 형태의 주민권은 인간-동물 혼종 공동체에서 경계 동물과 인간 사이에 상호 이익이 되는 합의로 경계 동물에 적절하다. 혜택과 의무 축소에 대한 상호 호혜적 합의는 경계 동물을 완전한 시민권에 맞추는 데 필요한 자유의 극단적인 축소에서 해방시키고, 동시에 인간 공동체는 완전한 시민권의 혜택과 보호를 제공할 책임이 줄어든다. 우리는 경계 동물이 ⓐ인간을 피하는 습성이 있고 ⓑ감금 등 극심한 자유의 제한보다 포식의 위험을 선호할 것이며, ⓒ

자기가 사는 환경의 위험을 다루는 상당한 능력이 있고, 이 능력은 자유와 위험이 있어야 발달할 수 있다는 가정을 바탕으로 경계 동물의 주민권을 옹호해 왔다.

하지만 **특정** 경계 동물은 상황이 변하면 계산을 바꿔야 할 수 있다. 어떤 경계 동물은 인간과 함께 지내면서 신뢰 관계를 맺고 어느 정도의 상호 이해를 발전시키고 **싶어 한다**. 이런 동물의 행동은 주민권보다 시민권에 한 표를 던진 것으로 볼 수 있다. 고아가 된 너구리나 다친 다람쥐를 생각해 보자. 이 동물은 혼자 힘으로 생존할 수 없지만 인간의 도움을 받으면 안전해질 수 있다. 이러한 동물에게 시민권이라는 절충안은 꽤 매력적으로 보일 것이다. 왜냐하면 이들의 상황에서 주민권으로는 더 많은 위험을 겪을 것은 물론이고 확실히 바로 죽음을 맞을 것이기 때문이다. 어떤 경우에는 동물의 재활을 도와 경계 주민으로 돌려보낼 수 있겠지만, 다른 경우에는 자유가 제한되는 조건으로 인간-동물 혼종 사회에 일반 시민으로 통합하는 것이 좀 더 적절할 수 있다. 이는 6장에서 우리가 다친 야생 동물에게 갖는 의무에 관해 주장한 바와 비슷하다.[37]

이례적으로 인간과 좀 더 가까운 관계를 필요로 하거나 원하는 경계 동물의 상황에도 관심을 기울여야 하지만, 그렇다고 이러한 동물이 늘어나도록 부추겨야 한다는 의미는 아니다. 인간은 경계 동물과 가까운 관계를 맺는 것에 매우 신중해야 한다. 예를 들어, 먹이를 주면서 경계 동물과 친해지는 시도를 조심해야 한다. 많은 인간-동물 갈등이 이러한 개입에서 비롯된다. 경계 동물의 개체 수가 증가하고 이들이 인간에게 익숙해지면 인간은 동물을 성가신 존재나 위협으로 보게 되고, 그 결과는 언제나 동물에게 해롭다. 예를 들어, 인간과 반려동물을 공격해서 '골칫거리'가 되는 코요테는 거의 항상 인간에게 먹이를 받아먹은 경험이 있는 것으로 밝혀진다(Adams and Lindsey 2010). 곰, 사슴, 거위에게 먹이를 주는 것은 동물에게 이로운 적극적인 개입처럼 보이고 때로는 그럴 수도 있지만, 파급 효과를 철저히 이해하지 않고 개입해서는 안 된다.

따라서 경계 동물의 주민권은 일반적으로 인간의 주민권보다 훨씬 느슨한 관계이며, 협력과 의무도 상당히 약하다. 경계 동물은 우리 주변에 거주하며, 이들의 존재는 합법적으로 인정되어야 하지만, 우리는 이들을 시민권의 관행에 맞추어 사회화할 권리가 없고, 경계 동물은 협력적 시민권의 완전한 혜택을 요구할 권리가 없다.

하지만 시민권과 마찬가지로 주민권은 점차 진화하는 관계이고 미래의 발전 방향은 현재로서는 정확히 알기 어렵다. 인간이 주변에 사는 경계 동물을 인정하고 학대와 무시가 아닌 정의로운 관계를 구축하기 시작한다면, 반드시 경계 동물도 우리에 대한 행동을 바꿀 것이다. 한편으로는 인간을 덜 경계하게 되고, 시간이 지나면서 지금 상상할 수 있는 것보다 훨씬 상호 호혜적인 형태의 시민권으로 이어질 수 있다. 다른 한편으로, 경계심이 줄어들면 갈등이 더 커질 수도 있다. 예를 들어, 코요테가 어린이나 작은 사육 동물에게 일으킬 수 있는 위험의 수준을 고려한다면, 코요테가 인간에 대한 경계를 낮추도록 상호 작용하는 것은 무모한 행동일 것이다.[38] 비슷하게, 인간이나 사육 동물에게 질병의 위협을 일으키는 경계 동물 종이 있을 수도 있다. 그리고 경계 동물이 인간이나 사육 동물에 대한 경계심을 낮췄을 때 더 위험해 질 때도 많다. (예를 들어, 점잖은 반려견에 익숙해진 얼룩다람쥐는 야생화 사냥개를 만났을 때 갑작스럽게 다른 현실을 깨달을 것이다.) 경계 동물과 가까운 관계를 맺는 것이 바람직하지 않은 경우에도 우리는 여전히 관계의 거리를 유지하면서 그들을 정당하게 대우할 수 있다. 즉, 경계 동물의 기본적인 소극적 권리를 존중하고, 우리가 그들에게 의도치 않게 일으키는 위험을 줄이면 된다.

경계 동물과 맺는 관계의 가능성과 한계에 열린 마음을 가져야 한다. 개체와 종 수준에서 경계 동물은 인간과 상호 작용하는 방식과 호혜성의 가능성이 상당히 다르다. 일반적으로, 우리는 갈등이 일어날 가능성을 고려해 경계 동물을 시민 공동체에 통합하는 데에 제한을 두어야 한다고 주장했다. 경계 동물을 공정하게 대우하는 것은 그들과 친구가 되거나 상호 관계의 범위나 깊이를 늘리는 것이 아니다. 하지만 경계 동물과의 관계가 시간이 지나면서 어떻게 진화할지 현시점에서는 알 수 없다. 일부 경계 동물이 주민권에서 동료 시민권에 좀 더 가까운 사이로 변화하는 궤도에 오를지도 모를 일이다.

가까운 미래에는 주민권 모델은 신뢰와 친밀한 협력이 아닌 경계와 최소한의 상호 작용을 전제로 운영해야 한다. 하지만 이러한 약한 형태의 관계도 여전히 중요한 적극적 의무가 따라온다. 경계 동물 주민권은 인간의 주민권보다 약하지만, 여전히 고전 동물 권리론의 '내버려두라'라는 명령보다는 훨씬 더 많은 것을 의미한다. 인간은 경계 동물의 기본권을 존중해야 할 뿐만 아니라 도시와 건물을 어떻게 설계할지, 인간 활동을 어떻게 규제할지 결정할 때 경계 동물의 이익을 고려해야 한다.

6장에서 논의했듯이, 여기에서 고려해야 할 중요한 한 가지는 위험의 공정한 분배다. 지금 우리는 경계 동물이 일으킬 수 있는 모든 위험(여객기의 엔진에 빨려 들어가거나, 교통사고를 유발하거나, 절연 전선을 씹는 것 등)에 과민 반응을 보인다. 특히 질병의 경우처럼 위협을 극도로 과장한다.[39] 반면 우리가 경계 동물에 부과하는 수많은 위험(자동차, 변압기, 높은 건축물과 전선들, 창문, 뒤뜰의 수영장, 살충제 등)은 무시한다. 동물이 인간에게 가하는 위험에는 무관용 원칙을 따르면서 우리가 동물에게 주는 위험을 완전히 무시하는 것은 공정하지 않다. 공정성을 위해서는 시민과 주민 사이에서 위험과 혜택이 균형을 이뤄야 한다. 공정한 위험 분배는 도시와 주변 개발에 상당한 영향을 미칠 것이다. 새가 충돌하는 것을 막도록 건물의 장소, 높이, 창문의 배치에 관한 건축 법규를 변경하고, 경계 동물이 도로를 피해 가도록 도시에 동물 통로를 설치하며, 경고 장치와 장벽을 사용하고, 동물이 인간보다 훨씬 내성이 낮은 살충제나 독극물 사용에 관한 법령을 개정하는 것 등이 포함된다.

이와 관련해 한 가지 조정할 것은 인간의 환경 변화 속도다. 경계 동물, 특히 특정 서식지 전문 동물은 토지 사용과 농업 관행 등 환경의 변화에 극도로 취약하다. 따라서 변화가 필요한지, 변화를 어떻게 가장 잘 꾀할지 결정할 때 이러한 동물을 고려해야 한다. 때로는 조금씩 변화를 만들며 취약한 동물이 적응하거나 이주할 기회를 보장하는 것으로 충분할 수 있다. 차펙Čapek(2005)은 목초지 동물, 방목 동물과 어울려 사는 경계 동물인 황로에 관한 충격적인 사건을 설명한다. 아칸소주 콘웨이의 숲은 8천여 쌍의 황로가 둥지를 트는 지역이었다. 짧은 번식기 동안, 이 숲은 개발로 벌채되었고 새들은 대량으로 죽임당했다. 개발을 2주만 늦췄더라면 황로들은 번식을 끝냈을 것이고, 대량 학살을 충분히 피할 수 있었을 것이다. 개발 업체는 숲에 황로가 있는 줄 몰랐다고 주장했다. 이 상황에서 인간과 황로의 이익 사이에는 본래 어떠한 충돌도 없었다. 새들은 그저 물리적으로, 윤리적으로 보이지 않는 존재였을 뿐이다.

경계 동물에 대한 인간의 적극적 의무는 인간이 경계 동물에게 부과하는 다양한 책임과 상응한다. 공유 영토에서 공존하는 체제를 실행하려면 상호 제재와 상호 조정이 필요하다. 한 예로, 사육 동물과 마찬가지로 경계 동물도 인간-동물 정치 공동체에서 다른 구성원에 대한 의무를 고려하여 번식을 규제하지 못한다. 인간은 경계 동물이 번식 활동을 '언제, 어디서, 누가, 무엇을' 하는지에 개입할 필요는 없지만, 공존하려면 (피임 백신 같은 방법과 개체 수를 분산시키고 포식자나 경쟁자를 재유입하는 서식지 환경 조성을 통해) 경계 동물의 총 개체 수를 규제해야 할 수도 있다. 또한 경계 동물은 대부분 다른 구성원의 사유 재산 권리를 고려하여 자기의 이동성을 규제하지 못한다. 이는 인간이 공동체의 모든 구성원의 권리를 보호하기 위해 통제권을 행사할 수 있는 영역으로, 인간은 비살상의 울타리, 그물망과 그 밖의 다른 장애물을 사용할 수 있다. 다시 말해 인간 공동체가 경계 동물 주민에게 지는 강력한 책임은 경계 동물의 총 개체 수와 공유 공간의 사용을 통제할 견고한 권리로 뒷받침된다.

인간의 경우, 개인이 권리를 가지려면 이와 상응하는 타인의 권리를 존중할 의무도 따라야 한다. 허락 없이 남의 집을 침입해 위험이나 불편을 주는 행동은 명백히 타인의 기본권을 존중할 의무를 위반하는 것이다. 일반적으로 이러한 행동은 피할 수 있는데, 이는 인간이 합리적 행동을 내재화할 수 있고, 타인의 권리를 존중하기 위해서 자기 행동을 규제할 필요를 이해하기 때문이다. 하지만 생쥐를 비롯하여 적응력이 뛰어난 동물 주택 침입자의 경우, 이들은 자기가 위험이나 불편을 준다는 점을 알지 못하고, 합리적인 조정이 필요하다는 사실을 이해할 수 없다. 이 점에서 이들은 자기의 안전과 우리의 안전을 위해서 때때로 보호와 관리가 필요한 어린이나 지적 장애인과 비슷하다. 경계 동물은 인간과의 관계에서 자기 행동을 규제할 책임을 질 수 없으므로, 인간의 안전에 관한 우려(그리고 미관과 그 밖의 우려)의 정당성을 인정하고, 그 우려를 동물에게 가해지는 위험과 균형을 맞추는 합리적인 조정의 틀을 마련하는 것은 인간에게 달려 있다. 이상적인 해결책은 동물의 삶이 조정으로 나빠지지 않게 하는 것이겠지만, 언제나 가능하지는 않을 것이다.

우리는 경계 동물의 접근을 제한하고 총 개체 수를 줄이는 많은 전략을 논의했다. 확실한 방법은 울타리, 물리적 장벽, 주택 보강 조치다. 시끄러운 소리 퇴치기, 불쾌하지만 해가 되지 않는 기피제, 목줄을 풀어 놓은 개 등의 제재도 효과적일 수 있다. 어떤 골프장은 골프를 치러 오는 사람들에게 반려견을 데려오도록 권한다. 목줄을 풀어 놓은 개가 거위들이 골프장에 내려앉는 것을 막기 때문이다. 경계 동물이 들어오지 못하게 막으려는 장소, 예를 들어, 사슴이 풀을 뜯어 먹으면 쉽게 망가지는 정원이나 공원 옆에 일부러 오프리쉬 강아지 공원을 만들 수도 있다. 비슷하게 도시공원에 백조 무리가 거주하도록 장려할 수 있다. 백조는 영역 본능이 매우 강하다. 실제로 거위가 들어오는 것을 막는 데 얼마나 효과적인지는 논란이 있기는 하지만 말이다.[40]

여전히 갈등은 불가피하다. 장벽을 설치하고 음식물과 쓰레기 처리에 주의하면 쥐rats와 생쥐mice를 집과 찬장에서 내보낼 수 있겠지만, 이미 설치류 무리가 자리 잡은 지 오래된 집을 사면 어떻게 할 것인가? 이들을 잡아서 이주시키는 것밖에는 다른 방법이 없을지 모른다. 쥐는 스트레스를 받겠지만, 피해를 최소화하는 방식으로 관리할 수 있는 방법이다. 예를 들어, 쥐를 안전한 헛간으로 옮기고 스스로 살아갈 수 있을 때까지 음식과 물을 제공하며 점점 양을 줄이는 것이다.

경계 동물의 개체 수를 조절하는 가장 효과적인 방법은 식량원과 서식지를 제한하고, 자연의 개체 수 조절 시스템(예, 개체 수 분산, 경쟁, 포식)이 작동할 수 있을 만큼 충분히 넓은 서식지 네트워크와 통로를 제공하는 것이다. 개체 수는 자원에 따라 증가하는데, 인간은 경계 동물에게 음식과 서식지라는 자원을 제공하는 데 열심인 것처럼 보인다. 음식과 쓰레기를 부주의하게 보관하는 것이 이런 문제의 주요 원인이다. 공원과 정원에 잘못 심은 식물은 자석처럼 경계 동물을 끌어들인다. 그리고 의도적인 먹이 주기도 주요한 역할을 한다. 경계 동물을 '유해 동물'로 만드는 인간의 행동이 무엇인지 알리는 공공 교육 캠페인도 매우 효과적일 수 있다. 우리는 이미 밴쿠버에서 코요테에게 먹이를 주거나 우호적인 접촉을 금지하는 '코요테와의 공존' 캠페인을 논의했다. 또한 캐나다 동물보호연대Animal Alliance of Canada는 거위를 위한 먹이, 둥지와 보금자리를 제공하는 기회를 줄이는 방식으로 도시, 주변, 그리고 농업 경관을 재설계하여 인간과 거위 사이의 갈등을 줄이는 훌륭한 지침서를 제작했다(Doncaster and Keller 2000).[41]

노팅엄, 바젤, 그리고 다른 유럽 도시에서 진행된 캠페인은 매우 효과적으로 도시 비둘기의 개체 수를 상당히 줄였다(Blechman 2006:ch. 8). 스위스의 한 생물학자가 개발한 이 캠페인은 기본적으로 세 가지 전략으로 이루어졌다. 첫 번째 전략으로, 도시 주변 비둘기를 위한 안전하고 깨끗한 비둘기집을 설치한다. 자원봉사자들은 주기적으로 비둘기집을 청소하고 신선한 음식과 물을 제공한다. 사실상 비둘기에게 옛날의 비둘기장 같이 안전한 보금자리를 제공하는 것이다. 두 번째 전략은, 대중에게 다른 장소에서 비둘기에게 모이를 주는 것을 중단하도록 교육하는 것이다. (모이를 주고 싶어 하는 비둘기 애호가들은 지정된 비둘기집에 가서 줄 수 있다.) 대중 교육은 이 전략에서 가장 어려운 부분이고, 종종 고의로 지정되지 않은 장소에서 모이 주기를 고집하는 소수의 인간을 엄격히 처벌하는 것이 필요하다. 마지막 전략은 번식 조절이다. 자원봉사자들은 비둘기가 비둘기집에 낳은 알 중 일부를 가짜로 바꿔서 번식률을 낮춘다. 이 프로그램은 효과적으로 비둘기 개체 수와 거주 장소를 제한하고, 프로그램을 도입한 지역에서 인간과 비둘기 사이에 평화를 가져왔다. 이것은 잔혹하고 비효율적인 전통 캠페인(사냥, 독살, 포획, 찌르기)과

선명한 대조를 이룬다. 전통 캠페인은 다른 도시에서 비둘기 개체 수가 증가하는 결과를 낳았다(Blechman 2006:142-3).

비둘기를 위한 의도적인 비둘기집 설치와 서식지 지정은 경계 동물과의 공생을 위한 일반적인 전략을 시사한다. 제거나 추방이라는 소극적 캠페인 대신에, 공존의 정신으로 서식지를 지정하고 개체 수를 관리하는 적극적 캠페인을 해야 한다. 예를 들어, 도시 주변의 길고양이는 조류에게 치명적인 위협이다. 추정에 따르면 미국에서 고양이의 포식으로 한 해 1억 마리의 새가 죽는다고 한다(Adams and Lindey 2010:141). 하지만 경계성 코요테 집단이 있는 지역은 코요테가 없는 지역보다 작은 새의 수가 훨씬 더 많다(Fraser 2009:2). 코요테가 도시 주변의 숲과 야생 구역을 순찰하는 곳에서 집고양이와 길고양이는 돌아다니는 것을 두려워하고, 새들은 포식자를 피할 수 있다. 결과적으로 코요테는 고양이에게는 출입 금지 구역을, 새에게는 사실상 보호 구역을 만드는 장벽이 되는 셈이다. 이렇게 다양한 사실을 고려할 때 작은 새, 코요테, 길고양이의 이익을 어떻게 가장 잘 존중할 수 있을까? 한 가지 해결책은 도시의 인구 밀집 지역에 로마의 보호 구역과 같은 길고양이 생추어리와 급식소를 설치하는 것이다. 길고양이는 다양한 혜택(먹이와 코요테로부터의 안전)에 매력을 느낄 것이고, 그 때문에 고양이로 위험해지는 새의 수가 줄고 코요테로 위험해지는 고양이의 수도 줄어들 것이다.

일반적으로, 경계 동물의 개체 수와 이동을 통제하기 위해 우리가 주장하는 전략은 장벽, 제재, 식량 공급 줄이기, 서식지 통로, 안전 구역 등 수많은 연구에서 전통적인 방법보다 훨씬 더 효과적이라고 드러난 바로 그 방법이다. 동물을 죽이거나 이주시키는 것은 단지 공백을 만들 뿐이고, 이 공백은 종종 더 많은 동물로 다시 채워진다. 일반적으로 동물의 개체 수는 먹이, 서식지, 번식 기회, 치명적인 위험 요소로 인해 자율적으로 규제된다. 인간이 먹이와 서식지 접근 기회를 늘린다면, 동물 개체 수는 그에 따라 증가할 것이다. 인간이 이런 기회를 줄인다면, 동물 개체 수도 줄 것이다. 기회는 그대로인데 위험(예, 대량 학살이나 의도치 않은 사살)을 증가시키면 그 공백을 채우려고 번식률은 자연스럽게 증가한다. 예를 들어, 경계성 흑곰은 야생의 흑곰보다 새끼를 더 많이 낳는데, 아마도 경계성 흑곰의 새끼 사망률이 교통사고 등으로 훨씬 더 높기 때문일 것이다.[42] 인간이 위험을 줄이면, 죽임당하는 동물 수가 줄어들 것이고, 번식률도 줄 것이다.[43] 간단히 말해, '집을 지으면 그들이 오는' 상황이다. 우리가 기회를 제공하면 경계 동물은 기회를 이용할 것이다. 만약 우리가 전반적으로 기회를 제한하면, 동물의 전체 개체 수도 제한될 것이다. 우리는 의도적으로 기회를 배치함으로써, 평화적인 공존에 도움이 되는 방식으로 경계 동물의 존재를 관리할 수 있을 것이다.

이러한 예에서 우리는 안정적 거주의 원칙과 약하지만 상호 간 책임과 의무를 중심으로 구축된 공정한 주민권 제도의 윤곽을 볼 수 있다. 여기에는 합리적인 조정과 위험을 최소화하는 규범이 포함된다.

(3)낙인 방지 조치

인간의 예에서 언급했듯이, 주민권의 위험 중 하나는 주민이 낙인찍히고, 고립되고, 취약해질 수 있다는 점이다. 주민권을 열등함이나 일탈의 표시로 보아서는 안 되지만, 주민은 이러한 종류의 낙인에서 자기를 보호하는 능력이 완전한 시민보다 부족하여 적개심과 외국인 혐오xenophobia의 대상이 될 수 있다. 낙인은 이주 주민, 선택적 이탈 주민, 경계 동물 주민에게 위협이 된다. 이들 모두는 역사적으로 단지 다른 존재가 아닌 비천한 존재로 취급되었다.

사회는 주민권이 위계질서와 편견으로 퇴색되지 않도록 계속해서 경계해야 한다. 이를 위해 여러 안전장치를 생각해 볼 수 있다. 주민의 법적 보호가 단지 서류로만 있는 것이 아니라, 법의 완전하고 평등한 보호로 뒷받침하는 것이 중요하다. 예를 들어 도로나 건물을 설계할 때 경계 동물에 해를 주지 않도록 엄격하게 규제해야 하고, 생명을 빼앗는 과실(교통사고, 건설과 농업의 기계화 등)에 관한 법률 또한 엄격히 시행되어야 한다. 우리는 5장에서 이러한 법을 실행하는 상징적인 중요성과 실질적인 중요성도 논의했다.

그러나 이에 못지않게 중요한 안전장치는 투명성과 일관성에 대한 약속은 물론, 인간-동물 갈등에서 우리가 한 역할을 인정하는 것이다. 인간 이주민과 마찬가지로 경계 동물에 대한 우리의 대응은 매우 일관성이 없는데, 종종 동물이 우리 공동체에서 하는 역할과 우리가 이들을 끌어들이는 데 한 역할에 대한 오해에서 나온다. 우리는 작은 새를 위해 모이통을 설치하지만 다람쥐와 너구리, 곰, 사슴도 유혹해서 모이를 훔쳐 먹게 하고 결국 작은 새를 잡아먹는 큰 새까지 끌어들인다. 그러고는 이 침입자들을 못마땅해 한다. 우리는 쓰레기나 집 밖에 반려동물의 사료 그릇을 내버려두어서 설치류와 너구리는 물론 코요테까지 수많은 동물을 유혹한다. 연못과 인공폭포 옆에 켄터키 블루 그래스를 넓게 심고 잘 다듬어서 캐나다 거위를 위한 완벽한 서식지를 조성한다. 한 이웃은 사슴 먹이통을 설치하고, 다른 이웃은 튤립과 관상용 관목을 보호하려고 전기 울타리와 허수아비를 설치하는 것도 흔히 있는 일이다. 때로는 새를 보려고 모이통을 설치한 가족이 새를 사냥하는 집고양이를 풀어 두거나, 자석처럼 새를 죽음으로 이끄는 나무가 반사되는 유리창을 설치하기도 한다. 그리고 역시나, 외래종과 야생화 동물이 존재하는 것에도 인간에게 압도적인 책임이 있다.

현재로선 경계 동물에 대한 인간의 대응은 투명성과 일관성이 거의 없다. 인간 이주의 경우와 마찬가지로, 이는 부분적으로 경계 동물이 바람직한지에 관한 의견 차이, 공동체와 생활 공간을 공유하는 동물 개체의 본성과 습성에 관한 광범위한 무지, 그 때문에 그들이 일으킬 위험에 대해 잘못 갖게 된 공포, 그리고 반대로 우리가 그들에게 일으키는 위험에 대한 무자각 때문이다. 우리는 경계 동물을 문제적 습성(참새들이 지나치게 시끄럽다거나, 다람쥐가 새 모이를 훔친다거나, 비둘기가 공원 벤치에 똥을 싼다거나)만 보면서, 우리가 똑같은 동물에게서 얻는 혜택(인간이 배출한 쓰레기를 청소하고, 새로운 나무의 씨앗을 심고, 벌레를 먹고, 식물을 수분시키고, 포식으로 다른 경계 동물의 개체 수를 조절하는 것)은 무시하는 경향이 있다.

게다가, 인간과 마찬가지로, 비윤리적인 정치인과 기업인은 종종 공존의 혜택과 가능성을 대중에게 교육하기보다는 자기 이익을 위해 무지와 공포를 이용하는 것을 선호한다.[44] 어찌 되었든, 경계 동물에 대한 태도는 사람마다 차이가 있을 것이다. 어떤 사람은 경계 동물을 반기며, 경계 동물이 공동체 생활에 가져오는 다양성과 아름다움 등 여러 혜택을 즐기면서 함께 살 기회를 추구한다. 다른 사람은 기본적인 관용 이상으로 나아가지 못할 것이다. 투명성, 신중한 계획, 대중 교육은 이렇게 서로 다른 태도를 조정하는 것을 도울 수 있다.

인간의 역사에서 비슷한 종류의 문제를 생각해 보자. 온타리오 주민은 여름이면 시골 별장으로 모여든다. 어떤 사람은 새 소리와 매미 소리를 들을 수 있는 조용한 호수를 이상적으로 생각한다. 또 어떤 사람은 제트스키와 모터보트 그리고 수상 스포츠 등의 활동으로 북적이는 호수를 이상적으로 생각한다. 이 두 유형의 이상은 공존할 수 없고, 호수 지역에는 어느 정도의 갈등이 생긴다. 하지만, 조용한 자연을 선호하는 사람과 수상 스포츠를 좋아하는 사람이 각자 다른 호수로 가도록 유도하는 협약과 모터보트 금지 조례를 제정해 일부 해결할 수 있다. 도시 계획도 비슷한 정신으로 접근할 수 있다. 어떤 지역 사회는 경계 동물을 제한하는 장벽과 먹이 주기 금지 조례를 적용하는 반면, 어떤 지역은 경계 동물을 좀 더 환영하고 공존을 기꺼이 받아들이는 인간을 반길 수 있다. 인간과 동물, 시민과 주민을 모두 포용하는 도시 생태계를 조성하는 인간의 독창성을 과소평가해서는 안 된다. 예를 들어, 영국 리즈시는 야생 동물 친화적인 도시 공간을 설계하는 공모전을 해마다 개최하고 있다. 최근에는 대도시의 중심부에 박쥐, 새, 나비를 수용하는 동시에 인간 거주자가 보기에도 매력적인 동물 '고층 건물'이 우승작으로 선정되었다.[45]

5. 결론

경계 동물 주민의 권리를 인정하는 것은 인간이 가만히 앉아서 동물이 우리의 도시와 집을 차지하도록 내버려두는 것을 의미하지 않는다.[46] 이미 공동체의 주민으로 살아가는 경계 동물의 정당성을 인정하고, 동물의 권리는 물론 우리의 권리도 인정하는 공존 전략을 고안하는 것을 의미한다. 만약 적응력이 뛰어난 동물을 우리 도시에서 불법 외부자로 체포하거나 추방해야 한다는 생각으로 작전을 펼친다면 실패할 것이다. 떠난 동물이 되돌아오거나 다른 동물이 빈자리를 대신 차지할 것이기 때문이다. 경계 동물은 인간 정착지에서 이미 하나의 현실이고 성공적인 전략은 추방이 아니라 공존을 전제로 해야 한다. 다행히도 주민을 위한 정의의 요건은 성공적인 공존을 위한 전략과 얼마든지 양립할 수 있다.

골프장에 반려견을 데려가 즐겁게 돌아다니며 거위가 잔디에 내려앉아 더럽히지 않도록 쫓는 상황을 그려보자. 바로 이 상황을 영구적인 해결책을 찾는 데 실패했다는 신호로 볼 수 있다. 아니면 이것을 거위가 어쩔 수 없이 존재한다는 것을 인정하고 참을 수 있는 **협정**modus vivendi을 체결하는 성공적인 공존 전략으로 볼 수도 있다. 성가신 동물을 완전히 없애는 것은 윤리적으로나 실질적으로나 적절한 선택지가 아니다. 우리는 인간이 도시를 적응력이 뛰어난 동물에게 좀 덜 유리하게 만들고(예, 자원 줄이기, 장벽과 경쟁자, 포식자 활용하기), 야생을 좀 더 유리하게 만드는 것(예, 야생을 식민화하지 않기)이 지극히 합리적이라고 주장했다. 이것은 사실상 경계 동물의 위험

계산을 바꿔 야생보다 도시 생활이 명백히 더 낫다고 보기 어렵게 만드는 전략이다. 하지만 이것만으로는 경계 동물이 도시에 사는 것을 막기에 충분하지 않다. 도시는 경계 동물을 막는 장벽을 효과적으로 치기에는 지나치게 지저분하고 복잡하고 침투하기 쉽다. 게다가 누가 이렇게 하기를 원하겠는가? 어떤 경계 동물은 유해 동물이 되지만, 도시 생활에 다양성과 이익을 가져오기도 한다. 소수의 심각한 인간-동물 갈등을 해소한다는 명목으로 우리가 스스로 자연과 단절된다면, 그것은 끔찍하고 헛된 일일 것이다. 더 많은 사람이 동물의 존재를 인정하고 받아들이는 방식으로 움직일수록(누군가는 경계 동물을 완전히 환영하지는 않을지라도), 그리고 도시가 그 자체로 다양한 생명이 공존하는 동물의 왕국이라는 점을 인정할 수록, 우리는 창의적인 공존 전략을 세우는 데 더 많이 노력하게 될 것이다.

경계 동물과 우리의 차이점과 그에 따른 호혜성의 한계로 한동안 경계 동물은 대부분 동료 시민이 아닌 주민으로 계속 존재할 것이다. 경계 동물은 우리 사이에서 산다. 우리는 경계 동물의 기본권을 존중하고 다양한 적극적 의무를 이행해야 한다. 여기에는 인간이 환경을 개발하는 방식에 동물의 이익을 합리적으로 수용하고, 동물의 기본권인 자유와 자율을 침해하지 않는 한에서 적극적인 형태로 지원하는 것이 포함된다. 동시에 인간이 경계 동물의 개체수를 조절하고 이동과 접근을 제한하는 것도 정당하다.

따라서 경계 동물은 한편으로 정치 공동체 거주자로서 이익이 고려되어야 한다. 다른 한편으로 경계 동물은 시공간적으로 다른 도시, 즉 인간과 사육 동물의 혼종 공동체가 아닌 동물 주권 공동체에서 작동하는 것과 비슷한 메커니즘(예, 자연 법칙)이 적용되는 평행 세계에 살고 있다는 점은 매우 중요한 의미가 있다.

그 결과 주민권이라는 지위는 복합적이고 도덕적 모호함이 있다. 이 지위는 사육 동물을 위한 시민권이나 야생 동물을 위한 주권처럼 명확하지 않다. 시민권과 주권에 비해 주민권은 혼합된 지위이고 명확하게 정해진 참조할 만한 기준점이 거의 없다. 그 결과 실제로는 종속이나 무시를 은폐하는 데 잘못 사용되기 쉽다. 하지만 우리의 관점에서 이외의 대안은 없다. 경계 동물 주민권의 가치는 사육 동물의 동료 시민권과 야생 동물의 주권이 갖는 가치, 즉 도덕적 평등, 자율, 개체와 공동체의 번영과 똑같다. 그러나 이러한 가치를 실현하는 방법은 동물과 인간 정치 공동체 관계의 성격에 따라 다르다. 그리고 대다수의 경계 동물에게 이러한 가치는 인간 환경의 영구 거주자라는 지위뿐만 아니라, 인간에게서 독립적으로 살고 싶은 욕망과 능력을 보유한 거주자라는 지위도 인정받을 때만 달성될 수 있다. 경계 동물을 야생 동물의 주권 구역으로 이주시키려는 노력과 이들을 인간의 동료 시민이라는 협력적인 제도에 통합하려는 노력은 경계 동물이 추구하는 가치를 위협할 것이다. 경계 동물에게 필요하고 마땅히 주어져야 할 것은 주민권이다.

8 결론

Conclusion

우리는 이 책을 시작하면서 동물 옹호 운동이 정치적으로, 지적으로 막다른 골목에 몰렸고, 우리가 두 난관을 극복하는 데 이바지하길 바란다고 밝혔다. 이어지는 논의에서는 지적 난관에 초점을 맞춰, 인간-동물 상호 작용과 관련한 광범위하고 긴급한 문제를 오로지 동물에게 내재한 도덕적 지위에만 집중하는 고전 동물 권리론으로는 해결할 수 없음을 보여주었다. 이러한 문제를 해결하려면 동물이 주권 국가, 영토, 식민화, 이주, 성원권과 같은 제도와 관행에 어떻게 다양하게 연관되어 있는지 주목해야 한다고 주장했다. 보다 관계적이고 정치적인 접근 방식은 고전 동물 권리론의 사각지대를 밝히고, 잘 알려진 몇 가지 모순과 모호함을 명확히 하는 데 도움이 된다.

결론에서는 지적 난관보다 훨씬 더 어려운 정치적 난관을 돌아보려고 한다. 서론에서 언급했듯이, 동물 옹호 운동은 과거 수백 년 동안 몇몇 작은 싸움에서는 이겼지만, 동물 옹호 운동 전체로 보면 본질적으로 패했다. 엄청난 규모의 동물 착취는 전 세계적으로 계속해서 확대되고, 가장 잔인한 형태의 동물 이용을 개혁하는 시도에서 가끔 거둔 '승리'는 단지 인간의 체계적인 동물 학대 구조의 가장자리만 건드렸을 뿐이다.

동물의 운명을 걱정하는 사람이라면 누구나 이러한 정치적 난관을 극복할 방법을 찾는 것이 우선일 것이다. 새롭고 확장된 동물권리론을 개발하는 것은 지적인 자극과 도전이 되겠지만, 과연 실제 세상의 운동과 논의에 변화를 일으킬 수 있을까?

우리는 단기간에 극적인 변화가 생길 거라고 낙관하지 않으며, 단순히 더 나은 도덕적 주장을 내놓는 것만으로 세계를 바꿀 수 있으리라는 환상도 없다. 인간은 동물 착취를 바탕으로 사회, 문화와 경제를 구축했고, 많은 사람이 어떤 형태로든 이러한 관행의 지속에서 이익을 얻는다. 도덕적 주장이 자기의 이익과 사회적 기대와 충돌할 때 이를 따르기는 쉽지 않다. 우리는 대부분 도덕적 성인이 아니다. 상대적으로 비용이 적게 들 때는 기꺼이 도덕 신념에 따라 행동하지만, 생활 수준이나 방식을 포기해야 할 때는 그렇지 않다. 사람들은 여우 사냥을 금지하는 데는 동의할 수 있지만, 고기나 가죽을 포기하는 것에는 뚜렷하게 열성적이지 않다. 그러니 야생동물 서식지의 식민화를 멈추거나, 고양이와 소에게 동료 시민권을 부여하거나, 비둘기나 코요테와의 공존을 받아들이는 일은 말할 것도 없다. 사람들에게 도덕적 성인이 되라고 요구하는 이론은 정치적으로 효과가 없을 수밖에 없고, 효과를 기대하는 것은 순진한 생각이다.

더 나아가서, 누군가는 동물 착취에 대한 우리의 중독이 우리 자신을 해치고 심지어 죽이고 있다고 주장할 사람도 있을 것이다. 육류 중심 식단은 채식보다 덜 건강하다. 게다가 육류를 생산하는 축산 공정은 운송과 함께 지구 온난화의 주요 원인으로 꼽힌다.[1] 인간은 야생 동물 서식지를 식민지 삼아 지구의 허파, 토양의 생명력, 기후 시스템의 안정성, 담수 공급을 파괴하고 있다. 명확한 사실은 인간 종이 동물 착취와 동물 서식지 파괴에 대한 의존도를 낮추지 않는다면 지구에서 생존할 수 없다는 점이다.

몇몇 비평가는 우리의 도덕 감수성이 변하지 않더라도 동물 착취 체제는 스스로 무너질 것이라고 주장한다. 짐 모타벨리Jim Motavelli의 말처럼, '우리는 단순히 "올바른 일"을 하려고 육식을 멈추지는 않을 것이다.' 그는 사람들에게 육식을 포기하라고 주장하는 것은 '승산 없는 제안'이라고 생각하지만, 언젠가 '우리는 어쩔 수 없이 멈추게 될 것'이라고 말한다. 유엔 연구에 따르면, 2025년이 되면 80억 인구가 육식을 계속하는 데 필요한 물이나 땅이 충분치 않을 것이고, 그래서 '육류는 소수만 누릴 수 있는 사치품으로 사라질 것'이라고 한다.[2] 모타벨리는 결국 동물의 살을 먹는 것을 거부하도록 윤리가 변하겠지만, 이러한 변화는 육류 산업 환경이 무너진 후에야 일어날 것이라고 예상한다. 이런 관점에서 보면 동물권 윤리 이론에 참여하는 것은 무의미하다. 동물 착취를 유지하는 동력에 대항할 힘이 모자라서가 아니라, 장기적으로 동물 착취를 약화시킬 힘을 생각하면 불필요하기 때문이다.

여기에는 노예제 폐지를 둘러싼 학문적 논쟁을 떠올리게 하는 흥미로운 유사점이 있다. 어떤 사람들은 노예제 종식이 폐지론자가 흑인의 권리에 대한 사람들의 도덕 감수성을 바꾸는 데 성공한 결과라고 주장한다. 또 다른 사람들은 노예제가 경제적 비효율성이 점차 증명되면서 스스로 무너졌다고 주장한다. 노예제 연구자 대부분은 도덕적 동요와 경제적 요인이 모두 중요하고 서로 연결되어있다는 점에 동의한다. 도덕 감수성의 변화는 사람들이 노예제 폐지에서 잠재적으로 자기에게 이익이 되는 근거를 찾게 했고, 경제 이익의 변화는 그때까지의 도덕 신념을 재고하게 했다.

도덕 신념과 자기 이익에 대한 인식 사이의 복잡하고 예측하기 어려운 상호 작용은 최근 사회학 문헌에서 자주 다루는 주제다. 이제 이상과 이익은 완전히 별개의 범주가 아니라는 점이 널리 받아들여지고 있다. 사람들은 부분적으로 자기가 누구인지, 세상에서 어떤 종류의 관계를 가치 있게 여기는지에 대한 이해를 토대로 자기 이익을 결정하기 때문이다. 극단적인 예로, 식인 풍습을 금지하는 것이 자기 이익에 '부담'이 되거나 '희생'이라고 주장하는 사람은 거의 없을 것이다. 사람들은 인육을 먹는 것이 자기 이익이라고 생각하지 않는다. 자기가 그런 행동을 하고 싶어 하는 사람이라고 생각하지 않기 때문이다. 마찬가지로, 언젠가 인간이 자기가 육식 행동에 참여할 사람이라고 생각하지 않아서, 더는 동물의 살을 먹는 것을 금지하는 것이 부담이나 희생이라고 생각하지 않게 되길 바란다. 이처럼 도덕 감수성의 변화는 자아 인식을 재정의하고 따라서 우리의 자기 이익에 대한 인식도 재정의한다.

실제로 우리가 누구인지, 무엇을 가치 있다고 여기는지에 대한 이해는 편협한 이기적인 이익이나 명시적인 도덕적 약속 그 이상의 요소로 형성된다. 우리의 도덕적 상상은 신중한 사고와 성찰, 연민 어린 관계에서 확장될 수 있지만 과학적이고 창의적인 충동, 즉 아름다움, 연결, 의미를 탐구하고, 배우고, 창조하고자 하는 우리의 욕구로도 확장될 수 있다. 우리는 동물 권리론에 이러한 더 큰 인간의 정신이 함께하게 해야 한다.

오늘날 동물 권리론이 요구하는 많은 것이 많은 사람에게 의심할 여지 없이 엄청난 희생으로 보일 것이다. 동물 권리론이 주장하는 도덕 이론과 사람들이 이익이나 자아 개념이라고 인식하는 것 사이의 간극은 엄청나다. 하지만 이 상황은 예측할 수 없는 방식으로, 어쩌면 생각보다 더 빨리 바뀔지 모른다. 동물 착취 체제의 환경과 경제 비용이 점차 분명해지면서, 인간-동물 관계의 대안적 전망을 찾는 데 도움이 되는 새로운 개념틀을 개발하는 것이 점점 더 시급해질 것이다.

이 책이 장기적 전망을 제공하고 단기적 전략을 권장한다는 점에서 새로운 개념틀 개발에 이바지하길 바란다. 우리의 장기적 전망은 인간-동물 관계의 미래에 관해 고전 동물 권리론보다 좀 더 긍정적인 그림을 그린다. 지금까지 동물 권리론은 주로 동물을 죽이지 말거나 이용하지 말고 키우지 말라는 부정적인 금지에 집중했다. 그 과정에서 기존 동물 권리론은 냉혹하고 지나치게 단순한 인간-동물 관계 개념을 받아들였다. 즉 사육 동물은 멸종시켜야 하고 야생 동물은 내버려두어야 한다는 것이다. 요컨대, 인간-동물 관계란 없어야 한다는 것이다. 우리는 인간과 동물을 각각 완전히 별개의 환경으로 분리할 수 없으므로 이러한 동물 권리론의 전망이 실증적으로 애초에 성공할 수 없을 뿐만 아니라 정치적으로도 불리하다고 주장했다.

대부분의 인간은 동물과 관계를 맺으면서 동물을 이해하고 돌보게 된다. 동물을 관찰하고, 함께 어울리고, 돌보고, 사랑을 주고받는 과정을 통해서 말이다. 동물의 운명을 가장 걱정하는 사람은 일반적으로 동물과 관계를 맺고 있는 사람들로, 반려인이나 동료, 야생 동물 보호자, 환경 보호론자, 생태 복원가 등이 있다. 정치적 난관을 극복하려면 이러한 에너지와 동기를 활용해야 한다. 하지만 아직 동물 권리론의 근본적인 메시지는 인간-동물 관계에서 인간을 신뢰할 수 없다는 것이다. 우리는 반드시 동물을 착취하고 해를 입힐 것이며, 따라서 스스로 동물과 분리되어야만 한다는 것이다. 이것은 동물 애호가들에게 동물 정의를 위해 싸우도록 힘을 불어넣는 메시지가 아니다.[3]

우리는 장기적으로 인간과 동물의 관계를 끊기보다, 관계의 모든 가능성을 탐구하고 받아들이기를 추구한다. 이것은 동물이 기본권을 존중받아야 할 개별적인 주체이며, 상호 의존, 호혜, 책임의 관계로 함께 엮인 인간 공동체와 동물 공동체 모두의 구성원이라고 인정하는 것이다. 이러한 전망은 동물을 내버려두는 것이 우리의 의무라는 고전 동물 권리론의 견해보다 훨씬 까다롭다. 하지만 이 전망은 인간-동물 관계가 연민 어리고, 정의로우며, 즐겁고 서로를 풍요롭게 만들 수 있다는 점에서 훨씬 더 긍정적이고 창의적인 시각이기도 하다. 모든 동물 권리론은 인간이 동물 착취와 식민화로 부당하게 얻은 이익을 포기하라고 요구할 것이다. 하지만 동물 권리론이 정치적으로 효과를 가지려면, 정의가 우리에게 요구하는 희생뿐만 아니라 정의가 가능케 하는 새롭고 보람 있는 관계도 함께 제시해야 한다.

이것은 단기 전략에도 영향을 미친다. 우리의 장기 목표가 단지 착취를 폐지하는 것이 아니라 정의로운 관계를 새롭게 구축하는 것이라면, 단기적 전망도 처음 생각한 것만큼 암울하지 않다. 동물 착취/식민화의 규모는 전 세계적으로 커지고 있지만, 동시에 인간이 동물과 관계를 맺는 새로운 방법을 찾기 위해서도 세계 곳곳에서 수많은 실험이 진행되고 있다. 이 책에서 소개한 여러 사례 중 몇 가지만 언급하고자 한다.

- 자이푸르에서 노팅엄에 이르기까지 여러 도시에서 비둘기 전용 비둘기집(먹이 급여와 번식 조절 프로그램 포함)을 지정해 비둘기 개체 수를 관리하며, 점차 잔인한 대량 살처분을 멈추도록 회의론자들을 설득하고 있다. 어떤 도시는 비둘기집을 설계할 때 예술가들을 참여시켜 이를 대중 예술과 참여의 공간뿐만 아니라 평화로운 종간 공존의 장소로 탈바꿈하고 있다.

- 영국 리즈시는 도시 중심에 새, 박쥐 등 야생 동물을 수용하고 환영하도록 설계한 친환경 고층 서식지 건물을 세우자는 제안을 검토하고 있다.

- 온타리오 동부에 있는 야생 동물 보호 시설은 굶주린 부엉이와 부모를 잃은 다람쥐, 교통사고로 등딱지가 깨진 거북이 등 재난당한 동물들을 구조한다. 구조된 모든 동물은 완전히 회복되어 야생으로 돌아가는 것을 목표로 인간과의 접촉이 제한된 채로 세심한 의학적 치료를 받는다.

- 캘리포니아의 생추어리는 닭을 구조한다. 닭을 야행성 포식자에게서 보호하고 조류 인플루엔자 감염을 막기 위해 특별히 설계한 우리와 닭장을 포함해 쉼터와 영양, 의료적 필요를 돌본다. 닭들은 광범위한 이동의 자유가 있고 애착을 형성할 기회, 다양한 활동과 행동에 참여할 기회가 있다. 어떤 닭도 도살되지 않는다. 이들은 자연 수명이 다할 때까지 살며, 종종 산란을 멈춘 뒤에도 몇 년을 더 산다. 생추어리 운영자들은 달걀 중 일부를 가져가거나 판매한다.

- 점점 더 많은 사람이 반려견과 반려묘를 완전한 '가족 구성원'으로 여기며, 인간 시민이 마땅히 받아야 하는 것과 마찬가지로 최고 수준의 의학적 치료, 응급 지원, 공공 공간에 접근할 수 있는 권리를 요구한다.

- 전 세계의 환경 보호 활동가들은 동물 이주 패턴에 관해 쌓이는 지식을 활용해 야생 동물의 통로와 서식 후보지를 보호하고 재건하는 방식으로 인간의 개발 방향을 재조정한다. 선박

의 항로가 재배치되고, 야생 동물을 위한 육교가 세워지며, 녹지 공간이 복원되고 서로 연결되고 있다.

이 책에서 논의한 사례와 그 외 수많은 사례에서 인간이 동물과 새롭고 윤리적인 관계를 구축하려는 시도를 볼 수 있다. 이러한 관계는 인도적 대우라는 개념을 훨씬 넘어선다. 비개입과 소극적 기본권 존중이라는 개념도 훨씬 넘어선다. 적어도 암묵적으로 이러한 관계는 더욱 포괄적인 인간-동물 관계의 개념, 즉 우리가 필연적으로 동물과 복잡한 관계를 맺고 동물에게 광범위한 적극적 의무를 진다고 인정하는 개념을 실제로 구현한다.

우리가 보기에 이러한 실험들은 미래의 동물정치공동체zoopolis*의 초석이며, 우리의 목표는 부분적으로 이 실험들을 이해할 수 있는 이론틀을 제공하는 것이었다. 각 실험은 저마다의 방식으로 새로운 정의의 관계가 가능하고 지속될 수 있음을 보여준다. 인간은 동물 착취/식민화로 얻는 이익을 포기하기를 고통스러울 만큼 꺼리며, 당분간 바뀔 것 같지 않다. 하지만 인간이 부당한 이익을 얻는 데에 상당한 불편함이 따르고, 새로운 가능성을 탐구하는 데 많은 창의적 에너지가 들어가면서, 이러한 시도로 배우는 것도 많다. 그러나 기존의 주류 동물권 철학에서는 이러한 시도가 잘 보이지 않는데, 이러한 실험의 도덕적 가치를 이해할 이론적 도구가 부

* 'zoopolis'는 동물을 뜻하는 접두사 'zoo'와 공동체/도시를 뜻하는 'polis'가 합성된 단어다. 이 단어는 도시 계획 연구자 제니퍼 월치가 비인간을 고려하는 도시 계획을 주창하며 만든 개념으로 이 경우 '동물도시'로 번역하고, 저자들이 정치적 맥락으로 가져와 사용하는 경우 비인간 동물과 인간 동물이 함께하는 '동물정치공동체'로 번역하였다.

족하기 때문이다. 이들은 이러한 실험이 공장식 농장 등 직접적인 형태의 동물 착취를 해체하려는 주요 동물권 운동과 무관한 것으로 인식하거나, 심지어 동물 이용을 중단하고 '내버려두기'를 배우는 데 실패했다며 무조건 비난한다.

도덕적 주장만으로 문화에 깊이 뿌리박힌 가정과 자기 이익이라는 강력한 힘을 극복하기를 기대하는 것은 지나친 요구지만, 도덕적 주장은 적어도 우리 사회에서 활용되고 있든 아니든 존재하는 도덕적 자원을 파악하고 강화해야 한다. 동물권을 위한 도덕적 자원으로는 반려동물과 유대 관계를 맺는 평범한 사람들과, 야생 동물 보호 기관의 헌신적인 일원들, 서식지 보호와 재건을 위해 노력하는 생태주의자들이 있다. 이들은 일반적으로 자기를 동물권 지지자로 여기지 않으며, 그들 중 소수만이 일상생활에서 동물 착취 관행을 끊임없이 규탄하는 비건이다. 그럼에도 이들은 실제로 동물의 권리, 즉 주권에 대한 권리, 공정한 공존 조건에 대한 권리, 시민권에 대한 권리 등을 위해 중요한 방면에서 활동하고 있다. 동물권 운동은 이 모든 자연스러운 동맹을 동물을 위한 투쟁에 포함하는 확장된 동물권 개념을 받아들일 필요가 있다.

우리는 인간의 창조적, 과학적, 연대적 에너지의 거대한 우물을 활용하여 동물 정의 프로젝트에 대한 사람들의 흥미를 끌어야 한다. 지금쯤이면 독자들도 우리가 「스타트렉Star Trek」의 엄청난 팬이자 이 시리즈에 나오는 종간 접촉, 공존, 협력 윤리의 엄청난 팬이라는 점을 아주 잘 알게 되었을 것이다.* 이 윤리는 이렇게 요약할 수 있다. 새로운 '생명체'와의 조우는 신중함, 호기심, 존중을 바탕으로 이루어져야 한다. 행성연방과 접촉해 이익 얻을 준비가 되지 않았거나 접촉을 원하지 않는 종은 자기의 궤도를 따라 발전하도록 방해하지 말고 내버려둬야 한다. '첫 접촉'은 은하 간 여행을 시작하려는 단계에 있는 종들과 이루어지며, 이는 연방 정치 공동체 가입의 타당성을 평가하는 것이다. 그리고 이 중요한 첫 접촉은 연방의 가장 유능한 외교관이 맡는다. 이들은 최고의 과학 지식과 정교한 기술 자원을 갖춰 최대한 원활히 의사소통할 수 있으며, 해를 끼치지 말라는 최우선 명령에 따른다. USS 엔터프라이즈호**는 셰익스피어(또는 스팍이나 데이터)와 같은 존재를 만들어낼 수 없거나 인간의 언어를 구사할 수 없거나 도덕적 성찰을 할 수 없는 많은 종을 만나는데, 그들 모두에게 고유의 적응력이 있는 지능과 의식을 동등하게 존중하는 윤리로 접근한다.

「스타트렉」과 이곳 지구에서 일어나는 종간 접촉의 현실만큼 극명한 대조를 상상하기는 어려울 것이다. 하지만 상상해 보자. 다른 은하계에서 코끼리나 고래, 앵무새와 닮은 동물을 발견한다면 우리가 얼마나 흥분할지…. 우리는 이 새롭고 멋진 생명체에 대해 배우고, 독특함을 감상하고, 가능한 한 친근하게 접촉하려고 어떤

* 본문에는 「스타트렉」에 대한 언급이 많지 않지만, 미주에서 이 시리즈가 제시하는 종간 접촉, 공존, 협력 윤리를 자세히 다루고 있다. 이 책의 인간-동물 혼종 공동체의 전망과 「스타트렉」의 연관성을 더 알고 싶다면, 미주 곳곳에 있는 「스타트렉」관련 내용을 찾아 읽기를 추천한다.

** 「스타트렉」을 대표하는 행성연방의 우주선이다.

자원도 아끼지 않을 것이다. 이 종을 죽이거나, 노예로 삼거나, 그들이 살아가는 데 필요한 자원을 빼앗는다고 생각하면 우리가 얼마나 경악할지 상상해 보자. 하지만 이것이 바로 우리가 지구 행성을 공유하고 있는 독특하고 경이로운 동물을 대하는 방식이다. 우리는 그들과의 대체로 비극적인 역사에서 벗어나 중립적 영역에서 새로운 눈으로 처음 만났을 때 틀림없이 느꼈을 존중과 경외심으로 그들을 대하는 것이 불가능해 보인다.

우리는 이 책이 동물을 '그저 동물'이나 멸종 위기종의 대체 가능한 구성원, 수동적으로 고통받는 희생자 이상의 존재로 바라볼 수 있는 새로운 시각을 제공하길 바란다. 우리는 동물을 단지 생태적 관계망뿐만 아니라 사회적 관계망에 포함된 복잡한 개별 행위자로 보는 시각을, 그리고 정치적 동물로, 즉 시민이자 자결권을 가진 공동체의 주권자로 보는 시각을 제시했다. 이러한 관점은 새로운 출발, 다시 한번 첫 접촉을 할 수 있는 토대가 될 것이다. 다행히도, 대부분의 동물 공동체는 인간이 가한 학대의 상세한 기록을 대를 이어 간직하지 않는다. 이는 우리가 인간 간 부정의의 상황보다 쉽게 새로운 장을 열 수 있음을 의미한다. 인간의 역사는 부정의의 기억이 종종 오랫동안 계속되고 쓰라려 앞을 향한 정의의 전망을 방해한다. 동물에게는 이러한 걸림돌이 없다. 새로운 장은 이제 우리에게 달렸다.

감수의 글

동물 윤리와 동물권을 넘어 혼종 정치공동체로

최명애
연세대 문화인류학과

동물 철학과 동물 운동은 오랫동안 '윤리'의 영역에서 동물을 논의해 왔다. 윤리적 대우를 받을 '도덕 공동체moral community'의 범위를 인간에서 동물로 확장하고, 제도와 법, 규범을 통해 인간의 동물에 대한 행동을 윤리적으로 견인하는 데 주력해 왔다. 한편, 최근의 동물 철학과 운동은 '윤리'에서 '정치'로 무게 중심을 이동하는 듯하다. 이때 동물은 인간의 이용 대상이라는 수동적 위치를 벗어나, 인간과 사회의 실천에 개입하는 적극적 행위자로 사유된다. 동물은 사회의 담론, 구조, 제도에 영향을 미쳐 온 정치적 주체이며, 여성, 외국인, 소수자와 마찬가지로 평등하고 정의로운 대우를 받아야 할 집단이라는 것이다. 이때 동물 정치의 핵심은 동물을 포함해 인간의 정치 질서를 어떻게 새롭게 구성할 것인가다.* 수 도널드슨과 윌 킴리카는 동물 정치 논의에 '주폴리스Zoopolis'라는 간명하면서도 직관적인 대답을 던진다. 동물 집단에 차별적인 시민권을 부여함으로써 인간의 정치

* 앨러스데어 코크런, 『동물의 정치적 권리 선언』, 박진영·오창룡 옮김, 창비, 2021.

공동체를 인간동물집합체로 구성되는 혼종 정치공동체로 새롭게 만들어 내자는 것이다.

『주폴리스』는 2011년 캐나다에서 출판된 동물 정치학 저작이다. 저자 도널드슨은 캐나다 동물권 철학자이며, 킴리카는 정치철학을 전공한 퀸즈 대학 철학과 교수다. 킴리카는 다문화와 시민권 연구자로, 국내에도 관련 서적이 번역돼 있다. 『주폴리스』에서 이들은 동물권 이론과 시민권 논의를 결합해 동물권 논의를 파격적으로 확장하고자 한다. 동물권 논의는 삶의 주체subject of life라는 측면에서 동물과 인간이 크게 다르지 않으며, 따라서 동물에게도 도덕적 권리가 있다는 톰 리건의 지적에서 출발한다. 동물과 인간에게 근본적인 차이가 없다면, 동물도 인간과 마찬가지로 보편적 권리universal right, 즉 죽거나, 감금되거나, 고통받지 않을 권리가 있다는 것이다. 도널드슨과 킴리카는 이 같은 동물권 논의가 동물 권리 논의를 학대로부터 동물을 방어하는 '소극적' 권리 차원으로 제한해 왔다고 지적한다. 죽거나 고통받지 받지 않을 권리만큼이나, 동물에게도 행복한 삶을 꾸려나갈 '적극적' 권리가 있다는 것이다. 따라서 동물들이 행복한 삶을 꾸려갈 수 있도록 법과 제도, 규범에 적극적으로 개입하는 것이 동물권을 실현하는 방법이라고 주장한다.

저자들은 기존의 동물 권리론(동물권 이론)Animal Right Theory이 보편적, 소극적 권리에 주력하면서 유의미하고 혁신적인 변화를 만들어내는 데 실패했다고 지적한다. 대신, 여기서 한 걸음 더 나아가 인간 동물 관계의 특징에 따라 차별적인 권리를 부여하는 '확장된 동물 권리론Expanded Animal Right Theory'을 제안한다. 특히 이들은 동물의 권리를 실현할 방법으로 시민권을 가져오면서, 인간-동물 관계의 유형에 따라 상이한 형태의 시민권

(혹은 성원권)을 부여할 것을 제안한다. 이들은 인간-동물 관계를 공간성에 따라 인간과 공간을 공유하는 사육 동물, 분리된 야생 동물, 넘나드는 경계 동물로 구분한다. 사육 동물의 경우, 인간과 같은 공간에 서식하며, 번식과 노동을 통해 인간과 상호 의존하는 존재로, 인간과 다를 바 없는 완전한 시민권citizenship을 부여할 것을 제안한다. 한편, 야생 동물은 인간과 대체로 분리된 공간에서 고유의 규칙을 갖고 살아가는 존재로, 배타적인 주권sovereignty를 인정해야 한다고 지적한다. 즉, 야생 동물 공동체를 다른 주권 국가처럼 대하면서, 고유한 문화와 습관을 존중하고, 인간과 이익이 상충할 경우 외교적인 교섭을 통해 해결해야 한다는 것이다. 마지막으로 인간 공간과 야생 공간을 넘나드는 경계 동물의 경우, 인간 이주민에 준해 주민권denizenship을 부여함으로써, 이동과 거주를 허용하고 지원할 것을 제안한다.

동물을 인간과 마찬가지로 공동체의 구성원으로 여기고, 우리가 국민, 외국인, 이주민, 여행자 등 다양한 인간 집단에 적용해 온 상이한 시민권을 동물에게도 적용하자는 『주폴리스』의 주장은 간명하고 직관적이다. 여기서 동물권은 보편적이라기 보다는 관계적이며, '금지'보다는 '개입'을 강조하는 긍정적 방식으로 작동한다. 기존의 동물 권리론이 동물을 소극적 권리를 존중받아야 할 개별적 주체로 인정했다면, 도널드슨과 킴리카의 확장된 동물 권리론은 인간과 동물이 "상호 의존, 호혜, 책임의 관계"(466쪽)로 얽혀 있는 하나의 공동체임을 강조한다. 인간과 동물은 과거, 현재, 미래에도 돌봄과 의존을 통해 얽혀 있으며, 시민권을 통해 동물이 구성원으로서의 권리를 행사하게 함으로써 혼종 정치 공동체, 즉 주폴리스를 만들어갈 수 있다는 것이다.

동물 정치에 대한 저작들이 잇달아 번역 소개되고 있는 상황에서 『주폴리스』는 두 가지 면에서 눈에 띈다. 먼저, 시민권을 동물 정치에 접목함으로써 동물 정치 논의 및 운동에서 활용할 수 있는 새로운 도구를 제시한다는 점이다. 최근 동물 정치 논의는 '도덕적 권리'를 넘어 정치적 기본권과 정의의 문제로 확장되고 있다. 인간을 중심으로 사유하고 조직해 온 정치의 장에 동물을 포함시키기 위한 다양한 제도적 변화들이 실험되는 중이다. 강, 산, 고래와 같은 자연물이 환경 분쟁에서 소송 당사자가 될 수 있도록 원고적격을 부여하거나, 동물의 이익을 대변하는 동물당 운동이 그 예다. 헌법이나 동물복지법에 동물의 법적 지위를 명시하는 사례들도 늘고 있다. 이때 저자들이 제안하는 시민권 및 시민권의 모습과 사례는 현실에서 동물의 적극적 권리를 실현하기 위해 어떤 변화들이 필요한지를 보여준다. 시민권 논의를 통해 동물 정치를 실현하는 데 필요한 다양한 법적, 제도적, 규범적 변화의 지점들을 찾아내고, 현실 운동에 적용해 볼 수 있는 것이다. 특히 최근 부상하는 한국의 동물권 논의 및 동물정치 운동에 유용한 참조점들을 제공할 수 있을 듯하다.

두번째, '경계 동물'은 기존의 동물권 논의에서 상대적으로 소홀히 다뤄졌던 부분으로, 이 책의 7장에서 본격적으로 다뤄지고 있어 흥미롭다. 서론에서도 설명하고 있지만, 동물과 관련된 논의들은 사육 동물을 주로 다뤄 온 동물권 및 동물 복지, 야생 동물을 주로 다뤄온 생태 논의로 양분돼 전개돼 왔다. 이 과정에서 '사육'과 '야생'의 이분법으로 포착되지 않는 많은 동물(도시의 비둘기, 길고양이, 가마우지 등)이 동물 윤리 및 정치 논의에서 누락되어 온 것이 사실이다. 그러나 실제 우리 주변에서 가장 흔하게 볼 수 있는 동물이 바로 이들 경계 동물이다. 도시의 공원이나 건물 귀퉁이를 서식지로 삼아, 인간이 주는 먹이나 음식쓰레기 등에 의존해 살아가는 이들은 인간에게 의존하지만, 그렇다고 완전히 인간에게 길들여지지도 않았다. 도널드슨과 킴리카는 이들을 '경계 동물'이라는 이름으로 본격적으로 드러내며, 이들과의 공생이 불가피하다고 지적한다. 저자들은 경계 동물을 인간 이주민에 빗대며, 이들이 인간과 주거 지역을 공유하며 살 수 있도록 '주민권'을 부여할 것을 주장한다. 사육과 야생, 보호와 박멸이라는 이분법을 벗어나 이들을 도시의 거주민으로 인정하고, 함께 살기를 도모하자는 것이다. 이 책의 경계 동물에 대한 논의는 최근 한국 사회에서도 증가하는 야생화된 도시 동물 관리와 관련해 여러 가지 시사점을 던져 준다고 하겠다.

현실의 동물권 이론과 운동에 주는 유용함 때문인지 『주폴리스』는 예전부터 국내 동물권 이론과 운동에서 주목을 받아왔다. 그간 영문본으로 논의돼 왔는데, 이번에 프레스 탁!에서 번역 출간해 반갑고 고마운 마음이다. 이 책이 출간된 이후 많은 변화가 있었다. 특히 동물행동학 연구의 발전이 두드러진다. 동물인지행동학을 통해 우리는 영장류나 포유류뿐 아니라 다양한 동물들의 정신작용에 대해 이해하게 되었다. 대표적으로 문어나 가재 같은 두족류와 갑각류도 고통을 느낀다는 사실이 밝혀지면서, 영국에서는 동물복지법을 개정해 이들을 쾌고감수능력이 있는 존재로 인정하기도 했다. 동물인지행동학은 기존의 인간의 동물에 대한 관념을 혁명적으로 바꾸고 있다. 이 같은 성과를 수렴하지 못한 점이 아쉽다. 같은 기간 동물 운동도 확장됐다. 동물 이용에 따른 인간의 윤리적 책임에서, 지금의 동물 운동은 '정의'라는 정치적 관점에서 인간과 동물의 관계를 어떻게 조직할지에 대해서도 고민하고 있다. 무엇보다도 서구 자유주의 개인 주체를 중심으로 발전시켜 온 시민권 개념을 동물에게 그대로 적용하는 것이 적절하느냐는 질문은 여전히 남는다. 시민권 논의는 개개인이 합리적 이성의 소유자라는 전제에서 출발하지만, 동물 주체는 반드시 이성이 아니라 다른 형태의 인식론적 도구들을 가진 존재다. 최근의 기후 정의 논의에서 인간과 동물의 이 같은 인식론적 차이를 감안해, 합리성이 아닌 신체와 정동, 공감에 기반한 새로운 기후 정의 논의를 발전시키고 있음은 참조할 만하다.

그럼에도 『주폴리스』는 최근 한국 사회의 '동물 전회animal turn', 즉, 동물에 대한 관심과 논의의 폭발에 유용하게 접속한다. 한국 사회에서 동물에 대한 인식과 제도는 빠르게 변화하고 있다. 동물 복지의 성장과 제도화도 두드러지지만, 동물을 행위력이 있는 주체로 보고, 사회적 실천에 이를 고려하고자 하는 흐름들도 눈에 띈다. 제주에서는 남방큰돌고래를 소송 당사자 자격이 있는 '생태법인' 으로 만들기 위한 논의가 활발히 이뤄지고 있다. 앞서 2019년에는 케이블카 설치가 생존권을 위협한다며 설악산 산양들이 원고가 돼 케이블카 계획 철회 소송을 내기도 했다. 동물에게 생존과 행복을 추구할 법적 권리가 있으며, 법치 국가 공동체의 일원으로 이 권리를 행사토록 해야 한다는 것이다. 동물을 우리 사회의 도덕적, 정치적, 법적 공동체의 일원으로 만들어가기 위한 논의가 활발한 시점에 『주폴리스』는 새로운 상상과 실천의 공간들을 열어줄 수 있을 것이다.

미주에서 인용한 웹사이트 중 파기된 주소에 대해 새로운 유효한 주소가 있는 경우, 해당 정보를 블로그에 주기적으로 업데이트할 예정이니, QR코드나 링크를 통해 확인해 주시기 바랍니다.

blog.naver.com/presstac
(네이버블로그 프레스탁!)

주

1 서론 Introduction

1 동물 옹호 운동가들은 처음부터 노예, 아동, 수감자, 여성, 장애인 등 사회의 여러 취약한 구성원의 권익 옹호 운동에 깊이 참여했고, 오늘날에도 동물 옹호 운동은 시민권과 성 평등 등 더 넓은 사회정의 가치와 긍정적으로 연관되어 있다(Garner 2005a:106, 129-30). 그러나 크롬튼이 지적했듯이 '공동의 대의'로 발전할 가능성은 간과되었다(Crompton 2010).

2 미국 휴메인소사이어티(the Humane Society of the United States)가 작성한 통계를 보라. http://www.humanesociety.org/assets/pdfs/legislation/ballot_initiatives_chart.pdf (책에 인용한 모든 웹사이트는 2011년 4월 27일 기준으로 유효하다.)

3 우리의 모국인 캐나다는 최소한의 개혁조차 한참 뒤처져 있다. Sorenson 2010, International Fund for Animal Welfare 2008을 보라.

4 동물의 종류마다 개체군의 변화는 매우 다양하다. 육지와 해양 동물과 비교하면 민물 동물이 가장 많이 줄었다. 그리고 1970년경 이미 많은 서식지가 파괴되어 개체 수가 적었던 온대 지역보다 열대 지역과 개발도상국에서 개체 수 감소가 더욱 컸다. 이 동물군 중 일부는 보호와 관리 전략 덕분에 회복되기 시작했다. 세계자연기금(WWF)의 지구생명지수(Living Planet Index)를 보라. http://wwf.panda.org/about_our_earth/all_publications/living_planet_report/health_of_our_planet/

5 찰스 패터슨은 『동물 홀로코스트(Eternal Treblinka: Our Treatment of Animals and the Holocaust(2002))』에서 동물 도살과 홀로코스트의 연관성과 유사점을 서술하고, 동물 운동의 주요 운동가로 활동한 많은 홀로코스트 생존자(및 이들의 후손)를 소개한다. 저자는 책 제목을 아이작 바셰비스 싱어(Isaac Bashevis Singer)의 이야기에서 가져왔는데, 이야기 속 한 인물이 '동물에게는 이것이 영원한 트레블링카이다'라고 말한다. 어떤 사람들은 이러한 비교를 불쾌하게 느낄 것이다. 이들은 마찬가지로, 이 책에서 우리가 할 다른 비교들, 즉 동물에 대한 대우를 대량 학살, 노예제, 혹은 식민화와 비교하거나, 동물의 생각, 감정, 행동을 인간 능력과 비교하거나, 또는 동물권 투쟁을 인간 시민권과 자기 결정권 투쟁에 비교하는 것에도 이의를 제기할 수 있다. 이런 비교를 하는 기준은 동물이 겪는 부정의를 드러낼 수 있는지 여부여야 한다. 우리는 논쟁을 벌이려는 것이 아니라 비교 없이는 알기 어려운 도덕적 지형의 특징을 포착하는 데 실제로 도움이 될 때만 이러한 비교를 한다.

6 개량주의 캠페인의 장기적 효과에 관한 논쟁과 상반되는 예측에 관해서는 게리 프란시온과 에릭 마커스의 토론을 보라(2007년 2월 25일)(http://www.gary-francione.com/francione-marcus-debate.html). 또한 Garner(2005b), Dunayer(2004), Francione and Garner(2010), Jones(2008)를 보라. 동물 옹호 전략으로서의 평화주의와 직접행동에 관한 논쟁은 Hall(2006)을, 그리고 이에 맞서 직접행동 단체의 스티븐 베스트와 제이슨 밀러가 홀을 비판한 글(Best and Miller 2009)을 보라. 그리고 Hadley(2009a)도 참고하라.

7 '2003년 5월 5~7일 실시한 여론 조사에서 미국인 96%는 동물이 학대와 착취에서 어느 정도 보호받을 자격이 있다고 답했고, 3%만 동물은 "단지 동물일 뿐이므로" 보호할 필요가 없다고 답했다.' (http://www.gallup.com/poll/8461/public-lukewarm-animal-rights.aspx)

8 우리가 동물의 '인도적 이용'이라는 의미로 '복지론'을 사용할 때는, 그 의미가 도덕과 정치 철학에서 사용하는 보다 학술적 의미의 '복지론'과 다르다는 점에 유의해야 한다. 철학자들이 복지론을 사용할 때, 이는 종종 특정 형태의 결과주의(consequentialism), 즉 도덕이란 사회 전체의 복지를 최대화하는 것이라는 견해를 의미한다. 이런 철학적 의미의 복지론은, 어떤 행동은 복지를 최대화할지라도 잘못된 행동이라고 말하는 '의무론적' 견해에 반대된다(예, 인권 침해). 동물의 인도적 이용에 관한 입장으로서의 복지론은 대체로 철학적 복지론과는 무관하다. 한편, 앞으로 살펴보겠지만, 대부분의 동물 복지론자는 우리가 인간을 대하는 방식에 있어서 (인권 존중과 같은) 의무론적 제약이 있다고 믿는다. 이들은 동물에 대해서는 복지론자지만 인간에 대해서는 의무론자다. 반대로, 일부 철학적 복지론자는 동물의 인도적 이용에 관한 주류 견해를 거부한다. 예를 들어, 철학적 복지론자인 피터 싱어는 전체의 복지 향상을 위한 결정에서 동물의 이익은 인간의 이익과 동등하게 고려되어야 하고, 그렇다면 인도적 동물 이용은 얼마나 '인도적'이든 거의 이 기준을 통과하지 못할 거라고 주장한다(Singer 1975, 1993). 따라서 철학적 복지론은 동물의 인도적 이용에 관한 주류 견해에 급진적 비판을 제기할 수 있다. 우리가 사용하는 복지론은 일반적인 도덕적 추론을 이끄는 특정 철학적 견해의 산물이 아니라, 동물을 어떻게 대해야 하는지에 대한 주류의 '상식적' 견해로 이해하는 것이 좋다. 이 점이 혼란스럽다면, 우리가 논의하는 '복지론'을 '동물 복지가 도덕적으로 중요하며, 따라서 동물은 인도적 대우를 받아야 하지만 인간의 이익을 위해서는 이용될 수 있다는 견해'로 바꿔 이해하면 된다.

문제를 더욱 복잡하게 하는 것은, 동물권 문헌에서 싱어를 '신복지론자(new welfarist)'로 볼 것인지를 두고 논쟁이 있다는 점이다. 싱어의 이론은 종 차이 자체의 도덕적 중요성을 부정하고, 공리주의 계산으로 인간과 동물의 비슷한 이익은 동등하게 평가해야 한다고 주장한다. 하지만 그는 대부분의 동물이 생명 유지에 이익이 있다는 점을 부정하고, 인간이 심리적으로 더 복잡하므로 대부분의 인간 생명은 대부분의 동물 생명보다 본질적으로 더 큰 가치가 있다고 주장한다. 그는 공리주의자이기 때문에, 전체 복지를 최대화할 수 있다면 덜 복잡한 존재의 생명이 더 복잡한 존재의 이익을 위해 희생될 수 있다는 가능성을 다시 열어둔다. 권리 기반으로 싱어를 비판하는 여러 비평가는 싱어의 견해를 '신복지론'으로 묘사한다. 우리도 싱어의 접근법을 거부하고 대신 더 강력한 권리 기반 접근법을 옹호하지만, 싱어가 동물의 '인도적 이용'이라는 주류의 가정을 강하게 비판했다는 점을 고려해 그를 우리가 논하는 의미의 '복지론자'로 간주하지 않는다.

9 게리 바너에 의하면, '환경 철학자들은 대부분 동물 권리 견해가 건전한 환경 정책과 양립할 수 없다고 믿는다'(Varner 1998:98).

10 동물 복지론이 아닌 권리에 기반한 틀을 적용한 동물 옹호 캠페인의 한 예는 대형 유인원 프로젝트(GAP)다. 이 프로젝트는 인간이 얻을 잠재적 이익과 무관하게 유인원에게는 감금되거나 실험 대상이 되지 않을 권리가 있다고 말한다. 이 프로젝트는 1993년 동명의 책(Cavalieri and Singer 1993)이 출판되면서 시작되었고, 이후 여러 국가에서 법적, 정치적 옹호 운동을 펼쳤다. 한 가지 주목할 만한 승리로, 스페인 의회 위원회는 유인원에게 생명권과 자유권이 있다는 것을 인정했다. GAP International 웹사이트(www.greatapeproject.com), 그리고 관련 프로젝트인 GRASP(Great Ape Standing and Personhood) 웹사이트(http://www.personhood.org/)를 참조하라. 유인원과 관련해 권리에 기반한 수사학의 명백한 성공은 유인원이 진화적인 면에서 인간과 매우 가깝지만, 지리적, 경제적으로는 우리 대부분과 매우 멀리 떨어져 있어서 유인원의 권리를 인정해도 우리 일상에 거의 지장을 주지 않는다는 사실을 반영한 것일 수 있다. 그러나 인간과의 유사점이 적은 동물 또는 축산, 사냥, 애완동물 소유, 산업적 이용의 대상이 되는 동물인 경우 권리에 기반한 동물 옹호 운동이 효과가 없다고 증명되었고, 옹호 단체는 대신 복지론 캠페인에 집중하는 편이다.

11 종종 서양 문화만이 동물과 자연을 도구적으로 보고 동양이나 토착민 문화는 동물과 자연을 존중하는 관점이 있다고 말한다. Preece(1999)가 보여주었듯이, 이런 대조는 지나치게 단순화된 것이고, 각 문화가 가진 고유한 관점과 도덕적 원천의 다양성을 무시한다. 우리는 2장에서 동물을 대하는 태도에서의 문화 차이 문제를 다시 다룰 것이다.

12 영국과 미국의 반테러법은 일반 대중에게는 9·11 테러 같은 사건에 대한 대응으로 여겨지지만, 동물 이용 산업이 동물권 운동가를 국내 테러리스트로 지목하는 데 악용됐다. 한 예로, 미국의 동물기업테러법(Animal Enterprise Terrorism Act, 2006)은 비폭력 시민 불복종 행위(예, 불법 동물 학대를 촬영하기 위해 공장식 농장에 무단 침입하거나 연구실에서 동물을 구출하는 행위)를 국내 테러의 범주에 포함하고 있다(Hall 2006).

13 이는 강력한 권리 기반 관점뿐만 아니라 흥미롭게도 공리주의적 접근에서도 마찬가지다. 원칙적으로 공리주의는 동물이 전체의 행복을 증가시키거나 전체의 고통을 감소시키는 경우 동물에 대한 적극적 의무를 지지해야 한다. 그러나 실제로는 싱어와 같은 공리주의 이론가들은 동물을 향한 적극적 의무에 관한 어떤 설명도 내놓지 않았다. 다른 동물 권리론자들처럼 싱어도 왜 우리가 사육 동물을 죽이지 말아야 하고, 감금, 실험을 멈춰야 하는지에 초점을 맞춘다. 야생 동물에 관해서는 자연에 개입할 경우의 복잡성을 고려해서, '다른 동물을 불필요하게 살해하거나 학대하지 않는다면 우리는 충분히 할 만큼 한 것이다'라고 말한다(Singer 1990:227). 동물권에 관한 공리주의적 해석과 권리 기반 해석은 서로 다른 기본 전제로 시작하지만, 둘 다 오늘날까지 전적으로 보편적인 소극적 권리에 집중했다.

14 한 예로, 사폰치스의 주장에 따르면, '이 가장 불운한 [농장 및 실험실] 동물들이 현재의 고역에서 해방된 후 어떻게 대우받아야 하는가'라는 문제는 '현재보다 훨씬 더 나은 세상에서나 물어볼 수 있는 질문이다'(Sapontzis 1987: 83; Zamir 2007: 55 참조). 프란시온도 비슷한 견해를 내비치는데, 그는 동물 권리론이 현재까지 적극적 권리에 관해 '거의 언급하지 않았'으며, 비인간에게 인격성을 부여한다면 '제도화된 착취'는 즉각 종식되겠지만, '그 자체로는 각각의 비인간에게 주어질 권리의 범위를 특정하지 않는다'라는 점을 인정한다(Francione 1999:77). 우리는 '더 나은 세상'에 이러한 질문을 미루기로 한 결정이 지적, 정치적 마비 상태로 이어졌다고 본다.

15 모든 동물 권리론자가 가축화된 사육 동물의 소멸을 옹호하는 것은 아니지만, 지금까지 그 어떤 권리론자도 사육 동물과 우리의 관계를 규정하는 설득력 있는 적극적 권리론을 제시하지 않았다. 톰 레건은 '사육 동물의 경우에 큰 과제는 어떻게 상호 존중하는 공생 관계로 살아갈지 알아내는 것이다. 이렇게 하기는 매우 어렵다'라고 신중하게 진술한다(톰 레건 인터뷰, 날짜 미상 http://www.think-differently-about-sheep.com/Animal_Rights_A_History_Tom_Regan.htm). 버지스-잭슨은 우리가 반려동물에게 갖는 의무에 관한 해석을 제시하는데, 이는 5장에서 살펴볼 것이다.

16 실제로 일부 비평가들은 동물에 대한 적극적 의무라는 개념이 동물 권리론 접근법 전체를 무너뜨릴 수 있는 **논리적 모순**이라고 주장한다(Sagoff 1984).

17 전문가들은 인간과 개가 처음 반려 관계를 맺은 시기를 계속해서 더 이전으로 추정하고 있다. 이 관계는 다른 종의 가축화보다 수천 년 앞서 시작되었다. 시작 시기는 약 1만 5천 년 전이라는 게 오랫동안 정설이었다(돼지, 소 등 다른 동물들의 가축화는 지난 8천 년 동안 일어났다). 하지만 최근 연구는 인간과 개의 반려 관계가 4만 년에서 15만 년 이상 거슬러 올라갈 수도 있다고 한다. 이것이 사실이라면 인간과 개가 서로 가축화하는 과정에 참여하면서 공진화했음을 보여준다. 실제로 메이슨은 '적어도 지난 1만 5천 년 전부터 오늘날까지 개가 없는 인간 정착지는 거의 없었다'라고 주장하며 심지어 다른 동물을 가축화하지 않은 사회에서조차 개는 있었다고 말한다(Masson 2010: 51). Serpell 1996도 보라.

18 몇 가지 예를 보려면, 다음을 참고하라. http://www.naiaonline.org/body/articles/archives/animalrightsquote.htm; www.spanieljournal.com/32lbaughan.html; http://purebredcat-breedrescue.org/animal_rights.htm; http://people.ucalgary.ca/~powlesla/personal/hunting/rights/pets.txt

19 '인간과 동물이 서로의 이익에 영향을 줄 수 있는 다양한 사회적 관계와 관행을 고려하면 복잡하고 차별적인 도덕적 상황들이 드러난다'라고 한 벤튼의 발언을 참고하라(Benton 1993 : 166). Midgley 1983, Donovan and Adams 2007도 참조하라.

20 동물 권리론 비평가들은 상황, 관계, 공동체마다 다른 동물 윤리 개념을 요구하는데, 이 요구가 보편적 기본권을 강조하는 동물 권리론을 **보완**하려는 의도인지(Burgess-Jackson 1998; Lekan 2004; Donovan 2007) 아니면 **대체**하려는 의도인지(Slicer 1991; Palmer 1995s; Luke 2007)에 따라 구분된다.

21 팔머는 최근 저서에서 그의 관계적 접근이 동물 권리론과 양립할 수 있고, 동물 권리론의 확장으로 볼 수 있다고 제안한다. 우리는 6장에서 팔머의 수정된 견해를 논의할 것이다.

22 동물 문제를 응용 윤리에서 정치 이론 영역으로 전환해야 한다는 관련 요구는 Cline 2005를 참고하라.

23 시민권이 정치 철학의 핵심 개념으로서 부활하여 자유주의 대(對) 공동체주의 논쟁을 중재하고 극복하는 역할을 하고 있다는 점에 관해서는 Kymlicka and Norman 1994를 참고하라.

2 동물의 보편적 기본권
Universal Basic Rights for Animals

1 피터 싱어는 '동물권' 분야의 기초를 다진 학자 중 한 명으로 널리 알려져 있지만, 사실 그는 공리주의자이며, 따라서 인간이나 동물의 불가침 권리를 믿지 않는다. 그러므로 동물 대우 개선에 관한 그의 주장은 우리가 동물에게 주는 피해 대부분이 전체 선에 기여하지 않는다는 실용적 주장일 뿐, 더 큰 선에 기여하더라도 동물에게 해를 주는 것은 옳지 않다는 권리 기반 주장은 아니다. 권리 기반의 동물권 관점에서 싱어의 공리주의를 비판한 문헌은 Regan 1983; Francione 2000; Nussbaum 2006을 보라.

2 정치 철학이 공리주의 이론에서 권리 기반 이론으로 옮겨 간 것과 관련해 좀 더 상세한 설명은 Kymlicka 2002: ch 2를 보라.

3 불가침성이 절대적이지 않다는 점을 유의해야 한다. 인간과 동물 모두 불가침 권리가 예외적으로 제한될 수 있는 상황이 있다. 가장 명백한 예는 자기방어로, 우리는 심각한 폭행에서 자기를 보호하기 위해 공격자를 해치거나 심지어 죽일 권리를 인정한다. 또 다른 예는, 타인에게 즉각적 위협이 되는 치명적 전염병에 걸렸지만 자발적 격리를 거부하는 개인을 일시적으로 강제 감금하는 경우다. 다시 말해, 개인의 불가침 권리는 타인의 기본적 불가침 권리에 즉각적인 위협을 가하는 **극한 상황**일 때 (혹은 본인에게도 그러한 위협을 가할 때) 제한될 수 있다. 불가침 권리는 다른 이들의 더 큰 선을 위해 이용되는 것을 막는 '으뜸 패'이지만, 다른 이들을 해쳐도 되는 허가증은 아니다. 이는 인간의 경우에 충분히 익숙한 원칙이며, 다음 5절에서 동물의 불가침 권리를 제한해도 허용되는 경우를 다시 다룰 것이다.

4 예를 들어, Cavalieri 2001; Francione 2008; Steiner 2008을 보라. 톰 레건의 『동물권 옹호(The Case for Animal Rights(1983))』는 (싱어의 공리주의 접근법과는 대조적으로) 동물의 권리 기반 접근법을 체계적으로 설명한 첫 번째 책으로 널리 인용된다. 실제로 책 속 많은 주장이 불가침성을 지지한다고 볼 수 있다. 하지만 이 책에서 레건은 이러한 결론에서 물러나, 동물에게 권리가 있긴 해도 인간의 권리보다 좀 더 침해될 수 있다고 말한다. 그의 최근 작업이 강력한 권리 입장에 좀 더 일관적으로 전념하고 있다(예, Regan 2003).

5 이제부터 우리는 모든 쾌고감수능력이 있는 존재가 누려야 할 기본적 불가침 권리를 가리킬 때 보편적 권리, 기본권, 불가침 권리라는 용어를 섞어 쓸 것이다.

6 모든 동물 권리론자가 쾌고감수능력이나 자아를 불가침 권리의 근거로 인정하는 것은 아니다. Regan(초기 저서, 1983), DeGrazia(1996), Wise(2000) 등 몇몇 저자는 불가침 권리를 위해 기억, 자율성, 자의식과 같은 더 높은 수준의 인지적 복잡성이 있어야 한다고 (따라서 불가침 권리를 일부 '고등' 동물에 국한해야 한다고)

주장했다. 우리는 다음과 같은 이유로 '정신적 복잡성 한계치' 관점을 거부한다. 사실, 이 저자들 스스로 불가침 권리를 인지적 복잡성과 묶는 것에 양가감정을 보인다는 점에 주목할 필요가 있다. 예를 들어, 레건은 후기 저작에서 불가침 권리의 근거를 자아로 보는 입장으로 옮겨간다(Regan 2003). 그리고 Wise(2004)는 정신적 복잡성 주장이 인간 중심의 정신적 삶의 기준과 묶여 있는 것은 문제가 있다고 인정한다.

7 중증 지적 장애인의 인격성에 관한 에바 페더 키테이의 설명과 닮은 점에 주목하라. 복잡한 인지능력을 요구하는 철학의 인격성 개념에 반대하며, 키테이는 '우리는 앞에 있는 누군가를 볼 때, "누군가 집에 있다"라는 것을 안다. (…) 거의 근육을 움직일 수 없는 사람이라도, 익숙한 음악을 들었을 때 눈에서 보이는 반짝임이 인격성을 증명한다. 중증 장애인에게 친밀한 돌봄 제공자가 다가올 때 살짝 위로 올라가는 입술 또는 향수 향기에 반응해 짓는 기쁜 표정, 이 모든 것이 인격성을 증명한다'라고 주장한다(Kittay 2001 : 568).

8 이러한 종교적 논거는 때때로 동물 학대 혐의로 기소된 사람들이 내세우는 근거다. Sorenson 2010: 116을 참고하라.

9 최근에 어류가 통증을 느낄 가능성을 지지하는 새로운 연구가 추가되었다. Braithwaite 2010을 보라. 이 책에는 통각(통증 수용체가 척수로 부상 정보를 보낼 때 촉발되는 무의식적 반사 반응)과 뇌의 통증에 대한 주관적 쾌고감수능력 경험 차이를 다룬 매우 유용한 논의가 들어있다. 어류는 쾌고감수능력이 없다고 생각되었지만, 브레이스웨이트가 지적했듯이, 이는 누구도 실제로 이 문제를 연구하지 않았기 때문이다. 2003년이 되어서야 어류가 느끼는 고통에 관한 첫 연구가 수행되었다! 과학 연구가 근거 없는 편견을 대체하면서, 동물의 쾌고감수능력 증거가 계속 늘고 있다.

10 이 반론의 변형된 버전은 권리 보유자로 인정받기 위해서는 이성적 선택 능력이 있어야 한다고 주장한다. 왜냐하면 X에 대한 권리를 보유한다는 것은 단지 X를 할지 말지 선택할 권리를 보유한다는 의미이기 때문이다. 이는 종종 권리의 '선택 이론' 또는 '의지 이론'으로 불린다. 이 이론은 한때 영향력이 있었던 권리 이론이지만 이제는 널리 거부되고 있다. 왜냐하면 이 이론은 동물권뿐만 아니라 아동, 일시적 무능력자 또는 미래 세대도 권리가 있다는 개념을 불가능하게 하기 때문이다. 또한 투표가 의무인 관할 구역에서 우리가 투표할 권리가 있다는 개념을 이해할 수 없게 만들 것이다. 그래서 오늘날 대부분의 이론가는 대안으로 권리의 '이익 이론'을 지지한다. 이 이론에 따르면 (조지프 라즈의 영향력 있는 공식에서) X가 권리 보유자라고 말하는 것은 X가 특정 행동을 수행하는 것을 간섭하지 않을 의무, 혹은 X를 보호할 의무를 타인에게 부과하는 데 X의 이익이 충분한 이유가 된다는 의미다(Raz 1984). 따라서 동물이나 아동, 또는 능력 없는 사람의 불가침 권리 보유 여부는 얽혀 있는 이해관계를 검토해야 알 수 있다.

11 스티븐 호리건이 말했듯이, 서양 문화에는 '비인간 동물에게서 경계를 위협하는 능력을 발견하면, 경계를 유지하도록 (언어와 같이) 인간을 정의하는 능력 개념을 계속해서 재정의한' 오랜 역사가 있다(Horigan 1998, Benton 1993 :17에서 인용).

12 가장 오래 지속되는 논의에 관해서는 Dombrowski 1997를 보라.

13 마찬가지로, 우리는 인간과 동물을 도덕 행위자나 도덕 수동자로 명확하게 분류할 수 있다는 개념을 거부한다. 도덕 행위자성은 종마다, 같은 종 개체마다 그리고 한 개체가 시간에 따라 다르게 갖는 일련의 능력을 포함한다. Bekoff and Pierce 2009, Hribal 2007, 2010, Reid 2010, Denison 2010를 참조하라. 이 문제는 5장에서 다시 다룰 것이다.

14 「스타트렉: 더 넥스트 제너레이션(Star Trek: The Next Generation)」의 팬들은 시즌 2의 에피소드 2화 '침묵만이 있는 곳'에서 엔터프라이즈호가 적어도 기술 측면에서는 연방보다 대단히 우월한, 나길럼으로 대표되는 종족에 사로잡힌 것을 떠올릴 것이다. 엔터프라이즈호 선원들은 미로에 갇힌 쥐 신세가 되고, 기본권과 존엄이 무시되는 상황에 깊은 모욕을 느낀다.

15 텔레파스는 단지 공상 과학 소설에 나올 뿐이지만, 그 존재는 지금까지 동물 실험을 옹호해 온 사람들조차 잠시 생각하게 한다. 마이클 A. 폭스의 1988년 저서 『동물 실험의 사례: 진화론과 윤리적 관점(The Case for Animal Experimentation: An Evolutionary and Ethical Perspective)』은 인간의 이익을 위해 동물을 이용할 권리를 정교하게 옹호하는 책으로 종종 인용된다(Fox 1988a). 하지만 우월한 외계 종이 인간 노예화에 그의 주장을 사용할 수 있다는 것을 깨닫자, 폭스는 그 주장을 거부했고(Fox 1988b) 이제는 강력한 동물 권리 입장을 옹호한다(Fox 1999).

16 벨처타운 주립학교 교장 대 사이케비츠(Superintendent of Belchertown v. Saikewicz) 370 Eastern Reporter 2d Series, 41, 7-35 (Mass. Supreme Court 1977). 이 판례와 유사한 동물권 사례들과의 관련성에 관한 논의는 Dunayer 2004 : 107; Hall and Waters 2000를 보라.

17 때로, 도덕적 위계에는 단지 두 계층만 있는 것이 아니라 존재의 대사슬이 있는 것처럼 보인다. 공리주의 철학자 웨인 섬너(Wayne Sumner)의 최근 진술을 생각해 보자. '쾌고감수능력(고통을 느끼는 능력)과 지성의 위계질서가 종의 도덕적 중요도를 결정한다. 영장류는 다른 포유류보다, 척추동물은 무척추동물보다 상위에 있다. 물개는 개, 늑대, 해달, 곰과 동급이고 소보다는 상위에 있다'(Valpy 2010 : A6에서 인용).

18 앵거스 테일러가 지적했듯이, 서머빌과 같은 인간 예외주의 옹호자들은 '단순히 인간을 보호하는 윤리적 견해에 동의할 수는 없을 것이다. 이들은 모든 인간을 도덕 공동체에 포함하는 것만으로는 충분하지 않고 동시에 비인간 동물을 모두 배제해야 하기 때문이다. 그리고 이것이 핵심인데, **인간 예외주의는 적어도 우리가 도덕 공동체에 누구를 포함하기를 원하는지만큼이나 누구를 배제할지 결정하는 견해이기 때문이다**'(Taylor 2010: 228, 원본에서 강조 표시). 이러한 유형의 인간 예외주의는 철학적으로 의심스러울 뿐만 아니라 실증적으로도 해롭다. 인간과 동물을 뚜렷하게 구별하는 사람일수록 이민자와 같은 인간 외집단을 비인간화할 가능성이 높다는 점이 증명되었다. 동물보다 인간이 우월하다는 믿음은 일부 인간 집단이 다른 집단보다 우월하다는 믿음과 실증적으로 상관관계가 있으며 인과적으로 연결되어 있다. 심리학 실험에서 참가자들에게 인간의 동물에 대한 우월성 주장을 들려주었을 때, 인간 외집단에 더 큰 편견을 갖는 것으로 나타났다. 대조적으로 동물이 가치 있는 특성과 감정을 지니고 있다고 인정하는 사람들은 인간 외집단을 평등하게 생각할 가능성이 더 높다. 인간과 동물 사이의 지위 구별을 줄이는 것은 편견을 줄이고 인간 집단 사이의 평등에 대한 믿음을 강화하는 데 도움이 된다(Costello and Hodson 2010).

19 실버스와 프랜시스에 따르면 '포용적인 인격성 개념은 충분히 포용적인 정의 개념이 구축된 후에 얻을 수 있지 이전에는 얻을 수 없다. 다시 말해, 인격성을 더욱 포용적으로 생각하는 법을 배우는 것은 정의를 구축하면서 점진적으로 얻을 수 있는 혜택이다'(Silvers and Francis 2009: 495-6). Kittay 2005a, Vorhaus 2005, Sanders 1993도 참고하라.

20 인간의 도덕 행위자성 능력이 인간의 불가침성(과 동물의 가침성)의 기반이라는 생각은 특히 왜곡된 것이다. 스티븐 클라크가 말했듯이, 이러한 주장은 우리가 우리와 다른 관점을 인정하는 능력을 가치 있게 여겨야 한다고 하면서도, 결론적으로는 우리가 다른 존재의 이익을 헤아릴 필요가 없다고 말한다. 다시 말해, '우리는 동물의 이익을 어느 정도 고려할 수 있기 때문에 동물보다 절대적으로 우월하다. 그러므로 동물의 이익을 고려하지 않겠다'라는 것이다(Clark 1984: 107-8; Benton 1993: 6; Cavalieri 2009b에 있는 논의도 참고하라).

21 이러한 생각은 대개 신의 섭리에 따라 인간에게 특별한 지위가 있다는 오래된 종교적 관념의 세속적 근거를 찾으려는 시도처럼 보인다. 성경에 따르면, 인간만이 불멸의 영혼을 소유하고 신의 형상으로 만들어졌으며, 신은 인간에게 동물에 대한 지배권을 주었다. 오직 인간만이 불가침 권리가 있다는 생각은 성경의 창조론을 믿는 사람들에게는 타당할 수 있다. 하지만 만약 권리의 도덕적 근거에 관해서 진화론과 일관된 세속적 설명을 추구한다면, 인간만 불가침 권리로 보호받아야 한다고 기대하거나 가정해서는 안 된다.

22 몇몇 독자는 자아와 인격성을 동일시하면 단어 하나를 잃게 될 것이며, 복잡한 인지 능력을 갖춘 '자아'의 하위 집합을 뜻하기 위해 '인격'이라는 단어를 남겨둘 만한 충분한 이유가 있다고 생각할 수 있다. 우리는 이에 동의하지 않는데, 살펴보았듯이 인격체와 자아를 명확히 구별할 수 있는 분명한 경계가 없기 때문이다. 하지만 이것이 우리 주장의 핵심은 아니다. 우리가 동물의 '인격성'을 언급하는 데 반대하는 사람에게는 '인격성'을 '자아'로 대체해도 의미나 논증에는 어떤 변화도 없을 것이다. 심지어 자아와 인격성을 구별하는 것이 유용할 때가 있다 하더라도, 단순히 이 구별만으로는 누가 불가침권의 소유자인지 결정할 수 없다는 것이 우리의 주장이다. 불가침권은 자아에 기반을 둬야 하지만, 다른 개념적 목적을 위해 인격성에 관한 설명이 필요할 수 있다고 말한 Garner 2005b를 참고하라.

23 마틴 벨은 비건 아웃리치 웹사이트(http://www.veganoutreach.org/insectcog.html)에서 이러한 문제들에 유용한 논의를 제공한다. Dunayer 2004: 103-4, 127-32도 참고하라.

24 우리가 뜻하는 과학적 이해란 주로 동물에 대한 통제된 실험이 아니다. 이러한 실험은 대부분 비윤리적이다. 우리가 뜻하는 과학적 이해는 세심한 관찰과 윤리적 상호 작용을 통해 얻는 동물에 관한 이해이다. 많은 연구자는 동물의 마음을 이해하는 최선의 방법이 동물에게 마음이 있다고 가정하고 실제로 그것이 드러나도록 돕는 윤리적 상호 작용을 통해서라고 믿는다. 사회학적 '상호작용주의(interactionist)' 이론은 마음과 자아가 다른 자아와의 관계에서 확립된다는 가정에서 시작한다. Irvine(2004), Myers(2003), Sanders(1993), 그리고 Sanders and Arluke(1993)는 이러한 상호작용주의 모델을 바탕으로 동물의 마음을 탐구했다.

25 이러한 딜레마를 잘 보여주는 「스타트렉: 더 넥스트 제너레이션」의 또 다른 에피소드가 있다. 시즌 1의 18화에서 엔터프라이즈호의 선원들은 멀리 떨어진 행성에서 '크리스탈 생명체'와 만난다. 종간 간극이 너무나 넓어서 '누군가 집에 있다'라는 것을 인식하는 것만도 어려운 문제여서 공존은 불가능했다. 선원들은 이 생명체가 사는 행성을 격리하고 상호 작용이 가능할 미래를 기다리기로 한다.

26 정의는 취약한 개체를 보호하는 것 이상이며, 다음 장들에서 정의의 다른 측면(예, 호혜성)을 논의할 것이다. 그러나 취약한 개체의 보호는 정의의 핵심 목표 중 하나이며(Goodin 1985 참고), 특히 기본권을 정당화하는 데 핵심적이다(Shue 1980 참고).

27 비슷한 대응에 관해서는 Baxter 2005와 Schlossberg 2007을 참고하라.

28 에코파시즘 혐의를 감수하는 것처럼 보이는 일부 극단적 생태주의자가 있다. 핀란드의 생태주의자 펜티 린콜라(Pentti Linkola)는 권위주의 정부가 친환경 생활을 강제해야 한다고 주장하며, 인권 개념에 반대한다(예를 들어, 그는 인구를 줄이는 수단으로 우생학 등 강제적 방법을 지지한다). 그의 견해에 관한 간략한 논의는 http://plausiblefutures.wordpress.com/2007/04/10/extinguish-humanssave-the-world/를 참고하라.

29 이미 언급한 바와 같이, 자아(인간과 동물)의 불가침성을 인정하는 것은 쾌고감수능력이 없는 자연에 대한 직접적(비도구적) 의무를 인정하는 것과 양립할 수 있다. 이 책에서는 쾌고감수능력이 없는 자연에 대한 직접적 의무의 본질을 탐구하지는 않을 것이다. 하지만 우리가 제시하는 이론이 동물에 대한 직접적 의무를 통해 자연 생태계에 광범위한 간접적 보호를 제공한다는 점은 중요하다. 6장과 7장에서 주장하듯이, 야생 동물과 경계 동물의 주권과 주민권을 인정하는 것은 인간 정착지의 확장과 서식지 파괴를 즉각적으로 견제하고, 현재 축산업에 사용되는 광대한 영토를 재야생화하고 주요 동물 이동 통로와 경로를 재건하는 데 설득력 있는 근거가 된다.

30 동물 연구자들이 연구 대상의 언어를 배우려는 노력, 그리고 (무심한 관찰 대신) 종간 의사소통을 확립하는 것이 어떻게 연구 대상을 이해하는 기초가 되는지는 Sanders 1993; Sanders and Arluke 1993; Horowitz 2009를 참고하라.

31 '생물계와 무생물계의 차이'를 무시하는 경향에 대한 비판은 Wolch 1998을 보라. 월치는 '인간뿐만 아니라 동물도 자기 세계를 사회적으로 건설하고 서로의 세계에 영향을 준다. (…) 동물은 자기만의 현실과 세계관이 있다. 즉, 동물은 객체가 아니라 주체다'라고 했다. 생태주의 이론은 이 사실을 무시하고, 대신 '동물을 환경에 대한 전체론적이거나 인간 중심적인 개념에 포함함으로써 동물의 주체성에 관한 질문을 피했다. 그리하여 대부분의 진보적 환경주의에서 동물은 객체나 배경이 되었다'(Wolch 1998: 121). 환경윤리학에서 '동물은 "환경" 또는 "비인간 세계" 속에 흡수된다. 하지만 도시환경윤리학에서 동물의 지위는 환경 전반에 관한 논의에 동물을 포함하는 것만으로는 충분히 고려되지 않는다'는 팔머의 주장도 참조하라(Palmer 2003a: 65).

32 최근 일부 저자들은 자기방어로 타인을 죽여도 된다는 일반적인 가정에 이의를 제기했다. 이러한 수정주의 이론가들에 따르면, 누군가가 우리의 생명을 즉각적으로 위협하더라도 그 위협이 **고의나 과실이 있을 때만** 죽이는 것이 허용된다. 만약 위협이 고의나 과실이 없다면 우리는 타인에게 죽임당할 의무가 있다는 것이다. 이러한 주장의 다양한 버전을 보려면 McMahan 1994, 2009; Otsuka 1994를 참고하라. 무고한 위협 앞에 순순히 죽임당할 의무가 없다는 우리의 상식적 직관에 대한 옹호를 보려면, Frowe 2008; Kaufman 2010을 참고하라.

33 구명보트 사례에서 어떤 사람은 희생을 자처하거나 추첨으로 결정하는 것을 선호하고, 다른 사람들은 나이(예, 살날이 가장 많이 남은 사람 구하기), 복지(예, 삶의 질이 가장 높은 사람 구하기), 의존성(예, 부양가족이 있는 사람 구하기), 사회 기여(예, 공동선에 이바지할 가능성이 가장 높은 사람 구하기), 공적(예, 훌륭한 삶을 산 사람 구하기) 등 다양한 기준으로 결정하는 것을 선호한다. 우리는 이 문제에 관해 특정 견해를 취하지 않으며, 다만 이러한 기준들이 불평등한 도덕적 지위나 기본권의 불평등을 증명하는 근거가 되어서는 안 된다는 점을 강조한다. 구명보트에서 노인이나 불치병 환자가 젊은이 대신 생명을 포기해야 한다고 생각할 수 있지만, 사회가 젊은이를 도울 의학 지식을 얻자고 노인을 실험하거나 젊은이의 이익을 위해 노인을 노예로 삼는 것은 도덕적으로 옹호할 수 없다. 구명보트가 아닌 정의의 여건에서는, 우리는 모두 똑같은 불가침 기본권이 있다. 비상 상황인 구명보트 사례를 일반화하는 오류에 관해서는 Sapontzis 1987: 80-1도 참고하라. 물론, 구명보트 사례에서 언급된 요소들은 부족한 의료 지원 접근 같은 분배적 정의에 관한 특정 문제와 관련이 있을 수 있다. 우리는 2부에서 분배적 정의의 문제를 다룰 것이다. 이러한 문제는 현재 동물 권리론(과 동물 권리론의 비판)에 없는, 동물-인간 혼종 정치 공동체 이론이라는 더 넓은 맥락 안에서만 해결할 수 있다.

34 현재 나온 모든 증거는 인간이 비건식으로도 번성할 수 있는 잡식동물이라는 점을 보여준다. 이것이 사실이 아니라면, 즉 인간이 생물학적으로 적절한 영양을 얻기 위해 고기를 먹어야 한다면, 이는 정의의 여건에 영향을 미칠 것이다(Fox 1999 참고). 5장에서 보겠지만, 식단 문제는 반려동물과 관련해서도 제기된다. 개는 고기를 먹지 않아도 생존하거나 번성할 수 있는 잡식동물이지만 고양이는 진정한 육식동물이고, 이는 반려동물의 식단에 관해 어려운 질문을 제기한다.

35 6장과 7장에서 논의하겠지만, 이와 관련된 한 가지 의무는 인간의 일상에서 동물이 입을 수 있는 의도치 않은 피해를 막는 것이다. 예를 들어, 동물에게 피해를 최소화하는 새로운 농작물 수확법을 개발하거나 도로나 건물 설계를 바꾸는 것이 있다.

36 이슬람 사회가 어떻게 인권을 포용할 수 있었는지는 An-Na'im 1990과 Bielefeldt 2000을 보라. 그리고 불교 사회의 사례는 Taylor 1999를 보라.

37 어떤 문화와 사회는 동물과 자연을 지배하려는 인간의 충동에 물들지 않았다고 생각할 수 있지만, 프레이저가 지적했듯이 '필요한 만큼만 취하는 선의를 가진 인간 사회는 존재하지 않았다'(Fraser 2009: 117).

38 에리카 리터가 지적했듯이, 행복한 농장 동물과 셰프의 모자에 있는 돼지가 기꺼이 인간의 소비를 위해 자기를 바치는 이미지 속에 옛 전략의 흔적이 남아 있다(Ritter 2009). Luke 2007도 참고하라.

39 Sorenson 2010: 25-7의 논의를 참고하라.

40 다시 말하지만, 이것은 인간과 동물의 경우 모두에서 동일하다. 토착민 사회에 인권 기준을 강요하는 것에 관한 논쟁에 대해서는 Kymlicka 2001a: ch.6을 참고하라.

41 엘더(Elder), 월치, 이믈(Emel)에 의하면, 미국의 주류 집단은 소수 집단이 동물을 다루는 방식을 '자신들의 렌즈를 통해' 해석함으로써 '이민자들을 미개하거나 비이성적이거나 짐승 같은 존재로 여기는 동시에, 자신들의 행동은 문명화되고 이성적이며 인도적인 것으로 규정한다'(1998: 82).

3 시민권 이론으로 동물 권리 확장하기
Extending Animal Rights via Citizenship Theory

1 일부 세계시민주의자는 이러한 사실을 인정하고 자기의 이론에 경계가 있는 자치 정치 공동체의 국가적 연대와 애착을 수용하려 한다. 이는 흔히 '뿌리내린 세계시민주의(rooted cosmopolitanism)'라고 한다(Appiah 2006). 이 관점에서 정의의 의무는 국경을 넘어 확장되지만, 타인을 정의롭게 대하는 것은 그의 국가적 자치에 대한 욕구의 정당성을 인정하는 것을 포함하고, 따라서 성원권을 규제하는 경계가 있는 자치 공동체의 존재를 배제하지 않는다(Kymlicka 2001b; Tan 2004). 우리가 이 책에서 전개하는 관점은 이런 종류의 뿌리내린 세계시민주의와 양립할 수 있다. 시민권 이론을 동물에게 확장하는 것은 전 세계적 정의의 의무와 정당한 뿌리내린 애착을 인정하는 것을 결합하는 프로젝트를 발전시키는 다음 단계로 볼 수 있다.

2 이 가능성을 언급한 몇 안 되는 사람 중 한 명은 테드 벤튼이다. 그는 시민권이 오직 참여와 사회적 낙인의 문제가 걸린 상황에서만 시민권이 의미가 있다는 이유로 '동물은 시민이 될 수 없다'고 일축한다(Benton 1993: 191). 앞으로 논의하겠지만, 시민권의 의미는 참여와 낙인을 넘어선다. 그렇지만 우리는 이 두 가지 기준에서도 동물이 실제로 시민이 될 수 있다고 주장한다.

3 '자유주의의 복음은, 적어도 민주주의적 버전들에서는, 영토를 포함한 국가가 왕조, 귀족, 정치 엘리트의 소유물이 아니라 인민에게 "속한다"는 메시지를 포함한다'(Buchanan 2003: 234).

4 롤스와 하버마스에게 공적 숙의(public deliberation)는 단순히 선호를 표현하거나 위협하고 협상하는 것이 아니라, 다른 사람들이 받아들일 수 있는 근거를 제시하는 것이다.

5 '그림을 그리거나 가리키기, 소리내기, 위아래로 뛰기, 웃거나 껴안기' 등(Francis and Silvers 2007: 325).

6 아르닐의 말처럼, 우리는 자율/독립/정의 대(對) 장애/의존/자선의 이분법을 '우리가 모두 생애 주기의 어떤 단계에 있는지에 따라, 세상이 어떤 차이에 더 잘 대응하도록 구조화되어 있는지에 따라, 다양한 방식과 정도로 다른 이들에게 의존적이기도 하고 독립적이기도 한 연속적인 스펙트럼'으로 대체할 필요가 있다(Arneil 2009: 234).

7 프랜시스와 실버스는 그들이 장애를 다루기 위해 개발한 모델이 동물에게도 적용될 수 있음을 인정한다. 이들은 이 모델이 '비인간 동물을 위한 개별적이고 주관적인 선 개념을 개발하는 데 사용될 수도 있다. 그러한 결과에는 어떤 불편함이나 위협도 없다. 일부 비인간 동물은 선호를 표현하고 사회적 대본에서 역할을 맡고, 우리는 여기에서 그들이 가진 선 개념을 망설임 없이 추론한다'라고 언급한다(Francis and Silvers 2007: 325). 하지만 이들은 동물로의 확장을 명시적으로 지지하는 것에서 한발 물러서며, 우리가 동물을

위한 대본을 작성할 수 있다고 해도 그들에게 정의 실현의 의무를 질 충분조건이 되지 않을 수 있다고 말한다(326). 우리는 다음에서 가축화로 발생한 상황이 사육 동물의 의존적 행위자성과 동료 시민권 관계를 가능하게 만들 뿐만 아니라, 우리에게 그렇게 해야 할 의무를 부여한다고 주장한다.

8 예를 들어, 대형 유인원이나 돌고래 같은 야생의 일부 동물 종은 많은 사육 동물이 갖추지 못한 인지 능력을 갖고 있을 수 있다. 그러나 더 나은 인지 능력이 있다고 해서 이들이 인간 정치 공동체의 시민이 되는 것은 아니다. 시민권은 상대적 지능에 따라 부여되는 것이 아니라, 도덕적으로 중요한 관계의 성원권을 바탕으로 부여된다. 지능이 매우 높은 많은 개체(인간과 동물)가 우리 공동체의 시민이 아닐 수 있고, 인지적 제한이 있는 많은 개체(인간과 동물)가 우리 공동체의 시민일 수 있다.

9 http://www.ciesin.columbia.edu/wild_areas/

10 고전 동물 권리론에서 동물의 행위자성이 간과되는 문제에 대한 비판은 Jones 2008; Denison 2010; Reid 2010를 보라.

11 네팔에서 호랑이에게 행한 노력에 관한 논의는 Fraser 2009: ch.10을 참고하라. 프레이저의 책은 '재야생화'가 단순히 '내버려두는 것'만으로 이루어지는 경우는 거의 없다는 점을 보여준다. 재야생화는 종종 사육 번식 프로그램, 동물 종과 식물 종의 재도입, 장기적 토지 이용 패턴의 변화, 개체군 수준의 세심한 관찰 등을 포함한다. 포식자 (재)도입의 윤리에 관해서는 Horta 2010을 참고하라.

12 근대주의적 공간 개념에서 동물의 위치를 논의하는 고전은 Bruno Latour(1993, 2004)의 저서이다. 다양한 적용 사례에 관해서는 Philo and Wilbert 2000의 에세이를 참고하라. 비둘기 사례에 관한 흥미로운 논의를 보려면 Jerolmack 2008을 참고하라. 그는 우리의 공간 개념이 특정 방식으로 진화하여 비둘기들이 정당하게 속한다고 여겨지는 곳은 어디에도 없다는 점을 보여준다.

4 동물 권리론의 사육 동물
Domesticated Animals within Animal Rights Theory

1 「브리태니커 온라인 백과사전(Britannica Online Encyclopedia)」, '가축화' (www.britannica.com/EBchecked/topic/16S592/domestication). 주목할 점은 사육 동물 범주에 해양 공원의 돌고래처럼 길들인 야생 동물이나 애완동물로 삼으려고 포획한 조류와 파충류가 포함되지 않는다는 점이다. 개별 야생 동물은 인간이 길들이고 훈련시킬 수 있지만, 이는 인간의 목적에 맞게 종의 본성을 바꾸고 기본적 필요 충족을 위해 인간에게 의존하게 만드는 선택 교배 프로그램과는 다르다. 우리는 6장에서 포획된 야생 동물을 다룬다. 야생화된 사육 동물, 즉 인간의 직접 통제를 벗어나 야생에 가까운 상태로 돌아간 개, 고양이, 말 등은 인간에게 적응한 경계 종과 함께 7장에서 다룬다.

2 팔머가 말했듯이, 여기에는 특히 교묘하게 해로운 측면이 있는데, 바로 공장식 축산이 가축화의 바탕인 사회성을 파괴한다는 점이다. '가축화의 토대는 관계다. 동물이 가축화된 까닭은 그들이 사회적으로 의사소통할 수 있고 서로 그리고 인간과 관계를 맺을 수 있었기 때문이다. 하지만 공장식 축산에서는 어떤 관계도 가능하지 않다'(Palmer 1995: 21).

3 말을 생각해 보자. 내연 기관이 발명되기 전까지 말은 운송과 노동력의 주요 원천이었다. (물론 자동차도 여러 문제를 낳았지만, 자동차가 말과 당나귀, 소의 해방에 한 역할을 잊어서는 안 된다.) 애나 슈얼(Anna Sewell)이 1877년 『블랙 뷰티(Black Beauty)』[한국에서 여러 판본으로 출간되었다]를 쓸 당시(이 시기는 '말에게는 지옥'으로 여겨졌다), 말들은 전통적 농장, 군대, 운송 분야뿐만 아니라 광산, 운하 등 많은 새로운 산업 분야에서 이용되었다. 그 수는 놀라울 정도다. 한 예로, 이 시기 런던에는 1만 채 이상의 (두 마리의

말이 이끄는) 이륜마차가 운행되고 있었다. 슈얼이 특히 우려했던 것은 이러한 동물의 학대였는데, 많은 말이 탈진과 학대로 마구에 묶인 채 죽었다. 하지만 이는 런던의 마차 이야기일 뿐이다! 게티즈버그 전투에서 3천 마리의 말이 죽었고, 제1차 세계대전에서는 8백만 마리나 죽은 것으로 추정된다. 가장 최근인 제2차 세계대전에서도, 현대적이고 기술이 뛰어나기로 유명한 독일 국방군조차 여전히 수송과 기타 필요의 75% 이상을 말에 의존했다(이 때문에 당시 독일 군사 전략가들은 점령지에서 말을 징발하는 일에 주력했다). 노동하는 말의 역사에 관한 흥미로운 시각을 보려면 Hribal 2007을 참고하라.

4 호혜/암묵적 동의 주장의 예는 Callicott 1992; Scruton 2004를 참고하라.

5 Tuan 1984. 투안의 책은 이제 오래되었고, 우리는 반려동물 유기에 관한 최신 통계를 알지 못한다. 하지만 명확한 패턴이 계속되고 있다. 귀여운 강아지나 고양이가 구매되거나 입양된 후, 커지고 다루기 힘들어지고 많은 관심이 필요하거나, 아이의 관심이 새로운 대상으로 옮겨가거나, 일상이나 여행 패턴의 변화로 동물의 존재가 불편해지거나, 건강이 나빠진 동물이 경제적 부담이 되면 결국 그 동물은 보호소로 보내진다.

6 반려동물 살해에 관한 통계 개요는 Palmer 2006을 참고하라.

7 저자인 우리도 좋은 의도는 있지만 무지한 사람 중 하나였다. 우리가 사랑스러운 개 코디와 생활을 시작한 초기 시절에는 코디의 사회적, 육체적 필요를 완전히 이해하지는 못했다. 코디는 자주 집에 혼자 남아, 우리가 직장에서 돌아오기를 몇 시간 동안 기다려야 했다. 그리고 매일 여러 차례 산책했지만, 그 시간은 코디가 진정으로 필요한 충분한 활동량에는 미치지 못했다. 시간이 지나면서 우리는 코디의 필요를 점점 더 잘 이해하게 되었지만, 초기에 그를 충분히 돌보지 못했던 시간을 되돌리고 싶다.

8 허리케인 카트리나와 그 여파로 4만~9만 마리의 반려동물이 죽은 것으로 추정된다. (사육 동물은 이 재난으로 수백만 마리가 죽은 것으로 추정된다.) 대략 1만 5천 마리의 반려동물이 구조 기관에 의해 구조되었고, 대부분은 새로운 가족에게 입양되었다. 대피 과정에서 관계 당국이 반려동물을 남기고 떠나도록 강요한 비극적인 사례도 다수 발생했다. 또한, 많은 사람이 뉴올리언스를 떠나라는 조기 경보를 무시한 이유는 반려동물을 버리길 원치 않았지만 함께 대피할 방안이 없었기 때문이다. 카트리나 사건은 사육 동물을 개별 보호자의 단독 책임으로 여기는 사고방식이 부적절함을 분명히 보여준다. 공동체는 사육 동물에게 집단적 책임이 있으며, 이들을 보호하는 공동의 기관과 제도가 필요하다(Irvine 2009; Porter 2008).

9 많은 동물 권리론자와 동물권 운동가는 프란시온의 견해에 동의한다. 리 홀은 '의존적인 동물을 더 만들기를 거부하는 것이 동물권 운동가들이 내릴 수 있는 가장 훌륭한 결정이다'라고 말한다(Hall 2006: 108). 존 브라이언트는 애완동물을 '단계적으로 완전히 멸종해야 할' 노예이자 수감자로 본다(Bryant 1990: 9-10, Garner 2005b: 138에서 인용).

10 캘리콧은 나중에 이 견해를 철회하면서, '이러한 생명체의 존재 자체를 비난한 것'이라고 인정했다(Callicott 1992). 하지만 그의 수정된 견해는 이미 존재하는 사육 동물에 대한 비난을 철회하면서 가축화의 역사적 과정에 대한 초기의 비난도 거두어들인다. 캘리콧은 이제 이러한 역사적 과정이 그다지 나쁘지 않았으며, 사육 동물이 먹이와 머물 곳을 얻는 대신 자기의 삶을 포기한 일종의 공정한 거래로 볼 수 있다고 주장한다. 이 점에서 캘리콧의 수정된 견해는 프란시온의 견해와 같은 가정을 가진다. 두 이론가는 가축화의 최초 과정의 옳고 그름을 현재 존재하는 사육 동물의 내재적 지위와 연결한다. 프란시온은 최초의 의도/과정이 비도덕적이었기 때문에, 우리가 이미 존재하는 생명체와 맺는 어떠한 관계도 필연적으로 오염되어 있다고 본다. 캘리콧의 수정된 견해는 원래의 의도/과정이 비도덕적이지 않았으며(이것은 '인간과 짐승 사이에 일종의 진화된 무언의 계약'이었으므로) 따라서 사육 동물이 계속 존재하는 것은 본질적으로 문제가 되지 않는다고 본다. 두 가지 견해 모두 가축화의 역사적 잘못이 사육 동물의 현재 또는 미래의 지위, 또는 우리가 그들과 맺을 윤리적 관계를 미리 결정할 수 있다고 보는 것 같다.

11 애완동물 멸종을 주장하는 발언은 스패니얼 품종 번식업자부터 순종 고양이 구조 단체, 사냥 애호가에 이

르기까지 여러 조직이 의도적으로 수집하고 유포한다. 이런 발언은 동물의 윤리적 대우를 바라는 사람들(PETA)과 미국 휴메인소사이어티(The Humane Society of the United States) 같은 동물권 단체들과 프란시온, 레건, 싱어와 같은 저명한 운동가들이 감추고 있다고 주장되는 '숨은 의도'를 폭로하는 데 (흔히 왜곡되거나 선택적인 방식으로) 사용된다. 우리는 1장의 주석 18에서 이를 인용했다.

12 프란시온은 자기의 입장을 '폐지주의(abolitionist) 접근법'이라고 부르는데, 이는 부분적으로 인간 노예제와 연관성을 드러내고, 노예제에 대한 적절한 대응이 개혁이 아닌 폐지임을 강조하기 위해서다. 그러나 그의 입장이 구별되는 지점은 사육 동물 노예제의 폐지에 그치지 않고 나아가 사육 동물을 멸종시켜야 한다고 주장한다는 점이다. 이는 명백히 인간 노예제에 대한 폐지론(abolitionist) 접근법에 없었던 주장이다. 이러한 이유로 우리는 프란시온의 접근법을 '폐지/멸종주의' 접근법이라고 부른다.

13 우리는 동물이 의도적으로나 의식적으로 자기 종이 영원히 이어지기를 바란다고 가정하지 않는다. 우리가 아는 한, 대부분의 동물은 자기 종의 미래를 깊이 생각하지 않는다. 그러나 스스로 결정할 자유가 주어진다면, 이들은 계속해서 번식할 것이다. 이는 종의 지속이라는 가치를 고민한 결과가 아니라 성적 본능과 쾌락과 유대감 추구에 대한 직접적 반응이다. 이들을 자유롭게 내버려두면 번식을 계속하고 양육을 경험하리라는 점을 고려할 때, 온정주의적 근거로 이러한 과정에 개입하려면 강력한 논거가 필요하다. Boonin 2003; Palmer 2006을 보라.

14 여기에서 우리의 입장은 존재와 비존재의 가치에 관한 일반적 주장과는 무관하다는 점에 주목하라. 100억 명의 인간이 있는 세계가 60억 명의 인간이 있는 세계보다 그 자체로 더 나은 것은 아니며, 이는 사육 동물의 경우에도 마찬가지다. 이 문제는 철학에서 뜨거운 논쟁거리이며, 이에 관해서는 Benatar 2006; Overall (출판 예정)을 참조하라. 우리의 입장은 세상에 더 많은 존재를 데려오는 것이 본질적으로 선하거나 가치가 있다는 생각에 기반하지 않는다. 대신 개별 동물에게 번식하는 것(또는 적어도 정당화될 수 있는 온정주의적 근거에 의해서만 번식 능력이 제한되는 것)이 이익이라는 점과 가축화의 역사적 잘못을 바로잡으려는 우리의 의무를 바탕으로 한다.

15 '동물에게 불완전한 자율성을 부여하는 것은 그들을 존중하지 않는 것이므로,' 사육 동물이 번식하도록 허용해서는 안 된다는 홀의 주장(2006: 108)은 분명 의도한 것은 아니겠지만, 우생학과 장애인 강제 불임 수술을 정당화하기 위해 사용되었던 과거의 주장들과 매우 비슷하게 들린다.

16 사육 동물이 '필연적으로 복종적'이라는 주장에 관해서는 Dunayer 2004: 119를 보라.

17 다음은 장애에 관한 문헌에서 자주 등장하는 주장이다. 장애인은 그들의 의존성 때문에 (따라서 그들의 필요가 충족되지 않을 가능성 때문에) 고통받을 뿐만 아니라, 의존성이 과장되기 때문에 (따라서 그들이 실제로 발휘할 수 있는 행위자성과 선택을 가능하게 하려는 노력이 이루어지지 않을 가능성 때문에도) 고통받는다. 키테이가 말했듯이 '충족되지 않은 의존성의 필요를 짊어지는 것과 실제로는 그렇지 않음에도 의존적인 존재로 잘못 여겨지는 것, 이 두 가지 모두 장애인을 완전한 사회적 참여와 번영의 가능성에서 밀어내는 역할을 한다'(Kittay, Jennings, and Wasunna 2005: 458).

18 이것은 벨랴예프(Belyaev) 박사와 그의 동료들이 러시아에서 40년에 걸쳐 수행한 은여우 실험으로 명백히 입증되었다(Trut 1999). 이들은 모피 농장에서 길들 가능성을 기준으로 여우들을 여러 세대에 걸쳐 선택했다. 즉, 각 세대에서 길든 정도가 높은 개체만 번식할 수 있도록 했다. 그 외에는 여우와 상호 작용하거나, 길들이거나, 훈련하거나 품종 개량하는 어떠한 노력도 하지 않았다. 실험이 진행되는 동안, 여우는 인간과의 관계에 완전히 길들었다. 게다가, 늘어진 귀, 두상과 무늬 변화, 그리고 그 밖의 다양한 가축화 특성 등 유년기의 특성이 함께 나타났다.

19 리처드 랭엄과의 인터뷰, Edge에서 2009년 8월 11일 게재, 출처: http://www.edge.org/3rd_culture/wrangham/wrangham_index.html.

20 절대적인 뇌 크기, 상대적인 뇌 크기, 그리고 지능 사이의 관계에 관해서는 상당한 논쟁이 있다. 진실이 무엇이든, 사육 동물과 자기 가축화된 인간은 같은 배를 타고 있다.

21 두나이어는 인간 사회에서 동물의 존재가 불가피하다는 점을 간략히 언급하지만, 이 사실이 사육 동물에게 어떤 의미를 갖는지 탐구하지 않는다(Dunayer 2004: 41).

22 공생적이고 협력적인 관계는 인간과 동물 사이뿐만 아니라 자연 전체에서 발견된다. 동물(과 식물)은 다른 종의 활동을 포함해 환경이 주는 기회에 계속해서 적응해 나간다. 이러한 공생 관계 중에는 상당히 흥미로운 형태의 협력이 있는데, 와이오밍과 몬태나에서 관찰된 큰까마귀와 코요테의 (그리고 늑대의) 사체 청소 관계가 그 예다. 겨울 동안 코요테는 큰까마귀의 시력을 활용한다. 두 동물은 겨울에 두껍게 쌓인 눈 속에서 탈진, 굶주림, 추위로 죽은 사슴을 먹이로 삼는다. 쌓인 눈을 헤치고 나가는 것은 코요테에게도 큰 부담이라서, 코요테는 하늘에서 큰까마귀가 사슴 사체를 발견하고 이들에게 위치를 알려주기를 기다린다. 반대로 여름에는 큰까마귀가 코요테의 후각에 의존한다. 큰까마귀는 덤불에 숨겨진 사체를 찾을 수 없어서, 코요테를 관찰하며 따라가 먹이를 찾는다. 언뜻 보기에 두 동물은 사체를 두고 경쟁하는 관계로 보이겠지만, 실제로는 서로 용인하고 심지어 서로 찾아다니며 상호 이익을 주고받는 관계를 유지한다(Ryden 1979; Heinrich 1999).

23 Budiansky 1999와 Callicott 1992를 보라.

24 인간 공동체가 괴물을 달래려고 가끔 인간 제물을 바치는 신화를 떠올려 보자. 이 관계에서 인간이 얻는 이익이라고 할 수 있는 것은 괴물이 공동체 전체를 삼키는 대신 한 명에서 그친다는 점이다. 하지만 우리는 이것을 윤리적 관계라고 부르지 않을 것이다. 인간이 이를 용인한다는 사실은 단지 그들의 선택지가 한정적이라는 것을 보여줄 뿐, 그 관계가 정당하다는 것을 의미하지는 않는다.

25 완전히 가축화, 즉 강제 감금과 번식이 개입되면, 동물의 동의나 합의는 흔적도 없이 사라진다. 강제 번식은 (대개 동물의 건강이나 수명 등에 직접 해를 끼치는 방식으로) 더 착취하기 유용한 존재를 생산하는 것뿐만 아니라, (인간을 피하려는 성향을 약화시켜) 착취에 더 순응하는 존재를 만들어내는 것이 목적이다. 이러한 맥락에서 동물이 착취에 순응한다는 자기 합리화는 전적으로 부당하다. 하지만 강제 가축화의 부정의를 거부하더라도, 강요되지 않은 공생적 관계가 실재한다는 사실을 잊어서는 안 된다.

26 톰 레건은 '사육 동물의 경우, 큰 과제는 어떻게 상호 존중하는 공생 관계로 살아갈지 알아내는 것이다. 이렇게 하기는 매우 어렵다'라고 말했다. http://www.think-differently-about-sheep.com/Animal_Rights_A_History_Tom_Regan.htm

27 기본적 필요의 기준은 다음 절에서 누스바움의 역량 접근법을 토대로 논의할 것이다.

28 '사육 동물은 야생에서 그들이 겪을 고통 이상의 고통을 겪도록 (…) 대우받아서는 안 된다'라는 비슷한 견해를 보려면 Rolston 1988:79을 참고하라.

29 반려동물의 경우, 적절한 비교 대상이 왜 야생인지는 불분명하다. 몇몇 야생화된 동물을 제외하면, 대부분의 사육 동물 종은 수 세기 동안 야생에서 살지 않았고, 야생에 적응하지도 않았다. 동물을 가족으로 입양해서 더 열악한 삶을 살게 해서는 안 된다는 데그라지아의 동기는 합리적으로 보인다. 하지만 비교하는 삶의 조건을 왜 야생으로 한정해야 하는가? 왜 비교 대상이 내가 입양하지 않았을 경우 길 아래편에 사는 천국 같은 가족(넓은 농장이 있고 많은 개와 개를 사랑하는 사람들이 항상 집에 있는)에 입양될 기회가 아닌가? 내가 개를 입양할 때, 이 개에게서 어떤 기회를 빼앗았는지 알 수 없다. 이 개는 계속 보호소에 머물렀을까? 아니면 천국 같은 가족에게 입양되었을까? 우리는 왜 비교하는 삶의 조건이 엄격한 한계치가 아닌 좀 더 간소한 한계치(야생에 적합하지 않은 동물의 야생에서의 삶)로 가정되어야 하는지 질문할 필요가 있다. 다른 이들의 선택지를 제한함으로써 발생하는 대안적 삶의 조건과 개별적 윤리적 의무에 대한 더 엄격한 개념은

Burgess-Jackson 1998을 보라. 또한 Hanrahan 2007도 참고하라.

30 자미르가 인정하듯이, 이러한 주장은 농장 동물이 질적으로 용인할 수 있는 삶을 몇 년간 살다가 도살되는 것을 옹호하는 사람들이 종종 내놓는다. 자미르는 이 주장을 동물의 삶에 왜곡된 목표를 투사한다고 보고 거부한다. 그는 이것을 '주어진 삶이 질적으로 합리적일지라도 불쾌한 삶의 형태로 태어나게 하는 것, 예를 들어, (질적으로 합리적인 생활을 제공할지라도) 희귀한 혈액형의 사람을 단지 나중에 헌혈자로 활용하려는 목적으로 세상에 태어나게 하는 것'을 막는 목적론적 제약(teleological constraint)이라고 부른다(Zamir 2007: 122). 그의 관점에서 보면, 농장 동물을 도살 없이 이용하는 것은 목적론적 제약을 존중하는 반면, 동물을 도살하는 것은 목적론적 제약을 위배하는 것이다. 자미르의 목적론적 제약에 대한 호소가 실제로 동물의 도살 없는 이용과 도살을 구별할 수 있을지는 분명하지 않다. 구별할 수 있더라도, 그의 주장은 여전히 구성원의 도덕적 요구를 포착하지는 못한다. 비존재를 도덕적 기준으로 삼는 주장의 한계에 관한 다른 논의는 Kavka 1982; McMahan 2008을 참고하라.

31 관계적 의무가 어떻게 개인 행위와 집단 행위 모두에서 발생할 수 있는지에 관한 논의는 Palmer 2003a를 보라.

32 실제로 가장 추상적인 수준에서 우리의 시민권 모델은 대체로 역량의 관점에서 설명될 수 있다. 우리가 반대하는 것은 누스바움이 역량 접근법을 전개할 때 바탕이 되는 공동체 이론이다.

33 누스바움이 공동체 성원권 대신 종 규범에 초점을 맞추는 것은 사육 동물과 야생 동물 모두에게 문제가 된다. 한편으로, 이것은 사육 동물 복지의 독특한 특성을 놓친다. 번영을 종 규범 관점에서 정의하는 것은 때때로 야생 동물에게 적합할 수 있지만, 사육 동물의 번영은 사실 종간 공동체에 의해 결정되기 때문이다. 다른 한편으로 누스바움의 설명은 우리와 야생 동물의 관계가 지닌 특성을 놓친다. 그의 설명은 우리가 사육 동물의 삶에 개입하는 것과 마찬가지로 야생 동물의 삶에도 개입할 수 있는 동등한 권리나 의무가 있다고 암시하기 때문이다. 우리는 반려동물에게 의학적 돌봄(인공사지 포함)을 제공하고 이들을 포식자에게서 보호할 의무가 있지만, 이 의무는 그들의 '종 규범'에서 비롯된 것이 아니다. 만약 이 의무가 종 규범에서 비롯된 것이라면, 이동 능력이 있는 야생의 개(예, 호주의 들개인 딩고)에게도 인공사지를 줄 똑같은 의무가 있다고 추론할 수 있을 것이다. 하지만 6장에서 논의하듯이, 우리는 모든 야생 동물에게 그러한 의무를 지지 않는다. 이는 다시 한 번 공동체 성원권의 도덕적 중요성을 보여준다. 공동체 성원권은 복지의 독특한 원천이자 '종 규범'으로 축약될 수 없는 의무를 만들어낸다. 우리는 야생 동물에 대한 누스바움의 개입주의 접근에 관해 6장에서 다시 살펴볼 것이다.

34 누스바움의 번영 개념이 종간 관계의 가능성을 배제하는 것은 아니다. 실제로 누스바움은 개의 종 규범이 '개와 인간 사이의 전통적 관계'를 포함한다고 (간략히) 언급한다(Nussbaum 2006: 366). 하지만 그는 종간 관계와 종간 공동체의 가능성을 깊이 탐구하지 않고, 대신 각 종이 '각자의 공동체에서' 생활하는 것을 전형적으로 이야기한다. 더욱이 인간-개 관계를 단순히 '종 규범'을 달성하는 관점에서만 바라보는 것은 잘못된 생각이다. 반려견의 역량과 번영을 증진하는 방식은 그들의 유전적 유산에 의해 전적으로 또는 미리 결정되지 않는다. 유전적 유산은 야생 개와 야생화 개와도 공유하는 것이다. 오히려 이는 반려견이 (유전적으로 유사한 야생/야생화 친척과는 달리) 혼종 공동체에 살고 있다는 사실에 따라 결정된다. 육성해야 할 관련 역량을 결정하는 것은 유전자가 아니라 공동체의 구성원이라는 사실이다.

35 2장에서 언급했듯이, 사람들이 이렇게 엄격히 구별 짓도록 사회화하는 것은 동물뿐만 아니라 이민자 같은 인간 외집단에 대해서도 편견을 불러일으킨다고 입증되었다(Costello and Hodson 2010).

5 사육 동물의 시민권
Domesticated Animal Citizens

1 이는 Rollin 2006의 암묵적인 가정으로 보인다. 롤린은 우리가 사육 동물에게 지는 관계적 의무를 이행하는 방식으로 피후견인권 모델을 지지한다. 버지스-잭슨(1998:178 n61)은 반려동물을 '도시와 도시 주변의 주민'으로 볼 수 있다고 슬쩍 의견을 내놓았지만, '주민권'에 어떠한 관계적 권리와 책임이 따르는지 설명하지는 않았다. 7장에서 우리는 주민권 개념이 도시와 도시 주변에서 우리 곁에 살지만 우리 공동체의 완전한 구성원은 아닌 **비사육** 경계 동물(예, 다람쥐, 까마귀)에게 적합하다고 주장한다. 그러나 이 장에서 사육 동물을 위한 정의에 있어서는 주민권이나 피후견인권이 아닌 시민권이 필요하다고 주장한다.

2 4장에서 논의한 한계치 관점이 (a)인간이 '모든 결정을 내릴 것'이고(zamir 2007: 100), (b)기준이 비존재 또는 비관계(non-relationship)라고 가정했기에, 이들은 기껏해야 일종의 피후견인권 모델을 옹호할 수 있을 뿐이다. 대조적으로 동료 시민권 모델은 동물이 스스로 표현하는 주관적 선에 응답하며, 인간-동물 공유 공동체에 성원권이 있다는 사실을 당연한 것으로 받아들인다.

3 롤스는 두 가지 도덕적 능력을 구분한다. 첫 번째는 선 개념을 형성하고, 수정하며, 추구하는 능력이다. 두 번째는 정의감을 느끼는 능력이다. 롤스는 우리의 목록에 있는 세 번째 능력을 명확히 언급하지 않았지만, 도덕적 능력에 관한 그의 두 번째 설명과 시민이 '공적 이성'을 발휘할 수 있다는 그의 가정 속에 암묵적으로 들어 있다. 하버마스의 이론과 같은 다른 현대 이론은 법의 공동 저술에 참여할 능력에 초점을 맞추며, 암묵적으로 앞의 두 가지 능력을 전제한다.

4 여성, 소수 인종, 하층민 집단이 역사적으로 시민 지위를 거부당했다는 것을 잊지 말아야 한다. 이들은 시민이 되기에는 지나치게 어리석고, 주관적 선을 표현할 권리나 집단적 결정에 참여할 권리가 없다는 주장에 근거해 영구적인 피후견인 지위에 갇혔다. 시민권을 갖기에 지적 능력이 부족하다고 여겨진 방대한 인간 집단에게 피후견인권을 행사하는 것은 이른바 백인의 짐(white man's burden)이었다.

5 이러한 시민권 투쟁에 관한 유용한 역사/개요 문헌으로는 Prince 2009(캐나다), Beckett 2006(영국), Carey 2009(미국)를 참조하라.

6 Benton(1993: 51)을 보라. 벤튼은 '사회성, 행동 적응력, 의사소통 방식에서 인간과의 유사성, 또는 생태적 생존 조건에서 인간과의 상호 의존성(또는 둘 다)이 가축화의 전제조건이지, 단순히 가축화의 결과가 아니'라고 강조한다.

7 생명윤리학 문헌에서는 흔히 의학 치료에 대한 '정보에 입각한 동의(informed consent)'라는 이성주의적 개념과 인지적 요구 수준이 낮은 '승낙(assent)' 개념을 구별하고, 일부 개인에게는 정보에 입각한 동의가 불가능하더라도 승낙이 여전히 의미가 있을 수 있음을 인정한다.

8 프랜시스와 실버스가 인정했듯이, 의존적 행위자성 이론은 중증 지적 장애인의 특징인 계획 수립, 애착 형성, 신뢰 판단의 어려움 같은 여러 과제를 다루어야 한다. 일부는 이러한 어려움 때문에 중증 지적 장애인의 선에 관해 진정으로 개인화된 대본을 개발할 가능성이 줄어들며, 따라서 '평생 지적 장애를 가진 사람을 위한 선은 객관적인 선, 즉 그들이 발휘할 수 있는 기본 수준의 핵심 역량을 갖추게 하는 것'으로 생각한다(Francis and Silvers 2007: 318-19, 누스바움의 견해에 근거함). 두 저자의 논문은 이러한 반론에 대응하려는 노력의 연장선에 있다.

9 도덕과 정치 철학이 (그리고 일반적으로 사회가) 중증 지적 장애인의 도덕적 역량과 영향을 간과하는 방식에 관해서는 Kittay 2005a를 보라. 클리퍼드 또한 중증 지적 장애인의 신체적 존재가 참여의 한 형태가 되는 방식을 서술한다. 그는 이러한 존재가 통제할 수 없고, 불협화음을 내며, 혼란을 일으켜 '잘못된 가정에 맞서고 새로운 대화의 길을 열 수 있다'라고 말한다(Clifford 2009).

10 장애인을 단순히 장애의 분류에 따라 대우하는 대신 자기만의 독특한 주관적 선과 고유한 역량을 지닌 개인으로 보는 것의 중요성은 장애 관련 문헌에서 반복되는 주제다. 이는 흔히 시민권 접근법의 독특한 이점으로 여겨지는데, 우리로 하여금 장애가 아니라 사람을 보게 한다. 예를 보려면 Carey 2009: 140, Satz 2006, Prince 2009: 208, Vorhaus 2006을 참고하라.

11 케리는 지적 장애인의 권리를 다룬 자신의 책에서 같은 결론을 내린다. 즉, 우리는 모두 권리 행사에 도움이 필요하다. '시민은 권리를 주장하고 행사하는 데 있어 다양한 수준의 지원을 주고받는 관계 속에 있다. 그래서 우리가 상호 작용하는 관계와 사회 제도가 장벽을 세울 때 참여와 권리 행사에 불이익을 받고, 이들이 우리의 참여를 지원할 때 참여와 권리 행사에서 이익을 얻는다'(Carey 2009: 221). 중증 지적 장애인이 이에 관한 명확한 예지만, 이는 모든 시민이 기억해야 할 가치 있는 교훈이다.

12 인간과 반려견에 관한 연구에서, 샌더스는 인간의 '주의 기울이기(doing mind)' 과정을 설명한다. 이는 '반려동물의 주체적 경험을 발견하고 목소리를 부여하는 행위자'로서 행동하는 과정이다(Sanders 1993: 211). 이러한 구성 과정은 일상적인 의식과 지속적인 상호 작용에서 이루어진다. '반려인과 반려견은 지속적으로 활동, 감정, 일상을 공유한다. 이러한 자연스러운 의식을 조율하려면 인간과 반려동물은 상대의 관점을 헤아려야 하며, 그 결과 적어도 반려인의 눈에는 확실히, 그리고 겉으로 보기에는 반려견도, '함께' 있음을 상호 인식하게 된다(Sanders 1993: 211).

13 여기에서 도우미견의 이용이 언제 착취의 형태가 되는지는 다루지 않는다. 이 질문에 관해서는 나중에 다시 논의할 것이다.

14 무고한 동물 옹호 운동가를 보호하려고 이름과 장소를 바꾸었음을 참고하길 바란다.

15 Bekoff and Pierce 2009, Bekoff 2007, de Waal 2009, Denison 2010, Reid 2010을 보라. Sapontzis(1987)는 일찍이 도덕 행위자성이 종 내외에 걸쳐 나타나는 연속적 스펙트럼이라고 주장했다.

16 야생 돌고래가 위험에 빠진 인간을 구하려고 안전한 곳으로 밀어내는 예가 많다(White 2007). 실제로 돌고래는 인간을 돕는 것으로 유명해서, 소설가 마틴 크루즈 스미스는 현대 러시아 사회의 '도덕적으로 뒤집힌' 특성을 한 쌍의 돌고래가 러시아인을 안전한 곳에서 위험한 곳으로 밀어내는 것으로 비유하기도 했다(Smith 2010: 8).

17 이것은 인간과 동물 모두에게 놀이가 기능하는 방식의 한 측면일 뿐이다. 이외에도 순수한 즐거움은 말할 것도 없고, 유용한 생존 기술을 배우고, 신체 건강을 유지하며, 사회적 유대를 증진하는 등 많은 기능이 있다.

18 마크 트웨인(Mark Twain)이 '인간은 얼굴을 붉히는 혹은 그럴 필요가 있는 유일한 동물이다'라고 말한 것은 유명하다. 하지만 갯과 동물도 얼굴을 붉힐 능력과 필요를 공유하는 것으로 보인다.

19 개와 인간의 특별한 관계에 관한 탐구와 우리가 상호 이해와 협력을 위해 공진화했을 가능성에 관해 점차 늘어나는 증거는 Masson 2010을 보라. Horowitz 2009도 참고하라.

20 버나드 롤린은, 우리는 반려동물에게 최선의 이익이 무엇인지 항상 알 수는 없고(예를 들어, 어떤 종류의 훈련이 강압적이지 않고 즐거운지), '이와 비슷한 여러 질문에 답할 수 있을 때까지 우리는 반려동물을 위한 피후견인권 모델로 나아갈 수 없다'고 말한다(Rollin 2006: 310). 이를 우리의 방식으로 달리 표현하자면, 반려동물을 위한 시민권 모델을 채택하기 전까지 우리는 반려동물에게 최선의 이익이 무엇인가라는 질문에 답할 전제조건과 태도를 갖추지 못할 것이다.

21 어떤 독자는 앞서 우리가 과학적 연구와 동물 행동에 관한 개인적인 일화를 섞어 설명하는 방식을 우려할 것이다. 일부 동물 애호가가 반려동물의 행동을 지나치게 의인화하여 해석하는 경향은 잘 알려져 있으며,

우리는 이러한 투사에 유의할 필요가 있다. 그러나 사회학 연구에 따르면, 인간은 반려자의 마음에 관해 오랫동안 관찰하여 진정한 통찰을 얻을 수 있는 최적의 위치에 있으며, 반려동물의 정신 상태를 해석할 때도 반려자를 해석할 때와 마찬가지로 지속적인 수정과 개선 과정을 거친다. 샌더스와 알루케의 말처럼, '일상적으로 비인간 동물과 상호 작용하는 사람이 동물 타자(animal-other)의 의도를 정의하고 내면 상태를 판단하는 데 사용하는 증거는, 일상에서 인간 대 인간 상호 작용의 상호 주체적 증거로 사용할 수 있을 만큼 설득력이 있다. (…) [그리고 이것은] 적어도 행동주의적 또는 본능주의적 가정에 전제된 인과적 설명만큼이나 강력하다'(Sanders and Arluke 1993: 382). 반려동물에 대한 우리의 투사는 증거에 따라 개선될 필요가 있지만, 애초에 투사하려는 의지가 학습의 가능성을 열어준다. '반려동물이 사회적 상호 작용에서 의식을 가진 상대라는 점을 인정해야만 그들의 관점과 행동을 분석하고 이해하게 될 것이다'(Sanders and Arluke 1993: 384). '동물이든 인간이든 타자와의 가까운 친밀감은 효과적인 선생님이다' (Sanders 1993: 211). 또한 Horowitz 2009를 참조하라.

22 4장 3절에서 장애인이 의존성(따라서 이들의 필요가 충족되지 않을 가능성)뿐만 아니라 의존성에 관한 과장된 인식(따라서 장애인의 행위자성과 선택을 가능하게 하는 노력을 하지 않을 가능성)으로 인해 고통받는다는 논의를 떠올려 보자. 사람들은 흔히 개와 고양이가 인간 아이의 지능을 가졌다고 말한다. 그러나 동물 옹호 운동가는 이런 비교에 종종 반대하며, 이는 당연하다. 이러한 비교는 동물의 독립적 행위자성을 행사할 능력과 성체의 능력과 경험을 과소평가하거나 제대로 볼 수 없게 하기 때문이다. 하지만 이는 이야기의 일부일 뿐이다. 동물은 완전히 성장한 상태로 세상에 나오지 않는다. 동물도 어린 개체는 인간처럼 극도로 취약한 시기를 보내며, 광범위한 돌봄이 필요하고, 점진적으로 공동체로 사회화된다. 따라서 모든 동물을 인간 아이와 비교하는 것은 부적절하지만, 기본적인 사회화 문제와 관련해 어린 개체를 종을 떠나서 비교하는 것은 적절하다.

23 수십 년 동안 아프리카 코끼리를 관찰한 조이스 풀은 이렇게 말한다. '나는 코끼리 새끼가 "훈육"받는 것을 본 적이 없다. 보호받고 위로받고 달래지고 안심시켜지며 위험에서 구해지는 건 봤지만 벌 받는 모습은 없었다. 코끼리는 놀랄 만큼 긍정적이고 사랑이 넘치는 환경에서 자란다. 어린 코끼리나 가족 구성원이 다른 코끼리에게 잘못을 저지르면 많은 의견과 논의가 뒤따른다. 잘못을 당한 코끼리가 위로 받는 소리는 화해의 목소리와 섞여 있다'(Poole 2001).

24 인간의 무지함이 드러나는 한 가지 사례는 '무리'의 우두머리 자리를 차지한 인간이 개를 지배해야 한다는 시각이다. Horowitz(2009)와 Peterson(2010) 등이 지적했듯이, 갯과 동물의 사회적 구조는 혈연관계가 있는 구성원으로 이루어진 상대적으로 안정적인 **가족**을 바탕으로 하지, 혈연관계가 없는 구성원이 유동적으로 모인 **무리**에 기반하지 않는다. 불안정한 무리 구조에서는 대개 위협적인 걸음걸이, 과시, 신체적 위협, 때로는 폭력으로 지배권을 끊임없이 시험하고 주장한다. 이는 가족 구조에서 부모-자식, 연장자-연소자, 형제자매 관계에 내재한 권위의 특성과는 크게 다르다. 이러한 가족 구조 내 권위는 대체로 의문시되지 않으며, 지배를 통해 지속적으로 주장될 필요가 없다.

25 가축을 실은 트럭이 고속도로에서 뒤집혀 돼지, 소, 닭이 쏟아져 나올 때처럼, 동물이 감금된 곳에서 탈출해 그들의 통제할 수 없는 존재를 드러낼 때 우리는 깊은 혼란을 느낀다. 오아인 존스는 이렇게 동물이 '제자리를 벗어난' 순간에야말로 동물이 우리의 윤리적 초점 속에 들어오고, 단지 한 종으로서가 아니라 구체적인 개체로 볼 수 있게 된다고 주장한다(Jones 2000).

26 '최소 제한 환경(least restrictive environment)' 원칙을 향한 장애 운동의 투쟁은 Carey 2009를 보라. 특정 시점에 한 영역에 온정주의적 제한이 필요하다고 해서 다른 모든 영역에 걸친 광범위하거나 지속적인 제한이 정당화되는 것은 아니다

27 도시 계획이 학계와 실무 모두에서 그들의 결정이 동물에 미치는 영향을 고려하는 데 거의 완전히 실패한 점에 관해서는 Wolch 2002; Palmer 2003a를 보라.

28 말과 관련해서도 이동성 문제가 발생한다. 말은 많은 상황에서 현실적으로 가능한 공간보다 더 많은 공간이 필요하다. 하지만 앞서 언급했듯이, 말은 재야생화라는 선택지가 앵무새나 금붕어보다 더 실현 가능하며, 멸종주의 접근법을 채택하기 전에 이 선택지를 추구할 의무가 있을 것이다. 대부분의 '애완용' 파충류, 양서류, 어류, 조류는 사육 동물이 아니라 포획된 야생 동물임을 주목하라. 이에 관해서는 6장과 7장에서 논의한다. 이 장에서는 여러 세대 동안 가두어져 사육되면서 인간에 대한 두려움이 없어지고 야생에서의 생존 적합성을 잃어버리는 등 오래 가축화된 동물이 대부분 보여주는 특성을 나타내기 시작한 동물 종을 다룬다.

29 '애완동물 출입 금지'와 '아동 출입 금지'를 비교하는 것은 흥미로울 것이다. 어떤 리조트나 여관은 아동 출입 금지를 명시하며, 휴가를 즐기는 사람에게는 성인 전용 환경을 선택할 합당한 이유가 있을 것이다. 비슷한 논리로 애완동물을 금지하는 여관이나 리조트도 있을 수 있다. 그러나 아동 출입 금지 규칙이 특정 상황에서 적절하다고 해도, 이러한 규칙은 아동이 사회의 완전한 구성원이며 일반적으로 공공 공간에서 환영 받는다는 규범의 예외라는 전제에 기반한다. 이 전제가 동물의 경우에는 없다. (두 경우에서 중요한 차이는 일부 사람이 개나 고양이 알레르기 반응으로 고통을 겪는다는 점이다. 비록 이것이 동물 혐오의 변명으로 오용될 수 있을지라도, 시민권 모델은 공공 공간을 조성할 때 사육 동물의 완전한 성원권을 유지하면서도 알레르기 있는 사람에게 충분한 선택지를 주는 방식으로 협상해야 할 것이다.)

30 우리는 인간의 경우 적용되는 기소와 처벌의 이유가 동물의 경우에는 적용되지 않을 수 있다는 Francione 2000: 184의 의견에 동의한다. 하지만 프란시온은 동물을 고의나 과실로 죽인 인간을 기소할 가능성을 너무 성급하게 축소한다.

31 국가가 자국 시민에게 특별한 책임을 지고 있다는 사실은 특정 법률 해석에 영향을 줄 수 있으며, 특히 상해나 사망에 이르게 하는 과실의 경우 그러하다. 피해를 막도록 합리적인 예방 조치를 취할 의무는 인간이 야생 동물이나 경계 동물과 맺는 예상할 수 없는 상호 작용보다는, 우리 공동체의 영구적인 일부인 사육 동물과의 관계에서 더욱 엄격하게 적용될 가능성이 높다.

32 재난 발생 시 동물 구조 논의는 Irvine 2009를 참고하라. 흥미롭게도, 소방 구조대원은 도시 설계자나 사회복지사 같은 다른 많은 직종과는 달리, 동물을 고려하는 것으로 보인다(Ryan 2006).

33 이것은 향후 교배에 대한 의문과 그 과정을 되돌릴 가능성을 제기한다. 교배 관행으로 양은 스스로 털갈이할 수 없을 뿐만 아니라, 늘어난 피부와 털의 부피로 인해 기생충과 질병에 취약하다. 다른 품종의 양을 섞어 점차 이 과정을 되돌리는 것은 우리의 책임이지만, 오래 걸릴 것이다. 양을 불편하게 만들고, 건강에 해롭거나 질병에 취약하게 만드는 교배 관행은 되돌려야 하지만, 양들이 털을 깎는 데 인간에게 의존한다는 단순한 사실이 문제가 되는지는 불분명하다. 어쨌든 우리가 양에게 자기 짝과 교배할 기회를 마련한다고 가정할 때, 미래의 교배 결과는 우리의 손에만 달린 것이 아니다. 인간은 일반적인 매개변수(예, 짝의 다양성을 위해 무리를 섞는 것)를 설정할 수 있지만, 양이 진화하는 미래 방향은 엄격한 인간의 통제가 아닌 양과 인간 모두의 선택을 통해 펼쳐질 것이다.

34 팜생추어리의 비이용 철학 논의는 http://farmsanctuary.typepad.com/sanctuary_tails/2009/04/shearing-rescued-sheep.html를 보라. 두나이어는 '공정하게 말하면, 비인간에게 속한 것을 인간의 재산으로 다룰 권리가 없다. 비인간은 그들이 생산하는 것(달걀, 우유, 꿀, 진주 등), 그들이 짓는 것(둥지, 나무 그늘, 벌집 등), 그들이 사는 자연 서식지(습지, 숲, 호수, 바다 등)를 소유한다고 보아야 한다'고 말한다(2004: 142). 우리는 동물이 생산하는 것이 그들에게 속한다는 점에는 동의하지만, 그렇다고 동물 생산물의 공정한 이용에 관한 논의가 원천적으로 불가능한 것은 아니다. 시민은 자기에게 속한 것에 대해 세금을 내고, 타인에게 속한 것을 이용하거나 모두에게 공동으로 속한 것을 유지하기 위해 협력한다. 동물의 생산물이 그것을 생산하는 동물에게 속한다는 점을 인정한다고 해서 반드시 '이용 불가'로 이어지는 것은 아니다. 오히려 이용은 시민권의 공정한 제도의 일부이자 사회생활에서 주고받음의 일부로 정당화되어야 한다.

35 창의적인 방법으로 기여하는 사례도 있다. 야생 무대에서 공연되는 작곡가 R. 머리 셰이퍼(R. Murray Schafer)의 작품에 자발적으로 참여하는 (사육 또는 야생) 동물을 생각해 보라. 셰이퍼의 음악은 늑대, 엘크, 새, 인간 참가자의 반려견이 자연스럽게 참여도록 유도한다. 셰이퍼의 늑대 음악(Wolf Music)의 예는 http://beta.farolatino.com/Views/Album.aspx?id=I000393를 보라.

36 이러한 문제에 관한 흥미로운 성찰을 보려면 캘리포니아주에 있는 검은닭농장(Black Hen Farm)의 웹사이트를 방문하라. 이들은 자기들이 돌보는 닭이 낳은 달걀을 파는 것이 왜 윤리적이라고 생각하는지 설명한다. http://www.blackhenfarm.com/index.html.

37 양과 마찬가지로, 이 사실은 젖소의 선택 교배가 건강에 미치는 해로운 영향을 되돌리기 위해 인간이 어떤 노력을 기울여야 하는지 생각해보게 한다.

38 어떤 상황에서는 소떼 방목이 더욱 실용적일 수 있다. 예를 들어, 오스트리아 동부의 노이지들러호 지역에서 방목하는 헝가리 회색소는 대부분의 먹이를 풀을 뜯어 해결한다. 이러한 풀 뜯기는 목초지를 파괴하는 것이 아니라, 오히려 짧은 풀 목초지 생태계와 그곳에서 번성하는 야생 동식물을 유지하는 데 핵심적 역할을 한다(Fraser 2009: 91).

39 소와 돼지가 자연사한 후 그들의 피부를 이용하는 것과 관련해서 또 다른 '이용' 문제가 있다. 우리는 동물의 식단 부분에서 동물의 사체 대우 문제를 다룰 것이다.

40 염소 우유 판매의 정당화 논리에 관해 테네시주 피아스코팜(Fias Co Farm)의 웹사이트를 보라. http://fiascofarm.com/Humane-ifesto.htm 이 농장은 절대 염소를 죽이지 않고, 어린 수컷 염소를 기를 가정을 찾는다.

41 말의 상황은 훨씬 더 미심쩍다. 말은 일반적으로 '길들여지기' 전까지, 즉 이들의 기본권을 침해하는 광범위하고 강압적인 훈련의 대상이 될 때까지 재갈과 마구, 기수를 거부한다. 인간의 말 이용이 마구를 씌우거나 타는 것을 벗어나지 않는 한(반려동물로 기르거나 방목하는 것을 빼면 대부분의 이용이 그러하다), 이러한 이용은 시민권의 기준을 통과하지 못할 것이다.

42 이는 자연스럽게 동물 동료 시민을 위한 의료적 돌봄의 수준에서 정의가 요구하는 바가 무엇인지에 대한 질문을 던진다. 언제나 그렇듯이, 여기서도 해답은 부분적으로 인간의 경우 정의가 요구하는 것이 무엇인지에 달려 있다. 의료에서 정의는 역량 이론가의 주장처럼 모든 이가 특정 핵심 '기능'을 달성하도록 요구하는가? (그렇다면 어떤 기능인가?) 혹은 "충분주의(sufficientarian)" 이론가의 주장처럼 특정 수준의 기본 복지를 달성하는 것이 목표인가? 혹은 '운평등주의(luck egalitarian)' 이론가의 주장처럼 복지 기회의 불평등을 해소하는 것이 목표인가? 혹은 '민주적 평등주의(democratic equality)' 이론가가 말하듯 모두가 시민으로서 사회적 역할을 다하게 하는 것이 목표인가? 분명 이러한 질문은 인간의 경우에서 활발히 논의되고 있지만, 우리는 이 책의 목적상 이러한 논의에서 특정 입장을 취하지 않는다. 사육 동물이 우리 정치 공동체의 동료 시민이라는 우리의 주장은 분배 정의에 관한 이러한 특정 이론들 중 어느 것에도 기대지 않지만, 각 이론은 동물 의료에 다양한 의미를 가진다. 예를 들어, 누스바움의 역량 관점에서 동물 의료의 목표는 사육 동물이 그들의 번영을 정의하는 특정 기능을 달성하게 하는 것이며, 이는 우리의 의료가 인간의 번영을 정의하는 특정 기능을 달성하게 하는 것이 목표인 것과 같다. 그리고 두 경우 모두에서 보건 재정이 다른 사회적 선을 모두 대체할 정도로 밑 빠진 독이 되지 않도록 막는 제한이 있을 것이다. 우리는 기대 수명이나 삶의 질에서 미미한 이득을 보려고 많은 돈을 지출하고 싶지는 않을 것이다. 분명 이러한 기능과 제한의 구체적인 내용은 동물 유형마다 동물의 신체 역량, 정신 역량, 수명, 건강상 취약점 등에 따라 달라지기 마련이다.

43 동물의 재생산권에 관한 흥미로운 논의는 Boonin 2003을 보라. 부닌이 보여주듯이, 놀랍게도 많은 동물권리론자가 인간에게 사육 동물을 중성화할 권리(심지어 의무)가 있다는 생각을 비판 없이 받아들이며(예,

Zamir 2007: 99), 동물이 번식에 정당한 이익을 가진다는 사실을 간과한다. 우리는 그러한 이익을 고려할 필요가 있다는 데 동의하지만, 인간과 동물이 지닌 풍성한 권리와 책임을 하나로 엮은 동료 시민권이라는 좀 더 넓은 이론으로 헤아려야 하며, 여기에는 사육 동물의 자손을 돌볼 인간의 의무도 포함된다. 우리는 이런 더 넓은 시민권 이론이 번식을 어느 정도 제한하는 근거를 제공한다고 믿는다. 일반적으로 동물권 옹호론자들이 중성화와 관련된 기본권 침해를 정당화하는 데 실패했지만, 한 가지 예외가 있다. Fusfeld 2007는 근본적으로 공리주의 관점에서 대규모 중성화를 옹호하면서, 현존하는 동물의 번식권을 희생해 미래의 동물이 가축이라는 노예로 태어나는 것을 막아야 한다고 주장한다.

44 20세기 대부분 동안 국가는 정신 장애인이 자기의 성적 행동을 합리적으로 규제할 수 없고, 자녀를 돌볼 수 없다는 이유로 이들에게 강제 불임 시술을 시행했다. 이러한 강제 불임 프로그램은 신체 보전에 대한 기본권을 침해한다는 근거와 많은 지적 장애인이 (적절한 도움을 받아서) 부모 역할을 할 수 있다는 점을 근거로 폐지되었다. 하지만 지적 장애인을 돌보는 사람들이 여전히 다른, 덜 침습적인 수단으로 그들의 성생활을 규제하려 노력한다는 점은 언급할 가치가 있다. 예를 들어, 공동생활가정(group home)이나 집단 활동을 조직할 때 남녀를 분리하는 등의 방법을 사용한다. 정신 장애인의 성과 재생산 문제를 어떻게 다룰 것인가에 관한 문제는 여전한 논란거리다. (미국의 예에 대해서는) Carey 2009: 273-4, (캐다다의 예에 대해서는) Rioux and Valentine 2006를 보라.

45 독자는 이 부분에서 우리가 주장하는 바가 동물원에 있는 동물에게 어떤 의미가 있는지 궁금할 수 있다. 동물을 포획해 동물원에 가두는 것은 개체의 기본권을 침해하며, 우리가 6장에서 주장하듯이 주권 공동체 구성원의 권리를 침해한다. 하지만 이미 동물원에서 살고 있고, 더는 야생에서 생존할 수 없거나 자손에게 야생에서 생존하는 방법을 가르칠 수 없는 동물은 어떠한가? 이 동물이 번식하는 것을 막고 동물원 동물이 점차 멸종하도록 해야 하는가? 많은 동물 종은 사육 상태에서 번식률이 낮기 때문에, 알아서 번식하도록 내버려둔다면 서서히 멸종할 것이다. 하지만 어떤 동물은 사육 상태에서도 번식률이 높으며, 인간이 막지 않는 한 계속 번식할 것이다. 사육 동물과 마찬가지로, 우리는 동물원에 있는 동물의 성과 번식 선택에 대한 제한이 해당 개별 동물에게 이익일 때만 정당화되어야 한다고 주장한다. 시간이 지나면 이러한 동물과 후손은 통제된 조건에서 야생이나 반(半)야생의 생추어리로 재통합될 수 있다. 하지만 다른 동물들은 재야생화도 어렵고, 가장 '진보적인' 생추어리의 한정된 공간에서 번성할 수도 없는 비극적인 궁지에 몰릴 수 있다. 그렇다면 이들의 상황은 앞서 논의한 번영할 환경을 마련하기가 매우 어려운 앵무새나 금붕어와 비슷할 것이다. 모든 사육 동물이 이러한 상황에 처해 있다고 잘못 주장하는 폐지주의/멸종주의와는 달리, 인간-동물 통합 사회에서 동물원에 가둬진 상황은 본질적으로 다른 문제일 수 있다.

46 비건 식단이 개와 고양이의 건강에 미치는 영향에 관한 증거는 http://www.vegepets.info/index.htm을 보라.

47 어떤 독자는 왜 달걀을 먹는 것이 시체를 먹는 것과 같은 우려의 대상이 되지 않는지 의아할 수 있다. 달걀을 먹는 행위가 닭을 존중하는 데 파급 효과를 미치지 않도록 할 수 있을까? 이것은 행위의 본질적인 잘못을 그 행위의 (다양하고 변화하는) 문화적 의미에서 분리하기 어려운 문제에 속한다. 세포로 만든 배양육을 먹는 것, 시체를 먹거나 거름으로 사용하는 것, 신체 노폐물을 비료로 사용하는 것과 관련해, 오늘날 많은 사람이 인간의 세포와 시체, 노폐물의 사용과 소비를 혐오하겠지만, 동물의 세포와 사체, 노폐물의 사용과 소비는 기꺼이 받아들일 것이다. 우리는 이러한 차별적인 대우가 도덕적으로 의심스럽다고 생각하지만, 해결책으로 인간에게 금기인 것을 동물에 똑같이 적용할 필요는 없다고 생각한다. 대신 인간의 세포, 시체, 노폐물을 인권과 인간의 존엄성을 존중하는 방식으로 이용할 수 있다면, 이에 대한 금기를 재고해 볼 수도 있을 것이다. 달걀의 경우, 닭의 알과 인간의 난자는 실용성에서 분명한 차이가 있다. 닭의 알은 알부민으로 둘러싸여 있고 취급과 보관, 요리가 편리한 단단한 껍질로 덮여 있어 이용하기에 적합하다. 만약 수정되지 않은 인간의 난자가 이런 형태로 배출된다면, 난자 이용에 우리가 어떻게 반응할지 알 수 없다. 혐오감, 금기, 문화적 전통을 윤리적 사고와 분리하기는 어렵다.

48 이러한 입장에 관한 논의와, 이것을 스위스 전역으로 확대하려는 시도가 2010년 주민투표에서 실패한 예에 관해서는 http://www.guardian.co.uk/world/2010/mar/OS/lawyer-who-defends-animals를 보라.

49 한 가지 예로, Ryan(2006)은 사회 복지사가 종종 반려동물이 있는 가정에서 일하며, 그들의 행동이 대개 동물에게 결정적인 영향을 미치지만, 그들은 동물 복지를 생각할 어떤 전문적인 훈련도 받지 않았고 동물의 이익을 고려해야 할 어떠한 직업적 의무도 없다고 지적했다.

6 야생 동물의 주권 Wild Animal Sovereignty

1 '생물 자연과 무생물 자연의 차이'를 무시하는 경향에 대한 비판은 Wolch 1998; Palmer 2003a를 보라.

2 전 세계의 수렵 산업 범위는 Scully 2002를 보라.

3 의도적 피해를 당하는 동물 피해자 중 농장 동물이 압도적이라는 점을 고려할 때, 동물권을 주장하는 사람들 사이에서도 동물 옹호 운동이 야생 동물 문제(수렵, 모피 채취, 동물원, 서커스 등)에 지나치게 많은 관심을 쏟는 것은 아닌지 논란이 있다. 예를 들어, 비건 아웃리치는 홈페이지에서 '미국에서 매년 죽임을 당하는 동물의 99%정도가 식용'이라고 언급한다(http://www.veganoutreach. org/advocacy/path.html). 하지만 비건 아웃리치는 의도치 않은 동물 살해는 언급하지 않는다. 미국에서 매년 100억 마리의 농장 동물이 도살된다. 매년 1억에서 10억 마리의 새가 건물 충돌로 죽는다(NewYork City Audubon Society 2007). 이 수치에는 자동차, 전기선, 반려묘, 오염, 서식지 파괴 등 우리가 일으키는 수많은 위험으로 죽는 새는 포함되지 않았다. 인간 때문에 죽는 야생 동물 수를 모두 추정하는 것은 불가능하지만, 그 총계는 엄청날 것이다. 여기에서 우리가 주장하려는 것은 비건 아웃리치가 농장 동물의 고통을 강조하거나 노력을 집중하는 방식에 대한 전략적 결정을 깎아내리려는 것이 아니다. 인간이 의도치 않게 동물을 죽이는 것과 관련해 동물 권리론의 빈틈을 분명하게 보여주려는 것이다.

4 '야생 동물 관리자는 주로 동물을 내버려두고, 인간 포식자들을 동물의 일에 개입하지 않도록 하며, 이 "다른 국가들"이 그들 자신의 운명을 개척할 수 있도록 해야 한다'(Regan 1983:357).

5 '일단 우리가 다른 종을 "지배"할 권리를 포기하면, 우리는 이들에게 개입할 권리가 전혀 없다. 우리는 최대한 동물을 내버려둬야 한다. 폭군 역할을 포기했으면, "빅 브라더" 역할도 하려고 해서는 안 된다'(Singer 1975:251).

6 동물에게 죽임당하지 않을 소극적 권리가 있다는 사실은 **논리적으로** 동물이 다른 동물로 위험해졌을 때 인간의 도움이나 보호를 받을 적극적 권리가 있다는 것은 아니다. 전자에 동의하고 후자를 부정하는 데는 어떠한 논리적 모순도 없지만, 그 전자의 도덕적 근거가 후자를 지지하는 방향으로 이어지는 경향이 있다. 비평가들은 동물 권리론에서 이 도덕적 딜레마가 제대로 해결되지 않았다고 지적한다.

7 레건은 『동물권 옹호』의 두 번째 판본에서 이러한 주장을 수정해 지원의 의무를 인정한다. "권리 견해는 일부 상황에서 실질적으로 지원의 의무를 부과하는 자선이라는 **일반적인 원초적** 의무를 일관되게 인정할 수 있다. 이러한 의무가 이 책에서 논의되지 않았다는 점은 책의 이론이 불완전하다는 징후다. 지나고 나서 보니, 내가 부정의의 희생자에 지는 의무 외에 지원의 의무를 더 많이 말했더라면 좋았으리라는 점을 인정한다(Regan 2004:xxvii)."

8 또 다른 예로, 캘리포니아주 산타크루스섬의 생태계를 야생 동물 관리자들이 오판한 것에 관해서는 Shelton 2004를 보라.

9 프레이저는 베네수엘라에서 댐 건설로 인한 홍수 때 만들어진 '생태섬'을 논의한다. 홍수 동안 포식자들은 섬을 떠났고 고함원숭이 등 작은 동물 종들이 남았다. 결과는 포식자 없는 낙원과는 거리가 멀게도 참혹했다. 원숭이 수가 늘어나자 섬의 초목이 사라졌고, 그 때문에 원숭이들은 굶주림과 사회 구조의 붕괴로 고통받았다(Fraser 2009:ch. 2). 생태계에서 최상위 포식자의 역할에 관해서는 Ray et al. 2005를 보라.

10 번영 논거에 대한 비판은 Hadley 2006을 보라. 또한 Nussbaum 2006도 보라. 누스바움은 종 규범적 번영 개념이 번영을 정의하는 기준으로서 자연적인 것(또는 종 전형적인것)을 무비판적으로 받아들일 필요는 없다고 주장한다.

11 초기의 예로는 '유인원 주권'에 관한 논문이 있다(Goodin, Pateman, Pateman 1997). 다만 이는 유인원이 인간과 매우 가깝고 인지 기능이 뛰어나기 때문에 특별히 주권이라는 정치적 지위를 가질 자격이 있다는 생각과 연결되어 있다.

12 사폰치스를 참조하라. '많은 야생 동물 해방 프로그램은 야생 동물이 독립적이고 자율적인 삶을 이끌 기회를 재건하고, 보호하며, 확대하려는 깊은 존중과 욕구를 표현한다. 이러한 프로그램은 소수자와 여성을 우리의 사회 제도에서 '일등 시민'과 '완전한 동료'로 만들려는 의도의 프로그램과는 다르지만, 이 차이는 단지 동물이 우리와는 다른 이해관계가 있다는 사실에서 비롯된 결과일 뿐이다. 야생 동물은 우리 사회에 받아들여지고 싶어하지 않는 것으로 보인다. 그들만의 삶의 방식을 추구하도록 우리가 내버려두기를 바라는 것처럼 보인다'(Sapontzis 1987:85).

13 누스바움이 야생 동물의 주권에 얼마나 비중을 두는지는 분명하지 않다. 때때로 그는 '모든 종이 서로 협력하고 지원하는 관계를 누리는 상호 의존적인 세계의 점진적인 형성'이라는 생각으로 인간의 놀라울 정도로 적극적인 개입을 옹호하는 것처럼 보인다. 그는 '자연은 그렇지 않고 결코 그런 적도 없었다'라고 인정하면서 자기의 접근 방식이 '매우 일반적인 방식으로 자연적인 것을 정의로운 것으로 점차 바꿔나가기를 요구한다'고 말한다'(Nussbaum 2006:399-400). 이러한 관점에서는 주권에 대한 어떤 존중도 찾아보기 어렵다. 그러나 그는 때때로 개입에서 한 발 물러나 '종의 자율성에 대한 적절한 존중'과 적극적 개입이 균형을 이루어야 한다고 지적한다(2006:374). 그러나 이러한 상충하는 의제들 사이에서 균형을 맞추는 방법에 관해서는 어떠한 지침도 주지 않는다.

14 동물과 동물의 영토를 식민화하는 과정으로서의 개발, 그리고 토착민 식민화에 관한 역사적 담론과의 유사점에 대한 또 다른 논의는 Palmer 2003b, Čapek 2005:209를 보라.

15 탈식민화에 관한 국제 규범은 '인민이 자국의 천연자원과 부를 이용하고 개발할 권리가 그들의 주권에 내재해 있다'(GA Resolution 626 (VIII) 21 December 1952). 그리고 '인민과 국가가 자국의 천연자원과 부에 영구 주권을 행사할 권리는 국가 발전과 해당 국가 인민의 복지를 위해 행사되어야 한다'(1962 Resolution on Permanent Sovereignty over Natural Resources, Article 1, GA Resolution 1803 (XVII) 14 December 1962)라고 밝혔다. 에커슬리의 지적처럼, 이러한 표현은 탈식민 국가가 식민지 시기에 외국 기업에 양도한 천연자원 개발 권리를 돌려받기 위해 추구한 새로운 '주권 게임'의 일환으로 채택되었다. 하지만 오늘날 이 표현은 오로지 인간의 이익을 위해 야생 동물과 자연을 이용할 무제한의 권리(그리고 사실상 의무)를 인간공동체에 주는 것으로 여겨진다(Eckersley 2004:221-2). 미국의 주법도 유사한 표현을 사용한다. 예를 들어, 오하이오주의 법률은 '모든 야생 동물의 소유권과 권원(title)은 (…) 주에 있고, 주는 이를 모든 인민의 이익을 위해 신탁하여 보유한다'(오하이오 개정 법령 § 1531.01, Satz 2009:14n79에서 인용).

16 여기에서 야생 동물 다큐멘터리의 문제는 흥미로운 본보기가 될 것이다. 밀스(2010)의 지적처럼, 현재 우리는 동물의 가장 사적인 장소(예, 동물이 사는 굴)에서조차, 그리고 동물이 촬영팀을 발견할 때마다 명백히 피하는 경우에도 책임관리자(stewards)나 관리자(manager)로서 촬영할 권리가 있다고 당연히 여긴다. 야생 동물 다큐멘터리는 야생 동물이 카메라의 존재를 알아채지 못하도록 얼마나 교묘하게 카메라를 숨기는

지 종종 자랑한다. 만약 우리가 가부장적인 관리자가 아니라 야생 동물의 영토에 들어온 방문자라고 생각한다면, 우리는 이러한 관행을 다시 생각해야 할 것이다. 스머츠가 개코원숭이와의 상호 작용에서 그들이 보여준 '꺼져'라는 신호에 응답하는 것이 존중하는 관계를 맺는 데 얼마나 중요한지 설명한 것을 상기해보라(Smuts 2001:295, 2장의 논의 참조).

17 이러한 인식은 분명히 국가와 같은 구조를 가지고 있었던 잉카 등 많은 토착민 사회와 관련해 명백한 잘못된 것이었다. 이를 회피하려고 제국주의 옹호론자들은 (토착민의 주권이 존재하는 경우) 주권이 유럽의 규범과 가치에 의해 정의된 특정 '문명의 기준'(예, 일부다처제 금지)을 충족할 때만 존중할 가치가 있다고 주장했다. 유럽 제국주의를 정당화하려고 주권(의 부재)를 이용하는 방식에 관한 개괄적 설명은 Keal 2003; Anaya 2004; Pemberton 2009를 보라. 심지어 1979년까지도 호주 고등법원은 코 대 영연방(Coe v. Commonwealth) 사건에서 토착민들은 주권이 없다고 판결했는데, 이는 '극도로 유럽 중심적인 기준에 근거한 것으로, 원주민 국가가 주권을 인정받기 위해서는 별도의 입법, 행정, 사법 기관을 가지고 있어야 한다고 주장했다'(Cassidy 1998:115).

18 앨프리드는 토착민이 '"주권"이라는 용어와 개념을 거부하는 것부터 시작'해 식민화를 조장하는 사고방식을 버리고, 대신 전통적인 토착민 공동체 생활 방식을 따라야 한다고 주장한다. 이러한 전통 생활 방식에는 '절대적인 주권, 결정 사항의 강제 집행, 위계, 별도의 통치 주체가 없었으며', 따라서 '주권 없이도 양심과 정의로 통치되는 체제'를 보여주었다(Alfred 2001:27, 34). 일부 토착민이 '국가가 시민 사회에 권력을 행사하는 유럽식 주권 개념을 거부한다'라고 지적한 Keal 2003:147을 보라.

19 Reus-Smit 2001, Frost 1996, Philpott 2001, 그리고 Prokhovnik 2007을 보라. 이들은 모두 주권 이론을 근본적인 '도덕적 목적'이나 '도덕적 측면'에 초점을 맞춰 재검토할 필요가 있다고 주장한다. 이들 모두 (다양한 방식으로) 도덕적 목적을 자율성과 연결하고 있다.

20 필폿의 주장은, 두 혁명 모두 '유사한 도덕적 방식으로 유사한 가치인 자유를 위해 주권을 주장했다. (…) 두 혁명 모두 주권적 권력을 추구했는데, 이는 인민과 인민의 지역 특권, 면책 특권, 자치권을 보호하기 위한 것이었으며 이 모든 것은 보다 보편적인 권력에서 보호하기 위한 방패막이었다. 따라서 주권은 '자결, 즉 더 큰 중앙집권적 권력의 억압으로부터 자유를 되찾으려는 인민들의 집단적 주장'이라는 의미에서 일종의 해방을 증진한다.

21 토착민의 주권 논의와 관련해, 호주는 Reynolds 1996과 Curry 2004, 캐나다는 Turner 2001과 Shadian 2010, 미국은 Bruyneel 2007과 Biolsi 2005, 국제적인 논의는 Lenzerini 2006과 Wiessner2008을 보라.

22 유명한 미국 대법원 판례인 우스터 대 조지아주(Worcester v. Georgia) 사건에서 존 마셜 재판관은 '확립된 국제법(law of nations)에 따르면, 약소국이 강대국과 연합하여 보호받는다고 해서 자국의 독립성 즉 자치권을 포기하는 것은 아니다'라고 말했다(31 US (6 Pet.) 515 1832). 여기에서 주장하는 논점과 우리가 5장에서 논의한 개별 시민의 의존적 행위자성에 관해 논의한 내용의 유사점에 주목하라. 국가의 의존성(또는 상호의존성)은 (아르닐의 용어로) 독립성의 반대말이 아니라 전제 조건이다.

23 이러한 방식으로 주권 개념을 재정립할 때의 위험을 안다. 펨버턴의 지적처럼, 주권은 흔히 공동체의 번영을 위한다는 근거로 정당화되지만, 너무나 자주 그 실질적인 목적은 공동체 구성원을 희생시키면서 주권 자체를 유지하는 것이 된다(Pemberton 2009:118). 이것을 두고, 어떤 사람은 '주권'이라는 용어를 버리고 '자결'이나 '자율'과 같은 용어를 사용하는 것이 낫다고 생각할 수 있다. 하지만 이러한 용어들 모두 남용될 수 있으며, 결국 유일한 해결책으로 인간이든 동물이든 주권이 근본적인 도덕적 목적과 명확히 연결되어야 한다고 우리는 주장한다. 우리의 논지에서 중요한 것은 주권 주장 뒤에 그러한 타당한 도덕적 목적이 존재하며, 이는 인간 공동체와 야생 동물 공동체 모두에게 해당한다는 점이다. 이러한 주장을 나타내는 표현으로 '주권'이라는 용어를 사용하는지 안 하는지는 중요하지 않다.

24 3장에서 많은 야생 동물이 ('적응형 다방면 전문 동물'이 아니라) '특정 서식지 전문 동물'로서 특정 생태계에 매우 의존적인 방식을 주제로 논의한 것을 떠올려 보자.

25 http://www.britishbirdlovers.co.uk/articles/blue-tits-and-milk-bottle-tops.html

26 Regan 2004:xxxvi-viii와 Simmons 2009:20의 논의를 보라.

27 야생 동물은 여기서 상황을 뒤집을 수 있다. 생태계 전체를 무너뜨릴 수 있는 인간 공동체의 탐욕스러운 생태 발자국과 비교하면, 야생 동물은 동물 주권 공동체의 지속 가능성을 보여줄 수 있다. 롤스가 말한 것처럼, 만약 자기가 가진 수단 내에서 사는 것이 유능한 주권의 필요 조건이라면, 기준을 충족하지 못하는 것은 동물이 아니라 인간일 수 있다.

28 드워킨의 용어를 일부 차용하자면, 먹이 사슬과 포식의 사실은 야생 동물의 행위자성의 '한계'가 아니라 '기준'으로 봐야 한다. 이는 동물이 잘 대응하거나 잘 대응할 수 없는 과제가 무엇인지 정의한다(Dworkin 1990). 그리고 증거에 따르면 일반적으로 야생 동물은 이러한 과제에 능숙하게 대응한다. (대조적으로, 사육 동물은 이러한 과제에 대처하는 능력은 약화된 반면 인간과 함께 생활하는 데 필요한 능력은 강화되는 방식으로 길러졌다.)

29 어떤 경우든 어떤 방식이든 인간이 포식을 끝낼 수 있다는 생각은 터무니없다. 자연은 포식 관계로 가득하고, 인간을 포함한 모든 생명체는 지속적인 포식 관계에 의존한다. 모든 인간이 비건식을 하더라도 식물의 파종과 수분, 토양 보충, 물과 공기 정화, 초식 동물의 개체 수 조절 등 자연 과정에 전적으로 의존할 것이고, 이 과정은 먹이 사슬의 여러 수준에 존재하는 포식 관계를 포함한다.

30 흔히 인간의 동의는 합법적인 개입을 위해 필요한 조건이라고 한다(예, Luban 1980). Ignatieff(2000)는 지역 주민의 동의가 합법적 개입의 '첫 번째이자 주된'조건이며, '주민이 도움을 요구해야 한다'라고 주장한다. 모든 이론가가 동의를 필수 조건이라고 하지는 않지만(예를 들어, Caney 2005:230과 Orend 2006:95를 보라), 이들도 동의 여부가 개입의 전반적인 근거를 강화하고, 동의 없는 개입은 특히 엄격한 정당화의 부담을 통과해야 한다고 말한다.

31 구딘 등은 유인원의 주권을 옹호하면서 이들이 '일상생활의 기본 사항에 있어서 [그들의] 삶을 완벽히 잘 꾸릴 수 있으며', '스스로 자율적인 생활을 능숙하게 꾸릴 수 있다'라고 주장한다(Goodin,Pateman, and Pateman 1997:836).

32 Pamberton 2009:140을 보라. 펨버턴은 제국주의자들이 대개 토착민족에 대한 유럽의 주권을 확립하는 동안에도, 대체로 토착민의 재산권은 인정했다는 점을 지적한다.

33 실제로 「스타트렉」의 팬이라면 「스타트렉: 더 넥스트 제너레이션」에서 비슷한 시나리오를 탐구했다는 점을 알아볼 것이다. '펜팔(시즌 2, 15화)'에서 드레마 IV의 사람들은 행성의 지각 불안정성 때문에 죽게 될 예정이었다. 엔터프라이즈호 승무원들은, 행성 연방과 접촉하고 통합할 준비가 안 된 행성의 자율적인 진화에 개입하지 말라는 '최우선 지령'을 두고 토론한다. 결국 승무원들은 행성을 구하기 위해 간단한 기술적인 해결책을 사용해 일회성 개입을 하기로 한다. 그런 다음 이들은 드레마 사람들에게서 개입에 관한 기억을 지워서, 자기 스스로 결정한 진화의 경로를 계속 따라갈 수 있게 한다.

34 Fink(2005:14)는 순록의 콧구멍에서 자라다가 점차 순록을 질식시켜 느리고 고통스러운 죽음을 맞게 하는 곤충의 유충을 주제로 논의한다. 인간이 이 곤충을 죽이는 방법을 알아내거나 순록에게 예방 접종을 하는 것이 충분히 가능해 보인다. 그리고 신중하게 시행한다면 생태계에 미치는 영향이 미미할 수 있다. 순록이 죽는 수가 줄어들어 (자연적으로, 또는 추가적인 인간의 개입으로) 번식률을 낮추는 조정이 필요할 수 있다. 하지만 이러한 개입은 인간이 순록의 삶을 **조직적으로** 규제하거나 자발적인 공동체로서 계속 살아갈 자유와 역량을 훼손하는 것으로 보이지는 않을 것이다. 이는 야생 동물의 주권을 훼손하지 않고 지지하는 개입

의 예로 보인다. 또 다른 예로, 플로리다 해안의 바다거북이 있다. 때때로 기상 이변으로 해수면 온도가 바다거북이 견딜 수 없을 만큼 낮아지는 때가 있다. 이때 바다거북은 저체온증으로 무기력한 상태에 빠져 해수면을 떠다니다가 결국 죽는다. 2010년 1월에도 극심한 한파가 발생했다. 저체온증에 빠진 수백 마리의 거북이가 인간에게 구조되어, 한파가 지나갈 때까지 따듯한 물에 담겼다가 피해 없이 바다로 돌아갔다. 이러한 기상 이변은 이례적이어서 인간의 도움이 바다거북이나 더 큰 생태 공동체의 자율성을 어떻게 훼손하는지 알기는 어렵다. 인간의 영향으로 거북의 개체 수가 급감했다는 사실로 인간의 개입이 정당화되지 않더라도 마찬가지다.

35 부모를 잃은 까마귀를 키워 방생하거나, 다친 까마귀를 구조하고 방생하는 선택에 관한 신중한 고려는 Haupt 2009:ch. 6을 보라.

36 따오기의 이동을 돕는 노력의 재미있는 일화로 Warner 2008('가장 멍청한 자의 생존')을 보라. 2010년 이동에 관해서는 Morelle 2010을 보라. 대머리따오기 프로그램을 개괄한 기사는 http://www.waldrappteam.at/waldrappteam/m_news.asp?YearNr=2010&lnr=2&pnr=1를 보라.

37 오류 가능성 논거는 약한 형태와 강한 형태를 취할 수 있다. 오류 가능성 논거의 약한 형태는, 자연의 복잡성과 인간 지식의 한계를 고려할 때 인간의 개입이 상황을 악화시킨다고 주장한다. 강한 형태는 자연은 '그 자체로' 상황을 올바르게 만들며, 따라서 모든 인간의 개입이 문제를 일으킨다는 주장이다. 제임스 러브록의 '가이아 이론(gaia thesis)'(Lovelock 1979)의 영향으로, 자연 생태계를 본질적으로 일관되고, 생명을 지원하기 위해 전체적으로, 필연적으로 기능하는 전반적인 체계의 일부로 보는 경향이 있다. 일반적으로 인간이 이 체계에 개입하면, 생명과 종 다양성을 파괴하는 부정적 개입이 된다. Peter Ward(2009)는 최근 가이아 이론에 이의를 제기하며, 인간의 개입이 없다면 자연은 효과적으로 자율 규제를 하지도 못하고, 생명을 지원하는 기능도 못 한다고 주장한다. 와드는 자연이 때로는 끔찍하게 잘못되어 생태계를 재앙적으로 파괴한다고 주장한다(그는 대부분의 대규모 멸종이 통제를 벗어난 박테리아와 식물이라는 살아 있는 시스템(living system)으로 인해 일어났다고 주장한다). 와드는 인간이 자연이 돌아가는 방정식에 자기를 개입시켜 재앙을 예방하고 생명을 촉진하기 위해 자연의 경로를 바꿔야 할 때가 있다고 주장한다.

38 제1차 세계대전 이후 '조국'이나 국제 시장과 단절된 소수자를 보호하기 위해 체결된 소수자 조약에 들어있는 조항의 일부 논의는 Henders 2010을 보라.

39 루마니아와 슬로바키아에 있는 헝가리 소수 민족의 '불분명한' 시민권에 관해서는 Fowler 2004를, 아프리카의 유목민에 관해서는 Aukot 2009를 보라

40 아이리스 영은 인간의 경우, 자결권은 절대적이거나 배타적인 권리가 아니라 관계적인 권리로, 즉 상당한 상호 작용과 상호 의존이 존재하는 상황일지라도 타인에게 지배받지 않을 권리로 이해해야 한다고 주장한다(Young 2000). 우리는 동물 주권에 관해서도 똑같이 주장할 것이다

41 토착민 권리 옹호자들은 서구의 자연보호 노력이 토착민의 권리를 무시하고, 실제로 이들을 '보전 난민(conservation refugee)'으로 만든다고 오랫동안 불평했다(Dowie 2009; Fraser 2009:110도 보라).

42 토착민과 함께하는 보노보 보호 사업은 보노보보호이니셔티브(Bonobo Conservation Initiative) 홈페이지(www.bonobo.org/projectsnew.htm)를 보라. 보노보를 해치는 것에 관한 전통적 금기가 최근 약화되고 있는 것에 관해서는 Tashiro1995를 보라. 또한 토착민이 없는 보호구역에 살면서 밀렵꾼들에게 대규모로 죽임당하는 보노보의 개체 수보다, 비보호구역에서 전통적으로 보노보 사냥을 금기해 온 토착민과 함께 사는 보노보의 개체 수가 더 많은 점에 관해서는 Thompson et al. 2008을 보라. 우리는 여기에서 공동 주권과 병렬 주권이 어떤 모습일지 대략 볼 수 있다. 또 다른 예로, 프레이저는 네팔 치트완 국립공원의 숲에서 이익을 얻으려는 현지인(멀치, 풀, 잎, 허브, 과일, 장작 등 채집하는 사람들)을 고용해 밀렵 방지 보안 활동을 맡겨서 현지인을 참여시키려는 노력에 관해 논의한다(Fraser2009:245). Vaillant(2010)는 러시아의 동부 프리모리

예에 사는 시베리아 호랑이와 토착민의 전통적인 공존 전략을 논의한다. 조이스 풀이 이끄는 동물 옹호 단체 엘리펀트보이시스(Elephant Voices)의 활동은 코끼리를 보호한다고 인간에게서 떼어 놓을 것이 아니라, 인간과 코끼리 사이의 관계를 발전시킬 필요가 있다는 점을 전제로 한다(http://www.elephantvoices.org/).

43 다민족 자치의 특히 복잡한 예는 에티오피아의 '남부국민민족인민주(Southern Nations', Nationalities' and Peoples' Regional State)'에 관한 Vaughan 2006의 논의를 보라.

44 동물과 인간이 전통적인 지속 가능한 관계를 맺으며 공유하는 미개발 서식지는 어떨까? (아마존의 토착민 문화나 야생 동물과 인간의 활동 사이에 안정적인 공생 관계가 형성된 장기적인 자원 채취 지역을 생각해 보라.) 우리는 이 장의 뒷부분에서 이러한 복잡성을 일부 다룰 것이다. 개발 지역(예, 지속 가능한 농토)에서 발생하는 비슷한 공생 관계는 경계 동물에 관한 장에서 다룰 것이다.

45 어떤 독자는 우리에게 세 번째 제약이 필요하다고 생각할 수 있다. 바로 인구 증가 제한이다. 인구가 계속해서 늘어난다면 우리는 앞의 두 가지 제약을 지키기 어려울 것이다. 비록 인구 증가와 토지/자원 이용 사이의 관계는 복잡하지만, 훨씬 더 영리하고, 더 효율적이며, 더 지속 가능하고 더 정당한 자원 이용으로 나아갈 인간의 능력을 과소평가해서는 안 된다. 또한 사회는 시민의 수와 생활 수준 사이에서 균형을 이룰 필요가 있다. 더 많은 사람이 특정 생활 수준을 유지하려고 동물에게 자기의 영토를 포기하라고 요구하거나 기대해서는 안 된다. 어쩌면 사회가 조금 낮은 생활 수준을 받아들인다면, 동물의 영토를 빼앗지 않고도 인구를 늘릴 수 있을지 모른다. '이상적인' 인구수를 정하고 그에 따라 영토를 할당하는 대신, 기존 인간과 동물의 공정한 영토에 대한 권리를 보장하고, 그다음에 인간 사회가 정의의 제약 안에서 인구수를 규제하도록 해야 한다.

46 동물의 토지 이용의 예측 가능성과 안정성에 관한 논의는 Hadley 2005를 보라. 해들리는 동물의 토지 이용에 관한 이러한 특성을 근거로 야생 동물의 사유 재산권을 인정할 수 있는지 설명한다. 우리의 관점에서 보면, 이러한 특성을 근거로 주권에 대한 권리를 인정하는 것이 더 적절하다.

47 관련 요소로는 특정 생태 지역이 다른 곳보다 동물의 삶에 훨씬 더 많은 풍부함과 다양성을 지원한다는 사실과 많은 동물이 새로운 환경에 쉽게 적응할 능력이 없는 특정 서식지 전문 동물이라는 점이 있다. (반면 인간은 기술적인 노하우 덕분에 여러 지역에서 유연하게 서식하고 번영할 수 있다.)

48 프레이저의 지적처럼, '필요한 만큼만 취하는 선의를 가진 인간 사회는 없었다'(Fraser 2009:117). Redford 1999도 보라.

49 오늘날 우리는 석유와 내연기관의 발명이 환경에 미치는 영향에 관해 통탄하는 경향이 있다. 즉, 자동차는 적이다. 하지만 단지 고래뿐만 아니라 잔인한 착취를 벗어난 많은 동물을 떠올려 보면 우리의 시각을 바로잡는 데 도움이 된다. 4장에서 논의했듯이, 말이 아마도 가장 큰 수혜자일 것이다. 물론 자동차가 기후변화에서 로드킬에 이르기까지 동물에 미친 부정적인 영향을 바꾸지는 않았지만, 기술 이전의 시대를 낭만적으로 바라보는 대신 해결책을 찾아 앞으로 나아가야 한다는 점을 상기시킨다.

50 노예제로 현대 아프리카계 미국인들이 겪고 있는 지속적인 손해를 계산하려는 시도는 Robinson 2000을 보라.

51 인간의 부정의로 해를 입은 야생 동물을 위한 보상적 정의에 관한 논의는 Regan 2004:xl Robinson 2010:55, 110을 보라.

52 여기에는 우리가 동물이 위험을 일으키도록 만든 직접적 책임이 있는 수많은 상황이 포함된다. Bradshaw(2009)는 코끼리에 대한 인간의 폭력이 어떻게 코끼리 사회를 붕괴시켰고, 심리적 피해를 입혔으며, 인간에게 심각한 위협을 주는 '깡패' 코끼리들을 만들었는지 탐구한다. Vaillant(2010)는 사냥꾼에게 너무 자주 괴롭힘을 당해서 조직적인 복수에 나선 시베리아 호랑이의 놀라운 예를 논의한다.

53 유용한 논의에 관해서는 Sunstein 2002; Wolff 2006을 보라.

54 롱포인트 둑길 개선 프로젝트(Long Point Causeway Improvement Project)(http://longpointcauseway.com/). 둑길 개선으로 지난 몇 년간 로드킬이 상당히 줄었다.

55 까마귀 등 여러 청소 동물(scavenger)이 고속 도로를 따라 서식하는 흥미로운 예외가 있다. 차에 치여 죽은 사체를 먹는 것이 전통적인 야생 환경에서 쓰레기 더미를 뒤지는 것보다 쉽기 때문이다.

56 5장에서 지적했듯이, 기존의 개발 관행은 동물에 미치는 영향을 거의 고려하지 않았다. Wolch1998; Palmer 2003a를 보라. 최근 콜로라도주 베일시의 악명 높은 I-70 구간에 야생 동물 육교를 짓는 국제 야생 동물 생태통로 인프라 설계 공모전이 흥미로운 예외다. 이 구간은 여러 동물의 생명에 막대한 해를 입힌다(동물보다는 훨씬 적지만 인명 피해도 발생하고 있다). 이 프로젝트는 사실 동물보다는 인명 보호와 차량 파손으로 인한 보험료 상승에 대한 우려로 시작됐다. 그래도 이 프로젝트는 다양한 환경에 적용할 수 있도록 설계했기 때문에 동물이 도로에서 겪는 위험을 낮추는 데 대단히 중요할 수 있다. 수백 명의 설계자와 건축가가 (캐나다 밴프 국립공원의 동물 육교와 같은) 기존의 야생 동물 육교 모형의 특징인 높은 비용과 낮은 유연성, 노동력 중심의 건설을 개선하면서 효과적이고 생태적으로 건강한 동물 육교를 설계하라는 과제에 응답했다. 상위 5개의 설계는 다음 웹사이트에서 볼 수 있다. http://www.arc-competition.com/welcome.php. 야생 조류 보호협회인 뉴욕 오듀본협회(2007)는 새의 충돌을 줄이기 위해 훌륭한 건축물 설계 지침서를 제작했다. 또한 (와이오밍주) 잭슨홀 야생 동물 재단은 새의 전선 충돌을 줄이려고 고안한 '조류 접근 방지용 바람개비(firefly flapper)' 정보를 제공한다(http://www.jhwildlife.org/).

57 2장에서 지적했듯이, 도덕철학 내에는 자기방어로 '무고한 공격자'를 죽이는 것의 정당성을 부정하는 수정주의 진영이 있지만, 우리는 이러한 경우에 자기방어 권리가 있다는 주류의 견해를 전제로 하고 있다(2장 각주32를 보라).

58 야생 동물의 위험과 관련해 여러 종류의 위선이 있음을 지적할 필요가 있다. 위험한 대형 동물을 대부분 없앤 선진국에서 동물 애호가들은 개도국 사람들이 서식지와 종 보존이라는 명목으로 호랑이나 코끼리 같은 상징적인 종이 일으키는 위험과 함께 살기를 기대한다. 반면, 독일과 오스트리아 국민들은 이탈리아의 알프스 산맥에서 내려온 브루노라는 이름의 흑곰 한 마리가 끼칠 것으로 예상되는 위험에 야단법석을 피웠다. 이 흑곰은 바이에른주 환경부의 허가를 받은 사냥꾼에게 사살되었다(Fraser 2009:86-8). 서구가 자금을 제공하는 (혹은 서구가 강요하는) 보호 프로그램에서 흔히 드러나는 서구의 위선적인 태도에 관해서는 Wolch 1998:125;Eckersley 2004:222; Garner 2005a:121을 보라.

59 여기서 우리의 입장은 야생 동물과의 관계에서 인간에게 어떠한 위험도 없어야 한다는 요구에 반대하는 발 플럼우드와 같은 생태주의자의 입장과 중요한 차이가 있다. 플럼우드의 견해는 우리가 포식자-피식자 관계를 포함한 자연 과정의 일부이며, 따라서 다른 동물을 먹을 수 있는 것은 우리가 먹힐 위험을 받아들일 때라는 것이다(Plumwood 2000, 2004). 우리의 호혜성 개념은 '자연스러운 것'을 받아들이는 것이 아니라, 주권 공동체 사이의 공정한 거래에 바탕을 둔다. 따라서 무엇이 공정한 위험 관리인지는 해당 영토의 주권자에 따라 달라질 것이다. 인간은 위험을 줄이려고 동물 주권 영토에 침입하여 침습적인 조치(예, 영토를 따라 울타리를 치거나 동물에게 추적 장치를 다는 것)를 강제할 권리가 없다. 우리가 동물 주권 영토에 들어가면 위험을 감수해야 한다. 한편, 인간 주권 영토에서는 장벽을 설치하거나 위험한 야생 동물을 이주시키는 등 우리의 위험을 줄일 권리가 있다.

60 롱포인트의 동물 밀집도를 고려할 때 처음부터 둑길을 만들기에 적절한 장소였는지 의문을 가질 수 있다. 어쩌면 롱포인트의 생태계는 단순히 인간의 출입 금지 구역(또는 인간의 영향이 적은 구역)이었어야 했을 것이다. 인간 활동의 대가가 너무 많은 동물에게 너무 많은 위험을, 반드시 하지 않아도 되는 인간 활동(관광)으로 정당화되지 않는 위험을 일으킬 수 있기 때문이다. 하지만 이 경우에는 롱포인트 도로를 따라 3.5km를 운전하는 것이 필수적이라고 가정해 보자.

61 MacLeod 2011는 캐나다 노바스코샤주에 있는 야생 동물 사회를 향한 희망(Hope for Wildlife Society)에서 구조한 야생 동물들의 일대기를 보여준다. 구조한 동물의 재활과 방생이 가능한 경우, 해당 동물과 인간의 접촉은 최대한 제한된다. 하지만 동물이 다쳐서 야생에서 생존할 수 없다고 판단되는 경우, 치료 방향은 완전히 바뀌어 새로운 사회 즉, 구조 단체의 직원, 그곳에 계속 머무는 다른 동물들, 그리고 방문객들로 이루어진 다종 사회에 적응할 수 있도록 다양한 상황에서 인간과의 집중적인 접촉이 이루어진다.

62 동물을 종 규범에 따라 대우해야 한다는 생각은 누스바움의 동물 권리 접근법의 핵심이다(Nussbaum 2006). 우리는 이미 4장 5절에서 이 견해에 이의를 제기한 바 있다. 장애가 있는 야생 동물이 인간-동물 혼종 공동체에 합류한다는 것은 우리가 그들의 식단에 책임이 있다는 것을 의미한다. 이는 육식성 동물을 어떻게 대해야 할지 고민하게 한다. 이에 관해서는 5장 4절에서 반려묘를 주제로 논의하였으며, 동일한 원칙이 이 상황에도 적용될 수 있다.

63 여기에서 묘사한 보호 시설을 전통적인 서커스나 동물원과 여러 면에서 대조해 보자. 동물원과 서커스는 인간의 목적을 위해 설계되었다. 동물은 야생에서 납치되거나 감금되어 인간 관람객을 위해 다양한 방식으로 공연하도록 훈련받는다. 많은 동물원에서 동물은 가짜 '자연' 환경에서 전시되고, 서커스에서 스턴트 묘기를 보이도록 강요나 훈련을 받는다. 가장 진보적인 동물원이라도 건강한 동물을 납치, 운송, 사육 번식, 감금, 관리하는 것은 동물의 가장 기본적인 권리를 심각하게 침해하는 것이다. 앞에서 우리가 장애 동물을 위한 보호 시설을 논의한 것 중 어떤 것도 서커스나 동물원의 존재를 정당화해서는 안 된다. 동물 보호 시설은 오직 더는 야생에서 살기 어려운 동물을 돌보고, 그들의 개체로서의 이익에 대한 우리의 최선의 이해를 바탕으로 돌보기 위해 존재할 뿐이다. 서커스, 동물원, 수족관의 동물이 감금과 학대에 저항하는 흥미로운 예에 관해서는 Hribal 2010을 보라.

64 Paul Taylor(1986)는 야생 동물에 대한 의무와 관련해 비슷한 치유 이론을 제시한다. 우리는 동물에게 해를 입히거나 개입해서는 안 되지만, 만약 그렇게 했다면 동물에게 보상해야 하고 우리가 만든 의존성을 존중해야 한다는 것이다.

65 대형 유인원 프로젝트에 따르면, '역사적으로 유엔은 자치권 없는 인간 지역을 보호자로서 관리하는 유엔 신탁통치령으로 상당한 경험을 쌓았다. 바로 이러한 유형의 국제기구에 최초의 비인간 독립 영토를 옹호하고 인간과 비인간 동물이 공존하는 영토를 규제하는 역할을 맡길 수 있을 것이다'(Cavalieri and Singer 1993:311;Singer and Cavalieri 2002:290; Eckersley 2004:289 n14도 참조하라).

7 경계 동물의 주민권 Liminal Animal Denizens

1 도시지리학자들은 인간 정착지에서 함께 살아가는 수많은 비사육 동물의 비가시성에 의문을 제기하기 시작했다. 제니퍼 월치는 '동물도시(zoopolis)'를 주창하며 인간 도시를 새로운 방식으로 이론화하기를 촉구한다. 이는 모든 종류의 동물 사회 집단, 동물 집단과 맺는 관계의 윤리적 중요성, 그리고 자연과 대립되는 것으로 정의되는 인간 문화나 문명의 개념에 맞설 필요성을 인정하는 이론을 개발하는 것이다(Wolch 1998). Adams and Lindsey 2010; DeStefano 2010; Michelfelder 2003; Palmer 2003a,2010; Philo and Wilbert 2000도 참고하라.

2 인간 정착지에서 경계 동물을 인간의 이익에 종속시키는 권리 의식은 흔히 깊은 성찰을 거치지 않는다. 하지만 이를 옹호하는 시도가 있었으니, Franklin 2005:113을 참고하라.

3 제롤맥은 비둘기의 예에서 점점 심화하는 불법화를 추적한다. 그가 지적했듯이, '비둘기는 이제 "집 없는" 종이 되었다. 지난 세기 동안 점점 더 많은 공간이 비둘기(와 다른 동물)에게 출입 금지 지역으로 재정의되었고, 그 결과 인간이 사는 곳 어디든 비둘기가 합법적으로 머물지 못하게 된 것 같다'(Jerolmack 2008:89).

4 예를 들어, 철새보호법은 비둘기나 캐나다 기러기 같은 경계 동물에게는 해당하지 않는다. 동물 학대 방지법도 마찬가지다. 심지어 환경 단체들조차 경계 동물 박멸 캠페인에 거의 반대하지 않는다는 점은 주목할 만하다. 그들에게 경계 동물은 멸종 위기종이 아니거나, 야생 생태계의 일부가 아니기 때문이다.

5 비슷한 진술로, 인간 사회에서 동물이 존재하게 되는 것은 '강요된 참여'의 결과일 수밖에 없으며, 동물 권리론의 목표는 동물을 '사회 안에서' 보호하는 것이 아니라 '비인간 동물이 자연에서 그들만의 사회를 형성하며 자유롭게 살도록 허용되어야 한다'라는 Dunayer 2004:17을 보라.

6 동물 권리론자들이 동물에게 죽임당하지 않을 기본권이 있다고 말할 때, 비판자들은 종종 기본권이 '유해 동물'에게도 적용되는지, 인간과 유해 동물이 갈등을 피할 수 없을 때는 예외를 두어야 하는지 묻는다. 일반적인 동물 권리 견해에서 동물을 죽일 수 있는 경우는 인간의 경우와 마찬가지로 오직 자기방어나 **극단적인** 상황에서만 가능하다. 기본권은 동물이 인간에게 유해 동물로 여겨진다는 단순한 이유로 사라지지 않는다. 성가시다고 사람을 죽일 수 없듯이, 동물과도 갈등을 피하고 해소할 덜 극단적인 방법을 찾아야 한다. 집 안을 좋아하는 독사 같은 경계 동물의 경우, 생활 공간을 공유한다면 우리 자신이 위험해질 수 있기 때문에 우리는 그들과 정의의 여건에 있지 않다. 만약 장벽, 이주, 격리, 감염 통제 등 여러 방법으로 우리의 안전을 충분히 지킬 수 없다면, 우리는 자신을 보호하기 위해 살상을 포함한 극단적 조치를 정당화할 수도 있다. 하지만 다음에서 논의하듯이 이러한 조치는 우리가 더 큰 맥락에서 동물에게 미치는 치명적인 영향을 대폭 줄이는 상황에서만 정당화될 수 있다. 다시 말해, 동물에게 인간을 절대 위험하게 해서는 안 된다는 기준을 적용하면서, 우리가 부주의하게 동물에게 가하는 폭력이나 혼란을 무시해선 안 된다. 갈등을 예방하려고 노력하거나(예, 쓰레기와 음식물을 잘 보관하거나, 동물이 집에 들어오지 못하게 하는 건축규정을 제정하는 것), 예방이 실패하면 불청객 동물을 물리치는 데 비살상적 수단을 써야 한다. 여기에는 동물 이주, 퇴치제, 번식 통제, 경쟁자 유인, 또는 공존법을 배우는 것 등이 있다. 우리는 이 문제를 다시 논의할 것이다.

7 우리는 경계 동물과 인간 사이에 신뢰가 없다고 해서 정의의 원칙을 적용하지 못하는 것은 아니라고 강조한다. 우리의 견해와 달리, 실버스와 프랜시스는 정의가 신뢰를 전제로 하기 때문에, 가축화되기 전의 동물에 대한 정의의 의무는 없다고 주장한다(Silvers and Francis 2005:72 n99). 신뢰는 동료 시민권 관계의 전제 조건이지 **그 자체로** 정의의 전제 조건은 아니다.

8 미셸펠더가 지적했듯이, 경계 동물은 '흔히 제자리를 벗어난 생명체이자 불청객으로 여겨진다. 이는 현지 언어를 말하지 못하고 앞으로 그럴 의지도 없는 불법 체류 외국인과 어느 정도 비슷하다. 여기서 핵심 단어는 '골칫거리'와 '유해 동물'이다. 심지어 이들이 인간의 안전이나 건강에 당장 직접적인 위협이 되지 않더라도 말이다. (…) 그리고 불법 이주민과 범죄자에 대한 대우와 마찬가지로, 골칫거리로 여겨지는 도시 야생 동물은 흔히 정부 당국이 제압해서 '자연'으로 이주시킨다'(Michelfelder 2003:82; Elder, Wolch, and Emel 1998:82 참조).

9 오명을 씌우는 과정은 여러 방향으로 진행된다. 동물은 폄하된 인간 집단과 연관되어 오명을 쓴다. 한편 인간과 동물은 쥐처럼 흔히 덜 바람직하다고 여겨지는 동물과의 연관성으로 오명을 얻게 된다. 동물에 대한 부정적 태도가 인간 외집단의 비인간화와 연결되는 심리 기제에 관해서는 Costello and Hodson 2010을 보라.

10 온타리오주 나파니에 있는 샌디 파인스 야생 동물 보호 구역(Sandy Pines Wildlife Refuge)에서 돌본 앨버트로스의 이야기는 http://www.sandypineswildlife.org/를 보라. 앨버트로스를 수개월 동안 돌보며 남태평양으로 돌려보내려고 재활을 시도했으나, 앨버트로스는 불치병에 걸려 결국 안락사되었다.

11 어떤 동물 집단은 인간과의 접촉에서 살아남아, 시간이 지나면서 야생 동물에서 경계 동물로 바뀌기도 한다. 예를 들어 캘리포니아주의 샌와킨 키트여우는 야생 동물이었지만 인간의 개발로 서식지가 식민화되어, 결과적으로 비록 상황이 불안정하긴 하지만 경계 동물로 적응하고 살아남을 수 있었다.

12 예를 들어, 뉴욕시는 주변 지역보다 훨씬 더 다양한 경계 동물이 사는 생태적 핫스폿이다. 이는 당연한 일이다. 동물 역시 인간이 원래 그랬듯이 현대 대도시 중심에 여전히 존재하는 자원이 풍부한 강, 섬, 습지대의 합류 지점에 끌리기 때문이다(Sullivan 2010).

13 다만 예외적으로, 인간이 생존과 개체 수 증가를 위해 관리하는 멸종 위기종인 야생 동물이 있을 수 있다. 하지만 이런 경우에도 멸종 위기종에 대한 주된 위협은 대개 인간과 인간의 활동이다.

14 팔머는 이 점에서 기회성 동물을 다른 경계 동물, 즉 야생화 동물이나 유입된 외래종처럼 도시에서 우리가 책임져야 할 동물과 구별한다(아래에서 논의할 것이다).

15 한 가지 예외를 상상해볼 수 있는데, 인간이 경계 동물과 친구가 되고 그들을 돌보는 패턴이 형성되어, 이로 인해 동물이 기대를 품게 되고 특정 형태의 의존성이 생기는 경우다. 이 경우 인간은 공동체의 모든 인간 구성원이 경계 동물에게 지는 일반적인 책임을 넘어, 마치 사육 동물을 돌볼 때처럼 개별적인 책임을 지게 된다.

16 겨울잠쥐는 잘 관리된 산울타리의 특징인 빽빽히 얽힌 나뭇가지가 만드는 길에 적응한다. http://www.suffolk.gov.uk/NR/rdonlyres/CF03E9EF-F3B4-4D9D-95FF-C82A7CE62ABF/0/dormouse.pdf를 보라.

17 우리가 사용하는 범주는 배타적이지 않다는 점을 짚고 넘어가자. 예를 들어 어떤 기회성 동물, 인간 친화적 동물 그리고 야생화 종은 새로운 환경에 도입되었을 때 외래 유입종이 된다.

18 이들은 마크 비트너의 저서 『텔레그래프 힐의 야생 앵무새들(The Wild Parrots of Telegraph Hill(Bittner 2005))』로 유명해졌고, 이후 영화로도 제작되었다.

19 코네티컷 오듀본협회의 웹사이트 http://www.ctaudubon.org/conserv/nature/parowl.htm에 게시된 논평 기사를 보라.

20 몽크앵무의 경우, 이러한 요구는 전력 회사가 주도한다. 전력 회사는 몽크앵무가 전봇대와 건물에 짓는 거대한 공동 둥지로 상당한 불편을 겪기 때문이다. 외부 침입자의 위험을 제거한다는 명목으로 옹호되는 박멸 노력의 주요 동기는 사실 비용과 불편함이다.

21 새로운 외래종 유입으로 실제로 멸종되는 일은 매우 드물다. Zimmer 2008을 보라.

22 회색다람쥐를 옹호하는 입장에 관해서는 http://www.grey-squirrel.org.uk/를 보라. 그리고 회색다람쥐 퇴치 운동에 대해서는 http://www.europeansquirrelinitiative.org/index.html를 보라.

23 http://www.nt.gov.au/nreta/wildlife/animals/canetoads/index.html

24 야생화 동물에 관한 호주 정부의 상원 보고서는 http://www.aph.gov.au/SENATE/committee/history / animalwelfarectte/culling animals_nt/0Ich1.pdf 를 보라.

25 다른 경계 동물 집단도 개별 인간과 더욱 특정한 의존 관계를 발전시킬 수 있다는 점을 유의해야 한다. 인간이 일시적이거나 장기적으로 거처와 음식을 제공해야만 살 수 있는 약하거나, 다쳤거나, 고아가 된 동물의 경우 특히 그렇다.

26 토레 아르헨티나 로마 고양이 생추어리(Torre Argentina Roman Cat Sanctuary)의 홈페이지를 보라. https://www.gattidiroma.net/web/en/

27 모스크바의 야생화 개를 흥미로운 관점으로 다룬 에바 호농의 소설 『들개 소년Dog Boy』을 참조하라(Hornung2009).

28 사육 동물도 같은 종류의 제약을 받는다. 하지만 이들은 이미 인간과 어울리고 자기의 필요와 욕구를 전달하는 데 매우 잘 적응했다. 5장에서 주장했듯이, 이는 공존이 단지 사육 동물에게 일방적으로 강요되는 것이 아니라 어느 정도 협상될 수 있음을 의미한다. 이들은 단순히 인간의 통제에 복종하는 것이 아니라 자유와 기회를 늘리는 방식으로 시민권 관계에 사회화될 수 있다. 대부분의 경계 동물은 인간을 피하고 불신해서 상호적인 시민권에 필요한 의사소통과 관계 형성에 한계가 있다. 따라서 처음에는 경계 동물과 사육 동물의 자유에 대한 제약이 비슷해 보일 수 있지만, 실제로는 이들의 자율성과 복지에 미치는 영향은 크게 다를 것이다.

29 이 고려사항은 야생 동물 주권 공동체에 대한 인간의 개입을 제한하는 쪽으로 기울게 하는 고려사항과 거의 같다.

30 1930년 헤이그 협약은 명시적으로 이중국적을 막고자 했다. 이는 최근에서야 유럽법에서 수정되었다.

31 스피너는 아미쉬파가 공적 참여의 권리와 책임을 모두 일관되게 거부한다면, 어떤 하시드파 유대인 공동체는 공적 의사 결정을 형성할 완전한 권리(예, 투표)를 유지하면서도 다른 집단 구성원과의 시민적 협력의 미덕과 관행을 배울 의무는 여전히 거부하려 한다고 주장한다. 스피너는 하시드파 유대인 공동체의 접근방식이 호혜성 검증을 통과하지 못한다고 주장한다(Spinner 1994).

32 일부 이주 노동자 프로그램은 완전한 시민권 취득으로 이어지는 경로의 한 단계일 수 있다. 캐나다의 돌봄 제공자 프로그램이 그러한 예다. 여기에서 우리의 초점은 시민권이 아니라 주민권으로 이어지는 이주노동자 프로그램에 있다.

33 그렇다고 해서 국가가 이주 노동자 프로그램을 마련할 정의의 의무가 있다는 뜻은 아니다. 국가는 일시적 이주민이 아닌 시민권이 있는 영구 거주민만 허용하는 이민 정책을 선택할 수 있다. 우리의 요점은 국가가 임시 이주 계획을 세운 이들의 고유한 이익에 부응하는 공정한 주민권 제도를 유지하는 한, 이주 노동자 프로그램이 시민권으로 이어지지 않더라도 꼭 부당하지만은 않다는 점이다.

34 권리와 책임이 비대칭적일 때, Cairns(2000)가 말한 '마이너스 시민권(citizenship minus)'(1970년대까지 캐나다 원주민의 이등 시민 지위를 설명하기 위해 사용한 용어)이나, Cohen(2009)이 말한 '준시민권(semi-citizenship)'(장애인과 범죄자, 아이와 같은 집단의 역사적 지위를 설명하기 위해 사용한 용어)다. 우리가 사용하는 주민권은 이러한 불공정한 지위를 포함할 수 있지만, 반드시 그러한 것은 아니다. 대신 완전한 시민권으로 맺은 관계보다 약한 종류의 관계를 발전시키기로 한 상호 결정을 나타낼 수 있다.

35 실제로, 유엔은 1990년 '모든 이주 노동자와 그 가족 구성원의 권리 보호에 관한 국제 협약'을 채택했고, 유엔 위원회가 감시하고 있다. 하지만 이 협약은 실질적인 요구 조건이 매우 약하고, 주요 이주 국가가 협약에 서명하지 않거나 비준하지 않았기 때문에 이행 체제는 더욱 약하다.

36 이 두 가지 원칙은 때때로 상충하는 방향으로 작용한다. 오랫동안 정착한 불법 이주민을 사면하는 것은 새로운 불법 이주민이 들어와서 일시적인 어려움을 견딜 수 있는 유인책이 될 수 있으며, 장벽과 제재의 효과를 줄이는 것으로 볼 수 있다. 하지만 대안은 없다. 두 원칙 모두 도덕적 설득력이 있기 때문이다.

37 야생 동물 공동체의 주권을 존중해야 하지만, 다친 야생 동물 개체를 만나면 그들에게 닥친 급격한 상황 변화에 대응해야 한다는 점을 기억하라. 만약 야생으로 돌아가도록 치유와 재활이 가능하다면 이것이 바람직하지만, 그렇지 않다면 죽게 내버려두는 것보다 자유가 급격히 줄더라도 인간-동물 공동체의 시민이 되는 것이 이로울 수 있다. 이에 관한 자세한 논의는 6장을 참조하라.

38 캐나다 밴쿠버의 성공적인 도시 코요테 관리 프로그램에 관한 논의는 Adams and Lindsey 2010:228-35를 보라. '코요테와의 공존' 프로그램은 코요테가 인간에게 익숙해지지 않도록 유인책(예, 먹이 주기, 반려동물 먹이를 밖에 내놓기)을 줄이고 적극적 제재를 장려하는 대중 교육에 초점을 맞춘다. 예를 들어, 코요테를 목격하면 코요테가 경계하며 거리를 유지하도록 그들을 쫓아내거나, 소리를 지르거나 소음발생기를 사용해 혼란을 줄 것을 권한다.이 프로그램의 홈페이지는 다음과 같다. http://www.stanleyparkecology.ca/programs/conservation/urbanWildlife/coyotes/

쿡 컨트리 코요테 프로젝트(Cook Country Coyote Project)는 성공적인 인간-코요테 공존 전략을 위한 또 다른 훌륭한 자료다. 이 프로젝트의 홈페이지는 http://urbancoyoteresearch.com이다. 인간과 코요테가 공존하기 위해서는 서로 존중하며 거리를 유지해야 한다. 코요테 도살과 포상금 제도를 지지하는 사람들은 흔히 코요테를 죽이는 것이 코요테에게 인간과 적절한 거리를 두도록 가르치는 데 필요하다고 주장하지만, 이는 비뚤어진 생각이다. 죽은 코요테는 새로 배운 회피 행동을 사용할 수 없으며, 이 지식을 후손에게 전달할 기회도 없을 것이다. 게다가 코요테 도살이 개체 수 감소로 이어지지 않기 때문에 이 전략은 문제 해결에 도움이 되지 않는다(Wolch et al. 2002).

39 예를 들어, '더러운' 비둘기의 위험성에 관한 미신이 여전히 남아있지만, 질병이 비둘기에서 인간으로 전염된 사례는 기록된 바가 없다. 비둘기 배설물을 면역력이 약한 인간이 만졌을 때 (또는 환기되지 않는 공간에서 숨을 쉬었을 때) 어느 정도 위험할 수 있겠지만, 이 위험은 고양이, 개 등 다른 동물에게서 오는 위험과 크게 다르지 않다(Blechman 2006:ch.8).

40 혹고니는 영국을 비롯한 유럽과 아시아의 여러 지역에서 토착종이고, 북미에서는 외래종이다. 북미에서는 혹고니가 위험한 침입자인지, 북미 토종 고니와 비슷한 역할을 하는 무해한 이민자인지를 두고 논쟁이 벌어지고 있다. 다양한 관점을 확인하려면 http://www.savemuteswans.org와 http://www.allaboutbirds.org/guide/Mute_Swan/lifehistory를 보라.

41 캐나다 동물보호연대는 사슴이나 코요테 같은 다른 경계 동물과의 갈등에 유용한 지침도 제공한다. http://www.animalalliance.ca 에서 볼 수 있다.

42 Adams and Lindsey 2010:161. 반면 야생의 다람쥐는 도시의 다람쥐보다 더 일찍 성적 성숙기에 도달한다. 아마도 도시 다람쥐의 자손 생존율이 더 높기 때문일 것이다.

43 우리는 여전히 동물이 어떻게 스스로 개체 수를 조절하는지 배워야 할 것이 많다. 얼핏 보면, 어떤 종은 전적으로 외부 요인에 의해 개체 수가 조절되는 것으로 보인다. 예를 들어, 경계성 흰꼬리사슴은 포식자에 의해 조절되지 않으면 지역의 수용 능력을 초과하여, 결국 먹이 자원이 부족해져 굶주림으로 죽게 될 것이다. 프레이저는 이와 비슷하게 포식자가 제거된 섬의 원숭이 개체 수 과잉 현상(2009:26)과, 야생 동물 공원에서 주변의 먹이를 고갈시키는 코끼리들의 사례를 논의한다. 하지만 환경의 초식 동물 수용력 문제는 문자 그대로 섬이나 울타리를 친 공원, 도시 주변 서식지 등 생태적 '섬'에 갇혀 있어 발생하는 결과로 보인다. 초식 동물이 더 넓은 영토로 갈 수 있는 통로가 있다면, 그들은 다른 영토로 이주해서 개체 수를 조절하는 것으로 보인다 (Fraser2009).

44 블레크먼은 웨스트 나일 바이러스와 조류 인플루엔자가 유행하는 동안 비둘기가 두 질병을 모두 옮기지 않음에도, 비둘기 퇴치 업체들이 어떻게 공포를 이용해 큰 돈을 벌었는지 논의한다(Blechman 2006:ch. 8).

45 http://www.metrofieldguide.com/?p=74를 보라.

46 이 점에서 우리의 모델은 다른 저자들이 경계 동물의 위치에 대해 제시하는 더 열정적인 설명과 차별화된다. 예를 들어 월치는 '동물과 자연을 돌보는 윤리, 실천, 정치가 등장하려면, 우리는 도시의 자연을 회복시켜 동물을 다시 초대해야 하며, 도시를 다시 매력적으로 만들어야 한다. 나는 이렇게 자연이 회복되고 다시 매

력적이게 된 도시를 **동물도시(zoopolis)**라고 부른다'라고 말한다(Wolch 1998:124). 이 책의 제목이 보여주듯이, 우리는 월치의 생각에서 영감을 받았지만, 인간에게 '동물을 다시 초대할' 의무가 있다고 말하지 않을 것이다. 우리는 미래에 기회성 동물이 들어오지 못하도록 합리적인 조치를 취할 수 있다. 마찬가지로, 미셸펠더는 '도시 환경에 거주하며 터전을 만든 경계 동물은 우리의 비인간 이웃이다. 따라서 우리는 그에 맞춰 경계 동물에 반응하고 이웃으로 대우할 도덕적 의무가 있다. (…) 기본 원칙으로, 이러한 공동체를 결속력 있게 만드는 행동이 도덕적으로 공동체를 분열시키는 행동보다 도덕적으로 더 바람직하다고 말할 수 있다'(Michelfelder 2003:86). 우리는 경계 동물을 우리의 이웃이나 공동 거주자로 봐야 한다는 데 동의하지만, 그들과 좀 더 '결속된' 공동체를 만드는 것이 목표가 아니라고 주장해 왔다. 이것은 우리와 사육 동물 관계의 목표가 되어야 한다. 즉, 우리는 사육 동물과 신뢰와 협력 관계를 강화하고 혼종 공동체 내에서 성원권을 공유한다는 생각을 만드는 것을 목표로 삼아야 한다. 하지만 경계 동물과의 관계에서 목표는 훨씬 더 느슨하고 결속력이 낮은 관계이고, 이 관계에서는 걱정과 불신이 계속된다(이것이 필요할 때도 있다). 우리는 주민권 개념이 공동체의 성원권이 없는 공동 거주자라는 변증법적 관계를 잘 표현한다고 생각한다.

8 결론 Conclusion

1 UN 2006. 유엔 보고서의 일부 계산 결과에 대한 비평은 Farlie 2010을 참조하라.

2 jim Motevalli, 'Meat: The Slavery of our Time: How the Coming Vegetarian Revolution will arriveby Force', Foreign Policy, https://foreignpolicy.com/2009/06/03/meat-the-slavery-of-our-time/

3 '일단 우리가 다른 종을 "지배"할 권리를 포기하면, 우리는 그들에게 개입할 어떠한 권리도 없다. 우리는 가능한 한 그들을 내버려둬야 한다. 폭군 역할을 포기했으면, 빅 브라더 역할도 하려 해서는 안 된다'라는 싱어의 주장을 떠올려 보자(Singer 1975:251). 동물과 관계를 맺는 유일한 방법이 폭군 아니면 빅 브라더라는 것이 우리의 도덕적 상상력의 한계인가?

참고문헌

Adams, Clark and Kieran Lindsey (2010) Urban Wildlife Management, 2nd edn (Boca Raton, FL: CRC Press).

Alfred, Taiake (2001) 'From Sovereignty to Freedom: Toward an Indigenous Political Discourse', Indigenous Affairs 3: 22–34.

_____(2005) 'Sovereignty', in Joanne Barker (ed.) Sovereignty Matters: Locations of Contestation and Possibility in Indigenous Strategies for Self-Determination (Lincoln: University of Nebraska Press), 33–50.

Alger, Janet and Steven Alger (2005) 'The Dynamics of Friendship Between Dogs and Cats In the Same Household'. Paper presented for the Annual Meeting of the American Sociological Association, Philadelphia, PA, 13–16 August 2005.

Anaya, S. J. (2004) Indigenous Peoples in International Law, 2nd edn (Oxford: Oxford University Press).

An-Na'im, Abdullahi (1990) 'Islam, Islamic Law and the Dilemma of Cultural Legiti- macy for Universal Human Rights', in Claude Welch and Virginia Leary (eds) Asian Perspectives on Human Rights (Boulder, CO: Westview), 31–54.

Appiah, Anthony Kwame (2006) Cosmopolitanism: Ethics in a World of Strangers (New York: W.W. Norton).

Armstrong, Susan and Richard Botzler (eds) (2008) The Animal Ethics Reader, 2nd edn (London: Routledge).

Arneil, Barbara (2009) 'Disability, Self Image, and Modern Political Theory', Political Theory 37/2: 218–42.

Aukot, Ekuru (2009) 'Am I Stateless Because I am a Nomad?', Forced Migration Review 32: 18.

Barry, John (1999) Rethinking Green Politics (London: Sage).

Baubock, Rainer (1994) Transnational Citizenship: Membership and Rights in Transna- tional Migration (Aldershot: Elgar).

_____(2009) 'Global Justice, Freedom of Movement, and Democratic Citizenship', Euro- pean Journal of Sociology 50/1: 1–31.

Baxter, Brian (2005) A Theory of Ecological Justice (London: Routledge).

BBC News (2006) 'Jamie "must back squirrel-eating"' BBC News online, 23 March. Available at http://news.bbc.co.uk/2/hi/4835690.stm

Beckett, Angharad (2006) Citizenship and Vulnerability: Disability and Issues of Social and Political Engagement (Basingstoke: Palgrave Macmillan).

Bekoff, Marc (2007) The Emotional Lives of Animals: A Leading Scientist Explores Animal Joy, Sorrow, and Empathy – and Why They Matter (Novato, CA: New World Library). [국역본] 『동물의 감정은 왜 중요한가』, 김민경 옮김, 두시의나무, 2024.

Bekoff, Marc and Jessica Pierce (2009) Wild Justice: The Moral Lives of Animals (Chicago: University of Chicago Press).

Benatar, David (2006) Better Never to Have Been: The Harm of Coming into Existence (Oxford: Oxford University Press).

Bentham, Jeremy (2002) 'Anarchical Fallacies, Being an Examination of the Declara- tions of Rights Issued During the French Revolution', in Philip Schofield, Catherine Pease-Watkin, and Cyprian Blamires (eds) The Collected Works of Jeremy Bentham: Rights, Representation, and Reform: Nonsense upon Stilts and Other Writings on the French Revolution (Oxford: Oxford University Press; first published 1843).

Benton, Ted (1993) Natural Relations: Ecology, Animal Rights, and Social Justice (London: Verso).

Best, Steven and Jason Miller (2009) 'Pacifism or Animals: Which Do You Love More?', North American Animal Liberation Press Office Newsletter April 2009, 7–14. Available at www.animalliberationpressoffice.org/pdf/2009-04_newsletter_vol1.pdf.

Bickerton, Christopher, Philip Cunliffe, and Alexander Gourevitch (2007) 'Introduc- tion: The Unholy Alliance against Sovereignty', in their Politics without Sovereignty: A Critique of Contemporary International Relations (London: University College London Press), 1–19.

Biolsi, Thomas (2005) 'Imagined Geographies: Sovereignty, Indigenous Space, and American Indian Struggle', American Ethnologist 32/2: 239–59.

Bielefeldt, Heiner (2000) "Western' versus 'Islamic' Human Rights Conceptions?', Political Theory 28/1: 90–121.

Bittner, Mark (2005) The Wild Parrots of Telegraph Hill: A Love Story … with Wings (New York: Three Rivers Press).

Blechman, Andrew D. (2006) Pigeons: The Fascinating Saga of the World's Most Revered and Reviled Bird (New York: Grove Press).

Bonnett, Laura (2003) 'Citizenship and People with Disabilities: The Invisible Frontier', in Janine Brodie and Linda Trimble (eds) Reinventing Canada: Politics of the 21st Century (Toronto: Pearson), 151–63.

Boonin, David (2003) 'Robbing PETA to Spay Paul: Do Animal Rights Include Repro- ductive Rights?' Between the Species 13/3: 1–8.

Bradshaw, G. A. (2009) Elephants on the Edge: What Animals Teach Us about Humanity (New Haven: Yale University Press).

Braithwaite, Victoria (2010) Do Fish Feel Pain? (Oxford: Oxford University Press).

Brown, Rita Mae (2009) Animal Magnetism: My Life with Creatures Great and Small (New York: Ballantine Books).

Bruyneel, Kevin (2007) The Third Space of Sovereignty: The Postcolonial Politics of U.S. Indigenous Relations (Minneapolis: University of Minnesota Press).

Bryant, John (1990) Fettered Kingdoms (Winchester: Fox Press).

Buchanan, Allen (2003) 'The Making and Unmaking of Boundaries: What Liberalism has to Say', in Allen Buchanan and Margaret Moore (eds) States, Nations and Borders: The Ethics of Making and Unmaking Boundaries (Cambridge: Cambridge University Press), 231–61.

Budiansky, Stephen (1999) The Covenant of the Wild: Why Animals Chose Domestication (New Haven: Yale University Press; first published by William Morrow 1992).

Bunton, Molly (2010) 'My Humane-ifesto'. Available at http://fiascofarm.com/ Humane-ifesto.htm.

Burgess-Jackson, Keith (1998) 'Doing Right by our Animal Companions', Journal of Ethics 2: 159–85.

Cairns, Alan (2000) Citizens Plus: Aboriginal Peoples and the Canadian State (Vancouver: University of British Columbia).

Callicott, J. Baird (1980) 'Animal Liberation: A Triangular Affair', Environmental Ethics 2: 311–28.

_____(1992) 'Animal Liberation and Environmental Ethics: Back Together Again', in Eugene C. Hargrove (ed.) The Animal Rights/Environmental Ethics Debate (Albany, NY: State University of New York Press), 249–62.

_____(1999) 'Holistic Environmental Ethics and the Problem of Ecofascism', in Beyond the Land Ethic: More Essays in Environmental Philosophy (Albany, NY: State University of New York Press), 59–76.

Calore, Gary (1999) 'Evolutionary Covenants: Domestication, Wildlife and Animal Rights', in P. N. Cohn (ed.) Ethics and Wildlife (Lewiston, NY: Mellen Press), 219–63. Caney, Simon (2005) Justice Beyond Borders: A Global Political Theory (Oxford: Oxford University Press).

Čapek, Stella (2005) 'Of Time, Space, and Birds: Cattle Egrets and the Place of the Wild', in Ann Herda-Rapp and Theresa L. Goedeke (eds) Mad about Wildlife: Looking at Social Conflict over Wildlife (Leiden: Brill), 195–222.

Carens, Joseph (2008a) 'Live-in Domestics, Seasonal Workers, and Others Hard to Locate on the Map of Democracy', Journal of Political Philosophy 16/4: 419–45.

_____(2008b) 'The Rights of Irregular Migrants', Ethics and International Affairs 22: 163–86.

_____(2010) Immigrants and the Right to Stay (Boston: MIT Press).

Carey, Allison (2009) On the Margins of Citizenship: Intellectual Disability and Civil Rights in Twentieth-Century America (Philadelphia: Temple University Press).

Carlson, Licia (2009) 'Philosophers of Intellectual Disability: A Taxonomy', Metaphilo- sophy 40/3–4: 552–67.

Casal, Paula (2003) 'Is Multiculturalism Bad for Animals?', Journal of Political Philosophy 11/1: 1–22.

Cassidy, Julie (1998) 'Sovereignty of Aboriginal Peoples', Indiana International and Comparative Law Review 9: 65–119.

Cavalieri, Paola (2001) The Animal Question: Why Nonhuman Animals Deserve Human Rights (Oxford: Oxford University Press).

_____(2006) 'Whales as persons', in M. Kaiser and M. Lien (eds) Ethics and the politics of food (Wageningen: Wageningen Academic Publishers).

_____(2007) 'The Murder of Johnny', The Guardian, 5 October 2007. Available at http://www.guardian.co.uk/commentisfree/2007/oct/05/comment.animalwelfare.

_____(2009a) The Death of the Animal: A Dialogue (New York: Columbia University Press).

_____(2009b) 'The Ruses of Reason: Strategies of Exclusion', Logos Journal (www. logosjournal.com).

_____and Peter Singer (eds) (1993) The Great Ape Project: Equality Beyond Humanity (London: Fourth Estate).

Clark, Stephen R. L. (1984) The Moral Status of Animals (Oxford: Oxford University Press).

Clement, Grace (2003) 'The Ethic of Care and the Problem of Wild Animals', Between the Species, 13/3: 9–21.

Clifford, Stacy (2009) 'Disabling Democracy: How Disability Reconfigures Deliberative Democratic Norms', American Political Science Association 2009 Toronto Meeting Paper. Available at http://ssrn.com/abstract=1451092

Cline, Cheryl (2005) 'Beyond Ethics: Animals, Law and Politics' (PhD Thesis, University of Toronto).

Clutton-Brock, Janet (1987) A Natural History of Domesticated Animals (Cambridge: Cambridge University Press).

Cohen, Carl and Tom Regan (2001) The Animal Rights Debate (Lanham, MD: Rowman & Littlefield).

Cohen, Elizabeth F. (2009) Semi-Citizenship in Democratic Politics (Cambridge: Cambridge University Press).

Costello, Kimberly and Gordon Hodson (2010) 'Exploring the roots of dehumaniza- tion: The role of animal-human similarity in promoting immigrant humanization', Group Processes and Intergroup Relations 13/1: 3–22.

Crompton, Tom (2010) Common Cause: The Case for Working with Our Cultural Values (World Wildlife Fund-United Kingdom). Available at http://assets.wwf.org.uk/down- loads/common_cause_report.pdf.

Curry, Steven (2004) Indigenous Sovereignty and the Democratic Project (Aldershot: Ashgate).

DeGrazia, David (1996) Taking Animals Seriously: Mental Life and Moral Status (Cambridge: Cambridge University Press).

_____(2002) Animal Rights: A Very Short Introduction (Oxford: Oxford University Press). Denison, Jaime (2010) 'Between the Moment and Eternity: How Schillerian Play Can Establish Animals as Moral Agents', Between the Species 13/10: 60–72.

DeStefano, Stephen (2010) Coyote at the Kitchen Door: Living with Wildlife in Suburbia (Cambridge, MA: Harvard University Press).

de Waal, Frans (2009) The Age of Empathy: Nature's Lessons for a Kinder Society (Toronto: McClelland & Stewart).

Diamond, Cora (2004) 'Eating Meat and Eating People', in Cass Sunstein and Martha Nussbaum (eds) Animal Rights: Current Debates and New Directions (Oxford: Oxford University Press), 93–107.

Dobson, Andrew (1996) 'Representative Democracy and the Environment', in W. Lafferty and J. Meadowcroft (eds) Democracy and the Environment: Problems and Prospects (Cheltenham: Elgar), 124–39.

Dombrowski, Daniel (1997) Babies and Beasts: The Argument from Marginal Cases (Champaign: University of Illinois Press).

Doncaster, Deborah and Jeff Keller (2000) Habitat Modification & Canada Geese: Techni- ques for Mitigating Human/Goose Conflicts in Urban & Suburban Environments. Animal Alliance of Canada, Toronto. Available at http://www.animalalliance.ca.

Donovan, Josephine (2006) 'Feminism and the Treatment of Animals: From Care to Dialogue', Signs 2: 305–29.

_____(2007) 'Animal Rights and Feminist Theory', in Josephine Donovan and Carol J. Adams (eds) The Feminist Care Tradition in Animal Ethics (New York: Columbia Uni- versity Press), 58–86.

_____and Carol J. Adams (eds) (2007) The Feminist Care Tradition in Animal Ethics (New York: Colombia University Press).

Dowie, Mark (2009) Conservation Refugees: The Hundred-Year Conflict between Global Conservation and Native Peoples (Cambridge, MA: MIT Press).

Dunayer, Joan (2004) Speciesism (Derwood, MD; Ryce Publishing).

Dworkin, Ronald (1984) 'Rights as Trumps', in Jeremy Waldron (ed.) Theories of Rights (Oxford: Oxford University Press), 153–67.

_____(1990) 'Foundations of Liberal Equality', in Grethe B. Peterson (ed.) The Tanner Lectures on Human Values, vol. 11 (Salt Lake City, UT: University of Utah Press), 1–119.

Eckersley, Robyn (1999) 'The Discourse Ethic and the Problem of Representing Nature', Environmental Politics 8/2: 24–49.

_____(2004) The Green State: Rethinking Democracy and Sovereignty (Cambridge, MA: MIT Press).

Elder, Glenn, Jennifer Wolch, and Jody Emel (1998) 'La Practique Sauvage: Race, Place and the Human-Animal Divide', in Jennifer Wolch and Jody Emel (eds) Animal Geographies: Place, Politics and Identity in the Nature-Culture Borderlands (London: Verso), 72–90.

Everett, Jennifer (2001) 'Environmental Ethics, Animal Welfarism, and the Problem of Predation: A Bambi Lover's Respect for Nature', Ethics and the Environment 6/1: 42–67. Fairlie, Simon (2010) Meat: A Benign Extravagance (East Meon, UK; Permanent Publications).

Feuerstein, N. and J. Terkel (2008) 'Interrelationship of Dogs (canis familiaris) and Cats (felis catus L.) Living under the Same Roof', Applied Animal Behaviour Science 113/1: 150–65.

Fink, Charles K. (2005) 'The Predation Argument', Between the Species 5: 1–16.

Fowler, Brigid (2004) 'Fuzzing Citizenship, Nationalising Political Space: A Framework for Interpreting the Hungarian "Status Law" as a New Form of Kin-State Policy in Central and Eastern Europe', in Z. Kántor, B. Majtényi, O. Ieda, B. Vizi, and I. Halász (eds) The Hungarian Status Law: Nation Building and/or Minority Protection (Sapporo: Slavic Research Council), 177–238.

Fox, Michael A. (1988a) The Case for Animal Experimentation: An Evolutionary and Ethical Perspective (Berkeley: University of California Press).

_____(1988b) 'Animal Research Reconsidered', New Age Journal (January/February): 14–21.

_____(1999) Deep Vegetarianism (Philadelphia: Temple University Press).

Francione, Gary L. (1999) 'Wildlife and Animal Rights', in P. N. Cohn (ed.) Ethics and Wildlife (Lewiston, NY: Mellen Press), 65–81.

_____(2000) Introduction to Animal Rights: Your Child or the Dog? (Philadelphia: Temple University Press).

_____(2007) 'Animal Rights and Domesticated Nonhumans' (blog). Available at http:// www.abolitionistapproach.com/animal-rights-and-domesticated-nonhumans/.

Francione, Gary L. (2008) Animals as Persons: Essays on the Abolition of Animal Exploita- tion (New York: Columbia University Press).

_____and Robert Garner (2010) The Animal Rights Debate: Abolition or Regulation? (New York: Columbia University Press).

Francis, L. P. and Anita Silvers (2007) 'Liberalism and Individually Scripted ideas of the Good: Meeting the Challenge of Dependent Agency', Social Theory and Practice 33/2: 311–34.

Franklin, Julian H. (2005) Animal Rights and Moral Philosophy (New York: Columbia University Press).

Fraser, Caroline (2009) Rewilding the World: Dispatches form the Conservation Revolution (New York: Metropolitan Books).

Frey, Raymond (1983) Rights, Killing and Suffering (Oxford: Oxford University Press). Frost, Mervyn (1996) Ethics in International Relations: A Constitutive Theory (Cambridge:Cambridge University Press).

Frowe, Helen (2008) 'Equating Innocent Threats and Bystanders', Journal of Applied Philosophy 25/4: 277–90.

Fusfeld, Leila (2007) 'Sterilization in an Animal Rights Paradigm', Journal of Animal Law and Ethics 2: 255–62.

Garner, Robert (1998) Political Animals: Animal Protection Politics in Britain and the United States (Basingstoke: Macmillan).

_____(2005a) The Political Theory of Animal Rights (Manchester: Manchester University Press).

_____(2005b) Animal Ethics (Cambridge: Polity Press).

Goldenberg, Suzanne (2010) 'In Search of a Home away from Home', The Guardian Weekly, 12 March 2010: 28–9.

Goodin, Robert (1985) Protecting the Vulnerable: A Reanalysis of Our Social Responsibilities (Chicago: University of Chicago Press).

_____(1996) 'Enfranchising the Earth, and its Alternatives', Political Studies 44: 835–49. Goodin, R., C. Pateman, and R. Pateman (1997) 'Simian Sovereignty', Political Theory 25/6: 821–49.

Griffiths, Huw, Ingrid Poulter, and David Sibley (2000) 'Feral Cats in the City', in Chris Philo and Chris Wilbert (eds) Animal Spaces, Beastly Places: New Geographies of Human-Animal Relations (London: Routledge), 56–70.

Hadley, John (2005) 'Nonhuman Animal Property: Reconciling Environmentalism and Animal Rights', Journal of Social Philosophy 36/3: 305–15.

_____(2006) 'The Duty to Aid Nonhuman Animals in Dire Need', Journal of Applied Philosophy 23/4: 445–51.

_____(2009a) 'Animal Rights and Self-Defense Theory', Journal of Value Inquiry 43: 165–77.

_____(2009b) '"We Cannot Experience Abstractions": Moral Responsibility for "Eternal Treblinka"', Southerly 69/1: 213–23.

_____and Siobhan O'Sullivan (2009) 'World Poverty, Animal Minds and the Ethics of

Veterinary Expenditure', Environmental Values 18: 361–78.

Hailwood, Simon (2004) How to be a Green Liberal: Nature, Value and Liberal Philosophy (Montreal: McGill-Queen's University Press).

Hall, Lee (2006) Capers in the Churchyard: Animal rights advocacy in the age of terror (Darien, CT: Nectar Bat Press).

_____and Anthony Jon Waters (2000) 'From Property to Persons: The Case of Evelyn Hart', Seton Hall Constitutional Law Journal 11/1: 1–68.

Hanrahan, Rebecca (2007) 'Dog Duty', Society and Animals 15: 379–99.

Hargrove, Eugene (ed.) (1992) The Animal Rights/Environmental Ethics Debate: The Envi- ronmental Perspective (Albany, NY: State University of New York Press).

Harris S., P. Morris, S. Wray, and D. Yalden (1995) A review of British mammals: population estimates and conservation status of British mammals other than cetaceans (Peterborough, UK: Joint Nature Conservation Committee).

Hartley, Christie (2009) 'Justice for the Disabled: A Contractualist Approach', Journal of Social Philosophy 40/1: 17–36.

Haupt, Lyanda Lynn (2009) Crow Planet: Essential Wisdom from the Urban Wilderness (New York: Little, Brown and Company).

Heinrich, Bernd (1999) Mind of the Raven: Investigations and Adventures with Wolf-birds. (New York: HarperCollins).

Henders, Susan (2010) 'Internationalized Minority Territorial Autonomy and World Order: The Early Post-World War I Era Arrangements' (paper presented at EDG workshop on International Approaches to the Governance of Ethnic Diversity, Queen's University, September).

Hettinger, Ned (1994) 'Valuing Predation in Rolston's Environmental Ethics: Bambi Lovers versus Tree Huggers', Environmental Ethics 16/1: 3–20.

Hooker, Juliet (2009) Race and the Politics of Solidarity (Oxford: Oxford University Press).

Horigan, Steven (1988) Nature and Culture in Western Discourses (London: Routledge). Hornung, Eva (2009) Dog Boy (Toronto: Harper Collins).

Horowitz, Alexandra (2009) Inside of a Dog: What Dogs See, Smell and Know (New York: Scribner).

Horta, Oscar (2010) 'The Ethics of the Ecology of Fear against the Nonspecieist Paradigm: A Shift in the Aims of Intervention in Nature', Between the Species 13/10: 163–87.

Hribal, Jason (2006) 'Jessie, a Working Dog', Counterpunch, 11 November 2006. Avail- able at www. counterpunch.org/hribal11112006.html.

_____(2007) 'Animals, Agency, and Class: Writing the History of Animals from Below',

Human Ecology Review 14/1: 101–12.

_____(2010) Fear of the Animal Planet: The Hidden History of Animal Resistance (Oakland, CA: Counter Punch Press and AK Press).

Hutto, Joe (1995) Illumination in the Flatwoods: A season with the wild turkey (Guilford, CT: Lyons Press).

Ignatieff, Michael (2000) The Rights Revolution (Toronto: Anansi).

International Fund for Animal Welfare (2008) Falling Behind: An International Comparison of Canada's Animal Cruelty Legislation. Available at http://www.ifaw.org/Publications/ Program_Publications/Regional_National_Efforts/North_America/Canada/asset_upload_ file751_15788.pdf.

Irvine, Leslie (2004) 'A Model of Animal Selfhood: Expanding Interactionist Possibili- ties', Symbolic Interaction 27/1: 3–21.

Irvine, Leslie (2009) Filling the Ark: Animal Welfare in Disasters (Philadelphia: Temple University Press).

Isin, Engin and Bryan Turner (eds) (2003) Handbook of Citizenship Studies (Thousand Oaks, CA: Sage).

Jackson, Peter (2009) 'Can animals live in high-rise blocks?', BBC news online, 7 June. Available at http://news. bbc.co.uk/2/hi/uk_news/magazine/8079079.stm.

Jamie, Kathleen (2005) Findings (London: Sort of Books).

Jamieson, Dale (1998) 'Animal Liberation is an Environmental Ethic', Environmental Values 7: 41–57.

Jerolmack, Colin (2008) 'How Pigeons Became Rats: The Cultural-Spatial Logic of Problem Animals', Social Problems 55/1: 72–94.

Jones, Owain (2000) '(Un)ethical geographies of human-non-human relations: en- counters, collectives and spaces', in Chris Philo and Chris Wilbert (eds) Animal Spaces, Beastly Places: New Geographies of Human-Animal Relations (London: Routle- dge), 268–91.

Jones, Pattrice (2008) 'Strategic Analysis of Animal Welfare Legislation: A Guide for the Perplexed' (Eastern Shore Sanctuary & Education Center, Strategic Analysis Report, August 2008, Springfield Vermont). Available at http://pattricejones.info/blog/wp- content/uploads/perplexed.pdf.

Kaufman, Whitley (2010) 'Self-defense, Innocent Aggressors, and the Duty of Martyr- dom', Pacific Philosophical Quarterly 91: 78–96.

Kavka, Gregory (1982) 'The Paradox of Future Individuals', Philosophy and Public Affairs 11/2: 93–112.

Keal, Paul (2003) European Conquest and the Rights of Indigenous Peoples (Cambridge: Cambridge University Press).

King, Roger J. H. (2009) 'Feral Animals and the Restoration of Nature', Between the Species 9: 1–27.

Kittay, Eva Feder (1998) Love's Labor: Essays on Women, Equality and Dependency (New York: Routledge).

_____(2001) 'When Caring is Just and Justice is Caring: Justice and Mental Retardation', Public Culture 13/3: 557–79.

_____(2005a) 'At the Margins of Moral Personhood', Ethics 116/1:100–31.

_____(2005b) 'Equality, Dignity and Disability', in Mary Ann Lyons and Fionnuala Waldron (eds) Perspectives on Equality: The Second Seamus Heaney Lectures (Dublin: Liffey Press), 95–122.

Kittay, Eva Feder, Bruce Jennings, and Angela Wasunna (2005) 'Dependency, Difference and the Global Ethic of Longterm Care', Journal of Political Philosophy 13/4: 443–69. Kolers, Avery (2009) Land, Conflict, and Justice: A Political Theory of Territory (Cambridge:Cambridge University Press).

Kymlicka, Will (1995) Multicultural Citizenship (Oxford: Oxford University Press).

_____(2001a) 'Territorial Boundaries: A Liberal Egalitarian Perspective', in David Miller and Sohail Hashmi (eds) Boundaries and Justice: Diverse Ethical Perspectives (Princeton: Princeton University Press), 249–75.

_____(2001b) Politics in the Vernacular: Nationalism, Multiculturalism and Citizenship (Oxford: Oxford University Press).

_____(2002) Contemporary Political Philosophy, 2nd edn (Oxford University Press, Oxford).

_____and Wayne Norman (1994) 'Return of the Citizen: A Survey of Recent Work on Citizenship Theory', Ethics 104/2: 352–81.

Latour, Bruno (1993) We Have Never Been Modern (Cambridge, MA: Harvard University Press).

_____(2004) Politics of Nature (Cambridge, MA: Harvard University Press).

Lee, Teresa Man Ling (2006) 'Multicultural Citizenship: The Case of the Disabled', in Dianne Pothier and Richard Devlin (eds) Critical Disability Theory (Vancouver: University of British Columbia Press), 87–105.

Lekan, Todd (2004) 'Integrating Justice and Care in Animal Ethics', Journal of Applied Philosophy 21/2: 183–95.

Lenard, Patti and Christine Straehle (forthcoming)[2012] 'Temporary Labour Migration, Global Redistribution and Democratic Justice', Politics, Philosophy and Economics.

Lenzerini, Frederico (2006) 'Sovereignty Revisited: International Law and Parallel Sovereignty of Indigenous Peoples', Texas International Law Journal 42: 155–89 Loughlin, Martin (2003) 'Ten Tenets of Sovereignty', in Neil Walker (ed.) Sovereignty in Transition (London: Hart), 55–86.

Lovelock, James (1979) Gaia: A New Look at Life on Earth (Oxford: Oxford University Press).

Luban, David (1980) 'Just War and Human Rights', Philosophy and Public Affairs 9/2: 160–81.

Luke, Brian (2007) 'Justice, Caring and Animal Liberation', in Josephine Donovan and Carol Adams (eds) The Feminist Care Tradition in Ethics (New York: Columbia Univer- sity Press), 125–52.

Lund, Vonne and Anna S. Olsson (2006) 'Animal Agriculture: Symbiosis, Culture, or Ethical Conflict?', Journal of Agricultural and Environmental Ethics 19: 47–56.

Mackenzie, Catriona and Natalie Stoljar (eds) (2000) Relational Autonomy: Feminist Perspectives on Autonomy, Agency and the Social Self (Oxford: Oxford University Press). MacKinnon, Catherine (1987) Feminism Unmodified (Cambridge, MA: Harvard University Press). MacLeod, Ray (2011) Hope for Wildlife: True Stories of Animal Rescue (Halifax, NS: Nimbus Publishing).

McMahan, Jeff (1994) 'Self-Defense and the Problem of the Innocent Attacker', Ethics 104/2: 252–90.

_____(2002) The Ethics of Killing: Problems at the Margins of Life (Oxford: Oxford University Press).

_____(2008) 'Eating Animals the Nice Way', Daedalus 137/1: 66–76.

_____(2009) 'Self-Defense Against Morally Innocent Threats', and 'Reply to Commenta- tors', in Paul H. Robinson, Kimberly Ferzan, and Stephen Garvey (eds) Criminal Law Conversations (New York: Oxford University Press), 385–94.

_____(2010) 'The Meat Eaters', The New York Times 'Opinionator', 19 September 2010. Available at http://opinionator.blogs.nytimes.com/2010/09/19/the-meat-eaters/.

Masson, Jeffrey Moussaieff (2003) The Pig Who Sang to the Moon: The Emotional World of Farm Animals (New York: Ballantine).

Masson, Jeffrey Moussaieff (2010) The Dog Who Couldn't Stop Loving: How Dogs Have Captured Our Hearts for Thousands of Years (New York: HarperCollins).

Meyer, Lukas (2008) 'Intergenerational Justice', Stanford Encyclopedia of Philosophy online. First published April 3/02. Revised 26 February 2008.

Michelfelder, Diane (2003) 'Valuing Wildlife Populations in Urban Environments',Journal of Social Philosophy 34/1: 79–90.

Midgley, Mary (1983) Animals and Why They Matter (Athens: University of Georgia Press).

Miller, David (2005) 'Immigration' in Andrew Cohen and Christopher Wellman (eds)

Contemporary Debates in Applied Ethics (Oxford: Blackwell).

_____(2007) National Responsibility and Global Justice (Oxford: Oxford University Press).

_____(2010) 'Why Immigration Controls are Not Coercive: A Reply to Arash Abizadeh', Political Theory 38/1: 111–20.

_____(2010) 'Territorial Rights: Concept and Justification' (unpublished).

Mills, Brett (2010) 'Television Wildlife Documentaries and Animals' Right to Privacy',Continuum: Journal of Media and Cultural Studies 24/2: 193–202.

Morelle, Rebecca (2010) 'Follow that microlight: Birds learn to migrate', BBC online 27 October 2010. Available at http://www.bbc.co.uk/news/science-environment-11574073.

Murdoch, Iris (1970) 'The Sovereignty of Good Over Other Concepts', in The Sovereignty of Good (London: Routledge & Kegan Paul), 77–104.

Myers, Olin E. Jr. (2003) 'No Longer the Lonely Species: A Post-Mead Perspective on Animals and Sociology', International Journal of Sociology and Social Policy 23/3: 46–68. New York City Audubon Society (2007) Bird-Safe Building Guidelines. Available at: http://www.nycaudubon.org/home/BirdSafeBuildingGuidelines.pdf.

Nobis, Nathan (2004) 'Carl Cohen's 'Kind' Arguments For Animal Rights and Against Human Rights', Journal of Applied Philosophy 21/1: 43–59. Norton, Bryan (1991) Toward Unity among Environmentalists (Oxford: Oxford University Press).

Nozick, Robert (1974) Anarchy, State and Utopia (New York: Basic Books).

Nussbaum, Martha (2006) Frontiers of Justice: Disability, Nationality, Species Membership(Cambridge, MA: Harvard University Press).

Oh, Minjoo and Jeffrey Jackson (2011) 'Animal Rights vs Cultural Rights: Exploring the Dog Meat Debate in South Korea from a World Polity Perspective', Journal of Intercul- tural Studies 32/1: 31–56.

Okin, Susan Moller (1979) Women in Western Political Thought (Princeton: Princeton University Press).

_____(1999) Is Multiculturalism Bad for Women? (Princeton: Princeton University Press). Orend, Brian (2006) The Morality of War (Peterborough, ON: Broadview).

Orford, H. J. L. (1999) 'Why the Cullers Got it Wrong', in Priscilla Cohn (ed.) Ethics and Wildlife (Lewiston, NY: Mellen Press), 159–68.

Otsuka, Michael (1994) 'Killing the Innocent in Self-Defense', Philosophy and Public Affairs 23/1: 74–94.

Otto, Diane (1995) 'A Question of Law or Politics? Indigenous Claims to Sovereignty in Australia', Syracuse Journal of International Law 21: 65–103.

Ottonelli, Valeria and Tiziana Torresi (forthcoming)[2010] 'Inclusivist Egalitarian Liberalism and Temporary Migration: A Dilemma', Journal of Political Philosophy.

Overall, Christine (forthcoming)[2013] Why Have Children? The Ethical Debate (Cambridge,MA: MIT Press).

Pallotta, Nicole R. (2008) 'Origin of Adult Animal Rights Lifestyle in Childhood Re- sponsiveness to Animal Suffering', Society and Animals 16: 149–70.

Palmer, Clare (1995) 'Animal Liberation, Environmental Ethics and Domestication',

OCEES Research Papers, Oxford Centre for the Environment, Ethics & Society, Mansfield College, Oxford.

_____(2003a) 'Placing Animals in Urban Environmental Ethics', Journal of Social Philoso- phy 34/1: 64–78.

_____(2003b) 'Colonization, urbanization, and animals', Philosophy & Geography 6/1: 47–58.

_____(2006) 'Killing Animals in Animal Shelters', in The Animal Studies Group (ed.)

Killing Animals (Champaign: University of Illinois Press), 170–87.

_____(2010) Animal Ethics in Context (New York: Columbia University Press).

_____(ed.) (2008) Animal Rights (Farnham: Ashgate).

Patterson, Charles (2002) Eternal Treblinka: Our Treatment of Animals and the Holocaust (New York: Lantern Books). [국역본] 『동물 홀로코스트』, 정의길 옮김, 휴, 2014.

Pemberton, Jo-Anne (2009) Sovereignty: Interpretations (Basingstoke: Palgrave Macmillan). Pepperberg, Irene M. (2008) Alex & Me (New York: HarperCollins).

Peterson, Dale (2010) The Moral Lives of Animals (New York: Bloomsbury Press).

Philo, Chris and Chris Wilbert (eds) (2000) Animal Spaces, Beastly Places: New Geogra- phies of Human-Animal Relations (London: Routledge).

Philpott, Daniel (2001) Revolutions in Sovereignty: How Ideas Shaped Modern International Relations (Princeton: Princeton University Press).

Pitcher, George (1996) The Dogs Who Came To Stay (London: HarperCollins). Plumwood, Val (2000) 'Surviving a Crocodile Attack' Utne Reader online, July-August 2000. Available at http://www.utne.com/2000-07-01/being-prey.aspx?page=1.

_____(2004) 'Animals and Ecology: Toward a Better Integration', in Steve Sapontzis (ed.) Food For Thought: The Debate over Eating Meat (Amherst, NY: Prometheus), 344–58. Poole, Joyce (1998) 'An Exploration of a Commonality between Ourselves and Elephants', Etica & Animali 9: 85–110.

_____(2001) 'Keynote address at Elephant Managers Association 22nd Annual Conference', Orlando, Florida (November. 9–12, 2001). Available at http://www. elephants.com/j_poole.php.

Porter, Pete (2008) 'Mourning the Decline of Human Responsibility', Society and Animals 16: 98–101.

Potter, Cheryl (n.d.) 'Providing Humanely Produced Eggs'. Available at http://www. blackhenfarm.com/index.html.

Preece, Rod (1999) Animals and Nature: Cultural Myths, Cultural Realities (Vancouver: University of British Columbia Press).

Prince, Michael (2009) Absent Citizens: Disability Politics and Policy in Canada (Toronto: University of Toronto Press).

Prokhovnik, Raia (2007) Sovereignties: Contemporary Theory and Practice (Basingstoke: Palgrave Macmillan).

Rawls, John (1971) A Theory of Justice (Oxford: Oxford University Press). [국역본] 『정의론』, 황경식 옮김, 이학사, 2003.

Ray, Justina C., Kent Redford, Robert Steneck, and Joel Berger (eds) (2005) Large Carni- vores and the Conservation of Biodiversity (Washington DC: Island Press).

Raz, Joseph (1984) 'The Nature of Rights', Mind 93: 194–214.

Redford, Kent (1999) 'The Ecologically Noble Savage', Cultural Survival Quarterly 15: 46–8.

Regan, Tom (1983) The Case for Animal Rights (Berkeley: University of California Press). [국역본] 『동물권 옹호』, 김성한·최훈 옮김, 아카넷, 2023.

_____(2001) Defending Animal Rights (Champaign: University of Illinois Press).

_____(2003) Animal Rights, Human Wrongs: An Introduction to Moral Philosophy (Lanham, MD: Rowman & Littlefield).

_____(2004) The Case for Animal Rights, 2nd edn (Berkeley: University of California Press).

Reid, Mark D. (2010) 'Moral Agency in Mammalia', Between the Species 13/10: 1–24. Reinders, J. S. (2002) 'The good life for citizens with intellectual disability', Journal of Intellectual Disability 46/1: 1–5.

Reus-Smit, Christian (2001) 'Human Rights and the Social Construction of Sovereignty', Review of International Studies 27: 519–38.

Reynolds, Henry (1996) Aboriginal Sovereignty: Reflections on Race, State and Nation (St Leonards, New South Wales: Allen and Unwin).

Rioux, Marcia and Fraser Valentine (2006) 'Does Theory Matter? Exploring the Nexus between Disability, Human Rights and Public Policy', in Dianne Pothier and Richard Devlin (eds) Critical Disability Theory (Vancouver: University of British Columbia Press), 47–69.

Ritter, Erika (2009) The Dog by the Cradle, The Serpent Beneath: Some Paradoxes of Human- Animal Relationships (Toronto: Key Porter).

Robinson, Randall (2000) The Debt: What America Owes to Blacks (New York: Dutton). Rollin, Bernard (2006) Animal Rights and Human Morality, 3rd edn (Amherst, NY:Prometheus Books).

Rolston, Holmes (1988) Environmental Ethics: Duties to and Values in the Natural World (Philadelphia: Temple University Press).

_____(1999) 'Respect for Life: Counting what Singer Finds of No Account', in Dale Jamieson (ed.) Singer and His Critics (Oxford: Blackwell), 247–68.

Rowlands, Mark (1997) 'Contractarianism and Animal Rights' Journal of Applied Philos- ophy 14/3: 235–47.

_____(1998) Animal Rights: A Philosophical Defence (New York: St. Martin's Press).

_____(2008) The Philosopher and the Wolf: Lessons from the Wild on Love, Death and Happiness (London: Granta Books).

Ryan, Thomas (2006) 'Social Work, Independent Realities and the Circle of Moral Considerability: Respect for Humans, Animals and the Natural World' (PhD, Depart- ment of Human Services, Edith Cowan University, Australia). Available at http://ro.ecu.edu.au/cgi/viewcontent.cgi?article=1097&context=theses.

Ryden, Hope (1979) God's Dog: A Celebration of the North American Coyote (New York: Viking Press).

_____(1989) Lily Pond: Four years with a Family of Beavers (New York: Lyons & Burford). Sagoff, Mark (1984) 'Animal Liberation and Environmental Ethics: Bad Marriage, Quick Divorce', Osgoode Hall Law Journal 22/2: 297–307.

Sanders, Clinton R. (1993) 'Understanding Dogs: Caretakers' Attributions of Minded- ness in Canine-Human Relationships', Journal of Contemporary Ethnography 22/2: 205–26.

_____and Arnold Arluke (1993) 'If Lions Could Speak: Investigating the Animal-Human Relationship and the Perspectives of Non-Human Others', Sociological Quarterly 34/3: 377–90.

Sapontzis, Steve (1987) Morals, Reason, and Animals (Philadelphia: Temple University Press).

_____(ed.) (2004) Food for Thought: The Debate over Eating Meat (Amherst, NY: Prometheus Books).

Satz, Ani (2006) 'Would Rosa Parks Wear Fur? Toward a nondiscrimination approach to animal welfare', Journal of Animal Law and Ethics 1: 139–59.

_____(2009) 'Animals as Vulnerable Subjects: Beyond Interest-Convergence, Hierarchy,and Property', Animal Law 16/2: 1–50.

Schlossberg, David (2007) Defining Environmental Justice: Theories, Movements, and Nature (Oxford: Oxford University Press).

Scott, James (1998) Seeing Like a State: How Certain Schemes to Improve the Human Condition Have Failed (New Haven: Yale University Press).

Scruton, Roger (2004) 'The Conscientious Carnivore', in Steven Sapontzis (ed.) Food For Thought: The Debate over Eating Meat (Amherst, NY: Prometheus), 81–91.

Scully, Matthew (2002) Dominion: The Power of Man, the Suffering of Animals, and the Call to Mercy (New York: St Martin's Press).

Serpell, James (1996) In the Company of Animals: A Study of Human-Animal Relationships

(Cambridge: Cambridge University Press).

Shadian, Jessica (2010) 'From States to Polities: Reconceptualising Sovereignty through Inuit Governance', European Journal of International Relations, 16/3: 485–510.

Shelton, Jo-Ann (2004) 'Killing Animals That Don't Fit In: Moral Dimensions of Habitat Restoration', Between the Species 13/4: 1–19.

Shepard, Paul (1997) The Others: How Animals Made us Human (Washington DC: Island Press).

Shue, Henry (1980) Basic Rights: Subsistance, Affluence, and U.S. Foreign Policy (Princeton: Princeton University Press).

Silvers, Anita and L.P. Francis (2005) 'Justice through Trust: Disability and the 'Outlier Problem' in Social Contract Theory', Ethics 116: 40–76.

_____and Leslie Pickering Francis (2009) 'Thinking about the Good: Reconfiguring Liberal Metaphysics (or not) for People with Cognitive Disabilities', Metaphilosophy 40/3: 475–98.

Simmons, Aaron (2009) 'Animals, Predators, the Right to Life, and the Duty to Save Lives', Ethics And The Environment 14/1: 15–27.

Singer, Peter (1975) Animal liberation (New York: Random House).

Singer, Peter (1990) Animal Liberation, 2nd edn (London: Cape).

_____(1993) Practical Ethics, 2nd edn (Cambridge: Cambridge University Press).

_____(1999) 'A Response', in Dale Jamieson (ed.) Singer and His Critics (Oxford: Black- well), 325–33.

_____(2003) 'Animal Liberation at 30', New York Review of Books 50/8.

_____and Paola Cavalieri (2002) 'Apes, Persons and Bioethics', in Biruté Galdikas et al. (eds) All Apes Great and Small, vol. 1: African Apes (New York: Springer), 283–91.

Slicer, Deborah (1991) 'Your Daughter or Your Dog? A Feminist Assessment of the Animal Research Issue',Hypatia 6/1:108–24. Smith, Graham (2003) Deliberative Democracy and the Environment (London: Routledge). Smith, Martin Cruz (2010) Three Stations (New York: Simon and Schuster).

Smith, Mick (2009) 'Against Ecological Sovereignty: Agamben, politics and globaliza- tion', Environmental Politics 18/1: 99–116.

Smuts, Barbara (1999) 'Reflections', in J. M. Coetzee, The Lives of Animals, ed. Amy Gutmann (Princeton: Princeton University Press), 107–20.

_____(2001) 'Encounters with Animal Minds', Journal of Consciousness Studies 8/5–7: 293–309.

_____(2006) 'Between Species: Science and Subjectivity' Configurations 14/1: 115–26. Somerville, Margaret (2010) 'Are Animals People?', The Mark, 25 January 2010. Available at http://www.themarknews.com/articles/868-are-animals-people. Sorenson, John (2010) About Canada: Animal Rights (Black Point, Nova Scotia:Fernwood Publishing).

Spinner, Jeff (1994) The Boundaries of Citizenship: Race, Ethnicity, and Nationality in the Liberal State (Baltimore, MD: Johns Hopkins University Press).

Steiner, Gary (2008) Animals and the Moral Community: Mental Life, Moral Status, and Kinship (New York: Columbia University Press).

Stephen, Lynn (2008) 'Redefined Nationalism in Building a Movement for Indigenous Autonomy in Southern Mexico', Journal of Latin American Anthropology 3/1: 72–101. Sullivan, Robert (2010) 'The Concrete Jungle', New York Magazine (online), 12 September 2010. Available at http://nymag.com/news/features/68087.

Sunstein, Cass (2002) Risk and Reason (Cambridge: Cambridge University Press).

_____and Martha Nussbaum (eds) (2004) Animal Rights: Current Debates and New Directions (Oxford: Oxford University Press).

Swart, J. (2005) 'Care for the Wild: An Integrative View on Wild and Domesticated Animals', Environmental Values 14: 251–63.

Tan, Kok-Chor (2004) Justice Without Borders: Cosmopolitanism, Nationalism, and Patriotism (Cambridge: Cambridge University Press).

Tashiro, Yasuko (1995) 'Economic Difficulties in Zaire and the Disappearing Taboo against Hunting Bonobos in the Wamba Area' Pan Africa News 2/2 (October 1995). Available at http://mahale.web.infoseek.co.jp/PAN/2_2/tashiro.html.

Taylor, Angus (1999) Magpies, Monkeys, and Morals: What Philosophers Say about Animal Liberation (Peterborough, ON: Broadview Press).

_____(2010) 'Review of Wesley J. Smith's A Rat is a Pig is a Dog is a Boy: The Human Cost of the Animal Rights Movement', Between the Species 10: 223–36.

Taylor, Charles (1999) 'Conditions of an Unforced Consensus on Human Rights', in Joanne Bauer and Daniel A. Bell (eds) The East Asian Challenge for Human Rights (Cambridge: Cambridge University Press), 124–45.

Taylor, Paul (1986) Respect for Nature: A Theory of Environmental Ethics (Princeton: Princeton University Press).

Thomas, Elizabeth Marshall (1993) The Hidden Life of Dogs (Boston: Houghton Mifflin). [국역본] 『개와 함께한 10만 시간』, 정영문 옮김, 해나무, 2021.

_____(2009) The Hidden Life of Deer: Lessons from the Natural World (New York: HarperCollins).

Thompson, Dennis (1999) 'Democratic Theory and Global Society', Journal of Political Philosophy 7: 111–25.

Thompson, Jo Myers, M. N. Lubaba, and Richard Bovundja Kabanda (2008) 'Traditional Land-use Practices for Bonobo Conservation', in Takeshi Furuichi and Jo Myers Thompson (eds) The Bonobos: Behavior, Ecology, and Conservation (New York: Springer), 227–45.

Titchkovsky, Tania (2003) 'Governing Embodiment: Technologies of Constituting Citizens with Disabilities', Canadian Journal of Sociology 28/4: 517–42.

Tobias, Michael and Jane Morrison (2006) Donkey: The Mystique of Equus Asinus (San Francisco: Council Oak Books).

Trut, Lyudmila (1999) 'Early Canid Domestication: The Farm-Fox Experiment', American Scientist 87: 160–9.

Tuan, Yi-Fu (1984) Dominance and Affection: The Making of Pets (New Haven: Yale University Press).

Turner, Dale (2001) 'Vision: Towards an Understanding of Aboriginal Sovereignty', in Wayne Norman and Ronald Beiner (eds) Canadian Political Philosophy: Contemporary Reflections (Oxford: Oxford University Press).

United Nations (2006) Livestock's Long Shadow: Environmental Issues and Options (Rome: Food and Agriculture Organization).

Vaillant, John (2010) The Tiger: A True Story of Vengeance and Survival (New York: Alfred A. Knopf).

Valpy, Michael 'The Sea Hunt as a Matter of Morals', Globe and Mail, 8 February 2010, p. A6.

Varner, Gary (1998) In Nature's Interests? Interests, Animal Rights, and Environmental Ethics (Oxford: Oxford University Press).

Vaughan, Sarah (2006) 'Responses to Ethnic Federalism in Ethiopia's Southern Region', in David Turton (ed.) Ethnic Federalism (London: James Currey), 181–207.

Vellend, Mark, Luke Harmon, Julie Lockwood, et al. (2007) 'Effects of Exotic species on Evolutionary Diversification', Trends in Ecology and Evolution 22/9: 481–88.

Vorhaus, John (2005) 'Citizenship, Competence and Profound Disability', Journal of Philosophy of Education 39/3: 461–75.

_____(2006) 'Respecting Profoundly Disabled Learners', Journal of Philosophy of Education

40/3: 331–28.

_____(2007) 'Disability, Dependency and Indebtedness?', Journal of Philosophy of Education 41/1: 29–44.

Waldron, Jeremy (2004) 'Redressing Historic Injustice', in Lukas Meyer (ed.) Justice in Time: Responding to Historical Injustice (Baden-Baden: Nomos), 55–77.

Ward, Peter (2009) The Medea Hypothesis: Is Life on Earth Ultimately Self-Destructive? (Princeton: Princeton University Press).

Warner, Bernhard (2008) 'Survival of the Dumbest' The Guardian online, 14 April 2008. Available at http://www.guardian.co.uk/environment/2008/apr/14/endangeredspecies. Wenz, Peter (1988) Environmental Justice (Albany: State University of New York Press). White, Thomas (2007) In Defense of Dolphins: The New Moral Frontier (Oxford: Blackwell).

Wiessner, Siegfried (2008) 'Indigenous Sovereignty: A Reassessment in Light of the UN Declaration on the Rights of Indigenous People', Vanderbilt Journal of Transnational Law 41: 1141–76.

Wise, Steven (2000) Rattling the Cage: Toward Legal Rights to Animals (Cambridge, MA: Perseus Books).

_____(2004) 'Animal Rights, One Step at a Time', in Martha Nussbaum and Cass Sunstein (eds) Animal Rights: Current Debates and New Directions (Oxford: Oxford University Press), 19–50.

Wolch, Jennifer (1998) 'Zoöpolis', in Jennifer Wolch and Jody Emel (eds) Animal Geographies: Places, Politics, and Identity in the Nature-Culture Borderlands (London: Verso), 119–38.

_____(2002) 'Anima urbis', Progress in Human Geography 26/6: 721–42.

_____, Stephanie Pincetl, and Laura Pulido (2002) 'Urban Nature and the Nature of Urbanism', in Michael J. Dear (ed.) From Chicago to L.A.: Making Sense of Urban Theory (Thousand Oaks, CA: Sage), 369–402.

Wolff, Jonathan (2006) 'Risk, Fear, Blame, Shame and the Regulation of Public Safety', Economics and Philosophy, 22: 409–27.

_____(2009) 'Disadvantage, Risk and the Social Determinants of Health', Public Health Ethics 2/3: 214–23.

Wong, Sophia Isako (2009) 'Duties of Justice to Citizens with Cognitive Disabilities', Metaphilosophy 40/3–4: 382–401.

Wood, Lisa J. et al. (2007) 'More Than a Furry Companion: The Ripple Effect of Companion Animals on Neighborhood Interactions and Sense of Community', Society and Animals 15: 43–56.

Young, Iris Marion (2000) Inclusion and Democracy (Oxford: Oxford University Press).

Young, Rosamund (2003) The Secret Life of Cows: Animal Sentience at Work (Preston UK: Farming Books).

Young, Stephen M. (2006) 'On the Status of Vermin', Between the Species 13/6: 1–27. Zamir, Tzachi (2007) Ethics and the Beast: A Speciesist Argument for Animal Liberation (Princeton: Princeton University Press).

Zimmer, Carl (2008) 'Friendly Invaders' The New York Times, 8 September 2008. Available at http://www.nytimes.com/2008/09/09/science/09inva.html?pagewanted=1&_r=4& ref= science.

찾아보기

1. 사람

2. 동물

3. 일반

주폴리스
동물 권리를 위한 정치 이론

초판 1쇄 2024년 10월 10일
초판 2쇄 2024년 11월 13일

지은이 수 도널드슨, 윌 킴리카
옮긴이 박창희
펴낸이 김경진 (포도)
책임편집 심예진 (무무)
편집 서은희
감수 최명애
디자인 봉우곰스튜디오
펴낸곳 프레스 탁!
주소 서울 마포구 신촌로2길 19, 마포출판문화진흥센터 오픈오피스 42호
이메일 magazine.tac@gmail.com
인스타그램 instagram.com/magazine.tac
블로그 blog.naver.com/presstac
X(트위터) @MagazineTac

ISBN 979-11-374940-5-5 (03190)